中央财经大学中央高校基本科研业务费专项资金资助

中国税收思想五十家

张广通 著

中国财经出版传媒集团
中国财政经济出版社

图书在版编目（CIP）数据

中国税收思想五十家 / 张广通著. --北京：中国财政经济出版社，2023.2

ISBN 978-7-5223-1830-1

Ⅰ.①中… Ⅱ.①张… Ⅲ.①税收管理—经济思想史—研究—中国 Ⅳ.①F812.92

中国国家版本馆CIP数据核字（2023）第003568号

责任编辑：洪 钢	责任印制：刘春年
封面设计：陈宇琰	责任校对：胡永立

中国税收思想五十家
ZHONGGUO SHUISHOU SIXIANG WUSHI JIA
中国财政经济出版社 出版
URL：http://www.cfeph.cn
E-mail：cfeph@cfeph.cn
（版权所有　翻印必究）
社址：北京市海淀区阜成路甲28号　邮政编码：100142
营销中心电话：010-88191522
天猫网店：中国财政经济出版社旗舰店
网址：https://zgczjjcbs.tmall.com
北京财经印刷厂印刷　各地新华书店经销
成品尺寸：185mm×260mm　16开　29.75印张　618 000字
2023年2月第1版　2023年2月北京第1次印刷
定价：120.00元
ISBN 978-7-5223-1830-1
（图书出现印装问题，本社负责调换，电话：010-88190548）
本社图书质量投诉电话：010-88190744
打击盗版举报热线：010-88191661　QQ：2242791300

序

王文素

大约5年前，当作为同事的广通老师与我谈到他的"宏伟"计划——撰写一部《中国税收思想五十家》著作时，他已经默默在"冷板凳"上坚持写作了10余年。要知道：他不是毕业于历史专业，而是毕业于财政专业；他也没有被学校指定从事财税史研究和教学工作。按照大多数财政学专业教师的思维逻辑，他完全没有理由专门做财税史的研究。姑且不说一个财政专业毕业教师做财税史研究要比做财税理论研究困难和辛苦很多，仅按照教育部对高校教师的考核指标，按照财税史论文发表的概率，他依靠写财税史论文和书就很难完成学校的科研考核任务。而不能完成考核任务，他就不可能有足够的科研成果为晋升职称铺路（这很可能就是他一直没有晋升正教授职称的原因之一）。更何况他是要写一部财税思想史的书！撰写的艰辛自不必说，写完之后能否出版也未可知——因为没有几万元补贴，出版社不可能接受。让一位辛辛苦苦撰写书稿的教师再自己补贴数万元出版，这真的是很残酷啊！我长期做财政史的科研和教学工作，深知其中的艰辛，不禁深深被他十年磨一剑的执着精神感动。我鼓励他坚持写下去，我愿意为他书的出版奔走——非常感谢中央财经大学科研处和财税学院对财税史研究给予的大力支持！

广通老师之所以这么执着要写这本书，是因为他在长期从事税收基础理论和税收政策的教学科研工作中，深感要解决中国财税体制改革和实践中的难题，仅仅依靠西方的财税理论还远远不够，而很多学者和学生似乎忘记了我国是具有4000多年财税发展历史的国家，不了解我们的先贤们具有在治国理政视角下深邃、智慧的税收思想。他凭借较深厚的马克思主义政治经济学、财税基础理论研究功底和对中国历代先贤治国理政思想的浓厚兴趣，从2006年开始潜心钻研中国税收思想史料，试图通过深入挖掘中国财税思想史的丰富宝藏，为中国特色财税基础理论培植根基，为财税应用理论研究和财税改革实践提供有益的指导。经过16年坚持不懈的顽强努力，这部60多万字的《中国税收思想五十家》著作终于完整地呈现在读者面前了，可喜可贺！

尽管历史不能代替现实，但人类在社会不断发展中面临各种挑战的实质大概率具有相似性，尤其是人类的思维逻辑、分析和解决问题的能力及方法具有传承性，站在前人肩膀上的前行才可能更快、更高、更远，人类成功的改革创新都不可能无中生有。前人对所处时代治国理政和财税改革中面临的许多重大社会问题的深入思考及探索实践，必定会对后世者提供经验和教训，带来共鸣和反思。一切能够被我们看到的史料，都是前辈在人类社会的鲜活"实验室"中用血与泪书写的精华篇章。所以，中华民族的伟大复兴必须从博大精深的中国传统文化中汲取营养、寻求精神和智慧支持，才能尽快实现。从这一点来说，认真研读这部税收思想史专著，一定会让大家受益匪浅。

目前，已有不少史学界和财政史学界专家学者研究中国经济思想史和财政思想史的成果。就我所知，代表性的著作有赵靖先生主编的《中国经济思想通史》（2002）及《中国经济思想通史续集》（2004），是从经济学的视角全面研究中国先贤思想的多卷本著作；有孙文学先生等撰写的《中国财政思想史》，是从财政学角度研究中国先贤思想的著作。本书虽然无法与这些专家学者的著作比肩，但本书是一部专门研究先贤税收思想的著作，是由长期从事财税理论研究和教学工作的教师撰写，有广通老师以税收理论为视角对先贤税收思想进行的独到研究和点评，更易引发财税实际工作者、从事财税理论研究和教学工作的教师及广大在校本、硕、博学生的思考和共鸣。本书按照朝代顺序精选了春秋战国至中华民国时期在立德、立功、立言方面有突出贡献，在著作、文集、实录或事迹方面有丰富史料可查的50位著名思想家、政治家、改革家、理财家作为主人公，系统梳理了他们的生平事迹、治国理政思想和税收思想，并按照客观中庸、与时俱进、古为今用的原则对他们的思想进行了简要评述，勾勒出了各位主人公在治国理政思想、税收思想以及财税改革实践方面的突出特点和成就，基本囊括了我国从先秦时期到近代社会重要的政治、经济、理财人物及他们治国理政思想和税收思想。

本书以主人公的文集和相关史书记载为蓝本，精心摘录了大量能真实全面反映主人公治国理政思想及税收思想的精辟言论，分专题、有逻辑地进行排列，并根据内容分置小标题，使读者能够较为准确全面地掌握其税收思想的主要内容。另外，本书有意减少对主人公思想言论的穿插发挥和转述成分，尽量让古人唱主角，讲述他们的人生经历、思维逻辑和思想观点。特别是本书还对摘录的主人公言论详细注明出处，对难理解或容易产生歧义的字、词、句，参照多本权威著作进行了较详细的注解，使得全文总体通俗易懂、语义清晰连贯，便于读者全面了解主人公的财税思想产生的背景、思想源流和财税专业知识。因而史料丰富、可靠，全文也兼具专业性和可读性。

每个历史人物都有其出生、成长、成名、衰老、谢世的特殊过程，他的治国理政思想及税收思想与其家庭背景、人际交往、个人经历和时代背景密切关联。人生的顺与逆、苦与乐、官场浮沉都会直接间接影响他对社会、人生的看法，形成他治国理政的独特理念、方式方法和命运。本书注重从主人公的人生履历中窥探其治国理政思想和税收思想形成的复杂过程，在广泛搜罗、比对选优的基础上，对主人公的生平事迹都做了简练精要的概括，使读者可以全面深入了解和理解其治国理政思想及税收思想形成的特殊背景和历史渊源。

作者始终把治国理政思想与税收思想紧密联系在一起进行研究，是作者就始终坚信：治国理政思想是税收思想形成和确立的重要基础和前提，税收思想则是治国理政思想的重要组成部分和具体体现。本书作者花费了很多心血和精力摘录各位主人公的治国理政言论，其目的就是让读者突破就税论税的局限，从治国理政思想整体出发，以更开阔的视野准确、全面把握和解读传主税收思想的形成背景、丰富内涵、历史价值和现实意义。

本书虽然是以为每位主人公做传的形式组织书稿，但并没有仅仅局限在一人一篇。而是在对每位传主的治国理政思想及税收思想都进行了或详或略的精到评述之后，又注重从横向或纵向比较的角度总结提炼其思想特色和相互联系，使读者更易理解中国历史在否定之否定中艰难前行、不断创新发展的客观规律性，更易理解主人公在这种历史演进中所扮演的重要角色。比如，对晏子和管子的比较、对孔子和老子的比较、对孟子和墨子的比较、对贾谊和晁错的比较、对曹操和王莽的比较、对杨炎和刘晏的比较、对司马光和王安石的比较、对雍正和康熙的比较、对梁启超和康有为的比较等等，都有许多启人茅塞的精彩言论，使主人公的个人魅力和思想特色更加鲜明。

研究古人的治国理政思想和税收思想，目的在于从古人的智慧中汲取营养，梳理、贯通古代与当代人的思想脉络，用历史唯物主义理论和观点考察当今改革开放和社会主义市场经济建设中的种种现实难题，寻找合理、适宜的前进路径。虽然限于篇幅，本书不能做过多的论述，但广通老师还是以数十年累积的财税理论研究功底，在书中尽可能阐述先贤们治国理政思想与财税思想对当前国家治理和财税改革的借鉴意义，并对每一位主人公的税收思想的历史和现实价值给予恰当的评价。他特别提到：当我们为今天取得的巨大成就感到无比骄傲和自豪时，不能忘记中国古圣先贤做出的历史性贡献，他们遗留给后代的智慧是中华民族崛起的根与源。在本书中，作者试图把中国先贤对治国理政和财税改革难题的不断探索，作为中国特色社会主义财税理论形成的重要源泉，实事求是地评价这些思想家、政治家、改革家、理财家治国理政思想及税收思想的历史价值和现实价值，试图在融会贯通中西方文化的基础上为构建中国特色财税理论体系和实践体系添砖加瓦。

中国传统文化有五个基本命题，即天人相际、善恶两分、德法互补、名实相核、义利和同。中国古人的治国理政思想和税收思想就是在辩驳这五个基本命题的基础上形成的。在几千年中国社会的兴衰存废中，理财和赋税问题始终占有十分重要的地位，它是国家治理和社会发展进步的重要物质基础、支柱和保障，而"布缕粟米力役三征""两税""一条鞭法"和"摊丁入亩"又是农业赋税改革的几个重要标志，本书对这些重大改革的来龙去脉都作了较详实的说明和考证。其中，孔子、墨子、孟子、荀子、董子、司马光等人的轻徭薄赋思想，管子、桑弘羊、刘晏的轻重理财、无籍而征思想，晏子和墨子的抑奢节用思想，商鞅的农战思想和韩非子的"悉租税、抟民力"思想，晁错、曹操、顾炎武的屯田垦荒思想，杨炎和张居正的赋役并轨、简化税制思想，李翱的轻税裕国思想，王符的爱惜民力思想，王安石的雇役思想，荀子、司马迁、王符、范仲淹、李觏、欧阳修、叶适的农工商并举、轻征工商税思想，康熙、雍正的增丁不增赋、耗羡养廉补公、摊丁入亩、治理亏空、依法理财思想，黄宗羲、顾炎武、王夫之对井田制、什一税和"三征"的考察以及经济自由思想，魏源、康有为、梁启超的关税自主、调节进出口贸易和分税制思想，老子、鲍敬言和康有为的无税思想等，都是中国税收思想史中的精华，本书都给予了重点关注。其中，《管子》《孔子》《孟子》《陆贽》《王安石》《朱元璋》《张居正》《黄宗羲》《顾炎武》《王夫之》《雍正》《梁启超》等内容极为丰富，是本书的精彩篇章，代表了中国历史上几个重要发展阶段中治国理政思想及税收思想的最高成就，值得特别关注。

总之，《中国税收思想五十家》是一部研究中国税收思想史的力作和难得的工具书，它浓缩了50位主人公的人生精华，浓缩了华夏五千年治国理政思想及税收思想的精华。本人向广大读者隆重推荐这部付出作者巨大心血的好书。当然，学术无禁区，也无止境，一部学术著作、尤其是历史著作的优劣，最好的裁判是广大读者。本人只不过是先睹为快，愿做引玉之砖。是为序。

2022年12月23日于北京

目录

管子
- 一、管子生平简介　　1
- 二、管子税收思想的主要内容　　2
- 三、对管子治国理政思想及税收思想的简要评述　　14

晏子
- 一、晏子生平简介　　17
- 二、晏子税收思想的主要内容　　18
- 三、对晏子治国理政思想及税收思想的简要评述　　24

老子
- 一、老子生平简介　　26
- 二、老子税收思想的主要内容　　28
- 三、对老子道学思想、治国理政思想及税收思想的简要评述　　29

孔子
- 一、孔子生平简介　　32
- 二、孔子税收思想的主要内容　　34
- 三、对孔子治国理政思想及税收思想的简要评述　　38

墨子
- 一、墨子生平简介　　41
- 二、墨子税收思想的主要内容　　42
- 三、对墨子治国理政思想及税收思想的简要评述　　45

孟子

一、孟子生平简介 47
二、孟子税收思想的主要内容 47
三、对孟子治国理政思想及税收思想的简要评述 50

商鞅

一、商鞅生平简介 54
二、商鞅税收思想的主要内容 57
三、对商鞅治国理政思想及税收思想的简要评述 60

荀子

一、荀子生平简介 64
二、荀子税收思想的主要内容 65
三、对荀子治国理政思想及税收思想的简要评述 69

韩非子

一、韩非子生平简介 72
二、韩非子税收思想的主要内容 74
三、对韩非子治国理政思想及税收思想的简要评述 78

陆贾

一、陆贾生平简介 80
二、陆贾税收思想的主要内容 82
三、对陆贾治国理政思想及税收思想的简要评述 84

贾谊

一、贾谊生平简介 86
二、贾谊税收思想的主要内容 90
三、对贾谊治国理政思想及税收思想的简要评述 94

晁错

一、晁错生平简介 96
二、晁错税收思想的主要内容 99
三、对晁错治国理政思想及税收思想的简要评述 102

董仲舒

一、董仲舒生平简介　　105
二、董仲舒税收思想的主要内容　　107
三、对董仲舒治国理政思想及税收思想的简要评述　　110

司马迁

一、司马迁生平简介　　114
二、司马迁税收思想的主要内容　　116
三、对司马迁治国理政思想及税收思想的简要评述　　119

桑弘羊

一、桑弘羊生平简介　　123
二、桑弘羊税收思想的主要内容　　125
三、对桑弘羊治国理政思想及税收思想的简要评述　　130

刘向

一、刘向生平简介　　133
二、刘向税收思想的主要内容　　135
三、对刘向治国理政思想及税收思想的简要评述　　140

王莽

一、王莽生平简介　　143
二、王莽税收思想的主要内容　　145
三、对王莽治国理政思想及税收思想的简要评述　　149

王符

一、王符生平简介　　154
二、王符税收思想的主要内容　　154
三、对王符治国理政思想及税收思想的简要评述　　156

荀悦

一、荀悦生平简介　　158
二、荀悦税收思想的主要内容　　159
三、对荀悦治国理政思想及税收思想的简要评述　　160

仲长统

一、仲长统生平简介 162
二、仲长统税收思想的主要内容 164
三、对仲长统治国理政思想及税收思想的简要评述 165

曹操

一、曹操生平简介 167
二、曹操税收思想的主要内容 168
三、对曹操治国理政思想及税收思想的简要评述 170

诸葛亮

一、诸葛亮生平简介 174
二、诸葛亮税收思想的主要内容 175
三、对诸葛亮治国理政思想及税收思想的简要评述 179

傅玄

一、傅玄生平简介 183
二、傅玄税收思想的主要内容 184
三、对傅玄治国理政思想及税收思想的简要评述 187

鲍敬言

一、鲍敬言生平简介 189
二、鲍敬言税收思想的主要内容 189
三、对鲍敬言治国理政思想及税收思想的简要评述 191

李世民

一、李世民生平简介 193
二、李世民税收思想的主要内容 194
三、对李世民治国理政思想及税收思想的简要评述 197

刘晏

一、刘晏生平简介 200
二、刘晏理财及税收思想的主要内容 200
三、对刘晏理财及税收思想的简要评述 204

杨炎

一、杨炎生平简介　　206
二、杨炎理财及税收思想的主要内容　　206
三、对杨炎理财及税收思想的简要评述　　209

陆贽

一、陆贽生平简介　　211
二、陆贽税收思想的主要内容　　212
三、对陆贽治国理政思想及税收思想的简要评述　　221

杜佑

一、杜佑生平简介　　224
二、杜佑税收思想的主要内容　　225
三、对杜佑治国理政思想及税收思想的简要评述　　227

李翱

一、李翱生平简介　　230
二、李翱税收思想的主要内容　　231
三、对李翱治国理政思想及税收思想的简要评述　　233

白居易

一、白居易生平简介　　235
二、白居易税收思想的主要内容　　236
三、对白居易治国理政思想及税收思想的简要评述　　241

范仲淹

一、范仲淹生平简介　　244
二、范仲淹税收思想的主要内容　　246
三、对范仲淹治国理政思想及税收思想的简要评述　　251

欧阳修

一、欧阳修生平简介　　254
二、欧阳修税收思想的主要内容　　255
三、对欧阳修治国理政思想及税收思想的简要评述　　263

李觏

一、李觏生平简介　　266
二、李觏税收思想的主要内容　　267
三、对李觏治国理政思想及税收思想的简要评述　　273

王安石

一、王安石生平简介　　276
二、王安石税收思想的主要内容　　278
三、对王安石变法及其税收思想的简要评述　　285

司马光

一、司马光生平简介　　288
二、司马光税收思想的主要内容　　289
三、对司马光治国理政思想及税收思想的简要评述　　295

苏轼

一、苏轼生平简介　　299
二、苏轼税收思想的主要内容　　300
三、对苏轼治国理政思想及税收思想的简要评述　　308

叶适

一、叶适生平简介　　312
二、叶适税收思想的主要内容　　313
三、对叶适治国理政思想及税收思想的简要评述　　320

朱元璋

一、朱元璋生平简介　　322
二、朱元璋税收思想的主要内容　　323
三、对朱元璋治国理政思想及税收思想的简要评述　　328

方孝孺

一、方孝孺生平简介　　331
二、方孝孺税收思想的主要内容　　332
三、对方孝孺治国理政思想及税收思想的简要评述　　336

丘浚

一、丘浚生平简介 — 338
二、丘浚税收思想的主要内容 — 339
三、对丘浚治国理政思想及税收思想的简要评述 — 349

张居正

一、张居正生平简介 — 352
二、张居正税收思想的主要内容 — 353
三、对张居正治国理政思想及税收思想的简要评述 — 360

黄宗羲

一、黄宗羲生平简介 — 364
二、黄宗羲税收思想的主要内容 — 365
三、对黄宗羲治国理政思想及税收思想的简要评述 — 369

顾炎武

一、顾炎武生平简介 — 373
二、顾炎武税收思想的主要内容 — 374
三、对顾炎武治国理政思想及税收思想的简要评述 — 383

王夫之

一、王夫之生平简介 — 386
二、王夫之税收思想的主要内容 — 387
三、对王夫之治国理政思想及税收思想的简要评述 — 393

康熙

一、康熙生平简介 — 396
二、康熙税收思想的主要内容 — 398
三、对康熙治国理政思想及税收思想的简要评述 — 406

雍正

一、雍正生平简介 — 409
二、雍正税收思想的主要内容 — 411
三、对雍正治国理政思想及税收思想的简要评述 — 422

魏源

一、魏源生平简介 425
二、魏源税收思想的主要内容 426
三、对魏源治国理政思想及税收思想的简要评述 430

康有为

一、康有为生平简介 432
二、康有为税收思想的主要内容 434
三、对康有为治国理政思想及税收思想的简要评述 437

梁启超

一、梁启超生平简介 441
二、梁启超税收思想的主要内容 442
三、对梁启超治国理政思想及税收思想的简要评述 454

参考文献 457
后记 459

管 子

一、管子生平简介

　　管子（前725或前723—前645），姓管，名夷吾，字仲，尊称管仲、管子。颍上（今安徽省颍上县管谷村）人。春秋前期著名思想家、政治家、军事家和理财家，法家思想的重要先驱。其父（名管庄或管严）曾为楚国将军，早年阵亡，管子与其母亲相依为命，靠干农活、给人当马夫、做小买卖来维持生计。前708年，管子与比他大3岁、以贩卖丝绸为业的齐国商人鲍叔牙不期而遇，两人相见恨晚，遂结拜为兄弟（后人称其为"管鲍之交"），合伙到齐国贩盐。在不到10年的时间里，积累了大笔财富，还在周游列国当中增长了见识，历练了才干。前697年，管鲍二人得到齐僖公的赏识和重用，被分别拜为二公子纠和三公子小白的师傅，从此弃商从政，开始了新的人生旅程。前694年，僖公卒，长公子诸儿继父为君，是为齐襄公，但他政令无常，荒淫无道，还与自己的妹妹文姜私通，招致天怒人怨。为避内乱，管子于前692年和召忽（公子纠的二师傅）奉公子纠投奔鲁国，鲍叔牙则奉公子小白投奔莒国。前686年，僖公之同母弟夷仲年之子公孙无知（僖公在位时受宠，襄公继位后被绌）勾结连称、管至父（管子的远房叔父）起兵谋反，将齐襄公杀死于宫廷，取代君位。前685年春，公孙无知因武力篡权，名不正言不顺，而被受过其虐待的雍廪所杀。同年夏季，齐襄公的妹夫鲁庄公率兵护送管子、召忽和公子纠等人返国，在途中遭到齐师的拦截，混乱之中，管子向公子小白猛射一箭，巧在箭镞正中其玉带钩的铜环上，未能伤及性命。小白佯装中箭逃脱，抢先一步回国，被高傒、国子和鲍叔牙等权臣拥立为新君，是为齐桓公。管子、召忽等人明知良机已失，但仍不死心，继续同鲁庄公一起为公子纠争位。同年秋天，齐、鲁两军交战于乾时，结果鲁师大败，鲁庄公差点丢了性命。桓公班师后，并未忘记报管子一箭之仇，他在城门外广场立荣辱柱，随时提醒自己不忘国耻，并派鲍叔牙率兵赴鲁，借鲁庄公之手逼杀了公子纠（召忽随之殉主），管子则被押解回国等候处理。在管子生死未卜之际，鲍叔牙运筹帷幄，极力保荐其经天纬地之才，终使桓公回心转意，义释前嫌，放弃了杀管子泄私愤的念头，并拜其为大夫，参与朝政。前684年春，桓公不听管子劝告，兴兵伐鲁，结果在长勺被鲁将曹刿打得大败。桓公后悔不迭，反躬自省，遂下定决心拜管子为相国，统领国政。前683年，桓公到鲁国迎娶共姬，两国开始改善关系。前681年，齐桓公采纳管子之谋，与宋、鲁、陈、蔡、卫、郑、曹、邾等国之君于北杏会盟，齐桓公主盟，以平定宋国内乱。鲁庄公与齐桓公盟于柯地（齐邑，今山东肥城南）。会盟时，鲁国司马曹沫①劫持桓公，要求退还汶阳之地。桓公依照管子的意见，答应退地。柯地会盟，使齐桓公名声大振，各国诸侯纷纷前来与齐国结盟。至此，齐桓公真正认识到了称霸的本质，对管子拥有了一种铭心刻骨的信任，仿师尚父②之礼，拜其为"仲父"，任其独断国事，免君臣之礼。在桓公的全力支持和鲍叔牙、隰朋、宾胥无、东郭牙、宁戚、王子城父等文臣武将的积极配合下，管子大刀阔斧地对内进行改革、富国强兵，对外高举"尊王攘夷"旗帜，以仁义结诸侯，实施"称霸不用甲兵"战略。经过40年的不懈努力，终于"九合诸侯，一匡天下"，将一个内乱频仍、积贫积弱的东方小国——齐国打造成了威震华夏的春秋首霸，其功可谓至巨至伟。

管子的治国理政思想及税收思想集中反映在现存《管子》一书中。该书约成于战国至秦汉时期，由齐国稷下学宫一批推崇管子学说的学者集体编撰完成，由西汉经学家刘向审校定稿。它既是管子思想的集大成者，同时也杂有儒、墨、道、法、名、农、兵等思想，因而有"先秦诸子时代的百科全书"之称。

二、管子税收思想的主要内容

管子的税收思想是其治国理政思想的重要组成部分，本书将其提炼归纳为以下四个方面。

1. 主张发展生产，培植税源

管子说："粟者，王之本事也，人主之大务也。"③ "君之所务者五：一曰：山泽不救于火，草木不植成，国之贫也。二曰：沟渎不遂（畅流）于隘，鄣水（堤坝中的水）不安其藏，国之贫也。三曰：桑麻不植于野，五谷不宜其地，国之贫也。四曰：六畜不育于家，瓜瓠（葫芦）荤菜百果不备具，国之贫也。五曰：工事竞于刻镂，女事繁于文章（文饰），国之贫

---

① 曹沫与曹刿或为一人。
② 姜子牙（？—约前1015），姜姓，吕氏，名尚，字子牙，号飞熊，商末周初政治家、军事家、韬略家，周朝开国元勋，兵学奠基人。垂钓于渭水之滨，遇见西伯侯姬昌，拜姜为"太师"（武官名），尊称太公望，成为首席智囊，辅佐姬昌建立霸业。周武王即位后，尊为"师尚父"，成为周国军事统帅。辅佐武王消灭商纣，建立周朝，受封齐侯，定都于营丘，成为吕氏齐国的缔造者、齐文化的创始人。辅佐执政周公旦，平定内乱，开疆扩土，促成成康之治。周康王六年，病逝于镐京。
③ 《管子·治国第四十八》。

也。""国之所以富贫者五，轻税租，薄赋敛，不足恃（依靠）也。"①"善为政者，田畴垦而国邑实，朝廷闲而官府治。……不能为政者，田畴荒而国邑虚，朝廷凶而官府乱。"②"先王者善为民除害兴利，故天下之民归之。所谓兴利者，利农事也；所谓除害者，禁害农事也。"③"有地君国，而不务耕耘，寄生之君也。"④

由于对农业生产的重要性有比较清醒的认识，所以管子在任相期间给桓公提出了一系列促进农业生产发展、增加农民收入的政策建议，实施后均取得了较好的效果。比如，他建议：国君每年年终到邑里视察时，看到劳力与别户相同而住房独好的良民力作者，要赐以脯（干肉）二束、酒一石以示奖励。而对体力充足而闲游不肯劳动的，如是老年人，则给予谴责；如是壮年人，则遣送边疆服役；如是经营无本者，则贷给土地和钱币。⑤他建议：砍掉五衢这个地方所有路旁大树的树枝，使无尺寸之阴（阴凉），以劝勉那些衣衫褴褛、不务正业、经常躲在树阴底下乘凉谈笑的"三不归"之民，改掉恶习，专心务农，发展生产，改善生活。⑥他建议：加强对出产柴草、适于放牧牛羊的山林、沼泽和草地的开发和利用，以增加百姓的供给。⑦他建议：按地形高下对汶、渊、洙、浩等小溪流进行筑坝控制，使其水量增加三倍。然后下令九月种麦，翌年夏至收割。这样，在时雨未到之前，就可以享受到农事灌溉的好处了。⑧他建议：对民之能明于农事者，置之（奖励）黄金一斤，直食八石（相当于八石粮食）；民之能蓄育六畜者，置之黄金一斤，直食八石；民之能树艺者，置之黄金一斤，直食八石；民之能树（种植）瓜瓠荤菜百果使蕃衮（繁育）者，置之黄金一斤，直食八石；民之能已（治愈）疾病者，置之黄金一斤，直食八石；民之能知时（预知年景好坏）者，置之黄金一斤，直食八石；民之通于蚕桑，使蚕不疾病者，皆置黄金一斤，直食八石。谨听其言而藏之官（密养官府），使师旅之事无所与（参与）。另外，对能言诗记物、言时记岁、言史记成败、言行知顺逆、言《易》知利害、言卜知吉凶的人，都赐给一匹马所能耕种的土地和一斤金所能买到的衣服。这些都是帮助国君摆脱蒙昧愚妄的一种措施，也是国君管理人民的权柄。⑨

除了重视发展农业生产以外，管子还十分重视运用价格杠杆调节贫富不均，抑制商人兼并剥削，增加农民收入，调动其发展生产的积极性。他说："上农挟五（上等劳力

---

① 《管子·立政第四》。
② 《管子·五辅第十》。
③ 《管子·治国第四十八》。
④ 《管子·制分第二十九》。
⑤ 《管子·揆度第七十八》。
⑥ 《管子·轻重丁第八十三》。所谓"三不归"之民，管子的解释是："男女相好往来之市者，罢市相睹树下，谈语终日不归。男女当壮，扶辇推舆，相睹树下，戏笑超距（嬉笑跳跃），终日不归。父兄相睹树下，论议玄语，终日不归。"
⑦ 《管子·轻重甲第八十》。
⑧ 《管子·轻重乙第八十一》。
⑨ 《管子·山权数第七十五》。

的农民可负担五口人吃饭），中农挟四，下农挟三。上女衣五（上等劳力的妇女可供应五口人穿衣），中女衣四，下女衣三。农有常业，女有常事。一农不耕，民有为之饥者；一女不织，民有为之寒者。饥寒冻饿，必起于粪土（土地的经营），故先王谨于其始。事再其本（务农的收获两倍于其成本），民无卖其子（儿女）者；三其本，若（才可以）为食；四其本，则乡里给（富裕）；五其本，则远近通（流通），然后死得葬矣。"① "粟贾（价）平（每釜）四十，则金贾四千（而金价为每斤四千钱）。粟贾釜②四十，则钟四百也，十钟四千也，二十钟者为八千也。金贾四千，则二金中（值、相当于）八千也。然则一农之事，终岁耕百亩，百亩之收不过二十钟，一农之事乃中二金之财耳。故粟重黄金轻（所以粮食贵黄金就贱），黄金重而粟轻，两者不衡立（并立），故善者重粟之贾（所以善治国者必提高粮食的价格）。釜四百，则是钟四千也，十钟四万，二十钟者八万。金贾四千，则是十金四万也，二十金者为八万。故发号出令曰：一农之事有二十金之策。然则地非有广狭，国非有贫富也，通于发号出令，审于轻重之数然。"③

2.主张先予后取，不夺农时

农业生产与季节息息相关，因此，管子特别强调国家政策的实施不应耽误农时，并反对君主为了满足自己的穷奢极欲而消耗民力。他说："予之为取者，政之宝也。"④ "能予而无取者，天地之配也。"⑤ "春嬴育，夏养长，秋聚收，冬闭藏。"⑥ "地之生财有时，民之用力有倦，而人君之欲无穷，以有时与有倦，养无穷之君，而度量不生于其间，则上下相疾也。"⑦ "夫财之所生，生于用力；用力之所生，生于劳身。是故主上用财毋（无）已，是民用力毋休也。"⑧ "量民力，则事无不成。"⑨ "取于民有度，用之有止，国虽小必安；取于民无度，用之不止，国虽大必危。"⑩

（1）根据年景好坏，灵活调整取予政策。管子说："夫牧民不知其疾则民疾，不忧以德则民多怨，惧之以罪则民多诈，止之以力（强力），则往者不反（返），来者鸷距（踟躇不前）。"⑪ "有时先政，有时先德。飘风暴雨不为人害，涸旱不为民患，百川道（疏导、通畅），年谷熟，籴贷（购粮和借贷）贱，禽兽与人聚食民食，民不疾疫。当此时也，民富且骄。牧民者厚收善岁以充仓廪，禁薮泽，先之以事，随之以刑，敬之以礼乐，以振（禁止）其淫，此谓先之以政。飘风暴雨为民害，涸旱为民患，年谷不熟，

---

① 《管子·揆度第七十八》。
② 古代计量单位，1釜等于100升，10釜等于1钟。
③ 《管子·轻重甲第八十》。
④ 《管子·牧民第一》。
⑤ 《管子·形势解第六十四》。
⑥ 《管子·四时第四十》。
⑦⑩ 《管子·权修第三》。
⑧ 《管子·八观第十三》。
⑨ 《管子·牧民第一》。
⑪ 《管子·小问第五十一》。

岁饥，籴贷贵，民疾疫。当此时也，民贫且罢（疲惫）。牧民者发仓廪、山林、薮泽以共其财，后之以事，先之以恕，以振（振作）其罢，此谓先之以德。其收之也，不夺民财；其施之也，不失有德。富上而足下，此圣王之至事也。"①

（2）征税要便民利民，不得暴急无时。管子说："人君籍求（征索）于民，令曰十日而具（缴齐），则财物之贾（价）什去一（跌去1/10）；令曰八日而具，则财物之贾什去二；令曰五日而具，则财物之贾什去半；朝令而夕具，则财物之贾什去九。"② "凡农者月不足而岁有余者也，而上征暴急无时，则民倍贷（百姓就要借借一还二的高利贷）以给上之征矣。耕耨（耕田锄草）者有时，而泽不必足（而雨水不一定充足），则民倍贷以取庸（雇人浇地）矣。秋籴以五（商人秋购价是五），春粜以十（春售价是十），是又倍贷也。故以上之征而倍取于民者四。关市之租（租税），府库之征粟十一（1/10），厮舆（劳役）之事，此四时亦当一倍贷矣。夫以一民养四主（债主），故逃徙者刑而上不能止者，粟少而民无积也。"③

（3）征发徭役，要防止谷地数亡。管子说："春十日（春季最紧要的10天）不害耕事，夏十日不害芸事（锄草），秋十日不害敛实（收获），冬二十日不害除田（整治田地），此之谓时作（按照农时进行作业）。"④ "今君⑤立（修建）扶台，五衢（五方）之众皆作（来服役）。君过春而不止，民失其二十五日（春耕最关键的25天），则五衢之内阻弃（废弃）之地也。起一人之徭，百亩不举（不得耕种）；起十人之徭，千亩不举；起百人之徭，万亩不举；起千人之徭，十万亩不举。春已失二十五日，而尚有（又）起夏作，是春失其地，夏失其苗，秋起徭而无止，此之谓谷地数亡。谷失于时，君之衡（一直）藉而无止，民食什伍（一半）之谷，则君已籍九矣，有（又）衡求币焉，此盗暴之所以起，刑罚之所以众也。随之以暴（暴力镇压），谓之内战。"⑥

3. 主张均平地政，"相地而衰征"

土地是古代农业社会最主要的生产和生活资料，是百姓安身立命的基础，也是国家赋税的主要来源，因此，在保证国家安全的前提下，加强地政管理，开发利用土地资源，发展农副业生产，改善百姓生活，增加国家财政收入，就显得十分重要。管子除了对土地的重要性有非常深刻清醒的认识之外，还在地政管理和赋税征收方面采取了以下具体措施：

（1）实行士农工商分业定居制度。管子说："士农工商四民者，国之石民（柱石）

---

① 《管子·小问第五十一》。
② 《管子·国蓄第七十三》。
③ 《管子·治国第四十八》。
④ 《管子·山国轨第七十四》。
⑤ 指齐桓公。
⑥ 《管子·臣乘马第六十八》。

也，不可使杂处，杂处则其言哤（杂乱），其事乱。"①因此，借鉴先王②的做法，在全国推行"非诚贾（不是职业的商人），不得食于贾；非诚工（工匠），不得食于工；非诚农，不得食于农；非信士（不是真正的士人），不得立于朝。"③"处（安置）士必于闲燕（悠闲之地），处农必就田野，处工必就官府，处商必就市井"，这种四民分业定居制度的好处是：士者言义，农者言耕，工者言技，商者言利，从小耳濡不染，相沿成习，"不见异物而迁"④，既有利于提高生产技能，促进经济发展，又有利于社会的和谐稳定。

（2）实行均地和调制度。管子说："地者，政之本也。""地可以正政也。地不平均和调，则政不可正也；政不正，则事不可理也。""不均之为恶也，地利不可竭（地利不能充分开发），民力不可殚（充分利用）。不告之以时而民不知，不道（教导）之以事而民不为。与之分货（实行农产品分成制度），则民知得正矣（百姓就能知道收获与纳税）；审其分（分成比例），则民尽力矣。""均地、分力，使民知时也。"⑤"分地若一（分地标准统一），强者能守；分财若一，智者能收（收罗）。"⑥"天，莫之能损益也。然则可以正政者，地也，故不可不正（整顿）也。正地者，其实必正（实际可耕地必须核准）。长亦正，短亦正，小亦正，大亦正，长短大小尽正。正不正（地亩核实不准确），则官不理（官吏就无法治理）；官不理，则事不治；事不治，则货不多。……货多事治，则所求于天下者寡矣，为之有道。"⑦

均地、分力的具体做法是：①每夫额定授田一百亩，九夫之田为一里，六里见方即为一乘之地。⑧管子说："夫民之所生，衣与食也；食之所生，水与土也。所以富民有要（要领），食民有率（满足民食有规律），率三十亩而足于卒岁（大约三十亩就可以满足一人全年的口粮需要）。岁兼美恶（岁有丰歉），亩取一石（每亩收获物按一石计算），则人有三十石；果蓏素食当（折算）十石，糠秕六畜当十石，则人有五十石；布帛麻丝，旁入奇利，未在其中也。故国有余藏，民有余食。……故善者必先知其田，乃知其人，田备然后民可足也。"⑨②对山林湖泽等土地按可利用程度折算标准土地面积，即："地之不可食（不生五谷）者，山之无木者，百而当一（百亩折合一亩）；涸泽（干涸的沼泽），百而当一；地之无草木者，百而当一；樊棘杂处（荆棘丛生），民不得入焉，百而当一；薮（芦荡草泽），镰缠（镰绳）得入焉，九而当一；蔓山（丘陵），其木可以为材（材料），可以为轴（车轴），斤斧得入焉，九而当一；泛山（高山），其木可以为棺（棺材），可以为车，斤斧得入焉，十而当一；流水（溪流），网罟（渔网）得入焉，五而当一；林，其木可以为棺，可以为车，斤斧得入焉，五而当一；泽（湖泽），网罟

---

① ④ 《管子·小匡第二十》。
② 指周文王、周武王。
③ ⑤ ⑦ 《管子·乘马第五》。
⑥ 《管子·国蓄第七十三》。
⑧ 《管子·臣乘马第六十八》《管子·乘马第五》。
⑨ 《管子·禁藏第五十三》。

得入焉，五而当一。"①③定期修整土地疆界，重新调整土地分配。即："三岁修封（三年修整一次田埂），五岁修界（田界），十岁更制（重新分配），经正（常规）也。"②

（3）实行"相地而衰征"制度。"相地而衰征"，就是根据土地的数量和质量分等定赋、差别征税，上壤多征，中壤平征，下壤少征或免征。管子说："相地而衰其政（根据土壤等级差别征税），则民不移矣；正旅旧（施政不遗弃功臣故旧），则民不惰（懒惰）；山泽各以其时至（开发），则民不苟（苟且从事）；陵陆（高原）、丘井（丘阜）、田畴（田地）均，则民不惑；无夺民时，则百姓富；牺牲不劳（祭祀用品不妄取于民），则牛马育（牛马蕃育）。"③他又说："十仞④见水不大潦（十仞深才能见水的土地，一般不会发生大涝），五尺见水不大旱。一仞见水轻征，十分去二三（减税2/10—3/10）。二则去三四，四则去四，五则去半（减半），比之于山（相当于山地）。五尺见水，十分去一，四则去三，三则去二，二则去一，三尺而见水，比之于泽（相当于沼泽）。"⑤

春秋战国时代，是我国由奴隶制社会向封建制社会转变、分封制向郡县制转变、贵族世袭制向官僚制转变、土地王有制向土地私有制转变的历史大变革时期，管子顺应时代潮流，在齐国率先推行"相地而衰征"制度，试图将公私土地一律纳入平等负税的制度框架，这是具有划时代意义的重要创举。从具体做法上来看，管子突破了夏、商、周时代通行的以行政区划（州）为单位分配赋税负担，而不考虑各行政区划（州）内部不同土地的质量差异及其变化，因而容易导致赋税负担名实脱节、畸轻畸重的传统做法，而改为以地块为单位，在充分考虑其地理位置、地形地貌、水土特性、种养习惯、常年产量及成本收益等方面的诸多差异基础上，合理评定各地块的质量等级，并以此为据分配赋税负担，实行"相地而衰征"制度。显然，这一改革新举措要比前一种做法更加精细、更加科学，体现了量能负担的精神，更容易得到百姓的拥护和支持。后来，鲁宣公的"初税亩"（前594年）、郑国公孙侨（子产）的"作丘赋"（前583年）、楚国蔿掩的"量入修赋"（前548年）以及鲁国季孙氏的"用田赋"（前483年）等改革，就其按土地和田亩征税这一共性而言，无不受到管子"相地而衰征"思想的启发和影响。

管子时代还残留着公田助耕制度，具体做法是："距国门以外（从都城城门以外），穷四境之内（到全国所有地区），丈夫二犁（成年男子以两犁为标准），童五尺一犁，以为三日之功（为君主服役三天）。正月，令农始作，服于公田农耕。及雪释（等到雪水融化时），耕始焉（开始耕作），芸卒焉（到夏锄完结束）。士，闻见、博学、意察，而不为君臣者（凡是没有成为君主臣吏的），与功而不与分焉（要参与助耕但不给报酬）；贾（商人），知贾（熟悉物价）之贵贱，日至于市（每天到集市上交易），而不为官贾者（凡不是官商的），与功而不与分焉。工，治容貌功能（工匠讲求器物样式和功能），日至于市，而不为官工者，与功而不与分焉。不可使而为工（确实不能使其直接出工的

---

① ② ⑤ 《管子·乘马第五》。
③ 《管子·小匡第二十》。
④ 古代计量单位。一仞，为周尺八尺或七尺，周尺一尺约合二十三厘米。

人），则视贷离之实（就按所差劳役实数），而出夫粟。"①从这段话可以看出，在管子时代，助耕公田已经由完全的义务劳动向不完全的义务劳动转变，农人出工可以取得一定的分成收益，私士、私商、私工服劳役但不分配收益，确实无法出工的其他人等要按应服劳役的数量出粮食予以补偿。这体现了四民平等但又区别对待的精神，是重本抑末思想的反映。

4. 主张无籍少征，富国养民

（1）单税胜于复税。管子说："夫以室庑籍（对房屋征税），谓之毁成（就等于毁坏房屋）；以六畜籍（对牲畜征税），谓之止生（就等于限制繁殖）；以田亩籍（对土地征税），谓之禁耕（就等于禁止耕作）；以正人籍（对人口征税），谓之离情（就等于闭绝情欲）；以正户籍（对家庭征税），谓之养赢（就等于优待富豪）。五者不可毕（全）用，故王者遍行（轮流使用）而不尽也。"②这段话清楚地表明管子是一个单税论者，反对多税并征的复税制。但在不能完全否定税收存在的客观必然性的情况下，他对每个具体税种消极作用的评价又显得有些偏激和极端，这与他偏爱无籍、暗取，反对广征、明取的思想背景不无关系。从《管子》一书的记载来看，齐国当时基本上实行的是单一土地税制度，其他杂税名目虽多有提及，但实际征收的很少，且与轻重理财手段混杂在一起。

管子是一个重商主义者，善于经商理财，但他执掌齐国政权后，对私商和民间高利贷则采取极力排斥的态度，运用各种手段打压限制其发展，把牟取垄断暴利的机会紧紧攥在国家手里。管子总体坚持"关市讥而不征"的传统原则，不主张用重税困商。但在商品经济日益发达的情况下，他也没有放弃征收市税以谋利并贯彻国家宏观调控政策的尝试。《管子》一书对齐国当时征收市税的情况作了如下记载："方六里，名之曰社；有邑焉，名之曰央，亦关市之赋。黄金百镒为一箧（筐），其货一谷笼为十箧。其商苟在市者三十人，其正月、十二月（正月和十二月收税时），黄金一镒（要缴纳黄金1镒），命之曰正（征税）。分春曰书比（春分公布税率），立夏曰月程（立夏后按月核实货物销售情况），秋曰大稽（秋季统计总的纳税情况），与民数得亡（还要统计商民人数增减情况）。"③从以上描述可知，当时齐国对有市场的邑也征收关市之赋。市税的征收范围为有固定经营地点的市场和坐商，不包括流动商贩；征税对象为百货，按谷笼折算销售数量；纳税人为坐商三十人以上的市场，而不是每个登记在册的商户；税额标准为一谷笼货物缴纳黄金十箧（1000镒）。按年计税，分月或分季预缴。春分公布税率，夏季按月核实销售数量，秋季统计总的纳税情况及商户增减情况。这是工商税的萌芽，征收制度显得有些粗疏。

（2）无税胜于有税。在《管子》一书中，"籍"是一个使用频率比较高的概念，它有借助、征收、收取、索取、取得、暗征等多种含义。有时单独使用，有时又与相关

---

①③《管子·乘马第五》。
②《管子·国蓄第七十三》。

概念组合使用，同一概念在不同场合使用，其表意也不尽相同。《管子》将财政收入分为宜得与强求两类，主张以宜得为主、强求为辅。但在界定某种具体收入到底属于宜得还是属于强求时，相关解释并不总是严格准确，甚至出现矛盾。比如："租籍者，所以强求也；租税者，所虑而请也（经过谋划而索取）。王霸之君去其所以强求，废（保留）其所虑而请，故天下乐从也。"①"租籍，君之所宜得也；正（征）籍者，君之所强求也。亡君废其所宜得，而敛其所强求，故下怨上而令不行。"②上述两段话都在界定租籍与租税这两个概念的含义及性质，但具体解释却不明晰且存在矛盾，说明《管子》一书确非一时一人所作。但统观全书，管子主张君主应多用自愿、有偿、暗取、互惠互利等手段取得收入，而少用或不用强制、无偿、明征、纯义务的手段取得收入，这一指导思想是非常明确的，且一以贯之。为了便于理解，避免混乱，本书将"有籍"视为"有征""有税"，"无籍"视为"无征""无税"。

　　管子的轻重理财之法，大体包含五个要点：一是实行君主集权，强化朝廷的威势，做到令必行，禁必止；二是将商业经营的主导权掌握在国家手里，削弱私商和富豪对财富的垄断和控制，维护本业（农业）的发展和安全；三是利用物价的涨落变化，对经济实施有效的宏观调控；四是守住财富的源头，操控财富的流动，使人所必使，用人所必用，机动灵活地取得财政收入；五是国有忧患时以财辅战，四海归服时广行仁义。他说："善为国者，如金石之相举，重钧③则金倾（秤砣重则金块跌）。故治权（善用权谋）则势重，治道（按常道治理）则势赢（弱）。"④"开阖（开闭）皆在上，无求于民。"⑤"善正商任者省有肆（善于管理商业的就要减少私商），……动左右以重相因（由国家控制物价的涨跌），二十国之策也（这是1年取得20年财政收入的方法）。盐铁二十国之策也，锡金二十国之策也。五官之数（五种官营事业的共同特点是）：不籍（征）于民。"⑥"善为天下者，毋（勿）曰使之，使不得不使（使人们不得不使）；毋曰用之，用不得不用也。""国有患忧，轻重五谷以调用，积余藏羡以备赏。……诸侯不服以出战（辅战），诸侯宾服以行仁义。"⑦上述五个要点或原则环环相扣，逻辑谨严，是一个完整统一体，是保证轻重理财之法得以有效实施的必要条件。但是在管子看来，"今君之籍（理财）取以正（征税方式），万物之贾（价）轻去其分（半），皆入于商贾，此中（相当于）一国而二君二王也。故贾人（商人）乘其弊以守民之时，贫者失其财，是重贫（加倍贫困）也；农夫失其五谷，是重竭（加倍枯竭）也。"⑧

　　那么应该怎么做呢？管子从内守国财和外因天下两方面提出了一系列大胆奇妙的设想，这些设想付诸实践的，都取得了惊人的效果。具体来看，在内守国财方面，他

---

① 《管子·国蓄第七十三》。
② 《管子·轻重乙第八十一》。
③ 古代重量单位，一钧等于三十斤。
④⑥⑦ 《管子·揆度第七十八》。
⑤ 《管子·乘马数第六十九》。
⑧ 《管子·轻重甲第八十》。

提出了以下观点和举措：①用粮食加价替代征税，取得收入。管子说："中岁（中等年景）之谷，粜石十钱（卖出一石加价10钱）。大男食四石，月有四十之籍（每月就能征得40钱的税）；大女食三石，月有三十之籍；吾子（小孩）食二石，月有二十之籍。岁凶谷贵，籴石二十钱（从官仓买粮每石加价20钱），则大男有八十之籍，大女有六十之籍，吾子有四十之籍。是人君非发号令收啬（穑，粮食）而户籍（挨家挨户催税）也，彼人君守其本委谨（人君只要慎重掌握粮食的生产和贮备），而男女诸君吾子无不服籍（征）者也。一人廪食（一人从官仓买粮），十人得余（所得加价收入比10人缴纳的人口税还多）；十人廪食，百人得余；百人廪食，千人得余。""人君御（控制）谷物之秩相胜（价格涨跌），而操事于其不平之间，故万民无籍，而国利归于君也。"①②用食盐专卖加价替代征税，取得收入。管子说："十口之家十人食盐，百口之家百人食盐。终月（一个满月），大男食盐五升少半（近五升半），大女食盐三升少半，吾子食盐二升少半，此其大历（大数）也。盐百升而釜（盐百升为一釜）。令盐之重（价）升加分强②（每升加半镪），釜五十也（一釜就是50镪）；升加一强，釜百也；升加二强，釜二百也。钟二千（每钟加2000镪），十钟二万，百钟二十万，千钟二百万。万乘之国，人数开口千万也（人口总数千万人），禹策（统算）之，商（大约）日二百万，十日二千万，一月六千万。万乘之国，正人百万也（征百万人的人口税），月人三十钱之籍（每人每月征收30镪），为钱三千万。今吾非籍之诸君吾子，而有二国之籍（税入）者六千万。使君施令曰（假如君主发布命令说）：吾将籍于诸君吾子，则必嚣号（百姓必怨声载道）。今夫给之盐策，则百倍归于上，人无以避此者，数（规律）也。"③③用铁器专卖加价替代征税，取得收入。管子说："一女必有一针一刀（每个妇女做女红必要有一根针和一把剪刀），若（然后）其事立；耕者必有一耒一耜一铫（每个农夫干农活必要有一把犁、一个铧和一把大锄），若其事立；行服连轺輂者（修造各种车辆的）必有一斤（斧）一锯一锥一凿，若其事立。不尔（不然）而成事者，天下无有。令针之重（价）加一（1镪）也，三十针一人之籍（30根针的加价收入就等于一人所纳的人口税）；刀之重加六，五六三十，五刀一人之籍也；耜铁（铁铧）之重加十，三耜铁一人之籍也。其余轻重皆准此而行。然则举臂胜事（只要人们动手干活），无不服籍者。"④④其他谋利手段。a.用操纵粮价上涨，赚取利益。如："三壤已抚（控制了3个土壤等级不同的地区的粮食收购），而国谷再什倍（谷价可上涨20倍）。"⑤"君有山，山有金，以立币（用它来铸造钱币），以币准谷而授禄（将粮食折成货币来发放俸禄），故国谷斯在上（这样粮食都掌握在君主手里），谷贾什倍（谷价将上涨10倍）。农夫夜寝蚤起（农夫起早贪黑），不待见使（不等驱迫），五谷什倍。""吾国岁非凶也，以币藏之（用投放货币收购粮食），故国

---

① 《管子·国蓄第七十三》。
② "强"通"镪"，古称成串的钱。
③④ 《管子·海王第七十二》。
⑤ 《管子·山国轨第七十四》。

谷倍重（这样谷价可上涨10倍），故诸侯之谷至也。""士受赏（俸禄）以币，大夫受邑（接受封邑的租税）以币，人马（官府的人夫、马匹等一切开支）受食以币，则一国之谷资（谷物）在上，币赍（货币）在下，国谷什倍（国谷价涨10倍），数也。万物财物去什二（其他物资因粮贵而降价两成），策也（也是这个政策的结果）。"①下令卿诸侯大夫城藏（筑仓藏谷），将使粮价上涨。农民们则大种其五谷，粮食增产三倍。专事经商的人几乎亏本，而农民则会得到百倍的赢利。②假如君主以巡游须为随行人马准备粮食及饲料之名，把四邻各县的藏谷加以封存，使谷价"坐长什倍"。③以屯垦戍边为名，规定家存10钟以上粮食的人家都可以不去服役，从而将各家的存粮数字全部掌握。凡是符合条件可以不去服役的，君主按照平价将他们的粮食全部收购。这样，就可以做到九州无敌，国境安全无患。④b.用垄断各种自然资源，赚取利益。如允许民间开采经营铁矿石，官与民按三比七的比例进行利润分成，各种铁制品由官府统购统销，从加价中赚取利润；⑤对怀疑地下埋有贵重矿藏的山岭，谨封而为禁，这叫"官（管）天财"；⑥山林由国家垄断经营，免除民人的田赋而"租其山"，对柴楂、建筑材料和棺椁木料分等定价，让人民按自己的需要自由购买，从中赚取垄断收益。同时禁止民人在房前屋后和田间种植树木；对有莞蒲之壤、有竹箭檀柘之壤、有氾下渐泽之壤、有水潦鱼鳖之壤的所谓"四壤"，由君主直接管理和控制，以取得特产经营收入。⑦c.用操纵借贷市场，赚取利益。如：在农耕或粮食青黄不接时节，通过官府向农民提供比民间高利贷优惠的钱物借贷，粮食收割后再采取"以谷准币"或"以币准谷"的办法偿还，从中获取谷币折算收益；⑧规定凡握有百张债券的富商巨贾之家必须向官府献马一匹，无马者可以向国家购买。这样，市场的马价一定会上涨到百倍之多。这时，国家的马匹还没有离开马槽，所取得的收入就已经足以免除曲防战役中百姓为缴纳国君的军费而向高利贷者所借的大笔债务了；⑨规定诸侯郡国向最高统治者进行贺献，必须用一种名叫"镂枝兰鼓"的丝织品。这样，市面上的"镂枝兰鼓"的价格就会坐涨10倍，国君所藏的"镂枝兰鼓"也自然会同时坐涨。然后将称贷之家请来，动之以情，晓之以理，让他们都购买国君所藏的"镂枝兰鼓"，结果还没销售3000纯（每纯值1万钱），民人的全部债务就已经清偿了；令左右州表彰给民人放贷的富豪之家，粉刷、加高、装裱其门闾，并由国君派出8位使者持玉璧以聘问，给盐菜之用。结果，称贷之家皆毁其契券而削其书，主动分散财利，赈济贫弱百姓。⑩d.用奇珍异宝、鬼神灾异做幌子，赚取利益。如：以国宝神龟作抵押，向富商大户借粮，以作军用；⑪为古昔尧之五吏五官封山立庙，命人祭祀，

---

① 《管子·山至数第七十六》。
②④⑤⑨ 《管子·轻重乙第八十一》。
③⑦⑧ 《管子·山国轨第七十四》。
⑥ 《管子·地数第七十七》。
⑩ 《管子·轻重丁第八十三》。
⑪ 《管子·山权数第七十五》。

春献兰花，秋献新谷，生鱼做成的鱼干、小鲵做成的菜肴也可以作祭品。鱼税收入增长百倍，就可以免除对百姓征收的罚款和人口税了；①齐国地界出现彗星，桓公很慌恐，管子要求他向功臣世家发布命令："彗星出，寡人恐服（恐怕要出兵对付）天下之仇。请有五谷菽粟布帛文采者，皆勿敢左右（都不要私自处理）。国且有大事，请以平贾取之（将按平价收购）。"功臣之家、人民百姓皆献（拿出）其谷菽粟泉金，归（无偿提供）其财物，以佐（支援）君之大事。②

在外因天下方面，管子提出了如下观点和举措：①人为抬高本国谷物的收购价格，以吸引外国谷物大量流入本国。如："滕、鲁之粟釜百（每釜100锱），则使吾国之粟釜千，滕、鲁之粟四流而归我，若下深谷者。"③②用土壤水分流失严重、不适于耕种的所谓"漏壤之国"生产的"工雕文梓器"与其他诸侯国进行交换，以吸收其五谷。④③以超出常规10倍的独占价格向"恶食无盐则肿""用盐独重"的梁、赵、宋、卫、濮阳等国出售齐国渠展所煮之盐，得成金万一千余斤。⑤④借周天子之威，下令各诸侯，凡想跟从天子封泰山、禅梁父者，必须携带一束江淮特产三脊菁茅作为禅籍（坐席）。结果，菁茅之价一夜之间涨至百金，天子即位不到3日，天下之金像潮水般流向周室，周天子从此7年不向诸侯求贺献。这就是菁茅之谋；借周天子之威，下令各诸侯，凡想参观周室、观摩周礼的，必须携带一块齐国阴里工匠精工雕刻的特产石壁。结果，诸侯国的黄金、珠玉、五谷、文采、布帛等珍宝像潮水般流向齐国，齐国从此8年而不向民人征税。这就是阴里之谋。⑥⑤有意识地提高某种外国特产（奇出）在本国的收购价格，使其贪图小利而放弃农业生产，造成粮价飞涨、民不聊生的局面，借以颠覆其国家。如提高绨价以颠覆鲁、梁；提高柴价以颠覆莱、莒；提高鹿价以颠覆楚国；提高狐白之价以颠覆代国；提高兵械之价以颠覆衡山；⑦等。⑥对来齐国做生意的外商提供优厚待遇，以吸引别国的财富流入本国。如：下令为诸侯之商贾建招待客栈，拥有四马所驾一车的商人免费供饭，三乘者外加供应牲口草料，五乘者配备5个服务员。结果，天下之商贾归齐如流水。⑧

（3）轻税胜于重税。管子十分赞赏用无籍或暗取的方式筹集收入、调控经济，自然也就十分赞赏轻税养民的思想。这从以下论述中清楚地反映出来，他说："省刑罚，薄赋敛，则民富矣。"⑨"好本事，务地利，重（轻、慎、不轻易）赋敛，则民怀其产（百姓就会怀恋其田产）。""不好本事，不务地利，而轻（重、过分）赋敛，不可与都邑

---

① 《管子·轻重甲第八十》。
②⑥ 《管子·轻重丁第八十三》。
③⑧ 《管子·轻重乙第八十一》。
④ 《管子·山至数第七十六》。
⑤ 《管子·地数第七十七》《管子·轻重甲第八十》。
⑦ 《管子·轻重戊第八十四》。
⑨ 《管子·小匡第二十》。

（这样的人不可授予都邑的官）。"①"厚籍敛于百姓，则万民怼怨（怨恨）。"②"轻用众（过分使用民众），使民劳，则民力竭矣；赋敛厚，则下怨上矣。民力竭则令不行矣，下怨上，令不行，而求敌之勿谋己，不可得也。"③"辟地广而民不足者，上赋重，流（丢掉）其藏也。""荐草虽多，六畜有征，闭货之门也。"④

管子的无籍和轻税思想在其改革实践中得到了充分的体现。桓公践位初期，急于称王称霸，但因国力不济，仁义不积，屡遭管子的劝阻。管子对他说："齐国百姓，公之本也。人甚忧饥，而税敛重；人甚惧死，而刑政险；人甚伤劳，而上举事不时。公轻其税敛，则人不忧饥；缓其刑政，则人不惧死；举事以时，则人不伤劳。"桓公说："寡人闻仲父之言此三者，闻命矣，不敢擅也，将荐之先君。"于是令百官有司，削方墨笔（削好木板并备好笔墨）。明日（第二天），皆朝于太庙之门朝（门庭），定令于百吏：使税者百一钟（按1/100的税率征税），孤幼不刑，泽梁时纵（水泽按时开放），关讥而不征，市书而不赋（市场只书契而不征税）；近者示之以忠信，远者示之以礼义。行此数年，而民归之如流水。⑤桓公践位十九年，弛关市之征，五十而取一。赋禄（收农赋）以粟，案田而税（按土地等级分别征收）。二岁而税一（两年收税一次），上年（丰年）什取三，中年什取二，下年什取一；岁饥不税，岁饥弛而税（待饥荒缓和后再征收）。⑥石璧之谋后齐国掠取了诸侯国大笔的金银财宝，从此"国八岁而无籍。"⑦第三次诸侯会盟时，桓公以其威望向各国诸侯发出倡议："田租百取五，市赋百取二，关赋百取一。毋乏耕织之器。"⑧随着齐国与各诸侯国关系的不断交好，桓公为了表示友善，曾下令对其到东莱交换齐国鱼盐的商贾，进出关卡和市场只检查而不征税，存放货物的货场也不收租金，来往提供最大的便利。诸侯都称道他的宽惠。⑨为了体现君主对百姓的慈爱和仁德，桓公入国才40天，五次督行九种惠民的政教，即老老、慈幼、恤孤、养疾、合独、问疾、通穷、振困和接绝。其中，给予税收优惠的有三种人：①凡年在70岁以上的老人，一子免除征役，每年3个月有官家所送的馈肉；80以上的，二子免除征役，每月有馈肉；90以上的，全家免役，每天有酒、肉的供应。这些人死了，君主供给棺椁。还要劝勉他们的子弟：细做饮食，询问老人要求，了解老人的嗜好。这就叫"老老"。②凡士民有幼弱子女，无力供养成为拖累的，规定养3个幼儿即可免除1人的"妇征"，养4个全家免除"妇征"，养5个还配备保姆。官家发给两人份额的粮食，直到幼儿能生活自理

---

① 《管子·立政第四》。
② 《管子·宙合第十一》。
③ 《管子·权修第三》。
④ 《管子·八观第十三》。
⑤ 《管子·霸形第二十二》。
⑥ 《管子·大匡第十八》。
⑦ 《管子·轻重丁第八十三》。
⑧ 《管子·幼官第八》。
⑨ 《管子·小匡第二十》。

为止。这就叫"慈幼"。③凡士民死后,子女孤幼,无父母所养,不能自己生活的,就归同乡、熟人或故旧抚养。代养1个孤儿的,一子免除征役;代养2个,两子免除征役;代养3个,全家免除征役。这就叫"恤孤"。①

三、对管子治国理政思想及税收思想的简要评述

1.对管子治国理政思想的简要评述

管子是我国春秋前期继周公之后最伟大的一位政治家、军事家、改革家和理财家。他在辅佐齐桓公成就霸业的40年伟大实践中,将道、法、儒、墨、名、农、兵等思想融为一体,活学活用,形成了具有王霸主义、功利主义、民(农)本主义、国家干预主义、权变主义、法治主义、尊君主义和无籍(征)主义等鲜明特征的治国理政思想,并在正确处理君与臣、权与威、守成与变革、义与利、德与法、本与末、效率与公平、自由与干预、齐国与诸侯国、齐桓公与周天子等复杂关系的基础上,演绎出了一幕幕令人眼花缭乱、拍案叫绝的历史活剧,以不争的事实成就了其经天纬地的"霸王之臣"②和"父母之臣"③的一世英名。管子的"仓廪实而知礼节,衣食足而知荣辱""礼义廉耻,国之四维""以法治国,政不二门""无籍胜有籍""尊王攘夷"等名言和思想流传千古,久盛不衰,至今仍有重大历史借鉴意义。

不过,管子也是一个颇具争议的历史人物。儒宗孔子从弃小从大、经权辩证角度,对其"尊王攘夷,化野为文"的伟大功绩给予充分肯定,把他归入"仁人"之列④;亚圣孟子则从维护儒家正统和纯粹性角度,对其"权谋诡诈,商贾逐利"行为给予强烈抨击,把他划入"罪人"之列⑤,羞与为伍。清末民初著名思想家、政治家、启蒙运动领袖、新法家代表人物梁启超站在时代交替、中外互竞互鉴的现代立场,对这场旷日持久的争论作了总结,他说:"今天下言治术者,有最要之名词数四焉:曰国家思想也,曰法治精神也,曰地方制度也,曰经济竞争也,曰帝国主义也。此数者皆近二三百年来之产物,新萌芽而新发达者,欧美人所以雄于天下者,曰惟有此之故。中国人所以弱于天下者,曰惟无此之故。中国人果无此乎?曰恶(不),是何言?吾见吾中国人之发达是而萌芽是,有更先于欧美者。谓余不信,请语管子。管子者,中国之最大政治家,而亦学术思想界一巨子也。顾吾国人数千年来崇拜管子者,不少概见,而訾謷(攻讦、诋毁)之者反倍蓰(成倍)焉,此误于孟子之言也。孟子之论管子也,与孔子异。孔子虽

---

① 《管子·入国第五十四》。
② 《管子·小匡第二十》,管子向齐桓公自荐语。
③ 《管子·小匡第二十》,鲍叔牙向齐桓公举荐管子语。
④ 《论语·宪问第十四》。
⑤ 《孟子·告子下》。

于器小之讥偶有微词，而一则称之曰'如其仁、如其仁'，再则叹之曰'微管仲，吾其被发左衽矣！'岂非以其事业之所影响，功德之所沾被，不徒在区区一齐，而实能为中国历史上别开一新生面耶？孟子之论管子，则轻薄之意，溢于言外，常有彼哉彼哉羞与为伍之心。嘻！其过矣！吾以为孟子之学力，容有非管仲所能及者。管仲之事业，亦有断非孟子所能学者。在孟子当时或亦有为而发，为此过激之言。而后之陋儒，并孟子之所以自信者而亦无之，乃反吠影吠声，樵（采）至迂极腐之末论以诋訾（诋毁）管子。彼于管子何损？而以此误治术，误学理，使先民之良法美意，不获宣于后，而吾国遂涣散积弱以极于今日，吾不得不为后之陋儒罪也！"①

2. 对管子税收思想的简要评述

管子的税收思想是其治国理政思想的重要组成部分，本书将其提炼归纳为四个方面，包括：（1）主张发展生产，培植税源。（2）主张先予后取，不夺农时。本条下有3个细目：①根据年景好坏，灵活调整取予政策；②征税要便民利民，不得暴急无时；③征发徭役，要防止谷地数亡。（3）主张均平地政，"相地而衰征"。本条下有3个细目：①实行士农工商分业定居制度；②实行均地和调制度；③实行"相地而衰征"制度。（4）主张无籍少征，富国养民。本条下有3个细目：①单税胜于复税；②无税胜于有税；③轻税胜于重税。

管子的税收思想以"予喜夺怒"的人性论为基本前提，以富国强兵、成就霸业为战略目标，以顺民、利民、爱民、富民、养民、安民、用民、治民为思想基础，以无征暗取为核心特征，适应了新兴地主阶级集权统治的利益要求和商品经济的发展形势，不仅有重要的财政意义，也有重要的政治、经济、军事、外交意义，给后人留下了无尽的思考和发挥空间。商鞅、桑弘羊、刘晏、王安石等著名改革家、理财家无不把管子视为理财大师，对其顶礼膜拜。

管子的税收思想虽然具有承前启后、继往开来的重大历史意义，但受春秋时期地主经济和商品经济尚不发达、诸侯国依法治国水平不高、诸侯争霸兴起、内忧外患增多的时代背景的局限以及管子王霸主义、功利主义、尊君主义、权变主义和干预主义思想特征的影响，它也存在许多不成熟的地方。比如，租、税、赋、捐、籍、价不分，概念混杂；过分重视为君主敛财、藏富于国，而轻视减轻百姓整体负担、藏富于民；过分重视行政手段和价格杠杆的运用，而轻视税收杠杆的再分配功能；过分重视国家垄断经营、宏观经济调控和抑制豪强兼并，而轻视对工商业者私有财产和民营经济发展自由的保护；过分重视轻徭薄赋、让利于民，而轻视依法治税、保持税法的稳定性和连续性；等。这从他频繁操控价格涨落、频繁减免税收、用阴谋诡计敛财、以缴兵甲抵罪、用抬高粮价赈济贫弱、税收缴纳形式频繁变动、从谷币折算中获取高额借贷收益、随意剥夺富商大贾的财产和利润等事例中，可以清晰地反映出来。春秋后期，儒家学派兴起，孔

---

① 《管子传·叙论》，梁启超著，《梁启超全集》第六集，中国人民大学出版社2018年版。

子极力倡导以德治国、礼义教化、民富优先、自由放任、以义制利、轻徭薄赋、恢复井田制和什一税，强烈反对"聚敛之臣"、国家干预、奢侈淫佚、苛法害民、计亩征税，管子的理财思想和税收实践在很长一段时间受到冷落和指责，这也许就是对其副作用的一种矫枉过正吧。

主要参考文献：

《管子全译（上下）》（修订版），谢浩范、朱迎平译注，贵州人民出版社2009年版。

《管子传》，梁启超著，汤仁钧、汤仁泽编《梁启超全集》第六集，中国人民大学出版社2018年版。

《管子传》，高连欣著，花山文艺出版社1995年版。

晏 子

一、晏子生平简介

晏子（前578—前500），姓晏，名婴，字仲，谥平，惯称平仲，尊称晏子。莱之夷维（今山东高密）人。春秋后期著名政治家、思想家和外交家，是继管仲之后齐国又一位名相。其曾祖父在齐桓公时始封晏城，因得晏氏。其父晏弱为齐国上大夫，食邑于晏，齐灵公二十六年（前556年）病逝，晏子袭封。直至齐景公四十八年（周敬王二十年，前500年）去世，晏子在齐国辅政长达50余年，历灵公、庄公、景公三朝。其中，以上大夫身份辅佐灵公[①]约三年（前556—前554年）；辅佐庄公[②]约六年（前553—前548年）；辅佐景公[③]约四十八年（前547—前500年）。在这段艰险漫长的辅政生涯当中，晏子亲身经历了晋军火烧临淄城（周灵王十七年，灵公二十七年，前555年）、灵公之死（周灵王十八年，灵公二十八年，前554年）、崔庆弑庄公立景公（周灵王二十四年，庄公六年，前548年）、庆封灭崔杼（周灵王二十五年，景公元年，前547年）、庆封逃鲁奔吴（周灵王二十七年，景公三年，前545年）、与晋国士大夫叔向讨论齐政归属（周景王六年，景公九年，前539年）、齐国四姓（栾、高、陈、鲍）之乱（周景王十三年，景公十六年，前532年）[④]、齐鲁夹谷会盟（周敬王二十年，景公四十八年，前500年，同年晏子卒）等重大事件，并为抑制昏君暴政、恢复礼仪秩序、保护公室安全、提高齐国的

[①] 前582年齐顷公病逝，顷公长子环继位，是为齐灵公。前555年，春秋霸主晋派中行献子伐齐，齐师败绩，灵公逃到临淄城内不敢应战，晋军将临淄外城全部烧毁后班师。晏子称灵公懦弱无勇。次年灵公病逝，庄公继位。

[②] 前554年5月壬辰日齐灵公病逝，灵公长子光在崔杼的支持下击败太子牙而继位，是为齐庄公。前548年，在晋欲伐齐之际，庄公与其卿大夫崔杼之妻私通，被杀。崔杼拥立庄公之弟景公为新君，崔杼自任右相，庆封任左相，两人把持朝政。晏子对庄公的评价是：不好奢侈，唯尚勇力，不顾道义。

[③] 齐景公，齐庄公之异母弟，名杵臼。崔杼弑君后被拥立为新君。晏子评价他好奢。

[④] 《晏子春秋·田无宇胜栾氏高氏欲分其家晏子使致之公第十四》。

国际威望等做出了重大贡献。

晏子与鲁国孔子、晋国叔向、郑国子产等同处一个时代,并与孔子和叔向有较深交往。孔子说:"古之善为人臣者,声名归之君,祸灾归之身,入则切磋其君之不善,出则高誉其君之德义,是以虽事惰君,能使垂衣裳,朝诸侯,不敢伐(夸)其功。当此道者,其晏子是耶!"①"灵公污,晏子事之以整齐;庄公壮,晏子事之以宣武;景公奢,晏子事之以恭俭:君子也!""救民之姓而不夸,行补三君而不有,晏子果君子也。"②鲁昭公说:"晏子,仁人也。反(返)亡君,安危国,而不私利焉;戮崔杼之尸,灭贼乱之徒,不获名焉;使齐外无诸侯之忧,内无国家之患,不伐(夸)功焉;鍖然不满(谦虚不自满),退托于族,晏子可谓仁人矣。"③晏子死后,齐景公伏尸而号,曰:"子大夫日夜责寡人,不遗尺寸,寡人犹且淫佚而不收(收敛),怨罪重积于百姓。今天降祸于齐,不加于寡人,而加于夫子,齐国之社稷危矣,百姓将谁告夫?"④司马迁说:"晏子俭矣,夷吾则奢;齐桓以霸,景公以治。"⑤"事齐灵公、庄公、景公,以节俭力行重于齐。既相齐,食不重肉,妾不衣帛。其在朝,君语及之,即危言;语不及之,即危行。国有道,即顺命;无道,则衡命(抗命)。以此,三世显名于诸侯。"⑥

晏子一生的经历、思想、言论和业绩在今存《晏子春秋》一书中有较完整和详实的记述。据传,该书在战国晚期以前就已流行,但始作者不详,后经西汉经学家刘向编校整理后方才基本定型。全书58700余字,由内外两篇215章组成,以君臣对话方式写成,每章讲述一个小故事,文风清新活泼,机智幽默,极富启发性和警示性。除此之外,《左传》《国语》《孔子家语》《史记》等史籍中也有不少关于晏子事迹的介绍。

二、晏子税收思想的主要内容

晏子的税收思想是其治国理政思想的重要组成部分,又与他劝谏齐景公的奢侈无度、残暴无礼行为密切关联。据史料记载:

(1)景公好饮酒。景公与大臣饮酒,要求他们开怀畅饮,不必拘泥于君臣之礼。晏子谏之曰:"人而无礼,禽兽也"⑦;景公深更半夜去敲晏子、穰苴⑧家的门,说"酒醴之味,金石之声"愿与各位共享。晏子和穰苴说这不是我们的职责,我们不敢参与。景

---

① 《晏子春秋·景公冬起大台之役晏子谏第五》。
② 《晏子春秋·仲尼称晏子行补三君而不有果君子也第二十七》。
③ 《晏子春秋·晏子使鲁鲁君问何事回曲之君晏子对以庇族第十二》。
④ 《晏子春秋·晏子死景公驰往哭哀毕而去第十六》。
⑤ 《史记》卷130《太史公自序》。
⑥ 《史记》卷62《管晏列传》。
⑦ 《晏子春秋·景公饮酒酣愿诸大夫无为礼晏子谏第二》。
⑧ 穰苴,齐国将军。

公无趣，只好到宠臣梁丘据①家饮酒作乐；②晏子请景公到他家饮酒，天快黑了，景公要求举火（点灯）再饮，晏子说："这不符合君臣之礼。我只请君主白天饮酒，没有安排晚上饮酒，再饮是臣的罪过啊！"景公遂辞出；③景公饮酒，醒（醉），三日而后发（起床）。晏子谏之曰："失所以为国矣，愿君节之也！"④景公饮酒，七日七夜而不止。士大夫弦章谏之曰："章愿君废酒也！不然，章赐死（请将我赐死）。"景公遂不饮。⑤

（2）景公好歌舞。梁丘据为景公秘密引入能演奏新乐的"歌人虞"，景公听得如醉如痴，一夜都没合眼，第二天不能上朝视事。晏子谏曰："以新乐淫君。"于是，下令将"歌人虞"全部逮捕治罪；⑥景公之时，齐国下大雨长达十七天，一万七千家受灾，损坏房屋二千七百家。而景公饮酒，日夜相继。晏子请向灾民发放救济粮，三请都不见许。还命令大臣柏遽巡国，致（寻找）能歌者。晏子闻之，不说（悦），遂分家粟于氓（民），致任器于陌（并把自家装粮食的器具摆放在路旁供人取用）。三日后，晏子请辞官，公不许；⑦景公铸造了一口大钟，准备悬挂。晏子、仲尼、柏常骞三人朝见，都说："钟将毁。"冲（撞）之，果毁。⑧

（3）景公好奇服。景公请鲁国的鞋匠为他订做了一双特制的鞋，以金丝为鞋带，饰以银，连以珠，用良玉装饰，长一尺，冰月（大冬天）穿上它以听朝。鞋很重，举步艰难，晏子谏曰："古圣人制衣服也，冬轻而暖，夏轻而清（凉爽），今君之履，冰月服之，是重寒也（是加重寒冷啊）。履重不节（鞋重不节制），是过任也（是负担过重啊），失生之情矣（不符合养生之道啊）。故鲁工不知寒温之节，轻重之量，以害正生，其罪一也；作服不常（制作服饰不符合常理），以笑诸侯（使诸侯见笑），其罪二也；用财无功，以怨百姓（使百姓生怨），其罪三也。请拘而使吏度之（请逮捕交由法官审判定罪）。"公（曰鲁工）苦，请释之。晏子曰："不可。婴闻之，苦身为善者，其赏厚；苦身为非者，其罪重。"公不对。晏子出，令吏拘鲁工，令人送之境，使不得入。公撤履，不复服也。⑨景公请人做了一顶又高又大的帽子和一身长衣，穿上它以听朝，神情傲慢自得，日宴不罢。晏子谏曰："圣人之服讲究适中，简易而不夸张，轻便而可以奉生，是以下皆法其服，而民争学其容。今君之服，大而华丽，不可以导众民，疾视矜立，不可以益生延寿，又日宴不罢，很不方便，不如脱掉吧。"公曰："寡人受命。"⑩景公凿了一个深度可以没过一辆车的大水池，并在池中修建了一座两丈多高的宫室，雕梁画栋，

---

① 梁丘据，景公佞臣。
② 《晏子春秋·景公夜从晏子饮晏子称不敢与第十二》。
③ 《晏子春秋·晏子饮景公酒公呼具火晏子称诗以辞第十五》。
④ 《晏子春秋·景公饮酒醒三日而后发晏子谏第三》。
⑤ 《晏子春秋·景公饮酒七日不纳弦章之言晏子谏第四》。
⑥ 《晏子春秋·景公夜听新乐而不朝晏子谏第六》。
⑦ 《晏子春秋·景公饮酒不恤天灾致能歌者晏子谏第五》。
⑧ 《晏子春秋·景公为大钟晏子与仲尼柏常骞知将毁第九》。
⑨ 《晏子春秋·景公为履而饰以金玉晏子谏第十三》。
⑩ 《晏子春秋·景公为巨冠长衣以听朝晏子谏第十六》。

很是气派。景公穿着一身五彩斑斓、饰以美玉的漂亮衣服,披散着头发,傲然南立。晏子谏曰:"臣闻之,雕梁画栋是蛮夷民族的风俗,今君横木龙蛇,立木鸟兽,只是一室之功矣!夸耀宫室之美,炫耀衣服之丽,披散着头发,傲然自得,也只能在一室之中打扮而已。万乘之君,而壹心于邪,君之魂魄亡矣,有谁还能与您共图霸业呢?"公遂改室易服(景公于是到别的房间去换衣服)。①

(4)景公好游猎。景公畋(田猎)于署梁,十有八日而不返。晏子自国往见公,谏曰:"国人皆以君为安野而不安国,好兽而恶民,毋乃不可乎?"公曰:"寡人之有五子(五位大臣),犹心之有四支(肢),心有四支,故心得佚焉。"晏子对曰:"若乃心之有四支,而心得佚焉,可;得令(能让)四支无心,十有八日,不亦久乎!"公于是罢畋而归。②景公大白天披散着头发,用六马驾车,载着后妃准备从王宫小门出去,遭一位被砍掉脚的守门人拦截而返回,守门人说:"您不像我们的国君啊!"景公羞惭而返,几天都不好意思上朝听政。晏子入见,对曰:"今君有失行,刖跪(被砍掉脚的守门人)直辞禁之,是君之福也。故臣来庆。请赏之,以明君之好善;礼之,以明君之受谏。"公笑曰:"可乎?"晏子曰:"可。"于是加倍赏赐守门人并免征其赋税;③景公出游于寒涂(寒冷的路途),睹死胔(腐尸),默然不问。晏子说:"今君之行,婴惧公族之危,以为异姓(田氏)之福也。"④景公与晏子登寝(寝台)而望国(眺望齐国),公愀然而叹曰:"使后嗣世世有此,岂不可哉!"晏子曰:"臣闻明君必务正其治,以事利民,然后子孙享之。今君处佚怠,逆政害民有日矣,而犹出若言,不亦甚乎!"⑤景公之时,荧惑(火星)守于虚(虚区),期年不去(一年都不离开)。召晏子而问曰:"吾闻之,人行善者天赏之,行不善者天殃之。荧惑,天罚也,今留虚,其孰当之(谁将承受天罚)?"晏子曰:"齐当之。"⑥

(5)景公好滥赏。景公宴赏于国内,万钟者三,千钟者五,令三出,而职计莫之从(掌管钱财的官吏认为不合礼制而无法遵从)。公怒,令免职计,令三出,而士师莫之从(不敢执行)。⑦翟王之子羡臣于景公,他善驾八匹马拉的马车,景公的宠妾婴子喜欢观看,景公迁就她,就决定赐给羡万钟的俸禄。晏子谏曰:"今君不免(勉)成城之求(现在国君不思努力兴国建邦),而惟倾城之务(而只干取悦宠妾败坏国家的事),国之亡日至矣。"⑧景公使晏子为东阿宰,三年,毁(诋毁之声)闻于国。景公不说(悦),召而数(责备)之曰:"吾以子为可,而使子治东阿,今子治而乱,子退而自察也,寡人

---

① 《晏子春秋·景公自矜冠裳游处之贵晏子谏第十五》。
② 《晏子春秋·景公从畋十八日不返国晏子谏第二十三》。
③ 《晏子春秋·景公惭刖跪之辱不朝晏子称直请赏之第十一》。
④ 《晏子春秋·景公游公阜一日有三过言晏子谏第十八》。
⑤ 《晏子春秋·景公登路寝台望国而叹晏子谏第十九》。
⑥ 《晏子春秋·景公异荧惑守虚而不去晏子谏第二十一》。
⑦ 《晏子春秋·景公燕赏无功而罪有司晏子谏第七》。
⑧ 《晏子春秋·景公爱嬖妾随其所欲晏子谏第九》。

将加大诛于子。"晏子对曰："臣请改道易行而治东阿,三年不治,臣请死之。"景公许。复使治阿,三年而誉闻于国。景公说(悦),召而赏之。景公问其故,对曰:"昔者婴之治阿也,筑蹊径(切断小路防盗贼),急门闾之政(加强对城门的管理),而淫民恶之;举俭力孝弟,罚偷窳(处罚偷盗懒惰的人),而惰民恶之;决狱不避,贵彊(强)恶之;左右所求,法(合法)则予,非法则否,而左右恶之;事贵人体不过礼(侍奉显贵的人不超越礼仪规范),而贵人恶之。是以三邪毁乎外,二谗毁于内,三年而毁闻乎君也。今臣谨更之,不筑蹊径,而缓门闾之政,而淫民说(悦);不举俭力孝弟,不罚偷窳,而惰民说;决狱阿贵彊,而贵彊说;左右所求言诺(都答应),而左右说;事贵人体过礼,而贵人说。是以三邪誉乎外,二谗誉乎内,三年而誉闻于君也。昔者婴之所以当诛者宜赏,今所以当赏者宜诛,是故不敢受。"景公知晏子贤,遂任以国政,三年而齐大兴。①

(6)景公好滥刑。景公令兵抟治(制砖),当腊冰月之间而寒,民多冻馁,而功不成。公怒曰:"为我杀兵二人。"晏子谏曰:"昔者先君庄公之伐于晋也,其役(战役)杀兵四人,今令而杀兵二人,是师杀之半也。"公曰:"诺!是寡人之过也。"令止之。②景公欲更(新置)晏子之宅,晏子辞曰:"君之先臣容焉(我的先人曾住在这里),臣不足以嗣之(我还不能继承他们的业绩),于臣侈矣(能住在这里已经很奢侈了)。且小人近市(况且我的住宅靠近市场),朝夕得所求,小人之利也。敢烦里旅(哪敢劳烦里的有司)!"公笑曰:"子近市,识贵贱乎(知道物价贵贱吗)?"对曰:"既窃利之(既然私下以它为有利),敢不识乎!"公曰:"何贵何贱?"是时也(当时),公繁于刑,有鬻踊者(卖假肢者)。故对曰:"踊贵而屦贱(假肢贵鞋子贱)。"公愀然改容(景公羞愧得脸色大变)。公为是省于刑(景公从此减少了刑戮)。③

(7)景公好兴作。景公筑路寝之台,三年未息;又为长庲之役,二年未息;又为邹之长途(又修建通往邹地的长途公路)。晏子谏曰:"百姓之力勤(繁重)矣!公不息乎(国君您还不停下来吗)?"公曰:"途将成矣,请成而息之。"对曰:"明君(亡君)不屈(绌、耗尽)民财者,不得其利;不穷民力者,不得其乐。昔者楚灵王作顷宫,三年未息也;又为章华之台,五年又不息也;乾溪之役,八年,百姓之力不足而自息也。灵王死于乾溪,而民不与君归(回国)。今君不遵明君之义,而循灵王之迹,婴惧君有暴民之行,而不睹长庲之乐也,不若息之。"于是令勿委(毁)坏,余财勿收,斩板而去之(斩断筑墙夹板的捆绳而停止)。④景公春夏游猎,又起大台之役。晏子谏曰:"春

---

① 《晏子春秋·晏子再治阿而见信景公任以国政第四》《晏子春秋·晏子再治东阿上计景公迎贺晏子辞第二十》。

② 《晏子春秋·景公以抟治之兵未成功将杀之晏子谏第四》《晏子春秋·景公欲杀犯所爱之槐者晏子谏第二》《晏子春秋·景公逐得斩竹者囚之晏子谏第三》《晏子春秋·景公欲诛断所爱橚者晏子谏第九》《晏子春秋·景公欲诛骇鸟野人晏子谏第二十四》《晏子春秋·景公所爱马死欲诛圉人晏子谏第二十五》。

③ 《晏子春秋·景公欲更晏子宅晏子辞以近市得求讽公省刑第二十一》。

④ 《晏子春秋·景公为邹之长涂晏子谏第七》。

夏起役，且游猎，夺民农时，国家空虚，不可。"景公曰："吾闻相贤者国治，臣忠者主逸。吾年无几矣（我已经活不了几年了），欲遂（顺从）吾所乐，卒（满足）吾所好，子其息矣（夫子就不要干涉了吧）。"晏子曰："昔文王不敢盘于游田（纵情于游猎），故国昌而民安。楚灵王不废乾溪之役，起章华之台，而民叛之。今君不革（改变），将危社稷，而为诸侯笑。臣闻忠臣不避死，谏不违罪。君不听臣，臣将逝矣（我就隐身而退了）。"景公曰："唯唯（好吧，好吧），将驰罢之（很快就停下来）。"①景公为台（大台），台成，又欲为钟（又想铸造一口大钟）。晏子谏曰："君国者不乐民之哀。君不胜欲，既筑台矣，今复为钟，是重敛于民，民必哀矣。夫敛民之哀，而以为乐，不祥，非所以君国者。"公乃止。②景公筑长庲之台，晏子侍坐。觞三行（饮酒三次后），晏子起舞曰："岁已暮矣，而禾不获，忽忽矣若之何（忧惧啊，这事怎么办）！岁已寒矣，而役不罢，惄惄矣如之何（忧虑啊，这事怎么办）！"舞三，而涕下沾襟。景公惭焉，为之罢长庲之役。③景公登路寝之台，不能终（还没有走到顶端），而息乎陛（而停下来坐在台阶上歇息），忿然而作色，不说（悦），曰："孰为高台，病人之甚也？"晏子曰："古者之为宫室也，足以便生，不以为奢侈也，故节于身，调于民。及夏之衰也，其王桀背弃德行，为璇室玉门。殷之衰也，其王纣作为顷宫灵台，卑狭者有罪，高大者有赏，是以身及焉（因此灾祸延及自身）。今君高亦有罪，卑亦有罪，甚于夏殷之王。民力殚乏矣，而不免于罪，婴恐国之流失，而公不得享也！"公曰："善！寡人自知诚（确实）费财劳民，以为无功，又从而怨之，是寡人之罪也！非夫子之教，岂得守社稷哉！"遂下，再拜，不果（再）登台。④

对于景公的骄奢淫佚、苛政扰民行为，晏子表示强烈反对，并进行了不遗余力的劝导。他说："高台深池，撞钟舞女，斩刈民力，输掠其聚（积蓄），以成其违，不恤后人。暴虐淫纵，肆行非度，无所还忌（忌讳），不思谤讟（怨谤），不惮（害怕）鬼神，神怒民痛，无悛（愧）于心。"⑤"薄于民而厚于养，籍敛过量，使令过任（役使命令超过可以承受的限度）。"⑥"赋敛如掠夺，诛戮如仇雠。"⑦其结果必然是："君屈民财者，不得其利；穷民力者，不得其乐"⑧"政无以和民"⑨"民散（离散）"⑩"怨聚于百姓，而权轻于诸侯。"⑪那么，如何才能减轻百姓的负担、使政通人和呢？晏子提出了"俭于藉敛，节于

---

① 《晏子春秋·景公春夏游猎兴役晏子谏第八》。
② 《晏子春秋·景公为台成又欲为钟晏子谏第十一》。
③ 《晏子春秋·景公筑长庲台晏子舞而谏第十二》《晏子春秋·景公为长庲欲美之晏子谏第六》。
④ 《晏子春秋·景公登路寝台不终不悦晏子谏第十八》。
⑤ 《左传·昭公二十年》《晏子春秋·景公有疾梁丘据裔款请诛祝史晏子谏第七》。
⑥ 《晏子春秋·高子问子事灵公庄公景公皆敬子晏子对以一心第十九》。
⑦ 《晏子春秋·景公置酒泰山四望而泣晏子谏第二》。
⑧ 《晏子春秋·景公为邹之长涂晏子谏第七》。
⑨ 《晏子春秋·景公问伐鲁晏子对以不若修政待其乱第三》。
⑩ 《晏子春秋·鲁昭公问安国众民晏子对以事大养小谨听节俭第十四》。
⑪ 《晏子春秋·景公欲以人礼葬走狗晏子谏第二十三》。

货财，作工不历时（兴建工程不随意拉长工期），使民不尽力（使民不穷尽其力），百官节适（百官设置适当），关市省（少、免）征，山林陂泽，不专其利（不垄断其利），领民治民，勿使烦乱，知其贫富，勿使冻馁"①，"使令不劳力，籍敛不费民"②的"薄敛"③主张和"商渔盐（放宽渔盐流通管制），关市讥而不征；耕者十取一焉；弛刑罚——若死者刑（应当处死的减为有期徒刑），若刑者罚，若罚者免"④等具体政策措施。他认为，如果能够做到这些，"则民亲矣"⑤，这就相当于"婴之禄，君之利也。"⑥

当景公希望晏子辅佐他"彰先君之功烈，而继管子之业"时，晏子说："今君欲彰先君之功烈，而继管子之业，则无以多辟（乖僻）伤百姓，无以嗜欲玩好怨诸侯，臣孰敢不承善尽力，以顺君意？今君疏远贤人，而任谗谀；使民若（唯恐）不胜（尽），藉敛若（唯恐）不得；厚取于民，而薄其施，多求于诸侯，而轻其礼；府藏朽蠹，而礼悖于诸侯，菽粟藏深，而怨积于百姓；君臣交恶，而政刑无常。臣恐国之危失，而公不得享也，又恶（怎）能彰先君之功烈而继管子之业乎！"⑦景公问盛君之行如何，晏子说："薄于身而厚于民，约于身而广于世：其处上也，足以明政行教，不以威天下；其取财也，权有无，均贫富，不以养嗜欲；诛不避贵，赏不遗贱；不淫于乐，不遁于哀；尽智导民，而不伐（夸）焉；劳力岁事（做事），而不责焉；为政尚相利，故下不以相害；行教尚相爱，故民不以相恶为名；刑罚中于法，废罪顺于民。是以贤者处上而不华，不肖者处下而不怨，四海之内，社稷之中，粒食之民，一意同欲。若夫私家之政（就像办一家人的私事），生有厚利，死有遗教，此盛君之行也。"⑧

在晏子苦口婆心的劝导以及自己以身作则、躬行节俭的示范下，景公终于有所醒悟，一度采取了"使有司宽政，毁关去禁，薄敛已责（轻征赋税，免除百姓所欠公家债务）"⑨、"填池沼，废台榭，薄赋敛，缓刑罚"⑩、开仓救灾、慰问贫弱、削减后宫舞女和嬖臣⑪等减轻民负、缓和社会矛盾的措施。

史载：晏子晚年主动隐退，辞官休养。（景）公自治国，身弱于高、国⑫，百姓大乱。公恐，复召晏子。诸侯忌其（晏子）威，而高、国服其政，田畴垦辟，蚕桑豢牧之处不足，丝蚕于燕（于是蚕茧育于燕国），牧马于鲁（马匹养于鲁国），共贡入朝（燕、鲁一起进贡并朝拜齐国）。墨子闻之曰："晏子知道（晏子懂得治国的道理），景公知穷

---

① ⑤ 《晏子春秋·景公问欲和臣亲下晏子对以信顺俭节第二十六》。
② 《晏子春秋·景公游寒涂不恤死胔晏子谏第十九》。
③ 《晏子春秋·柏常骞禳枭死将为景公请寿晏子识其妄第四》。
④ ⑥ 《晏子春秋·景公禄晏子平阴与槁邑晏子愿行三言以辞第十六》。
⑦ 《晏子春秋·景公问欲如桓公用管仲以成霸业晏子对以不能第七》。
⑧ 《晏子春秋·景公问古之盛君其行如何晏子对以问道者更正第十一》。
⑨ 《晏子春秋·景公有疾梁丘据裔款请诛祝史晏子谏第七》《晏子春秋·景公有疾梁丘据裔款请诛祝史晏子谏第七》《左传·昭公二十年》。
⑩ 《晏子春秋·景公置酒泰山四望而泣晏子谏第二》。
⑪ 《晏子春秋·景公饮酒不恤天灾致能歌者晏子谏第五》。
⑫ 齐国的两位重臣。

矣（景公知道自己的治国无能）。"①这是《晏子春秋》一书中唯一一段记载齐国经济在晏子的治理下出现短暂繁荣景象的文字，实属难得。

晏子活着的时候，就像瘟神一样每天跟在景公的身旁，注视着他的一举一动，让他一刻都不能轻松，但晏子死后，景公的举动却让人十分感动。请看如下两段史料：

景公游于菑（菑川），闻晏子死，公乘侈舆服繁驵驱之（景公乘着豪华的马车，穿着奢华的衣服，急切赶往晏子家中奔丧）。而因为迟（因为嫌车跑得太慢），下车而趋（急跑）；知不若车之速（后又觉得自己还是没有车子快），则又乘（就又上车）。比至于国者（等他赶到都城时），四下而趋（已先后四次下车急跑了），行哭而往（一路上边走边哭到了晏子家），伏尸而号（伏在晏子的尸体上大哭），曰："子大夫日夜责（规劝）寡人，不遗尺寸（不论事之大小），寡人犹且淫泆而不收，怨罪重积于百姓。今天降祸于齐，不加于寡人，而加于夫子，齐国之社稷危矣，百姓将谁告夫（百姓将向谁求告呢）！"②

晏子死，景公操玉加于晏子而哭之，涕沾襟。章子③谏曰："非礼也（这不符合礼仪）。"公曰："安用礼乎？昔者吾与夫子游于公邑之上，一日而三不听寡人，今其孰（谁）能然（做到）乎！吾失夫子则亡（就完了），何礼之有？"免而哭（于是免冠而痛哭），哀尽而去。④

三、对晏子治国理政思想及税收思想的简要评述

1.对晏子治国理政思想的简要评述

晏子身处末世，以一颗对百姓、对国家的赤胆忠心，历仕灵公、庄公、景公三朝，努力实践为臣之道，恪尽职守，严谨求实，不恋名利，一丝不苟地辅佐三位国君，纠正他们的荒唐昏庸之举，激发他们的恻隐之心，以自己的大智大勇和卓越才能，为保持齐国政权的稳定、维护社会礼仪和道德法制秩序，发展经济，改善民生，增强齐国的自我保护能力和国际威望，做出了应有的贡献，为末世春秋的余辉增添了一抹亮丽的色彩，其思想风范、精神魅力和可亲可敬的形象受到世人的高度赞赏和崇敬。

总体来看，晏子的治国理政思想与管子的重君、轻民、国家干预主义思想不同，基本属于重民、轻君、自由放任主义范畴；与孔子的重礼、重义、重德、轻利、轻法思想不同，基本属于义利并重、礼法并重、以义代利、以礼代法范畴。晏子的治国理政思想与墨家的兼爱、尚同、尚贤、非攻、非乐、明鬼、节葬、节用等思想倒有许多相似之

---

① 《晏子春秋·景公恶故人晏子退国乱复召晏子第五》。
② 《晏子春秋·晏子死景公驰往哭哀毕而去第十六》。
③ 大夫弦章。
④ 《晏子春秋·晏子死景公哭之称莫复陈告吾过第十七》。

处,这是许多研究者都已注意到的,但到目前为止,还没有确凿的证据表明晏子是墨家学派的创始人,或与墨家学派的某个重要代表人物有密切来往,或是墨家思想的主动实践者。从晏子的思想倾向来看,他是主张顺民、随俗的,既反对奢侈浪费,也反对禁欲主义或苦行主义。至于他个人过度节俭、不留恋权位、屡辞俸禄和封邑等常人难以苟同的行为,在很大程度上可以理解为是他在险恶的政治环境下明哲保身的一种生存策略。另外,就文武关系来说,晏子的思想基本属于重文轻武范畴;就人与鬼神的关系来说,晏子的思想基本属于重人事、轻鬼神的无神论范畴;就守成与变革的关系来说,晏子的思想基本属于尚古、守成、轻变革范畴。

晏子在齐国辅政长达50余年,先后辅佐过三位不同风格的君主,灵公的懦弱好事受欺、庄公的尚勇轻义惹祸都给他留下了十分深刻的印象,所以在相景公的40余年当中,他力求对内安定、太平,对外与其他诸侯国和睦共处,互利互惠,反对相互欺凌、尔虞我诈。景公不好文(礼)又不好武(霸),属于中间温和派,但又极重奢侈享乐,晏子采取以柔克刚的战术与其周旋,在一定程度上纠正了其悖缪行为对国家和民众的伤害,使国家政局的走向基本掌控在自己手中,这就是晏子的治国理政思想和行为中尚古守成者多、改革创新者少,不如管子善于权变、善于创新、善于理财的重要原因。

2.对晏子税收思想的简要评述

晏子的税收思想是其治国理政思想的重要组成部分。在《晏子春秋》一书中,"税"与"奢"是两个相互关联的重要范畴。但相对于戒奢而言,有关税收问题的讨论所占比重相对较小,也不够深入具体。但总的精神还是很清楚的,这就是:珍惜民力,不误农时;轻徭薄赋,便商利民;撤关省禁,与民分利;崇俭戒奢,爱民安民;尚简戒繁,顺民合俗。这是他尚文、尚礼、尚义、尚同、尚利、尚俗、尚俭、爱民思想的具体反映,其中"撤关省禁,与民分利"的主张与管子"官山海""国与民争利"的国家干预主义思想明显不同,这一点对以后儒家、墨家、法家、道家等学派治国理政思想及税收思想的形成和发展都产生了重要影响。

主要参考文献:

《晏子春秋全译》,李万寿译注,贵州人民出版社1993年版。

《晏子春秋集释(增订版)》,吴则虞著,国家图书馆出版社2011年版。

《国语》。

《左传》。

《孔子家语》。

《史记》卷130《太史公自序》。

《史记》卷62《管晏列传》。

老　子

一、老子生平简介

老子（约前571—前471），姓李，名耳，字聃，一字伯阳，尊称老聃或老子，中国古代最伟大的哲学家和思想家之一，道家学派的创始人，中国本土宗教——道教的理论鼻祖。老子是一位充满传奇和神秘色彩的历史人物，关于他的身世，历朝历代一直争论不休。司马迁是最早为其立传的史学家，但由于史料不足，介绍过于简略，一些矛盾说法和猜测成分夹杂其间，给后人留下了许多困惑。老子的代表作是《老子》或称《道德经》，该书仅有区区五千言，言简意赅，晦涩难懂，后人又多所附会损益，致使其文更加充满歧义。现以《老子》《庄子》《论语》《孔子家语》《左传》《国语》《史记》等古典文献为主要依据，参考《老子评传》《老子研究》《老子传》等今人研究成果，对老子的生平业绩简要概述如下。

老子的先祖是世代掌管司法的大理官，因官得姓而称理。至商纣王时，他的先祖理徵因公正无私获罪而死，其妻与子理利贞逃难，食木子（李）得以保全性命，为感谢木子救命之恩，遂改理为李。老子为李利贞的第十一世孙，其父李乾曾在洛阳附近当过几个月的小乡官，因感当差不自在，弃官归里，将其祖父所留数百亩良田、上千家资挥霍一空后流落他乡，至死未归。周灵王元年（前571年），老子生于陈国苦县厉乡曲仁里村（今河南鹿邑县东，毗邻安徽亳州。前477年，陈国为楚国所灭，其地遂属楚国，故司马迁称老子为楚人），其母因难产，生下老子后不幸身亡，老子被同村一户无儿无女的老莱子夫妇收养，故其名老子、老聃、李耳、李聃或李伯阳等经常被后人串用。据说老子刚出生时，长了一副奇特的大耳朵，故其养父母就给他起名耳，其谥号聃与耳意同。

老子天生聪慧，心地善良，为人谦和，少年时曾在一位名叫常枞的老先生门下读私塾，学业优秀出众。前556年，晋、齐大战，十二国助晋，战争波及常家坡头，老子的私塾生涯至此终止。前539年，已经31岁的老子与当地一个大户人家姓寒的女子结婚，婚后生有一子，名李宗。据《史记》记述，李宗后来当了魏国的将军，在段干这个地方有封邑，宗有子名注，注有子名宫，宫的玄孙叫假，假曾事于汉孝文帝，假的儿子解曾当过胶西王昂的太傅。生活安定下来后，老子闲来无事，开始到处游走，收徒讲学，向众人宣传他与人为善和与世无争的道学思想。在此期间，收受了计然[①]和娟渊等著名弟子。

前521年（周景王二十四年），老子受人举荐，出任周朝守藏史（又称征藏史或柱下史，相当于当时的国家图书馆馆长）。前518年（鲁昭公二十四年），34岁的孔子与弟子南宫敬叔到周都洛阳拜会老子，向他请教了仁义和礼治方面的问题，这是两位思想巨人的首次会面，在中国思想史上具有十分重大的意义。老子当时建议孔子一定要戒骄戒躁。随后，孔子还拜会了音乐大师苌弘，向他请教了有关乐理方面的问题。返回途中，弟子询问他对老子的印象，孔子感慨地说：“鸟，吾知其能飞；鱼，吾知其能游；兽，吾知其能走。走者可以为网，游者可以为纶，飞者可以为矰。至于龙吾不能知，其乘风云而上天。吾今日见老子，其犹龙邪（也）！”[②]

前520年，周景王病逝。随后爆发了太子姬猛与王庶子姬朝之间的王位争夺战。同年，王子姬朝杀率先称王的姬猛（时称周悼王）而自立。晋人攻之，立其同母弟姬匄为君，称周敬王。前515年，已稳掌权柄的敬王论功行赏，将被王子朝掳走国藏典籍的老子免职回乡。前514年（周敬王六年），38岁的孔子听说老子归居，急忙来到苦县曲仁里，向其讨教了有关无为而治和仁义之治的问题。前509年（周敬王十一年），已经63岁的老子被敬王姬匄召回，重新担任守藏史一职。前505年，敬王派人到楚国杀死了王子朝。前504—前502年期间，已投降敬王的原王子朝羽翼儋翩起兵谋反，被单旗、刘卷率领的周军和晋国援军剿灭。至此，持续近二十年的猛—朝、朝—匄争位战才算彻底结束。这时，老子已70岁。

前501年，50岁的孔子受鲁定公邀请，出任中都宰（相当于中都县令）。同年下半年，孔子征得鲁定公同意，在南宫敬叔的陪同下，再次来到周都洛阳拜访老子，向其请教了治理中都的策略。前499年，老子基本完成了对周室典藏的整理和恢复工作，这时他对周朝廷的衰落和官场争斗日益感到厌烦，于是向敬王提出辞呈，要求告老还乡，安度晚年，得到了敬王的批准。从此以后，老子开始正式隐居到离家乡曲仁里不远的隐阳山，过起了与世隔绝的"隐君子"生活。前479年（周敬王四十一年），陈国为楚国所灭（同年孔子卒）。前478年（周敬王四十二年）夏天，老子离开战乱频仍的中原故土，向相对比较安定的秦国方向进发，此时已经93岁。前477年（周敬王四十三年），敬王去世，其子姬仁即位，号称周元王。从这一年开始，中国历史进入了战国时期。

从中原通往西秦有一个著名关隘叫函谷关，它有"一夫当关，万夫莫开"之称，战

[①] 计然，又称文子，越国大夫范蠡的老师、著名理财家和大商人。
[②] 《史记》卷63《老子韩非列传》。

略地位十分重要。镇守此关的令尹喜，是周朝的大夫。此人学富才高，特别喜欢钻研天文星象，并以此来探究人间福祸，推测世道变异。他对老子的才学和品德十分倾慕，一直渴望拜他为师。这次能在函谷关与老子不期而遇，让他格外欣喜，因此盛情款待，关怀备至，让老子十分感动，但老子急于西行，无意久留，尹喜再三挽留，也无济于事。不得已，尹喜只好向老子提出了一个异乎寻常的请求，即请他在临行前务必写一本书留作纪念。老子推辞不过，只好逗留时日，布局谋篇，一气呵成，将自己数年来关于天道和人事问题的思考成果写成了一部言简意赅、寓意深邃的五千言小册子，这就是震撼后世的宏篇巨著《老子》或称《道德经》一书的出炉过程。

完成《老子》的写作后，老子离开函谷关和令尹喜，继续西行。到达秦都咸阳后，他本打算去拜会当时在位的秦悼公，向他宣传自己的一整套治国理政主张，不料当时悼公正患重病，未能谋面。无奈之下，他只好继续西行，游走到一个名叫槐里的地方（今陕西周至市兴平县境内的楼观台）。在当地富豪赵弼襄的慷慨相助下，暂时安顿下来。第二年春天，即前476年，当他再次来到咸阳拜会秦悼公时，悼公却不幸病逝了，继位的是他的长子秦厉共公。老子本想借此机会向这位年轻国君宣传他的治国理政主张，但据说秦厉共公对他的无为哲学不怎么感兴趣，老子失望而归，从此彻底隐姓埋名，不再与当权者合作。前473年，越国被吴国所灭。前471年，秦国扶风爆发了一种叫疫毒痢的霍乱型传染病，当地百姓的生命受到严重威胁。恰巧隐居在这里的老子奋不顾身地加入到了这场救死扶伤、与瘟疫搏斗的艰苦战役之中，运用自己所学的医学知识和养生技能为百姓治病，鼓励他们与病魔进行斗争。经过一段时间的科学治疗，来势凶猛的瘟疫得到了有效控制，扶风百姓的生活逐渐恢复了往日的宁静和祥和。但就在这时，已是百岁高龄的老子却由于劳累过度，身体彻底垮下来了。周元王七年，秦厉共公五年，也就是前471年7月21日的早晨，老子不幸与世长辞，结束了自己不平凡的一生。老子死后，当地百姓十分悲痛，为他举行了隆重的祭奠仪式，并将其灵柩由扶风移至风景秀丽的槐里西山安放，让其灵魂永远安息在大自然的怀抱之中。据史载，老子安葬那天，秦国派史官前来吊唁，他的大弟子尹喜也从函谷关专程赶来为其恩师送行。

二、老子税收思想的主要内容

老子的税收思想是其道学思想和治国理政思想的重要组成部分，虽专门论述只有片言只语，却很有价值。本书将其提炼归纳为以下三个方面。

1.主张崇俭戒奢，减轻民负

老子认为，统治者"服文采""带利剑""厌饮食""财货有余"的奢侈淫佚行为是导致百姓"田甚芜""仓甚虚"、生活困苦的直接原因，这是一种强盗行径，与道的本质要求是背道而驰的。① 只有崇俭戒奢，减少不合理的财政支出，才能真正减轻民负，使其过上幸福美好的生活。他对税吏的刁钻刻薄和暴政扰民行为提出严厉批评，说："民之饥，以其上食税之多，是以饥。民之难治，以其上之有为，是以难治。民之轻死，以其上求生之厚，是以轻死。"② 他还说："有德司契，无德司彻。"③ 即有德之人虽然手握借据也不向人索债，而无德之人才用刁钻刻薄和暴政的方式向百姓逼税。其中，"彻"字含义不是很明晰，但与孟子所说的"夏后氏五十而贡，殷人七十而助，周人百亩而彻，其实皆什一也。彻者，彻也；助者，藉也。"④ 中所说的"彻"字意思应该大体相同，都是指彻取、按常年产量征税的意思。

2. 主张损有余而补不足，调节贫富悬殊

老子认为，"天之道，损有余而补不足；人之道则不然，损不足以奉有余。"⑤ 这是统治者对劳动人民的一种残酷剥削，是与民为敌、自决于天下的行为。它不仅使统治者本就少得可怜的一点仁爱之心丧失殆尽，而且加剧了贫富两极分化和社会不平等，与天下万物皆平等、天下万民皆平等的天道精神完全背道而驰，将"不得其死"⑥。他说："孰能有余以奉天下，唯有道者。"⑦

3. 主张清静无为，与民休息

老子认为，天下的一切昏乱景象都是由统治者只知道"有为之福"而不懂得"有为之祸"引起的，他们一味地与天争、与地争、与民争、与诸侯争，逞强显能，结果越想"有为"却越是"无为"，社会秩序越来越混乱，道德礼仪越来越虚伪，社会生产越来越凋敝，人民越来越生不如死。只有彻底放弃贪得无厌的"贵生""有为"念头，顺着"我无为，而民自化；我好静，而民自正；我无事，而民自富；我无欲，而民自朴。"⑧的康庄大道前行，才能彻底消灭各种"终身不救"⑨的罪恶和祸殃，还天下以太平。

三、对老子道学思想、治国理政思想及税收思想的简要评述

1. 对老子道学思想和治国理政思想的简要评述

在老子博大精深的思想体系中，充满玄妙变化的"道"占有十分突出的地位，也

---

① 《老子·第五十三章》。
② 《老子·第七十五章》。
③ 《老子·第七十九章》。
④ 《孟子·滕文公上》。
⑤⑦ 《老子·第七十七章》。
⑥ 《老子·第四十二章》。原文为："强梁者不得其死，吾将以为教父"。意思是：强暴的人将死无其所，我把这句话当作施教的宗旨。
⑧ 《老子·第五十七章》。
⑨ 《老子·第五十二章》。

可以说是其思想的最高原则或总纲。他认为"道"是宇宙万物的总根源，也是万物运行的总规则和总规律，它"迎之不见其首，随之不见其后"、神秘莫则，玄远深奥，不像具体事物那样容易把握，但却实实在在地存在着，还支配着宇宙万物的运行，并且似乎比天帝鬼神的产生还要早；道具有"无"的特点，它精密细致、柔弱似水，但却无处不去、无孔不入，对有形的事物有着很强的穿透力和坚韧性；"道"的本质是随和自然，不追求有为，但其结果却是无所不为；道是周流不息，循环往复运动的，而不是虚无、僵死的。在"道"的最真、最可信验的实体存在中，动与不动是辩证统一的，不能把"道"理解为主观的理念、空洞的教条、法力无边的上帝，它是有实体的，是无时无刻不在运动的，只不过在人有限的认知能力面前，它是视之不见、听之不闻、搏之不得的。这就把神秘莫测的"道"建立在了客观唯物主义的基础上，从而与主观唯心主义、客观唯心主义和宗教迷信划清了界限。以这种"道先于物""道先于上帝"、无先于有、循环往复、辩证运动、无为而无不为的朴素唯物主义世界观为基础，老子对世俗社会与形而上的"道"的关系进行了更深入、更细致的思考。他认为，天道、地道、人道是相互贯通的，也是有上下之位、逻辑层次的。"人法地，地法天，天法道，道法自然"，就是说人道效法地道、地道效法天道、天道效法至高无上的"道"，而所有这些具体的"道"都是从最高层次的"道"中分化出来的，是后者的展开、延伸和具体体现。不同的事物只获取了完满统一的"道"的一部分，所以具体的"道"又呈现出多样性，甚至出现彼此之间表面上的矛盾性。而"道"的本质是没有生命的、没有意识的、自作自成的、自然无为的。那种将天、地、人、事人为割裂开来、对立起来，过分强调人不同于万物的独尊性，以追求名利、追求奢侈、追求礼仪文饰、追求争先、追求尔虞我诈、追求强权政治、追求机巧聪明为己能的社会制度、价值观及生产生活方式是完全错误的，是违背"道"的本性和自然规律的，应当予以抛弃或进行彻底改革。从这个意义上说，老子对春秋以来的社会演变持完全失望和全盘否定的态度，他幻想着能重新回到远古无阶级、无国家、无军队、无战乱、无争夺、无政府、无法律、无监狱、无剥削、无虚伪巧诈、无贫富对立的"小国寡民"社会，让人们过一种自给自足、"结绳记事"、朴实无华、自然无为、温情脉脉、自得其乐的生活，把人与自然、人与社会、人与自我之间已经严重异化、分离、对立、紧张的关系彻底纠正过来，使之重新回到和谐统一的"自然"状态。这种对美好社会和美好生活的向往是完全可以理解的，但它与人类社会的前进方向又是相抵触的，与春秋以来诸侯争霸、弱肉强食的社会现实也相距甚远，所以只能是一种衰世的哀鸣、无奈的反抗、理想的乌托邦。相反的，那种以无胜有、以弱胜强、以暗胜明、以阴胜阳、有无相生的玄妙理论倒很容易被人利用来作为冷酷无情、消极避世、"曲线救国"或以阴谋诡计战胜对手的一种处事策略。老子似乎对自己的理论不能被人正确理解和付诸实践也感到很无奈，所以多次发出"吾言甚易知，甚易行。天下莫能知，莫能行。"[①]的感慨，并反复向世人发问："载营魄抱一（将精神和肉体合而为

---

① 《老子·第七十章》。

一),能无离乎（能让它们和合不分离吗）？专气致柔（结聚精气以致柔顺），能如婴儿乎（能像婴儿一样无知无欲吗）？涤除玄览（清除私心杂念而反观内心），能无疵乎（能无瑕疵吗）？爱民治国，能无为乎（能自然无为吗）？天门开阖（感官和外界接触），能为雌乎（能雌柔守静吗）？明白四达（通晓四方），能无知乎（能不用心机吗）？"[①]

在老子玄而又玄的道学思想中，处处闪现着忧国忧民、为民请命的大智、大勇、大慈、大悲、大爱、大善、大为情怀，这是老子思想的真正精髓，不应把它与复古、冷酷、颓废、野蛮、抛弃仁义礼教等消极思想混为一谈。

孔子是儒家思想的集大成者和儒家学派的创立者，他对老子是非常崇拜的，曾两至三次拜访老子，就天道人事的许多重大问题进行了深入交流和探讨，最终得出结论：老子是不见首尾的"龙"。但孔子最终选择从"人道"入手，探讨春秋时期"礼崩乐坏"、道德失范、天下大乱的根源和"拨乱反正"之策，提出了丰富的仁道和礼治思想。孔子与老子的思想意趣虽然不同，但在"天道"制约"人道"，"人道"辅成"天道"的辩证统一关系上，他们二人却是高度契合的，这在孔子的言论、行事和著作中也得到了充分体现。

2.对老子税收思想的简要评述

老子的税收思想是其道学思想、治国理政思想的重要组成部分和具体体现，是原始公有制（侯王所有制）社会向封建社会、私有制社会转变，自给自足的小农经济社会向农工商全面发展的社会转变，由等级礼制社会向民主平等社会转变、由"尚力"的社会向"尚力与尚智并举"的社会转变时期的思想萌芽。老子除了对统治阶级的奢侈淫佚和苛政扰民、害民行为持坚决批判态度外，也从解决实际问题出发，对税收与经济发展、税收与财政支出、税收与礼义教化、税收与社会公平等重大问题进行了深入的思考，提出了：崇俭戒奢，减轻民负；清静无为，与民休息；损有余而补不足，调节贫富悬殊；等针对时弊的重要主张，虽然未能充分展开，但从"天道自然""圣人不争""无为而无不为"的"微言大义"去理解，其思想内涵也是非常清晰的，对后世的思想启蒙意义也是不可估量的。

主要参考文献：

《老子今注今译》，陈鼓应注译，商务印书馆2003年版。

《史记》卷63《老子韩非列传》。

《老子评传》，陈鼓应、白奚著，南京大学出版社2001年版。

《老子研究》，张松辉著，人民出版社2009年版。

《老子传》，刘升元、秦新成著，中国社会出版社2006年版。

---

① 《老子·第十章》。

孔 子

一、孔子生平简介

孔子（前551年9月28日—前479年4月11日），名丘，字仲尼，尊称孔子，春秋中晚期鲁国陬邑昌平乡（今山东曲阜东南邹城鲁源村）人。我国古代最伟大的思想家、教育家和政治家，儒家学派的创始人。其先祖为商汤后裔，世系宋国贵族，地位显赫。但到六世祖孔父嘉时，宋殇公连年发动战争，搞得国无宁日，诸侯怨恨。太宰华父督垂涎司马孔父嘉的妻子，便借机散布谣言，推卸战争责任，杀了司马孔父嘉和宋殇公，霸占了孔父嘉"美而艳"[①]的妻子。五世祖木金父为了避难，举家逃往鲁国，定居陬邑，从此孔氏家族的贵族身份丢失。孔子的祖父名叫孔防叔，曾在鲁国贵族臧孙氏的采邑防担任邑宰（家臣），但身份仅相当于士，靠俸禄生活。孔子的父亲叔梁纥是一名大力士，因忠勇善战而名闻诸侯，但终其一生也只担任过陬邑宰这样的地方官，比其父亲孔防叔地位略高。叔梁纥虽是一员沙场猛将，但家庭生活却不怎么如意。他的正妻施氏给他生了九个女儿，却没有儿子。他又纳了一房妾，虽给他生了一个名叫孟皮的儿子，但却先天有腿疾。叔梁纥不甘心自己的家族落到人丁寥落的地步，于是决心为自己家族香火的延续而战。前552年（周灵王二十年，鲁襄公二十一年），已经66岁的叔梁纥向曲阜的名门望族颜氏家族求婚，成功迎娶了比他小51岁的少女颜徵在为妻。第二年秋天（9月28日），颜徵在生下一个健康的男孩，这就是孔子。[②]孔子刚生下来时，头顶像尼丘山、中间低四周高、长相有点奇特，所以起名叫丘，字仲尼。

孔子3岁丧父，17岁丧母。19岁娶宋女亓官氏为妻。20岁生子鲤（字伯鱼）。同年被鲁国执政上卿季平子任命为委吏，负责管理仓库出纳事宜。21岁改作乘田吏，负责牛

[①] 《左传·桓公元年》。
[②] 《史记》说孔子是叔梁纥与颜徵在野合而生，可备一说。

羊畜牧的管理。29岁学琴于师襄子。30岁前后在鲁国创办私塾，收徒讲学。同年，齐景公与晏子来鲁。景公问孔子，秦穆公何以能称霸，孔子回答说他善用人。① 34岁，鲁大夫孟僖子的两个公子孟懿子与南宫敬叔向孔子拜师学礼。约于是年或稍晚，孔子与南宫敬叔赴周室问礼于老子，问乐于苌弘。35岁，孔子因鲁乱带弟子适齐，做了高昭子的家臣。36岁，齐景公问政于孔子，孔子对以"君君，臣臣，父父，子子。"② 齐景公欲重用孔子并封以尼谿之田，遭到晏子的阻拦，没有成功。③ 孔子在齐欣赏了《韶》乐（相传是舜时音乐），他如醉如痴，自称"三月不知肉味。"④ 37岁，齐大夫欲加害孔子，孔子自齐返鲁。吴公子季札聘齐（出使齐国），其子死，葬于瀛、博之间，孔子往观其礼。⑤ 39岁，晋国铸刑鼎，孔子表示反对。⑥ 46岁，孔子观鲁桓公庙之欹器。47岁，季平子卒，其家臣阳货专鲁政，欲请孔子出仕，孔子口头答应，但终不仕。退而修《诗》《书》《礼》《乐》，以教弟子。⑦ 51岁，鲁伐阳货，阳货出奔投晋赵简子。孔子任鲁国中都（今山东省汶上县西）宰。52岁，孔子升小司空，旋升大司寇，摄相事。齐鲁夹谷会盟，孔子挫败齐景公劫盟阴谋，逼迫齐景公同意归还所侵占的鲁国汶阳之田。54岁，孔子为了"强公室、弱私家"，采取"隳（毁）三都"⑧ 措施，取得明显成效。55岁，鲁执政大夫季桓子接受齐君馈赠的女乐、文马，不理朝政。孔子失望，去鲁适卫，开始了长达14年的周游列国活动。孔子受谗言之害，去卫适陈，在匡地（今河南省长垣县境）遭匡人围困，脱险后返回卫都。56岁，卫灵公夫人南子召见孔子，灵公和南子以孔子为次乘招摇过市，子路表示强烈抗议。59岁，孔子离开卫国。在过曹适宋途中，遭到宋司马桓魋的围困，有加害之意。孔子沉着应对，最终化险为夷。60岁，孔子在陈。鲁国季桓子病危，嘱其子季康子召回孔子以相鲁。由于公之鱼的阻拦，季康子改召孔子弟子冉求。⑨ 63岁，孔子离陈适负函（楚地，今河南信阳，楚大夫沈诸梁即叶公驻此），在陈蔡间被困，绝粮七日，许多弟子饥馁致病，后被楚人相救。楚昭王欲重用孔子，由于楚令尹子西阻拦，未成。孔子在楚讲学。64岁，孔子返卫。67岁，孔子夫人亓官氏卒。68岁，季康子迎孔子归鲁。至此，孔子结束14年周游列国、颠沛流离的生活。⑩ 但孔子终不被鲁重用，退而从事文献整理和教育事业。69岁，孔子唯一的儿子孔鲤卒。71岁，孔子在鲁作《春秋》。春，叔孙氏御者鉏商在曲阜以西（今山东荷泽市下属巨野县一带）打猎，捕获一头受伤的麒麟。孔子往观，认为这是不好的兆头，于是停止修《春秋》。孔子晚年喜读《易》，"韦编三绝。"⑪ 73岁，孔子寝疾，七日而殁，弟子们葬其鲁城（今曲阜）北泗上。

　　孔子一生经历坎坷，多灾多难，到处碰壁，但他从不怨天尤人、迷信鬼神、消极

---

① ③ ⑨ ⑩ ⑪ 《史记》卷47《孔子世家》。
② 《论语·颜渊篇第十二》。
④ ⑦ 《论语·述而篇第七》。
⑤ 《礼记·檀弓下》。这是否就是历史上传说的孔子观礼于巷党，向老子请教葬礼这件事，待考。
⑥ 《左传·昭公二十九年》。
⑧ 拆毁"三桓"的逾制都邑。

颓废，而是以一种乐观豁达、自强不息的进取精神，在"知其不可而为之"①的逆境中和"志于仕、志于学、志于道"②"不知老之将至"③的不懈奋斗中，与"礼崩乐坏"的社会现实进行顽强斗争，最终成就了他无可争辩的圣哲地位，为中华民族的心理塑造和优秀传统文化的传承发扬做出了不可磨灭的重大贡献。孔子曾说："吾十有五而志于学，三十而立，四十而不惑，五十而知天命，六十而耳顺，七十而从心所欲不逾矩。"④这是对他一生经历和业绩的精辟概括和总结。孔子一生以教授门徒、传道解惑为主业，受其"素王"身份和"述而不作"传统思想的影响，他留给后世的著作只有一部《春秋》，而这部书虽然影响深远，但偏重于注史，其微言大义晦涩难懂，在社会上流传不广。孔子死后，他的弟子们将其生前言论和事迹汇编为《论语》一书，为弘扬孔子的伟大人格和伟大思想提供了最权威、最真实、最全面、最精炼的蓝本。由三国魏著名经学家王肃编撰的《孔子家语》一书，虽然其权威性不能与《论语》相齐并论，且来源出处受到学界的种种质疑和非议，但也是迄今为止保存孔子思想、言论和事迹最丰富的历史文献。

二、孔子税收思想的主要内容

孔子的税收思想是其治国理政思想的重要组成部分，本书将其提炼归纳为以下三个方面。

1. 主张"籍田"，反对"税亩"

春秋时期，周天子名存实亡，诸侯逞强，战乱不断，导致财政支出急剧增加。而与此同时，土地私有制度迅速发展，铁制农具和牛耕制度开始普及。在生产力水平不断提高的基础上，世风也开始由俭趋奢。在这一历史大趋势面前，传统的井田助耕制和什一税制度已越来越不能满足新兴地主阶级的利益要求，迫切需要废礼改制，在承认土地私人占有制的基础上，实行"履亩而税"（简称"税亩"）制度。这一改革最早是从鲁宣公开始的。前594年，鲁宣公针对私田泛滥、税负不公、战乱频仍、国家财政收入严重不足的情况，率先开始实行"税亩"制度，将西周时期普遍实行的带有劳役税性质的井田助耕制度改为公田私田一律"履亩而税"的实物税制度。这一改革显然顺应了奴隶社会向封建社会转变的历史大趋势，符合新兴地主阶级的利益要求。但孔子对这一改革举措却持坚决反对态度。他在《春秋》一书中记述该事件时，在"税亩"前加了一个"初"字，意在谴责这一改革开了破坏西周传统税制的先河。对孔子的这一记载，《春秋》三传作了如下的阐释和发挥。《左传》认为，"税亩"之前加一个"初"字，是因为"初税

---

① 《论语·宪问篇第十四》。
② 《孔子传》，鲍鹏山著，中国青年出版社2013年版。
③ 《论语·述而篇第七》。
④ 《论语·为政篇第二》。

亩，非礼也。"①《谷梁传》认为，《春秋》之所以记载"税亩"这件事，是因为"初税亩，非正也。"②《公羊传》也说："初税亩，何以书？讥。何讥尔？讥始履亩而税也。何讥乎始履亩而税？古者什一而籍，古者曷（何）以什一而籍？什一者，天下之中正也。"③也就是说"税亩"改革违背了古代什一而籍的中正之制，所以孔子才把它记于《春秋》之中，以表示他本人对这一改革的反对。

前562年，鲁国"三桓"④将鲁国国君直辖的土地和附属于土地上的奴隶瓜分，季氏分得三分之一，并用封建的剥削方式取代了奴隶制的剥削方式。前537年，"三桓"第二次瓜分公室，季氏分得四分之二。在瓜分公室土地和人口的基础上，季氏采取了一系列政治经济改革措施，获取了巨额财富，但他还是不满足，想通过推行"以田赋"⑤（即税亩制度）的改革将军赋负担转嫁到老百姓的头上。前483年，季康子就田赋改革一事派家臣冉求去征求孔子的意见。孔子拒而不答，但私下对冉求说："汝弗闻乎（你难道没有听说过吗），先王制土（先王制定井田制度时），籍田以力（征用民力助耕公田），而底其远迩（而考虑距离的远近）；赋里以入（向商贾征税），而量其无有（而考虑收益的多少）；任力以夫（向农夫征调徭役），而议其老幼（而考虑年龄的差别）。于是乎有鳏寡孤疾（因此对于那些鳏寡孤疾者），有军旅之出则征之（有战事发生的时候就向他们征税），无则已（战争停止了就不再征收）。其岁（一年之中），收田一井（每一份井田），出稯⑥禾、秉刍、缶米（让百姓出一稯禾、一秉草料、一缶米），不是过也（不超过这个限度），先王以为足。若子季孙欲其法也（如果季康子想要遵守其法度的话），则有周公之籍（则有周公的典章制度可以参照）矣；若欲犯法，则苟而赋（那就随便征税好了），又何访焉（又何必来请教我呢）！"⑦以上事例表明，孔子对不符合周礼的"私田制""税亩制"和实物税是持坚决反对态度的，而对西周"井田制"和劳役税等传统做法则持十分赞赏和维护的态度。这与他唯周礼是从的治国理念是一致的。

2. 主张敛从其薄，反对苛政扰民

孔子认为，"敛取其薄"是周礼的一条基本原则。他说："君子之行也（君子的一言一行），度于礼（要根据礼来衡量），施取其厚（施舍时要力求厚重），事举其中（做事

---

① 《左传·宣公十五年》。
② 《谷梁传·宣公十五年》。
③ 《公羊传·宣公十五年》。
④ 三桓，是春秋鲁国卿大夫孟氏（亦称仲氏）、叔孙氏、季氏三家的合称。因为三家皆出自鲁桓公，故史有此称。鲁桓公有子四人：庆父、同、牙、友。庆父是庶长子，是为孟；嫡长子同即庄公；牙是为叔，友是为季。公子庆父、公子叔牙、公子季友的后代分别被称作孟氏、叔孙氏、季氏。鲁国公室自宣公起，日益衰弱，而国政被操纵在以季氏为首的"三桓"手中。孔子曾经试图改变陪大于公的局面，但是在"三桓"强大的实力面前，无法成功，最终被赶出鲁国。鲁国末年，"三桓"势力强盛而公室微弱。《史记》卷33《鲁周公世家》说："悼公之时，三桓胜，鲁如小侯，卑于三桓之家。"
⑤ 《论语·先进篇第十一》。
⑥ 古代计算禾束的单位，四十把为一稯。
⑦ 《国语·鲁语下》；《孔子家语·正论解第四十一》。

情时要力求适中），敛从其薄（征敛赋税时要尽量轻薄）。"①"不度于礼而贪冒无厌（贪求无度），则虽赋田将有不足（那么即便是按照田亩来征收赋税，也不可能满足需要）。"②孔子之所以坚决反对春秋以来各国所进行的"税亩"改革，就是因为在他看来，这些改革都以增加财政收入为目的，都在加重人民负担，是贪得无厌的表现。因为一旦开了"履亩而税"的先河，统治者在财政收入不足时，就可以随意提高税率，那老百姓的税收负担就没法控制，这将后患无穷。孔子一贯认为"君子喻于义，小人喻于利。"③君子治国应当首先考虑礼义的得失，而不是把财利放在第一位。取财于人，首先应考虑是否符合礼义要求，坚持"非礼勿动"④"义然后取，人不厌其取"⑤的原则。他认为，超过周礼规定而横征暴敛，是比猛虎吃人还凶残的行为。⑥前面提到，季康子欲行田赋改革，派冉求向孔子征求意见，遭到孔子的反对。但季康子最终并没有听从孔子的意见，而是按照自己的意愿将其付诸实施了。孔子知道后，不仅对季康子的不仁不义行为非常生气，也对冉求非常失望，他对身边的弟子们说："季氏富于周公，而求也为之聚敛而附益之（而冉求作为他的家臣，不但没有阻止他，反而附和他，帮他聚敛财富）。"冉求"非吾徒也。小子鸣鼓而攻之（你们大张旗鼓地去谴责他），可也。"⑦

孔子认为，"时使薄敛（按时征发，轻徭薄赋），所以子百姓也（是为了爱养百姓）。"⑧为政应尊崇五美，即"惠而不费（给百姓以恩惠而自己却无所耗费），劳而不怨（使百姓劳作而不使他们怨恨），欲而不贪（要追求仁德而不贪图财利），泰而不骄（庄重而不傲慢），威而不猛（威严而不凶狠）。"孔子说："因民之所利而利之（让百姓去做对他们有利的事情），斯不亦惠而不费乎（这不就是对百姓有利而自己不破费吗）？择可劳而劳之（选择可以劳作的时间让百姓去做事情），又谁怨？欲仁而得仁，又焉贪（又有什么可贪的呢）？君子无众寡（君子对人，无论数量多少），无小大（也无论势力大小），无敢慢（都不敢怠慢），斯不亦泰而不骄乎？君子正其衣冠（君子端正衣冠），尊其瞻视（目不邪视），俨然人望而畏之（使人见了便生敬畏之心），斯不亦威而不猛乎？"⑨曾子曾问什么是不劳苦、不破费的贤明君王，孔子说："昔者帝舜左禹而右皋陶（以前，舜帝的左右有禹和皋陶辅佐），不下席（座席）而天下治。夫如此，何上之劳乎？政之不平，君之患也；令之不行，臣之罪也。若乃十一而税（如果只向百姓征收1/10的税收），用民之力（百姓服劳役的时间），岁不过三日。入山泽以其时而无征（按照一定的时令让百姓入山打猎、入湖捕鱼，而不滥征税收），关讥市鄽（廛）皆不收赋

---

① 《左传·哀公十一年》。
② 《孔子家语·正论解第四十一》。
③ 《论语·里仁篇第四》。
④ 《论语·颜渊篇第十二》。
⑤ 《论语·宪问篇第十四》。
⑥ 《礼记·檀弓下》《孔子家语·正论解第四十一》中均记载有"苛政猛于暴虎"的故事。
⑦ 《论语·先进篇第十一》。
⑧ 《孔子家语·哀公问政第十七》。
⑨ 《论语·尧曰篇第二十》。

（关卡市场都不征赋税），此则生财之路，而明王节之（而贤明的君主善于控制使用这些手段），何财之费乎？"①治理有千辆兵车的大国，应当"敬事而信，节用而爱人，使民以时。"②只有这样才合乎礼，而"上好礼，则民易使也。"③

3. 主张富君先富民，调节贫富不均

孔子到卫国去，冉有为他驾车。孔子看见卫国人口很稠密，就感慨地说："庶矣哉（人口真多呀）！"冉有曰："既庶矣，又何加焉（接下来还要做些什么）？"曰："富之（使他们富起来）。"曰："既富矣，又何加焉？"曰："教之（对他们进行教化）。"④子贡问政（子贡问怎样治理国家）？子曰："足食，足兵，民信之矣（老百姓信任统治者）。"子贡曰："必不得已而去（如果不得不去掉一项），于斯三者何先（那么在这三项中先去掉哪一项呢）？"曰："去兵"。子贡曰："必不得已而去，于斯二者何先？"曰："去食。自古皆有死，民无信不立（如果老百姓对统治者不信任，那么国家就不能存在了）。"⑤鲁定公问政。颜回对曰："臣闻之，鸟穷则啄（我听说小鸟饿了就会啄树木），兽穷则攫（野兽饿了就会争抢食物），人穷则诈，马穷则佚（马累了就会跑散）。自古及今，未有穷其下而能无危者也。"⑥

鲁哀公问于有若曰："年饥（国家遭了饥荒），用不足（用度不足），如之何（应该怎么办）？"有若对曰："盍彻乎（为什么不实行彻法，只抽1/10的田税呢）？"曰："二（现在抽2/10），吾犹不足（我都感到财力不足），如之何其彻也（怎么能实行彻法呢）？"对曰："百姓足（如果百姓的用度充足），君孰与不足（您怎么会不充足呢）？百姓不足，君孰与足（您怎么会充足呢）？"⑦上述这段话虽出自有若之口，但作为孔子的大弟子，他的观点也代表了孔子的主张。孔子曾借用尧对舜的训诫，指出："四海困穷，天禄永终。"⑧即如果天下百姓贫穷，官僚贵族们依靠赋税收入而享受的"天禄"也将永远终结。

鲁哀公请教孔子什么是治理国家的当务之急？孔子说："政之急者，莫大乎使民富且寿也。""省力役，薄赋敛，则民富矣；敦礼教（推行礼义教化），远罪疾（避免罪恶疾病），则民寿矣。"鲁哀公说，我想按照您的话去执行，又担心国家会贫穷。孔子说："《诗》云：'恺悌君子（平易近人的君子啊），民之父母（你是我们百姓的父母）。'未有子富而父母贫者也。"⑨

---

① 《孔子家语·王言解第三》。
② 《论语·学而篇第一》。
③ 《论语·宪问篇第十四》。
④ 《论语·子路篇第十三》。
⑤⑦ 《论语·颜渊篇第十二》。
⑥ 《孔子家语·颜回第十八》。
⑧ 《论语·尧曰篇第二十》。
⑨ 《孔子家语·贤君第十三》。

要实行轻税富民政策,就必须限制统治者的贪欲。齐景公是有名的奢侈之君,宰相晏子曾以身作则,苦口婆心地劝告他,为了国家的长治久安,一定要崇俭戒奢,体恤百姓之疾苦,但他都心不在焉,时而听,时而不听。有一年,孔子到齐国访问,景公向他请教治国之道,孔子有意识地对景公说:"政在节财。"①孔子在齐国时,正赶上齐国闹春旱,粮食收成很不好。景公问孔子应该怎么办?孔子说:"凶年则乘驽马(劣马),力役不兴(不征发劳役),驰道不修(也不去整修驿道),祈以币玉(祈禳时用币玉代替宰杀牲畜),祭祀不悬(祭祀时不演奏音乐),祀以下牲(用次一等的牲畜作为祭品),此贤君自贬(主动降低要求)以救民之礼也。"景公采纳了孔子的意见,顺利度过了饥荒。②

除此之外,孔子还十分重视贫富两极分化问题。他说:"有国有家者,不患寡而患不均(都不害怕财富少,而害怕分配不均),不患贫而患不安(不害怕贫穷,而害怕不安定)。盖均无贫(如果财富分配均平合理,没有贫穷不堪的人),和无寡(贫富差距调节恰当,没有困苦无助的人),安无倾(国家安定,没有倾覆的危险)。夫如是(在这种情况下),故远人不服(如果远方的人还不归服),则修文德以来之(那就用仁义礼乐招徕他们)。既来之,则安之(就让他们安心地住下去)。"③

三、对孔子治国理政思想及税收思想的简要评述

1. 对孔子治国理政思想的简要评述

孔子的治国理政思想是一个庞大复杂的体系,而贯穿其中的一条主线是:仁道、礼义、中庸、德治、大同。孔子一生历尽千难万险、到处奔走呼号以及通过开办私学、培养弟子,向世人传递的,正是这种以仁道为本源、以礼义为文饰、以中庸为准绳、以德法为鞭策、以和谐大同为理想的治政理念。孔子以尧、舜、禹的无为而治、文武周公的德治和礼治作为治国典范,把君子作为天命的维系者和道义的传播者,孜孜以求地为实现他的救国救民理想而奋斗,直到生命的最后一刻,可谓"鞠躬尽瘁,死而后已"。尽管他的思想体系和治国理政主张有过分尊君、强调社会等级差别、迷信统治者良心发现、是古非今的守旧倾向,与奴隶社会向封建社会转变、由原始王有制社会向私有制社会转变、由自给自足的小农经济社会向农工商业全面发展的社会转变、由德治社会向法治社会转变的历史大趋势南辕北辙,但这种关心民众疾苦、以人为本、重德轻刑、以义制利的合理内核以及崇尚君子、鞭挞小人的高尚情操,也给封建统治者以强大的舆论压力,在一定程度上减缓了世风日下带来的社会震荡,减轻了社会转型给普通百姓带来的巨大灾难和痛苦。孔子忧国忧民的博大情怀、"宁为玉碎,不为瓦全"、不与世俗同流合污的君子风范、铁

---

① 《孔子家语·贤君第十三》。
② 《孔子家语·曲礼子贡问第四十二》。
③ 《论语·季氏篇第十六》。

肩担道义的伟大精神、对真理执着追求、锲而不舍的坚定信念，治《春秋》，修《诗》《书》，正《礼》《乐》，研《周易》，教书育人，诲人不倦、珍重人才的可贵品质，都给后世留下了取之不尽、用之不竭的精神财富，成为中华民族精神的核心构成，其思想随着时代的演化，正日益显示出强大的生命力，对人类文明进步产生越来越大的影响。

孔子和老子是大体同时代的两位思想巨人，但他们的思想特点和为人风范也有明显差异。老子的思想体系贯穿自然、社会和人生，迂远宏阔，抽象、深邃，哲学意味浓厚，理论性强；孔子则罕言天道、自然和人性，热衷于谈人事和恢复社会的礼仪秩序，重视道德教化和人格修养，言语更贴近社会人生，易于理解和实践。从为人处事的特点来看，老子做人朴实、低调、善良，好静，不喜欢张扬，等级观念和贵族意识较弱，用则进，不用则退，毫无怨言；孔子则比较洒脱随俗，表面彬彬有礼，弱不禁风，内心却很刚强，言行好动，喜欢积极有为，有强烈的做官任事和当贵族的意识，等级观念较强，不愿意向命运低头，不喜欢隐居。小时贫贱、"多能鄙事（粗活）"[①]的经历，使他有亲民的一面，但也有轻视平民百姓的倾向，这从他频繁使用君子和小人这对概念以及与弟子的日常对话中就可以明显反映出来；老子和孔子是我国私学的首创者，但孔子的私学办得有声有色，他遵循"有教无类"[②]"诲人不倦"[③]的教育教学方针，弟子满天下，影响比老子大得多。从老子和孔子思想对中国历史的影响来看，应该说不分伯仲，但儒学自从被汉武帝定为官方意识形态以后，其影响力就日益扩大，这与孔子尊君保王思想有很大关系；老子则有非君非国倾向，不能为统治者所容，其影响受到限制，他的退隐思想则更多地被中下层不得志士人所利用。老子和孔子一退一进、一柔一刚、一重天道一重人事、一重自然无为一重积极有为，使他们的思想产生了明显分野，成为中国传统文化相辅相成的两个侧面。老子的"小国寡民"[④]理想和孔子的"大同世界"[⑤]理想有异曲同工之妙，都是美好的，但与时代发展潮流相违背，与统治者的需要相背离，所以只能是小生产者的悲鸣和乌托邦，在漫长的历史发展阶段中不可能变成现实。不过，老子的思想虽然比孔子的思想更为保守，但在"文景之治""贞观之治""开元之治"等几个封建王朝比较兴盛的时期，却成了统治阶级治国理政的主导思想，对社会进步产生了积极影响，这说明老子思想也有符合天道人事规律的一面。与此同时，孔子的儒家思想也没有销声匿迹，它仍以或隐或显的状态顽强地继承和发展着。到了宋明理学时期，它又恢复了意识形态的主导地位，只不过已经被佛道思想改造得面目全非，真伪难辨，保守僵化特征更加明显，对中国走向民主法治社会和发展以工商业为主导的商品经济产生了明显的阻碍作用。这一局面从"五四

---

① 《论语·子罕篇第九》。
② 《论语·卫灵公篇第十五》。
③ 《论语·述而篇第七》。
④ 《老子·第八十章》。
⑤ 《孔子家语·礼运第三十二》。

运动"以后才有了明显改观。在今天东西方文明加速融合和激烈碰撞的背景下，孔子思想的生命力再次面临挑战，但它在纠正个人主义、功利主义、享乐主义等所带来的种种社会弊端，将以人为本、人文关怀重新带回久违的社会和人心舞台，塑造有理想、有道德、有文化、有纪律、有高尚情操、有积极趣味、有社会责任担当和积极进取精神的世界公民方面，仍有无限的价值实践潜能，而老子思想在这个重视功利、崇尚有为、人心浮躁的时代则不得不暂退幕后。

2.对孔子税收思想的简要评述

孔子的税收思想是其治国理政思想的重要组成部分，本书将其提炼归纳为三个方面，包括：（1）主张"籍田"，反对"税亩"；（2）主张敛从其薄，反对苛政扰民；（3）主张富君先富民，调节贫富不均。其核心要义是以义制利、富民节财、反对苛政、轻徭薄赋、调节贫富不均、取民以时、用民有度等。这些思想主张成为漫长封建社会指导税制改革的基本原则，受到后世的普遍推崇。不过孔子过分推崇井田制，反对土地私田制；过分推崇什一税，反对税亩制；过分推崇当官食俸，轻视农工商实业；等思想主张，也与春秋战国以后土地私有制取代土地王有制、商品经济取代小农经济、自由民主平等法治等新型价值观取代封建等级礼制神圣不可侵犯的落后价值观的历史大势相抵触，因而引起越来越多的争论，在一定程度上成为束缚人们思想、阻碍社会文明进步迈上更高台阶的巨大摩擦力。在当今工商服务信息产业大发展、改革开放、民主法治、市场经济、科技进步日新月异的时代背景下，我们不可能再用孔子的治国理政思想及其税收思想来指导当今的税收工作实践，但孔子治国理政思想及其税收思想中包含的丰富的人文精神和民本德治理念，依然具有强大生命力，需要我们不断挖掘和弘扬，使之成为开创中国特色社会主义新时代治税理念和税收工作新局面的厚重理论滋养和锐利思想武器。

主要参考文献：

《论语》。

《春秋》。

《国语》。

《左传》。

《公羊传》。

《史记》卷47《孔子世家》。

《论语全译》，王军译注，中国大百科全书出版社2003年版。

《孔子家语》，王国轩、王秀梅译注，中华书局2018年版。

《孔子评传》，匡亚明著，南京大学出版社1990年版。

《孔子传》，鲍鹏山著，中国青年出版社2013年版。

墨 子

一、墨子生平简介

墨子（约前468—约前376），姓墨，名翟，字不详，尊称墨子。战国初期著名思想家、政治家、教育家和科学家，墨家学派创始人。祖籍宋国，出生于鲁国（今山东滕州），与孔子的孙子子思、木匠的始祖鲁班[①]同时代。其父墨祺是殷商贵族伯夷的后裔，因为非常钦佩大禹沐雨栉风、为民除患的盛德和业绩，所以就借用夏朝的吉祥物"翟"[②]为儿子取名"墨翟"。墨子出生于一个手工业者家庭，从小跟随父母学艺，耳濡目染，在木工、建筑和机械铸造等方面积累了丰富的技术经验，也炼就了吃苦耐劳、重实践功用和与下层劳动者打成一片的优良品格。此外，他还十分聪慧过人，善于将技术经验升华为理论原则，用以指导技术操作、科学发明以及治国理政实践，这种特殊天赋和才能为他日后成为"平民圣人"和科学巨匠奠定了坚实基础。

墨学是继老子道学和孔子儒学之后兴起的第三大显学，在战国时期很流行。但关于墨子生平的史料却很匮乏，就连墨子的生卒年月也无法准确确定，各家考证的结论甚至相差十几年。目前研究墨学最权威的依据是《墨子》一书，其他典籍中也有少量关于墨子、墨子弟子和墨家学说的零散记载和评论。秦汉以后，天下一统之势成，皇权地位日益巩固，墨学作为列国争霸的重要工具被当作异端加以排斥和打击，失去了往日的辉煌，日渐衰落，终成绝学，这与道学和儒学或显或隐、或起或伏、绵延数千年而不绝的情形形成强烈反差。墨学是以儒学的反叛者乘势登上历史舞台的，是儒学衰落与法学兴起之间的一个过渡阶梯。从墨学与道学和儒学的关系来看，老学重天道，儒学重人道，墨学则重神道；老学重俭朴，孔学重富贵，墨学则重苦行；老学重"不仁"，儒学

[①] 鲁班的别称还有公输子、公输盘、公输般等。
[②] 翟，一种山雉，凤凰的前身。

重亲亲，墨学则重兼爱；老学轻生死，儒学重天命，墨学则重鬼神；老学重帝王，儒学重贵族，墨学则重平民；老学重以柔克刚、以退为进、无为而无不为，儒学重刚柔并济、可进可退、有所为有所不为，墨学则重以刚克刚、以进为退、有为而致无为；老学重摄生，儒学重修身，墨学则重才能；老学重自然，儒学重农本，墨学则重科学；老学以"小国寡民，知足常乐"为理想，儒学以"大同世界，天下为公"为理想，墨学则以"天下一家，四海之内皆兄弟"为理想。法家的兴起虽在墨学之后，但法、势、术等思想在墨学中已有所体现，只不过处于附属地位。从以上比较分析中可以看出，墨学从道学、儒学思想中汲取了丰富的营养，并根据时代需要对其进行了扬弃和改造，进而形成了独具特色的学派属性。

二、墨子税收思想的主要内容

墨子的税收思想是其治国理政思想的重要组成部分，本书将其提炼归纳为以下四个方面。

1. 主张保护农本，以时生财

墨子说："为政于国家者，皆欲国家之富、人民之众、刑政之治。然而不得富而得贫，不得众而得寡，不得治而得乱，则是本失其所欲，得其所恶。"①"农夫蚤出暮入（早出晚归），耕稼树艺，多聚菽粟，此其分事也（这是其本职工作）；妇人夙兴夜寐（起早贪黑），纺绩织纴，多治麻丝葛绪，捆布参（织绢帛），此其分事也。"②"今也农夫之所以蚤出暮入，强（努力）乎耕稼树艺，多聚菽粟而不敢怠倦者，何也？曰：彼以为强必富，不强必贫；强必饱，不强必饥；故不敢怠倦。今也妇人之所以夙兴夜寐，强乎纺绩织纴，多治麻统葛绪，捆布参，而不敢怠倦者，何也？曰：彼以为强必富，不强必贫；强必暖，不强必寒；故不敢怠倦。"③

"饥者不得食，寒者不得衣，劳者不得息。三者，民之巨患也。"④"凡五谷者，民之所仰（仰赖）也，君之所以为养（供养）也。……故食不可不务也（所以粮食不可不加紧生产），地不可不力（尽力耕作）也，用不可不节（节约）也。""一谷不收谓之馑，二谷不收谓之旱，三谷不收谓之凶，四谷不收谓之馈（匮），五谷不收谓之饥。""仓无备粟，不可以待凶饥。""为者疾（生产者很辛苦），食者众，则岁无丰（就不可能有丰年）""先民以时生财，固本而用财，则财足。""财不足则反之时（财用不足就注重农时），食不足则反之用（粮食不足就注意节约）。"⑤

---

① 《墨子·尚贤上第八》。
②④ 《墨子·非乐第二十七》。
③ 《墨子·非命下第三十》。
⑤ 《墨子·七患第五》。

"繁为攻伐，此实天下之巨害也。"①"若使中（国中）兴师，君子、庶人也必且数千，徒倍十万（役徒要数十万），然后足以师（成军）而动矣。久者数岁，速者数月。是上不暇听治（结果国君无暇听政），士不暇治其官府，农夫不暇稼穑（播种和收获），妇人不暇纺绩织纴。则是国家失率（失其法度），而百姓易务（被迫改业）也。"②"今天下为政者，其所以寡人之道多（他们消灭人口的招术真是多啊）。其使民劳，其籍敛厚，民财不足，冻饿死者不可胜数也。且大人惟毋（务）兴师，以攻伐邻国，久者终年，速者数月，男女久不相见，此所以寡人之道也。与（加上）居处不安，饮食不时（定时），作疾病死者，有与（又加上）侵掠俘虏、攻城野战死者不可胜数。此不令为政者所以寡人之道、数术而起与（欤）？"③

2.主张充实府库，将养万民

墨子说："王公大人，蚤朝晏退（早上朝晚退朝），听狱治政，此其分事也；士君子竭股肱之力，亶（殚、尽）其思虑之智，内治官府，外收敛关市、山林、泽梁之利，以实仓廪府库，此其分事也。"④"国家治则刑法正，官府实则万民富。上有以洁为酒醴粢盛（上能洁治酒食），以祭祀天鬼；外有以为皮币（制造皮币），与四邻诸侯交接；内有以食饥息劳，将养其万民；外有以怀（招徕）天下之贤人。是故上者天鬼富之，外者诸侯与（结交）之，内者万民亲（亲附）之，贤人归（归顺）。以此谋事则得，举事则成，入守（自守）则固，出诛（出征）则强。"⑤

从上面这段话中可以看出，墨子把治国理政与征集赋税看作相辅相成的两件大事，认为统治者只要能认真履行祭祀鬼神、抚绥贤能、交接诸侯、将养万民这四项重要职能，做到"上利于天，中利于鬼，下利于人"⑥，国泰民安，那么他们向百姓征收赋税就是正当合理的，百姓向统治者贡献赋税也是值得的。而现实中的统治者却往往不认真履行自己的职责，甚至把"将养万民"的职责抛诸脑后，随意挥霍国家的财富，以追求奢侈淫佚的腐朽生活，从而把统治者与百姓的关系由"亲人"变成了"仇人"，这就严重背离了建立国家和征集赋税的初衷，必须加以纠正。

3.主张俭节财用，去除厚敛

墨子说："圣人为政（施政）一国，一国可倍也（一国的财利可以加倍增长）；大之为政天下（大到施政于天下），天下可倍也。其倍之，非外取地也（并不是向外掠夺土地），因其国家去其无用之费（根据本国实际情况除去无用之费），足以倍之（这样财利自然会加倍）。圣王为政，其发令、兴事、使民、用财也，无不加用而为者（没有不增

---

① ② 《墨子·非攻下第十九》。
③ 《墨子·节用上第二十》。
④ 《墨子·非乐第二十七》。
⑤ 《墨子·尚贤中第九》。
⑥ 《墨子·天志上第二十三》。

加实际功用却去做的）。是故用财不费（浪费），民德不劳（民众也不觉得辛苦），其兴利多矣（它所带来的利益也是很丰厚的）！"①而现在的统治者，他们在饮食方面，"厚作敛于百姓，以为美食刍豢，蒸炙鱼鳖。大国累百器，小国累十器，前方丈，目不能遍视，手不能遍操，口不能遍味，冬则冻冰（结冰），夏则饴饐（臭烂）。"在衣着方面，"必厚作敛于百姓，暴夺民衣食之财，以为锦绣文采靡曼之衣，铸金以为钩，珠玉以为珮。"在居住方面，"必厚作敛于百姓，暴夺民衣食之财，以为（营造）宫室台榭曲直之望、青黄刻镂之饰（装饰）。"在出行方面，"必厚作敛于百姓，以饰舟车。饰车以文采，饰舟以刻镂。"②墨子对这种贪得无厌、横征暴敛、追求奢华的做法十分反感，反复强调"俭节则昌，淫佚则亡。"并强烈呼吁去掉一切华而不实的"无用之费"，回归质朴无华的生活，认为这才是"圣王之道，天下之大利也。"具体要求是：在饮食方面，"足以充虚继气（充饥补气），强股肱（强壮腿脚），耳目聪明则止。"在衣着方面，"冬服绀緅（天青色）之衣，轻且暖；夏服絺绤（葛布）之衣，轻且清（凉爽）则止。"在居住方面，"其旁可以圉（御）风寒，上可以圉雪霜雨露，其中蠲洁（涓洁、清洁），可以祭祀，宫墙足以为男女之别则止。"在出行方面，车能"服重致远，乘之则安，引之则利，安以不伤人，利以速至"则止；舟"足以将（渡）之则止。"③

墨子对随意兴师动众、大量蓄私、厚葬久丧、繁文缛节的礼乐文化等消耗民财、损害民力、严重扰乱正常社会生产生活秩序的行为，也提出了强烈批评，认为它们有百害而无一利。他还主张在饥馑年份，从上到下效法先王，普遍减膳、素服、损禄、撤乐、停学等，与民同甘共苦。具体办法是："岁馑，则仕者大夫以下皆损禄（减俸）五分之一；旱，则损五分之二；凶，则损五分之三；馑，则损五分之四；饥，则尽无禄，禀食（只供饭）而已矣。故凶饥存乎国，人君彻鼎食（减膳）五分之三，大夫彻县（撤掉钟磬音乐歌舞），士不入学，君朝之衣不革制（朝服不制新）；诸侯之客，四邻之使，雍食（饔飧）而不盛（早晚宴饮不丰盛）；彻骖騑（撤掉车驾两侧的马），涂不芸（道路不整修），马不食粟（粮食），婢妾不衣帛，此告不足之至也（这都是宣告国家已经困乏之至的重要办法）。"④

4.主张征之以常，反中民之利

在强调节用省费的同时，墨子提出了"去除厚敛，征之以常"的赋税主张。他说："厚作敛于百姓，暴夺民衣食之财"⑤"上不厌其乐，下不堪其苦。"⑥"虽欲无乱，不可得也。"⑦那么如何减税呢？墨子以古圣王修造简朴实用的宫室为例，提出了三条具体原则："凡费财劳力，不加利者，不为也；以其常役，修其城郭，则民劳而不伤；以其常正

---

① 《墨子·节用上第二十》。
②⑤⑦ 《墨子·辞过第六》。
③ 《墨子·节用中第二十一》。
④⑥ 《墨子·七患第五》。

（征），收其租税，则民费而不病。"①这里所谓的"不加利"，是指不增加事物的实用功能或不增加人们的实际利益；所谓"常役"，是指服役年龄、服役期限有定数，服役时间与农耕时间不冲突；所谓"常征"，是指税种、税率、纳税时间、纳税地点、税款缴纳方式等税制要素有明确规定，实行稳定、透明征收，避免征无常时、额外加赋；所谓"费而不病"，是指税负轻重合理适度，让百姓有承受能力，不影响正常生产生活，税收奉行费用较低。

墨子对"厚敛"与"常征"的看法也是辩证的。这表现在两个方面：一是认为古圣王长期、普遍地实行"薄敛"制度，偶尔的"厚敛"一般不会遭到百姓的强烈反对。而今天的"厚敛"则是建立在长期、普遍的"厚敛"基础上，具有横征暴敛的性质，因而遭到百姓的强烈反对和抵制是必然的。二是认为古圣王的"厚敛"是以为百姓直接谋取利益为前提的，符合百姓的实际需要，具有"取之于民，用之于民"的等价有偿性质，因而百姓不但不反对，甚至还积极拥护。今天的"厚敛"则以满足统治者的穷奢极欲为目的，具有"取之于民，用之于私"的纯义务性质，所以百姓从一开始就不愿缴纳甚至有意逃避，也是不足为怪的。墨子以古圣王制作舟车为例，表达了自己的观点。他说：古者圣王，亦尝厚措敛乎万民，以为舟车。既以成矣，曰："吾将恶许用之（我将在哪里使用它们呢）？"曰："舟用之水，车用之陆，君子息（休息）其足焉，小人休（休息）其肩背焉。"故万民出财赍而予之（所以百姓踊跃拿出钱财给予支持），不敢以为戚恨者（不敢表示出丝毫的忧怨），何也？以其反中民之利也（因为它反而有利于百姓）。然则乐器反中民之利（如果今天制作乐器反而有利于百姓），亦若此（就像圣王制造舟车一样），即我弗敢非也（那我则不敢反对）；然则当用乐器（如果使用乐器），譬之若圣王之为舟车也（也像圣王使用舟车一样），即我弗敢非也。"②

三、对墨子治国理政思想及税收思想的简要评述

1. 对墨子治国理政思想的简要评述

墨子的思想由治国理政思想（社会科学）、工程技术思想（自然科学）、语言逻辑思想（思维科学）等三大部分组成，其中治国理政思想处于核心地位，内容十分丰富。墨子出生于一个手工业者家庭，其生活态度和生活方式与齐国名相晏子有许多类似之处。他同情下层劳动人民的生活处境，理解他们的利益诉求，崇尚艰苦朴素，反对奢侈浪费；重视实用功利，反对华而不实；主张兼爱天下，反对以强凌弱；主张任人为贤，反对任人为亲；主张实践出真知，反对道听途说、言行不一；主张人人平等，爱利共存，上下同义，反对人分贵贱，上下相贼，见利忘义。墨子虽然长期生活在鲁国，但和孔子一样，祖籍宋国，因而对作为鲁国近邻的宋国有特殊感情。宋国的民俗有浓厚的殷商遗

---

① 《墨子·辞过第六》。
② 《墨子·非乐第二十七》。

风,它崇尚朴素、节俭、薄葬,迷信天鬼,这在墨子的思想中得到了明显的继承和发扬。墨子十日十夜急行军,赶往楚国,阻止鲁班和楚王攻宋,就是这种爱国情感的真实表达。墨子和孔子都出生于没落贵族家庭,都有平民百姓的生活体验和爱民保民养民教民思想,但孔子一生都在谋求恢复往日贵族的荣耀,因而主张贵贱有别、忠君保王,对平民百姓有歧视倾向;而墨子则始终与平民百姓和手工业者生活在一起,强调人人平等、兼爱天下,带头过"苦行僧"式的生活,富贵享乐观念淡漠,对诸侯争霸、残害生灵的不义战争非常反感,竭尽全力去阻止。墨子与孔子在思想观念、生活方式和价值观上的明显差异,是导致他最终弃儒学禹、独创墨学、与儒家分庭抗礼的重要原因。可以说墨子思想中的天志、明鬼、兼爱、尚同、非命、非乐、节葬等观点都是直接将矛头指向儒家学说的。

另外,墨子思想的矛盾性也是十分明显的,他一方面反对重义轻利,希望过富裕幸福的生活,另一方面却带领弟子过"苦行僧"式的生活;一方面反对命由天定,主张事在人为,另一方面却又把赏善罚恶的希望寄托于天志明鬼和开明君主;一方面非常珍惜人的生命价值,反对不义战争残害生灵,反对人殉,另一方面却又建立了以矩子为领袖、类似民间宗教性质的行会组织,鼓励其弟子为死去的矩子献身,这是与他的人道主义和仁爱精神相矛盾的。如矩子孟胜为楚阳城君守城,以身殉职,其弟子徐弱等183人为之殉死,就是一个典型案例。

墨子的语言逻辑思想、工程技术思想、军事防御思想及严谨求实的科学精神等,是其思想体系中的重要闪光点,为我国古代思想史增添了浓墨重彩的一笔。但可惜的是,这些重要成就自汉代以后随着墨学的衰落而被埋没了两千多年,对我国科技进步和社会转型造成重大损失。直到近现代,这些宝贵精神财富才逐渐引起人们的重视,把它从故纸堆里拯救出来,加以发扬光大。

2.对墨子税收思想的简要评述

在墨子的治国理政思想中,有关税收的专门论述并不多,即使谈到税收问题,也都是以效法先王为主旨,创新点不多。但在有限的论述中所表达的保护农本,以时生财;充实府库,将养万民;俭节财用,去除厚敛;征之以常,反中民之利;等思想观点还是非常有价值的,是对传统税收思想的继承,是墨子兼爱、尚同、平等、爱民、重义等价值理想的核心内容和重要支撑之一。尽管这些主张不为封建统治者所接受,也不可能改变他们的贪婪之心,但作为战国初期具有重大影响的显学之一,它在一定程度上也对封建统治者的骄奢淫佚、苛政扰民和非正义战争行为起到了鞭策和劝诫作用,更不用说它在后世历代农民起义中所发挥的重要的政治动员和思想启蒙作用了。

主要参考文献:

《墨子白话今译》,吴龙辉等译注,中国书店出版社1992年版。

《墨子评传》,邢兆良著,南京大学出版社1993年版。

孟 子

一、孟子生平简介

孟子（约前390—前305），姓孟，名轲，字子舆或子车，尊称孟子。战国中期邹国（今山东邹城马鞍山西麓之凫村）人。我国古代最伟大的思想家、政治家和教育家之一，儒家学派重要代表人物，又称"亚圣"。孟子一生的经历与孔子有许多类似之处，他除了在继承和发扬孔子的仁、义、礼、智、信思想，提倡以仁治国，以及热心教育、收徒传道方面成就卓著外，还在立身处世方面给后人留下了一个刚正不阿、能言善辩、拯救天下"舍我其谁"[①]的大丈夫形象。孟子有一位高风亮节的伟大母亲，西汉经学家韩婴所编《韩诗外传》和经学家刘向所编《列女传》记载的《孟母三迁》《孟母断织》等脍炙人口的励志故事，让孟子和孟母的事迹在中国历史上广为流传，至今妇孺皆知。但这毕竟属于文学作品，不必过于当真。关于孟子的生平事迹，史料记载极其简略，且争议较大。孟子大约在孔子（前551—前479）死后一百年，子思（前483—前402）、墨子（约前468—约前376）死后一二十年出生，与秦国改革家商鞅（约前395—前338）同时代。从学术传承关系来看，他与孔子的关系可用下式表示：孔子—曾子—子思—子思门人—孟子。也就是说，孟子并未直接受教于孔子嫡孙子思，而是受教于其门人，孟子则自称为孔子的私淑弟子。孟子的治国理政思想及税收思想集中反映在《孟子》一书中。

二、孟子税收思想的主要内容

孟子的税收思想是其治国理政思想的重要组成部分，本书将其提炼归纳为以下五个方面。

---

① 《孟子·公孙丑下》。

1. 主张君民有职分，以税养君是百姓应尽的义务

孟子认为，天下之事有"大事"，有"小事"；天下之人也有"君子"，有"野人"。君子属于"劳心者"，野人属于"劳力者"，"劳心者治人，劳力者治于人；治于人者食人，治人者食于人。天下之通义也。"①即君民各有职分，君子有治国安邦的责任，百姓有提供赋税以奉养君子的义务，这是天经地义的。要求君子与民同耕、自食其力是不合道的，也是不现实的。这是从批判神农学派的许行"边做饭边治理天下"②的言论中引发出来的。但孟子在强调"劳力者"对"劳心者"的奉养义务时，也没有忘记提醒"劳心者"对"劳力者"应尽的责任。在与梁惠王论政时，孟子指出："地方百里而可以王。王如施仁政于民，省刑罚，薄税敛，深耕易耨。壮者以暇日修其孝悌忠信，入以事其父兄，出以事其长上，可使制梃以挞秦楚之坚甲利兵矣。"③在雪宫与梁惠王讨论与民同乐问题时，孟子指出："不得而非其上者（得不到君主享受的各种快乐，就抱怨他们的君主），非也（这是不对的）；为民上而不与民同乐者，亦非也。乐民之乐者，民亦乐其乐；忧民之忧者，民亦忧其忧。乐以天下（同天下人一起乐），忧以天下，然而不王（称王天下）者，未之有也。"④

2. 主张恢复井田制，实行"助而不税"

孟子主张"取民有制"。⑤他在回答滕文公的大臣毕战关于井田制的询问时说："夫仁政，必自经界始（一定要从确定田界开始）。经界不正，井地不均，谷禄（田租）不平，是故暴君污吏必慢其经界（因此暴君污吏必定要搞乱田界从而乱中取利）。经界既正，分田制禄可坐而定也。"⑥他说：滕国虽然地方狭小，但也要有人做君子，有人做农夫。没有做官的君子，就没有人来治理农夫；没有农夫，就没有人来供养君子。可以借鉴商周"助而不税"⑦的办法，即"方里而井（一里见方的土地定为一方井田），井九百亩，其中为公田（中间的一百亩作为公田）。八家皆私百亩（八家各有一百亩私田），同养公田（大家一起耕种公田）。公事毕，然后敢治私事。"他建议："野九一而助（在边远农村实行九分抽一的助法），国中什一使自赋（都市周边的田地则由民人自行缴纳1/10的赋税）。"同时，"卿以下必有圭田（卿以下的官吏一定要有可供祭祀费用的圭田），圭田五十亩（圭田每个官吏分配五十亩），余夫二十五亩（其他农夫则给二十五亩）。"若能这样，则"死徙无出乡（百姓丧葬迁居都不离开乡），乡田同井（乡田在同一井里的各家），出入相友（出入就会相互结伴），守望相助（守卫防盗就会相互帮助），疾病相扶持（有人得病就会相互照顾），则百姓亲睦。"他说："此其大略也；若夫润泽之（具体实施中如何改进完善），则在君与子矣（就看国君和您的作为了）。"⑧

---

①②⑤⑥⑧《孟子·滕文公上》。
③《孟子·梁惠王上》。
④《孟子·梁惠王下》。
⑦《孟子·公孙丑上》。

从以上引述中可以看出，孟子对井田制是极为赞赏的，他认为这种制度对推行王道主义来说，至少有五个方面的好处：（1）便于分田制禄；（2）便于行政管理；（3）便于淳和乡风；（4）便于区分君子和野人；（5）便于恒产恒心。由于孟子主张实行井田制基础上的"助而不税"，因而他对按亩计税的实物税和货币税总体上持否定态度。

3.主张量能负担，什一而税

在回答滕文公问政时，孟子指出："夏后氏五十而贡（夏朝以五十亩地为单位，赋税采用贡法），殷人七十而助（商朝以七十亩地为单位，赋税采用助法），周人百亩而彻（周朝以一百亩地为单位，赋税采用彻法），其实皆什一也（其实税率都是1/10）。彻者，彻（通）也；助者，藉（借助）也。……贡者，校数岁之中以为常（贡法是将若干年的收成取平均数作为常数，按常数收税）。乐岁（丰年），粒米狼戾（粮食多得狼藉满地），多取之而不为虐（暴虐），则寡取之（然而受常数限制却不能多征）；凶年（荒年），粪其田而不足（即使把散落在地里的粮食颗粒归仓，还凑不够应交的常税），则必取盈焉（却非要足数缴纳）。为民父母，使民盻盻然（使百姓勤苦不休），将终岁勤动（一年到头忙碌不堪），不得以养其父母，又称贷而益之（还要靠借贷勉强度日）。使老稚转乎沟壑（使男女老幼四处流亡，最终死于沟壑），恶在其为民父母也（这样的国君怎能配称百姓之父母呢）？"①

孟子认为，赋税的征收要根据国家机器的完备程度和所承担的职事范围来确定，并不是越轻越好，也不是越重越好。他认为什一税是最好的，低于这个标准，国家将难以维系；而超过这个标准，国家将不稳固。在与白圭讨论"二十而取一"是否可行时，他指出："万室之国（有一万户的国家），一人陶（只有一个人制作陶器），则可乎？"白圭说："不可，器不足用也。"孟子说："夫貉（那个貉国），五谷不生，惟黍（黄米）生之；无城郭、宫室、宗庙、祭祀之礼，无诸侯币帛饔飧（没有诸侯之间赠礼宴请之类的交际往来），无百官有司，故二十取一而足也。今居中国（现在你生活在中原），去人伦（却要像貉国那样抛弃人伦），无君子（废掉官吏），如之何其可也（这怎么能行呢）？陶以寡（制作陶器的人少了），且不可以为国，况无君子乎？欲轻之于尧舜之道者（想使税率比尧舜的标准还低的），大貉小貉也（是大大小小貉那样的国家）；欲重之于尧舜之道者（想使税率比尧舜的标准还要高的），大桀小桀也（是大大小小桀那样的暴君）。"②

4.主张轻徭薄赋，不违农时

孟子认为，征发徭役应不违农时，既保护农业生产，又不干扰百姓的正常生活。他指出："百亩之田，勿夺其时，数口之家可以无饥矣。""不违农时，谷不可胜食也；数罟不入洿池（细密的渔网不投入大塘捕捞），鱼鳖不可胜食也；斧斤以时入山林（按一

---

① 《孟子·滕文公上》。
② 《孟子·告子下》。

定的时令入山砍柴），材木不可胜用也。谷与鱼鳖不可胜食，材木不可胜用，是使民养生丧死无憾也。养生丧死无憾，王道之始也。"① "食之以时（按一定时节食用），用之以礼（按礼的规定使用），财不可胜用也。" "以佚道使民（依据让百姓安逸的原则去役使百姓），虽劳不怨。以生道杀民（依据让百姓生存的原则去杀人），虽死不怨杀者。"②

5. 主张实行单一农业税，对关市讥而不征

孟子指出："有布缕之征，粟米之征，力役之征。君子用其一，缓其二。用其二而民有殍（饿殍），用其三而父子离。"③

"市（市场），廛而不征（提供场地存放货物而不征收租赁税），法而不廛（依照规定价格收购滞销货物，不使积压在货场），则天下之商皆悦，而愿藏（聚）于其市矣；关（关卡），讥（稽）而不征（只稽查而不征税），则天下之旅皆悦，而愿出于其路矣（而愿意穿梭在其驿道上）；耕者，助而不税，则天下之农皆悦，而愿耕于其野矣；廛（人们居住的地方），无夫里之布（没有人头税和额外的地税），则天下之民皆悦，而愿为之氓（民）矣。"④

孟子还对关市之征的起源进行了分析。他说："古之为（设立）关也，将以御暴（是为了保护国家安全）；今之为关也，将以为暴（则是一项暴政措施）。"⑤ "古之为市也，以其所有易（交换）其所无者，有司者治之耳（由官府统一负责管理）。有贱丈夫焉（后来有个贱丈夫），必求垄断而登之（非要垄断市利，于是爬上了一块高地），以左右望（左右张望以观察市场行情），而罔市利（然后通过贱买贵卖把集市上的差价都赚到自己腰包里）。人皆以为贱（卑鄙），故从而征之（于是鼓动官府向他征税）。征商自此贱丈夫始矣。"⑥

从以上论述可以看出，孟子对商人并不歧视，对商业也持开放态度，只要不影响农本，就鼓励商业发展，互通有无，这与他的社会分工论是一致的。在此基础上，孟子主张无论坐商还是行商，都只"讥而不征"，但对奸商和垄断商人要予以限制和打击。

三、对孟子治国理政思想及税收思想的简要评述

1. 对孟子治国理政思想的简要评述

孟子的治国理政思想是一个完整复杂的体系。从纵的方面来看，他大大拓展了孔

---

① 《孟子·梁惠王上》。
② 《孟子·尽心上》。
③⑤ 《孟子·尽心下》。
④ 《孟子·公孙丑上》。
⑥ 《孟子·公孙丑下》。

子"性相近也，习相远也"①的人性论思想，提出了人性与物性有别，人性本善，人有心四端，道德有四目，"仁义礼智根于心"②，"诚者，天之道也"③，"尽心""知性"可以"知道""知天"④，"富贵不能淫，贫贱不能移，威武不能屈"⑤，"我善养吾浩然之气"⑥等新颖观点，为孔子伦理道德学说提供了汩汩活水和坚实理论基础。在仁政方面，他提出了"天下之本在国，国之本在家，家之本在身"⑦，"以不忍人之心，行不忍人之政，治天下可运之掌上"⑧，"得天下有道，得其民，斯得天下矣。得其民有道，得其心，斯得民矣"⑨，"得道者多助，失道者寡助"⑩，"善政得民财，善教得民心"⑪，"乐民之乐者，民亦乐其乐；忧民之忧者，民亦忧其忧"⑫，"仁者爱人"⑬、"仁者无敌"、"春秋无义战"⑭，"五霸者，三王之罪人也"⑮，"制民以恒产"、"正经界"⑯，"善养老"⑰，"商品交换有益"⑱等新颖观点和具体举措，使孔子的德治思想有了明确的归宿和落脚点，内容更加充实丰富。从横的方面来看，孟子摒弃了孔子"尊君保王"的保守思想，淡化了君子与野人、君与臣的等级差别，提出了"人皆可以为尧舜"⑲，"君民各有职分"⑳，"民贵君轻社稷次之"㉑，"独夫民贼可弑"㉒，"天下有道，殉道以身；天下无道，以身殉道"㉓等富有平民性和战斗性的新观点。他把君主、士人和平民摆在同一个天平上进行道德考量，好的就褒扬，坏的就贬斥，使善言恶语、明君昏君暴君都难逃道德的考量。他认为君主修仁和行仁政不是做不到，而是不想做，即"王之不王，不为也，非不能也。"㉔

另外，值得注意的是，在《孟子》一书中，孟子没有贬低女性的言论，没有将君子与小人进行反向类比的过多言论，也没有关于礼仪文饰的过多细节描写和讨论，更多的是对大仁、大义、大利、大礼等道德伦理问题、政治问题和君子人格问题的讨论和阐述，大大丰富和发展了孔子德治思想的内涵，同时又扬弃了其不适应时代潮流的糟粕成分。

孟子一生不屈从于权贵，不为小恩小惠所动，一切以义为准绳，敢爱敢恨，喜笑怒骂形之于外，胸怀坦荡，大义凛然，不卑不亢，以一种顶天立地的大丈夫形象屹立于乱

---

① 《论语·阳货篇第十七》。
② 《孟子·告子上》。
③⑦⑨ 《孟子·离娄上》。
④⑪⑰㉓ 《孟子·尽心上》。
⑤ 《孟子·滕文公下》。
⑥⑧ 《孟子·公孙丑上》。
⑩⑱ 《孟子·公孙丑下》。
⑫㉒ 《孟子·梁惠王下》。
⑬ 《孟子·离娄下》。
⑭㉑ 《孟子·尽心下》。
⑮⑲ 《孟子·告子下》。
⑯⑳ 《孟子·滕文公上》。
㉔ 《孟子·梁惠王上》。

世，其独特的人格魅力和惊世骇俗的言论足以使暴君受到震慑，使昏君得以警醒，使平民得以自信，使伪君子得以敛形，使鬼神得以远避，对正义行为是一种有力的弘扬，对邪恶行为是一种有力的鞭策。孟子说，不行仁政的君主不配做百姓的父母。在他所处的时代已经有好几百年没有圣人出现了，世道已经昏乱很久了，如果有人愿意行仁政，那么百姓就会像久旱逢甘霖一样伸长脖子仰望他。为了拯救乱世，孟子甚至发出了"当今之世，舍我其谁！"①的豪言壮语，但最终还是没有明君出来，愿意真心实意地实施他的仁政主张。

孟子是孔子儒家思想当之无愧的后继者，称他为"亚圣"并不为过，实际上他的思想影响在许多方面已远远超过孔子。但因为他对封建统治者的尖锐批判和公开蔑视、对"五霸"的明确否定以及暴君可弑、可变置的观点不合封建统治者的口味，所以在他死后上千年的漫长历史进程中，其思想仅只流传于有良心的士人和普通百姓之中，成为启迪和激励他们思想言行的一种理论武器，而不为上层统治者所重视，这与以"尊君保王"为宗旨的孔子学说所享受的尊荣形成了明显的反差。但随着时代的进步，一些开明统治者也逐渐认识到孟子思想在推翻腐朽统治者而改朝换代方面的积极意义，以及与孔子儒家思想的一脉相承关系，因此从中唐的韩愈著《原道》，把孟子列为先秦儒家中唯一继承孔子"道统"的人物开始，一个轰轰烈烈的孟子"升格运动"才宣告启动。宋神宗熙宁四年（1071年），《孟子》一书首次被列入科举考试科目之中。元丰六年（1083年），孟子首次被官方追封为"邹国公"，翌年被批准配享孔庙。以后《孟子》一书升格为儒家经典，南宋朱熹又把《孟子》与《论语》《大学》《中庸》合为"四书"，其实际地位更在"五经"之上。元朝至顺元年（1330年），孟子被加封为"亚圣公"，以后就简称"亚圣"。至此，孟子仅次于孔子的大儒地位才真正得以确立。

不过，孟子的治国理政思想也有明显不足，主要表现在三个方面：一是对杨墨思想拒之过烈，仅用"杨子无君，墨子无父"为其盖棺论定，未免武断；二是与商鞅同时代，但对各国轰轰烈烈的变法图强运动和法治建设成果视而不见，仅高举"仁义礼智信"大旗来对抗势不可挡的"功利"和"法治"潮流，未免跟不上时代步伐，也显得力不从心；三是在周游列国、游说君王过程中积累了很高的政治声望，也享受了特殊的待遇，但缺少治国理政的具体实践，因而他的治国理政思想理论思辨性和深刻性有余而可操作性不足。

2.对孟子税收思想的简要评述

孟子的税收思想是其治国理政思想的重要组成部分，也是对孔子税收思想的继承和发展。本书将其提炼归纳为五个方面，包括：（1）君民有职分，以税养君是百姓应尽的义务；（2）恢复井田制，实行"助而不税"；（3）量能负担，什一而税；（4）轻徭薄赋，不违农时；（5）实行单一农业税，对关市讥而不征。这些思想主张中最具特色、最值得

---

① 《孟子·公孙丑下》。

我们关注的有四点：（1）强调社会有分工，依法纳税是百姓应尽的的义务；（2）强调明晰、保护和稳定私人产权；（3）主张稳定税负，量能负担；（4）提倡商业自由，轻征商税。这四点虽都来自传统，但孟子从平民圣人的视角赋予它们以民主、法治、平等、自由、博爱、人权的新内涵，因而给我国古代税收思想注入了新鲜血液。孟子对三代的"井田制"和"贡助彻法"有较详尽的描述和分析，弥补了孔子税收思想的弱点，值得充分肯定。但战国与商朝和西周毕竟相隔遥远，社会的政治、经济和文化环境已发生巨大变化，加之史料记载不详，因而孟子在向各诸侯国推荐其改革设想时，有时连自己也不是很自信，其中难免夹杂一些猜测和附会的成分，这就更增加了新政实施的难度，期望它来抑制土地兼并、稳定和减轻百姓税收负担、保护民众利益就更是可望而不可及了。

主要参考文献：

《孟子译注（简体字本）》，杨伯峻译注，中华书局2008年版。

《史记》卷74《孟子荀卿列传》。

《孟子评传》，杨泽波著，南京大学出版社1998年版。

商　鞅

一、商鞅生平简介

商鞅（约前390—前338），约在秦惠公十年（前390年）生于卫国（今河南省北部），本姓姬，因祖辈系公室庶出，故改姓公孙氏，称公孙鞅或卫鞅。我国先秦时期最伟大的思想家、政治家、军事家之一，法家学派重要代表人物和思想先驱。他因协助秦孝公推行变法取得巨大成功而一举成名，受封于商（今陕西商县东南），故又称商君或商鞅。历秦惠公、秦献公、秦孝公三朝。与亚圣孟子（约前372—前289）、改革家吴起（前440—前381）同时代。据《史记·商君列传》称，"鞅少好刑名之学"，并深受魏相李悝、楚相吴起等人法治思想及变法实践的影响。他的师傅晋人尸佼（约前390—前330）是一位学识渊博的杂家学者，虽然名不见经传，但在商鞅学业仕途的许多重要时刻都有他的身影。商鞅少年老成，才思敏捷，学识渊博，见解深刻，志向远大，办事干练，是一位难得的治国人才，但在卫国一直没有找到施展抱负的机会，便早早离开卫国，来到时任魏相的公叔（孙）痤（魏惠王的叔叔）门下，当了一名中庶子（家臣）。经过一段时间的深入考察，公叔痤断定商鞅有奇才，堪称大任，便在攻秦失败、一病不起、魏惠王[①]前来探望之际，向他举荐说："公孙鞅年少有奇才，可任用为相。"惠王当时面有难色，沉默不语。公叔痤便屏退左右对惠王说："王既不用公孙鞅，必杀之，勿令出境。"王许诺而去。公叔痤知道惠王无意任用商鞅，便私下对商鞅说："我已经在惠王面前举荐了你，但他似乎没有用你之意，你赶快逃走吧，免得被逮捕杀掉。"但商鞅却沉着冷静地说："彼王不能用君之言任臣，又安能用君之言杀臣乎？"并不急于离去。魏惠王离开公叔痤后，对身边的人说："公叔病甚，悲乎！欲令寡人以国听公孙鞅

---

① 魏惠王又称梁惠王，称王之前称魏惠公或梁惠公。

也，岂不悖哉！"①

秦孝公元年（前361年），秦献公的儿子嬴渠梁继位为君，是为秦孝公。为了重振穆公以来的霸业，他在继位伊始便办了三件大事：第一件是"布惠，振孤寡，招战士，明功赏"②，以笼络民心；第二件是发兵讨伐魏国和獂戎，杀獂王，以显军威；第三件是发布求贤令，广招天下英才，以昭明君。商鞅听说秦孝公有雄才大略，并求贤若渴，异常兴奋，便在师傅尸佼的陪同下，于前360年离魏至秦。在孝公宠臣景监的安排下，商鞅四见孝公，分别说以"帝道"、"王道"、"霸道"和"强国之术"，最终以"霸道"和"强国之术"赢得孝公的赏识与信赖。秦孝公三年（前359年），在经过一场激烈的宫廷辩论之后，孝公终于排除甘龙、杜挚等保守派大臣的阻挠，下定决心开始变法。在商鞅的协助下，他发布了一系列旨在变革风俗、督促农战的法令。新法实施的头一年，百姓普遍感到不便，非议者较多。过了三年，至前356年（秦孝公六年），秦民才开始适应新法。商鞅因此被孝公提拔为左庶长③。登上左庶长宝座后，商鞅有了变法的权柄，立即放开手脚，大胆推进改革。由于这是商鞅亲自主持的第一次变法，关系重大，因而在法令正式颁布实施前，商鞅借鉴吴起在魏国治理西河郡时的做法，在国都市场南门立了一根三丈高的木柱，宣布谁能将此木柱搬至市场北门，将赏十金，但民众将信将疑，谁也不敢徙木领赏。于是商鞅又将赏金升至五十金。这时，有一位壮汉挺身而出，将木柱搬到了北门，商鞅立即兑现承诺，赏给他五十金，从此商鞅变法"赏必重赏，罚必重罚"的信号便在秦国百姓中迅速传播开来。这就是著名的"徙木立信事件"。④徙木立信事件之后，商鞅立刻颁布新的改革法令，并且坚定地加以推行。但改革毕竟是一场革命，对社会各阶层的利益触动越大，招来的非议和阻力也就必然越大。正当首都雍城数以千计的民众对新法带来的不便议论纷纷、要求恢复旧法时，太子秦嬴驷带头犯了法。面对这一极富挑战性的事件，商鞅丝毫没有退缩。为了维护法令的尊严，树立赏罚必信的改革者形象，他决定对太子进行处罚，但考虑到太子是君主的继承人，不便用刑，于是就以太子犯法、师傅有责为名，"刑其傅公子虔，黥其师公孙贾。"从此"秦人皆趋令"，不敢再非议和阻挠新法了。⑤

秦孝公七年（前355年），也就是商鞅首次变法的第二年，秦孝公与魏惠公会于杜平，秦孝公试探性地了解了魏国的虚实及其对秦国的态度。次年，孝公派商鞅率兵攻打魏国元里，斩首七千，取河西少梁，对变法成效作了初步的检验。秦孝公十年（前352

---

①⑤ 《史记》卷68《商君列传》。
② 《史记》卷5《秦本纪》。
③ 秦爵秩二十级中的第十级。
④ 1912年（民国元年）春，时年19岁的毛泽东考入湖南全省高等中学校（今长沙市第一中学）普通一班读书。同年六月，毛泽东以《商鞅徙木立信论》为题参加了学校的作文比赛，时任国文教员柳潜（涤庵）惊其作文思想深邃、气魄宏大、不同凡响，给予满分头名的评价，并写下139个字的批语。见《毛泽东早期文稿》，湖南人民出版社2008年版。

年），商鞅升任大良造①，率军东渡黄河，一举占领了魏国的旧都安邑，并收复了部分河西失地。秦孝公十一年（前351年），商鞅再次率兵攻破魏国重镇固阳（今内蒙古包头市固阳县）。

随着秦国在东部地区的不断胜利和秦国国力的日趋强大，孝公和商鞅决定把都城迁回东部，以图进军中原。秦孝公十二年（前350年），新都已建成，孝公和商鞅浩浩荡荡地把国都从当时的雍城迁到了位于泾水和渭水之间的新都咸阳（今陕西咸阳东北）。同年，商鞅开始启动第二次变法。与前一次变法不同，这次变法的范围更广、力度更大，也更彻底、更深邃。其主要内容有：（1）再行分户令，禁止大户制。（2）统一度量衡，颁发标准器。（3）重整耕地，始征口赋。（4）广行县制，兼设县署。第二次变法的稳步推进，更彻底地改变了秦国社会的深层结构，为建立大一统的秦帝国奠定了坚实的政治经济基础。但是以太子秦嬴驷为首的旧势力并不甘心他们的失败，依然准备与新法对抗，与商鞅这位外来客进行周旋。秦孝公十七年（前345年），太傅公子虔又一次以身试法，商鞅对其施以"劓"刑，阻挠变法的保守派势力又一次受到沉重打击。

随着变法的不断深入，秦国在全民耕战的旗帜下日趋强盛，声名远播天下。但为了保证国都咸阳的安全，避免当年秦献公连续胜魏后引来庞涓攻破都城栎阳（今陕西西安市阎良区武屯镇官庄村与古城屯村之间）、被迫迁回原都雍城（今陕西宝鸡市凤翔境内）的一幕重新上演，商鞅建议孝公行韬光养晦之计，尊魏惠公为王，向其称臣。孝公听从了商鞅的意见，向魏惠公行臣主之礼。魏惠公见孝公和商鞅如此谦卑，并鼓励自己称王，很高兴，便放松了对秦国的警惕。秦孝公十九年（前343年），魏惠公在国都大梁以南的逢泽召开称王大会，各国纷纷前来祝贺，秦孝公则派同母弟公子少官率兵出席，用对待王的礼仪拜见魏惠公，并向他贡献了不少礼物。此前一直臣服于魏国的韩国因不满魏惠公索求无度，再加上齐国正在联系韩国夹击魏国，因而拒绝向魏惠公贡献厚礼。魏惠公大怒，派将军庞涓攻韩。战胜后，又与齐国发生大战。秦孝公二十二年（前340年），魏军在马陵被齐军打得大败，魏将庞涓被孙膑射杀，太子申被俘，魏国形势江河日下。商鞅趁此机会率秦军攻魏，以欺诈手段将旧时好友、魏将公子卬（昂）（公叔痤的得意门生）擒获，大破魏军，魏被迫割西河之地（黄河以西之地）与秦，将人民迁至大梁。此时的魏惠王方才警醒，后悔当初不用公叔痤之言，杀掉商鞅，以绝后患。商鞅因此次战功被封於、商十五邑，号商君，因称商鞅。

秦孝公二十四年（前338年），名士赵良以友人身份谒见商鞅，劝其"不贪商、於之富，不宠秦国之教"②，赶快归还封地，到边远地区灌园终寿。但商鞅并不接受，还对自己变法以来取得的突出政绩沾沾自喜。没过半年，秦孝公驾崩，商鞅的政敌太子秦嬴驷继位为君，是为秦惠文公。太子傅公子虔之流趁机诬告商鞅谋反，商鞅被迫出逃。至边关欲宿客舍，因不能出示证件，店家害怕连坐，不敢留宿。商鞅又逃往魏国，但魏人

---

① 又称大上造，秦爵第十六级。
② 《史记》卷68《商君列传》。

恨他背信弃义，欺骗公子卬而破魏军，因而拒绝收留。商鞅走投无路，只好逃回封地商邑，组织徒属向郑县（在今陕西华县北）进军。秦惠文公发兵讨之，杀商鞅于彤地（今陕西华县西南），并五马分尸，灭其三族。商鞅的师傅尸佼在商鞅事发后从秦国逃往楚国的蜀地（今四川省境内），并终老于此。商鞅虽悲惨而死，但他生前所行变法措施并未废止，各项改革继续向前推进。秦惠文公二年（前336年），由商鞅生前主持铸造的圆形铜钱开始在秦国发行流通。

商鞅是一位个性鲜明、影响深远的改革家，后世对他的功过是非褒贬不一，争议颇大。主张维新变法的人对商鞅基本上持肯定态度，而主张仁义和守成的人则对其人品和酷烈作风持批评或否定态度，甚至把商鞅变法与秦朝灭亡挂起钩来，就像把王安石变法与宋朝灭亡联系起来一样。究竟如何？留待后人评说。商鞅的治国理政思想及税收思想集中反映在《商君书》一书中。

二、商鞅税收思想的主要内容

商鞅的税收思想是其治国理政思想的重要组成部分，本书将其提炼归纳为以下三个方面。

1. 主张税收政策应当为农战政策服务

商鞅认为，"国之所以兴者，农战也。"[①]面对战国时代"强国事兼并，弱国务力守"[②]的严峻形势，地处西陲、与戎狄杂居、国力比较弱小的秦国，要在诸侯争霸中站稳脚跟，不断扩张势力，最终实现统一天下的宏伟目标，就必须顺应时势，变法图新，富国强兵。而富国强兵的关键则是实行农战政策，使百姓"喜农而乐战"[③]。因此，他在给秦孝公起草的变法令中规定：凡专心务农、勤劳耕作、收获显著的百姓要免除其徭役，即"戮力本业，耕织致粟帛多者，复其身。"[④]凡在战场上奋勇杀敌、斩得敌人首级的百姓要免除其刑罚和徭役，即"能人得一首则复。"[⑤]为了达到弱晋强秦的目的，对从韩、赵、魏等诸侯国来秦国务农的百姓，要免除其父、子、孙三代的兵役；对其所开垦的荒地，十年之内不征税。即"诸侯之士来归义者，今使复之三世，无知军事。秦四竟（境）之内陵阪丘隰，不起十年征。"[⑥]

另外，为了巩固农业生产的基础地位，商鞅还采取了以下措施：（1）规定百姓家中

[①]《商君书·慎法第二十五》。
[②]《商君书·开塞第七》。
[③]《商君书·壹言第八》。
[④]《史记》卷68《商君列传》。
[⑤]《商君书·境内第十九》。
[⑥]《商君书·徕民第十五》。

有兄弟二人以上不分家者,要加倍征收其口赋(人头税)。即"民有二男以上不分异者,倍其赋。"①(2)对山泽之开发实行严格管制政策。即"壹山泽,则恶农慢惰倍欲之民无所于食;无所于食则必农,农则草必垦矣。"②(3)限制农民自由迁徙。即"使民无得擅徙,则诛愚(余、愚昧)乱农之民无所于食而必农。愚心躁欲之民壹意,则农民必静。农静,诛愚乱农之民欲农,则草必垦矣。"③(4)废除旅舍。即"废逆旅,则奸伪、躁心、私交、疑农之民不行。逆旅之民无所于食,则必农,农则草必垦矣。"④(5)规定卿大夫、贵族嫡长子以外的弟子也要根据他们的辈份合理地分担徭役赋税。即"均出余子之使令(同等地发布有关卿大夫、贵族嫡长子以外弟子担负徭役赋税的法令),以世使之(根据辈份让他们服徭役),又高其解舍(再提高他们免服徭役的条件),令有甬官食概(让他们从主管官吏那里领取口粮),不可以辟(避)役。"⑤(6)禁止雇私车运送军粮,运送军粮的车要速来速往,不得中途私载客货。即"令送粮无得取僦(花钱雇车),无得反庸(更不准在运粮返回时揽载私人货物);车牛舆重设(服役时的车、牛及载重量),必当名(必须与注册登记时一致)。然则往速来疾,则业不败农。"⑥(7)官吏不得为请食的罪犯提供饮食。即"无得为罪人请于吏而饷食之,则奸民无主。奸民无主,则为奸不勉。为奸不勉,则奸民无朴(根基)。奸民无朴,则农民不败。"⑦(8)禁止国之大臣、诸大夫,博闻辨慧者到处游居。即"国之大臣、诸大夫,博闻辨慧游居之事皆无得为;无得居游于百县,则农民无所闻变见方(听不到奇闻轶事)。农民无所闻变见方,则知农无从离其故事。……愚农不知,不好学问,则务疾农。知农不离其故事,则草必垦矣。"⑧(9)边利归兵,市利归农。即"为国者,边利尽归于兵,市利尽归于农。边利归于兵者强,市利归于农者富。"⑨

2. 主张"以粟出官爵",轻征农业税

商鞅认为,农业是富国之本,"民不逃粟,野无荒草,则国富。"⑩对农民直接征收农业税,固然可以取得财政收入,但若税负过重且无法控制,就会打击农民种田纳粮的积极性,导致其弃农经商。因此,商鞅主张轻征农业税,而代之以"使民以粟出官爵"⑪的积极办法。他指出:"民生则计利,死则虑名。"⑫追求名利是人之常情,而官爵是名利的集中体现,是人们追求的主要目标。如果采取以余粮换官爵的办法,农民将竭尽全力发展农业生产,以争取加官晋爵的荣誉,从而实现"国不蓄力,家不积粟"⑬的理想境界。即"国不蓄力,下用也;家不积粟,上藏也。"⑭"民有余粮,使民以粟出官爵,

---

① 《史记》卷68《商君列传》。
②③④⑤⑥⑦⑧ 《商君书·垦令第二》。
⑨ 《商君书·外内第二十二》。
⑩ 《商君书·去强第四》。
⑪⑬ 《商君书·靳令第十三》。
⑫ 《商君书·算地第六》。
⑭ 《商君书·说民第五》。

官爵必以其力，则农不怠。"①

在轻征农业税的同时，商鞅还反对国家对农民繁兴劳役。他指出："农逸则良田不荒。""禄厚而税多，食口众者，败农者也。"如果官府不随意征发徭役，农民就有充足的时间从事农业生产，即"官属少则征不烦，民不劳，则农多日。农多日，征不烦，业不败，则草必垦矣。"士大夫不随便雇人大兴土木，无业游民无从取食，就会自动归农。即"无得取庸，则大夫家长不建缮。爱子不惰食，惰民不窳（败坏），而庸民无所于食，是必农。大夫家长不建缮，则农事不伤。爱子不惰食，惰民不窳，则故田不荒。农事不伤，农民益农，则草必垦矣。"而对那些不听号令、随意雇人大兴土木的士大夫，商鞅则主张"以其食口之数，赋而重使之。"②即按照其人口总数加重赋税和徭役加以限制打击。

3. 主张"訾粟而税"，重征关市之赋

商鞅认为，粮食是财富的基本形态，士、工、商等非农行业不仅不生产粮食，还消耗大量粮食，他们"好辩、乐学，事商贾，为技艺，避农战"，就像庄稼的害虫一样"春生秋死，一出而民数年不食"③，是农业生产的大敌。因此应该通过征收重税对他们加以限制，尤其要重征商税，使之无利可图，而还本于农。他指出："民之内事，莫苦于农。""农之用力最苦，而赢利少，不如商贾、技巧之人。"④"国好生金于竟（境）内，则金粟两死，仓府两虚，国弱。国好生粟于竟内，则金粟两生，仓府两实，国强。"⑤"食贱者钱重，食贱则农贫，钱重则商富。"⑥因此，"欲农富其国者，境内之食必贵，而不农之征必多，市利之租必重。则民不得无田，无田不得不易（交换）其食。食贵则田者利，田者利则事者众。食贵，籴（买）食不利，而又加重征，则民不得无（不）去其商贾、技巧而事地利矣。故民之力尽在于地利矣。"⑦

在抑商方面，商鞅主要采取了以下措施：（1）"訾（估量）粟而税"。即废除井田制，实行土地私有制，允许土地自由买卖。在此基础上，根据占地面积和粮食产量来征收单一土地税，且只收粮食，而不收货币和其他物品。他认为"訾粟而税"有很多好处："訾粟而税，则上壹而民平。上壹则信，信则官不敢为邪。民平则慎，慎则难变。上信而官不敢为邪，民慎而难变，则下不非（诽谤）上，中不苦官。下不非上，中不苦官，则壮民疾农不变。壮民疾农不变，则少民学之不休。少民学之不休，则草必垦矣。"⑧（2）限制或禁止粮食买卖。即"使商无得籴（卖粮），农无得籴（买粮）。农无得籴，则窳惰之农勉疾（积极从事农业生产）。商无得籴，则多岁不加乐（则丰年就不

---

① 《商君书·靳令第十三》。
② 《商君书·垦令第二》。
③ 《商君书·农战第三》。
④⑥⑦ 《商君书·外内第二十二》。
⑤ 《商君书·去强第四》。
⑧ 《商君书·垦令第二》。

能靠卖粮谋利来增加享乐）；多岁不加乐，则饥岁无裕利；无裕利则商怯，商怯则欲农。窳惰之农勉疾，商欲农，则草必垦矣。"①（3）寓禁于征，抬高酒肉等非生活必需品的价格。就是通过征收高额的租税，使酒肉等非生活必需品的价格数倍于其成本，达到一般人享用不起的程度，这样商人就会被迫弃商归农，想弃农经商的人也会望而却步。即"贵酒肉之价，重其租，令十倍其朴（成本）。然则商贾少，民不能喜酣奭（大量饮酒），大臣不为荒饱（宴安享乐）。商贾少，则上不费粟；民不能喜酣奭，则农不慢（怠慢）；大臣不荒饱，则国事不稽（拖延），主无过举。上不费粟，民不慢农，则草必垦矣。"②（4）重役抑商，逼其归农。就是按照商人家庭的全部人口包括仆役数量摊派劳役，以达到"农逸而商劳"、"良田不荒"的目的。即"以商之口数使商，令之厮舆徒重（僮）者必当名（使他们家中砍柴的、赶车的、供人役使的、做僮仆的种种家丁都到官府登记注册，并按照名册服徭役），则农逸而商劳。农逸则良田不荒，商劳则去来赍送（迎来送往）之礼无通于百县，则农民不饥，行不饰。农民不饥，行不饰，则公作必疾，而私作不荒，则农事必胜。"③由于采取多管齐下的办法加重商人的税收负担，就会导致农民厌恶经商，商人也对自己的生意没有信心，最终导致商人都投奔到务农上来。即"重关市之赋，则农恶商，商有疑惰之心。农恶商，商疑惰，则草必垦矣。"④

三、对商鞅治国理政思想及税收思想的简要评述

1.对商鞅治国理政思想的简要评述

商鞅是先秦法家的重要代表人物和思想先驱，也是秦孝公变法的主要策划者和主持者，他的治国理政思想极其丰富深刻，在中国历史上占有十分重要的地位，其正反两方面影响至今仍不可低估。

商鞅与孟子同处一个时代，他们都有"当今之世，舍我其谁"的远大抱负和豪情壮志，但二人的人生轨迹和治国理政思想及其实践却有很大的不同。商鞅与孟子都曾为魏惠王的门客，但孟子颇受器重，与魏惠王畅谈甚欢⑤；商鞅虽有魏相公叔痤的鼎力举荐，但终未得到魏惠王的赏识和重用，不得已而弃魏入秦，谋求发展。商鞅与孟子似乎终身未能谋面，史料也无二人交往的记载。商鞅因变法成功而扬名于西秦，却因贪恋功名而受车裂之刑，英年早逝；孟子则因壮志难酬，退而著书，终老于邹鲁。

孟子与商鞅的治国理政思想可谓相差天壤，通过比较，我们得到以下基本结论：从人性论的角度来看，孟子是"性善论"的积极倡导者，并对儒家的仁义礼智信范畴和德治思想进行了深入的挖掘和发挥。商鞅则没有专门探讨人性善恶这一形而上学命题，但

---

①②③④《商君书·垦令第二》。
⑤《孟子》一书有详细记载。

从仁义不足以治天下[①]、"国为善，奸必多"[②]、人贫则朴、人富则淫、古民朴今民诈等种种论述来看，他显然是把"性恶论"作为其治国理政思想的理论基础，这一思想后来被法家重要代表人物李斯、韩非子等所继承；从崇古与薄古的角度来看，孟子和孔子一样，是崇古主义者，他"言必称尧舜"[③]，把古代的德治、仁政和无为而治作为治国的典范，而对后世诸侯的积极有为、开疆拓土、严刑峻法、加重赋税等改革举措都持否定态度。商鞅则是一个薄古主义者，他认为治国没有一成不变的策略，即使古圣人也是因时制宜、与时俱进的。如果一味地厚古薄今、固步自封，拿神农时代治理"朴民""愚民"的办法来治理今世的"智民""诈民"，只能遭到圣人的嘲笑，也是根本行不通的；从仁治与法治的角度来看，孟子明确倡导仁治，主张恢复井田制、制民以恒产、实行重本抑末、崇俭戒奢、重德轻刑、体恤老弱等仁政爱民政策。商鞅则把仁义和仁治之类的辩说视为误国的空谈，认为它是扰乱民心、助长好逸恶劳、投机取巧、危害国家和社会的"六虱"，应当严令禁止。相反，对以法治国、变法图强、分田制土、开阡陌封疆、农战、壹民、抟力、重刑、信赏、用势等法治措施则倍加推崇，认为它是爱民的表现，是最有效的治国手段；从战争与和平的角度来看，孟子反对一切争霸战争，认为"春秋无义战"、春秋五霸及其大夫和纵横家都是罪人，应当服上刑。[④]而商鞅则认为，当今天下"争力"已成不可逆转之势，统一天下将是早晚之事。如果一味地消极保守、心慈手软，不积极投身到争霸战争的洪流中去，不仅不能获取最大的政治经济利益，还随时面临被大国强国吞并覆灭的危险；从重贤与重法的角度来看，孟子是重贤论者，他认为国君应当在遵循礼制的前提下大胆举贤任能，推行贤人政治，坚决反对奸臣擅权侵君，残害大臣。而商鞅则是重法论者，他认为"有道之国，治不听君，民不从官"[⑤]，应当以法为教，以吏为师。[⑥]认为贤人大臣和普通人没有两样，都是追名逐利者，无法信任，只有用明法和严法治理，才能保证官吏敬业爱民、治形统一、不敢为非；从义与利的角度来看，孟子主张重仁义轻功利，以义制利，先富民后富君，崇俭戒奢，体恤百姓疾苦。而商鞅则主张重功利轻仁义，认为民众都有追求私利的天性，民贫则可用，富则不听君，国富与民富不可两立，因此应当先富国后富民，并通过严刑峻法和使"贫者富、富者贫"[⑦]的办法不断打击削弱"淫民"和"强民"，把民众的注意力和精力全部引导到农战上来，把他们的大部分财物集中到国家手中来，这样才能应付争霸战争的需要；从君民、君臣关系的角度来看，孟子是一个民本论者，主张"民贵、君轻、社稷次之"，君主要爱民、安民、教民、利民、富民，实行仁政。但也认为社会有分工，应当把君民、君臣关系限定在道德和礼制的范围内。而商鞅则不太强调礼制，他主张把君臣、君民关系统统纳入

[①] 《商君书·画策第十八》。
[②] 《商君书·去强第四》。
[③] 《孟子·滕文公上》。
[④] 《孟子·尽心下》；《孟子·告子下》。
[⑤][⑦] 《商君书·说民第五》。
[⑥] 《商君书·定分第二十六》。

法制的轨道，并要求君主率先垂范，以法治国，刑赏必信，无功不授禄，有罪不避亲，富贵与贫民在法律面前一律平等。

从以上简要比较来看，商鞅与孟子在治国理政的一些重大原则问题上是泾渭分明、水火不容的。但在有些具体政策上也不乏微妙的相似之处，如君民平等、重本抑末、轻徭薄赋、税收政策为政治经济政策服务等。应当说，商鞅对崇古、空谈和虚名的非议，对法治、权势、壹民、抟力、农战、重刑、赏功、弱民、富国强兵、称霸称王的推崇，是顺应战国中期地主阶级兴起、诸侯争霸向天下一统方向发展、人治向法治转变的历史潮流的，许多观点对后世思想家和政治家有振聋发聩的启迪意义。实践也证明，商鞅变法二十多年，秦国日益强盛，成为争霸战争中一股不可抗拒的力量，并在开疆拓土方面屡建奇功，这与商鞅的变法图强思想及其大胆实践是密不可分的。不过，过于迷信法治的作用和严刑峻法的威力，薄情寡义，忽视道德教化，把人变成冷血动物和杀人机器；过分强调君主集权和国家利益，以恐怖手段和饥饿纪律治民，轻视百姓求安、求智、求富、求自由的合理愿望；这些都是商鞅思想中的消极和阴暗面，必须客观理性地加以批判和扬弃。

2. 对商鞅税收思想的简要评述

商鞅的税收思想是其治国理政思想及其变法实践的重要组成部分和具体体现，本书将其提炼归纳为三个方面，包括：（1）税收政策应当为农战政策服务；（2）"以粟出官爵"，轻征农业税；（3）"訾粟而税"，重征关市之赋。与以往把税收看成一个消极东西，认为它是满足君主奢侈淫佚需要、搜刮民财的工具，主张废除它或削弱它的观点不同，商鞅则把税收看成一个积极东西，主张运用税收手段主动调节和控制经济活动，为其推行农战政策、富国强兵、统一天下的宏伟目标服务，这是对税收职能的一种正确认识；与以往无条件地主张轻徭薄赋的观点不同，商鞅则根据富国强兵的需要，主张对农业轻税，对士、工、商等非农末业实行重税限制政策，甚至不惜动用各种经济、法令和舆论手段对其进行打击和围剿，直至绝迹为止。这是在运用税收杠杆调节经济结构、影响社会风俗方面的大胆尝试，但也开创了用严刑峻法抑商抑末的先河，给后世统治者树立了消极的榜样，严重阻碍中国农业文明向工商业文明的进化，值得反思和批判；商鞅强调以法治国，法律面前人人平等，要求富商大贾、贵族公卿、士大夫无功不受禄、不劳者不得食，与民众一样纳税服役，为国效力，为农战服务，这是打破封建礼制和等级制度、公平税负、利国利民的大胆创举，值得充分肯定；商鞅主张治国不法古、不修今，一切因时而变、与时俱进，大胆改革赋税制度，废井田、开阡陌，承认土地私有制，计亩而征、訾粟而税，实行一夫一妻的小家庭制，用免税免役吸引安置移民，调整人地关系，内固国本，外修兵战，壮大综合国力，为实现富国强兵、统一天下的总目标服务，这些思想和政策举措无疑是对前人保守思想和政策的重大突破，为新兴地主阶级政权的建立和巩固提供了现实可行的范本，有着重大的历史进步意义。

主要参考文献:

《商君书》。

《韩非子》。

《史记》。

《商君书全译》,张觉译注,贵州人民出版社1993年版。

《商君书译注》,石磊、黄昕译注,黑龙江人民出版社2003年版。

《商鞅评传》,郑良树著,南京大学出版社1998年版。

荀　子

一、荀子生平简介

荀子（约前313—前230），名况，又名荀况或荀卿，尊称荀子。西汉时为避汉宣帝刘询讳，且"荀"与"孙"二字古音相通，学者们遂改称孙卿。战国末期赵国人，先秦著名思想家、政治家、教育家和文学家，法家代表人物李斯、韩非的老师。据史载，荀子少时聪慧颖悟，曾拜虞卿为师，学《左氏春秋》。年长时则师从儒学大师宋钘[①]。前299年，15岁的荀子离开邯郸，随师赴齐都临淄"稷下学宫"学习，直到前285年（29岁），并在此结识了许多饱学之士，接触到各家各派的思想学说，扩大了知识视野，汲众家之长，丰富学识，参与百家争鸣。前284年（30岁），齐湣王好大喜功，北征西伐，楚与赵、韩、燕、魏、秦联盟攻齐。燕将乐毅攻入齐都临淄，湣王奔莒，被楚将淖齿所杀。荀子适楚。田骈、邹衍等老一辈学者在战乱中去世。前283—前279年（31—35岁），荀子南游于楚。田单任齐相，击败乐毅，收复失地70余城，迎襄王于莒，回临淄。襄王又招集云散的学者，重整稷下学宫，"修列大夫之缺"[②]。荀子在楚，准备回齐。前278—前275年（36—39岁），荀子回稷下学宫，受齐襄王倚重，拜为"卿"，首任稷下学宫祭酒（学宫首席学者），有人嫉之，遂离齐赴燕地游学。前274—前273年（40—41岁），荀子在燕地游学，登太行，观沧海。前277—前266年（42—48岁），齐国政治气候好转，荀子第二次出任稷下学宫祭酒。前265年（49岁），齐襄王去世，荀子受谗。前264—前263年（50—51岁），荀子应聘观政于秦，考察秦之政治、军事、自然形势及民情风俗。见秦昭王和应侯范雎，以强国之道说之。昭王方喜战伐，荀子不见用。前263—前256年（51—58岁），荀子离秦返齐，第三次出任稷下学宫祭酒，继续推进百家争鸣，各国学子

[①] 宋钘（约前370—前291），战国时期宋国人，著名哲学家，宋尹学派创始人及代表人物。庄子作宋钘，孟子作宋牼，韩非子作宋荣子，尊称宋子。

[②] 《史记》卷74《孟子荀卿列传》。

云集稷下，韩非、李斯、陈嚣等俱为荀子之徒。荀子劝说齐相田单救赵，遭到君王后和乱臣贪吏之嫉恨，被迫离齐。前256年（楚考烈王七年），楚灭鲁。荀子离齐抵楚。前255年（59岁），楚春申君黄歇任荀子为兰陵令。前253年（61岁），有人在春申君前进谗："汤以七十里，文王以百里。孙卿，贤者也，今与之百里地，楚其危乎？"春申君信谗，辞谢荀子。荀子带弟子李斯、陈嚣回故乡赵国，韩非辞别老师亦回故乡韩国。前252年（62岁），荀子回赵国后被拜为"上卿"，与临武君议兵于赵孝成王前。前251年（63岁），有客谓春申君曰："伊尹去夏入殷，殷王而夏亡；管仲去鲁入齐，鲁弱齐强。故贤者之所在，君尊国安。今孙卿，天下贤人，所去之国，其不安乎？"春申君曰："善！"使人坚请荀子于赵。前250—前239年（64—75岁），荀子自赵回兰陵，复任兰陵令。在兰陵令任上，他积极实践自己的政治主张：对内"强本而节用"，大力发展农业，厉行节约，改革吏治；对外实行和平外交，与齐为善。前247年（楚考烈王十六年），荀子弟子李斯"从荀卿学帝王之术"已成，度楚王不足事，而六国皆弱，无可为建功者，遂辞别荀子西入秦。李斯至秦，求为秦相吕不韦舍人。荀子在兰陵设坛讲学，有陈嚣、张苍、毛亨、浮丘伯等弟子。前238年（76岁），楚考烈王卒，春申君为李园所害。荀子罢官，遂家兰陵。前237—前230年（77—84岁），罢官后的荀子继承孔子传统，在家聚徒讲学，传"五经"，授"帝王之术"，论"修身齐家治国平天下"之道。前233年，荀子之大弟子韩非被韩国派出使秦，却被同门师弟李斯所害。荀子闻此消息，悲痛异常，为之不食。前231年，荀子有疾，子孙及弟子侍奉左右。前230年，一代思想家、教育家、政治家和文学家荀子逝世，享年84岁。

荀子一生主要从事学术理论研究活动，曾三次担任齐国"稷下学宫"祭酒，是当时极有影响的稷下学者。荀子生活的年代，战国七雄争霸已近尾声，天下一统局面即将形成；学术理论上的百家争鸣也已接近尾声，进入了总结阶段。荀子顺应这一历史潮流，破除门户之见，将先秦学术思想融于一炉，创立了独具特色的荀派儒学，为即将建立的地主阶级统一政权作了思想理论上的充分准备。荀子的治国理政思想及税收思想集中反映在其代表作《荀子》一书中。

二、荀子税收思想的主要内容

荀子的税收思想是其治国理政思想的重要组成部分，本书将其提炼归纳为以下四个方面。

1. 主张爱民利民，上下俱富

荀子说："天之生民，非为君也；天之立君，以为民也。"① "有社稷者而不能爱民，

---

① 《荀子·大略第二十七》。

不能利民，而求民之亲爱己，不可得也。民不亲不爱，而求为己用，为己死，不可得也。民不为己用，不为己死，而求兵之劲，城之固，不可得也。兵不劲，城不固，而求敌之不至，不可得也。敌至而求无危削，不灭亡，不可得也。"①"上好功，则国贫；上好利，则国贫；士大夫众，则国贫；工商众，则国贫；无制数度量，则国贫。下贫，则上贫；下富，则上富。"②"强本而节用，则天不能贫；养备而动时，则天不能病；循道而不忒（差错），则天不能祸。"③"伐其本，竭其源，而并之其末（把财物都归并到国库中），然而主相不知恶也，则其倾覆灭亡可立而待也。""田野县鄙者（田野乡村），财之本也；垣窌仓廪者（粮囤地窖谷仓米仓），财之末也。百姓时和（不失农时、和谐安定），事业得叙者（生产有条不紊的），货之源也；等赋府库者（按照等级征收赋税纳入国库），货之流也（是钱财的支流）。故明主必谨养其和（和谐安定的政治局面），节其流，开其源，而时斟酌焉（而对钱财的收支时常进行有意识的调节），潢然使天下必有余（使天下的财富像大水涌来一样绰绰有余），而上不忧不足。如是，则上下俱富，交无所藏之（财物多得都没地方储藏），是知国计之极也。"④"王者富民，霸者富士，仅存之国富大夫，亡国富筐箧（竹篮）、实府库。筐箧已富，府库已实，而百姓贫，夫是之谓上溢而下漏（这就叫作上面漫出来而下面漏得精光）。入不可以守，出不可以战，则倾覆灭亡可立而待也。""聚敛者，召寇、肥敌、亡国、危身之道也，故明君不蹈（不走这条路）也。"⑤

荀子对天下财富的增长潜力持积极乐观态度。他说："夫有余不足，非天下之公患也，特墨子之私忧过计也。"⑥"土之生五谷也，人善治之，则亩数盆⑦，一岁而再（两）获之，然后瓜桃枣李一本（一棵树）数以盆鼓⑧，然后荤菜百疏（蔬）以泽量（用满坑满谷来计量），然后六畜禽兽一而剸车（肥大得一只就能独占一车）；鼋鼍、鱼鳖、鳅鳣以时别（按时繁殖），一而成群，然后飞鸟、凫雁若烟海（多得就像烟雾笼罩在大海上），然后昆虫万物生其间（生长在天地之间），可以相食养者不可胜数也（像这样，可以供养人的东西多得不能尽举）。""万物得宜，事变得应，上得天时，下得地利，中得人和，则财货浑浑（滚滚）如泉源，汸汸（浩荡）如河海，暴暴（堆积）如丘山，不时焚烧（即使不时被焚烧），无所藏之（也还是多得没有地方贮藏），夫天下何患乎不足也？"⑨"天之所覆，地之所载，莫不尽其美、致其用，上以饰贤良、下以养百姓而乐安之。夫是之谓大神。"⑩

---

① 《荀子·君道第十二》。
②④⑥⑨ 《荀子·富国第十》。
③ 《荀子·天论第十七》。
⑤⑩ 《荀子·王制第九》。
⑦ 盆：古代一种量器，一盆合十二斗八升。
⑧ 鼓：古量器名，一鼓合十斗。

2. 主张予而不取，涵养税源

荀子把税收分配政策分为取而不予、予而后取、予而不取三类，并对它们的经济和政治效果进行了比较分析。他说："不利而利之（不使民众得利而从他们身上取利），不如利而后利之之利也（不如使他们得利以后再从他们身上取利来得有利）。不爱而用之，不如爱而后用（使用）之之功也。利而后利之，不如利而不利（取）者之利也。爱而后用之，不如爱而不用者之功也。利而不利也、爱而不用也者，取天下矣。利而后利之、爱而后用之者，保社稷也。不利而利之、不爱而用之者，危国家者也。"① 在荀子看来，取而不予、用而不爱是亡国之君常用的政策；先予后取、先爱后用是管子等诸侯霸主常用的政策；予而不取、爱而不用则是尧、舜、汤、武等先王常用的政策。荀子最赞赏的是第三种政策。他认为，实行这种政策，可以促进生产的大发展，使天下的财富"余若丘山"②。百姓生活富足，爱戴他们的君主，就不会把向国家缴税视为沉重的经济负担，为国家服役就会不辞辛劳，抗击敌寇就会舍生忘死，即"籍敛忘费，事业忘劳，寇难忘死。"这样的国家"城郭不待饰而固，兵刃不待陵（淬炼）而劲（坚硬），敌国不待服（征服）而诎（屈服），四海之民不待令而一（归一）。"③

3. 主张轻徭薄赋，以政裕民

荀子说："王者之法：等赋（规定好赋税等级），政事（管理好民众事务），财（裁制）万物，所以养万民也。田野，什一（按照收入的1/10征税）；关市，几（稽）而不征；山林泽梁，以时禁发（开闭）而不税。相地而衰政（征），理道之远近而致贡（根据路途的远近来收取贡品）。通流财物粟米，无有滞留，使相归移也（使各地互通有无来供给对方），四海之内若一家。"④ "轻田野之税，平关市之征，省（减少）商贾之数，罕兴力役，无夺农时，如是，则国富矣。夫是之谓以政裕民。"⑤

荀子还对轻役提出了具体要求。他认为，"用国者，得百姓之力者富。"⑥ 但在民力的使用上要避免两种倾向：一种是"垂事养誉"，一种是"遂功忘民"。前者指该办的事不办，对百姓施以小恩小惠以沽名钓誉；后一种则是指不顾百姓的劳苦，举事过频，急功近利，引起百姓的不满。这两种做法都属于"奸道"，都会影响事业的发展。即："垂事养誉，不可；以遂功而忘民，亦不可：皆奸道也。"⑦ 正确的做法应该是："计利而蓄（养）民，度人力而授事；使民必胜事，事必出利，利足以生民，皆使衣食百用出入相掩（合、抵），必时藏余（随时将多余的粮食财物储藏起来），谓之称数（这就叫作合乎法度）。"⑧ 对于老弱疾丧之民，荀子还提出了减免他们赋役负担的具体办法，即"八十者，一子不事（免役）；九十者，举家不事；废疾非人不养者，一人不事。父母之丧，三年

---

① ② ⑤ ⑦ ⑧ 《荀子·富国第十》。
③ 《荀子·君道第十二》。
④ 《荀子·王制第九》。
⑥ 《荀子·王霸第十一》。

不事；齐衰大功①，三月不事。从诸侯来与新有昏（婚）（从其他诸侯国迁来以及新结婚的），期（一年）不事。"②

4. 主张以法取财，节用裕民

荀子既反对把财富短缺视为不可改变的普遍规律，而过墨家所倡导的"苦行僧"式的节俭朴素生活，也反对不顾现实可能的奢侈消费和索取无度。他说："足国之道：节用裕民，而善藏其余。节用以礼，裕民以政。……上以法取焉，而下以礼节用之。"③"上以无法使（君主不根据法度役使人民），下以无度行（臣民不根据法度去办事），知（智）者不得虑（有才智的人不能去谋划国家大事），能者不得治，贤者不得使。若是，则上失天时，下失地利，中失人和；故百事废，财物诎（紧缺），而祸乱起。"④"衡石称县⑤者（用衡器称量物品），所以为平（公平）也；上好倾覆（但如果君主喜欢偏斜颠倒），则臣下百吏乘是而后险（趁机邪恶不正）。斗斛敦概⑥者（各种量器量具），所以为啧也（是用来统一标准的）；上好贪利，则臣下百吏乘是而后丰取刻与（趁机多拿少给），以无度取于民。"⑦"多积财而羞无有（重积藏而耻无有），重民任而诛不能（加重民负而惩处不堪负重的人），此邪行之所以起，刑罚之所以多也。"⑧"百吏畏法循绳（群臣害怕违法受罚而自觉依法办事），然后国常不乱。商贾敦愨（诚信）无诈，则商旅安（那么流动商贩就安全保险），货财通，而国求给（满足）矣。百工忠信而不楛（粗制滥造），则器用巧便而财不匮矣。农夫朴力而寡能（农民朴实地尽力耕作而没有能力从事其他行业），则上不失天时，下不失地利，中得人和，而百事不废。"⑨只有按照法律制度征收赋税，按照礼制规定使用和储藏财富，才能从根本上解决上行下效、横征暴敛、索取无度的问题，才能避免出现"将以取富而丧其国，将以取利而危其身。"⑩的可怕局面。

荀子在强调富民为先、轻取或不取为上、取之以法、用之以礼的同时，对君主礼乐消费的必要性和合理性也进行了深刻阐述，提出了自己独特的看法。他说："夫为人主上者，不美不饰之不足以一民也，不富不厚之不足以管下也，不威不强之不足以禁暴胜悍也。故必将撞大钟、击鸣鼓、吹笙竽、弹琴瑟以塞（愉悦）其耳，必将雕琢刻镂、黼黻文章以塞其目，必将刍豢稻粱、五味芬芳以塞其口；然后，众人徒（增多随从）、备

---

① 斩衰、齐衰、大功、小功、缌麻，是中国古代根据生者与死者关系的亲疏远近确定的五种丧服名称。关系越亲近，服丧时间越长；反之则越短。
②⑧ 《荀子·大略第二十七》。
③⑩ 《荀子·富国第十》。
④ 《荀子·天论第十七》。
⑤ 衡石：对衡器的通称。衡：秤；石：古代重量单位，一百二十斤为一石。县：同"悬"。称县：称量。
⑥ 斛：古代量器，十斗为一斛。敦：古代量黍稷的器具，形状似盂，一敦为一斗二升。概：量米粟时刮平斗斛的木板。
⑦ 《荀子·君道第十二》。
⑨ 《荀子·王霸第十一》。

官职（备设官职）、渐庆赏（加重奖赏）、严刑罚以戒其心，使天下生民之属，皆知己之所愿欲之举在于是也，故其赏行；皆知己之所畏恐之举在于是也，故其罚威。赏行罚威，则贤者可得而进也，不肖者可得而退也，能不能可得而官也（有能力的和没有能力的就都能各得其宜了）。"①

三、对荀子治国理政思想及税收思想的简要评述

1.对荀子治国理政思想的简要评述

荀子的治国理政思想是一个博大精深的体系，它以儒家思想为主干，借鉴吸收先秦诸子思想中有益的成分，形成了独具特色的荀派儒学，提出了许多令人耳目一新的新思想、新观点、新论断，赋予理想主义的传统儒学以新的生机和活力。荀子的治国理政思想总体上具有平和理性、中庸辩证、实用功利的特征。他说"凡人之患，蔽（蒙蔽）于一曲而暗于大理。治则复经，两疑则惑矣。天下无二道，圣人无两心。""欲为蔽，恶为蔽；始为蔽，终为蔽；远为蔽，近为蔽；博为蔽，浅为蔽；古为蔽，今为蔽。凡万物异，则莫不相为蔽，此心术之公患也。""圣人知心术之患，见蔽塞之祸，故无欲、无恶、无始、无终、无近、无远、无博、无浅、无古、无今，兼陈万物而中县衡（权衡）焉。"②他对先秦诸子学说的偏颇之处进行了精准的评判："慎子有见于后（服从），无见于先（引导）；老子有见于诎（委曲忍让），无见于信（伸、积极进取）；墨子有见于齐（齐同平等），无见于畸（等级差别）；宋子有见于少（寡欲），无见于多（多欲）。有后而无先，则群众无门；有诎而无信，则贵贱不分；有齐而无畸，则政令不施；有少而无多，则群众不化。"③"墨子蔽于用（实用）而不知文（文饰），宋子蔽于欲（寡欲）而不知得（贪得），慎子蔽于法（法治）而不知贤（贤人），申子④蔽于势（权势）而不知知（才智），惠子⑤蔽于辞（名辩）而不知实（实际），庄子蔽于天（自然）而不知人（人为）。故由用谓之道（所以，从实用的角度来谈道），尽利矣（就全谈功利了）；由俗（欲望）谓之道，尽嗛（慊、满足）矣；由法谓之道，尽数（法律条文）矣；由势（权势）谓之道，尽便（便利）矣；由辞（名辩）谓之道，尽论（空论）矣；由天（自然）谓之道，尽因（因循依顺）矣。此数具者（这几种说法），皆道之一隅（方面）也。夫道者，体常而尽变（道的本体经久不变而又能穷尽所有的变化），一隅不足以举（概括）之。曲知之人（一知半解的人），观于道之一隅而未之能识也，故以为足而饰（粉饰、

---

① 《荀子·富国第十》。
② 《荀子·解蔽第二十一》。
③ 《荀子·天论第十七》。
④ 申不害（约前395—前337），尊称申子，战国时期郑国人，著名思想家和改革家，法家代表人物。
⑤ 惠施（前390—前317），尊称惠子，战国中期宋国人，著名的政治家、哲学家，是名家学派的开山鼻祖和主要代表人物，也是文哲大师庄子的至交好友。

炫耀）之，内以自乱，外以惑人，上以蔽下（上蒙蔽下），下以蔽上（下蒙蔽上），此蔽塞之祸也。孔子仁知（仁智）且不蔽，故学乱术足以为先王者也（所以集多方学问之大成而足以辅助古圣王的政治原则）。一家得周道（只有孔子这一派掌握了完备的周道），举而用之（推崇并运用它），不蔽于成积也（而不被成见旧习所蒙蔽）。故德与周公齐，名与三王并（并列），此不蔽之福也。"①

  从上述引言可以看出，荀子的治国理政思想是在效法孔子、纠正诸子百家思想偏颇的基础上形成的。比如，他主张天人相参、天人相分、圣人不求知天、圣人不与天争职、事在人为，就是对天尊人卑、宗教迷信思想的纠偏；他主张性恶善伪、化性起伪、圣人善积，就是对孟子性善论的纠偏；他主张人欲不可灭、礼乐不可废、先义后利、以义制利、义利并进，就是对墨子非乐节用思想、孟子重义轻利思想的纠偏；他主张君仪民影、君槃民水、君源民流、君唱民和，强调君主对国家兴衰、百姓命运承担重大责任，就是对孟子"民贵君轻"思想的纠偏；他强调礼法并举，就是对单纯仁治或单纯法治思想的纠偏；他主张法后王，就是对厚古薄今、是古非今思想的纠偏。诸如此类，都反映了荀子试图运用对立统一原理和唯物辩证法，对各种尖锐对立的学说和矛盾范畴进行客观理性的分析，以找到符合中庸之道、符合人情事理、可以付诸实践的科学结论，从而适应诸侯争霸、富国强兵、统一天下的时代需要。应该说他的尝试是卓有成效的，代表了先秦学术思想百川汇海的发展潮流，代表了先秦时期儒家思想的最高成就。

  荀子生活于百家争鸣的后期、秦始皇统一六国的前夜，变法图强、统一天下的曙光已露出地平线，这时他的两个著名弟子李斯和韩非子敏锐地抓住了这个难得的历史机遇，靠帝王之术赢得了秦始皇的赏识，一个成为变法操盘手，一个成为帝王师，这对一生壮志难酬的荀子来说可谓莫大的荣誉。但李、韩二人并没有像荀子所期望的那样高举儒家的旗帜，而是沿着荀子重智、重礼、重法、重功的实用主义路线一路前行，最终与吴起、商鞅的极端法治思想合流，创立了法家学派，为秦始皇统一六国，建立高度集权的封建地主阶级政权，实现中华民族的天下一统奠定了坚实理论基础。这是令荀子喜中有忧的。后来，韩非子被生性多疑的秦王嬴政和嫉贤妒能的李斯合谋杀害，这严重损害了荀子的大儒名声，令他十分震惊和悲伤。但在变法图强、战国纷争的时代背景下，谁又能决定自己的命运呢？何况从理论上来说，性恶善伪、义利并进、礼法并举、王霸并用、事在人为是荀子的核心价值观；从实践上来说，功利至上、为达目的不择手段是战国时期普遍的社会风气呢！

2. 对荀子税收思想的简要评述

  荀子的税收思想是其治国理政思想的重要组成部分，本书将其提炼归纳为四个方面，包括：（1）主张爱民利民，上下俱富；（2）主张予而不取，涵养税源；（3）主张轻徭薄赋，以政裕民；（4）主张以法取财，节用裕民。荀子的上述税收思想主张和他

---

① 《荀子·解蔽第二十一》。

的治国理政思想一样,具有仁民、爱物、中庸、平和、理性、深刻、辩证、亲民的色彩。他把生产、流通、分配、消费四个再生产环节有机结合起来,进行统筹全面的思考,提出的农工商并举、上下俱富、予而不取、爱而不用、轻徭薄赋、以政裕民、开源节流、以法取财、以礼节用等新思想、新观点,已经明显突破了传统儒家思想的束缚,向更加开放、更加包容、更加理性、更加积极乐观的方向发展,是百家争鸣向百家融合转变、列国纷争向天下一统转变、悲天悯人向积极进取转变的时代潮流和社会氛围在学术思想领域的具体反映。荀子对天下财富取之不尽用之不竭、一切事在人为的乐观主义态度,更是诸家诸派中独一无二的,对激励后人端正治国理政指导思想、学会科学理财具有重要启示意义。

主要参考文献:

《荀子译注》,张觉撰,上海古籍出版社2012年版。
《荀子评传》,孔繁著,南京大学出版社1997年版。
《荀子评传》,郭志坤著,中国社会出版社2010年版。

韩非子

一、韩非子生平简介

韩非（约前280—前233），姓韩，名非，尊称韩非子。战国晚期韩国（今河南省中部和山西省东南部）人。杰出的思想家、政治家，先秦法家学派的集大成者。据史料记载，韩非是韩国公子，其父是韩襄王之子虮虱。韩襄王十二年（前300年），太子婴卒，公子咎（韩非的叔父）与公子虮虱争位，公子咎获胜，立为太子，公子长受封为韩国当政者，公子虮虱为避难逃往楚国。韩襄王十六年（前296年），韩襄王卒，太子咎继位，是为韩釐王。韩釐王十六年（前280年），韩非生于楚国。韩釐王二十三年（前273年），韩釐王卒，太子韩然继位，是为韩桓惠王（韩非的堂兄）。韩桓惠王十四年（前259年），秦王嬴政生。韩桓惠王十七年（前256年），秦灭西周国，悉取其九鼎宝器。周赧王姬延忧愤而死。韩桓惠王十八年（前255年），楚灭鲁，新得兰陵之地，春申君黄歇任荀卿为兰陵令（治所在今山东省临沂市兰陵县兰陵镇）。韩桓惠王十九年（前254年），荀卿被谗赴赵，被拜为上卿。大约在此时，韩非与李斯相识，共同求学于荀卿。是年韩非27岁。韩桓惠王二十三年（前250年），荀卿受春申君坚请，自赵返楚，复任兰陵令，从此定居兰陵，至死未再离开。是年韩非回国，向韩王上书。同年，秦孝文王（安国君）卒，太子子楚（秦王政的父亲）继位，是为秦庄襄王。韩桓惠王二十四年（前249年），秦相吕不韦灭东周国。至此，周武王姬发建立的姬周政权全部覆灭。韩桓惠王二十六年（前247年），秦庄襄王卒，太子嬴政（即秦始皇）继位，时年13岁。尊母赵姬为太后，吕不韦为相邦，号曰"仲父"。李斯约于是年入秦，在吕不韦府中为舍人。韩桓惠王三十三年（前240年），赵将庞煖射杀秦大将军蒙骜。韩桓惠王三十四年（前239年），韩桓惠王卒，太子安继位，即韩王安（韩非的侄子）。韩王安元年（前238年），秦王嬴政举行加冕典礼，自此亲理国政。韩王安二年（前237年），吕不韦因牵连赵太后和嫪毐私通叛乱案而被罢相，遣往河南封地。"郑国渠"阴谋败露，秦王下逐客令，李斯上

《谏逐客书》。韩王安三年（前236年），李圆杀春申君，荀卿去官，居兰陵。韩王安四年（前235年），吕不韦被放逐至蜀，途中服毒自尽。韩王安六年（前233年），秦攻韩，韩非受命出使秦国。李斯陷害韩非，韩非自尽，年仅48岁。韩王安九年（前230年），秦内史腾攻韩，虏韩王安，韩亡。前228年，秦将王翦攻赵，虏赵王迁。赵公子嘉奔代，自立为代王。前227年，燕太子丹使荆轲刺秦王，未遂被杀。前226年，秦将王翦攻燕，拔燕都蓟，燕王喜迁都辽东。前225年，秦将王翦之子王贲攻魏，虏魏王假，魏亡。前223年，秦将王翦破楚国，虏楚王负刍，楚亡。前222年，秦将王贲攻燕辽东，虏燕王喜，燕亡。王贲攻代，虏代王嘉，赵（代）亡。前221年，王贲攻齐，入临淄，俘齐王田建，齐亡。至此，秦统一六国，战国时期结束。秦王政建立起中国封建社会历史上第一个统一王朝——秦朝，自称"始皇帝"。

据史料记载，韩非子青年时代"喜刑名法术之学"[1]，其宗旨本于黄老。韩非有口吃的缺陷，不善言谈，但擅长著述。他见韩国积贫积弱，随时有被吞并的危险，遂多次上书韩王，要求变法，富国强兵，但均不被采纳。失望之余作《孤愤》《五蠹》《内外储》《说林》《说难》等十余万言，全面阐述他的法治思想，抒发"廉直而不容于时"[2]的悲愤之情。后来这些著作汇编成册，取名《韩非子》。此书辗转传到秦国，秦王政读后大加赞赏，并发出"嗟乎，寡人得见此人与之游，死不恨矣！"[3]的感慨。为了能得到韩非其人，秦王不惜发兵攻韩，逼迫韩王交出韩非。在国家危亡之际，韩王只好派韩非出使秦国，以求保全。在秦王问计时，韩非劝其先伐赵而缓伐韩，这增加了秦王的戒心。这时韩非又对监门之子姚贾靠重金贿赂瓦解楚、燕、赵、越等四国攻秦联盟而进为上卿表示不满，在秦王面前贬低其人格。姚贾以一切都是为了秦国的利益而自辩脱险，韩非却被秦王下狱治罪。作为同门师弟的李斯自知学不如非，为了明哲保身，将来飞黄腾达，这时不但不舍身相救，反而站在秦王、姚贾一边，落井下石，私下送毒药逼韩非自杀。等秦王后悔想要释放韩非时，韩非早已命丧云阳（今陕西淳化县西北）监狱，成了宫廷斗争和秦韩争霸的牺牲品。韩非虽死，但其法、势、术相结合的法治思想却被秦王奉为圭臬，矢志不渝地贯彻执行，最终成就了吞灭六国、一统天下的千古伟业。不过，秦王政完成统一大业当了皇帝之后，并未及时转变治国方略，遵循"逆取顺守"的古训，而是继续推行严刑峻法、横征暴敛政策，给社会经济发展造成了严重破坏。秦始皇在第五次巡游途中病死沙丘平台（今河北邢台广宗县大平台村南）后，宦官赵高联合李斯发动政变，篡夺了秦朝的最高统治权，立秦始皇第十八子胡亥为帝，即秦二世，对内滥杀宗室和功臣，对外搜刮民财、滥发徭役，搞得秦国血雨腥风、民怨沸腾。百姓不但享受不到统一的红利，还要忍受"力役三十倍于古，田租、口赋、盐铁之利二十倍于古"[4]的苛政重压，最后忍无可忍，便揭竿而起，把暴秦送进了历史的火葬场，一个强大无比的新兴帝国仅持续13年就灰飞烟灭了。人们在反思秦王朝"忽焉而起、忽焉而

---

[1][2][3] 《史记》卷63《老子韩非列传》。

[4] 《汉书》卷24《食货志上》。

亡"的历史教训时，无不将其与夏桀、商纣王的恶行相齐并论，但究其根源，商鞅、韩非子的极端法治思想对秦国（朝）统治者产生了深刻影响，则是勿庸置疑的。

二、韩非子税收思想的主要内容

韩非子的税收思想是其治国理政思想的重要组成部分，本书将其提炼归纳为以下四个方面。

1. 主张重本抑末，厉民增收

在农与商工、本与末的关系上，韩非子总体上主张重农抑商、重本抑末。他指出："树木有曼根（辅根），有直根（主根）。直根者，树之所谓'柢'也。柢也者，木之所以建生也；曼根者，木之所以持生也。德也者，人之所以建生也；禄也者，人之所以持生也。……深其根，固其柢，长生久视之道也。"①"不能具美食而劝饿人饭，不为能活饿者也；不能辟草生粟而劝贷施赏赐（不能开荒植谷却劝君主多施舍赏赐），不能为富民者也。今学者之言也，不务本作而好末事，知道虚圣以说民（只知道称引虚假的圣人来取悦民众），此劝饭之说。劝饭之说，明主不受也。"②"内有德泽于人民者，其治人事也务本。"③"举事慎阴阳之和，种树节四时之适（种植掌握四季的节奏），无早晚之失、寒温之灾，则入多。不以小功妨大务，不以私欲害人事，丈夫尽于耕农，妇人力于织纴，则入多。务于蓄养之理，察于土地之宜，六畜遂（兴旺），五谷殖，则入多。明于权计（善于精打细算），审于地形、舟车、机械之利（便利），用力少，致功大，则入多。利商市关梁之行，能以所有致（交换）所无，客商归之（客商闻风而至），外货留之（外来的货物都存放下来），俭于财用，节于衣食，宫室器械周于资用（满足日常所需），不事玩好，则入多。入多，皆人为也。若天事，风雨时，寒温适，土地不加大，而有丰年之功，则入多。人事天功二物者皆入多，非山林泽谷之利也（这还不算山林川泽之利）。"④"夫明王治国之政，使其商工游食之民少而名卑，以寡趣本务而减末作（目的是驱使他们适当归农而减少末作）。今世近习之请行（今世近习请托之风流行），则官爵可买；官爵可买，则商工不卑也矣。奸财货贾得用于市（投机取巧非法获利得以横行于集市），则商人不少矣。聚敛倍农而致尊过耕战之士，则耿介之士寡而高价（追逐暴利）之民多矣。"⑤"物多末众（奢侈品多，工商业者众），农弛奸胜，则国必削。民有余食，使以粟出爵（让他们捐献粮食换取官爵），必以其力（他们一定会尽力耕作），则

---

①③ 《韩非子·解老第二十》。
② 《韩非子·八说第四十七》。
④ 《韩非子·难二第三十七》。
⑤ 《韩非子·五蠹第四十九》。

农不息。"①

在俭与奢的关系上，韩非子总体上主张崇俭戒奢。他指出："人无毛羽，不衣则不犯（胜）寒；上不属天而下不著（着）地，以肠胃为根本，不食则不能活；是以不免于欲利之心。欲利之心不除，其身之忧也。故圣人衣足以犯寒，食足以充虚，则不忧矣。""欲之类，进则教良民为奸，退则令善人有祸。奸起，则上侵弱君；祸至，则民人多伤。"②"上以无厌责已尽（君主以贪得无厌而搜括已被搜括尽的民众），则下对'无有'（民众就会说：再也没有了）；无有，则轻法。法所以为国也，而轻之，则功不立，名不成。"③"田荒，则府仓虚；府仓虚，则国贫；国贫，而民俗淫侈；民俗淫侈，则衣食之业绝。"④"好宫室台榭陂池，事车服器玩，好罢露（疲羸）百姓、煎靡（挥霍、榨取）货财者，可亡也。"⑤"治民事务本，则淫奢止。"⑥

但韩非子又认为君主只要善于运用法势术驾驭臣民，即使奢侈一些也不一定会亡国，而对百姓过于仁爱、对自己过于节俭的君主倒常常导致杀身亡国的后果。他指出："齐国方三千里而桓公以其半自养，是侈于桀、纣也，然而能为五霸冠者，知侈俭之地（理）也。为君不能禁下而自禁者谓之劫，不能饬下而自饬者谓之乱，不节下而自节者谓之贫。明君使人无私，以诈而食者禁；力尽于事，归利于上者必闻，闻者必赏；污秽为私者必知，知者必诛。然（这样的话），故忠臣尽忠于公，民士竭力于家，百官精克于上（百官精勤于本职），侈倍景公（即使比齐景公奢侈几倍），非国之患也。"⑦他还用两个相反的例子加以说明："赵之先君敬侯，不修德行，而好纵欲，适身体之所安、耳目之所乐，冬日罼弋（射猎），夏浮淫（夏天划船游乐），为长夜，数日不废御觞（饮酒），不能饮者以筒（桶）灌其口，进退不肃、应对不恭者斩于前。故居处饮食如此其不节也，制刑杀戮如此其无度也，然敬侯享国数十年，兵不顿（困顿）于敌国，地不亏于四邻，内无君臣百官之乱，外无诸侯邻国之患. 明于所以任臣也。""燕君子哙，邵公奭之后也，地方数千里，持戟数十万，不安子女之乐，不听钟石之声，内不湮（沉溺于）污池台榭，外不罼弋田猎，又亲操耒耨以修畎亩，子哙之苦身以忧民如此其甚也，虽古之所谓圣王明君者，其勤身而忧世不甚于此矣。然而子哙身死国亡，夺于子之，而天下笑之，此其何故也？不明乎所以任臣也。""为人主者，诚明于臣之所言，则虽罼弋驰骋，撞钟舞女，国犹且存也。不明臣之所言，虽节俭勤劳，布衣恶食，国犹自亡也。"⑧

2. 主张民富不必治，敛富不济贫

韩非子对儒家的民富国君自然会富、薄敛也能足用、民富用足天下必然大治的主

---

① 《韩非子·饬令第五十三》。
②④⑥ 《韩非子·解老第二十》。
③ 《韩非子·安危第二十五》。
⑤ 《韩非子·亡征第十五》。
⑦ 《韩非子·难三第三十八》。
⑧ 《韩非子·说疑第四十四》。

张持强烈批判态度。他指出："今学者皆道书策之颂语，不察当世之实事，曰：'上不爱民，赋敛常重，则用不足而下恐（怨）上，故天下大乱。'此以为足其财用以加爱焉，虽轻刑罚可以治也。此言不然矣。凡人之取重（看重）赏罚，固已足之之后也。虽财用足而厚爱之，然而轻刑犹之乱也。夫富家之爱子，财货足用，财货足用则轻用，轻用则侈泰，亲爱之则不忍，不忍则骄恣，侈泰则家贫，骄恣则行暴，此虽财用足而爱厚，轻利之患也。"①"凡人之生也，财用足则隳（惰）于用力，上治懦则肆于为非。财用足而力作者神农也，上治懦而行修者曾、史②也，夫民之不及神农、曾、史亦已明矣。"③他认为，人的欲望是没有止境的，企图通过薄税敛来达到足民富国、天下大治的目的，就等于说天下人都是老子，懂得知足常乐的道理，这显然是不符合实际的。他指出："老聃有言曰：'知足不辱，知止不殆。'夫以殆辱之故而不求于足之外者，老聃也。今以为足民而可以治，是以民为皆如老聃也。故桀贵在天子而不足（满足）于尊，富有四海之内而不足于宝。君人者虽足民，不能足使为天子，而桀未必以天子为足也，则虽足民，何可以为治也？"④

韩非子对君主征敛力俭富民以救济侈惰贫民、厚养空谈学士的做法提出批评。他指出："今世之学士语治者，多曰：'与贫穷地以实无资（给贫穷的人一些土地，以充实他们匮乏的资财）。'今夫与人相若也（现在的情况是，和别人的条件差不多），无丰年旁入之利，而独以完给（完纳赋税）者，非力则俭也（不是由于勤劳，就是由于节俭）。与人相若也，无饥馑、疾疢、祸罪之殃，独以贫穷者，非侈则惰也。侈而惰者贫，而力而俭者富。今上征敛于富人以布施于贫家，是夺力俭而与侈惰也。而欲索民之疾作而节用，不可得也。"⑤"夫发困仓而赐贫穷者，是赏无功也……夫赏无功则民偷幸而望于上。"⑥"国有无功得赏者，则民不外务当敌斩首，内不急力田疾作。"⑦"以公财分施谓之仁人……仁人者公财损也。"⑧"为人臣者，散公财以说（取悦）民人，行小惠以取（笼络）百姓，使朝廷市井皆能誉己，以塞（闭塞）其主，而成其所欲，此谓之民萌（民氓）。"⑨"夫吏之所税，耕者也；而上之所养，学士也。耕者则重税，学士则多赏，而索民之疾作而少言谈，不可得也。""国平则养儒侠，难至（遇患难）则用介士，所养者非所用，所用者非所养，此所以乱也。"⑩

3. 主张悉租税、专民力，以均贫富

韩非子在商鞅轻税、专民力、以粟出官爵的基础上提出了"悉租税、专民力、均贫

---

① ③ ④ 《韩非子·六反第四十六》。
② 曾、史，即曾参、史鲍，皆为古代有名的孝子。
⑤ ⑩ 《韩非子·显学第五十》。
⑥ 《韩非子·难二第三十七》。
⑦ 《韩非子·奸劫弑臣第十四》。
⑧ 《韩非子·八说第四十七》。
⑨ 《韩非子·八奸第九》。

富"的主张，目的在于通过普遍征税、征重税，将农民的全部剩余产品和剩余劳动收归国有，将全社会的力量集中到耕战这一根本目标上来。针对百姓和游学之士对重税和重役的种种非议，他指出："悉租税（普遍征税、征重税）、专民力（集中民力），所以备难充仓府也，而士卒之逃事伏匿（而士兵逃避耕战，躲藏起来），附托有威之门以避徭赋，而上不得者万数（数以万计）。"① "今上急耕田垦草以厚民产也，而以上为酷；修刑重罚以为禁邪也，而以上为严；征赋钱粟以实仓库，且以救饥馑、备军旅也，而以上为贪；境内必知介而无私解（使国内民众必须知道披甲上阵义不容辞），并力疾斗，所以禽（擒）虏也，而以上为暴。此四者所以治安也，而民不知悦也。"② 故"明主之治国也，适其时事以致财物，论其税赋以均贫富，厚其爵禄以尽贤能，重其刑罚以禁奸邪，使民以力得富，以事致贵，以过受罪，以功致赏而不念慈惠之赐，此帝王之政也。"③

4. 主张集中税权，反对官吏中饱

韩非子主张国家集中税权，统一税制，将赋税的征收权和使用权牢牢掌握在君主手里，以防止臣下重敛百姓以富私门。他指出："欲利而（尔、你）身，先利而君；欲富而家，先富而国。"④ "官之重也，毋（无）法也；法之息也（法度不起作用），上暗也（是因为君主昏暗）。上暗无度则官擅为，官擅为故奉重无前（俸禄优厚无度），奉重无前则征多，征多故富。官之富重也，乱功（政）之所生也。"⑤ "公家虚而大臣实，正户贫而寄寓富，耕战之士困，末作之民利者，可亡也。"⑥ 他坚决反对官吏"以贪污之心枉法以取私利"、"以贪渔下"⑦的行为，指出："徭役多则民苦，民苦则权势（势要之家）起，权势起则复除重（免除徭役和赋税的人就增多），复除重则贵人富。苦民以富贵人，起势以藉（要胁）人臣，非天下长利也。故曰：徭役少则民安，民安则下无重权，下无重权则权势灭，权势灭则德在上矣。"⑧

韩非子还借用赵简子与薄疑关于赋税轻重问题的一段对话，对赋税应当不轻不重的折衷主义观点提出批评。即："赵简主出税者（赵简子派出官吏收税），吏请轻重（官吏请示收税的轻重），简主曰：'勿轻勿重。重则利入于上，若轻则利归于民，吏无私利而正矣。'薄疑谓赵简主曰：'君之国中饱。'简主欣然而喜曰：'何如焉？'对曰：'库空虚于上，百姓贫饿于下，然而奸吏富矣。'"⑨ 韩非子认为，税负不轻不重旨在兼顾百姓和国家的利益，但实际上只是一种良好愿望而已。国家让渡给百姓的利益并不能最终落

---

① 《韩非子·诡使第四十五》。
② 《韩非子·显学第五十》。
③ 《韩非子·六反第四十六》。
④⑨ 《韩非子·外储说右下第三十五》。
⑤ 《韩非子·八经第四十八》。
⑥ 《韩非子·亡征第十五》。
⑦ 《韩非子·奸劫弑臣第十四》。
⑧ 《韩非子·备内第十七》。

入百姓的腰包，真正的受益者只能是贪官污吏，百姓依然还会贫困，国家反而白白损失掉一笔应得的税收收入。显然，韩非子是把重税轻役（兵役除外）作为充实国库、巩固君权、削弱权势的重要手段来看待的。

三、对韩非子治国理政思想及税收思想的简要评述

1. 对韩非子治国理政思想的简要评述

韩非子本是韩国王室宗亲，但因父辈争权失利，最后被排挤于统治集团的边缘。他虽曾跟随大儒荀子学习，但因从小耳濡目染韩国的日益衰败和宫廷斗争的阴暗残酷，其思想观点却与荀子儒法并举、义利并进的特点大相径庭。他把荀子的人性恶理论发展到了极致，并将它与商鞅的法、慎到的势和申不害的术融会贯通，创立了一套以维护君主集权、抑制诸侯坐大、以法势术驾驭群臣、统治百姓、实现富国强兵目标为主要内容的帝王之术和法家理论体系。

总体来看，韩非子非常强调以法治国的重要性，认为君臣、君民之间都是利益交换关系，依靠人性善、人爱我、人与人之间相互信任的仁政理念来治国理政，达到国泰民安、君权巩固的目的只能是一种幻想，不如依靠公开、透明、稳定、通人情的法治来治国，既省力、又省智、更省心；他认为严刑峻法是对百姓的最大爱护，只有小错用重刑才能防止人犯大罪，以刑去刑最终达到无刑才是法治的最高境界；儒墨道家的爱民、富民、教民表面上是惠民，实际上是纵容犯罪，是害人的学说；认为立法权要高度集中，法治标准要高度统一，执法和司法要客观公正，不循私情；主张统一天下言论，严禁各种杂反恍惚之说流行；主张对待大臣要循名责实，名实相副者赏，言行不一者罚；主张任用官吏要不兼官不兼职，防止结党营私、擅权独断；主张君主要独操赏罚二柄，以法以功定赏罚，少赏多罚；主张君主要不露声色，以便察奸驭臣、达到无为而无不为的统治效果；在治国理念上，主张因时制宜，与时俱进，不慕古，不唯尧舜是从，认为用治理朴陋之民的德治和仁政之法治理当世的奸滑狡诈之民，是药不对症；韩非子还以极其精微的心理分析深刻剖析了君主周围各类人群与君主的利害关系以及他们在追逐名利、权位中的心理状态和可能采取的策略。

韩非子的思想带有很强的功利色彩。他不尚空谈，只重实用，无论对人还是对事，都以实际效果为判断标准。对君主和国家有益的就鼓励，对君主和国家无益的则予以贬斥和处罚。应当说，他的功利主义思想和帝王统治术在治国理政和领导科学方面不乏鞭辟入里、可资借鉴之处，但不容质疑的是，由于他的学说片面夸大人性的弱点，以恐怖主义为手段，薄情寡恩，为帝王权势服务，与人民群众的利益根本对立，因而其时代局限性也是不言而喻的。即使付诸实施，也不免于破产和失败的命运。

韩国在战国七雄中是实力最弱小的一个诸侯国，统治后期屡遭大国侵犯，其国土面

积已缩减至只及秦国的一个郡县，随时有被吞并的危险。面对昏庸无能、得过且过、不思进取的韩国统治者，韩非子看在眼里，急在心里，满怀爱国热情，胸怀报国之策，屡次上书韩王，但都不被采纳，就连见君王一面的机会都很难得到。后来在韩国面临生死存亡的关键时刻，韩非子有幸代表韩王出使秦国，他便将存韩的希望寄托在了咄咄逼人的秦王嬴政和政敌李斯身上，期望他们手下留情，给韩国以苟延残喘的机会，但最终不仅未达到目的，还被"阴用其言显弃其身"[①]的秦王嬴政和嫉妒其才学的同学李斯残害于秦国，成了自己精心构建的君主集权理论和帝王之术的殉葬品，不免让人扼腕叹息。

2.对韩非子税收思想的简要评述

韩非子的税收思想是其治国理政思想的重要组成部分，本书将其提炼归纳为四个方面，包括：（1）主张重本抑末，厉民增收；（2）主张民富不必治，敛富不济贫；（3）主张悉租税、专民力，以均贫富；（4）主张集中税权，反对官吏中饱。其中，在本末问题上，他主张重本抑末、重农抑商，但又注意到商业有利于互通有无、增加财富和便利生产生活的一面，主张利商工、泽梁无禁，并反对不耕而食、投机渔利之民，反对赏赐无功、养学士及征富济贫；在奢俭问题上，他主张崇俭戒奢，同时又认为只要君主善于运用法势术驾驭臣民，即使奢侈一些也不必然导致亡国；在税负轻重问题上，他抛弃商鞅的轻税主张，改用重税政策来剥夺百姓的全部剩余产品和剩余劳动力，使他们经常处于贫困线上，以便利用人追求重利重赏的本性，逼迫他们把全副精力投入到耕战当中，为实现富国强兵的最终目标服务；在调节贫富不均问题上，他和商鞅一样，主张使富者贫、贫者富，把税收作为弱民的一种手段；在君臣关系上，他强调君主集权，反对诸侯坐大和官吏惠民，主张对百姓依托豪门大家避税逃役予以坚决打击。总体来看，韩非子的税收思想是与道家的非税论、儒家的轻税论完全对立的。其中最有新意的是关于轻税轻役并不必然减轻民负，而可能给诸侯、大臣提供中饱私囊的机会，重税重役在加重百姓负担的同时可能给诸侯、大臣提供惠民爱民、增长权势、削弱君主统治基础的机会的论述，对今天研究税收管理体制的合理化有一定启发意义。

主要参考文献：
《史记》卷63《老子韩非列传》。
《韩非子全译》，张觉译注，贵州人民出版社1992年版。
《〈韩非子〉直解》，俞志慧著，浙江文艺出版社2000年版。
《韩非评传》，施觉怀著，南京大学出版社2002年版。

---

① 《韩非子·说难第十二》。

陆　贾

一、陆贾生平简介

陆贾（约前240—前170），汉初著名思想家、政治家、外交家和文学家，楚国人。主要活动在汉高帝刘邦在位至汉文帝即位初年之间。关于陆贾青少年时代的情况及师承关系，由于史料阙如，无法详知。但据史家考证，陆贾曾师从荀子门人浮邱伯治《谷梁》，造诣很深。秦末，天下大乱，农民起义风起云涌，各路诸侯纷纷举兵抗秦，陆贾也成为其中的一员。由于他娴于辞令，口才极佳，被誉为"有口辩士"，故受到沛公刘邦的赏识，令其常侍左右，出使诸侯，为刘邦夺取天下、成就帝业立下汗马功劳。刘邦即帝位后，陆贾被任命为太中大夫。

据《史记·郦生陆贾列传》记载，陆贾一生的主要功绩和重大事件共有五项：

（1）为刘邦出使诸侯。如在抗秦斗争中，刘邦采用张良之计，"使郦生、陆贾往说秦将，啖（诱）以利，因袭攻武关，破之。"[①]从而为刘邦先诸侯而至灞上（在今陕西省西安市东南，蓝田西）创造了重要条件；在楚汉相争的高潮中，刘邦派陆贾游说项羽，请他释放被俘的父亲和妻子吕后。事虽不成，但却反映了刘邦对陆贾的信任；[②]受刘邦派遣，首次出使南越，劝说南越王赵佗去帝号，向刘邦称臣。陆贾不辱使命，圆满完成任务，高祖非常高兴，任命陆贾为太中大夫。

（2）劝刘邦多读《诗》《书》，确立"逆取顺守""文武并用"的治国理念。刘邦称帝之初，重武力，轻诗书，甚至曾有"溺儒冠"的劣举，"陆生时时前说称《诗》《书》。高帝骂之曰：'乃公居马上而得之，安事《诗》《书》！'陆生曰：'居马上得之，宁可以马上治之乎？且汤、武逆取而以顺守之，文武并用，长久之术也。……乡（向、假如）

[①] 《史记》卷8《高祖本纪》。
[②] 《汉书》卷1《高帝纪》。

使秦已并天下，行仁义，法先圣，陛下安得而有之！'高帝不怿（高兴）而有惭（愧）色，乃谓陆生曰：'试为我著秦所以失天下，吾所以得之者何，及古成败之国。'陆生乃粗述存亡之征，凡著十二篇。每奏一篇，高帝未尝不称善，左右呼万岁，号其书曰《新语》。"①《新语》成于陆贾首次出使南越的同年。在书中，陆贾对强秦夭亡的原因进行了深入探讨，并得出了许多重要结论。如"桓公尚德以霸，秦二世尚刑而亡。"②"尧以仁义为巢，舜以禹、稷、契为杖，故高而益安，动而益固。……秦以刑罚为巢，故有覆巢破卵之患；以赵高、李斯为杖，故有倾仆（颠扑）跌伤之祸。"③等。可以说，深入思考强秦夭亡的原因、并从中引出经验教训，是《新语》一书的重要内容。陆贾以其思想的前瞻性和敏锐性，而成为秦汉交替之际最富有思想的先锋人物，并开启了后世以秦喻治乱之理的先河。据严可均《全汉文》卷一引《古文苑》，刘邦晚年曾写过《手敕太子》的诏书，诏书云："吾遭乱世，当秦禁学，自喜，谓读书无益。自践祚以来，时方省书，乃使人知作者之意。追思昔所行，多不是。"刘邦的愧悔之辞显然是与陆贾不厌其烦的劝说和《新语》的巨大影响密不可分的。

（3）为平定诸吕之乱出谋献策。刘邦死后，惠帝即位。但惠帝为人懦弱，实权操于吕后之手。吕后想提拔自己娘家兄弟，以便扩大和巩固自己的势力，但又害怕大臣中那些能言善辩者批评她这种谋私之举，陆贾当然也在被怀疑之列。陆贾分析了当时形势，觉得无力与吕后抗争，于是借口有病退职家居，并把出使南越时赵佗送给他的宝物卖掉，得千金，分给5个儿子，每人二百金，让他们各治产业。陆贾自己则时常坐着四匹马拉的车子，带着歌舞和弹琴鼓瑟的侍从10余人，佩带着价值百金的宝剑，到处游玩。高后八年（前180年），吕后死，吕氏兄弟或子侄擅权，还准备将继惠帝之后的少帝弘杀掉，另立新君。在这种严峻的形势下，陆贾找到同样受压制的右丞相陈平，劝说他与前有嫌隙的太尉周勃重归于好，文武大臣团结一致，共同对付诸吕。陈平听从了陆贾的建议和计策，主动与周勃交好，周勃也投桃报李，主动与陈平交好。这样，两人关系越来越亲密。诸吕看到这种情况，其阴谋活动也不得不有所收敛。为了感谢陆贾，陈平送了他奴婢百人、车马五十乘、钱五百万，名之曰"饮食费"。从此，陆贾名声大振，经常出入朝廷公卿之门。后来，在诛诸吕、立文帝的过程中，陈周联手，发挥了重要作用，陆贾也出了不少力。

（4）代表文帝再度出使南越，劝南越王赵佗第二次去帝号，恢复与汉王朝的臣属关系。吕后专权时，对南越采取"别异蛮夷"的强硬政策，迫使南越王赵佗于高后五年（前183年）自称"南越武帝"，并发兵攻打长沙国之边境，败数县而去。高后七年（前181年），吕后派兵征讨南越，但因气候不适，军中多生疫病，无法穿越五岭，征讨行动无果而终。高后死后，为了安定中原，巩固政权，文帝主动改弦更张，恢复对南越的怀柔政策，

---

① 《史记》卷97《郦生陆贾列传》。
② 《陆贾新语·道基第一》。
③ 《陆贾新语·辅政第三》。

并在丞相陈平的举荐下,派陆贾再度出使南越。陆贾到达南越后,向赵佗报告了文帝修复其家冢、安置其尚在中原的兄弟、同意恢复贸易往来等情况,并晓以荣辱利害,劝其改邪归正。在强大的政治、经济和舆论攻势下,赵佗终于感恩戴德,同意放弃帝号,向汉天子称臣。陆贾以其卓越的外交才能,再次不辱使命,向文帝和大汉朝廷交了一份圆满的答卷。

(5)从政治舞台上销声匿迹。陆贾从南越出使回来后,便离奇地从政治舞台上销声匿迹了。对此中原因,多家各有猜测。一种观点认为,陆贾在防止诸吕篡权的过程中出过重要计谋,在立文帝时也出过力,这次又出使南越获得巨大成功,功高震主,必然招来杀身之祸,为了明哲保身,所以主动引退;另一种观点认为,文帝继位后,并没有因为陆贾有功,便给他加官进爵,而只是为了出使南越,才给他恢复太中大夫的旧职,说明文帝并无重用陆贾之意,所以他才主动引退;还有一种观点也许更具说服力,即陆贾与郦食其和平原君朱建的不寻常关系引起了文帝的不满。吕后专制时,陆贾不仅"游汉廷公卿间,名声藉甚",与陈平、周勃等交好,而且与辟阳侯郦食其关系密切,替他出谋画策过。而郦食其与吕后关系暧昧,得到重用。惠帝时,郦食其想与陆贾的好友平原君朱建(与陆贾是同乡)交好。开始时,平原君拒绝和郦食其来往。后来,因为平原君的母亲死了,家贫无力举葬,郦食其才在陆贾的谋划下,主动给平原君送去了一百金的祭礼。其他一些达官贵人看到郦食其这样做,也碍于情面,不得不向平原君致送赙资,合起来有五百金。这样,平原君就体体面面地把他母亲安葬了。不久,有人在惠帝面前告了郦食其的状,惠帝将郦食其下狱。朝廷一些大臣本来就厌恶辟阳侯的为人,借此机会纷纷火上浇油,使郦食其生命危在旦夕。后来由于平原君的帮助,才使他虎口逃生。郦食其当然对朱建、陆贾感激不尽。吕后死后,诸吕被诛,卷入吕氏政变阴谋很深的郦食其居然平安无事。司马迁认为,"计画所以全者,皆陆生、平原君之力也。"① 直到文帝三年(前177年),郦食其才被淮南厉王刘长击杀。后来,汉文帝知道平原君朱建曾替郦食其出谋画策,便"使吏捕欲治。闻吏至门,平原君欲自杀。诸子及吏皆曰:'事未可知,何早自杀为?'平原君曰:'我死祸绝,不及而(尔)身矣。'遂自刭。孝文帝闻而惜之,曰:'吾无意杀之。'"② 尽管汉文帝无意杀朱建,也没有说要抓陆贾,但他对陆贾替郦食其出谋画策一事肯定是知道的。只不过考虑到陆贾在吕后专制时安刘有功,文帝元年又出使南越,这些成绩与替郦食其出主意相比,即使不是功大于过,至少也可以功过相抵,所以对陆贾也就免予追究了。而陆贾看到朱建如此下场,也吓得非同小可,赶快引退归家,保其天年。陆贾最后以年老去世。

二、陆贾税收思想的主要内容

陆贾的税收思想是其治国理政思想的重要组成部分,本书将其提炼归纳为以下三个

---

①② 《史记》卷97《郦生陆贾列传》。

方面。

1. 主张清静无为，不兴夜召之征

陆贾说："道莫大于无为，行莫大于谨敬。"① "昔者，晋厉、齐庄、楚灵、宋襄，秉大国之权，杖众民之威，军师横出，陵轹诸侯，外骄敌国，内刻百姓，邻国之雠（仇）结于外，群臣之怨积于内，而欲建金石之统，继不绝之世，岂不难哉？故宋襄死于泓之战，三君弑于臣之手，皆轻师尚威以致于斯，故《春秋》重而书之，嗟叹而伤之。三君强其威而失其国，急其刑而自贼，斯乃去事之戒、来事之师也。""君子之为治也，块然若无事，寂然若无声，官府若无吏，亭落若无民，闾里不讼于巷，老幼不愁于庭，近者无所议，远者无所听，邮无夜行之卒，乡无夜召之征，犬不夜吠，鸡不夜鸣，耆老甘味于堂，丁男耕耘于野，在朝者忠于君，在家者孝于亲，于是赏善罚恶而润色之，兴辟雍庠序而教诲之，然后贤愚异议，廉鄙异科，长幼异节，上下有差，强弱相扶，大小相怀，尊卑相承，雁行相随，不言而信，不怒而威，岂待坚甲利兵、深牢刻令、朝夕切切而后行哉？"②

2. 主张崇俭戒奢，不兴无事之功

陆贾说："治以道德为上，行以仁义为本。故尊于位而无德者绌，富于财而无义者刑，贱而好德者尊，贫而有义者荣。"③ "事或见一利而丧万机，取一福而致百祸。"④ "察于利而惛（昏）于道者，众之所谋也；果于力而寡于义者，兵之所图也。君子笃于义而薄于利，敏于行而慎于言，所以广功德也。"⑤ "据土子民、治国治众者，不可以图利。治产业，则教化不行，而政令不从。"⑥ "商贾巧为贩卖之利，而屈为贞良，邪臣好为诈伪，自媚饰非，而不能为公方，藏其端巧，逃其事功。"⑦ "目放于富贵之荣，耳乱于不死之道，故多弃其所长而求其所短，不得其所无而失其所有。"⑧ "正心一坚，久而不忘；在上不逸，为下不伤；执一统物，虽寡必众；心佚情散，虽高必崩；气泄生疾，寿命不长；颠倒无端，失道不行。"⑨ "上之化下，犹风之靡草也。王者尚武于朝，则农夫缮甲兵于田。故君子之御下也，民奢应之以俭，骄淫者统之以理；未有上仁而下贼，让行而争路者也。"⑩

"高台百仞，金城文画，所以疲百姓之力者也。""国不兴不事之功，家不藏不用之器，所以稀力役而省贡献也。""夫释农桑之事，入山海，采珠玑，捕豹翠，消勌（筋）

---

① ⑩《陆贾新语·无为第四》。
②《陆贾新语·至德第八》。
③ ⑤《陆贾新语·本行第十》。
④ ⑧《陆贾新语·思务第十二》。
⑥ ⑨《陆贾新语·怀虑第九》。
⑦《陆贾新语·辅政第三》。

力，散布泉（钱财），以极耳目之好，快淫侈之心，岂不谬哉？"① "秦始皇骄奢靡丽，好作高台榭、广宫室，则天下豪富制屋宅者莫不仿之，设房闼（宫闱），备厩库，缮雕琢刻画之好，博玄黄琦玮之色，以乱制度。齐桓公好妇人之色，妻姑姊妹，而国中多淫于骨肉。楚平王奢侈纵恣，不能制下，检民以德，增驾百马而行，欲令天下人饶财富利，明不可及，于是楚国逾奢，君臣无别。"② "鲁庄公一年之中，以三时兴筑作之役，规虞山林草泽之利，与民争田渔薪莱之饶，刻桷丹楹（雕梁画栋），眩曜（炫耀）靡丽（奢华），收民十二之税，不足以供邪曲之欲，缮不用之好，以快妇人之目，财尽于骄淫，力疲于不急，上困于用，下饥于食，乃遣臧孙辰请滞积于齐，仓廪空匮，外人知之，于是为齐、卫、陈、宋所伐。"③ "欲理之君闭利门，积德之家必无灾殃，利绝而道著，武让而德兴，斯乃持久之道，常行之法也。"④

3.主张因天地之利，不加重民负

陆贾说："跂行喘息，蜎飞蠕动之类，水生陆行，根着叶长之属，……盖天地相承，气感相应而成者也。"⑤ "恶政生恶气，恶气生灾异。" "圣人承天之明，正日月之行，录星辰之度，因天地之利，等高下之宜，设山川之便，平四海，分九州，同好恶，一风俗。" "观天之化，推演万事之类，散之于弥漫之闲（间），调之以寒暑之节，养之以四时之气，同之以风雨之化，故绝国异俗，莫不知慕，乐则歌，哀则哭，盖圣人之教所齐一也。"⑥ "昔哀公问于有若⑦曰：'年饥，用不足，如之何？'有若对曰：'盍彻乎（为什么不采用西周百亩田收税1/10的彻法呢）？'盖损上而归之于下，则忤于耳而不合于意，遂逆而不用也。此所谓正其行而不苟合于世也。有若岂不知阿哀公之意，为益国之义哉？"⑧

三、对陆贾治国理政思想及税收思想的简要评述

1.对陆贾治国理政思想的简要评述

陆贾是刘邦建立西汉王朝的功臣，也是汉初著名思想家、政治家、外交家和文学家。他在总结秦王暴政、官逼民反、国破家亡的历史教训基础上，吸取黄老之学、儒家

---

① 《陆贾新语·本行第十》。
② 《陆贾新语·无为第四》。
③ 《陆贾新语·至德第八》。
④ 《陆贾新语·怀虑第九》。
⑤ 《陆贾新语·道基第一》。
⑥ 《陆贾新语·明诫第十一》。
⑦ 有若：孔子弟子。
⑧ 《陆贾新语·辨惑第五》。

和墨家的思想精髓,为刘氏政权开出了"回归仁政,谨敬无为,重本抑末、轻徭薄赋、与民休息"的治世良方。这一治国理念和治国纲领,既继承、丰富和发展了儒、墨、道家的民本思想和德治思想,否定了以商鞅、韩非子为代表的法家学派用重刑、重税、重役罢敝民力、渔肉百姓的错误思想和错误举措,也顺应了汉初百姓渴望休养生息、统治者希望社会安定的历史潮流,为矫正秦王朝君主极权主义和法本主义的体制流弊提供了科学的指导思想,具有重大的历史进步意义,也受到了汉朝统治者的高度重视和肯定。史载:汉高祖八年(前199年),"萧丞相营作未央宫,立东阙、北阙、前殿、武库、太仓。高祖还,见宫阙壮甚,怒,谓萧何曰:'天下匈匈(汹汹),苦战数岁,成败未可知,是何治宫室过度也?'"[1]另外,惠帝年间,修筑长安城,为缓解民困,用了三四年的时间,才将城筑成;文帝曾想修建露台,但是"召匠计之,直(值)百金,遂罢。"[2]陆贾回归仁政、以德治国、谨敬无为的主张,也为董仲舒、汉武帝刘彻最终确立"罢黜百家,独尊儒术"的治国方略、恢复儒家思想的正统地位开了先声,其特殊历史作用是无人能取代的。

2.对陆贾税收思想的简要评述

陆贾的税收思想是其治国理政思想的重要组成部分,本书将其提炼归纳为三个方面:(1)清静无为,不兴夜召之征;(2)崇俭戒奢,不兴无事之功;(3)因天地之利,不加重民负。这些思想与儒、墨、道家的相关主张相比,虽无多少新颖之处,但因为是在总结秦始皇和秦二世不畏"天命"不知"民心",实行"恶政""暴政",导致亡国灭家的经验教训背景下提出的,因而具有更加鲜明浓厚的民本和仁政色彩,其积极意义是值得充分肯定的。

主要参考文献:

《新语校注》,王利器校注,中华书局1986年版。
《新语》,李振宏注说,河南大学出版社2016年版。
《史记》卷97《郦生陆贾列传》。
《史记》卷8《高祖本纪》。
《汉书》卷1《高帝纪》。
《贾谊评传(附陆贾晁错生平事业)》,王兴国著,南京大学出版社1992年版。

---

[1] 《史记》卷8《高祖本纪》。
[2] 《史记》卷10《孝文本纪》。

贾 谊

一、贾谊生平简介

贾谊（前200—前168），人称贾生、贾子、贾长沙，西汉初期著名思想家、政治家和文学家。汉高帝七年（前200年）生于洛阳。贾谊的童年和少年是在比较安定的环境中度过的，他勤学上进，博览群书，18岁（高后八年，前183年）时便以能诵《诗》《书》、擅写文章而闻名于郡中。时任河南郡守的吴公十分欣赏贾谊的才学，便将他"召置门下，甚幸爱。"①前180年，汉文帝刘恒即位，听闻河南郡守吴公"治平为天下第一"②，且与李斯为同乡，曾向他学习过法律，便征召吴公为廷尉。吴公向文帝举荐说："贾生年少，颇通诸子百家之书。"③于是文帝就将贾谊征召为博士。这时贾谊仅22岁（文帝元年，前179年），是博士中最年轻的一个。贾谊初出茅庐，就意气风发，"每诏令议下，诸老先生不能言，贾生尽为之对，人人各如其意所欲出。诸生于是乃以为能不及也。孝文帝说（悦）之，超迁，一岁中至太中大夫。"④

贾谊在朝期间主要做了以下工作：一是作《过秦》（文帝前元元年，前179年），对秦始皇、秦二世不懂逆取顺守之理，导致秦二世而亡的原因进行了比陆贾更深入透彻的分析，得出了"取与守不同术也。"⑤"观之上古，验之当世，参之人事，察盛衰之理，审权势之宜，去就有序，变化因时，故旷日长久社稷安矣。"⑥的重要结论。二是上《论定制度兴礼乐疏》（文帝前元元年，前179年），对西汉初期礼乐崩坏的现象提出了中肯的批评，主张"改正朔，易服色，法制度，定官名，兴礼乐，色尚黄，数用五，为

---

① 《汉书》卷48《贾谊传》。
②③④ 《史记》卷84《屈原贾生列传》。
⑤⑥ 《贾谊新书·过秦下》。

官名，悉更秦之法。"①对于贾谊的建议，"天子说（悦）焉，而大臣绛灌②之属害之。故其议遂寝。"③另外，时任御史大夫、"善用（运）算律历"的张苍也表示异议。④不过，贾谊逝世后的第三年（文帝十五年，前165年），"文帝召公孙臣拜为博士，与诸生申明土德，草改历服色事。夏四月，文帝始幸雍郊，见五畤祠，衣皆上（尚）赤。"⑤贾谊改制的主张经过鲁人公孙臣的一再努力，终于得到部分实现。三是在《过秦》中，批评秦二世沿用"收孥污秽"等罪名残害百姓，造成"蒙罪者众，刑戮相望于道，而天下苦之"的严重局面，主张"去收孥污秽之罪，使各反（返）其乡里。"文帝采纳了他的建议，于文帝前元元年（前179年）发布了"除收孥诸相坐律令。"⑥贾谊在《过秦》中还指责秦"忌讳之禁"太多，使臣民不敢讲真话。文帝便于前元二年（前178年）发布了"除诽谤妖言之罪"⑦的诏书。四是上《论积贮疏》（文帝前元二年），对当时社会上普遍出现的背本趋末、奢侈成风、逾越礼制现象发出警告，强调必须以农为本、重本抑末、崇俭戒奢。《汉书·食货志》说："上感谊言，始开籍田躬耕，以劝百姓。"文帝还明确肯定："农，天下之大本也，民所恃以生也；而民或不务本而事末，故生不遂。朕忧其然，故今兹亲率群臣，农以劝之，其赐天下民今年田租之半。"⑧五是上疏建议列侯就国。据《史记》和《汉书·贾谊传》记载，贾谊提出列侯必须到自己的封国去就任的建议得到了文帝的采纳。文帝前元二年十月在列侯就国的诏书中，文帝说："今列侯多居长安，邑远，吏卒给输费苦，而列侯亦无由教驯（教训）其民。其令列侯之（就）国，为吏及诏所止者（在京城当官或者诏令恩准留京的），遣太子（则由其太子代替到封邑去）。"⑨

贾谊在朝居官虽然只有短短的两年时间，但其创议却不少。所以《史记》说："诸律令所更定，及列侯悉就国，其说皆自贾生发之。"⑩贾谊这种特出的才能，自然引起了文帝的极大兴趣和重视。于是"议以为贾生任公卿之位"。⑪可是，丞相周勃、太尉灌婴、东阳侯张相如、御史大夫冯敬等一些老臣出于嫉妒心和保护自身利益的考虑，坚决反对，他们诋毁贾谊说："洛阳之人，年少初学，专欲擅权，纷乱诸事。"⑫结果，贾谊不仅未升至公卿，还被文帝疏远，"不用其议，乃以贾生为长沙王太傅。"⑬贾谊见疏于文帝，除了上述原因之外，还与得罪文帝的幸臣邓通有关。据东汉应劭《风俗通义·正失篇》记载，中垒校尉刘向对孝成帝曰："太中大夫邓通以佞幸吮痈疡浓汁见爱，拟于至

---

① ⑩ ⑪ ⑫ ⑬ 《史记》卷84《屈原贾生列传》。
② 是汉绛侯周勃与颍阴侯灌婴的并称。二人均佐汉高祖定天下，建功封侯。二人起自布衣，鄙朴无文，曾谗嫉陈平、贾谊等。
③ 《汉书》卷22《礼乐志》。
④ 《史记》卷96《张丞相列传》。
⑤ 《汉书》卷25《郊祀志》。
⑥ 《史记》卷10《孝文本纪》。秦代法律规定，罪人犯法，其父母、兄弟、姐妹、妻子和子女都要连坐，重的处死，轻的没入为官奴婢，称为"收孥相坐律令"。
⑦ ⑨ 《史记》卷10《孝文本纪》。
⑧ 《汉书》卷4《文帝纪》。

亲，赐以蜀郡铜山，令得铸钱，通私家之富，侔（等、齐）于王者、封君。又为微行，数幸通家。文帝代服衣，袭毡帽，骑骏马，从侍中、近臣、常侍、期门武骑猎渐台下，驰射狐兔麑雉刺彘。是时待诏贾山谏，以为不宜数从郡国贤良吏出游猎，重令此人负名（享有盛名）不称其与。及太中大夫贾谊亦数陈止游猎。是时谊与邓通俱侍中同位，谊又恶通为人，数廷讥之，由是疏远，迁为长沙太傅。"显然，贾谊与老臣和幸臣的关系不睦，而文帝又向老臣和幸臣妥协，不支持贾谊，这就是贾谊见疏、被贬长沙的政治背景。

文帝前元三年（前177年），贾谊离京，出为长沙王吴差的太傅，时年24岁。当时的长沙王是仅存的唯一一位异姓诸侯王，吴差是吴芮的四世孙。因长沙国所辖人口较少、势力较弱，一直没有反叛。贾谊从天子的近臣一下子发落到离长安数千里之遥的异姓诸侯小国当太傅，又听说南方地势低洼、雨多潮湿，对他这个一直生长在北方的人来说很不习惯，所以心情十分抑郁，甚至自认为享寿不长。在途经湘水时，他想起屈原遭放逐、怒沉汨罗江的悲惨情景，又联想到自己怀才不遇、遭人谗害的艰难处境，心生共鸣，遂奋笔疾书，写下了千古名作《吊屈原赋》，以抒发对奸臣当道、世事无常的愤懑之情。

贾谊在长沙生活了四年之久。在此期间，他一方面竭心尽力地履行太傅之职，另一方面仍十分关心国事，继续向文帝上疏，陈述自己的政见。其著者有两件：一是于文帝前元四年（前176年），就因诸侯就国而引起的周勃系狱一事上疏文帝，建议以礼对待大臣，禁止狱吏和贱人随意污辱贵臣。①《汉书·贾谊传》载："上深纳其言，养臣下有节。是后大臣有罪，皆自杀，不受刑。"二是上《谏铸钱疏》，对民间私铸铜布的危害进行了全面分析，并详列公铸钱币、统一币制的好处。但文帝这次却没有采纳贾谊的意见，而坚持除盗铸钱令，认为允许民间铸钱利大于弊。据《汉书·食货志》记载，"吴②以诸侯即山铸钱，富埒天子，后卒叛逆；邓通，大夫也，以铸钱，财过王者。故吴、邓钱布天下。"可见，允许私铸钱币，真正的受益者是诸侯王和邓通之类的幸臣。文帝前元五年（前175年），贾谊任长沙王太傅已两年多了。在此期间，其心情一直郁郁寡欢。有一天，一只鹏鸟飞入贾谊的居室，停留在一张椅子上。鹏鸟外形似猫头鹰，按古人的迷信说法，是一种不祥之鸟，它如果飞入民舍，主人就要离开这座房子了。贾谊看到鹏鸟飞入自己房舍，思绪万端，不知是祸是福，于是便写下了一篇《鹏鸟赋》。在这篇赋中，贾谊除了借鹏鸟之口，表达自己当时去留不定的茫然心情外，还阐述了对天地、自然和命运等问题的看法，是一篇重要的哲学著作。文帝前元六年（前174年），汉文帝思念贾谊，于是将他从长沙召回长安。贾谊回到京城之后，便来谒见文帝。其时，文帝正坐在未央宫前之正室——宣室吃祀天地的祭肉，就顺便问起鬼神的由来和它的实质是什么？贾谊久不见天子，心情十分激动，便利用这个机会滔滔不绝地谈论起他对鬼神的看法。

---

① 《贾谊新书·阶级》。
② 指吴王刘濞。

对于贾谊谈的很多关于鬼神的道理，文帝过去闻所未闻，所以越听越感兴趣，直谈到夜深人静了，也不觉疲倦，反而情不自禁地把座位不断移近贾谊，以便更好地听取他的高论。这次谈话之后，文帝深有感慨地说："吾久不见贾生，自以为过之，今不及也。"① 于是便派贾谊去当梁怀王的太傅。梁怀王刘揖，是文帝的少子，好读诗书，文帝爱他胜过其他几个儿子。文帝派贾谊去当刘揖的太傅，表明他与贾谊的关系更加亲近了。

贾谊当了梁怀王太傅之后，生活环境明显改善，心情也比以前舒畅多了，因而对政事更加关注，也敢于发表自己的见解，写下了《治安策》（即《陈政事疏》）和《论积贮疏》等名篇。这些上疏的核心内容是如何解决匈奴扰边和诸侯王僭越的问题。首先，贾谊建议削藩。高帝时将异姓诸侯王基本上消灭了，却封了许多同姓王。高帝封同姓王的本意，是希望巩固中央政权，但后来诸侯王纷纷坐大，他们都不愿甘居人下，于是就开始抛开骨肉情谊，起来造反，自己争当天子。文帝前元六年（前174年），就发生了淮南王刘长勾结闽越、匈奴谋反的事件。这一事件虽然很快就平定了，但诸侯王国对中央政权的威胁不仅依然存在，而且越来越严重。面对这种情况，贾谊从巩固中央政权、维护国家统一的大局出发，反复向文帝建议削藩，提出了"众建诸侯而少其力"② 的著名论点。其次，主张以怀柔政策制服匈奴。匈奴是秦汉时期西北方面的强敌。秦时筑长城，企图阻止匈奴的南下。汉初，由于国力疲弱，加之内政急需巩固，故对匈奴一直采取和亲政策。但匈奴之侵扰一直未断。贾谊不赞成这种消极的和亲，他认为"天子共贡，是臣下之礼也。足反居上，首顾（反而）居下，是倒植之势也。天下之势倒植矣，莫之能理，犹为国有人乎？"③ 因此主张怀之以德，使之臣服："臣闻强国战智，王者战义，帝者战德。今汉帝中国也，宜以厚德怀服四夷，举明义博示远方，则舟车之所至，人力之所及，莫不为蓄，又孰敢然不承帝意？"④ 并提出了"三表五饵"、多设郡国、开展边贸等对策建议。第三，主张别贵贱，明尊卑，以礼治国。在文帝时期，不仅诸侯王制度僭越，尊卑不明，而且随着工商业的发展，富人大贾的生活也极为奢侈和僭越，甚至天子之服可以"被墙"、"贾妇优倡下贱产子得为后饰"。⑤ 贾谊认为要纠正这种"君臣相冒，上下无辨"的"无制度"现象，就必须"使车舆有度；衣服器械各有制数。制数已定，故君臣绝尤而上下分明矣。"⑥ 对于上述建议，文帝有的接受了，有的也没有接受。例如，文帝前元六年（前174年）淮南王刘长谋反废死之后，文帝迫于舆论压力，又于文帝前元八年（前172年）夏，封淮南王刘长之子刘安等四人为列侯。贾谊看到文帝这样做，知道他要为这些人封王作准备，于是上了一篇《谏立淮南诸子疏》，疏曰："今奉尊罪人之子，适足以负谤于天下耳。……夫擅仇人足以危汉之资，于策不便。虽割而为四，四

---

① 《史记》卷84《屈原贾生列传》。
② 《贾谊新书·藩强》。
③ 《贾谊新书·威不信》。
④ 《贾谊新书·匈奴》。
⑤ 《贾谊新书·孽产子》。
⑥ 《贾谊新书·瑰玮》。

子一心也。予之众，积之财，此非有子胥、白公报于广都之中，即疑有专诸、荆轲起于两柱之间，所谓假贼兵为虎翼者也。愿陛下少留计。"①贾谊对文帝封"罪人之子"为列侯的危险性的分析不可谓不直率和真切，可是文帝却听不进去，不仅当时封刘长之子为侯，后来又于文帝前元十六年（前164年）封他们为王，这为景帝时期发生"吴楚七国之乱"埋下了伏笔。文帝前元十一年（前169年），贾谊上《请封建子弟疏》，建议文帝加强自己两个亲儿子诸侯国（即代国和淮阳国）的势力。文帝基本上采纳了这一建议："乃徙淮阳王武为梁王，北界泰山，西至高阳，得大县四十余城；徙城阳王喜为淮南王，抚其民。"②

可是好景不长。当贾谊任梁怀王太傅四年之后，文帝十一年（前元前169年），刘揖入朝时不慎坠马而亡，这无疑是对贾谊前途命运的重大打击：一方面梁怀王是文帝的爱子，他担心文帝因此而怪罪于他；另一方面，他与刘揖相处也甚欢，他这一死，使贾谊十分悲悼。因此，"自伤为傅无状，常哭泣，后岁余，亦死。"③贾谊死时年仅33岁。一代天才的思想家、政治家和文学家，就这样匆匆地走完了他的人生道路，不免让人扼腕叹惜！

二、贾谊税收思想的主要内容

贾谊的税收思想是其治国理政思想的重要组成部分，本书将其提炼归纳为以下四个方面。

1. 主张轻赋少事，以塞民望

在《过秦论》中，贾谊指出："夫帝王者，莫不相时而立仪，度务而制事，以驯（顺应）其时也。"④"夫并兼者高（崇尚）诈力，安危者贵顺权。推此言之，取与攻守不同术也。"⑤"近古之无王者久矣，周室卑微，五霸既灭，令不行于天下，是以诸侯力政（以武力征伐为政），强凌弱，众暴寡，兵革不休，士民罢敝（疲敝）。今秦南面而王天下，是上有天子也。即元元之民，冀得安其性命，莫不虚心而仰上。"⑥然而"及秦始皇帝，似是而卒非也，终于无状。"⑦"夫寒者利（急需）裋褐，而饥者甘（满足于）糟糠，天下嚣嚣（天下之民嗷嗷待哺），新主之资（凭借）也，此言劳民之易为仁也。向使（假如）二世有庸主之行而任忠贤，臣主一心而忧海内之患，缟素而正先帝之过，裂地分民以封功臣之后，建国立君以礼天下；虚囹圄（监狱）而免刑戮，去收孥污秽之罪，使各反（返）其乡里；发仓廪，散财币，以振（赈济）孤独穷困之士；轻赋少

---

① ② ③ 《汉书》卷48《贾谊传》。
④ 《贾谊新书·立后义》。
⑤ ⑥ 《贾谊新书·过秦中》。
⑦ 《贾谊新书·数宁》。

事以佐百姓之急，约法省刑以持其后，使天下之人皆得自新，更节循行，各慎其身；塞万民之望（满足万民求安求富求寿的愿望），而以盛德与天下息（休息）矣，即四海之内，皆欢然各自安乐其处，惟恐有变，虽有狡害之民，无离上之心，则不轨之臣无以饰其智，而暴乱之奸弭（消除）矣。"可惜"二世不行此术，而重以无道，坏宗庙，与民更始，作阿房之宫，繁刑严诛，吏治刻深，赏罚不当，赋敛无度。天下多事，吏不能纪（治），百姓困穷，而主不收恤。然后奸伪并起，而上下相遁（欺瞒）。蒙罪者众，刑戮相望于道，而天下苦之。自群卿以下，至于众庶，人怀自危之心，亲处穷苦之实，咸不安其位，故易动也。""先王者，见终始之变，知存亡之由。是以牧之以道，务在安之而已矣。"①

"闻之于政也，民无不为本也。……民无不为命也。……民无不为功也。……民无不力也。""夫民者，万世之本也，不可欺。……夫民者，大族也，民不可不畏也。""天有常福，必与有德；天有常灾，必与夺民时。故夫民者，至贱而不可简（轻慢）也，至愚而不可欺也。故自古至于今，与民为雠（仇）者，有迟有速，而民必胜之。""夫灾与福也，非粹在天也，必在士民也。""君子之贵也，与（给予）民以福，故士民贵之。""君子之富也，与民以财，故士民乐之。""夫为人臣者，以富乐民为功，以贫苦民为罪。""国丰且富，然后君乐也，忠臣之功也。"②

"圣王在上，则君积于道，而吏积于德，而民积于用力，故妇为其所衣，丈夫为其所食，则民无冻馁矣。圣王在上，则民免于二死，而得二生矣。圣王在上，则君积于仁，而吏积于爱，而民积于顺，则刑罚废矣，而民无夭遏（夭亡、夭折）之诛。故圣王在上，则民免于三死，而得三生矣。圣王在上，则使民有时，而用之有节，则民无厉疾。故圣王在上，则民免于四死，而得四生矣。故圣王在上，则使盈（全、满）境内，兴贤良以禁邪恶。故贤人必用，而不肖人不作，则已得其命矣。故夫富且寿者，圣王之功也。"③

2. 主张崇俭戒奢，用财有制

在《治安策》《论积贮疏》和《无蓄》《瑰玮》《孽产子》《忧民》等篇中，贾谊指出："生之有时，而用之无度，则物力必屈。""夫积贮者，天下之大命也。苟粟多而财有余，何为而不成！以攻则取，以守则固，以战则胜。怀敌附远，何招而不至！"④"王者之法，国无九年之蓄，谓之不足；无六年之蓄，谓之急；无三年之蓄，曰国非其国也。"⑤"古之为天下，至纤至悉也，故其蓄积足恃。今背本而趋末，食者甚众，是天下之大残也；淫侈之俗日日以长，是天下之大贼也。残贼公行，莫之或止；大命将泛（国家

---

① 《贾谊新书·过秦中》。
② 《贾谊新书·大政下》。
③ 《贾谊新书·修政语下》。引西周粥子语。
④ 《论积贮疏》《贾谊新书·无蓄》。
⑤ 《贾谊新书·忧民》。

政权将要倾覆），莫之振（拯）救。""汉之为汉几四十岁矣，公私之积犹可哀痛。失时不寸（雨），民且狼顾；岁恶不入，请卖爵子（请求出卖爵位和儿女）。既闻耳矣，安有为天下阽危（面临危险）者若是而上不惊者！"①

"夫百人作之不能衣一人，欲天下亡（无）寒，胡可得也？一人耕之，十人聚而食之，欲天下亡饥，不可得也。饥寒切于民之肌肤，欲其亡为奸邪，不可得也。""古者以奉一帝一后而节适，今庶人屋壁得为帝服（今天下人都能用帝王的衣服装饰墙壁），倡优下贱得为后饰（倡优下贱也能穿戴皇后的服饰），然而天下不屈（绌、穷困）者，殆未有也。"②"今虽刑余（阉宦）鬻妾下贱，衣服得过诸侯，拟天子，是使天下公得冒主，而夫人务侈也。冒主务侈，则天下寒而衣服不足矣。""夫雕文刻镂，周用之物繁多，纤微苦窳之器，日变而起，民弃完坚，而务雕镂纤巧，以相竞高。作之宜一日（本来一天就能做成的器物），今十日不轻（轻易）能成；用一岁（本来可以用一年的东西），今半岁而敝。作之费日挟巧，用之易敝。不耕而多食农人之食，是天下之所以困贫而不足也。""夫奇巧末技商贩游食之民，形佚乐而心县愆（外表逍遥自在而内心忐忑不安），志苟得而行淫侈（总想着不劳而获、奢侈淫佚），则用不足而蓄积少矣。即遇凶旱，必先困穷迫身，则苦饥甚焉。"③"世淫侈矣，饰知（智）巧以相诈利者为知（智）士，敢犯法禁昧（隐藏）大奸者为识理，故邪人务而日起，奸诈繁而不可止，罪人积下众多而无时已（休止）。君臣相冒，上下无辨，此生于无制度也。"④

"天下有瑰政于此，予民而民愈贫，衣民而民愈寒，使民乐而民愈苦，使民知（智）而民愈不知避县网（法网），甚可瑰（奇怪）也。今有玮术于此，夺民而民益富也，不衣民而民益暖，苦民而民益乐，使民愈愚而民愈不罹县网。""以末予民，民大贫；以本予民，民大富。"⑤"今驱民而归之农，皆著（专注）于本，则天下各食于力，末技游食之民转而缘（依靠）南亩，则民安性劝业，而无县愆之心，无苟得之志，行恭俭蓄积，而人乐其所矣，故曰苦民而民益乐也。"⑥"今去淫侈之俗，行节俭之术，使车舆有度，衣服器械各有制数。制数已定，故君臣绝尤（无忧），而上下分明矣。擅退则让（擅自降低标准就予以责备），上僭者诛（逾越等级标准的就杀），故淫侈不得生，知（智）巧诈谋无为起，奸邪盗贼自为止，则民离罪远矣。知巧诈谋不起所谓愚，故曰使愚而民愈不罹县网。"⑦

在《铸钱》和《铜布》等篇中，贾谊还对离开南亩、靠私铸公钱发大财的危害及禁铸私钱的好处作了具体深入的分析，此不赘述。

3.主张重养轻杀，取财以时

在《治安策》和《礼》《等齐》《时变》《修政语上》《大政上》《连语》《大都》

---

① 《论积贮疏》《贾谊新书·无蓄》。
② 《治安策》《贾谊新书·瑰玮》《贾谊新书·孽产子》。
③④⑤⑥⑦ 《贾谊新书·瑰玮》。

《属远》《数宁》等篇中，贾谊指出："礼者，所以固国家定社稷，使君无失其民者也。""礼，国有饥人，人主不飨（举宴）；国有冻人，人主不裘（不穿裘衣）。报囚之日，人主不举乐（乐舞）。岁凶，谷不登，台扉不涂（门楣不装饰），榭彻干侯（台榭撤去箭靶），马不食谷，驰道不除（整修），食减膳，飨祭有阙（空缺）。故礼者自行之义，养民之道也。"①"礼，圣王之于禽兽也，见其生不忍见其死，闻其声不尝其肉，隐弗忍也（这是恻隐之心不允许啊）。故远庖厨，仁之至也。不合围，不掩群（不剿灭动物族群），不射宿（不射杀睡觉的鸟），不涸泽（不竭泽而渔）。豺不祭（捕）兽，不田猎；獭不祭鱼，不设网罟（渔网）；鹰隼不鸷（凶猛），眭而不逮（目光不清澈深邃），不出颖罗（罗网）；草木不零落，斧斤不入山林；昆虫不蛰（蛰伏、冬眠），不以火田；不麑不卵（不猎小兽，不取鸟卵），不刳（剖）胎，不殀夭（不摧残幼兽），鱼肉不入庙门；鸟兽不成毫毛，不登庖厨。取之有时，用之有节，则物蕃多。……圣主所在，鱼鳖禽兽犹得其所，况于人民乎！"②"仁行而义立，德博而化富，故不赏而民劝，不罚而民治，先恕而后行，是以德音远也。"③"墙薄咫（尺）亟坏（墙太薄了就容易倒塌），缯薄咫亟裂，器薄咫亟毁，酒薄咫亟酸。夫薄而可以旷日持久者，殆未有也。故有国蓄民施政教者，臣窃以为厚之而可耳。"④

4.主张众建诸侯而少其力，以减轻百姓输将之苦

在《属远》《藩强》《五美》等篇中，贾谊指出："古者天子地方千里，中之而为都，输将徭使，其远者不在五百里而至。公侯地百里，中之而为都，输将徭使，远者不在五十里而至。输将者不苦其劳，徭使者不伤其费，故远方人安其居，士民皆有（又）欢乐其上，此天下之所以长久也。及秦而不然，秦不能分尺寸之地，欲尽自有之耳。输将起海上而来，一钱之赋耳，十钱之费（不花费十钱以上），弗轻能致也（不是轻易就能做到的）。上之所得甚少，而民毒苦之甚深，故陈胜一动而天下振。""夫行数千里，绝（远离、隔绝）诸侯之地，而县（孤悬）属汉，其势终不可久。汉往者，家号泣而送之；其来徭使者，家号泣而遣之，俱不相欲也。甚苦！属汉而欲王，类至甚也（这样的情况已经到了非常严重的地步）；逋逃（逃遁）而归诸侯者，类不少矣。"⑤"欲天下之治安，莫若众建诸侯而少（削弱）其力。力少则易使以义，国小则亡（无）邪心。令海内之势如身之使臂，臂之使指，莫不制从，诸侯之君不敢有异心，辐凑并进而归命天子。"⑥

---

① ② 《贾谊新书·礼》。
③ 《贾谊新书·修政语上》。
④ 《贾谊新书·连语》。
⑤ 《贾谊新书·属远》。
⑥ 《治安策》；《贾谊新书·藩强》；《贾谊新书·五美》。

三、对贾谊治国理政思想及税收思想的简要评述

1.对贾谊治国理政思想的简要评述

综观贾谊的一生,有两点较为突出:一是才华出众,年轻有为,忧国忧民,善于策论和辞赋;二是时运不济,33岁就不幸夭亡。贾谊所处时代,刘氏天下建立不久,受秦朝重刑罚轻礼义、不懂逆取顺守之理、导致天下大乱、13岁而亡的影响,汉初统治者普遍重视"黄老之学",崇尚清静无为,谦虚退让,因而在经济得到恢复、天下得以初步安定的同时,也出现了轻本重末,国力空虚;礼仪混乱,尊卑不明;诸侯王坐大,与天子争权;匈奴侵边,威胁汉朝稳定等突出问题。贾谊的疏策就是针对上述危机而提出的。年轻的文帝虽是贾谊的知音,想有所作为,但碍于老臣的势力、诸侯王的掣肘和匈奴的干扰,心有余而力不足,致使贾谊的改革建议难以有效付诸实施,并最终见疏于文帝。贾谊一生没有机会进入统治层的核心,执掌改革大印,这是时代的遗憾。但他能在太平盛世之下,见人所未见,言人所不言,未雨绸缪,提出发人深省的见解,是难能可贵的。贾谊年寿虽短,但他对社会矛盾的把握是准确的,提出的对策建议也有一定的合理性。尽管当时没有完全行得通,但事后却对西汉政权的稳固和发展产生了深远影响。景帝及武帝期间发生的许多事件足以证明,贾谊是富有远见卓识的。贾谊的民本思想和教化思想非常系统全面,给人耳目一新的感觉,是对秦王朝过分强调君主集权、重利轻义、重法轻德的反动,值得充分肯定。贾谊对势、术的探讨,弥补了传统儒学和道学迂远宏阔、操作性不强的缺陷,也有一定的可取之处。不过,贾谊的思想中也有消极和落后的一面,比如过分强调德治,将秦朝在以法治国方面取得的成效和积累的好经验一概视为伤风败俗,加以否定;推崇分封制,忽视郡县制的积极作用;强调人与人之间的等级划分,忽视民主平等;对商品经济发展的积极作用重视不够等。当然,每个时代都有其需要解决的突出问题,矫枉难免过正,我们也不能苛求古人。

2.对贾谊税收思想的简要评述

贾谊的税收思想是其治国理政思想的重要组成部分,本书将其提炼归纳为四个方面,包括:(1)轻赋少事,以塞百姓之望;(2)崇俭戒奢,用财有制;(3)重养轻杀,取财以时;(4)众建诸侯而少其力,以减轻百姓输将之苦。这些观点和主张表面看似乎缺乏新意,不够深刻,但若把它与先秦法家的有为、重战、重功、弱民、穷民、重刑、重赋等思想对照起来,就可以看出,以贾谊为代表的新儒家在极力肃清先秦法家视民如仇的思想流毒,更加注重百姓的主体地位和可敬可畏的力量,提倡君臣、君民休戚与共;更加注重清静无为,与民休息;更加注重发展生产,涵养财源;更加注重轻徭薄赋,安民富民;更加注重道德教化。从这个意义上来说,贾谊提出的轻赋、用俭、礼取、恤苦等税收思想主张都是他为解决汉初社会转型过程中的突出矛盾而开出的对症之药,有一定的合理性和可行性。另外,这些思想主张涉及治国理念——无为,税收

负担——轻赋，财富使用——节俭、有制，财富获取——厚养、时取、礼取，赋税输纳——缩短运送半径、体恤民苦等广泛方面，涵盖了税收分配的全过程，颇为全面。其中最具新意的是关于缩小诸侯领地、缩短税收输将距离、降低税收奉行成本的论述。

主要参考文献：
《贾谊新书》。
《史记》卷84《屈原贾生列传》。
《汉书》卷48《贾谊传》。
《〈贾谊新书〉译注》，于智荣译注，黑龙江人民出版社2003年版。
《贾谊评传》，王兴国著，南京大学出版社1992年版。

晁 错

一、晁错生平简介

晁错（前200—前154），颍川郡（今河南禹县）人，西汉初期著名思想家、政治家和文学家。早年曾跟随轵县（今河南济源县东南）人张恢学习申商刑名之学[①]，因通晓文献典籍而走上仕途，由州郡文学掾升为太常掌故，成为负责朝廷宗庙仪礼、典章制度的低级官吏。当时，朝廷没有精通《尚书》的专家，只听说故秦博士济南人伏生对此很有研究，但这位老先生已90多岁高龄，不能征召来朝，于是文帝就指示太常派人前去学习，太常便将时任掌故的晁错派到济南去向伏生学习。由于伏生此时年岁太大，讲话已经含混不清，加之地方方言的影响，一般人很难听懂他的话。晁错就在伏生女儿的帮助下，逐字逐句地将其口述的《尚书》原文记录下来，并根据自己的理解加工整理，纠正错讹，从而形成了流传后世的儒家重要经典《今文尚书》。晁错学成归朝后，将其学习成果向太常作了汇报。文帝听说后非常高兴，就任命他为太子[②]舍人，不久又升任门大夫、博士。晁错在当太子师傅期间，向文帝上了一篇《言太子知术数疏》，强调太子应较早参与朝政、懂得帝王统治术，文帝表示赞许，于是提拔他为太子家令。由于晁错知识广博，思维敏锐，能言善辩，精通术数，颇得太子欢心，因而被称为"智囊"。

汉文帝前元十一年（前169年），匈奴侵犯狄道（今甘肃临洮县西南）。时任太子家令的晁错向文帝上了一篇《言兵事疏》。他在这篇奏疏中分析了敌我双方的力量对比情况，指出："匈奴之长技三，中国之长技五"，朝廷应当利用这种有利形势，"兴数十万之众，以诛数万之匈奴，众寡之计，以一击十之术也。"文帝对晁错的拳拳爱国之心颇为赞赏，用答诏方式表示鼓励，但对他提出的主动出击的建议则予以婉拒。于是，晁错

[①] 指商鞅、申不害的法家学说。
[②] 即太子刘启，后来的汉景帝。

又上了《守边劝农疏》和《募民实边疏》。在这两篇奏疏中，他根据匈奴人行如鸟兽、居无定所、生存环境恶劣的特点，主张改"谪戍制"①为招募制，改士兵轮守制为常驻制；以赏为主、赏罚结合，创造优厚的生产、生活条件，吸引中原民众到边关安家落户；通过建立亦农亦兵、耕战结合、什伍相连、"死不还踵"的常规军，来防御匈奴人的骚扰和进攻，保证边关的长治久安。他还对募民实边的一些具体组织工作（诸如水土的调查、城邑规划、房舍建筑、帮移民建立婚姻家庭等）提出了周密细致的实施方案。文帝觉得这套积极防御的策略比较符合实际，于是"从其言，募民徙塞下。"②

汉文帝前元十二年（前168年），晁错根据当时社会"法律贱商人，商人已富贵矣；尊农夫，农夫已贫贱矣"的矛盾状况，向文帝上《论贵粟疏》。在疏中，他建议"募天下人入粟县官，得以拜爵，得以除罪"；"天下人入粟于边，以受爵免罪，不过三岁，塞下之粟必多矣。"这篇疏的根本目的在于贵农贱商，而其直接目的则是入粟支边，积极加强对匈奴的防御。文帝接受了这一建议，并下令：凡向国家交纳支边粟六百石的人，可以封第二等爵"上造"；交四千石的人，可以封第九等爵"五大夫"；交一万二千石的人，可封第十八等爵"大庶长"。其余以此类推。接着，晁错又上疏建议减收农民租。汉文帝也接受了这一建议："乃下诏赐民十二年租税之半。明年，遂除（全免）民田之租税。"③

汉文帝前元十五年（前165年）九月，文帝颁《策贤良文学诏》，要求"有司、诸侯王、三公、九卿及主郡吏，各帅其志，以选贤良明于国家之大体，通于人事之终始，及能直言极谏者，各有人数，将以匡朕之不逮。"此时，离贾谊去世已4年了。晁错在多位官吏的联名推举下，以《举贤良对策》为题写了一篇奏章，于汉文帝前元十六年一月（按现在的历法推算，应是前165年10月）参加了由文帝亲自主持的策试。在参加策试的100余人中，晁错因表现出众，次第最高，而受到文帝的嘉奖，迁中大夫职。但"错为人峭直刻深"，"袁盎诸大功臣多不好错。"④

汉景帝前元元年（前156年），太子刘启即位，晁错被迅速任命为内史，主掌皇帝和京师安全事务。晁错利用这一机会，经常请求私会景帝，密谈自己对时事的看法，而景帝也总是言听计从，对晁错宠爱有加，胜过九卿，并根据其建议，更定了许多法令。⑤可是，丞相申屠嘉作为高帝时的大臣，他所提出的一些意见和建议却常常得不到景帝的采纳，因此对晁错十分嫉恨，但也无力伤害他。当时，内史府坐落在太上庙（刘邦祖庙）墙外的一片隙地上，大门朝东，因外有庙墙挡着，出入很不方便，晁错便命人凿开内史府的围墙，开了一个南门，以便出入。申屠嘉知道后大怒，打算把此事奏请皇帝杀掉晁错。晁错闻讯后，当晚就私下拜见景帝，说明情况。待申屠嘉上朝奏事，说晁错擅

---

① 指秦朝发配刑徒以实边的制度。
② 《汉书》卷49《袁盎晁错传》。
③ 《汉书》卷24《食货志》。十二年指汉文帝前元十二年（前168年）。
④⑤ 《史记》卷101《袁盎晁错列传》。

自拆庙墙为门、请求交给廷尉处死时，景帝已心知肚明，便对他说："他凿的是外墙，不是庙垣，不算犯法。"申屠嘉羞愤不已，退朝后对其部属说："吾悔不先斩错，乃先请之，为错所卖。"回到家中，因怒气难平，"呕血而死"①。从此晁错更为显贵。

晁错还在当太子家令时，就经常在太子刘启面前讲吴王刘濞有野心，主张削藩。但由于当时是文帝掌权，他的这些意见未被采纳。而吴王把文帝的容忍视为软弱可欺，因此更加骄横。待文帝去世、景帝即位，晁错升任御史大夫之后，他便根据当时形势，再次提出削藩问题。他主张抓住诸侯王犯错误的机会，削掉其封国边缘上的郡县。景帝采纳了他的意见，于景帝前元三年（前154年）初，陆续削掉了楚王刘戊、赵王刘遂、胶西王刘印的支郡。晁错并不以此为满足，紧接着又开始向诸侯王中最强大的吴王刘濞发起进攻。他在上景帝的《削藩策》中指出："今吴王前有太子之隙，诈称病不朝，于古法当诛。文帝不忍，因赐几杖，德至厚也。不改过自新，乃益骄恣，公即山铸钱，煮海为盐，诱天下亡人谋作乱逆。今削之亦反，不削亦反。削之，其反亟，祸小；不削之，其反迟，祸大。"②景帝将晁错这篇奏章交公卿、列侯和宗室进行讨论，谁也不敢反对，独有窦婴（景帝母亲窦太后的侄子）持不同意见，并带领各诸侯王纷纷反对晁错更定的30多章法令，由此与晁错结怨。晁错的父亲听到这个消息后，特地从老家颍川赶来，对晁错说："上初即位，公为政用事，侵削诸侯，别疏人骨肉，人口议多怨公者，何也？"晁错曰："固也（理当如此）。不如此，天子不尊，宗庙不安。"错父曰："刘氏安矣，而晁氏危矣，吾去公归矣！"遂饮药死，曰："吾不忍见祸及吾身。"死十余日，吴楚七国果反，以诛错为名。③景帝与晁错紧急商议平叛对策，晁错打算让景帝亲自带兵出征，自己在京城留守。这时，为了平吴，刚拜了大将军的窦婴趁机请求景帝将曾当过吴相、今贬职在家的袁盎召回问事。

袁盎本是文帝时期一位有名的谏臣，因多刺皇帝之过、主张削弱淮南王刘长的势力而遭文帝疏远，被派往陇西任都尉，因"仁爱士卒，士卒皆争为死。"于是"迁齐相，徙为吴相。"④盎"素不好晁错，错所居坐，盎辄避；盎所居坐，错亦避，两人未尝同堂语。及孝景即位，晁错为御史大夫，使吏案（查办）盎受吴王财物。抵罪，诏赦以为庶人。"⑤吴楚反叛的消息传出后，晁错想借机治袁盎的知情不举之罪。正在犹豫不决之际，消息传到了袁盎的耳朵里。袁盎非常害怕，连夜去找大将军窦婴，表示愿意当着皇帝的面，陈明吴王刘濞造反的真实原因。窦婴向景帝报告了这一情况，景帝同意立即召见袁盎。当袁盎见到景帝时，景帝问他："今吴、楚反，于公意何如？"盎对曰："不足忧也，今破矣。"上问曰："计安出？"对曰："吴、楚相遗书，言高皇帝王子弟各有分

---

① 《史记》卷96《张丞相列传》。
② 《汉书》卷35《吴王刘濞传》。
③ 《汉书》卷35《吴王刘濞传》；《史记》卷101《袁盎晁错列传》。吴楚七国指吴、楚、赵、胶东、胶西、济南、淄川等七个诸侯国。
④ 《史记》卷101《袁盎晁错列传》。
⑤ 《汉书》卷49《袁盎晁错传》；《史记》卷101《袁盎晁错列传》。

地，今贼臣晁错擅谪诸侯，削夺之地，以故反，名为西共诛错，复故地而罢。方今计，独有斩错，发使赦吴、楚七国，复其故地，则兵可毋（无）血刃而俱罢。"上默然良久。后乃使中尉召错，绐（哄骗）载行市。错衣朝衣，斩东市。①此时是汉景帝前元三年（前154年），晁错47岁。

晁错死后，在讨伐军中当校尉的邓公回朝报告军事，景帝问他："闻晁错死，吴、楚罢不？"邓公曰："吴为反数十岁矣，发怒削地，以诛错为名，其意不在错也。且臣恐天下之士箝口不敢复言矣。"上曰："何哉？"邓公曰："夫晁错患诸侯强大不可制，故请削之，以尊京师，万世之利也。计划始行，卒受大戮，内杜忠臣之口，外为诸侯报仇，臣窃为陛下不取也。"于是景帝喟然长息，曰："公言善。吾亦恨之！"②

西汉前期是我国历史上巩固和发展统一的封建专制政权的重要时期，晁错的政治言论及其活动，对所谓"文景之治"起到了重要的促进作用。晁错与贾谊同处"文景之治"时期，都足智多谋，不计个人得失，一心为国，在重本抑末、强化法制、加强中央集权、削弱诸侯王势力、抵御匈奴侵略等方面有许多共识，但贾谊因主张削藩而遭文帝之贬，晁错则因主张削藩而遭景帝之戮，为西汉盛世涂上了一抹悲怆的色彩。

二、晁错税收思想的主要内容

晁错的税收思想是其治国理政思想的重要组成部分，本书将其提炼归纳为以下三个方面。

1. 主张重本抑末，富民安民

在《论贵粟疏》中，晁错指出："粟者，王者大用，政之本务。""圣王在上，而民不冻饥者，非能耕而食之，织而衣之也，为开其资财之道也。故尧、禹有九年之水，汤有七年之旱，而国亡（无）捐瘠（饿死）者，以蓄积多而备先具也。今海内为一，土地人民之众不避（不亚于）汤、禹，加以亡（无）天灾数年之水旱，而蓄积未及者，何也？地有遗利，民有余力，生谷之土未尽垦，山泽之利未尽出也，游食之民未尽归农也。民贫，则奸邪生。贫，生于不足；不足，生于不农；不农，则不地著（则不依附于土地）；不地著，则离乡轻家。民如鸟兽，虽有高城深池，严法重刑，犹不能禁也。"③"夫寒之于衣，不待轻暖；饥之于食，不待甘旨；饥寒至身，不顾廉耻。人情，一日不再食（两餐）则饥，终岁不制衣则寒。夫腹饥不得食，肤寒不得衣，虽慈母不能保其子，君安能以有其民哉！明主知其然也，故务民于农桑，薄赋敛，广蓄积，以实仓

---

① 《汉书》卷49《袁盎晁错传》。
② 《汉书》卷49《袁盎晁错传》；《史记》卷101《袁盎晁错列传》。
③ 《汉书》卷24《食货志》。

廪，备水旱，故民可得而有也。"①

"民者，在上所以牧之，趋利如水走下，四方亡（无）择也。""夫珠玉金银，饥不可食，寒不可衣，然而众贵之者，以上用之故也。其为物轻微易藏，在于把握，可以周海内而亡（无）饥寒之患。此令臣轻背其主，而民易去其乡，盗贼有所劝（鼓励），亡逃者得轻赍（容易携带）也。粟米布帛生于地，长于时，聚于力，非可一日成也；数石之重，中人弗胜（一般人扛不动），不为奸邪所利（贪求），一日弗得而饥寒至（但一日不得则受饥寒之苦）。是故明君贵五谷而贱金玉。""今农夫五口之家，其服役者不下二人，其能耕者不过百亩，百亩之收不过百石。春耕夏耘，秋获冬藏，伐薪樵（砍伐柴草），治官府（修缮官府），给徭役，春不得避风尘，夏不得避暑热，秋不得避阴雨，冬不得避寒冻，四时之间亡（无）日休息，又私自送往迎来，吊死问疾，养孤长幼在其中。勤苦如此，尚复被（遭）水旱之灾，急政暴赋，赋敛不时，朝令而暮改。当具（当需要用钱币完纳赋税时），有者半贾而卖（有粮者半价而卖），亡者取倍称之息（无粮者不得已举借借一偿二的高利贷），于是有卖田宅、鬻子孙以偿责（债）者矣。而商贾大者积贮倍息，小者坐列贩卖，操其奇赢，日游都市，乘上之急，所卖必倍。故其男不耕耘，女不蚕织，衣必文采，食必粱肉，亡（无）农夫之苦，有仟佰之得。因其富厚，交通王侯，力过吏势，以利相倾。千里游敖（遨游），冠盖相望，乘坚策肥，履丝曳缟。此商人所以兼并农人，农人所以流亡者也。""今法律贱商人，商人已富贵矣；尊农夫，农夫已贫贱矣。故俗之所贵，主之所贱也；吏之所卑，法之所尊也。上下相反，好恶乖迕，而欲国富法立，不可得也。""方今之务，莫若使民务农而已矣。"②

2. 主张重德轻刑，宽惠爱民

在评价"五帝""三王"和"五霸"的治国策略和功业时，晁错说："五帝神圣，其臣莫能及，故自亲事，处于法官（宫）③之中，明堂之上；动静上配天，下顺地，中得人。……德上及飞鸟，下至水虫草木诸产，皆被（享）其泽。""三王臣主俱贤，故合谋相辅，计安天下，莫不本于人情。……其为法令也，合于人情而后行之；其动众使民也，本于人事然后为之。……是以天下乐其政，归其德，望之若父母，从之若流水；百姓和亲，国家安宁，名位不失，施及后世。""五伯（五霸）不及其臣，故属（嘱托）之以国，任之以事。……其立法也，非以苦民伤众而为之机陷（陷阱）也，以之兴利除害、尊主安民而救暴乱也。其行赏也，非虚取民财妄予人也，以劝天下之忠孝而明其功也。故功多者赏厚，功少者赏薄。如此，敛民财以顾（赏）其功，而民不恨者，知与而安己也。其行罚也，非以忿怒妄诛而从（纵）暴心也，以禁天下不忠不孝而害国者也。故罪大者罚重，罪小者罚轻。如此，民虽伏罪至死而不怨者，知罪罚之至，自取之也。……救主之失，补主之过，扬主之美，明主之功，使主内亡（无）邪辟（僻）之行，外亡骞

---

① ② 《汉书》卷24《食货志》。
③ 指正殿。

汗（污损）之名。……此五伯之所以德匡天下，威正诸侯，功业甚美，名声章明。"①

在批评故秦的苛政之弊时，晁错说："及其末涂（途）之衰也，任不肖而信谗贼；宫室过度，耆（嗜）欲亡（无）极，民力罢（疲）尽，赋敛不节；矜奋自贤，群臣恐谀（群臣惟恐不谄媚），骄溢纵恣，不顾患祸；妄赏以随喜意，妄诛以快怒心，法令烦惨，刑罚暴酷，轻绝人命，身自射杀；天下寒心，莫安其处。奸邪之吏，乘其乱法，以成其威；狱官主断，生杀自恣；上下瓦解，各自为制。……是故亲疏皆危，外内咸怨，离散逋逃，人有走心。……此吏不平、政不宣、民不宁之祸也。"②

在赞扬文帝的仁政之惠时，晁错说："今陛下配天象地，覆露万民，绝秦之迹，除其乱法；躬亲本事，废去淫末；除苛解娆（扰），宽大爱人，肉刑不用，罪人亡（不）帑；非（诽）谤不治，铸钱者除（无罪）；通关去塞，不孽（疑）诸侯；宾礼长老，爱恤少孤；罪人有期，后宫出嫁；尊赐孝悌，农民不租（纳税）；明诏军师，爱士大夫；求进方正，废退奸邪；除去阴刑（宫刑），害民者诛；忧劳百姓，列侯就都（就国）；亲耕节用，视（示）民不奢。所为天下兴利除害，变法易故，以安海内者，大功数十，皆上世之所难及，陛下行之，道纯德厚，元元之民幸矣。"③

3.主张入粟受爵，募民实边

晁错说："欲民务农，在于贵粟；贵粟之道，在于使民以粟为赏罚。今募天下入粟县官，得以拜爵，得以除罪。如此，富人有爵，农民有钱，粟有所渫（泄、流通）。夫能入粟以受爵，皆有余者也；取于有余，以供上用，则贫民之赋可损，所谓损有余，补不足，令出而民利者也。顺于民心，所补者三：一曰主用足，二曰民赋少，三曰劝农功。""粟者，王者大用，政之本务。""车骑者（兵车战马），天下武备也。""今令民有车骑马一匹者，复卒三人（免除3人的兵役）。……令民入粟受爵至五大夫以上，乃复一人耳，此其与骑马之功相去远矣。爵者，上之所擅（专有），出于口而亡（无）穷；粟者，民之所种，生于地而不乏。夫得高爵与免罪，人之所甚欲也。使天下人入粟于边，以受爵免罪，不过三岁，塞下之粟必多矣。"文帝采纳了晁错的建议，"令民入粟边，六百石爵上造，稍增至四千石为五大夫，万二千石为大庶长，各以多少级数为差。"当"入粟塞下以拜爵"的政策取得明显成效之后，晁错又向文帝提出建议："边食足以支五岁，可令入粟郡、县矣；足支一岁以上，可时赦（可以随时赦免），勿收农民租。如此，德泽加于万民，民俞（愈）勤农。时有军役（即使随时要服兵役），若（或）遭水旱，民不困乏，天下安宁，岁孰（熟）且美，则民大富乐矣。"文帝又采纳了他的建议，"乃下诏赐民十二年租税之半。明年，遂除（全免）民田之租税。"相隔十二年，至景帝二年（前155年），则"令民半出田租，三十而税一也。"④税赋的大幅度降低，有力地促进了社会经济的发展，也为"文景之治"增添了浓墨重彩的一笔。

---

① ② ③ 《举贤良对策》。
④ 《汉书》卷24《食货志》。

在讨论抵御匈奴扰边问题时，晁错说："令远方之卒守塞，一岁而更（轮换），不知胡人之能，不如选常居者。""人情非有匹敌，不能久安其处。塞下之民，禄利不厚，不可使久居危难之地。""先为室屋，具田器，乃募罪人及免徒复作（犯）令居之；不足，募以丁奴婢赎罪及输奴婢欲以拜爵者；不足，乃募民之欲往者。皆赐高爵，复其家。予冬夏衣，廪食（由官仓供给粮食），能自给而止。郡县之民得买其爵，以自增至卿。其亡夫若妻者（那些没有丈夫或者妻子的人），县官买予之（官府买人给予婚配）。""胡人入驱而能止其所驱者（胡人入境犯边，能截获其所掠夺的财物和人口的），以其半予之，县官为赎其民（官府还可以出钱赎买被原主拥有的亲属送给他）。如是，则邑里相救助，赴胡不避死。……此与东方之戍卒不习地势而心畏胡者，功相万也。""徙民实边，使远方无屯戍之事，塞下之民父子相保，亡（无）系虏之患（没有被掠去当俘虏的忧患），利施后世，名称圣明，其与秦之行怨民，相去远矣。"①"募民相徙以实塞下，使屯戍之事益省，输将之费益寡，甚大惠也。下吏诚能称厚惠，奉明法，存恤所徙之老弱，善遇（待）其壮士，和辑其心而勿侵刻，使先至者安乐而不思故乡，则贫民相募而劝往矣。"②

据《汉书·食货志》记载，以粟拜爵、以粟除罪和募民实边的政策后来得到了不断的调整和完善，但仍要求"有司以农为务，民遂乐业。至武帝之初七十年间，国家亡（无）事，非遇水旱，则民人给家足，都鄙廪庾尽满，而府库余财。京师之钱累百巨万，贯朽而不可校（因为穿钱的绳子朽烂而不可计数）。太仓之粟陈陈相因，充溢露积于外，腐败不可食。众庶街巷有马，阡陌之间成群，乘牸牝（母马）者摈而不得会聚。守闾阎者食粱肉，为吏者长子孙（为官者长期在位，子孙都长大了还未卸任），居官者以为姓号（为官者以官职为姓）。人人自爱而重犯法，先行谊（义）而黜愧辱焉。"出现了一片国泰民安、欣欣向荣的景象。

三、对晁错治国理政思想及税收思想的简要评述

1.对晁错治国理政思想的简要评述

晁错是西汉初期继陆贾、贾谊之后又一位重要的思想家、政治家和文学家，他的治国理政思想和政策主张与陆贾和贾谊既有相通之处，又有明显不同。陆贾是在吸取故秦灭亡的经验教训基础上，从黄老之术中汲取营养，向高帝提出清净无为、与民休息的治国理念和执政策略的；贾谊是在深刻反思故秦由盛转衰直至灭亡的政治、经济、文化原因基础上，针对汉初礼制不健全、奢侈成风、本末颠倒、诸侯坐大、匈奴扰边愈演愈烈等突出社会问题，而向文帝发出各种防患于未然的警告，并提出相应对策和思路的；晁

---

① 《守边劝农疏》。
② 《募民实塞疏》。

错则在继承儒家重农抑商、重本抑末思想传统的基础上，根据文景时期社会矛盾的发展态势，从法家的积极有为角度提出自己的应对策略和行动方案的。可见，随着汉初统一的中央封建政权的建立，在巩固天下一统的大好局面，从思想上、政治上不断强化中央集权统治，加强农业的基础地位，削弱各诸侯王势力对皇权专制的威胁，防范和打击匈奴等边关少数民族的干扰和破坏，保证西汉政权的长治久安等方面，三人面临着不同的环境，承担着不同的政治使命，因而提出的对策思路既一脉相承，又有明显的发展变化。

从三人的政治生命来看，行伍出身的陆贾一直是刘帮统治集团的重要功臣和决策者，对西汉政权的建立和巩固、统治策略的由攻转守发挥了重要的思想启蒙作用。但在功成名就之后，他善于运用道家的明哲保身之术，主动隐退，脱离险境，最终得以善终。贾谊是汉初统治策略由无为转向有为的一个重要过渡性人物。他以学术见长，也曾得到文帝的赏识和器重，在汉初封建礼制的重建、民本思想的重新确立和儒家文化的复兴方面做出了重要贡献，但因长期从事太子教育工作，游离于统治中心的边缘，因而在解决社会突出矛盾方面提出的对策思路大多带有未雨绸缪的性质。因太子梁怀王的不幸夭折而导致自己忧伤过度、英年早逝，未免有点书生意气。晁错则因对法家术数的精通和与太子刘启的特殊关系，一开始就受到文帝和景帝的宠幸，在统治中心的政治活动十分活跃，提出的对策建议对巩固中央集权统治有着十分深远的影响。但因受法家思想影响太深，他为人峭直刻深、薄情寡恩，不善于与老臣友好相处，最终在与诸侯王的较量当中被老臣残害，成了政治斗争的牺牲品。他的冤死既是悲怆的，又隐含着某种历史的必然性。从汉高帝元年（前206年）到汉景帝前元三年（前154年），短短62年当中，思想界的这三颗巨星先后陨落，给后人留下了无尽的忧叹和思考。

2.对晁错税收思想的简要评述

晁错的税收思想是其治国理政思想的重要组成部分，本书将其提炼归纳为三个方面：（1）主张重本抑末，富民安民；（2）主张重德轻刑，宽惠爱民；（3）主张入粟受爵，募民实边。晁错的税收思想在轻徭薄赋、取民有时、用之有节、崇俭戒奢、重本抑末、调节贫富悬殊等方面，与陆贾、贾谊的思想有共通之处，但在屯垦戍边、防御匈奴侵略方面，他则儒法并举，提出了匠心独运的重要政策主张。晁错认为，人无高爵厚禄则不劝，圣人治国必中人情。"人情莫不欲寿，三王生而不伤也；人情莫不欲富，三王厚而不困也；人情莫不欲安，三王扶而不危也；人情莫不欲逸，三王节其力而不尽也。"[①]要从根本上解决匈奴扰边问题，必须从边关的气候、水土环境恶劣；匈奴人居无定所、四处流动、不易捕获；士兵一年一轮换，来回转徙，劳民伤财，劳而无功，人心不安；等客观实际出发，采取移民戍边的治理策略。通过建立城邑、规划民居、提供必要的生产生活条件，以增强移民的自我保护能力和生产生活能力；通过建立耕战结合、

---

① 《举贤良对策》。

生死相恤的什伍组织和军事训练体系，以及入粟受爵、入粟除罪、战利品分享等荣誉体系，使移民成为"死不还踵"的战斗队；还要在婚丧嫁娶、疾病救治、死亡抚恤、精神抚慰等方面建立和完善社会保障服务体系，使移民乐于去、能留守、能致富，在边关生根发芽，开花结果，安居乐业，无后顾之忧。这种既有战术意义、又有战略意义的守边策略，大大拓展了减轻民负的理论内涵和实践内涵，是中国传统国防经济思想和赋税思想的重要发展，对后世产生了深远影响，值得充分肯定。

主要参考文献：

《史记》卷101《袁盎晁错列传》。
《史记》卷106《吴王濞列传》。
《汉书》卷49《袁盎晁错传》。
《汉书》卷42《张苍传》。
《汉书》卷24《食货志》。
《晁错集注释》，晁错集注释组注释，上海人民出版社1976年版。
《贾谊评传（附陆贾晁错生平事业）》，王兴国著，南京大学出版社1992年版。

董仲舒

一、董仲舒生平简介

董仲舒（约前192—前104），广川县（治所在今河北衡水市景县境内）人，西汉著名思想家、政治家和教育家。出生于一个家境殷实的官僚地主家庭，田连阡陌，牛马成群，衣食无忧，且有大批藏书，这为他少年求学准备了极好的条件。一生历惠帝、文帝、景帝、武帝四朝。年轻时，专攻《公羊春秋》，有"三年不窥园"①"尝乘马不觉牝牡"②的记述，可见他研读经传已到了如醉如痴的地步。后来积学日厚，便设帷讲学，以致门徒云集，声名远播。景帝时被拜为五经博士，与另一位公羊大师胡毋生同朝。董仲舒弟子众多，在朝为官者数不胜数，太史公司马迁就是其中的佼佼者。前141年，武帝刘彻即皇帝位，他有雄才大略，但鄙道崇儒，一心想改变汉初清静无为的治国理路，有所作为，便在建元元年初（前140年）颁布求贤诏，令丞相、御史、列侯、中二千石、二千石、诸侯相"举贤良直言极谏之士"。当时应举者百余人，庄助为举首；公孙弘以明于《春秋》中选，为博士；辕固生亦以贤良应征。其余学申不害、商鞅、韩非子法家之言，操苏秦、张仪纵横之说者，一概罢黜，不予录取。董仲舒鉴于当时的政治形势，没有参加这次策试。建元六年（前135年），"春二月乙未，辽东高庙灾；夏四月，王子高园便殿火。五月丁亥，太皇太后崩。"③元光元年（前134年），武帝再次下令郡国举孝廉，策贤良，董仲舒参加了这次策试，他在著名的《天人三策》④中，系统阐述了其精心

---

① 《汉书》卷56《董仲舒传》。
② 《太平御览》卷840百谷部四。牝牡指雌雄。
③ 太皇太后，指窦太后，文帝的皇后，景帝的母亲，武帝的祖母，她崇尚黄老，憎恨儒学，菲薄五经。武帝即位，被尊为太皇太后，建元初年，朝廷大事都得奏请她首肯。整个建元时期，儒学都受压抑，在艰难中挣扎。直到窦太后亡故之后，黄老之学的最后一个顽固堡垒才被攻破，儒学终于迎来了复兴的春天。
④ 又称《举贤良对策》。

构建的适应大一统封建集权统治需要的唯心主义哲学体系的基本要点，受到武帝的高度赞赏，随即被任命为江都易王刘非的国相。元光二年（前133年），董仲舒在江都相任内。是年主父偃被召见，并"岁中四迁"。元光五年（前130年），江都易王上书，愿击匈奴，武帝不许。董仲舒常喜欢用阴阳五行、天人感应学说推演灾异现象的缘由，言行颇具迷信和荒诞色彩，中废为中大夫，居家。是年武帝复征公孙弘为贤良文学，拜为博士。元光六年（前129年），董仲舒居家，著灾异之记，用阴阳五行和天人感应学说推说辽东高庙、长陵高园殿火灾的起因，但"草稿未上，主父偃候仲舒，私见，嫉之，窃其书而奏焉。上召视诸儒，仲舒弟子吕步舒不知其师书，以为大愚。于是下仲舒吏，当死，诏赦之。"从此，董仲舒"遂不敢复言灾异"①。武帝元朔二年（前127年），上拜主父偃为齐王相，偃告王②与姊奸事，王自杀，武帝大怒，以为是偃所逼，遂将偃族诛。是年或稍后，董仲舒复江都相。元朔三年（前126年），公孙弘迁御史大夫，张汤为廷尉。元朔五年（前124年），公孙弘任丞相，董仲舒因与公孙弘不睦，被荐任胶西王刘端相。胶西王生性残暴，曾谋害数位辅佐他的二千石官吏，但"闻仲舒大儒，善待之。"元朔六年（前123年），胶西王称："桓公决疑于管仲，寡人决疑于君"。董仲舒作《对胶西王越大夫不得为仁》，说："仁人者正其道，不谋其利；修其理，不急其功。致无为，而习俗大化，可谓仁圣矣，三王是也。《春秋》之义，贵信而贱诈。诈人而胜之，虽有功，君子弗为也。是以仲尼之门，五尺之童子，言羞称五伯（五霸），为其诈以成功，苟为而已矣，故不足称于大君子之门。"③遂婉拒了刘端的许多无礼要求，坚持了大一统思想。武帝元狩元年（前122年），已70岁高龄的董仲舒恐久留获罪，遂称病归居。④是年十月中，淮南王安、衡山王赐谋反，皆自杀，国除。去位归居后，董仲舒"居家，至卒，终不置产业，以修学著书为事。""朝廷如有大议，使使者及廷尉张汤，就其家而问，其对皆有明法。"⑤元狩二年（前121年），丞相公孙弘卒，廷尉张汤迁御史大夫；霍去病大败匈奴，控制河西地区。元狩三年（前120年），关中发生水灾，董仲舒上书建议补种宿麦。元狩四年（前119年），朝廷设盐铁官，算缗钱；卫青、霍去病出击匈奴，远征至漠北；张骞第二次出使西域。约在此年前后，董仲舒上书提出"限民名田"、"盐铁皆归于民"及"去奴婢，除专杀之威，薄赋敛，省徭役，以宽民力"等建议，除"盐铁皆归于民"外，均被采纳。元狩五年（前118年），朝廷铸五铢钱，汉币制至此始定。元鼎二年（前115年），张汤自杀，武帝起柏梁台；元封元年（前110年），武帝巡边陲，出长城，北登单于台；元封二年（前109年），武帝造甘泉通天台，又遣楼船将军杨仆等击朝鲜。元封四年（前107年），董仲舒应对御匈奴策，提出"与之厚利以没其意，以盟

---

① 《史记》卷121《儒林列传》。
② 指刘次昌（？—前127），汉朝宗室，齐懿王刘寿之子，母纪太后，其曾祖父齐悼惠王刘肥是汉高帝刘邦的庶出长子。前132年，其父刘寿去世，刘次昌嗣位。前127年，刘次昌因与胞姐乱伦，被齐相主父偃追究其事。刘次昌畏罪自杀，无后，国除，谥号厉。
③ 《汉书》卷56《董仲舒传》《春秋繁露·对胶西王越大夫不得为仁第三十二》。
④⑤ 《史记》卷121《儒林列传》《汉书》卷56《董仲舒传》。

于天以坚其约，质其爱子以累其心"①的主张。董仲舒晚年通过修学著述，完成了时代赋予他改造传统儒学的历史使命。武帝太初元年（前104年），董仲舒88岁左右寿终于茂陵家中，死后葬于长安西郊。据传，武帝驾幸芙蓉园，即秦之宜春苑，每至董墓都要下马，以示对这位巨儒的尊重，此地现名"下马陵"。董仲舒的治国理政思想及税收思想集中反映在《春秋繁露》一书中。

二、董仲舒税收思想的主要内容

董仲舒的税收思想是其治国理政思想的重要组成部分，本书将其提炼归纳为以下三个方面。

1. 主张循道改制，顺天应人

董仲舒说："天之无常予，无常夺。"②"天之生民，非为王也；而天立王，以为民也。故其德足以安乐民者，天予之；其恶足以贼害民者，天夺之。"③"亡者，自亡也，非人亡之也。"④"王者，民之所往；君者，不失其群者也。故能使万民往之，而得天下之群者，无敌于天下。"⑤"事无大小，物无难易，反天之道无成者。"⑥"夏无道而殷伐之，殷无道而周伐之，周无道而秦伐之，秦无道而汉伐之，有道伐无道，此天理也。"⑦"继治世者其道同，继乱世者其道变。"⑧"三王之道所祖（宗）不同，非其相反，将以救溢扶衰，所遭之变然也。"⑨"王者有改制之名，无易道之实。"⑩"自古以来，未尝有以乱济乱，大败天下之民如秦者也。"⑪"今汉继秦之后，如朽木、粪墙（粪土之墙）矣，虽欲善治之，亡（无）可奈何。"⑫"当更张而不更张，虽有良工不能善调也；当更化而不更化，虽有大贤不能善治也。"⑬"虐政用于下，而欲德教之被（遍及）四海，故难成也。"⑭"为政而宜于民者，固当受禄于天。"⑮

2. 主张轻徭薄赋，让利于民

董仲舒说："古者税民不过什一，其求易共（供）；使民不过三日，其力易足。民财内足以养老尽孝，外足以事上共税，下足以蓄（养）妻子极爱，故民说（悦）从上。"⑯而秦王朝则不然，"用商鞅之法，改帝王之制，除井田，民得卖买，富者田连阡陌，贫

---

① 与贾谊的"三表五饵"之谋颇为类似。
②③⑦ 《春秋繁露·尧舜不擅移汤武不专杀第二十五》。
④ 《春秋繁露·王道第六》。
⑤ 《春秋繁露·灭国上第七》。
⑥ 《春秋繁露·天道无二第五十一》。
⑧⑨⑪⑫⑬⑭⑮ 《汉书》卷56《董仲舒传》。
⑩ 《春秋繁露·楚庄王第一》。
⑯ 《汉书》卷24《食货志》。

者无立锥之地。又颛（专、垄断）川泽之利，管山林之饶，荒淫越制，逾侈以相高；邑有人君之尊，里有公侯之富，小民安得不困？又加月为更卒（加上每月都要轮流到郡县服徭役）①，已（完了），复为正（征），一岁屯戍，一岁力役，三十倍于古；田租口赋，盐铁之利，二十倍于古。或耕豪民之田，见税什五。故贫民常衣牛马之衣，而食犬彘（猪）之食。"②这种苛赋敛的政策是导致百姓揭竿而起、秦王朝短命而亡的主要原因。而汉兴已有几十年，却"循而未改"③，这是不重视秦亡教训的表现。在阐述和附会阴阳五行学说（包括天人感应学说）的政治含义时，他说："木有变（灾异），春凋秋荣，秋木冰，春多雨，此徭役众，赋敛重，百姓贫穷叛去，道多饥人。救之者，省徭役，薄赋敛，出仓谷，振困穷矣。"④"受禄之家，食禄而已，不与民争业，然后利可均布，而民可家足。此上天之理，而亦太古之道，天子之所宜法以为制，大夫之所当循以为行也。""居君子之位而为庶人之行者，其患祸必至也。"⑤基于以上看法，他向武帝提出了"古井田法虽卒难行，宜少近古，限民名田，以澹（赡）不足，塞并兼之路，盐铁皆归于民。去奴婢，除专杀之威。薄赋敛，省徭役，以宽民力。"⑥等有利于发展经济、改善民生、增加国家税收、抑制豪强兼并、维护汉政权长治久安的政策建议，得到了武帝的重视。

3.主张崇俭戒奢，调节贫富不均

董仲舒主张重义轻利。他说："天之为人性命，使行仁义而羞可耻，非若鸟兽然，苟为生、苟为利而已。"⑦"利者，盗之本也，妄者，乱之始也。"⑧"凡人之性，莫不善义，然而不能义者，利败之也。故君子终日言不及利，欲以勿言愧之而已，愧之以塞其源也。"⑨"天之生人也，使人生义与利，利以养其体，义以养其心，心不得义不能乐，体不得利不能安。义者，心之养也；利者，体之养也。体莫贵于心，故养莫重于义，义之养生人大于利。""夫人有义者，虽贫能自乐也；而大无义者，虽富莫能自存。吾以此实（证验）义之养生人大于利而厚于财也。"⑩但董仲舒并不一概否定人们追求物质利益的合理性。他说："天地人，万物之本也。天生之，地养之，人成之；天生之以孝悌，地养之以衣食，人成之以礼乐；三者相为手足，合以成体，不可一无也。"⑪"古之圣人见天意之厚于人也，故南面而君天下，必以兼利之。"⑫"衣服容貌者，所以说（悦）目

---

① 从张家山汉简的解释。
②③⑥ 《汉书》卷24《食货志》。
④ 《春秋繁露·五行变救第六十三》。
⑤ 《汉书》卷56《董仲舒传》。
⑦ 《春秋繁露·竹林第三》。
⑧ 《春秋繁露·天道施第八十二》。
⑨ 《春秋繁露·玉英第四》。
⑩ 《春秋繁露·身之养重于义第三十一》。
⑪ 《春秋繁露·立元神第十九》。
⑫ 《春秋繁露·诸侯第三十七》。

也；声音应对者，所以说耳也；好恶去就者，所以说心也。故君子衣服中而容貌恭，则目说矣；言理应对逊，则耳说矣；好仁厚而恶浅薄，就善人而远僻鄙，则心说矣。"①"作乐之法，必反（返）本之所乐，所乐不同事，乐安得不世异！"②

董仲舒主张对民众实施教化。他说："夫万民之从利也，如水之走下，不以教化堤防之，不能止也。是故教化立而奸邪皆止者，其堤防完（完备）也；教化废而奸邪并出，刑罚不能胜者，其堤防坏也。古之王者明于此，是故南面而治天下，莫不以教化为大务。"③董仲舒主张制欲应当健全礼制。他说："圣人之制民，使之有欲，不得过节；使之敦朴，不得无欲；无欲有欲，各得以足，而君道得矣。"④"夫礼，体情而防乱者也，民之情不能制其欲，使之度礼（所以使他们遵循礼义法度）。目视正色，耳听正声，口食正味，身行正道，非夺之情也，所以安其情也。"⑤"君民者，贵孝弟（悌）而好礼义，重仁廉而轻财利，躬亲职此于上而万民听（听从），生善于下矣。"⑥

董仲舒主张调节贫富不均。他说："大富则骄，大贫则忧，忧则为盗，骄则为暴，此众人之情也。圣者则于（遵从、依据）众人之情，见乱之所从生，故其制人道而差（区分）上下也。使富者足以示贵而不至于骄，贫者足以养生而不至于忧，以此为度而调均之，是以财不匮而上下相安，故易治也。"⑦

在总结桀纣和楚灵王亡国灭身的经验教训时，他说："桀纣皆圣王之后，骄溢妄行，侈宫室，广苑囿，穷五采之变，极饬材之工，困野兽之足，竭山泽之利，食类恶之兽，夺民财食，高雕文刻镂之观，尽金玉骨象之工，盛羽旄之饰，穷白黑之变，深刑妄杀以陵（凌虐）下，听郑卫之音，充倾宫之志，灵（槛、圈养）虎兕（雌犀牛）文采之兽，以希见之意，赏佞赐谗，以糟为丘，以酒为池，孤贫不养，杀圣贤而剖其心。"⑧楚灵王"大为宫室，多为台榭，雕文刻镂，五色成光，赋敛无度，以夺民财，多发徭役，以夺民时，作事无极，以夺民力，百姓愁苦，叛去其国。""作乾谿之台，三年不成，百姓罢敝而叛，及其身弑。"⑨

在阐述和附会阴阳五行（包括天人感应学说）的政治含义时，他说："天常以爱利为意，以养长为事，春秋冬夏皆其用也。王者亦常以爱利天下为意，以安乐一世为事，好恶喜怒皆其用也。然而主之好恶喜怒，乃天之春夏秋冬也，其诸暖清寒暑，而以变化成功也。天出此四者，时（应时）则岁美，不时则岁恶；人主出此四者，义则世治，不义则世乱。是故治世与美岁同数，乱世与恶岁同数，以此见人理之副天道也。""四时之

---

① ⑥ 《春秋繁露·为人者天第四十一》。
② 《春秋繁露·楚庄王第一》。
③ 《汉书》卷56《董仲舒传》。
④ 《春秋繁露·保位权第二十》。
⑤ 《春秋繁露·天道施第八十二》。
⑦ 《春秋繁露·度制第二十七》。
⑧ 《春秋繁露·王道第六》。
⑨ 《春秋繁露·五行相胜第五十九》。

行,父子之道也;天地之志,君臣之义也;阴阳之理,圣人之法也。"①"如人君出入不时(如果人君举措不依时节),走狗试马(赛狗赛马),田猎驰骋不反(返)宫室,好淫乐,饮酒沉湎,纵恣不顾政治,事多发役,以夺民时,作谋增税,以夺民财,则民病疥搔温体(那么百姓就会生长疥疮,搔抓身体),足胻痛(脚脖发疼)。咎及于木(凶咎达到草木身上),则茂木枯槁,工匠之轮多伤败。毒水渰群(毒水淹没众物),漉陂如渔(竭泽而渔),咎及鳞虫,则鱼不为(繁殖),群龙深藏,鱣鲸出现。"②"土有变(灾异),大风至,五谷伤,此不信仁贤,不敬父兄,淫佚无度,宫室荣。救之者,省宫室,去雕文,举孝悌,恤黎元。"③

三、对董仲舒治国理政思想及税收思想的简要评述

1.对董仲舒治国理政思想的简要评述

董仲舒是西汉由"文景之治"的积渐最终走向繁荣鼎盛的最后一位伟大的思想家和政治家,他亲眼目睹和参与了封建地主阶级政权由诸侯割据、离心离德一步一步走向高度集权统一的历史过程,并为其目标的实现提供了强大的思想文化支持。综观其理论体系和政策主张,有以下突出特点:(1)将天意和天道提升到了至高无上的地位,使之成为决定人类生死祸福、王朝兴衰成败的根本因素,对黄老之学的宇宙生成观、天道人事观作了全面的发挥和全新的解释。(2)将天、地、人融为一体,相互贯通,有别有统,提出了"天人合一"的哲学理念,认为天是万物的源头和主宰,地和人是为天服务的,是天意、天道的具体展开和实现。这充实了老子"道生一,一生二,二生三,三生万物"的理论内涵。(3)用阴阳说、五行说、天人感应说来阐释天道、地道和人道的运行规律,主张天道有阴阳,地道有五行,天人有感应,阴阳五行各有所主,各司其职,相辅相承,循环往复地运动。这含有唯物辩证法的成分。(4)提出了"天道任阳不任阴、任德不任刑"的主观唯心主义命题,但又反对割裂阴阳、五行,认为它们的主次是随时随地变化的,万物的春生、夏长、秋收、冬藏和生死荣衰是阴阳、五行变化演替的自然结果。这含有对对立统一规律、质量互变规律、否定之否定规律大胆猜测的成分。(5)认为祥瑞灾异皆有因,人事为本;皇帝号为天子,承担着替天行道、实现天意、抚养万民、治理天下的重大道德使命,顺天者昌,逆天者亡;天是仁慈的,会对人事的失调发出警告,不思改正者将遭天谴。这是对因果规律的推演,只不过披着神秘主义的外衣。(6)认为万事万物都由"天生之,地养之,人成之。"天、地、人三种因素缺一不可,人追求富裕幸福的生活是合理的,但不可过度。在处理义利关系时,应当遵从义利并

---

① 《春秋繁露·王道通三第四十四》。
② 《春秋繁露·五行顺逆第六十》。
③ 《春秋繁露·五行变救第六十三》。

进、义为先、利为从、重义轻利、以义制利、以义制欲、崇俭戒奢、知足常乐的原则。这与道家、墨家和儒家的思想是一脉相承的。（7）主张性情为质，礼义为文，文与质是相辅相承的，质是文的基础，文是对质的修饰，有质无文则丑，有文无质则伪，文质不可偏废。这是对传统儒家思想的继承和发展，是对道家重质轻文、法家弃文轻质思想的否定，有历史进步意义。（8）认为人有贪仁两性，性有善质，但不经教化和雕琢，就不能去除杂质，成就善德；性这个名词是针对中民而言的。小民无善质，不足言性，不值得教化；中民有善质，有趋善的可能，但必须经过教化才能转化为现实；圣人君子天生性本善，用不着教化，因而不可言性。这种所谓的"性三品说"扬弃了孟子的性善论和荀子的性恶论，吸取了其有益成分，但说小民无善质、圣人无恶质，显然是主观唯心主义的，是反科学的，反映了其地主阶级的偏见和民本论的虚伪。（9）主张以礼义教化为本，重德轻刑，以德治国，反对严刑峻法，苛法虐民。这显然是对儒家、墨家思想的继承，是对法家的批判。（10）主张民为邦本，天子为民而生，非民为王而生，天意与民意是相通的，违背民心民意，不与民同甘共苦，就是违背天意、天道，必招致祸患。这是从桀纣和秦王朝灭亡的经验教训中引出的正确结论，但这里所说的民又不包括普通民众，因而其民本论是不彻底的。（11）主张重农抑商、重本抑末，轻徭薄赋，取民有度、有时，遵循天道和自然规律，反对土地兼并、商业垄断、盐铁专营、诸侯与民争利。这是与其重义轻利思想相一致的，也体现出一定的经济自由主义倾向。（12）主张举贤任能，重视教育和养贤，循名责实，重视事功，反对论资排辈、卖官鬻爵。这与儒家、墨家、法家、名家的思想是一致的。（13）主张与时俱进，顺天应人，正元改制，强化礼制，维护君主权威，反对诸侯割据、各自为政。这是顺应时代需要、维护政治稳定、社会和谐、民生安定的必要措施，有一定的进步意义。但说"天不变，道亦不变"①，也成为保守派阻碍变法的借口和挡箭牌。（14）主张"罢黜百家，独尊儒术"②，实现政治、经济、文化三者的高度协调统一。这是适应建立大一统的国家政治体系的需要而提出的，是董仲舒吸收诸子百家的思想精华、对传统儒学进行现代化改造所取得的最重要的成果，对确立儒学在中国传统文化中的主导地位做出了巨大贡献。但随着时代的演进，这一近乎完美的思想体系也成为中国传统农业文明向现代工商业文明转型的严重阻碍，成为儒学走向封闭、僵化的引路人，其弊端是不言而喻的。（15）认为"三纲五纪"是天道，人道应与天道相吻合。把君臣、父子、夫妇关系比附为天地阴阳关系，并把它凝固化，使之成为千古不变的教条，这是与董仲舒的辩证法思想相矛盾的，后来演化为阻碍中国社会进步和传统文化演进的一颗毒瘤，是需要批判的。（16）主张君主贵神，无为而治是治国理政的最高境界。这一观点显然采自法家和道家，既含有道家、儒家反对苛政扰民的积极成份，也含有反民主、反平等、固化封建君主独裁统治的消极因素。

总体来看，董仲舒将天道、地道、人道相互贯通，以天意天道为总纲，以阴阳五行

---

① 《汉书》卷56《董仲舒传》。
② 《汉书》卷56《董仲舒传》；《举贤良对策》。

的运行为经纬，以天人感应、天意谴告为信符，以民心民意为基础，精心构建了一个以儒家为主导，融道、法、墨、阴阳、五行、农、名诸家为一炉，规模宏大、体系完整、内容丰富、结构严谨、唯物与唯心混杂、静态与动态并举、守成与创新共存、理论与现实紧密结合，适应地主阶级封建集权统治需要，又充满神秘主义色彩的大一统思想理论体系，把中国传统文化推进到了一个新的发展阶段，是对传统儒学进行现代化改造的最新成果，其历史进步意义是不容低估的。当然，董仲舒的治国理政思想中也包含某些牵强附会、自相矛盾和谶纬迷信的成分，有些思想观点还带有某种极端化的倾向，对此应仔细甄别、科学批判。

董仲舒和荀卿是秦汉交替时期的两位大儒，他们都以平和的心态、理性的思考和高超的智慧为我们留下了丰富宝贵的精神文化遗产，两人在治学风格和治国理政思想方面也有许多相似之处。但二人一前一后，又代表了两个不同的时代。荀卿的两位大弟子把秦王朝引向了二世而亡的不归路，董仲舒的"罢黜百家，独尊儒术""天不变，道亦不变""三纲五纪"等思想观点则把儒学引上了封闭、僵化的死胡同，严重禁锢了中国人的思想，阻碍了中国封建社会向现代社会的开放转型，虽然造成这种局面的原因很复杂，我们不能把全部责任都推到两位思想家身上，但其中的因果关系也不能不令人伏案沉思、深刻反省。

2.对董仲舒税收思想的简要评述

董仲舒的税收思想在其宏大的理论体系中并不占主导地位，有关税收问题的专门论述也屈指可数，笔者将其提炼归纳为三个方面：（1）主张循道改制，顺天应人。强调改革是大势所趋，与时俱进符合天理，要把秦朝的暴政、虐政彻底扭转过来，实行仁政、德政，真正减轻百姓的负担，缓和君臣、君民关系。（2）主张轻徭薄赋，让利于民。强调适度借鉴井田制之意，实行限民名田之制，塞并兼之路；薄赋敛，省徭役，以宽民力，三代的"什一税"和"年用民三日"是最好的参照标准；弛山海之禁，盐铁之利皆归于民；释放奴婢，除专杀之威，解放劳动力。（3）主张崇俭戒奢，调节贫富不均。强调生财有限，用之无度，同样会加重百姓的税收负担，影响社会的发展和和谐稳定，因此有必要用礼制约束用财。

董仲舒建立君主集权统治、统一意识形态的努力在当时就结出了丰硕的成果，他也因此名垂青史。而在税制改革方面，他的思路并不十分清晰具体。在漫长的封建专制社会，义与利、君与民、本与末、奢与俭、自由放任与国家干预、轻税与重税、无为而治与积极有为等都是治国理政的重大命题，不同朝代都在与时俱进地进行着各种探索和改革试验，董仲舒只不过面对西汉初期的社会环境和社会矛盾重申了儒家的轻徭薄赋、仁者爱人主张而已。即使是"限民名田"这样有价值的改革主张也只是一个建议而已，并没有具体的实施方案，要付诸实施就更是难上加难了。对于好大喜功、急功近利的汉武帝和桑弘羊来说，哪有盐铁官营、算缗告缗成本低来钱快呢！

主要参考文献：

《春秋繁露》。

《史记》卷121《儒林列传》。

《汉书》卷56《董仲舒传》。

《汉书》卷24《食货志》。

《春秋繁露今注今译》，赖炎元著，台湾商务印书馆1984年版。

《董仲舒评传》，王永祥著，南京大学出版社1995年版。

司马迁

一、司马迁生平简介

司马迁(约前145—前86),字子长,我国西汉初年著名史学家、文学家、思想家和政治家,大儒董仲舒的门徒。他因继父司马谈完成了我国首部纪传体通史——《史记》的撰著而名垂青史,受到后人的景仰。

在《太史公自序》中,司马迁将其世系及家学渊源推宗于颛顼高阳时的天官南正重和地官北正黎,但史无确证。司马迁有确切世系可考的始祖是八世祖司马错,他因军功显于秦,曾与纵横家张仪就先伐蜀还是先伐韩发生激烈争论,秦惠文王最终采纳了司马错的意见,并派他率军攻打蜀国西南。攻取后,他被任命为蜀地郡守。蜀国的灭亡为秦最终吞并楚国创造了十分有利的条件。司马错之孙司马靳[①]曾奉事武安君白起。在著名的长平之战中,他们联手打败赵军统帅赵括,前后共坑杀兵士45万人,引起天下震动。但在后来围攻赵都邯郸的战役中,白起因不愿当败军之将而屡次拒绝国君的征招,被秦昭王赐死于杜邮,司马靳也连坐而死。司马靳之孙司马昌曾在秦始皇统治时担任冶铁官。司马昌之子司马无泽担任过汉市长一职。司马无泽之子司马喜[②]靠鬻爵令捐得五大夫爵。司马喜生司马谈,司马谈生司马迁。

司马迁约于汉景帝中元五年(前145年)生于西汉左冯翊夏阳县高门里(今陕西韩城市西南之嵬东乡高门村),其父司马谈此时约21岁。武帝建元元年(前140年),武帝举贤良对策,庄助为举首,公孙弘为博士。司马谈出仕太史丞。武帝建元二年(前139年),武帝初置茂陵邑,司马谈参与建陵。武帝建元五年(前136年),司马迁10岁,司马谈30岁。司马谈置五经博士。武帝建元六年(前135年),窦太后驾崩,汉初无为政

---

① 又称司马梗。
② 此处司马喜与中山相司马喜同名异人。

治结束,儒学开始复兴。建元三至六年,司马谈因建陵有功,由太史丞升为太史令。武帝元光元年(前134年),董仲舒以《天人三策》举贤良,受到武帝的高度赞赏,随后被任命为江都易王相。武帝元朔二年(前127年),夏,武帝徙郡国豪杰及家产三百万以上高门大户于茂陵,司马迁一家由夏阳迁居茂陵邑,属籍显武里。武帝元朔三年(前126年),司马迁20岁,司马谈40岁。司马迁开始"二十壮游""网罗天下放失旧闻"。① 武帝元朔五年(前124年),司马迁壮游归来,受学于董仲舒。武帝元狩元年(前122年),武帝行幸雍,祠五畤,获白麟。司马谈发凡起例始修《太史公书》(即《史记》),断限上起陶唐,下迄武帝获麟。武帝元狩二年(前121年),司马迁助父修史。丞相公孙弘卒。武帝元狩四年(前119年),卫青、霍去病大破匈奴于漠北,奠定了汉胜匈败之局。武帝元狩五年(前118年),司马迁初仕为郎中,秩三百石。次年董仲舒卒。武帝元鼎四年(前113年),司马谈为太史令兼大行礼官。武帝元鼎五年(前112年),司马谈与祠官宽舒议封泰山典礼。武帝行幸雍,祠五畤,遂逾陇,登空峒,司马迁父子均扈从。武帝元鼎六年(前111年),春正月,司马迁升任郎中将,奉使西征巴蜀,在西南夷地区设郡置吏。武帝元封元年(前110年),司马迁36岁,司马谈56岁。司马迁从西南夷返回,欲向武帝汇报奉使成功,并参加四月份的封禅大典。途遇父谈因病留滞河、洛②之间的周南,便前去探望。不料司马谈因武帝不让他参加封禅大典而悲愤交加,致病成疾,不治而卒。临终前执迁之手托付修史事宜。司马迁强忍悲痛,草草办完父亲的丧事,便匆匆赶往行所,侍从武帝上泰山。武帝元封二年(前109年),司马迁从巡武帝至瓠子口,负薪塞河。武帝元封三年(前108年),司马迁除服,袭父职为太史令,开始潜心续著《太史公书》。武帝元封四年(前107年),司马迁扈从武帝,北过涿鹿。武帝元封五年(前106年),司马迁40岁。扈从武帝,南至九江。武帝太初元年(前104年),司马迁与壶遂、邓平、落下闳等造汉太初历,以正月为岁首。色尚黄,数用五,定官名,协音律。武帝太初四年(前101年),贰师将军李广利破大宛还。伐宛四年,天下骚动,大汉呈现衰败迹象。武帝天汉二年(前99年),十一月,李陵因孤军深入、寡不敌众而败降匈奴,司马迁为之辩护。武帝天汉三年(前98年),冬,武帝受谗言族灭李陵家,司马迁受株连,以"诬罔罪"下蚕室受宫刑。武帝天汉四年(前97年),司马迁49岁。出狱后为中书令,忍辱含垢继续发奋著书。武帝太始四年(前93年),司马迁复书好友任安,叙说不幸遭遇和痛不欲生的心情,通报《史记》基本完稿,定名《太史公书》。是书"究天人之际,通古今之变,成一家之言。"③可藏之名山,传于后世。武帝征和二年(前91年),巫蛊狱起,太子刘据兵败自杀。武帝征和三年(前90年),武帝为太子平反,腰斩丞相刘屈氂与北军使者护军任安。司马迁晚年继续修订《太史公书》,断限下延至昭帝初。武帝后元二年(前87年),武帝崩,昭帝即位,大将军霍光辅政。昭帝始

---

① 《史记》卷130《太史公自序》。
② 指黄河、洛水。
③ 《汉书》卷62《司马迁传·报任安书》。

元元年（前86年），司马迁卒，享年60岁。

二、司马迁税收思想的主要内容

司马迁的税收思想是其治国理政思想的重要组成部分，本书将其提炼归纳为以下五个方面。

1. 认为我国贡赋制度在虞夏时就已完备

司马迁通过对黄帝以来古代历史的仔细考察，认为随着氏族部落制度向统一的国家制度的转变，我国古代社会的赋税制度也经历了一个由就地取财的不规范形态向较为统一、完备的"任土作贡"[①]形态转变的历史过程，为日益强化的国家政权提供了稳固可靠的税源。司马迁尤其对夏禹"开九州，通九道，陂（筑堤）九泽，度九山""四海会同"的丰功伟绩给予热情讴歌，并充分肯定他在"相地宜所有以贡，及山川之便利""六府甚修，众土交正，致慎财赋，咸则三壤成赋"[②]等方面所做的开创性贡献。所谓"相地宜所有以贡，及山川之便利"是指：夏禹在治水过程中，一边行进、一边考察各地的物产情况，规定了各部落应该向天子缴纳的贡赋，并考察了各地的山川地形，以便弄清楚诸侯朝贡时交通是否便利；所谓"六府甚修，众土交正，致慎财赋，咸则三壤成赋"是指：金、木、水、火、土、谷等六种物资的仓库都治理得很好，各方的土地美恶高下都评定了等级，确定要缴纳的贡品、赋税时都非常审慎，赋税的多少根据三种不同的土壤等级来确定。在《夏本纪》的末尾，司马迁对我国古代赋税制度的状况作了一个总结性的评述。他指出："自虞、夏时，贡赋备矣。或言禹会诸侯江南，计功而崩，因葬焉，命曰会稽。会稽者，会计也。"[③]即从虞舜、夏禹时代开始，进贡纳赋的规定已完备。有人说禹在长江南会聚诸侯，因为是在考核诸侯功绩时死的，就葬在那里了，所以把埋葬禹的苗山改名为会稽山。会稽就是会计（会合考核）的意思。

2. 主张治国理政，务在安民

在《秦始皇本纪》中，司马迁长篇引用了贾谊在其名篇《过秦论》中剖析秦王朝夭亡原因的精彩片断，并评论说："善哉乎贾生推言之也！"贾谊说："先王见始终之变，知存亡之机，是以牧民之道，务在安之而已。""秦南面而王天下，是上有天子也。既元元之民冀得安其性命，莫不虚心而仰上。当此之时，守威定功，安危之本在于此矣。""借使秦王计上世之事，并殷周之迹（并顺从商、周的道路），以制御其政，后虽有淫骄之主而未有倾危之患也。""乡（假如）使二世有庸主之行，而任忠贤，臣主一心而忧海内之患，缟素而正先帝之过，裂地分民以封功臣之后，建国立君以礼天下。虚图

[①]《史记》卷29《河渠书》。
[②][③]《史记》卷2《夏本纪》。

圉（监狱）而免刑戮，除去收帑污秽之罪（废除收奴连坐等污秽刑罚），使各反（返）其乡里；发仓廪，散财币，以振（赈济）孤独穷困之士；轻赋少事以佐百姓之急，约法省刑以持其后；使天下之人皆得自新，更节修行，各慎其身。塞万民之望（满足万民求安求富求寿的愿望），而以威德与天下，天下集矣。"可惜"二世不行此术，而重之以无道，坏宗庙，与民更始，作阿房宫，繁刑严诛，吏治刻深，赏罚不当，赋敛无度。天下多事，吏弗能纪（治），百姓困穷，而主弗收恤。然后奸伪并起，而上下相遁。蒙罪者众，刑戮相望于道，而天下苦之。自君卿以下至于众庶，人怀自危之心，亲处穷苦之实，咸不安其位，故易动也。是以陈涉不用汤武之贤，不藉（借）公侯之尊，奋臂于大泽而天下响应者，其民危也。""'安民可与行义，而危民易与为非'，此之谓也。贵为天子，富有天下，身不免于戮杀者，正倾非也（就是由于挽救危局的方法错了）。是二世之过也。"

在《管晏列传》中，司马迁称颂管仲"其为政也，善因祸而为福，转败而为功。贵轻重，慎权衡。""论卑而易行。俗之所欲，因而予之；俗之所否，因而去之。"在《楚元王世家》中，司马迁说："'安危在出令，存亡在所任'，诚哉是言也！"在《匈奴列传》中，司马迁说："世俗之言匈奴者，患其徼（侥幸、求取）一时之权，而务谄纳其说（极力向武帝推销讨伐匈奴之策），以便偏指，不参彼己；将率（帅）席（习于）中国广大，气奋，人主因以决策，是以建功不深。尧虽贤，兴事业不成，得禹而九州宁。""欲兴圣统，唯在择任将相哉！唯在择任将相哉！"

以上引言虽非直接针对赋税问题，但也清楚地表明了司马迁对赋税改革"务在安民"这一治税要旨的深切认同，并隐讳地批评了汉武帝好大喜功、决策失当、劳民伤财、建功不深的过失。

3. 主张崇俭戒奢，制礼节欲

司马迁一方面肯定人追求利、欲、富的必然性和合理性，并对汉初实行清静无为、轻徭薄赋、与民休息政策所取得的巨大成绩大加赞赏，但另一方面又对景帝、武帝以来滋殖多欲、民负不断加重、奢侈淫佚之风日渐盛行表示忧虑和批评。在《平准书》中，他以半讥讽的口吻说："古者尝竭天下之资财以奉其上，犹自以为不足也。无异故云（没有什么特别原因），事势之流，相激使然，曷（何）足怪焉。"在《周本纪》中介绍"成康之治"的由来时，他说："成王将崩，惧太子钊之不任（胜任），乃命召公、毕公率诸侯以相太子而立之。成王既崩，二公率诸侯，以太子钊见于先王庙，申告以文王、武王之所以为王业之不易，务在节俭，毋多欲，以笃信临之，作顾命。太子钊遂立，是为康王。康王即位，遍告诸侯，宣告以文武之业以申之，作《康诰》。故成康之际，天下安宁，刑错（刑罚）四十余年不用。"在《范雎蔡泽列传》中，他借秦国辩士蔡泽之口说："圣人制礼节欲，取于民有度，使之以时，用之有止，故志不溢，行不骄，常与道俱而不失，故天下承而不绝。"在《汲郑列传》中介绍世卿大夫汲黯的生平事迹和为人处事风格时,他说:"黯为人性倨(傲慢),少礼,面折(当面指责人),不能容人之过。合己者善待之,不合己者不能忍见,士亦以此不附焉。然好学,游侠,任气节,内行修絜(洁),好直谏,数犯主之颜色。""黯学黄老之言,治官理民,好清静,择丞史而任之。其治,责大指(旨)而已,不苛小。黯多病,卧闺阁(闺阁)内不出。岁余,东海大治。称之(百姓交口称赞)。上闻,召以为主爵都尉,列于九卿。""天子方招文学儒者,上曰吾欲云云,黯对曰:'陛下内多欲而外施仁义,奈何欲效唐虞之治乎!'上默然,怒,变色而罢朝。"

4. 主张自由放任,反对与民争利

司马迁认为社会分工是合理的、必然的,一味地重农抑商是不可取的。他说:农工商虞,"民所衣食之原(源)也。……上则富国,下则富家。""待农而食之,虞而出之,工而成之,商而通之。此宁有政教发征期会哉(这哪里需要国家发布政令强行征发要求按期送达才能做到呢)?""人各任其能,竭其力,以得所欲。""各劝其业,乐其事,若水之趋下,日夜无休时,不召而自来,不求而民出之。岂非道之所符,而自然之验邪?"所以最好的办法是"善者因之,其次利道(导)之,其次教诲之,其次整齐之,最下者与之争。"①

司马迁从汉初的发展实践中总结了"争"与"不争"的经验教训,并就"抑商"与"任商"政策实施的背景和得失进行了重点分析。他说:"汉兴,接秦之弊,丈夫从军旅,老弱转(转运)粮饷,作业剧而财匮,自天子不能具钧(纯)驷,而将相或乘牛车,齐民无藏盖(百姓无蓄藏)。""天下已平,高祖乃令贾人不得衣丝乘车,重租税以困辱之。孝惠、高后时,为天下初定,复弛商贾之律,然市井之子孙亦不得仕宦为吏。量吏禄,度官用,以赋于民。而山川园池市井租税之入,自天子以至于封君汤沐邑,皆各为私奉养焉,不领于天下之经费。漕转山东粟,以给中都官,岁不过数十万石。"②"汉兴,海内为一,开关梁,弛山泽之禁,是以富商大贾周流天下,交易之物莫不通,得其所欲,而徙豪杰诸侯强族于京师。"③孝文帝以仁德治天下,实行清静无为政策,"除田之租税"④,"除收孥诸相坐律令"⑤,"令民纵得自铸钱"⑥,"人民乐业,因其欲然,能不扰乱,故百姓遂安。"⑦"孝景时,上郡以西旱,亦复修卖爵令,而贱其价以招民;及徙复作(即使是遇赦的罪徒重新犯罪),得输粟县官以除罪。益造苑马以广用,而宫室列观舆马益增修矣。""及王恢设谋马邑,匈奴绝和亲,侵扰北边,兵连而不解,天下苦其劳,而干戈日滋。行者赍,居者送,中外骚扰而相奉,百姓抏弊(凋敝、疲敝)以巧法,财赂(财货)衰耗而不赡。入物者补官,出货者除罪,选举陵迟,廉耻相冒,武力

---

① ③ 《史记》卷129《货殖列传》。
② ⑥ 《史记》卷30《平准书》。
④ ⑤ 《史记》卷10《孝文本纪》。
⑦ 《史记》卷25《律书》。

进用，法严令具。兴利之臣自此始也。"①桑弘羊为武帝时期的理财能臣，司马迁一方面肯定其"一岁之中，太仓、甘泉仓满，边余谷，诸物均输，帛五百万匹。民不益赋，而天下用饶。"的功绩，但又拒绝为其作传，并借卜式之口大贬其过："县官当食租衣税而已，今弘羊令吏坐市列肆，贩物求利，烹弘羊，天乃雨！"②还向汉武帝提出了取消盐铁专卖和算缗、告缗令等有利于鼓励农工商虞各业全面发展的政策主张。

司马迁对"任商"背后隐藏的"物盛而衰""物极必反"的道理也有所洞察。他说："汉兴七十余年之间，国家无事，非遇水旱之灾，民则人给家足，都鄙廪庾皆满，而府库余货财。京师之钱累巨万，贯朽而不可校（计数）。太仓之粟陈陈相因，充溢露积于外，至腐败不可食。众庶街巷有马，阡陌之间成群，而乘字牝（年轻母马）者傧（摈、被排斥）而不得聚会。守闾阎者食粱肉，为吏者长子孙（老死不改任），居官者以为姓号（以官职为姓氏名号）。故人人自爱而重（不轻易）犯法，先行义而后绌（免）耻辱焉。当此之时，网疏而民富，役财骄溢（有的人因为财多而骄奢淫佚），或至兼并豪党之徒以武断于乡曲，宗室有土公卿大夫以下争于奢侈，室庐舆服僭于上，无限度。物盛而衰，固其变也。"③

5. 主张赋税改革应与时俱进，不必法古

司马迁说："物盛而衰，时极而转，一质一文，终始之变也。"④"夫世异时移，事业不必同。"⑤"先王不同俗，何古之法？帝王不相袭，何礼之循？……循法之功，不足以高世；法古之学，不足以制今。"⑥"传曰'法后王'，何也？以其近己而俗变相类，议卑而易行也。"⑦"制国有常，利民为本；从政有经，令行为上。……事成功立，然后善也。"⑧"居今之世，志古之道，所以自镜（鉴）也，未必尽同。"⑨"圣人果可以利其国，不一其用；果可以便其事，不同其礼。"⑩可见，司马迁对包括赋税制度在内的各种制度的变革是持开放态度的，认为这种变革是各种政治、经济、文化因素相互激荡、共同作用的结果，一味地是古非今，不仅在理论上站不住脚，也无助于解决现实生活中遇到的种种难题，这一见解是非常深刻的。

三、对司马迁治国理政思想及税收思想的简要评述

1. 对司马迁治国理政思想的简要评述

西汉政权经过高后、文景时期的休养生息，到武帝时期终于迎来了政治安定、经济

---

①②③④ 《史记》卷30《平准书》。
⑤ 《史记》卷130《太史公自序》。
⑥⑧⑩ 《史记》卷43《赵世家》。
⑦ 《史记》卷15《六国年表》。
⑨ 《史记》卷18《高祖功臣侯者年表》。

发达、文化繁荣、天下一统的空前鼎盛局面，这是自黄帝以来二千多年中华民族从未有过的大气象。作为世掌天官、侍从武帝近四十年、与其相终始的历史伟人，司马迁能在其60年短暂的人生旅程中，亲眼目睹武帝的文治武功和大汉的强盛与繁荣，这是何等的荣耀与自豪。但随着无为政治的终结，奢侈淫佚之风开始盛行，连年的征伐战争使国库的积蓄消耗一空，祀天祭鬼，频繁巡行，使百姓负担不断加重，社会阶级矛盾暗长潜行，西汉王朝由盛转衰的迹象初露端倪。尤其是武帝末年，征伐匈奴连连失利，司马迁因李陵之祸而蒙奇耻大辱，隐忍苟活，生不如死，这种惨痛遭遇不能不引发他对武帝好大喜功和冷酷无情、官僚势利、人性冷漠、道德虚伪等社会人生问题的深刻思考，并产生某种反传统的心理。《史记》一书就是司马迁在这种大喜大悲、水火两重天的情感体验中，以超人的毅力，顽强拼搏，最终创作完成的。从这一关键点出发，我们才能对他创行五体一统①的纪传体史书体例、订正五宫一体星官体系②、拟定以春正月为岁始的太初律历等光辉业绩的伟大历史意义有更加深刻的理解，并对其思想体系中鲜明的二元论特征有更准确的把握。

　　司马迁在修史方面极富创造性，他曾借用孔子的话说："我欲载之空言，不如见之于行事之深切著明也。"③即把自己的思想、情感和理想镕铸到所记述的人物和事件当中，而不是平地起高楼、凭空发议论；他记人、记事、记言十分注重实地考察和掌握第一手资料，评价帝王将相和平民豪杰的是非功过客观公正，实事求是，不夸功，不掩过，使人物情性和历史事件的描写有血有肉、鲜活饱满，反映社会生活宏大开阔、丰富详实，既有浪漫主义的激情，又有现实主义的严谨，读其书如见其人，听其事如临其境，极富文学感染力和震撼力，这是《尚书》《春秋》《国语》等史学典籍所无法比拟的；在治国理政的指导思想方面，他十分赞赏道家无为而无不为的哲学理念，热情讴歌高后、文景无为而治、与民休息所取得的巨大成就，并批评武帝好大喜功、滋殖多欲、沉溺于荒诞迷信、追求长生不老的荒唐，同时又不抹杀儒墨名法各家在制礼乐、定尊卑、明职分等方面的所长，主张将诸子百家的治国理念和纲领策略兼收并蓄、融会贯通，为我所用；在物质文明与精神文明的关系上，他赞赏三纲五常、孝亲尊君、礼乐教化、祭祀天地鬼神、勤劳致富、乐善好施、互帮互助等传统道德伦理，反对以强凌弱、尔虞我诈、奢侈淫佚、苦民害民，但又认为道德与贫富是辩证统一的关系，即：一方面，"仓廪实而知礼节，衣食足而知荣辱"，道德水平的高低离不开物质条件的好坏；另一方面，道德也不是富人和权贵的专利，平民照样有道德，而富贵者常常不仁不义，道德虚伪；在天命与人为的关系方面，他在抽象意义上承认天命是一种不可琢磨的外在力量，对人事成败

---

① 指本纪、世家、表、书、列传五种史书体例融为一体的写实笔法。
② 《史记·天官书》把北半球中纬度可见的558颗恒星划分为五大星空区域，称为五宫。其中，以北极星为中央的拱极区为中宫，代表天帝的居所；东方七宿为东宫，代表天帝的布政之所；南方七宿为南宫，代表天帝的别宫、后妃的住所；西方七宿为西宫，代表天帝的车库、粮仓及牧苑场；北方七宿为北宫，是天帝孙女织女的住所。五宫星官体系，是秦汉以来大一统政治在宇宙观上的反映。引自《司马迁评传》。
③ 《史记》卷130《太史公自序》。

有重要的决定作用，但在现实意义上，他又把具体的人物和事件的成败归咎于个人善恶的积累，即在天命与人为的轻重上更强调人为的重要性；在法古与尚今的关系上，他反对一味地尚古恋古，唯先王是从，主张时移事易，与时俱进，法后王，但在批判现实社会的种种消极现象时，他又主张鉴古知今，从先王的事迹和成败案例中汲取经验教训；在义与利的关系方面，他认为上至帝王将相、下至平民百姓，人人逐利是导致人情冷漠、道德沦丧、礼崩乐坏、国家灭亡的普遍根源，主张重义轻利、先义后利，但也清醒地意识到追求富贵享受、满足各种奢侈欲望是人性之自然，"如水之趋下"、石之坠崖，谁也阻挡不了，各行各业的人们为了过上幸福、美好的生活，尽其所能，追名逐利，在一定意义上是推动人类历史前进的不竭动力，不必恐惧和害怕。① 对商工虞等所谓的末业，应看到其方便生产生活、不依赖权势而可以自食其力、发财致富、并为国家贡献赋税的积极一面，采取自由放任政策鼓励其发展，而不能再像汉高帝时期那样采取重本抑末、重租税以困辱之的办法，所以最好的经济政策应该是义利并进、自由放任、因势利导、富国与富民相结合；在德治与法治的关系方面，他认为道德规范、礼乐教化、严刑峻法、战争征伐等都是治国的权柄，缺一不可。但从长远来看，以德治国、注重礼乐教化、注重富国与富民、安民、恤民的有机结合，注重积德行善、与民同乐，才能保证江山长久、天下太平；在人才问题上，他反对只有明主贤臣才是人才，百姓都是草介、无德无能的错误观点，主张人各有欲、人各有能，发挥所长，满足所欲，对社会有贡献，就是人才。德才兼备固然是选拔人才的理想标准，但人无完人，事无全备，只要注重主流、扬长避短，就能发现更多有用的人才；在民族问题上，他不反对华夏夷狄之辩，但又承认中原周边的少数民族有其特殊的生存环境和风俗习惯，他们都是炎黄子孙，与华夏民族同根同源，都有生存的权利，应该平等对待，和睦相处，共同发展，并破天荒地为他们立传，颂扬他们的成就和为维护天下一统所做的贡献。

东汉史家班固说："司马迁据《左氏》《国语》，采《世本》《战国策》，述《楚汉春秋》，接其后事，讫于天汉。其言秦、汉，详矣。至于采经摭传，分散数家之事，甚多疏略，或有抵梧（抵触、矛盾）。亦其涉猎者广博，贯穿经传，驰骋古今，上下数千载间，斯以勤矣。又，其是非颇缪于圣人，论大道而先黄、老而后六经，序游侠则退处士而进奸雄，述货殖则崇势利而羞贱贫，此其所蔽也。然自刘向、扬雄博极群书，皆称迁有良史之材，服其善序事理，辨而不华，质而不俚，其文直，其事核，不虚美，不隐恶，故谓之实录。呜呼！以迁之博物洽闻，而不能以知（智）自全，既陷极刑，幽而发愤，书亦信矣。"② 清代学者钱大昕说："《史记》微旨有三，一曰抑秦，二曰尊汉，三曰

---

① 恩格斯说："自从阶级对立产生以来，正是人的恶劣的情欲——贪欲和权势欲成了历史发展的杠杆，关于这方面，例如封建制度的和资产阶级的历史就是一个独一无二的持续不断的证明。"引自《马克思恩格斯选集》第四卷第233页。

② 《汉书》卷62《司马迁传》。

纪实。"[1]这些都是对司马迁及其《史记》的中肯评价。后人在研读《史记》时，往往更多地关注司马迁忍辱负重、自强不息、完成史学绝唱的可贵精神，并为之所鼓舞，但对其深刻、丰富的思想内涵及对人类社会发展大势的敏锐洞察、超前感悟关注较少，这是不无遗憾的。

2.对司马迁税收思想的简要评述

税收思想是司马迁治国理政思想的重要组成部分，尽管这方面的直接论述并不很多，但从对有关史实的详细记述和对有关人物的精要评论中，也可以大体看出其思想倾向。本书将其提炼归纳为五个方面，包括：（1）认为我国贡赋制度在虞夏时就已完备；（2）主张治国理政，务在安民；（3）主张崇俭戒奢，制礼节欲；（4）主张自由放任，反对与民争利；（5）主张赋税改革应与时俱进，不必法古。具体来说，司马迁认为赋税是一个历史悠久的社会现象，我国在虞夏时期就已经形成了以"任土作贡"为主要特征的较为完备的贡赋制度；主张治国理政贵在安民富民、发展经济、改善民生；主张崇俭戒奢，轻徭薄赋，与民休息；主张遵循经济规律，实行自由放任政策，鼓励农工商虞各业全面发展，反对国家垄断盐铁商贾经营、与民争利和干预经济；主张因应时势，顺乎世俗人情，制礼作乐，更章改制，反对恢复秦汉以前的土地王有制、井田制、什一税。总体来看，司马迁的税收思想是在深入观察历史演变规律基础上提出的，是在深入反思秦亡教训基础上提出的，是在深入反思"文景之治"的巨大成就和武帝好大喜功带来的严重社会问题基础上提出的，是在深入分析比较诸子百家治国理政思想的利弊得失基础上提出的，因而有着极其深厚的历史文化背景和思想内涵，但其核心要义依然是汉初以来奉行的"无为而治，与民休息"的道家思想，它与儒家保守、法家激进的思想意趣明显不同，具有经济自由主义的明显特征，其历史进步意义应当充分肯定。不过西汉经过近百年的发展，政权已经基本稳定，社会的主要矛盾开始出现新的变化，若固守道家的无为而治思想，也并不能应对新的社会局势，所以道家的衰落和儒家的复兴就成了一种不可阻挡的历史潮流。司马迁站在平民的视角如实描述了这个历史演化过程，并提出了"善者因之，其次利道之，其次教诲之，其次整齐之，最下者与之争。"[2]的指导思想，但具体应当如何去做，他也没有成熟的方案。从这个意义上来说，司马迁《史记》的史学价值远远大于其思想价值。

主要参考文献：

《史记》。

《史记》，韩兆琦译注，中华书局2010年版。

《汉书》卷62《司马迁传》，班固著。

《司马迁评传》，张大可著，南京大学出版社1994年版。

---

[1]《潜研堂文集·与梁耀北论史记书》。
[2]《史记》卷129《货殖列传》。

桑弘羊

一、桑弘羊生平简介

桑弘羊（前155—前80），西汉初年著名思想家、政治家和理财家，法家代表人物。景帝前元二年（前155年）生于洛阳一个大商人家庭。与司马迁、司马相如、东方朔、张骞、卫青、霍去病、霍光、朱买臣、杜周、杜延年等文臣武将同朝为官。景帝后元二年（前142年），年仅13岁的桑弘羊因聪明过人、善于心算而被举荐入宫，成为一名陪伴储君刘彻的小侍中。次年初，景帝驾崩，年仅16岁的刘彻继位，是为汉武帝。武帝是一个积极有为的君主，在位54年，在军事上实行征伐政策，先后臣服越南、朝鲜等国，对匈奴、西域等草原民族多次用兵，并将海南岛及南海诸岛纳入中国版图，使中国的领土疆域大为扩展；在政治上继续实行削藩政策，加强了中央集权；在文化上推行"罢黜百家，独尊儒术"政策，统一了思想舆论；在经济上推行盐铁专卖、均输平准、统一货币等政策，加强了国家对经济的宏观调控，增强了财政实力；在国际交往上推行通西域政策，开辟了著名的"丝绸之路"。这些文治武功政策的成功实施，使西汉王朝成为中国历史上第一个名副其实的在政治、经济、文化、军事、外交等各方面都空前繁荣和鼎盛的大一统封建专制王朝，汉武帝也因此赢得了"千古一帝"的美誉。但与此同时，武帝的好大喜功、骄奢淫佚、独裁专制和连年战争也给国家带来了深重灾难，国库积蓄逐渐耗尽，百姓负担不断加重，社会矛盾日益激化。晚年的武帝倍受李陵、赵破奴、李广利先后败降匈奴事件和"巫蛊事件"①打击，逐渐心灰意冷，开始反省自己执政中所犯的种种错误，并对国家潜伏的严重危机有了较为清醒的认识，所以当桑弘羊于征和四年（前89年）约丞相田千秋、御史大夫商丘成等人一起上书，建议大规模移民轮台（今新疆轮台县），继续对匈奴采取进攻政策时，他明确表示拒绝，并发布"轮台罪己诏"，公开给"巫蛊事件"中的受害者平反，并决定调整国家政策，向清静无为、约法省禁、轻徭薄赋、与民休息方向转变。可惜没过多久，他就于后元二年（前87年）二月驾崩了，这个历史重任只好留给昭、宣二帝来完成。

桑弘羊一生基本上与武帝同终始，他亲眼目睹了西汉王朝的内忧外患，并在中年以后亲身参与或主持了武帝各项重大财经政策的制定和实施工作，所以其一生的荣辱与这一特殊时代背景密不可分。桑弘羊从13岁入宫，到40岁迁任大农丞，当了27年的侍中。元狩三年（前120年），时任大农令的郑当时为了弥补因连年对匈奴用兵造成的财政亏空，向武帝建议推行盐铁官营政策，并举荐山东大盐商东郭咸阳和河南南阳大冶铁商孔仅担任大农丞，希望利用他们的经商经验和技术，管理盐铁事务，增加国家财政收入。武帝批准了他的建议，并派善于筹算经济问题的桑弘羊做东郭咸阳和孔仅的助手，共同完成盐铁官营的各项规划和管理工作。经过三年的不懈努力，这项政策获得了成功，在打击诸侯王和地方豪强势力的同时，也给国家带来了可观的财政收入。武帝十分高兴，遂任命孔仅出任大农令，接替郑当时的职务，全面掌管政府财政工作，并提拔桑弘羊为大农丞（相当于今天的财政部副部长或部长助理）。从这时起，桑弘羊在理财上的突出才干日益显现，并越来越受武帝的宠信。此后的29年当中，他先后经历了大农丞、治粟都尉兼领大农令、大司农、搜粟都尉代理大司农、御史大夫等几个重要阶段，直接掌管中央财政大权。在任期间，积极推行整顿币制、盐铁官营、均输平准、算缗告缗等财经改革举措，协助武帝抗击匈奴、移民屯边、巩固国防，为文、景之后西汉王朝的进一步繁荣昌盛做出了重要贡献。史称当时"民不益赋而天下用饶"，桑弘羊也以此赐爵左庶长。②武帝后元二年（前87年），年仅8岁的武帝少子刘弗陵即位，是为汉昭帝。桑弘羊领武帝遗诏，与霍光、金日磾、上官桀等四大夫共同辅政，行周公事。始元六年（前81年），大将军、大司马霍光以昭帝名义召开盐铁会议，听取各方对治国方略的意见。御史大夫桑弘羊代表中央政府在此次会议上作了主旨发言，就继续抗击匈奴还是与其和

---

① 巫蛊，又称诅咒术，在汉朝十分盛行。射偶人就是用木、土或纸做成仇家偶像，暗藏于某处，每日诅咒之，或用箭射之，用针刺之，认为如此可使仇人得病身亡。武帝生性残暴，杀人如麻，晚年更是多疑成病。一日，他梦见有人拿棍棒要杀他，醒来后便派人到处搜查凶手，结果是毫无踪影。刘据本是武帝的长子，大将军卫青的姐姐、武帝的爱后卫子夫的儿子，为人慈善忠厚，因不满酷吏和宦官假借父皇之名残害忠良和无辜百姓的可耻行径而与他们有隙。当武帝恶梦成病、魂不守舍之时，奸佞江充和宦官苏文趁机进谗，诈称这是由于巫蛊作祟。骗得武帝信任后，他们便手握圣旨到各个宫中去搜查，并将预先准备好的偶人埋入太子刘据的家中，结果造成卫皇后、太子及其家属全部遇难，连累而死的前后达数万人。这就是"巫蛊事件"的梗概，它是李陵败降匈奴、司马迁为其辩护而受宫刑之后武帝制造的第二个大冤案。

② 《史记》卷30《平准书》。

亲、盐铁官营还是盐铁私营、国家铸币还是私人铸币、行德治还是行法治、改革创新还是因循守旧等重大问题，与来自全国各地的60多位贤良文学进行了激烈辩论。贤良文学强烈反对盐铁官营和均输平准等与民争利的政策，力主改弦更张，而桑弘羊则从保持政策的连续性和征伐匈奴、抑制豪强、调节市场供求关系、满足财政需要的迫切性等方面据理力争，并批评贤良文学言行不一、好高骛远、不懂治国之道。这次盐铁会议名为试探民情，实为霍光等人借贤良文学之手削弱桑弘羊势力，并按照武帝遗愿调整治国方略的一次改革动员会。但由于桑弘羊的强烈坚持，并考虑到国家财政利益的需要，会议最终决定取消全国各地的酒类专卖和长安附近的铁官，但其他重要政策仍沿袭不变。[①]次年，桑弘羊在与霍光的争权斗争中失利，并被指参与上官桀父子、鄂邑公主等人密谋废昭帝立燕王旦的叛乱而被杀，享年75岁。桑弘羊的治国理政思想及其税收思想，集中反映在由汉宣帝时汝南人桓宽根据盐铁会议记录整理成的《盐铁论》一书中。

二、桑弘羊税收思想的主要内容

桑弘羊的税收思想是其治国理政思想的重要组成部分，本书将其提炼归纳为以下五个方面。

1. 主张屯垦戍边，攻防结合，保国安民

桑弘羊把汉文帝时期晁错率先提出的移民实边政策发扬光大，大力支持汉武帝屯垦戍边。文景以来，西汉王朝一直奉行清静无为、轻徭薄赋、与民休息的治国方略，在与北方草原民族匈奴的关系上，则采取怀柔和亲政策，但这并未减弱匈奴南下中原的野心，他们不断侵扰边关，杀官吏，掠百姓，抢财物，给西汉王朝的安全构成了巨大威胁。所以武帝继位后，主动放弃和亲，利用70多年来积累的强大经济和军事实力，向匈奴发起了猛烈进攻，最终将其拒之于上千里之外，使其不敢南下饮马，基本消除了边关之患。不过，连年的战争，也给国家财政造成很大压力，加重了百姓的徭役负担，激化了社会矛盾，所以找到一种既能支持长期的征伐战争、保国安民，又能适当减轻民众徭役负担的两全其美的解决办法，是摆在武帝和桑弘羊等大臣面前的紧迫任务。屯垦戍边就是这种办法的集中体现之一。桑弘羊为武帝理财60余年，是征伐政策和屯垦戍边政策的积极支持者、谋划者和成功实践者。他在回答贤良文学征伐不如和亲的责难时说："守御征伐，所由来久矣。"[②]"有文事，必有武备。"[③]"有备则制人，无备则制于人。"[④]"力

---

① 《盐铁论·取下第四十一》。
② 《盐铁论·徭役第四十九》。
③ 《盐铁论·世务第四十七》。
④ 《盐铁论·险固第五十》。

多则人朝（朝拜），力寡则朝于人矣。"① "圣主斥地（开拓疆土），非私其利；用兵，非徒奋怒（愤怒）也；所以匡难辟（避）害，以为黎民远虑。"② "无功之师，君子不行；无用之地，圣王不贪。"③ "君子笃仁以行，然必筑城以自守，设械以自备，为（以防备）不仁者之害已也。"④ "民流溺而弗救，非惠君也。国家有难而不忧，非忠臣也。"⑤ "匈奴数和亲，而常先犯约，贪侵盗驱，长诈谋之国也。"⑥ "今不征伐，则暴害不息；不备，则是以黎民委敌（送敌）也。"⑦ "一日违敌（放走敌人），累世为患。"⑧ "兵革者国之用，城垒者国之固也；而欲罢之，是去表见里，示匈奴心腹也。"⑨ "四支（肢）强而躬（身）体固，华叶茂而本根据。故饬四境所以安中国也，发戍漕所以审劳佚（求安逸）也。"⑩ 这里所说的"饬四境所以安中国也，发戍漕所以审劳佚也"就是对武帝多次大规模屯垦戍边、实行攻防结合策略、保国安民合理性的一种理论解释。实践证明，它在一定程度上也确实起到了减轻财政压力和民众徭役负担的积极作用。

武帝继位后，在桑弘羊的大力支持下，进行屯垦戍边的事件主要有：元朔二年（前127年），募民十万屯卫朔方（今内蒙古杭锦旗西北）；元狩四年（前119年），徙关东贫民七十多万至今甘肃一带；元鼎六年（前111年），先派吏卒五六万人到今甘肃永登一带屯戍，接着不断扩大到上郡（今陕西绥德东南）、西河（今内蒙古鄂尔多斯市东胜区）及新建的武威、张掖、敦煌、酒泉（均在今甘肃境内）四郡，人数增加到60万人。这样大规模的屯垦戍边，对发展西北边疆的农业生产，就地解决边军的粮食供应，加强西北边防，巩固对匈奴战争取得的战果，无疑具有十分重大的战略意义。但到武帝后期，内忧外患加剧，为了缓和社会矛盾，稳固西汉政权，他才不得不调整治国方略，与民休息，不再穷兵黩武了，所以当桑弘羊再次提出大规模屯田新疆轮台、加强对匈奴的攻势时，武帝明确拒绝，并以"轮台罪己诏"作答。

2. 主张盐铁官营，建立财政收入稳定增长的机制

桑弘羊将管仲的盐铁专卖政策发扬光大，为西汉王朝建立了一种保证财政收入稳定增长的机制，并对其多方面的好处进行了系统全面的论述。在回应贤良文学对盐铁官营的种种责难时，他说："盐、铁之利，所以佐百姓之急，足军旅之费，务蓄积以备乏绝，所给甚众，有益于国，无害于人。"⑪ "诸侯以国为家，其忧在内。天子以八极为境，其虑在外。故宇小者用菲，功巨者用大。是以县官开园池，总山海（统一管理山

---

① 《盐铁论·诛秦第四十四》。
② 《盐铁论·结和第四十三》。
③ 《盐铁论·园池第十三》。
④⑥⑨ 《盐铁论·和亲第四十八》。
⑤ 《盐铁论·忧边第十二》。
⑦ 《盐铁论·备胡第三十八》。
⑧ 《盐铁论·击之第四十二》。
⑩ 《盐铁论·徭役第四十九》。
⑪ 《盐铁论·非鞅第七》。

海),致利以助贡赋,修沟渠,立诸农①,广田牧,盛苑囿②。太仆、水衡、少府、大农岁课诸入,田牧之利,池籞之假(园池的租税),及北边置任田官,以赡诸用,而犹未足。今欲罢之,绝其源,杜其流,上下俱殚(枯竭),困乏之应也,虽好省事节用,如之何其可也?"③"家人有宝器,尚函匣而藏之,况人主之山海乎?……今放民于权利(今把盐铁下放给豪民以牟利),罢盐铁以资暴强,遂其贪心,众邪群聚,私门成党,则强御日以不制,而并兼之徒奸形成也。""山海有禁,而民不倾(倾轧);贵贱有平,而民不疑。"④"乘利骄溢(骄横),散(失)朴滋伪,则人之贵本者寡。"⑤"强养弱抑,则齐民消,若(犹)众秽之盛而害五谷。"⑥"令意总一盐、铁,非独为利入也,将以建本抑末,离朋党,禁淫侈,绝并兼之路也。""铁器兵刃,天下之大用也,非众庶所宜事也。"⑦"今县官铸农器,使民务本,不营于末,则无饥寒之累。盐、铁何害而罢?"⑧"山泽无征则君臣同利,刀币(私铸钱币)无禁则奸贞(真假)并行。""禁御之法立而奸伪息,奸伪息则民不期于妄得,而各务其职,不反(返)本何为?"⑨"夫蓄积筹策,国家之所以强也。故弛废(所以废除盐铁官营)而归之民,未睹巨计而涉大道也。"⑩

3.主张治家非一宝,富国非一道,善用市场供求规律也可为国聚财

桑弘羊善于运用市场供求规律为国聚财,这是他对管仲轻重理财思想的继承和发扬。在回应贤良文学对其重末抑本的责难时,他说:"无末利,则本业无所出。"⑪"古之立国家者,开本末之途,通有无之用。市朝(市场)以一其求,致士民(招徕四方百姓),聚万货,农商工师各得所欲,交易而退。……故工不出,则农用乏;商不出,则宝货绝。农用乏,则谷不殖;宝货绝,则财用匮。"⑫"商贾之富,或累万金,追利乘羡之所致也。"⑬"天地之利无不赡,而山海之货无不富也。然百姓匮乏,财用不足,多寡不调,而天下财不散(疏散)也。"⑭"治家非一宝,富国非一道。""富国何必用本农,足民何必井田也?"⑮"物丰者民衍(富庶),宅近市者家富。富在术数,不在劳身;利

---

① 诸农:指大司农属官。
② 苑囿:饲养禽畜、种植树木的园子。苑有墙,囿无墙。
③ 《盐铁论·园池第十三》。
④⑥ 《盐铁论·禁耕第五》。
⑤ 《盐铁论·刺权第九》。
⑦ 《盐铁论·复古第六》。
⑧ 《盐铁论·水旱第三十六》。
⑨ 《盐铁论·错币第四》。
⑩ 《盐铁论·非鞅第七》。
⑪ 《盐铁论·通有第三》。引《管子》语。但今本《管子》无此文,可能是亡篇中的文字。
⑫ 《盐铁论·本议第一》。
⑬⑮ 《盐铁论·力耕第二》。
⑭ 《盐铁论·通有第三》。

在势居，不在力耕也。"①"圣人因天时，智者因地财，上士取诸人，中士劳其形。""善为国者，天下之下我高，天下之轻我重。以末易其本，以虚易其实。""异物内流则国用饶，利不外泄则民用给矣。"②"工商梓匠，邦国之用。器械之备也，自古有之。"③"往者，郡国诸侯各以其方物贡输，往来烦杂，物多苦恶（粗劣），或不偿其费。故郡国置输官以相给运，而便远方之贡，故曰均输。开委府（设仓库）于京师，以笼货物。贱即买，贵则卖。是以县官不失实（实物），商贾无所贸（牟）利，故曰平准。平准则民不失职，均输则民齐劳逸。故平准、均输所以平万物而便百姓，非开利孔而为民罪梯者也。"④"王者塞天财（国君控制自然资源），禁关市，执准守时，以轻重御民。丰年岁登，则储积以备乏绝；凶年恶岁，则行币物（货币和财物），流（泄）有余而调不足也。"⑤"夫理国之道，除秽锄豪，然后百姓均平，各安其宇。"⑥"民大富，则不可以禄使也；大强，则不可以罚威也。非散聚均利不齐，故人主积其食，守其用（货币），制其有余，调其不足，禁溢羡（禁止拥有过多的财富），厄（扼制）利涂（途），然后百姓可家给人足也。"⑦桑弘羊还对自己一生理财的成功经验作了如下总结："余结发束修年十三，幸得宿卫，给事辇毂之下（在京师供职），以至卿大夫之位，获禄受赐，六十有余年矣。车马衣服之用，妻子仆养之费，量入为出，俭节以居之，奉禄赏赐，一二筹策之（一点一点地计划安排），积浸（渐）以致富成业。故分土若一，贤者能守之；分财若一，智者能筹之。夫白圭之废著（白圭从事买贱卖贵的生意），子贡之三至千金，岂必赖（取）之民哉？运之六寸⑧（不过靠运用心计），转之息耗（盘算盈亏），取之贵贱（物价涨落）之间耳！"⑨

4. 主张严刑峻法治惰民，反对滥施恩惠

桑弘羊将商鞅的严刑峻法思想发扬光大，提出了对惰民和恶民施恩惠无益于富民强国的主张。他说："博戏驰逐之徒（整天赌博游戏不务正业之徒），皆富人子弟，非不足者也（而非穷人）。民饶则僭（愈）侈，富则骄奢，坐而委蛇（萎靡），起而为非（为非作歹），未见其仁也。"⑩"古者制田百步为亩，民井田而耕，什而籍（征）一。乂先公而后己，民臣之职也。先帝哀怜百姓之愁苦，衣食不足，制田二百四十步而一亩，率（大体）三十而税一，堕（惰）民不务田作，饥寒及己，固其理也。"⑪"古者，诸侯争强，战国并起，甲兵不休，民旷于田畴，什一而籍（但是什一而税），不违其职（依然

---

① ③ 《盐铁论·通有第三》。
② ⑤ 《盐铁论·力耕第二》。
④ 《盐铁论·本议第一》。
⑥ 《盐铁论·轻重第十四》。
⑦ 《盐铁论·错币第四》。
⑧ 六寸，《汉书》卷21《律历志上》："其算法用竹径一分，长六寸，二百七十一枚而成六觚为一握。"
⑨ 《盐铁论·贫富第十七》。
⑩ 《盐铁论·授时第三十五》。
⑪ 《盐铁论·未通第十五》。

照常征收)。今赖陛下神灵，甲兵不动久矣，然则民不齐出于南亩，以口率被垦田而不足（按照现在人口总数和垦田总数互相比较，垦田数还不如人口数多），空仓廪而赈贫乏，侵益日甚（亏损一天比一天严重），是以愈惰而仰利县官也。为斯君者亦病矣（为这样的百姓当君主已经很辛苦了），反以身劳民（还要为民操劳），民犹背恩弃义而远流亡，避匿上公之事。民相仿效，田地日芜，租赋不入，抵扞（抗拒）县官。君虽欲足（君主虽然想使国家富足），谁与之足乎？"①"共其地，居是世也，非有灾害疾疫，独以贫穷，非惰则奢也；无奇业旁入，而犹以富给，非俭则力也。今日施惠悦尔（就高兴），行刑不乐（则不乐），则是闵（怜悯）无行之人，而养惰奢之民也。故妄予不为惠，惠恶者不为仁。"②"人君不蓄恶民，农夫不蓄无用之苗。"③"犀銚利鉏（锋利的大锄），五谷之利而闲草之害也。明理正法，奸邪之所恶而良民之福也。"④"俗非唐、虞之时，而世非许由之民，而欲废法以治，是犹不用隐括斧斤，欲挠曲直枉也。""为治者不待自善之民，为轮者不待自曲之木。"⑤

桑弘羊十分赞赏商鞅的治国理政方法和丰功伟绩。他说："昔商君相秦也，内立法度，严刑罚，饬政教，奸伪无所容。外设百倍之利（对外采取了许多增加财政收入的措施），收山泽之税，国富民强，器械完饰，蓄积有余。是以征敌伐国，攘地斥境（夺地拓境），不赋百姓而师以赡。""商君起布衣，自魏入秦，期年（一年）而相之，革法明教，而秦人大治。故兵动而地割，兵休而国富。孝公大说（悦），封之於、商之地方五百里。功如丘山，名传后世。世人不能为，是以相与嫉其能而疵其功也。"⑥

5.支持算缗告缗，增加国家财政收入

算缗和告缗是武帝时期为了弥补财政收入不足而对工商业者采取的一种筹款措施。所谓算缗，就是凡工商业者，都要如实向政府呈报自己的财产数，二缗抽取一算的税⑦，税率相当于6%；小工商业者可以减半抽税。凡有乘坐马车的（官吏和战士除外），一乘抽税一算，运货的马车抽二算，船五丈以上的抽一算。所谓告缗，就是对不如实呈报财产的人，鼓励大家告发，经调查属实者，除了被告发人的财产被全部没收、戍边一年外，告发的人可得到被没收财产一半的奖赏。算缗和告缗的最初倡议者是御史大夫张汤，元狩四年（前119年）颁布了推行的法令。但是由于阻力重重，未能认真贯彻执行。后来武帝让杨可专门主持告缗的事，并清除了政府机构中推行算缗和告缗的种种障碍，才使他得以放手进行。桑弘羊当了大农丞后，为了支持杨可把告缗坚持下去，又重

---

① 《盐铁论·未通第十五》。
② 《盐铁论·授时第三十五》。
③ 《盐铁论·后刑第三十四》。
④ 《盐铁论·申韩第五十六》。
⑤ 《盐铁论·大论第五十九》。
⑥ 《盐铁论·非鞅第七》。
⑦ 一缗即一贯，每缗为1000文钱，一算为120文钱。

申了告缗令。这样，告缗的活动就在全国普遍推开了。算缗和告缗令推行的结果，中等以上的工商业者，大都受到了告发。政府派出官吏到各地处理算缗和告缗的事，政府得到以亿计的财物和成千上万的奴婢，没收的田地，大县数千顷，小县百余顷，还有很多房屋。中等以上的工商业者纷纷破产，而政府的国库却充实起来，对武帝的对外征伐战争起到了有力的支援作用。

在算缗和告缗取得重大成果后，政府在各地没收了一批田地，为了经营和管理这些土地，在水衡、少府、太仆、大农等四个机关都设置了农官，负责将这些土地租给农民，政府收取田租。桑弘羊对这件事是竭力支持和赞扬的。但是由于政府经营和管理不善，租种的农民不愿在上面种桑榆菜果，而且这些土地又常常被官僚豪强等有权有势的人所侵占。为此，有人提出要停止出租。桑弘羊明确指出，出租土地仍然是利多弊少。如果因为地力未尽、获利不多而罢去，不但会影响国家财政收入，对租地农民也没有好处，所以租地政策仍要坚持执行，不能停顿。

在回应贤良文学对算缗和告缗等敛财措施给工商业者和民众生活造成严重破坏的责难时，桑弘羊从抗击匈奴功在当代、利在千秋的角度进行了辩护。他说："昔夏后氏（底定、平定）洪水之灾，百姓孔勤（百姓非常劳苦），罢于笼臿（疲于抬筐挖土），及至其后，咸享其功。先帝之时，郡国颇烦于戎事，然亦宽三陲之役（但后来也放宽了东、南、西三面边境的徭役）。语曰：'见机不遂者陨功。'一日违敌（放走了敌人），累世为患。休劳用供（后方和前线得到合理安排），因敝乘时（利用敌人疲惫，乘机消灭它）。帝王之道，圣贤之所不能失也。功业有绪（先帝建立的功业要不断传承下去），恶劳而不卒（害怕劳苦而不完成），犹耕者倦休而困止也。夫事辍者无功，耕怠者无获也。"①

三、对桑弘羊治国理政思想及税收思想的简要评述

1.对桑弘羊治国理政思想的简要评述

桑弘羊是中国历史上颇受争议的一位政治家和理财家。他一生基本上与汉武帝共终始，全力以赴支持武帝的文治武功政策，在讨伐匈奴、开疆拓土、屯垦戍边、开辟"丝绸之路"、抑制豪强兼并、巩固中央集权、运用商品经济规律和轻重之法理财、强化法治等方面取得了辉煌的业绩和成就，是管仲、商鞅、韩非子的忠实信徒。桑弘羊不拘泥于古圣先贤的功业和成论，而是一切从实际出发，解放思想，与时俱进，与武帝携手，开创了西汉王朝治国理政的新局面，其贡献应当予以充分肯定。但任何事物都有其两面性。过分强调武力征伐而轻视百姓疾苦，过分强调功利实效而轻视礼义教化，过分强调

---

① 《盐铁论·击之第四十二》。

法治的威严而轻视德治的长远效用，过分强调国富国强而轻视民富民强，过分强调运用工商末业理财而轻视农为邦本，过分强调抑制豪强垄断兼并而轻视保护工商业者的正当利益，其后果就是名为建千秋功业而实为损害国家的根本利益，制造社会危机。

2. 对桑弘羊税收思想的简要评述

桑弘羊的税收思想是其治国理政思想的重要组成部分，本书将其提炼归纳为五个方面，包括：（1）屯垦戍边，攻防结合，保国安民；（2）盐铁官营，建立财政收入稳定增长的机制；（3）治家非一宝，富国非一道，善用市场供求规律也可为国聚财；（4）严刑峻法治惰民，反对滥施恩惠；（5）支持算缗告缗，增加国家财政收入。桑弘羊的税收思想基本上继承了管子的轻重理财思想，并在新形势下加以发扬光大。他善于运用商品供求规律理财并主动调控经济运行的做法是值得肯定的，对后世理财家刘晏、王安石等都产生了重要影响。但他把屯垦戍边、盐铁官营、均输平准、酒类专卖视为千古不变的理财妙法，而对建立稳固规范的赋税征课制度不太重视，常常是只看到这些政策宏观上的好处，而忽视其执行层面存在的种种问题，所以表面的轰轰烈烈与实际中的危机四伏、民不聊生常常相伴而生，这与他与时俱进、重实效的思想是矛盾的；在推行算缗告缗的过程中，桑弘羊借摧抑兼并之名，将大部分工商业者摧毁，这与他重商主义者之名也是矛盾的；桑弘羊重国轻民，为了满足汉武帝好大喜功、骄奢淫佚的需要，不惜牺牲成千上万劳苦大众的利益，对不服从者采取严刑峻法政策进行无情的打击，在继承法家思想精华的同时，连其糟粕也全盘继承并发扬光大了，这与他"有益于国，无害于人"的说辞也是矛盾的。武帝晚年已经从现实的种种教训中提前认识到问题的严重性，开始主动调整治国理政策略，实行休养生息政策，但桑弘羊跟不上武帝的思路，仍顽固地坚持其以前的政策，并把它视为独门绝技，不肯调整和改变，对贤良文学的一些正确建议和主张全盘否定。霍光、田千秋、杜延年等开明大臣想顺应历史潮流，贯彻武帝的休养生息政策，桑弘羊却强烈反对和抵制，最终酿成杀身之祸，这不能不引为后人鉴戒。

桓宽在《盐铁论》一书的末尾，站在同情贤良文学和百姓疾苦的角度，对桑弘羊在盐铁会议上的表现作了较中肯的评价。他说："悲夫！公卿知任武可以辟地，而不知广德可以附远；知权利可以广用，而不知稼穑可以富国也。近者亲附，远者说（悦）德，则何为而不成，何求而不得？不出于斯路，而务蓄利长威，岂不谬哉！""桑大夫据当世，合时变，推道术，尚权利，辟略小辩（略施小小的辩才），虽非正法，然巨儒宿学恧然（然而像贤良、文学这些大儒宿学却感到惭愧），不能自解，可谓博物通士矣。然摄卿相之位，不引准绳，以道化下，放于利末，不师始古。""处非其位，行非其道，果陨其性（命），以及厥（其）宗。"①

司马迁作为一代大文豪，是既重儒又尚利还言道的杂家，一生与桑弘羊基本上共终

---

① 《盐铁论·杂论第六十》。

始,曾在李陵之祸中遭武帝宫刑之辱,对武帝的残暴是有切肤之痛的,而桑弘羊又是武帝一生所宠信的大红人,所以他对桑弘羊的功过也采取了名褒实贬的态度。在《史记》这部宏篇巨著中,他一方面高度赞赏桑弘羊在理财方面"民不益赋而天下用饶"的非凡才能,但另一方面又从儒家、道家的立场出发,批评他是一个"兴利之臣"[1],不体恤民众疾苦,过于刻薄,因而拒绝为其立传,以示抗议,甚至借卜式之口发出"烹弘羊,天乃雨!"[2]的感慨!这是值得反思的。

主要参考文献:

《盐铁论》。

《盐铁论译注》,王贞珉注译,吉林文史出版社1995年版。

《桑弘羊评传》,晋文著,南京大学出版社2005年版。

---

[1][2] 《史记》卷30《平准书》。

刘 向

一、刘向生平简介

刘向（前79—前6），原名刘更生，字子政，西汉经学家、目录学家、文学家。祖籍沛县（今江苏徐州沛县），汉高祖刘邦同父异母弟楚元王刘交四世孙，生于汉昭帝元凤二年（前79年）。宣帝地节二年（前68年，宣帝即位五年），顾命大臣霍光死，宣帝亲政，12岁的刘向以父刘德荫任辇郎。因其聪明好学，精通儒家和道家方术之学，又写得一手好文章，宣宣神爵二年（前60年），年已20岁的刘向经朝中大臣举荐，被擢为谏大夫。不久，便以名儒俊才置于宣帝左右。此后的4年中，刘向待诏金马门，参谋协理中枢政治，在优越的条件下参与了广博的思想和学术交流活动，并锻炼了其敏锐的政治眼光和政治才华。不过，五凤二年（前58年），24岁的刘向因受道家养生炼丹思想影响，给宣帝献炼金方术，因屡试不验而下狱，差点丢了性命。经父兄阳城侯刘安民援救和宣帝怜惜才免于一死。但出狱之日（五凤二年），其父刘德却离开了人世，成为刘向一生的憾事。五凤三年（前57年），宣帝欲兴《谷梁春秋》，弘《五经》，遂征召刘向任《谷梁》博士江公助教。甘露三年（前51年），宣帝在皇家藏书殿石渠阁召开盛大的学术会议，召集全国各地的学者，就儒学中的各种分歧问题进行公开辩论和研讨。刘向以学者身份参加了此次规模空前的学术会议，并作了有关"五经同异"的专题发言，赢得与会者高度赞赏。在他的极力推动下，原属民间学派的梁丘《易》、大小夏侯《尚书》和谷梁《春秋》等都由私学进入了官学，刘向也因在石渠阁会议上的出色表现和为儒学正统地位的进一步巩固所做巨大贡献，而被拜为郎中，给事黄门。不久又迁散骑谏大夫给事中，可谓官复原职，又加官拔擢。不过，刘向已无机会报答宣帝的知遇之恩了。就在石渠阁会议的第三年，即黄龙元年（前49年）冬十二月，宣帝崩于未央宫，汉元帝刘询继位。刘询素以仁善好儒闻名，但又懦弱昏聩多疑，在处理尚书机构中宦官外戚弘恭、石显与儒臣萧望之、周堪和刘向的权力平衡时，他经常受谗言而倒向宦官外戚一边，致使太傅萧望之、周堪和刘向等儒臣多次免官下狱，受不白之冤。是时，土地兼并等社会矛盾尖锐，天下灾异频发，众人疑惑，刘向以其博学多识，屡次上书，以《春秋》故事、阴阳五行等为依据，称引灾异，推论时政得失，并弹劾外戚，抨击宦官专权误国，极言用贤去谗之利。但由于恭、显势力过于强大，元帝又喜怒无常，刘向始终被排斥于权力中心之外。从初元二年（前47年）上《变事》而免为庶人算起，至成帝建始元年（前32年）48岁复出，其间十五年时间，刘向就是在与宦官外戚的残酷斗争中时起时伏、痛苦度日的。但在闲居在家期间，他并未沉沦，而是一边继续关注时事，一边静心研磨经典，写下了《急谗》《挞要》《救危》《世颂》《九叹》等名篇。值得一提的是，元帝建昭三年（前36年），元帝派西域都护、骑都尉甘延寿与副校尉陈汤出使，途中两人矫制，发西域诸国兵马及汉屯田吏士，向匈奴分支郅支单于发起攻击，大获全胜，次年将单于首级送达京师请功。不料朝臣对其矫制产生异议，不同意记功。此事久议不决，被搁置了起来。直到两年后的竟宁元年（前33年）春正月，刘向趁匈奴呼韩邪单于受郅支单于被诛之事震动，再次来朝觐见，请求和亲，元帝赐后宫良家女子王昭君为阏氏以及同月皇太子行冠礼之机，以"故宗正"的身份向元帝上书，请求计大功者不计小过，封赏甘、陈二将，元帝欣然允诺，最终封甘延寿为义成侯，陈汤为关内侯，拜甘为长水校尉，汤为射声校尉，告上帝、宗庙，大赦天下。这次上疏是刘向在元帝末年的一次成功的政治实践。此时已是竟宁元年夏五月。同月壬辰日，元帝崩于未央宫。六月，元帝太子成帝即位。史载，成帝"好经书，宽博谨慎"，"性宽而好文辞"①"性宽，进入直言。"②这为刘向当好通儒与谏臣这两种角度提供了绝好的条件。但事实是，刘向只扮演好了第一个角色，而第二个角色则因成帝的荒淫昏聩而告失败。成帝即位后，大肆任用皇后王政君③之戚，致使"王氏子弟皆卿、大夫、侍中、诸曹，分据势官满朝廷。"史称"王氏之兴自元凤始。"④而宦官石显则被踢出了内廷，在举家遣回故乡途中忧愤绝食而死。⑤成帝即位后，帝元舅大将军王凤用事，颇能举贤任能，刘向乃复进用，以故九卿召拜中郎，使领护三辅督水。数奏事，迁为光禄大夫。但因王凤的疑忌，一直未能进入权力中枢。在刘向进用的同时，他也把其子刘歆引见给了成帝。歆因懂《诗》《书》而受到赏识，待诏宦者署，为黄门郎，从此走上与刘向一样的仕途。成帝建始元年十二月，大风坏甘泉竹宫，成帝问因果，刘向将其归于匡衡等变革郊祀之礼。是年更名为向。成帝河平三年（前26年）秋八月，成帝为了照顾刘向这位博学多闻的三代老臣，让他以光禄大夫的身份主持校理皇家典藏图书，任中秘书，其子刘歆随父任助理，这是向、歆父子一生的重要转折点。史家对西汉时期武帝设五经博士、宣帝召开石渠阁会议、成帝命刘

---

① 《汉书》卷85《谷永杜邺传》。
② 《汉书》卷100《叙传》。
③ 王政君的父亲名王禁，哥哥即汉成帝的舅舅大司马大将军王凤。
④ 《汉书》卷98《元后传》。
⑤ 见《汉书》卷93《佞幸传》；《汉书》卷81《匡衡传》。

向、刘歆校中秘书这三件大事评价甚高，认为它是奠定西汉文教的三大关键举措，对保证中国传统文化绵延不绝发挥了不可估量的历史作用。在任中秘书期间，刘向校阅整理了大量古今典籍图书，精心编撰了《洪范行传论》《新序》《说苑》《别录》《列女传》《楚辞》等重要著作。其中，《别录》为我国目录学的奠基之作，是刘向最具开创性的学术成就。在此期间，他还上封事极谏外戚用事，上疏谏营陵之事，上奏陈说灾异，上奏陈说兴辟雍、设庠序、陈礼乐。

刘向有三个很有作为的儿子，长子刘伋是《易》学教授，官至郡太守；次子刘赐官至九卿丞，可惜早逝；小儿子刘歆是西汉末年最著名的思想家和政治家之一，曾助王莽称帝，权高位重，后因与其政见不和，在朝廷内乱中被逼自杀。刘向从事校书工作18年之久，直到成帝绥和元年（前8年）72岁去世，此项工作仍未完成。其间，大约在成帝鸿嘉四年（前17年），成帝迁刘向为正二千石的中垒校尉。刘向死后，其子刘歆继父职，为中垒校尉，并在哀帝和王莽称帝时期完成了父亲未竟的事业。刘向为人简易无威仪，廉靖乐道，不交接世俗，专积思于经术，昼诵书传，夜观星宿，或不寐达旦，终成一代宗师。①

刘向的治国理政思想集中反映在《新序》《说苑》和《列女传》等三部代表作之中。在这些著作中，刘向大量摘录了有关的经典故事、君臣对话和名言警句，并采取夹叙夹议方法，表达了其对治国理政及君子人格修养等问题的基本看法。

二、刘向税收思想的主要内容

在刘向的著作中，有关税收问题的专门论述并不多，但从他引述的各种历史故事、君臣对话和名言警句中，仍可清楚地看出其税收思想的基本倾向。本书将其提炼归纳为以下四个方面。

1. 主张轻徭薄赋

刘向说：中行寅②将亡，欲加罪于太祝，太祝不服。对曰："昔者吾先君中行穆子皮车十乘，不忧其薄也，忧德义之不足也。今主君有革车百乘，不忧德义之薄也，唯患车之不足也。夫舟车饰则赋敛厚，赋敛厚则民怨诅（怨恨诅咒）矣。且君以为祝有益于国乎？则诅亦将为亡矣。一人祝之，一国诅之，一祝不胜万诅，国亡不亦宜乎？"中行子

---

① 《汉书》卷36《楚元王传》。
② 中行文子，名寅，晋国贵族，中行氏卿族的最后一人，又作荀寅。晋国卿族内部争斗加剧。中行氏和范氏相睦，结为姻亲。前497年，因为在对卫国进贡的500户平民的安置问题上有分歧，赵简子杀了自己的族子邯郸大夫赵午，而赵午是中行寅的外甥。于是中行氏、范氏和邯郸赵氏一同攻打赵氏于晋阳。但智氏想让自己的爱臣梁婴父为卿取代中行寅，魏氏、韩氏也与中行氏和范氏不和，于是这三家取得晋定公的命令，率兵帮赵氏解了围。中行氏和范氏战败，占据朝歌，得到包括周天子在内的晋国敌对势力的支持。

乃惭。①

晋文公出猎，有大蛇阻道，大臣欲逐驱之，文公不允。曰："夫神不胜道，而妖亦不胜德，祸福未发，犹可化也。"遂还车反。宿斋三日，请于庙曰："孤少牺不肥，币不厚，罪一也。孤好弋猎，无度数，罪二也。孤多赋敛，重刑罚，罪三也。请自今以来者，关市无征，泽梁无赋敛，赦罪人，旧田半税，新田不税。"行此令未半旬，守蛇吏谒之，蛇已臭腐矣。②

鲁哀公问于仲尼曰："吾欲小则守、大则攻，其道若何？"仲尼曰："若朝廷有礼，上下有亲，民之众皆君之蓄也，君将谁攻？若朝廷无礼，上下无亲，民众皆君之雠（仇）也，君将谁与守？"于是废泽梁之禁，弛关市之征，以为民惠也。"③

楚庄王欲伐陈，使人视之。使者曰："陈不可伐也。"庄王曰："何故？"对曰："其城郭高，沟壑深，蓄积多，其国宁也。"王曰："陈可伐也。夫陈，小国也，而蓄积多，蓄积多则赋敛重，赋敛重则民怨上矣。城郭高，沟壑深，则民力罢矣。"兴兵伐之，遂取陈。④

公仪休相鲁，鲁君死，左右请闭门，公仪休曰："止！池渊吾不税，蒙山吾不赋，苛令吾不布，吾已闭心矣！何闭于门哉？"⑤

2. 主张勿夺民力

刘向说："纣为鹿台，七年而成，其大三里，高千尺，临望云雨。作炮烙之刑，戮无辜，夺民力。冤暴施于百姓，惨毒加于大臣，天下叛之，愿臣文王。及周师至，令不行于左右。悲乎！当是时，求为匹夫不可得也，纣自取之也。"⑥

武王问于太公曰："治国之道若何？"太公对曰："治国之道，爱民而已。"曰："爱民若何？"曰："利之而勿害，成之勿败，生之勿杀，与之勿夺，乐之勿苦，喜之勿怒，此治国之道。使民之谊（义）也，爱之而已矣。民失其所务，则害之也；农失其时，则败之也；有罪者重其罚，则杀之也；重赋敛者，则夺之也；多徭役以罢（疲）民力，则苦之也；劳而扰之，则怒之也。故善为国者遇（对待）民，如父母之爱子，兄之爱弟，闻其饥寒为之哀，见其劳苦为之悲。"⑦

魏文侯见箕季其墙坏而不筑，文侯曰："何为不筑？"对曰："不时，其墙柱而不端。"问曰："何不端？"曰："固然。"从者食其园之桃，箕季禁之。少焉日晏（宴），进粝餐之食，瓜瓠之羹。文侯出，其仆曰："君亦无得于箕季矣。曩者进食，臣窃窥之，粝餐之食，瓜瓠之羹。"文侯曰："吾何无得于季也？吾一见季而得四焉。其墙坏不筑，

---

① 《刘向新序·杂事第一》。
② 《刘向新序·杂事第二》。
③ 《刘向说苑·指武第十五》。
④ 《刘向说苑·权谋第十三》。
⑤⑦ 《刘向说苑·政理第七》。
⑥ 《刘向新序·刺奢第六》。

云待时者，教我无夺农时也。墙枉而不端，对曰固然者，是教我无侵封疆也。从者食园桃，箕季禁之，岂爱桃哉！是教我下无侵上也。食我以粝餐者，季岂不能具五味哉！教我无多敛于百姓，以省饮食之养也。"①

卫灵公以天寒凿池，宛春谏曰："天寒起役，恐伤民。"公曰："天寒乎？"宛春曰："君衣狐裘，坐熊席，陬隅有灶，是以不寒。今民衣敝不补，履决不苴（鞋子坏了不得编织），君则不寒，民则寒矣。"公曰："善。"令罢役。②

晋平公春筑台，叔向曰："不可。古者圣王贵德而务施（施恩），缓刑辟而趋民时。今春筑台，是夺民时也。夫德不施，则民不归；刑不缓，则百姓愁。使不归之民，役愁怨之百姓，而又夺其时，是重竭也。夫牧百姓，养育之而重（又）竭之，岂所以安命安存，而称为人君于后世哉！"平公曰："善！"乃罢台役。③

3.主张富国先富民

刘向说："天道布顺，人事取予；多藏不用，是谓怨府。故物不可聚也。"④

文王问于吕望曰："为天下若何？"对曰："王国富民，霸国富士，仅存之国富大夫，亡道之国富仓府，是谓上溢而下漏。"文王曰："善！"对曰："宿善不祥（隔夜行善不吉利）。是日也，发其仓府，以赈鳏、寡、孤、独。"⑤

武王问于太公曰："贤君治国何如？"对曰："贤君之治国，其政平，其吏不苛，其赋敛节，其自奉薄，不以私善害公法，赏赐不加于无功，刑罚不施于无罪，不因喜以赏，不因怒以诛，害民者有罪，进贤举过者有赏，后宫不荒，女谒不听，上无淫慝，下不阴害，不幸（兴建）宫室以费财，不多（增设）观游台池以罢民，不雕文刻镂以逞（炫惑）耳目，宫无腐蠹之藏，国无流饿之民，此贤君之治国也。"武王曰："善哉！"⑥

鲁哀公问政于孔子，对曰："政有使民富且寿。"哀公曰："何谓也？"孔子曰："薄赋敛则民富，无事则远罪，远罪则民寿。"公曰："若是则寡人贫矣。"孔子曰："诗云：'恺悌君子，民之父母'，未见其子富而父母贫者也。"⑦

河间献王曰："禹称民无食，则我不能使也；功成而不利于人，则我不能劝也。故疏河以导之，凿江通于九派，洒（泄）五湖而定东海，民亦劳矣，然而不怨者，利归于民也。"⑧

邹穆公有令食（喂）凫鹰必以秕，无得以粟。于是仓无秕，而求易于民，二石粟而得一石秕，吏以为费，请以粟食之。穆公曰："去，非汝所知也！夫百姓饱牛而耕，暴背而耘，勤而不惰者，岂为鸟兽哉？粟米，人之上食，奈何其以养鸟？且尔知小计，不知大会。周谚曰：'囊漏贮中。'而独不闻欤？夫君者，民之父母，取食

---

①② 《刘向新序·刺奢第六》。
③ 《刘向说苑·贵德第五》。
④ 《刘向说苑·谈丛第十六》。
⑤⑥⑦ 《刘向说苑·政理第七》。
⑧ 《刘向说苑·君道第一》。

之粟，移之于民，此非吾之粟乎？鸟苟食邹之秕，不害邹之粟也，粟之在仓与在民，于我何择？"邹民闻之，皆知私积与公家为一体也，此之谓知富邦。①

楚人有献鱼楚王者曰："今日渔获，食之不尽，卖之不售，弃之又惜，故来献也。"左右曰："鄙哉！辞也。"楚王曰："子不知渔者仁人也。盖闻囷仓粟有余者，国有饿民；后宫多幽女者，下民多旷夫；余衍之蓄聚于府库者，境内多贫困之民；皆失君人之道。故庖有肥鱼，厩有肥马，民有饿色，是以亡国之君藏于府库，寡人闻之久矣，未能行也。渔者知之，其以此喻寡人也，且今行之。"于是乃遣使恤鳏寡而存孤独，出仓粟，发币帛而振不足，罢去后宫不御者，出以妻鳏夫。楚民欣欣大悦，邻国归之。故渔者一献余鱼，而楚国赖之，可谓仁智矣。②

魏文侯出游，见路人反裘而负刍（看见农夫反穿裘衣背柴草）。文侯曰："胡为反裘而负刍。"对曰："臣爱其毛。"文侯曰："若不知其里尽，而毛无所恃耶？"明年，东阳上计钱布十倍，大夫毕贺。文侯曰："此非所以贺我也。譬无异夫路人反裘而负刍也，将爱其毛，不知其里尽，毛无所恃也。今吾田不加广，士民不加众，而钱十倍，必取之士大夫也。吾闻之下不安者，上不可居也，此非所以贺我也。"③

4. 主张崇俭戒奢

刘向说：桀为酒池，足以铉（举、浮）舟，糟丘（用酒糟堆起的山丘），足以望七里，一鼓而牛饮者三千人。关龙逢进谏曰："为人君，身行礼义，爱民节财，故国安而身寿也。今君用财若无尽，用人恐不能死，不革，天祸必降，而诛必至矣，君其革之。"立而不去（离开）朝，桀因囚拘之。君子闻之曰："天之命矣夫。"④

秦穆公闲，问由余曰："古者明王圣帝，得国失国当何以也？"由余曰："臣闻之，当以俭得之，以奢失之。"穆公曰："愿闻奢俭之节。"由余曰："臣闻尧有天下，饭于土簋（瓦盆），啜（喝、饮）于土铏（陶鼎），其地南至交趾，北至幽都，东西至日所出入，莫不宾服。尧禅天下，舜受之，作为食器，斩木而裁之，销铜铁，修其刃，犹漆黑之以为器。诸侯侈国之不服者十有三。舜释天下而禹受之，作为祭器，漆其外而朱画其内，缯帛为茵褥，觞勺有彩，为饰弥侈，而国之不服者三十有二。夏后氏以没，殷周受之，作为大器，而建九傲，食器雕琢，觞勺刻镂，四壁四帷，茵席雕文，此弥侈矣，而国之不服者五十有二。君好文章，而服者弥侈，故曰俭其道也。"由余出，穆公召内史廖而告之曰："寡人闻邻国有圣人，敌国之忧也。今由余圣人也，寡人患之，吾将奈何？"内史廖："夫戎辟（僻）而辽远，未闻中国之声也，君其遗（馈赠）之女乐以乱其政，而厚为由余请期（选定吉日以厚礼为由余提亲），以疏其间，彼君臣有间，然后可图。"君曰："诺。"乃以女乐三九遗（馈赠）戎王，因为由余请期。戎王果具女乐

---

① 《刘向新序·刺奢第六》。
②③ 《刘向新序·杂事第二》。
④ 《刘向新序·节士第七》。

而好之，设酒听乐，终年不迁，马牛羊半死。由余归谏，谏不听，遂去。入秦，穆公迎而拜为上卿。问其兵势与其地利，既已得矣，举兵而伐之，兼国十二，开地千里。穆公奢主，能听贤纳谏，故霸西戎。西戎淫于乐，诱于利，以亡其国，由离质朴也。①

秦始皇既兼天下，大侈靡，即位三十五年犹不息。治大驰道，从九原抵云阳，堑山堙谷（挖山填谷）直通之。厌先王宫室之小，乃于丰镐之间，文武之处，营作朝宫，渭南山林苑中作前殿。阿房东西五百步，南北五十丈，上可坐万人，下可建五丈旗，周为阁道。自殿直抵南山之岭以为阙，为复道，自阿房渡渭水属咸阳，以象天极，阁道绝汉，抵营室也。又兴骊山之役，锢三泉之底，关中离宫三百所，关外四百所，皆有钟盘帷帐，妇女倡优。立石阙东海上朐山界中，以为秦东门。于是有方士韩客侯生、齐客卢生，相与谋曰："当今时不可以居，上乐以刑杀为威，天下畏罪；持禄莫敢尽忠，上不闻过而日骄，下慑伏以慢欺而取容，谏者不用而失道滋甚。吾党久居，且为所害。"乃相与亡去。始皇闻之大怒，曰："吾异日厚卢生，尊爵而事之，今乃诽谤我，吾闻诸生多为妖言以乱黔首。"乃使御史悉上诸生，诸生传相告，犯法者四百六十余人，皆坑之。卢生不得，而侯生后得，始皇闻之，召而见之，升阿东之台，临四通之街，将数而车裂之。始皇望见侯生，大怒曰："老虏不良，诽谤而（尔、你）主，乃敢复见我！"侯生至，仰台而言曰："臣闻知死必勇，陛下肯听臣一言乎？"始皇曰："若欲何言？言之！"侯生曰："臣闻禹立诽谤之木，欲以知过也。今陛下奢侈失本，淫泆（佚）趋末；宫室台阁，连属增累，珠玉重宝，积袭成山；锦绣文采，满府有余；妇女倡优，数巨万人；钟鼓之乐，流漫无穷；酒食珍味，盘错于前；衣服轻暖，舆马文饰；所以自奉，丽靡烂熳，不可胜极。黔首匮竭，民力单（殚）尽，尚不自知，又急诽谤，严威克下，下喑上聋，臣等故去。臣等不惜臣之身，惜陛下国之亡耳。闻古之明王，食足以饱，衣足以暖，宫室足以处，舆马足以行，故上不见弃于天，下不见弃于黔首。尧茅茨不剪，采橡不斲（斫），土阶三等，而乐终身者，俗以其文采之少，而质素之多也。丹朱傲虐好慢淫，不修理化，遂以不升。今陛下之淫，万丹朱而十昆吾桀纣，臣恐陛下之十亡也，而曾不一存。"始皇默然久之，曰："汝何不早言？"侯生曰："陛下之意，方乘青云飘摇于文章之观，自贤自健，上侮五帝，下凌三王，弃素朴，就末技，陛下亡征（征兆）见久矣。臣等恐言之无益也，而自取死，故逃而不敢言。今臣必死，故为陛下陈之。虽不能使陛下不亡，欲使陛下自知也。"始皇曰："吾可以变乎？"侯生曰："形已成矣，陛下坐而待亡耳！若陛下欲更之，能若尧与禹乎？不然无冀也。陛下之佐又非也，臣恐变之不能存也。"始皇喟然而叹，遂释不诛。后三年始皇崩；二世即位，三年而秦亡。②

魏文侯问李克曰："刑罚之源安生？"李克曰："生于奸邪淫泆（佚）之行。凡奸邪之心，饥寒而起；淫泆者，久饥之诡（异形）也；雕文刻镂，害农事者也；锦绣纂组，伤女工者也。农事害，则饥之本也；女工伤，则寒之源也。饥寒并至而能不为奸邪者，

---

①②《刘向说苑·反质第二十》。

未之有也；男女饰美以相矜而能无淫泆者，未尝有也。故上不禁技巧，则国贫民侈，国贫穷者为奸邪，而富足者为淫泆，则驱民而为邪也；民以为邪，因之法随，诛之不赦其罪，则是为民设陷也。刑罚之起有原（源），人主不塞其本，而替其末，伤国之道乎？"文侯曰："善。"①

晋文公合诸侯而盟曰："吾闻国之昏，不由声色，必由奸利好乐。声色者，淫也；贪奸者，惑也；夫淫惑之国，不亡必残。自今以来，无（勿）以美妾疑妻，无以声乐妨政，无以奸情害公，无以货利示下。其有之者，是谓伐其根素，流于华叶。若此者（能这么做），有患无忧，有寇勿殚（除、消灭）。不如言者盟示之。"于是君子闻之曰："文公其知道乎？其不王者犹无佐也。"②

杨王孙③病且死，令其子曰："吾死欲裸葬，以返吾真，必无易（变）吾意。"祁侯闻之，往谏曰："窃闻王孙令葬必裸而入地，必若所闻，愚以为不可。令死人无知则已矣，若死有知也，是戮尸于地下也，将何以见先人？愚以为不可！"王孙曰："吾将以矫世也。夫厚葬诚无益于死者，而世以相高，靡财殚币而腐之于地下，或乃今日入而明日出，此真与暴骸于中野何异？且夫死者终生之化，而物之归者；归者得至，而化者得变，是物各返其真。其真冥冥，视之无形，听之无声，乃合道之情。夫饰外以夸众，厚葬以矫真，使归者不得至，化者不得变，是使物各失其然也。且吾闻之，精神者，天之有也；形骸者，地之有也；精神离形而各归其真，故谓之鬼。鬼之为言归也，其尸块然独处，岂有知哉？厚裹之以币帛，多送之以财宝，以夺生者财用。古圣人缘人情，不忍其亲，故为之制礼。今则越之，吾是以欲裸葬以矫之也。昔尧之葬者，空木（中空之木或光秃之木）为椟（棺材），葛藟（葛藤）为缄（捆绳）；其穿地也，下不乱泉，上不泄臭。故圣人生易尚（树立新风尚），死易葬（改变旧葬风俗），不加于无用，不损于无益。谓今费财而厚葬，死者不知，生者不得用，谬哉！可谓重惑矣。"祁侯曰："善。"遂裸葬也。④

三、对刘向治国理政思想及税收思想的简要评述

1.对刘向治国理政思想的简要评述

刘向的治国理政思想是以民本论为基础的。他说："夫天之生人也，盖非以为君也；天之立君也，盖非以为位也。夫为人君，行其私欲而不顾其人（民），是不承天意、忘其位之所以宜事也。"⑤"圣人之于天下百姓也，其犹赤子乎！饥者则食之，寒者则衣之，将之养之，育之长之，惟恐其不至于大也。……圣王布德施惠，非求报于百姓也；郊望

---

① ② ④ 《刘向说苑·反质第二十》。
③ 引自《汉书》卷67《杨胡朱梅云传》。
⑤ 引自刘向赞齐景公丞相弦章之廉。《刘向说苑·君道第一》。

禘尝（春、夏祭祀天地山川），非求报于鬼神也。山致其高（山到了一定高度），云雨起焉；水致其深，蛟龙生焉；君子致其道德，而福禄归焉。"①"夫天生民而立之君，使司牧之，无使失性（本性）。良君将赏善而除民患，爱民如子，盖之如天，容之若地。民奉（拥戴）其君，爱之如父母，仰之如日月，敬之如神明，畏之若雷霆。夫君，神之主也，而民之望也。天之爱民甚矣，岂使一人肆于民上，以纵其淫而弃天地之性乎？必不然矣。若困民之性，乏神之祀，百姓绝望，社稷无主，将焉用之（那么立这个君主还有什么用呢）？不去为何（不把他赶走，又能做什么呢）？"②"圣人之于天下也，譬犹一堂之上也。今有满堂饮酒者，有一人独索然向隅而泣，则一堂之人皆不乐矣；圣人之于天下也，譬犹一堂之上也。有一人不得其所，则孝子不敢以其物荐进（进献神灵）。"③"知天之天者（知道天之所以为天），王事可成；不知天之天者，王事不可成。王者以民为天，而民以食为天。"④

纵观刘向一生的经历、业绩和学术成就，有以下7个鲜明特点：（1）作为楚元王刘交的五世孙，刘向继承和发扬祖辈留下的深厚家学传统，以儒道为主，兼采百家，博学精思，夜以继日，终成一代宗师；（2）连续五代6人担任刘氏宗族族长（宗正），精通礼乐，善于变通，享有崇高的政治威望，并忠诚地捍卫刘氏江山的利益；（3）历宣帝、元帝、成帝三朝，政治经验极其丰富，能屈能伸，不失气节，直到善终；（4）因迷信神仙方术和反对外戚专权、王氏坐大等而屡遭打击排挤，一直未能进入统治集团的权力中枢；（5）任校秘书一职18年，呕心沥血，废寝忘食，校阅整理了大批皇家典藏图籍，为拯救古代文化遗产、修补秦始皇焚书坑儒造成的文化断层做出了重大贡献；（6）爱国爱民，心存慈悲，积极参政议政，维护了董仲舒、汉武帝以来独尊儒术、崇尚礼乐教化的思想文化传统；（7）首创《列女传》，为上百位有通才卓识、奇节异行的杰出女性作传，以讽谏赵飞燕等皇后、嫔妃和外戚的淫乱专权行为，为后世研究中国妇女发展史提供了不可多得的珍贵史料，影响深远。不过，刘向的思想中也充斥着大量神仙方术和灾异迷信等思想糟粕，对儒家正统思想的崇尚也让其在文化创新方面少有建树，对妇女奇节异行的赞赏也夹杂着"三从四德""从一而终"等封建礼教的消极内容。

2.对刘向税收思想的简要评述

刘向的税收思想是其治国理政思想的重要组成部分，但都隐含在历史故事的叙述中，其基本内容不外乎轻徭薄赋、勿夺民力、安国富民、崇俭戒奢等儒家传统思想，对具体民生和税收问题的探讨较少。这与刘向长期生活在京城、与宦官和图书典籍为伍、接触底层民众较少有关，也与西汉末期外戚坐大、政治斗争激烈、刘向更多关注刘氏政权的前途命运有关。

---

①③ 《刘向说苑·贵德第五》。
② 引自晋悼公与师旷讨论卫人出其君的对话。《刘向新序·杂事第一》。
④ 引自郦食其说汉王刘邦语。《刘向新序·善谋下第十》。

主要参考文献：

《〈新序〉全译》，李华年译注，贵州人民出版社1994年版。

《〈说苑〉全译》，王锳、王天海译注，贵州人民出版社1992年版。

《列女传》。

《汉书》等。

《刘向评传》，徐兴无著，南京大学出版社2005年版。

王 莽

一、王莽生平简介

王莽（前45—23），字巨君，汉孝元皇后弟曼之子，魏郡元城人（今河北大名县东），西汉末年政治家、改革家，新朝的建立者。王莽出身于一个古老、显赫的家族，它的历史最早可以追溯到春秋末期的田齐王族。汉武帝时期，王莽的曾祖父王贺曾做过绣衣御使，但因执法不力被罢官。王莽的祖父王禁少习法律，官至廷尉史，但因职位卑微，未能厕身于当时的上流社会，更谈不上恢复王氏家族昔日的辉煌了。王禁还是个酒色之徒，妻妾众多，共生了四女八男：长女君侠、次女政君、三女君力、四女君弟；长子王凤、次子王曼、三子王谭、四子王崇、五子王商、六子王立、七子王根、八子王逢时。其中只有王凤、王崇和王政君是一母同胞，他们的母亲李亲是王禁的嫡妻，后失宠，改嫁河东苟宾。

王氏家族的翻身是从王禁的次女王政君成为汉元帝的皇后开始的。宣帝五凤四年（前54年），年满18岁的王政君被其父通过魏郡的都尉送进宫，当了一名地位很低的宫人——家人子。两年后皇太子刘奭最宠爱的妃子司马良娣死了，名不见经传的王政君有幸被选为太子妃，次年（宣帝甘露三年，前51年）生下一名男婴，起名刘骜。太子有了继承人，汉宣帝有了嫡长皇孙，这是王氏家族时来运转、日渐辉煌的重要转折点。汉宣帝黄龙元年（前49年）十二月，宣帝崩于未央宫，太子刘奭即位，是为汉元帝。年仅3岁的皇太孙刘骜被立为太子，其母王政君被封为婕妤（仅次于皇后的嫔妃），王政君的父亲王禁被封为阳平侯。仅过3天，王政君又被立为皇后，其父王禁荣升为"特进"，王禁之弟王弘也被委以长乐卫尉（长乐宫卫戍司令）的重任。从此，王氏家族有权有势，尊荣无比，成为掌握刘氏江山前途命运的最大外戚集团。

王莽是王禁次子王曼的儿子，王政君的亲侄子。王莽的诸位兄弟皆为纨绔子弟，奢侈淫逸，不求上进，以声色犬马佚游为能事。王莽虽处孤贫，然能折节而为恭俭，勤身而博学，内以仁孝为本分，外以交结儒士权贵为乐，得到了元后及朝臣的赏识和拥戴。汉成帝阳朔三年（前22年），王莽受叔父大司马、大将军、领尚书事王凤举荐，得以拜为黄门郎，并升任射声校尉。这是他进入西汉政坛的起始点。是年24岁。与王莽同列的还有大儒扬雄和刘向子刘歆。汉成帝永始一年（前16年）五月，王莽继父王曼爵为新都侯（新都侯国，今河南省新野县境内），升任骑都尉、光禄大夫、侍中。是年30岁。汉成帝绥和元年（前8年），王莽以首发大奸代叔父王根为大司马。是年38岁。汉成帝绥和二年（前7年），成帝死，无嗣，太子刘欣即位，是为汉哀帝。汉哀帝开始强化刘氏力量，削弱王氏力量。在与帝党傅（哀帝祖母定陶傅太后）、丁（哀帝母丁太后）集团的争斗中，王莽失利。汉哀帝建平二年（前5年）夏，王莽被贬为庶人，离开居住了41年的长安城，迁往封邑南阳新野。是年41岁。汉哀帝元寿二年（前1年）六月，哀帝死于未央宫。太皇太后王政君诏王莽回朝，重新执政。王莽自为大司马，领尚书事。是年45岁。王莽立9岁的中山王刘箕子为皇帝，是为汉平帝。王莽清洗后宫，迫令赵飞燕、傅太后自杀，傅、丁集团覆灭。王莽专权，打击异己，以王舜、王邑为腹心，甄丰、甄邯主击断，平晏领机事，孙建为爪牙，刘歆典文章，建立了自己的领导核心。汉平帝元始元年（公元元年），王莽大搞符命骗局，得太傅和"安汉公"头衔。汉平帝元始四年（4年）春二月，王莽立女为汉平帝皇后。汉平帝元始五年（5年）年底，汉平帝病危，王莽模仿周公为他祈祷，并搞金滕之策的把戏，但并未应验。汉平帝死后，王莽按古礼大办丧事，要求600石以上的官员服丧三年。居摄元年（6年），王莽在群臣的反复鼓噪下，仿周公辅成王之制，居摄践祚，称假皇帝，改元。是年50岁。三月，王莽立汉宣帝玄孙2岁的刘婴为皇太子，号曰孺子。王莽初始元年（8年）春，三辅叛乱平息，王莽按照周爵五等①、地四等的古礼封赏群臣，并加封其子。九月，王莽生母功显君去世，王莽令其孙王宗代为服丧三年。十二月一日，王莽假符命即真天子位，改正朔，易服色，变牺牲，殊徽帜，异器制，改天下号曰"新"。是年52岁。始建国元年（9年）正月初一，王莽率公侯卿士向太皇太后王政君献新朝国玺，去汉号。始建国二年（10年），王莽接受刘歆建议，颁布五均、六筦令，加强国家对经济的全面控制。始建国五年（13年）二月，太皇太后王政君崩，享年84岁。王莽为太后服丧三年。地皇四年（23年）三月，平林、新市、下江兵将王常、硃鲔等共立圣公刘玄为帝，改元更始，拜置百官。是年18岁的汉高祖九世孙刘秀也是这支绿林军中的一员。为了压惊，王莽乃染须发，举行大婚，进所征天下淑女杜陵史氏女为皇后，大赏群臣，大赦天下。王莽听信谗言，率群臣上千人到南郊太庙大哭，祈求上天保佑。十月三日，王莽在未央宫四面环水的渐台被起义军中一个叫杜吴的商人杀死。是年68岁，距称帝15年。更始二年（24年），绿林军占领长安，下诏大赦。更始三年（25年）夏，赤眉军樊崇等众数十万人入关，立刘盆子为帝，年号建始。六月，刘秀称帝，定都洛阳，年号建武。建武三年（27年），刘

---

① 即公、侯、伯、子、男五爵。

秀攻灭赤眉军，统一天下。至此，久违的汉朝政权又重新回归刘氏，史称后汉、东汉。"光武中兴"的新纪元开启。

二、王莽税收思想的主要内容

王莽的税收思想是其治国理政思想的重要组成部分，本书将其提炼归纳为以下三个方面。

1. 推行王田制和均田制基础上的什一而税，禁止奴婢买卖

据载：始建国元年，王莽下诏曰："古者，设庐井八家，一夫一妇田百亩，什一而税，则国给民富而颂声作。此唐、虞之道，三代所遵行也。秦为无道，厚赋税以自供奉，罢（疲）民力以极欲，坏圣制，废井田，是以兼并起，贪鄙生，强者规田以千数，弱者曾无立锥之居。又置奴婢之市，与牛马同栏，制于民臣，颛（专）断其命。奸虐之人因缘为利，至略（掠）卖人妻子，逆天心，悖人伦，缪于'天地之性人为贵'之义。……汉氏减轻田租，三十而税一，常有更赋，罢癃咸出（老弱都服役），而豪民侵陵，分田劫假①。厥（其）名三十税一，实什税五也。父子夫妇终年耕芸（耘），所得不足以自存。故富者犬马余菽粟，骄而为邪；贫者不厌（饱）糟糠，穷而为奸。俱陷于辜，刑用不错。……今更名天下田曰'王田'，奴婢曰'私属'，皆不得卖买。其男口不盈（不超过）八，而田过一井②者，分余田予九族邻里乡党。故（以前）无田，今当受田者，如制度③。敢有非井田圣制，无（不、违）法惑众者，投诸四裔，以御魑魅。"④

王莽还依据《周礼·地官·载师》中有关"凡宅不毛者有里布，凡田不耕者出屋粟，凡民无职事者出夫家之征"的记载，作出规定："凡田不耕为不殖，出三夫之税；城郭中宅不树艺者为不毛，出三夫之布；民浮游无事，出夫布一匹。其不能出布者，见作（罚入手工作坊做工），县官衣食之。"⑤

王莽当了皇帝后，肆意破坏西汉与边远臣服民族的关系，擅自贬低他们的封号，激起这些蛮夷民族的强烈反抗。据载："匈奴侵寇甚，莽大募天下囚徒、人奴，名曰猪突豨勇，壹切（临时）税吏民，訾（按照资产估值）三十而取一。并令公卿以下至郡县黄绶吏，皆保养军马，吏尽复以与（转嫁给）民。民摇手触禁，不得耕桑，徭役烦剧，而

---

① 分田劫假，是西汉中后期出现的一种土地兼并现象。国家在发生水旱灾害、流民失所等现象时，为了维护社会稳定，将公田租给贫民，称为假田，一般按三十税一收租。但豪强势要也趁机占取公田，转租给贫民，收取什之五的租税，从而将贫民应当享受的租税优惠收入囊中，实际加重了贫民的租税负担。所谓劫假就指的这种情况。
② 一井，即九百亩。
③ 即按一夫一妇授田一百亩的古制执行。
④ 《汉书》卷99《王莽传》。
⑤ 《汉书》卷24《食货志下》。

枯、旱、蝗虫相因。又用（因）制作未定，上自公侯，下至小吏，皆不得俸禄，而私赋敛，货赂上流，狱讼不决。吏用苛暴立威，旁缘莽禁，侵刻小民。富者不得自保，贫者无以自存，起为盗贼，依阻山泽，吏不能禽（擒）而覆蔽（隐瞒）之，浸淫日广，于是青、徐、荆楚之地往往万数。战斗死亡，缘边四夷所系虏，陷罪，饥疫，人相食，及莽未诛，而天下户口减半矣。"①

王莽实行王田制和均田制基础上的什一而税及奴婢私属改革，本是为了保护农本，抑制豪强兼并，促进经济发展，缓和社会矛盾，保证财政收入，但因违背历史潮流，又严重触犯封建地主阶级和豪强贵族的利益，因而遭到强烈反对和顽强抵制。史载："坐买卖田宅奴婢……自诸侯卿大夫至于庶民，抵罪者不可胜数。"②始建国四年二月，中郎区博谏莽曰："井田虽圣王法，其废久矣。周道既衰，而民不从。秦知顺民之心，可以获大利也，故灭庐井而置阡陌，遂王诸夏，讫今海内未厌（极）其弊。今欲违民心，追复千载绝迹，虽尧、舜复起，而无百年之渐，弗能行也。天下初定，万民新附，诚未可施行。"莽知民怨，乃下书曰："诸名食王田，皆得卖之，勿拘以法。犯私买卖庶人者，且壹切（暂且）勿治。"③推行仅三年的王田私属和什一税改革就这样草草宣告失败了。天凤四年（17年），王莽为了报复官僚对王田私属和均田制改革的消极抵制，再次下令："上公以下诸有奴婢者，率一口出钱三千六百。"④这种人头税负担相当于汉代自由民算赋的30倍。

2.创行"五均六筦"法，全面加强盐铁专营和工商税收管理

汉兴以来，国家对山海之利曾采取弛禁政策，武帝时才开始实行严格的管制政策，但面对重重阻力和压力，时紧时松。王莽执政后，采纳国师公刘歆等人的建议，强化了对盐铁专营专卖的管理，并加强了对工商业税收的全面管理。其最具代表性的举措就是创行"五均六筦"法。

所谓五均，是指在京都长安和洛阳、邯郸、临淄、宛、成都等五大城市设五均司市师管理物价，以每季度中间一个月的物价为当地的"市平"即标准价格，物价低于"市平"，任百姓自由买卖。为百姓生活所需用的商品，如果卖不出去，官府按成本价收购，不使人赔本。高于市平，官府则按市平价格将这些商品予以出卖。这样，既能平抑和稳定物价，又可以为国家取得利润，增加财政收入。即："诸司市常以四时中月实定所掌，为物上中下之价，各自用为其市平，毋拘他所。众民卖买五谷布帛丝绵之物，周于民用而不售者，均官有以考验厥（其）实，用其本价取之，毋令折钱。万物昂贵，过平一钱，则以平价卖与（给）民。其价低贱减平者，听民自相与市，以防贵庾者。"⑤

所谓"六筦"，又称"六管"，是指官营盐、铁、酒；官铸铜钱；管理山川大泽；官办五均赊贷。具体做法有以下几种：第一种是允许私人开采，但由官府统购统销。这种

---

①⑤ 《汉书》卷24《食货志下》。
②③④ 《汉书》卷99《王莽传》。

方法适用于对列举的矿产品及龟、贝等海产品的管理。如规定："工商能采金、银、铜、连锡，登龟、取贝者，皆自占（申报）司市钱府，顺时气而取之。"①即工商业者凡从事金、银、铜、连锡等矿产开采和捕龟、取贝者，必须如实向五均司市钱府丞申报，按时令开采并由官府统购统销；第二种是官府垄断经营，私人不得参与。这种方法适用于对盐、铁、酒的管理；第三种是允许私人自由经营，但须在如实申报基础上普遍纳税，这种方法适用于对一般性山泽产品、各种非农工副业及其产品的管理。如规定："诸取众物、鸟、兽、鱼、鳖、百虫于山林、水泽及畜牧者，嫔妇桑蚕、织纴、纺绩、补缝，工匠、医、巫、卜、祝及它方技、商贩、贾人坐肆、列里区、谒舍，皆各自占（申报）所为于其所之县官，除其本，计其利，十一分之（分成11份），而以其一为贡。敢不自占、自占不以实者，尽没入所采取，而作县官一岁（还要在县衙服役一年）。"②这是我国赋税史上关于征收所得税的首次明确记载，具有重要的创新意义。"六管"中的另一项重要内容是官办"五均赊贷"业务，它具有用官办金融抑制民间高利贷的性质。"五均赊贷"虽非王莽首创，但他能把管仲和桑弘羊的理财经验活学活用，在我国金融史上也是难能可贵的。史载：始建国二年二月，"王莽初设六管之令。命县官酤酒（卖酒），卖盐铁器，铸钱，诸采取名山大泽众物者税之。又令市官收贱卖贵，赊贷予民，收息百月三。牺和③置酒士，郡一人，乘传督酒利。禁民不得挟弩铠，徙西海（否则流徙西部边疆）。"④又规定："民或乏绝，欲贷以治产业者，均授之，除其费，计所得受息，毋过岁什一。"⑤

关于推行"五均六筦"法的初衷，王莽指出："夫《周礼》有赊、贷，《乐语》有五均，传记各有斡（管）焉。今开赊贷、张五均、设诸斡者，所以齐众庶、抑并兼也。"⑥"夫盐，食肴之将；酒，百药之长，嘉会之好；铁，田农之本；名山、大泽，饶衍之藏；五均、赊贷，百姓所取平，卬（仰、赖）以给澹（赡）；铁布、铜冶，通行有无，备民用也。此六者，非编户齐民所能家作，必卬于市，虽贵数倍，不得不买。豪民富贾，即要（邀、要挟）贫弱，先圣知其然也，故斡（管、干预）之。"⑦

但"五均六筦"之法的推行也不是一帆风顺的。王莽把执行"五均六筦"之法的重任委派给身为富商大贾的几位大臣，他们与地方豪强势力勾结，假公济私，排斥异己，中饱私囊，囤积居奇，不但使国家利益受到损失，还加重了中小工商业者和贫苦农民的经济负担，致使盗贼四起，州里不安。加之频繁改革币制，脱离实际，私铸成风，刑罚苛苦，导致民怨日增，使"五均六筦"政策的实施效果与设计初衷完全背离，不久就废弛了。但王莽对这一利国利民的改革举措并不死心。他于天凤四年（17年）"复明六管之令"，要求吏民严格执行，然"每一管下，为设科条防禁，犯者罪至死，吏民抵罪者浸众。"纳言冯常上朝劝谏，王莽大怒，免去其职务，"选用能吏侯霸等分督六尉、六

---

① ② ⑤ ⑥ ⑦ 《汉书》卷24《食货志下》。
③ 王莽所设官名。即大司农，九卿之一，主掌全国财赋。也称"羲和"。
④ 《汉书》卷99《王莽传》。

队,如汉刺史,与三公士郡一人从事。"①第二年正月,大司马司允费兴即将到荆州赴任,临行前王莽问其治部方略,兴对曰:"荆、扬之民率(普遍)依阻山泽,以渔采为业。间者,国张六管,税山泽,妨(防)夺民之利,连年久旱,百姓饥穷,故为盗贼。兴到部,欲令明晓告盗贼归田里,假贷犁牛种食,阔(宽)其租赋,几(希望)可以解释安集。"莽大怒,免去兴荆州牧职务。②当时,"天下吏以不得俸禄,并为奸利,郡尹县宰家累千金。"为了打击这类发国难财的贪官污吏,王莽下诏曰:"详考始建国二年胡虏猾夏以来,诸军吏及缘边吏、大夫以上为奸利增产致富者,收其家所有财产五分之四,以助边急。"③但到新朝末期,农民起义已成星火燎原之势,天下局势愈发难以控制,"莽知天下溃畔(叛),事穷计迫,乃议遣风俗大夫司国宪等分行天下,除井田奴婢山泽六筦之禁,即位以来诏令不便于民者皆收还之。"④而此时大厦将倾,政令难行,空有仁政之心,也难收仁政之效了。

3. 频繁改革币制,用通货贬值洗劫社会财富

货币具有价值尺度、流通手段和财富储藏等多种功能,王莽对此已有较为深刻的认识。他试图通过对币材和货币铸造的国家垄断,来控制市场,打击富商巨贾兼并势力,并充实国家财政。为了达到这一目的,他在8年当中密集进行了四次币制改革。居摄二年(7年),第一次币制改革。他在西汉通行的五铢钱之外,加铸了3种货币:一是大钱,每枚重12铢,当五株钱50枚使用;二是契刀,每枚当五铢钱500枚使用;三是金错刀,每枚当五铢钱5000枚使用。4种货币同时流通。始建国元年(9年),第二次币制改革。为了表示"皇天革汉而立新,废刘而兴王",他废除古'刘'字中的错刀、契刀和五铢钱。除了当50枚五铢钱使用的大钱继续通行外,又加铸重1铢的"小钱",当五铢钱1枚使用。二者同时流通。始建国二年(10年),第三次币制改革,改行"宝货制"。"宝货制"使用了5种币材,6种货币名称,货币共有28个品种,简称"五物六名二十八品"。其中,五物六名是指:钱、布(二者皆为铜币,为一物)、金、银、龟、贝;"钱"货共六品:小钱、么钱、幼钱、中钱、壮钱、大钱,分别当五铢钱1、10、20、30、40、50枚;"布"货十品:大布、次布、弟布、壮布、中布、差布、厚布、幼布、么布、小布,分别当五铢钱1000、900……至100枚;"金"货一品:重1斤,值五株钱10000枚;"银"货二品:朱提银8两为1流,值五铢钱1580枚,其他银1流值五铢钱100枚;"龟"货四品:元龟、公龟、侯龟、子龟,分别当五铢钱2160、500、300和100枚;"贝"货五品:大贝、壮贝、么贝、小贝和次于小贝的贝。大贝至小贝共4种,以2枚为1朋,分别当五铢钱210、50、30、10枚,次于小贝的贝每枚当五铢钱3枚。"宝货制"的颁行,严重扰乱了市场交易和社会经济生活,导致"农商失业,食货俱废,民人至涕泣于市道。及坐卖买田宅、奴婢、铸钱,自诸侯、卿、大夫至于庶民,抵罪者不可胜

---

①②③④ 《汉书》卷99《王莽传》。

数。"① 王莽不得已在一年后宣布只行小钱和大钱二品，其余都停止使用。天凤元年（14年），第四次币制改革。王莽又废止大钱和小钱，另作货布、货泉两种货币：货布重25铢，当五铢钱25枚；货泉重5铢，当五铢钱1枚。

王莽的币制改革有三个显著特点：第一个特点是以小易大，以轻易重，大搞货币贬值。如：第一次改制中所铸大钱重12铢，含铜仅为五铢钱的2.4倍，却当五铢钱50枚使用，相当于每枚大钱要从百姓手中夺去五铢钱47.6枚；第二次改制禁行五铢钱，而改铸重1铢的小钱当五铢钱1枚使用，这样，每发行1枚小钱就可以从百姓手中夺去4倍的价值；第三次改制中的大布重1两，即24铢，不抵五铢钱5枚，却当五铢钱1000枚使用；第四次改制中的货布，重25铢，为五铢钱5倍，却当25枚五铢钱使用。第二个特点是以新废旧。王莽每次改革币制都是简单地把旧币废弃不用，最后一次改制虽然准许大钱贬值使用6年，但6年以后如何处理，也无明文。将旧的金属货币按名义价值与新币兑换，本来已经使旧币持有者遭受很大损失，然而即使这种不等价兑换，王莽政权也"卒不予直。"② 这实际上是对旧币持有者的公开掠夺。第三个特点是复古改制。王莽之所以那么热心币制改革，除了集中财权、打击豪强、抑制兼并的经济意义外，还有为其篡汉改新目的服务的政治意图。早在王莽称帝之前，他就运用自己的独断权力进行了第一次币制改革，称帝后又进行了3次币制改革，而且步伐越来越快，几乎每隔一到两年就进行一次。王莽大量引进《周官》和《王制》中的货币名称和币材，推行"五物六名二十八品"的"宝货制"，就是为了巩固其仿效"周公辅成王"故事的正当性；王莽将汉朝普遍流通的五铢钱排挤出新朝货币体系，其抹除汉朝遗迹、树立王莽独尊地位的政治意图更加明显。但无论王莽多么巧用心思，他的币制改革无一例外地都惨遭失败。因为它违背历史潮流，违背货币流通规律，在洗劫富商巨贾和大地主财富的同时，也把社会最底层的贫苦大众推入了水深火热之中，给市场交易秩序和社会经济生活秩序都造成了严重破坏。新莽政权在绿林、赤眉起义的熊熊烈火中化为灰烬，重蹈了秦朝短命而亡的覆辙，币制紊乱无疑起了十分重要的催化作用。

三、对王莽治国理政思想及税收思想的简要评述

1.对王莽治国理政思想的简要评述

王莽是中国历史上争议颇多的一个政治人物。关于王莽一生的是非功过，最经典的评价当属东汉史家班固。在其所著《汉书》的《王莽传》和《食货志》等篇章中，他说："王莽始起外戚，折节力行，以要（邀）名誉，宗族称孝，师友归仁。及其居位辅政，成、哀之际，勤劳国家，直道而行，动见称述，岂所谓'在家必闻，在国必

---

①② 《汉书》卷99《王莽传》。

闻''色取仁而行违'者邪？莽既不仁，而有佞邪之材，又乘四父历世之权，遭汉中微，国统三绝，而太后寿考为之宗主，故得肆其奸慝，以成篡盗之祸。推是言之，亦天时，非人力之致矣。及其窃位南面，处非所据，颠覆之势险于桀、纣，而莽晏然自以黄、虞复出也。乃始恣睢（任意横行），奋其威诈，滔天虐民，穷凶极恶，流毒诸夏，乱延蛮貉，犹未足逞其欲焉。是以四海之内，嚣然丧其乐生之心。中外愤怨，远近俱发，城池不守，支（肢）体分裂，遂令天下城邑为虚（墟）。丘垅发掘，害遍生民，辜（罪）及朽骨，自书传所载乱臣贼子无道之人，考其祸败，未有如莽之甚者也。昔秦燔《诗》、《书》以立私议，莽诵《六艺》以文奸言，同归殊途，俱用灭亡，皆炕龙绝气，非命之运，紫色蛙声，余分闰位，圣王之驱除云尔！"①"至于哀、平之际，皆继体苗裔，亲属疏远，生于帷墙之中，不为士民所尊，势与富室亡（无）异。而本朝短世，国统三绝，是故王莽知汉中外殚微，本末俱弱，亡（无）所忌惮，生其奸心。因母后之权，假伊、周②之称，颛（专）作威福庙堂之上，不降阶序（台阶、阶梯）而运天下。诈谋既成，遂据南面之尊，分遣五威之吏，驰传天下，班（颁）行符命。汉诸侯王厥角稽首③，奉上玺韨，惟恐在后，或乃称美颂德，以求容媚，岂不哀哉！是以究其终始强弱之变，明监（鉴）戒焉。"④"莽意以为制定则天下自平，故锐思于地理，制礼作乐，讲合《六经》之说。公卿旦入暮出，议论连年不决，不（无）暇省狱讼冤结民之急务。县宰缺者，数年守兼，一切贪残日甚。中郎将、绣衣执法在郡国者，并乘权势，传相举奏。又十一公士分布劝农桑，班（颁）时令，案诸章，冠盖相望，交错道路，召会吏民，逮捕证左，郡县赋敛，递相赇赂，白黑纷然，守阙告诉者多。莽自见前颛权（专权）以得汉政，故务自揽众事，有司受成苟免。诸宝物名、帑藏、钱谷官，皆宦者领之；吏民上封事书，宦官左右开发，尚书不得知。其畏备臣下如此。又好变改制度，政令烦多，当奉行者，辄质问乃以从前，前后相乘，愦眊（昏乱）不渫（泄、通）。莽常御灯火至明，犹不能胜。尚书因是为奸寝事，上书待报者连年不得去，拘系郡县者逢赦而后出，卫卒不交代三岁矣。谷常贵，边兵二十余万人仰衣食，县官愁苦。五原、代郡尤被（遭）其毒，起为盗贼，数千人为辈，转入旁郡。莽遣捕盗将军孔仁将与兵郡县合击，岁余乃定，边郡亦略将尽。""莽好空言，慕古法，多封爵人，性实吝啬，托以地理未定，故且先赋茅土，用慰喜封者。"⑤

可见，班固对王莽一生的人品事业基本是持全盘否定态度的。他指责王莽年轻时"在家必闻，在国必闻"，得势后"色取仁而行违"，表里不一，骗取名望，"既不仁而有佞邪之材"，在汉室衰微、三统继绝的非常时期"得肆其奸慝，以成篡盗之祸"，而且"窃位南面，处非所据"。对其欺世盗名、托古改制给当时社会造成的严重危害，可谓

---

① ⑤ 《汉书》卷99《王莽传》。
② 指伊尹、周公。王莽借周公辅成王故事为掩护，一步步登上了天子之位。
③ 指磕头作揖。
④ 《汉书》卷14《诸侯王表》序。

是奋笔疾书，非议至极，无以复加，并成为后世史家、思想家和政治家的成论。

进入近现代以来，随着时代环境的变化以及学术思潮的变化，人们对全盘否定王莽的做法也提出了不少异议。其中最具代表性的当属史学家吕思勉。在其所著《秦汉史》①一书中，他从五个方面阐述了自己的观点：（1）关于王莽篡权。他说："先秦之世，以其时之社会组织为不善，而思改正之者甚多，……此等见解，磅礴郁积，汇为洪流，至汉而其势尤盛，……此等思想，虽因种种阻碍，未之能行，然既磅礴郁积如此，终必有起而行之者，则新莽其人也。新莽之所行，盖先秦以来志士仁人之公意，其成其败，其责皆当由抱此等见解者共负之，非莽一人所能尸其功罪。新莽之为人也，迂阔而不切于事情，其行之诚不能无失。然苟审于事情，则此等大刀阔斧之举动，又终不能行矣。故曰：其成其败，皆非一人之责也。""凡莽之所行，汉人悉以伪字抹杀之，其实作伪者必有所图，所图既得，未有不露其本相者，莽则始终如一，果何所为而伪哉？《汉书》言其敢为激发之行，处之不惭恶（愧），此乃班氏父子曲诋新室之辞，平心论之，正觉其精神诚挚耳。""王莽为有大志之人。欲行其所怀抱，势不能不得政权；欲得政权，势不能无替刘氏；欲替刘氏，则排挤外戚，诛鉏（锄）异己，皆势不能免，此不能以小儒君臣之义论也。即以寻常道德绳之，后人之责莽，亦仍有过当者。""案《汉书》于莽无一佳语。然即如所述，亦见其奉法无私，以康济天下为怀者，必不计一人之祸福，谓莽以揽权得汉政，因猜防其臣下，浅之乎测丈夫矣。……谓其以暗昧至奸欺，亦非情实。盖莽所行者为革命之事，其利害与官吏根本不能相容，故虽严于督责，而卒弗能胜也。"（2）关于王莽新政。他说："新室政治，可分数端，一曰均贫富，二曰兴教化，三曰改官制，四曰修庶政，五曰兴学术。凡莽之所怀抱者，多未能行，或行之而无其效，虽滋纷扰，究未足以招大乱。其招乱者，皆其均贫富之政，欲求利民，而转以害之之故也。"（3）关于王莽改制。他说："莽所行最不可解者，为其钱币之制"；"莽于用财，亦有制度。……莽所定制，卓然犹有古义，惜未必能行耳"；"自宣帝已后（以后），即有离生活而言教化，以沽名誉者，黄霸等实开其端，……王莽亦坐此弊"；"新莽做事之无成，实由其规模之过大。其徒滋纷扰可议，其规模之大仍足称道也"；"莽之专制，颇类于秦始皇，其与学术则与始皇大异，即由其好研求故也"。（4）关于王莽之失。他说："莽之病，在于偏重立法，而不计法所以行，虽亦欲行督责之衡，而不知社会组织不变，党类利害相违，弊端终将百出无已，断非督责之术所能补救也。……故莽之败，究由所行之事，与社会情势不合者居多，其身之失，薄乎云耳。""举事规模过大，遂致流于奢侈而不自知，亦为莽之一失。"在论及王莽与周边少数民族关系时，吕著指出："新莽之性质，可谓最不宜于用兵，盖用兵必知彼知己，敏捷以赴事机，而莽则固执成见，不察事势也。莽之败亦可谓时势为之。……一意孤行，内未安而外亦终不能攘，好径行直遂者，可以鉴矣。"（5）关于王莽的支持率。他说："莽之败，为之尽节者不少，视汉末无一人

---

① 《秦汉史》，吕思勉著，商务印书馆2010年版。

死难者，相去远矣。知谓人心思汉者，乃班氏父子之私言，非天下之公言也。"

从班吕言论的比较中可以看出，班固是从维护汉统这一保守思想立论的，而吕思勉则从和平禅让的合理性立论的；班固贬莽，吕思勉则褒莽；班固认为王莽是一个奸人，吕思勉则认为王莽是个善人；班固认为王莽托古改制是倒退，吕思勉则认为托古改制是历史积渐所成，有其进步意义。但吕思勉和班固也有共通之处，即认为王莽书生气太重，善于空想，而拙于执行。

本人认为，西汉末年，皇室衰微，外戚专权，已成不可阻挡之势。王莽年轻时刻苦攻读儒家经典，努力践行忠孝礼义之道，为自己赢得了好名声；成年后借助太后和王家叔伯势力，逐渐掌握汉家军政大权；得势后大封群臣，交结权贵，排除异己，巩固了自己的执政基础；以"周公辅成王"故事为掩护，大搞符命游戏，以假乱真，一步步夺得汉氏江山；即真后胸怀儒家远大理想，以恢复三代盛世和西周礼制为理想，实行文化开放政策，针对土地兼并、奴婢买卖、盐铁私营、铸币混乱、赋役沉重等突出社会问题，大刀阔斧推进改革，勤于创新，精神可嘉，改革举措也切中时弊，颇有新意。王莽夺取汉家江山最初是得到社会各阶层的广泛认同和支持的，但后期则遭到社会各阶层的普遍反对，并由汉朝的救星沦落为窃国大盗而身败名裂，主要原因可以归纳为：托古改制违背历史潮流，不利于传统农业经济向商品经济的转型；改革步骤过于急迫，实施方案设计不周密，执行中朝令夕改、变通走样，为民谋福祉蜕变成为皇亲国戚和官僚贵族谋私利，加重了老百姓的负担；改革没有全盘战略，缺乏远见卓识，四面出击，阶级矛盾与民族矛盾同时激化；言行不一，不讲信用，大搞符命，玩吏民于股掌，导致和平禅让信义尽失，改革的支持者普遍成为改革的反对者。

2.对王莽税收思想的简要评述

王莽的赋税改革是其托古改制运动的重要组成部分。虽由于阻力重重、动机与效果严重背离，激化了社会矛盾，最终宣告破产，但其削弱贵族豪强势力、加强国家宏观调控、减轻百姓税收负担的初衷还是值得称道的，且不乏创新之处。比如，通过均分土地，实行什一税，解决税负名为三十税一实则什税五的名实不副问题；通过盐铁酒专营抑制商贾专利、截留国家财政收入问题；通过将铸币权收归国有、频繁改革币制和通货膨胀，反复扫荡官僚贵族、富商大贾的不当得利问题；推行"五均六筦"和赊贷之法，调控市场供求和物价、打击民间高利贷对平民的残酷剥削问题；要求工商业者向司市师如实申报经营收入，除本分成，按利抽取1/11的所得税问题；为了筹措应付赤眉兵盛和匈奴寇边的军费，按资产多少向吏民普遍征收1/30的临时财产税问题；对上公以下诸有奴婢者按数量征收3600钱的人头税问题；等。王莽早年饱读《诗》《书》，崇尚礼治，讲究主仆平等，生活俭朴，反对奢侈贪残，即真后不畏风险、锐意改革和创新，并根据形势变化及时修正政策，对贫民流民给予安置救济等，都是儒家以民为本理念的具体体现，给后人留下了一笔宝贵的精神财富。只不过动机与效果严重背离，原本想通过改制来缓和社会矛盾,最终却成了激化社会矛盾、导致天下大乱的导火索,其身首异处、身败名裂的严重后果和惨痛教训不得不令人沉思。

主要参考文献:
《汉书》卷99《王莽传》。
《汉书》卷24《食货志》。
《从理想到毁灭——王莽评传》,李元著,黑龙江人民出版社2002年版。

王 符

一、王符生平简介

王符（约82—167），字节信，东汉中后期杰出思想家。安定郡临泾（今甘肃省镇远县西）人。约生于汉章帝建初七年（82年），卒于汉桓帝延熹十年（167年），享年85岁。一生历章、和、殇、安、顺、冲、质、桓等八帝。关于王符的家世和生平事迹，史书记载极为简略。据《后汉书》记载，王符"少好学，有志操，与马融、窦章、张衡、崔瑗等友善。安定俗鄙庶孽，而符无外家，为乡人所贱。自和、安之后，世务游宦，当涂（当权）者更相荐引，而符独耿介不同于俗，以此遂不得升进。志意蕴愤，乃隐居著书三十余篇，以讥当时失得，不欲章（彰）显其名，故号曰《潜夫论》。其指讦（揭）时短（时弊），讨谪（责备）物情，足以观见当时风政。"[①]

王符生活于绿林、赤眉起义和黄巾起义两次大的社会动荡之间，社会相对稳定，但是天子多为幼弱之主，太后垂帘，外戚宦官轮番擅权，结果导致官场黑暗、民不聊生，社会矛盾愈演愈烈。东汉末期爆发的"党锢之争"，更使光武中兴的大好局面一去不返，农民起义和暴动风起云涌。王符在世时，东汉王朝与羌胡的战争连绵不断，中原人民的赋役负担日益加重，而千里边郡又地广人稀、空虚无守。面对进退两难、内忧外患的严峻现实，王符以布衣之身，从利国利民的角度出发，对各种社会问题进行了鞭辟入理的深刻剖析，在此基础上提出了一系列独特的治国安民思想和政策主张。

二、王符税收思想的主要内容

王符的税收思想是其治国理政思想的重要组成部分，本书将其提炼归纳为以下三个

[①] 王符为庶出子弟，在家乡为人所轻贱，家境贫寒。王符看不惯亲富疏贫、巴结权贵的恶劣世俗，故不为士人所荐举而终生不仕。

方面。

1. 主张农工商各有本末，适当减轻工商本业的税收负担

从西汉初年以来，为了恢复经济、改善民众生活和国家财用困窘的状况，汉朝廷一直实行重税困商辱商政策，严重阻碍了社会经济的协调发展。王符一方面仍然坚持重本抑末的观点，但在何为本、何为末的问题上却有了更深入的思考，明确提出农工商各有本末的新观点，这在中国经济思想史上可谓第一人，具有重大理论创新意义。他说："凡为治之大体，莫善于抑末而务本，莫不善于离本而饰末。"① "夫富民者，以农桑为本，以游业为末；百工者，以致用为本，以巧饰为末；商贾者，以通货为本，以鬻奇为末。三者守本离末则民富，离本守末则民贫。贫则陁（厄、窘困）而忘善，富则乐而可教。"② "夫用天之道，分地之利，六畜生于时，百物聚于野，此富国之本也。游业末事，以收民利，此贫邦之原（源）也。忠信谨慎，此德义之基也。虚无谲诡，此乱道之根也。故力田所以富国也。今民去农桑，赴游业，披（劈、广）采众利，聚之一门，虽于私家有富，然公计愈贫矣。百工者，所使备器也。器以便事为善，以胶固为上。今工好造雕琢之器，巧伪饰（饰）之，以欺民取贿（财货），虽于奸工有利，而国界愈病矣。商贾者，所以通物也，物以任用为要，以坚牢为资。今商竞鬻无用之货、淫侈之币，以惑民取产，虽于淫商有得，然国计愈失矣。此三者，外虽有勤力富家之私名，然内有损民贫国之公实。故为政者，明督工商，勿使淫伪；困辱游业，勿使擅利；宽假本农，而宠遂学士；则民富国平矣。"③

2. 主张省赋役，爱民力

"爱日论"是王符思想的第二个重要闪光点。他说："国之所以为国者，以有民也；民之所以为民者，以有谷也；谷之所以丰殖者，以有人功也；功之所以能建者，以日力也（以有充足的农时）。治国之日舒以长，故其民闲暇而力有余；乱国之日促以短，故其民困务而力不足。" "礼义生于富足，盗窃起于贫穷。富足生于宽暇，贫穷起于无日。圣人深知，力者乃民之本也，而国之基，故务省役而为民爱日。"④ "民为国基，谷为民命。日力不暇，谷何由盛？公卿师尹，卒劳百姓（仓促征调百姓的劳力），轻夺民时，诚可愤诤！"⑤ 王符还举了一个豪民与官府勾结，排斥良民，冤案久拖不决、耽误农时、浪费民力的例子和"反支日"官吏不接受庶民诉状的例子，来说明爱惜民力的重要性。⑥

3. 主张垦荒实边，维护国家安全

与西汉时期武帝和桑弘羊的征匈奴思想类似，王符在其著作中以较大篇幅讨论了

---

① ② 《潜夫论·务本第二》。
③ 《潜夫论·浮侈第十二》。
④ 《潜夫论·爱日第十八》。
⑤ 《潜夫论·叙录第三十六》。
⑥ 《潜夫论·爱日第十八》。古术数星命之说，以反支日为禁忌之日。

抵御羌胡侵扰、垦荒实边、维护国家安全的必要性和紧迫性。他说:"圣王养民,爱之如子,忧之如家,危者安之,亡者存之,救其灾患,除其祸乱。是故鬼方①之伐,非好武也,玁狁(猃狁)②于襄,非贪土也,以振民育德,安疆宇也。"③"夫土地者,民之本也,诚不可久荒以开敌心。"④"苟惮民力之烦劳,而轻使受灭亡之大祸,非人之主,非民之将,非主之佐,非胜之主者也。"⑤"古之利其民,诱之以利,弗胁以刑。""今诚宜权时令边郡举孝一人,廉吏世举一人,益置明经百石一人,内郡人将妻子来占著(定居),五岁以上(五年以后),与居民同均,皆得选举。又募运民耕边入谷,远郡千斛,近郡二千斛,拜爵五大夫可;不欲爵者,使食倍贾(价)于内郡(允许他们以高于内地一倍的价格出售运往边关的粮食)。如此,君子小人各有所利,则虽欲令无往,弗能止也。此均苦乐、平徭役、充边境、安中国之要术也。"⑥

三、对王符治国理政思想及税收思想的简要评述

1.对王符治国理政思想的简要评述

王符生活于东汉由盛转衰的过渡时期,皇帝暗弱,宦官外戚轮番擅权,导致社会矛盾此起彼伏;仕人不守节操,投机钻营,不思进取,只求明哲保身;羌胡连年侵扰,边郡残破空虚,朝廷消极退让、弃民弃土之风盛行;王符受庶孽出身拖累,终生不仕,愤而闭门修书,以成德言之功。这就是王符治国理政思想产生的背景。王符治国理政思想的总基调是:以儒为主,兼采百家,结合实际,变通创新,重视功用。具体包括以下几方面:(1)继承发扬王充以来的朴素唯物主义思想,主张天地人皆源于物质的气,中和之气生人,统理万物;(2)主张天命不可知,顺逆在德行,谶纬不可信;(3)主张天以民为心,民为邦本,顺民心者保天下,反对君臣贪残,渔肉百姓;(4)主张治国在任贤,考功重实绩,反对以身份、权势和虚誉为标准取才;(5)主张农工商并举,以功用定本末、重义轻利、崇俭戒奢;(6)主张爱惜民力,整顿吏治,提高官府办事效率;(7)主张以德化为本,德刑并举,轻罪重罚,反对频繁赦赎,纵奸害民;(8)主张打击羌胡、移民实边,反对妥协退让、弃土自保;(9)主张顺应时势,善用权变。

2.对王符税收思想的简要评述

作为平民思想家,王符站在社会底层的角度,对东汉末年的突出社会问题进行了深入细致的观察和思考,提出的税收思想和政策主张也具有鲜明的时代特征和重大理论创

---

① 我国殷代北方少数民族名,秦、汉时称匈奴。
② 我国古代西北方少数部族名,有人认为即匈奴的别称。
③ 《潜夫论·救边第二十二》。
④⑥ 《潜夫论·实边第二十四》。
⑤ 《潜夫论·边议第二十三》。

新意义。本书将其提炼归纳为三个方面，包括：(1)主张农工商各有本末，适当减轻工商本业的税收负担；(2)主张省徭役，爱民力；(3)主张垦荒实边，维护国家安全。其中，农工商各有本末思想是对传统农为本、工商为末思想的重大突破，反映了东汉末年工商业快速发展、时代风尚正在由单纯的重农向农工商并举方向转变的社会现实，对终结西汉初年以来实行的重税困商辱商贱商夺商消极政策，适度减轻工商业者的税收负担，促进农工商协调发展，具有重大理论意义和时代进步意义；省徭役、爱民力是对轻徭薄赋思想的继承，但王符对这个问题的思考更加深入，超越前人，甚至触及人力资本和时间价值等经济学前沿命题，其理论创新意义是不容忽视的。最难能可贵的是，他还把对爱日论或爱力论的思考由财税领域、经济学领域延伸到了司法诉讼领域，既揭露了当时社会的腐败和黑暗，又引发了后人对节省社会运行成本、社会治理成本等问题的思考。垦荒实边、以粟授爵、农战结合、维护边疆安全，是对晁错有关思想的继承，新意不多，但也是国家长治久安的根本之策，具有重要现实意义。

主要参考文献：

《后汉书》卷49《王充王符仲长统列传》。

《潜夫论》。

《潜夫论全译》，张觉著，贵州人民出版社1999年版。

《王符评传》，刘文英著，南京大学出版社1993年版。

荀 悦

一、荀悦生平简介

荀悦（148—209），字仲豫，颍川颍阳（今河南许昌）人，东汉末年、魏晋初年史学家、政论家。荀子十三世孙，荀俭之子。父早卒。他幼时聪慧好学，因家贫无书，每到人家，遇书即读，过目成诵。12岁时能说《春秋》，性沉静，美姿容，尤好著述。灵帝时阉宦用权，士多退身穷处，悦乃托疾隐居，时人莫之识，唯从弟彧①特为称敬。建安元年（196年），初辟镇东将军府，应曹操之召，迁黄门侍郎。建安四年或以后（199年），与荀彧及少府孔融侍讲于献帝宫中，旦夕谈论，深为献帝嘉许。累迁秘书监、侍中。献帝好典籍，因班固所著《汉书》文繁难懂，命悦依《左传》编年体制改写。遂于建安五年（200年）撰成《汉纪》30卷奉上。《后汉书·荀悦本传》②称其书"辞约事详，论辩多美"。东晋袁宏《后汉纪·序》称："荀悦才智经论，足为嘉史，所述当世大得，治功已（而已）矣。然名教之本，帝王高义，韫（含、藏）而未叙。"唐代刘知几《史通·六家》列《汉纪》为"左传家"之首。宋代王铚《两汉纪·后序》亦称《汉纪》"于朝廷纪纲，礼乐刑政，治乱成败，忠邪是非之际，指陈论著，每致意焉。故其词纵横放肆，反复辩达，明白条畅，既启告当代，而垂训无穷。"

献帝时，曹操专权，天子有名无实。荀悦有志重振朝纲、有所作为，但谋无所用，乃奋而作《申鉴》五篇奏上（建安十年，205年），帝览而善之。明代何孟春在《申鉴注序》中称"其论政体，无贾谊之经制而近于醇，无刘向之愤激而长于讽。"《后汉书·荀悦本传》称其还有《崇德》《正论》及诸论数十篇，但多已亡佚。荀悦卒于建安十四年

---

① 指曹操谋士荀彧。
② 《后汉书》是一部纪传体史书，由我国南朝宋史家范晔综合前人成果编撰而成，与《史记》《汉书》《三国志》并称为"前四史"。全书主要记述了上起东汉光武帝建武元年（25年），下至汉献帝建安二十五年（220年）共196年的史事。

（209年），享年62岁。

二、荀悦税收思想的主要内容

荀悦的税收思想是其治国理政思想的重要组成部分，本书将其提炼归纳为以下三个方面。

1. 主张正本清源，让普通百姓真正得到轻徭薄赋的实惠

荀悦和司马迁、班固一样，对文景时期无为而治、扫除苛政、轻徭薄赋、与民休息所取得的辉煌业绩给予热情的赞美和颂扬。他指出："汉兴，扫除苛政，与民休息。至于孝文，加之恭俭，孝景遵业，五六十载之间，至于移风易俗，黎民醇厚。周云成康，汉称文景，美矣。"①荀悦对霍光辅佐昭帝时期适时调整内外政策，施惠政于民的做法，也给予充分的肯定。他指出："霍光知时务之要，轻徭薄赋，与民休息。至始元元凤之间，匈奴和亲，百姓充实。举贤良文学，问民所疾苦。议盐铁，罢榷酤，尊号为昭，不亦宜乎？"②荀悦认为，只有做到"蓄养以时，而用之有节。""因其土宜，任其智力"，才能使百姓"安其居，乐其业，甘者食而美其服。"如果统治者能够率先垂范，做到"欲寡而事节"，那么君民之间就会真正建立起"财足而不争"的和谐关系。③

荀悦十分赞赏古代的什一税制度。认为它是"天下之中正也。"而"今汉民或百一而税，可谓鲜矣。""然豪强富人，占田逾侈（制）。……官收百一之税，民收太半之赋。官家之惠，优于三代。豪强之暴，酷于亡秦。是上惠不通，威福分于豪强也。今不正其本，而务除租税，适足以资富强。"④即朝廷虽然实行轻税养民政策，但真正得到实惠的却是那些大量兼并土地、逃避税收的豪强富人，他们的实际税赋仅为1/100左右，而占有土地最少的普通百姓，其实际税负却已超过了其收成的一半以上。可见，豪强富人对普通百姓的残酷剥削与亡秦相比有过之而无不及。因此，必须正本清源，彻底纠正这种重名轻实、重富轻贫、违背仁义、助纣为虐的政策，把轻徭薄赋、与民休息的好处真正落实到普通百姓头上。

2. 主张实行"耕而勿有"的限田制度，扩大税源基础，抑制豪强兼并

荀悦说："夫土地者，天下之本也。《春秋》之义，诸侯不得专封，大夫不得专地。今豪民占田，或至数百千顷，富过王侯，是自专封也。买卖由己，是自专地也。"⑤"专地非古也，井田非今也。"⑥要从根本上解决豪强专封专地、税源枯竭、税负不公的问题，

---

① 《汉纪·孝景皇帝纪》。
② 《汉纪·孝昭皇帝纪》。
③④⑤ 《汉纪·孝文皇帝纪》。
⑥ 《申鉴·时事》。

最佳办法是借鉴古代井田制的做法，实行"耕而勿有"的限田制度。他指出："孝武时，董仲舒尝言宜限民占田。至哀帝时，乃限民占田不得过三十顷。虽有其制，卒不得施行。然三十顷有不平矣。且夫井田之制，宜于民众（繁多）之时，地广民稀，勿为可也。然（却）欲废之于寡（地少），立之于众（地多）。土地既富，列在豪强，卒（仓促）而规（规制）之，并有怨心，则生纷乱，制度难行。由是观之，若高帝初定天下，及光武中兴之后，民人稀少，立之易矣，就（终）未悉备。井田之法，宜以口数占田，为立科限。民得耕种，不得买卖。以赡民弱，以防兼并。且为制度张本，不亦宜乎？虽古今异制，损益随时，然纪纲大略，其致一也。"①"耕而勿有，以俟（待）制度可也。"②

3.主张赋税的征发和使用应以公利为目的，君民之间建立"上下相与"的互惠互利关系

荀悦说："人主承天命以养民者也，民存则社稷存，民亡则社稷亡，故重民者，所以重社稷而承天命也。"③"民以至美之物养君，君降其惠，民升其功，此无往不复、相报之义也。""人主有公赋无私求，有公用无私费，有公役无私使，有公赐无私惠，有公怒无私怨。私求则下烦而无度，是谓伤清；私费则官耗而无限，是谓伤制；私使则民挠扰而无节，是谓伤义；私惠则下虚望而无准，是谓伤正；私怨则下疑惧而不安，是谓伤德。""上以功惠绥民，下以财力奉上，是以上下相与。空市则民不与，民不与，则为巧诈而取之，谓之偷窃。偷窃则民备（防）之，备之而不得，则暴迫而取之，谓之掠夺。民必交争，则祸乱矣。"④即人主与小民之间是唇齿相依的关系，如果君主能够把自己的言行严格限制在公赋、公用、公役、公赐、公怒的范围内，坚决戒除私求、私费、私使、私惠和私怨等伤清、伤制、伤义、伤正、伤德行为，那么君主与百姓之间就能在赋役的征发和使用上建立起一种"上下相与"、互惠互利的良性互动关系。

三、对荀悦治国理政思想及税收思想的简要评述

1.对荀悦治国理政思想的简要评述

荀悦的治国理政思想和政策主张集中反映在《汉纪》和《申鉴》这两部代表性著作中，而且相当系统、全面且富有针对性，体现了他忧国忧民的一片拳拳之心，尤其是从公利立场出发对豪强贵族和统治者的巧取豪夺、奢侈淫佚行为所进行的尖锐批判是难能可贵的。但在东汉王朝摇摇欲坠、天下分崩离析之势已成定局；知识分子和普通民众都

---
① 《申鉴·时事》；《汉纪·孝文皇帝纪》。
② 《申鉴·时事》。
③ 《申鉴·杂言上》。
④ 《申鉴·政体》。

身处水深火热之中,朝不保夕;自己又被长期软禁在献帝和曹操身边,言行失去自由的特殊历史条件下,其思想和政策主张只能是务虚多、务实少。荀悦在情性相应、重德修仁、重俭戒奢、举贤任能、重名责实、重礼作乐、刑教并用、顺时权变、上下相与等方面的见解,既有继承传统的一面,又有推陈出新的一面,给人不少启发。荀悦虽然明于治乱之理,而且具有一定的朴素唯物主义倾向,但在《汉纪》中也大量谈论天人感应与灾异迷信之事,其意图明显是为了恫吓曹操,以便他不得不对天命人事有所敬畏。

2.对荀悦税收思想的简要评述

荀悦的税收思想是其治国理政思想的重要组成部分,本书将其提炼归纳为三个方面:(1)主张正本清源,让普通百姓真正得到轻徭薄赋的实惠;(2)主张实行"耕而勿有"的限田制度,扩大税源基础,抑制豪强兼并;(3)主张赋税的征发和使用应以公利为目的,君民之间建立"上下相与"的互惠互利关系。从中可以看出,荀悦主张借鉴井田制,限田立科,抑制土地兼并,禁止土地买卖,在此基础上实行贫富一律公平的什一税、轻徭薄赋、与民休息、慎用民力、节制奢侈的政策,并主张要重视轻税政策的实际执行效果,防止税收优惠被豪强势要截留;在税收的取得和使用上要贯彻"为公去私"原则,即"取之于民,用之于公",建立"上下相与"、互惠互利的和谐征纳关系,以缓和社会矛盾。这都是对儒家民本和农本思想的继承和发扬,其中耕而勿有、限民名田、重视税收优惠的实际归宿、用公去私、上下相与等既有新意又有进步意义。但在当时的历史条件下只能是空想,且与私有经济不断发展的历史潮流相抵忤,注定难以成功。

主要参考文献:

《后汉书》,[南朝宋]范晔撰。

《汉纪》。

《申鉴》,[东汉]荀悦撰。

《群书治要》(文白对照),[唐]魏徵等撰,张发祥、柯美成主编,中国财政经济出版社2001年版。

仲长统

一、仲长统生平简介

仲长统（180—220），名统，字公理，人称仲长子，兖州山阳郡高平县（今山东省邹县西南）人，东汉末年魏晋初年思想家。一生历灵、献二帝，主要在献帝时期度过。东汉到了灵帝时期已经进入末世，皇帝奢侈淫佚，宦官擅权矫制，党锢之争愈演愈烈，天灾人祸连绵不断，老百姓处于水深火热之中。据《后汉书》等记载："（灵）帝作列肆（门店）于后宫，使诸采女（宫女）贩卖，更相盗窃争斗。帝著商估服（灵帝穿着商贾的衣服），饮宴为乐。又于西园弄狗，著进贤冠，带绶。又驾四驴，帝躬自操辔，驱驰周旋，京师转相放效（仿效）。"[①]"（灵帝）后宫彩女数千余人，衣食之费，日数百金，比谷虽贱，而户有饥色。"[②]"灵帝好胡服、胡帐、胡床、胡坐、胡饭、胡空侯（箜篌）、胡笛、胡舞，京都贵戚皆竞为之。"[③]灵帝为了聚敛钱财，奢侈享受，"卖关内侯，假（赐予）金印紫绶，传世，入钱五百万。"[④]"时卖官，二千石二千万，四百石四百万，其以德次应选者半之，或三分之一，于西园立库以贮之。"[⑤]可以先出钱后得官，也可以先得官而后加倍付款，所以州郡官吏到任以后，便拼命对老百姓进行搜刮。朝政大事则委任给曹节、侯览、张让、赵忠等宦官。灵帝甚至说："张常侍是我父，赵常侍是我母。"[⑥]他自己整日沉浸于声色犬马之中，那些宦官则肆无忌惮，胡作非为。朝廷里极端腐朽，地方上豪强势力则进一步膨胀，他们不但独霸一方，而且同那些宦官宠贵一样作威作

---

① ④ 《后汉书》卷8《孝灵帝纪》。
② 《后汉书》卷78《宦者列传》。
③ 《后汉书》卷103《五行一》。
⑤ 《后汉书》卷8《孝灵帝纪注引山阳公载记》。
⑥ 《后汉书》卷78《宦者列传》第六十八。

福。史载,当时"百夫之豪,州以千计。"①"豪人之室,连栋数百,膏田满野,奴婢千群,徒(仆役)附万计。船车贾贩,周于四方;废居积贮,满于都城。琦赂(珍财)宝货,巨室不能容;马牛羊豕,山谷不能受。妖童美妾,填乎绮室(丽室);倡讴伎乐,列乎深堂。宾客待见而不敢去(离开),车骑交错而不敢进。三牲之肉②,臭而不可食;清醇之酎(酒),败而不可饮。睇盼则人从其目之所视(眼神顾盼,有人就看着眼色行事),喜怒则人随其心之所虑。此皆公侯之广乐(这些都是公侯的乐趣),君长之厚实也(大臣的享受啊)。"③而与此形成鲜明对照的则是"徭役并起,农桑失业,兆民呼嗟于昊天,贫穷转死于沟壑矣。"④社会矛盾的积累必然为农民起义的爆发和王朝更替埋下伏笔。到了献帝时期,天下已经大乱,农民起义风起云涌,以董卓、曹操等为代表的地方豪强势力"挟天子以令诸侯",通过残酷的征伐战争,最终形成魏、蜀、吴三分天下的局面,把汉献帝这个傀儡皇帝无情地丢进了历史的垃圾箱。

关于仲长统的生平事迹,史料记载极为简略。大体可知:仲长统生于汉灵帝光和三年(180年)。汉灵帝中平元年(184年),4岁。黄巾大起义爆发。旬月之间,天下响应,京师震动。汉灵帝中平六年,汉少帝光熹元年、昭宁元年,汉献帝永汉元年(189年),9岁。四月,灵帝崩。17岁的少帝刘辩即位,何太后临朝。八月,少帝改年号光熹为昭宁。九月,董卓废少帝为弘农王。时年9岁的陈留王刘协即位,是为汉献帝。改年号昭宁为永汉。"十一月,以董卓为相国,赞拜不名,入朝不趋,剑履上殿。"⑤汉献帝初平三年(192年),12岁。"少好学,博涉书记,赡于文辞。"⑥汉献帝建安元年(196年),16岁。曹操"奉(献帝)车驾迁都许(昌),自称大将军。自是政归曹氏,天子守位而已。"汉献帝建安六年(201年),21岁。"年二十余,游学青、徐、并、冀之间,与交友者多异之。"⑦汉献帝建安九年(204年),24岁。"每列(州)郡命召,辄称疾不就。常以为凡游帝王者,欲以立身扬名耳,而名不常存,人生易灭,优游偃仰,可以自娱。"⑧汉献帝建安十一年(206年),26岁。袁绍甥、并州刺史高干"招致四方游士",善待仲长统,"访以当时之事"。仲长统谓高干曰:"君有雄志而无雄才,好士而不能择人,所以为君深戒也。"高干不能纳其言,仲长统离去。"无几,干以并州叛,卒至于败。"仲长统由此知名。⑨汉献帝建安十二年(207年),27岁。"(高)干死,荀彧举统为尚书郎。"⑩"尚书令荀彧领典枢机,闻统名,启召以为尚书郎。后参丞相军事。复还为郎。"⑪汉献帝建

---

① 《全后汉文卷八十九》。
② 指牛肉、羊肉、猪肉。
③ 《后汉书》卷49《王充王符仲长统列传》;《昌言·理乱篇》。
④ 《昌言·损益篇》;《后汉书》卷49《王充王符仲长统列传》。
⑤ 《资治通鉴·汉纪五十一》。
⑥⑦⑧⑨⑪ 《后汉书》卷49《王充王符仲长统列传》。
⑩ 《资治通鉴·汉纪五十七》。荀彧(163—212),字文若,颍川颍阴(今河南许昌)人。东汉末年政治家、战略家,曹操统一北方的首席谋臣和功臣。思想家、政治家荀悦的从弟。

安十七年（212年），32岁。"正月，曹操还邺。诏操赞拜不名，入朝不趋，剑履上殿，如萧何故事。"①十月，曹操欲进爵国公、加九锡，荀彧以为"不宜如此"，被迫"饮药而卒"。②疑荀彧死后，仲长统即离职而避世。汉献帝建安十八年（213年），33岁。五月，"曹操自立为魏公，加九锡。"③汉献帝建安二十一年（216年），36岁。四月，"曹操自进号魏王"。④汉献帝建安二十五年，延康元年，魏文帝黄初元年（220年），40岁。十月，"皇帝（献帝）逊位，魏王丕称天子。"⑤"献帝逊位之岁，统卒，时年四十一。"⑥

仲长统的代表作是《昌言》，原作二十四篇、十多万言，大多已亡佚，《后汉书》只收录了三篇。文字虽简，但言辞剀切，虑事周密，内容丰富，气势尤存。

二、仲长统税收思想的主要内容

仲长统的税收思想是其治国理政思想的重要组成部分，本书将其提炼归纳为以下四个方面。

1. 主张恢复井田制，抑制土地兼并

针对土地私有化以来出现的社会两极分化和奢侈腐化现象，仲长统说："虽亦由网禁疏（疏）阔，盖分田无限使之然也。"他认为"今欲张太平之纪纲，立至化之基趾（根基），齐民财之丰寡，正风俗之奢俭，非井田实莫由也。此变有所败，而宜复者也。"还说："今者土广民稀，中地未垦。虽然，犹当限以大家，勿令过制。其地有草者，尽曰官田，力堪农事，乃听受之。若听其自取，后必为奸也。"⑦

2. 主张恢复什一税，保证财政需要

针对"盗贼凶荒，九州⑧代作（天下祸乱此起彼伏），饥馑暴至，军旅卒（频）发，横税弱人（贫民），割夺吏禄，所恃者寡，所取者猥（众），万里悬乏，首尾不救，徭役并起，农桑失业，兆民呼嗟于昊天，贫穷转死于沟壑矣。"⑨的严峻形势，仲长统说："今通肥饶之率，计稼穑之入，令亩收三斛⑩，斛取一斗，未为甚多。一岁之闲（间），则有数年之储，虽兴非法之役，恣奢侈之欲，广爱幸之赐，犹未能尽也。不循古法，规

---

①② 《资治通鉴·汉纪五十八》。
③④⑤ 《后汉书》卷9《献帝纪》。
⑥ 《后汉书》卷49《王充王符仲长统列传》。"四十一"按虚岁。
⑦ 《昌言·损益篇》。
⑧ 中国古人将华夏之地理疆域分为九州。
⑨ 《昌言·损益篇》。
⑩ 古代常用容量单位由小到大有升、斗、斛（石）、釜、钟，通常学者们认为斛和石相通。自秦汉开始它们之间都是十进制，南宋末年改为五斗为一斛。

为轻税,及至一方有警,一面被灾,未逮三年,校计骞短(财政亏缺),坐视战士之疏食,立望饿殍之满道,如之何为君行此政也?二十税一,名之曰貉(蛮夷),况三十税一乎?"他主张:"今田无常主,民无常居,吏食日禀(告急),班(禄)未定。可为法制,画一定科,租税十一,更赋如旧。"①

3.主张屯垦戍边,重本抑末

针对边远州县地广人稀、资源浪费的局面,仲长统提出了16项治理措施。他主张:"当更制其境(疆)界,使远者不过二百里。明版籍以相数阅,审什伍以相连持,限夫田以断并兼,定五刑以救死亡,益君长以兴政理,急农桑以丰委积(蓄藏),去末作以一本业,敦教学以移情性,表德行以厉风俗,核(考察)才艺以叙官宜,简(选)精悍以习师田,修武器以存守战,严禁令以防僭差,信实罚以验惩劝,纠游戏以杜奸邪,察苛刻以绝烦暴。审此十六者以为政务,操之有常,课之有限,安宁勿懈惰,有事不迫遽(急迫),圣人复起,不能易也。"②

4.主张厚俸养廉,取民有道

针对官吏俸禄不能保证,而诱使他们割剥老百姓的情况,仲长统说:"夫人待君子然后化理,国待蓄积乃无忧患。君子非自农桑以求衣食者也,蓄积非横赋敛以取优饶者也。奉(俸)禄诚厚,则割剥贸易(交易、受贿)之罪乃可绝也;蓄积诚多,则兵寇水旱之灾不足苦也。故由其道而得之,民不以为奢;由其道而取之,民不以为劳。天灾流行,开仓库以禀贷(借贷),不亦仁乎?衣食有余,损靡丽以散施,不亦义乎?""苟使豺狼牧羊豚,盗跖主征税,国家昏乱,吏人放肆,则恶复论损益之闲(间)哉!"③

三、对仲长统治国理政思想及税收思想的简要评述

1.对仲长统治国理政思想的简要评述

生活于东汉末年魏晋初期的仲长统,面对腐朽没落、世风日下、内忧外患、民不聊生的社会现实,既有挽狂澜于不倒的雄心壮志,又有悲观失望的出世情怀;既有看破红尘的高瞻远瞩,又有恢复古道的优柔缠绵;既有指陈时弊的侠肝义胆,又有脱离实际的想入非非。这种矛盾困惑心理决定了其治国理政思想的与众不同。比如,人事为本,天道为末;治乱循环,损益随势;海选人才,轻名重实;德刑并举,赏罚相称;弱枝强干,政专责过;限田均富,重本抑末;崇俭戒奢,厚俸养廉;修身养性,无为放情;等,都很有新意和深度,但在现实生活中却很难行得通。

清代的严可均在评价仲长统时说:"其闿(剀)陈善道,指柯(执柯、指陈)时弊,

---

①②③《昌言·损益篇》。

剀切（讽喻、规劝）之忱（诚），踔厉（雄健、奋发）震荡之气，有不容摩（磨）灭者。缪熙伯①方（比）之董（仲舒）、贾（谊）、刘（向）、扬（雄），非过誉也。"②清人马国翰也说："其言时事，切中利弊，缪熙伯以董、贾、刘、扬拟之，洵（确实、实在）非溢美。"③

2. 对仲长统税收思想的简要评述

仲长统的税收思想是其治国理政思想的重要组成部分，本书将其提炼归纳为四个方面，包括：（1）主张恢复井田制，抑制土地兼并；（2）主张恢复什一税，保证财政需要；（3）主张屯垦戍边，重本抑末；（4）主张厚俸养廉，取民有道。这些税收思想的核心要义是儒家的轻税富民思想，但又顺应时势有所变通和创新。比如：放弃三十税一、二十税一，而恢复井田制时期的什一而税；屯垦戍边，重本抑末，操之有常、课之有限、取之有道；增加储蓄，充实国库，厚俸养廉，依法治税，即使君臣奢侈一点，也不会扰乱社会生活、导致民变等。这些思想与传统的轻徭薄赋、节支减收、禁止奢侈明显不同，反映出儒学独尊的学术旨趣向黄老道学重新回归、汉朝中期的积极有为政策向东汉末年的休养生息、无为而治政策重新回归的历史大势，闪现出更多的真理火花。不过，仲长统的治国理政思想及税收思想也有恢复三代政治的复古守旧色彩，与时代进步潮流相抵触，注定会陷入空想的泥潭，只不过是君子士大夫面对腐败阴暗的社会现实找不到正确出路而发出的一种绝望的呐喊。

主要参考文献：

《昌言》（整理本）。

《后汉书》。

《群书治要》。

《王符评传（附崔寔、仲长统评传）》，刘文英著，南京大学出版社1993年版。

---

① 缪熙伯，仲长统好友。
② 《全后汉文》卷88。
③ 《玉函山房佚书第五十四册》。

曹　操

一、曹操生平简介

曹操（155—220），字孟德，小字阿瞒，沛国谯郡（今安徽亳州）人。东汉末年政治家、军事家，建安文学旗手，三国魏的创立者。他出身于一个既有权势又甚富有的宦官家庭。祖父曹腾，字季兴，汉末有名的宦官，十常侍之一，历事东汉安帝、顺帝、冲帝、质帝、桓帝，位至中常侍大长秋，封费亭侯。父曹嵩，字巨高，腾养子，历官司隶校尉、大司农、大鸿胪、太尉。母丁氏。[①]曹操是曹嵩的长子，史载："太祖少机警，有权数，而任侠放荡，不治行业，故世人未之奇也；惟梁国桥玄、南阳何颙异焉。玄谓太祖曰：'天下将乱，非命世之才不能济也，能安之者，其在君乎！'"[②]又载，曹操"才武绝人，莫之能害。博览群书，特好兵法，抄集诸家兵法，名曰摘要，又注孙武十三篇[③]，皆传于世。尝问许子将：'我何如人？'子将不答。固问之，子将曰：'子治世之能臣，乱世之奸雄。'太祖大笑。"[④]由此，曹操渐知名于世。曹操20岁时举孝廉为郎，进入仕途。他在镇压汉末农民起义[⑤]和军阀混战过程中壮大了自己，进而迎献帝[⑥]都许，"挟天子以令诸侯"[⑦]；他鞍马劳顿，侘傺（困苦窘迫）军旅数十年，平袁术、擒吕布、消灭袁绍父子，收降张鲁，战马超，北讨乌桓，南击孙权，西战刘备，终于打出北方一片天下，为其子曹丕代汉称帝奠定了坚实基础。建安二十五年（汉献帝延康元年，魏文帝黄初元年，220年）正月二十三日（公历3月15日），曹操病逝于洛阳，享年66岁，葬西门

---

① 曹嵩的出身，无人能知，《三国志》的作者陈寿称他："莫能审其生出本末"，但也有人认为他是夏侯氏之子。
②⑦ 《三国志》卷1《魏书·武帝纪》。
③ 书名《孙子略解》。
④ 《三国志》卷1《魏书·武帝纪》。许子将，汉末主持"月旦评"的名士。
⑤ 指张角领导的黄巾起义。
⑥ 指东汉末代皇帝刘协。

豹祠西原上，为寿陵。①

二、曹操税收思想的主要内容

曹操的税收思想是其治国理政思想的重要组成部分，本书将其提炼归纳为以下四个方面。

1. 强民与弱民平等纳税，严禁强民匿税和弱民兼赋

曹操具有鲜明的赋税负担均平思想。在《抑兼并令（又作收田租令）》中，他以孔子的名言"有国有家者，不患寡而患不均，不患贫而患不安"②为理论依据，对袁绍统治的不得人心作了深刻分析。他说："袁氏之治也，使豪强擅恣，亲戚兼并；下民贫弱，代出租赋；炫鬻（炫耀卖弄）家财，不足应命（却不能按时缴纳朝廷的租税）。审配宗族，至乃藏匿罪人，为逋逃主，欲望百姓亲附，甲兵强盛，岂可得邪！"③他明确规定，不仅"编户齐民"要承担赋税，一般的豪强地主也要按照土地顷亩和户口分别缴纳田租和户调，"无令强民有所隐藏，而弱民兼赋也。"④

2. 改田租定率税为定额税，开租调改革之先

为了安置流民，鼓励发展农业生产，曹操对汉代税制进行了大胆改革，将田租由定率税改为定额税，将算赋口钱等杂税由人头税改为按户征收的户调制。在《抑兼并令（一作收田租令）》中，他明确规定："其收田租亩四升，户出绢二匹、绵二斤而已。""他（其他）不得擅兴发。郡国守相明检察之。"⑤实行田租定额征收，是战乱年代土地荒芜、人口流移、租税无着时期迫不得已的变通做法。对农民来说，税负稳定透明，增产不增税，有利于鼓励他们加大农业投入、精耕细作，并可免除地方官吏在估产时所进行的额外盘剥。实行户调制，一方面比较适应农业与农民家庭手工业相结合的生产形式，另一方面可使农民避免因家庭人口增加而带来增税之累。曹操的租调改革具有重大历史意义，它不仅切实减轻了农民的税收负担，还为隋唐时期"租庸调制"的最终形成积累了经验，开了先声。

3. 减轻老弱病残绝家庭的徭役负担，体恤民苦

曹操对东汉末年战乱频仍、民生凋敝、满目疮痍有切身感受，并屡发号令，要求

---

① 曹操建安二十五年庚子卒，葬于高陵。《三国志》卷1《魏书·武帝纪》；《曹操全集·寿陵令（一作终令）》。
② 出自《论语·季氏》，原文是："丘也闻有国有家者，不患寡而患不均，不患贫而患不安。盖均无贫，和无寡，安无倾。夫如是，故远人不服，则修文德以来之。既来之，则安之。"
③ 《三国志》卷1《魏书·武帝纪》；《曹操全集·抑兼并令（一作收田租令）》。审配，袁绍谋臣，曾大败曹军于官渡。后曹操围邺，审配被擒，慷慨受死。
④⑤ 《三国志》卷1《魏书·武帝纪》；《曹操全集·抑兼并令（一作收田租令）》。

减轻赋役、体恤民苦。他说:"古者,八家为邻;一家从军,七家奉之,言十万之师举,不事耕稼者七十万家。"①"自顷已来(最近以来),军数(频繁)征行,或遇疫气,吏士死亡不归,家室怨旷,百姓流离,而仁者岂乐之哉?不得已也。其令死者家无基业不能自存者,县官勿绝廪(赈济),长吏存恤抚循,以称吾意。"②"去冬天降疫疠,民有凋伤,军兴于外,垦田损少,吾甚忧之。其令吏民男女:女年七十已上(以上)无夫子,若(或)年十二已下(以下)无父母兄弟,及目无所见、手不能作、足不能行、而无妻子父兄产业者,廪食终身。幼者至十二止。贫穷不能自赡者,随口给贷。老耄须待养者,年九十已上(以上),复不事家一人(全家免除徭役1人)。"③

4.大兴屯田,以资军食

军需民食严重匮乏是支持统一战争的最大障碍,曹操早在起兵之初就采纳毛玠的建议,把"修耕植,蓄军资"④作为富国强兵的重要战略之一,摆在重要位置。但在实行井田制还是屯田制上,曹操一直犹豫不定。直到建安元年(196年)迎帝(献帝)都许后,曹操掌握了军政实权,遂有机会认真思考解决经济问题的策略。经过反复讨论,他最后采纳枣祗、韩浩的建议,决定大兴屯田,并任命枣、韩二人为屯田官。在当年颁布的《置屯田令》中,曹操对秦皇汉武奖励耕战、屯田积谷的重要意义给予充分肯定,指出:"夫定国之术,在于强兵足食。秦人以急农兼天下,孝武以屯田定西域,此先代之良式也。"⑤但在具体实施上,并未全盘照搬先代的做法,而是根据实际情况,采取了民屯为主、军屯为辅的策略。即以许都为中心,把大批无主土地先收归国有,再按户分给农人耕种,所产粮食按照官民对半开的办法进行分配。由于这项政策比早期的"计牛输谷"⑥办法科学先进,因而得到了农人的普遍欢迎,当年实施就取得了"得谷百万斛"的明显成效。曹操异常兴奋,决定大力推广,于是在各州郡普遍设置田官,增加粮食储备,并总结实践经验,不断完善屯田制度,使"征伐四方,无运粮之劳",从而为最终"兼灭髃贼,克平天下"⑦奠定了坚实物质基础。

---

① 《孙子略解·用间篇》。
② 《三国志》卷1《魏书·武帝纪》建安十四年三月令;《曹操全集·存恤令(一作存恤从军吏士家室令)》。
③ 《三国志》卷1《魏书·武帝纪》建安二十三年四月令;《曹操全集·给贷令(一作赡给灾民令)》。
④ 这是谋士毛玠在初平三年(192年)给曹操提的治国方略之一,还有一条重要的建议是"挟天子以令不臣"。
⑤ 《三国志》卷1《魏书·武帝纪》。
⑥ 局部范围的屯田早就开始了,但多按农人租用公地和官牛的数量决定缴纳租税的多少,租用官牛的比不租用官牛的分成比例高,枣祗从实践中发现这种办法弊端不少,多次建议曹操改用"分田之术",即把国有土地分给农民,租税分成改为对半开,曹操最终同意了他的意见,结果屯田之策取得了巨大成功。枣祗死后,任峻继任,使屯田事业得到了更大发展。任峻死后,曹操任命国渊为屯田官,他对枣祗以来的屯田经验作了进一步的完善,使之更加制度化和精细化。
⑦ 《三国志》卷1《魏书·武帝纪》建安元年令;《曹操全集·置屯田令》。

三、对曹操治国理政思想及税收思想的简要评述

1. 对曹操治国理政思想的简要评述

曹操是中国历史上少有的几位有重大争议的政治家、军事家和思想家。他生于汉末乱世，看不惯外戚宦官轮番擅权及其带来的政局动荡和民不聊生，颇具叛逆正义品格；既有匡正时弊、救民于水火的雄心壮志和文才武略，又有"挟天子以令诸侯"、步步紧逼、篡夺汉政的阴险狡诈；既有爱民如子、举贤任能、赏功罚过的侠骨柔肠和胸怀魄力，又有冷酷残暴、杀人如麻、生性多疑的可怕禀性。曹操把儒家的爱民重农重礼教、法家的官民平等和重贤赏功、墨家的艰苦朴素、兵家的诡诈权谋、道家的以退为进等有机融合，既在政治、军事、经济、文学等方面取得了辉煌成就，又给自己留下了一世骂名。所以他是一个具有多面性的复杂历史人物。

对曹操人品和才能评价最精道的当属汉末"月旦评"名士许子将。曹操年轻时曾受桥玄指引去拜访他并咨询自己的前途命运，子将答道："子治世之能臣，乱世之奸雄。"① 这句话从此成为后世评价曹操时必提的至理名言，对人们认识曹操其人其事产生了深远影响。

对曹操人品和才能持大加褒扬态度的有谋士荀彧和郭嘉。曹操迎献帝都许，袁绍不服，两大政治集团大战在即，曹操对胜败心里没底，咨于群臣。谋臣荀彧曰："古之成败者，诚有其才，虽弱必强；苟非其人，虽强易弱；刘、项之存亡，足以观矣。今与公争天下者，唯袁绍尔。绍貌外宽而内忌，任人而疑其心；公明达不拘，唯才所宜。此度胜也。绍迟重少决，失在后机；公能断大事，应变无方。此谋胜也。绍御军宽缓，法令不立，士卒虽众，其实难用；公法令既明，赏罚必行，士卒虽寡，皆争致死。此武胜也。绍凭世资，从容饰智，以收名誉，故士之寡能好问者多归之；公以至仁待人，推诚心不为虚美，行己谨俭，而与有功者无所吝惜，故天下忠正效实之士咸愿为用。此德胜也。夫以四胜辅天子，扶义征伐，谁敢不从？绍之强其何能为！"太祖悦。② 曹操又问谋士郭嘉胜算几何？嘉对曰："刘、项之不敌，公所知也。汉祖唯智胜项羽，故羽虽强，终为所禽（擒）。嘉窃料之，绍有十败，公有十胜，虽兵强，无能为也。绍繁礼多仪；公体任自然。此道胜一也。绍以逆动；公奉顺以率天下。此义胜二也。汉末政失于宽，绍以宽济宽，故不摄；公纠之以猛，而上下知制。此治胜三也。绍外宽内忌，用人而疑之，所任唯亲戚子弟；公外易简而内机明，用人无疑，唯才所宜，不间远近。此度胜四也。绍多谋少决，失在后事；公策得辄行，应变无穷。此谋胜五也。绍因累世之资，高议揖让以收名誉，士之好言饰外者多归之；公以至心待人，推诚而行，不为虚美，以俭率下，与有功者无所吝，士之忠正远见而有实者皆愿为用。此德胜六也。绍见人饥寒，

---

① 《三国志》卷1《魏书·武帝纪》。
② 《三国志》卷10《魏书·荀彧荀攸贾诩传》。

恤念之形于颜色,其所不见,虑或不及也,所谓妇人之仁耳;公于目前小事,时有所忽,至于大事,与四海接,恩之所加,皆过其望,虽所不见,虑之所周,无不济也。此仁胜七也。绍大臣争权,谗言惑乱;公御下以道,浸润（谗佞）不行。此明胜八也。绍是非不可知;公所是进之以礼,所不是正之以法。此文胜九也。绍好为虚势,不知兵要;公以少克众,用兵如神,军人恃之,敌人畏之。此武胜十也。"太祖笑曰:"如卿所言,孤何德以堪之也!"①

对曹操人品和才能评价最全面、最翔实、最中肯的当属《三国志》的作者陈寿。陈寿曰:"汉末,天下大乱,雄豪并起,而袁绍虎挣（搜刮）四州,强盛莫敌。太祖运筹演谋,鞭挞宇内,揽（通晓）申、商之法术,该（兼融）韩、白之奇策,官方授材,各因其器,矫情任算,不念旧恶,终能总御皇机,克成洪业者,惟其明略最优也。抑可谓非常之人,超世之杰矣。"②裴松之注《三国志·魏书·武帝纪》引曹魏史学家王沈所著之《魏书》语曰:"太祖自统御海内,芟夷（割除、刈除）虣丑,其行军用师,大较（大体）依孙、吴之法,而因事设奇,谲敌制胜,变化如神。自作兵书十万余言,诸将征伐,皆以新书从事。临事又手为节度,从令者克捷,违教者负败。与虏对陈（阵）,意思安闲,如不欲战,然及至决机乘胜,气势盈溢,故每战必克,军无幸胜。知人善察,难眩以伪,拔于禁、乐进于行陈（阵）之间,取张辽、徐晃于亡虏之内,皆佐命立功,列为名将;其余拔出细微、登为牧守者,不可胜数。是以刱造（创造）大业,文武并施,御军三十余年,手不舍书,昼则讲武策,夜则思经传,登高必赋,及造新诗,被之管弦,皆成乐章。才力绝人,手射飞鸟,躬禽（擒）猛兽,尝于南皮一日射雉获六十三头。及造作宫室,缮治器械,无不为之法则,皆尽其意。雅性节俭,不好华丽,后宫衣不锦绣,侍御履不二采,帷帐屏风,坏则补纳,茵蓐取温,无有缘饰。攻城拔邑,得美丽之物,则悉以赐有功,勋劳宜赏,不吝千金,无功望施,分毫不与,四方献御,与骶下（臣下）共之。常以送终之制,袭称之数,繁而无益,俗又过之,故预自制终亡衣服,四箧而已。"③《三国志·魏书·武帝纪》裴注引《曹瞒传》语曰:"太祖为人佻易无威重,好音乐,倡优在侧,常以日达夕。被服轻绡,身自佩小鞶囊（革囊）,以盛手巾细物,时或冠帢帽以见宾客。每与人谈论,戏弄言诵,尽无所隐,及欢悦大笑,至以头没杯案中,肴膳皆沾污巾帻,其轻易如此。然持法峻刻,诸将有计画胜出己者,随以法诛之,及故人旧怨,亦皆无余。其所刑杀,辄对之垂涕嗟痛之,终无所活。"④

对曹操人品和才能评价最消极的当属早年投奔袁绍后为曹操所用的笔杆子陈琳,他在为袁绍草撰的《讨贼檄文》中,站在政敌的立场上对曹操的种种劣行进行了大胆的揭露和无情的痛骂,其中比较经典的话语有:操"放志专行,胁迁省禁,卑侮王官,败法

---

① 《三国志》卷14《魏书·程郭董刘蒋刘传》注引傅子语。
② 《三国志》卷1《魏书·武帝纪》。
③ 《三国志》卷1《魏书·武帝纪》注引《魏书》。
④ 《三国志》卷1《魏书·武帝纪》注引《曹瞒传》语。

乱纪；坐领三台，专制朝政；爵赏由心，弄戮在口；所爱光五宗，所恶灭三族；群谈者受显诛，腹议者蒙隐戮；百僚钳口，道路以目。""身处三公之位，而行桀虏之态，殄国虐民，毒流人鬼。加其细政苛惨，科防互设，缯缴（网罗）充蹊，坑蓠（藤蔓）塞路，举手挂网罗，动足蹈机陷（机关陷阱）。是以兖、豫有无聊之民，帝都有吁嗟之怨。历观载籍，无道之臣，贪残酷烈，于操为甚！""操豺狼野心，潜包祸谋，乃欲摧挠栋梁，孤弱汉室，除灭忠正，专为枭雄。"①

对曹操形象进行脸谱化、定型化塑造最成功也流毒最广的当属中国经典名著《三国演义》，它的作者罗贯中从维护皇权专制的正统观念出发，极力褒扬刘关张和诸葛亮忠孝节义的高尚品质，大肆贬斥曹操诡诈多疑、篡夺汉政、酷虐放荡的卑劣禀性，从而使曹操的奸雄形象深入人心、妇孺皆知，却淹没了对他"治世能臣"伟大功绩的应有肯定和认同。曹操怒杀故人吕伯奢一家的忘恩负义行为和"宁我负人，毋人负我！"②的偏颇人生观、价值观更是广大文人雅士和平民百姓普遍诟病其形象的重要罪证之一。

新中国成立前后，随着社会环境的变化，对中国历史和传统文化的反思批判浪潮重新兴起，以鲁迅、郭沫若、翦伯赞等为代表的一批现代思想家、史学家和文学家对曹操的历史功过作出了新的更积极的评价，他们总体上认为曹操是一个伟大的政治家、军事家和具有反叛精神的民族英雄。作为精通历史唯物主义和中国传统文化的一代伟人，毛泽东则是这类新思想、新观点的坚定支持者。他在1954年北戴河休养期间与其保健医生的谈话中说："曹操统一中国北方，创立魏国。他改革了东汉的许多恶政，抑制豪强，发展生产，实行屯田制，还督促开荒，推行法治，提倡节俭，使遭受大破坏的社会开始稳定、恢复、发展，这难道不该肯定？难道不是了不起？说曹操是白脸奸臣，书上这么写，戏里这么演，老百姓这么说，那是封建正统观念制造的冤案。还有那些反动士族，他们是封建文化的垄断者，他们写东西就是维护封建正统。这个案要翻。"③

曹操与王莽同为篡权者，但二人的结局却大不相同。王莽也是乱世英豪，是新朝的开创者，但最终却被农民起义推翻，尸体被肢解示众；曹操更是乱世奸雄，是三国魏的开创者，却能把自己的势力越做越大，对吴蜀形成巨大压力，直到善终且使新生政权不断巩固，这与曹操采取了一系列正确的方针政策和战略战术是密不可分的。

曹操的治国理政思想具有儒、道、法、兵、墨、名、农各家融会贯通、王霸并用的总体特征，并与巩固朝廷根基、推翻董卓统治、镇压黄巾起义、壮大军政实力、征服不令诸侯、统一全国政权、篡夺汉家江山的艰苦卓绝的斗争过程紧密关联。具体内容包括活学活用孙、吴兵法、唯才是举、德法并用、赏罚严明、令行禁止、君臣相知、挟天子以令诸侯、抚恤将士、照顾遗孤、文治武功、打击地方豪强势力、倡导节俭、笼络人心等。

---

① 《三国志》卷6《魏书·董二袁刘传》注引《魏氏春秋》语。
② 《三国志》卷1《魏书·武帝纪》注引孙盛《杂记》。
③ 转引自《魏武帝曹操传》，柳春藩著，吉林人民出版社2008年版。

2.对曹操税收思想的简要评述

曹操的税收思想是其治国理政思想的重要组成部分,本书将其提炼归纳为四个方面,包括:(1)强民与弱民平等纳税,严禁强民匿税和弱民兼赋;(2)改田租定率税为定额税,开租调改革之先;(3)减轻老弱病残绝家庭的徭役负担,体恤民苦;(4)大兴屯田,以资军食。曹操的税制改革既继承传统,又改革创新,具有公平、减负、简便、稳定、法治、仁义等突出特征,因而在满足战时财政需要的同时,还与长远的治国理政需要相关联,具有较强的生命力。比如在实行土地私有制基础上,贫富一律平等纳税、按亩征税,就具有民主平等的色彩;将算赋口钱等杂税由人头税改为按户定额征收,严禁苛捐杂税,不仅有利于增加财政收入,还有利于增加人口。按户征收户调在曹魏时期只是一个探索性尝试,但在隋唐时期却已广泛推行,成为"租庸调制"的三要素之一,具有重大历史意义。曹操的税制改革在决策和执行层面也很有特色:一是善于虚心听取谋臣的意见和建议,集思广议,作出决断;二是雷厉风行,赏罚分明,严格依法办事,不循私情;三是积极稳妥,循序渐进。比如,实行屯田制改革,采取先试点后推广的策略。曹操的税制改革总体上是非常成功的,取得了理想效果,为支持统一战争提供了坚实的物资保障,这是曹魏集团之所以日益坐大、成为三国鼎立中实力最强一足的重要原因。

主要参考文献:

《三国志》,[西晋]陈寿著。

《曹操全集》。

《孙子略解》,[魏]曹操著。

《曹操评传》,张作耀著,南京大学出版社2009年版。

《魏武帝曹操传》,柳春藩著,吉林人民出版社2008年版。

诸葛亮

一、诸葛亮生平简介

诸葛亮（181—234），字孔明，琅邪阳都（今山东沂南县）人，东汉末年杰出的政治家、军事家和思想家，三国蜀汉政权的实际建立者。诸葛亮出生于一个奉官守儒的普通仕宦家庭，是汉元帝时司隶校尉诸葛丰之后。父诸葛珪，字君贡，时任泰山郡郡丞。母章氏，相夫教子，操持家务。叔诸葛玄，与东汉末年大割据者袁术、刘表均系旧交，后来在袁术推荐下，曾短暂出任豫章太守（治所在今江西省南昌市）。兄诸葛瑾（173—241），字子瑜，比诸葛亮大8岁。十余岁时，曾游学洛阳。后入仕东吴，官至大将军、大都护等职。诸葛亮有两个姐姐，比他约大2至3岁。诸葛亮8岁前，父母相继去世，为避战乱，姐弟一同随叔父诸葛玄逃寓荆州，不久又迁居襄阳。在此期间，两个姐姐分别嫁给了当地的两位名士。叔父去世后，诸葛亮为生活所迫，移居南阳邓县——襄西20里的隆中（今湖北襄樊市），过起了自食其力的耕读生活。随着与荆襄名士的频繁交流和刻苦攻读，诸葛亮的才学见识不断增长，对天下大势也有了越来越清晰的认识。他常自比管仲、乐毅，渴望能遇到一位明主，给他提供大展宏图、建功立业的机会。建安十二年（207年），年过半百（47岁）、事业仍处于飘泊不定状态的中山靖王之后刘备受人指点，找上门来，要求与诸葛亮共谋"兴复汉室"之大业。27岁的诸葛亮被刘备"三顾茅庐"的诚意所打动，决定出山，辅佐刘备成就伟业，并将其经过长期深思熟虑形成的《隆中对策》作为见面礼献给了刘备。刘备死后，太子刘禅即位，诸葛亮作为辅政大臣之首被任命为武乡侯，兼领益州牧，继续担任丞相，并被后主拜为"仲父"，委以军政全权。诸葛亮则严守君臣之礼，严格要求自己和群臣，以"兴复汉室"为理想，积极贯彻联吴抗曹、稳定后方、以攻为守的战略总方针，在有限之年为建立和巩固蜀汉政权、形成三国鼎立局面、最终实现天下一统的宏伟目标殚精竭虑，贡献了全部心血和智慧。诸葛亮在中国历史上一直被当作智慧的化身，其忠君报国、"鞠躬尽瘁、死而后已"的优秀品质和卓越智慧，不仅受到同时代人的普遍崇敬，也在后人心目中树起了一座千年不倒、光芒四射的精神丰碑。

二、诸葛亮税收思想的主要内容

诸葛亮的税收思想是其治国理政思想的重要组成部分，本书将其提炼归纳为以下五个方面。

1.以农为本，轻徭薄赋

农业是封建社会的立国之本，历代统治者无不高度重视。诸葛亮躬耕南阳时，就对管仲、商鞅、韩非等法家先驱的农战、理财、法治思想非常赞赏。在辅佐先主刘备期间，他还把儒法大家的一些经典著作逐一抄录送给太子刘禅，让他悉心学习领会。后主刘禅即位后，诸葛亮被拜为"仲父"，并任宰相，独揽军政大权，直接面对军需民食的种种难题，使他更加清醒地认识到：只有大力发展农业生产、富国强兵，才能为最终克定中原、兴复汉室奠定坚实的物质基础。

诸葛亮说："治国之政，其犹治家。治家者务立其本，本立则末正矣。""立台榭以观天文，郊祀逆气（邪气）以配神灵，所以务天之本也；耕农、社稷、山林、川泽，祀祠祈福，所以务地之本也；庠序之礼，八佾之乐，明堂辟雍，高墙宗庙，所以务人之本也。""本者，经常之法，规矩之要。……故天失其常，则有逆气；地失其常，则有枯败；人失其常，则有患害。"①诸葛亮在《便宜十六策》中列举了不法官吏加重民苦的五种情况，其中与横征暴敛、加重民赋有关的是第四种，即"长吏数易守宰，兼佐为政；阿私所亲，枉克所恨，逼切为行，偏颇不承法制；更因赋敛，傍课采利，送故待新，贪缘征发，诈伪储备，以成家产。"他说："考黜之政，谓迁善黜恶。""考黜之政，务知人之所苦。"②上述五苦都是民害，应当坚决清除，有关官吏必须坚决贬黜而不能升迁。他还说："治人犹如养苗，先去其秽。……皂服③无所不克（能），莫知其极，克食于民，而人有饥乏之变，则生乱逆。唯劝农业，无夺其时；唯薄赋敛，无尽民财。如此，富国安家，不亦宜乎？"④可见，诸葛亮是把轻徭薄赋与强化法治、整顿吏制、发展农业生产、富民强国当作一个系统工程来思考的。

2.崇俭戒奢，藏富于民

诸葛亮赞成儒家的"民不患寡而患不均，不患贫而患不安"的思想，认为只有重本

---

① 《便宜十六策·治国》。
② 《便宜十六策·考黜》。
③ 指穿官服的小吏。
④ 《便宜十六策·治人》。

抑末、重视储备、崇俭戒奢、以防吉凶，才能保证社会的长治久安。他说："夫有国有家者，不患贫而患不安。故唐、虞之政，利人相逢，用天之时，分地之利，以豫凶年，秋有余粮，以给不足，天下通财，路不拾遗，民无去就。"而"五霸之世，不足者奉于有余。""今诸侯好利，利兴民争，灾害并起，强弱相侵，躬耕者少，末作者多，民如浮云，手足不安。"又说："古者，齐景公之时，病民下奢侈，不遂礼制。周秦之宜，去文就质，而劝民之有利也。夫作无用之器，聚无益之货，金银璧玉，珠玑翡翠，奇珍异宝，远方所出，此非庶人之所用也。锦绣纂组，绮罗绫縠（绫罗绸缎），玄黄衣帛，此非庶人之所服也。雕文刻镂，伎（技）作之巧，难成之功，妨害农事，辎軿（冠盖之车）出入，袍裘索襗（衬衣），此非庶人之所饰也。重门画兽，萧墙数仞，冢墓过度，竭财高尚，此非庶人之所居也。……制之以财，用之以礼，丰年不奢，凶年不俭，素有蓄积，以储其后，此治人之道，不亦合于四时之气？"①

诸葛亮作为百揆之首的丞相，不仅说到而且做到。在《临终遗表》中，他对后主刘禅说："伏念臣赋性拙直，遭时艰难，兴师北伐，未获全功，何期病在膏肓，命垂旦夕。伏愿陛下清心寡欲，约己爱民，达孝道于先君，布仁心于寰宇，提拔隐逸，以进贤良，屏黜奸逸，以厚风俗。臣家成都有桑八百株，薄田十五顷②，子孙衣食，自有余饶。臣身在外，无别调度，随时衣食，悉仰于官，不别治生，以长尺寸。臣死之日，不使内有余帛，外有盈财，以负陛下也。"③在与李严的书信中，他说："吾受赐八十万斛，今蓄财无余，妾无副服。"④诸葛亮的高风亮节影响所及，不仅一般百姓、官员翕然从风，甚至连后主刘禅也"每从菲薄，以益国用。"⑤时人袁准更是对诸葛亮治理下的蜀汉国风作出了如下精彩评价："亮之治蜀，田畴辟，仓廪实，器械利，蓄积饶，朝会不哗，路无醉人。"⑥

3. 盐铁专卖，以裨国用

盐铁是小农经济时代治国安邦的重要物资，也是维持人们生产生活的重要必需品。东汉时期，封建统治者对盐铁经营实行弛禁政策，私人经营者只要"煮铸入税县官"⑦，即可自由开采、自由销售。但到了东汉末年，中原板荡，饥民流徙无定。卫凯向曹操进言："盐者，国之大宝，丧乱以来放散，今宜如旧，置使者监卖，以其值益市犁牛，百姓归者以供给之，勤耕积粟以殖关中，远者闻之必多竞还。"曹操从其策，"乃遣仆射监

---

① 《便宜十六策·治人》。
② 每顷100亩，15顷相当于1500亩。古时一亩相当于今天一亩的1/3，按此折算，诸葛亮约有可耕地500亩。
③ 《诸葛武侯文集·自表后主》。
④ 《诸葛武侯文集·又与李严书》；《北堂书钞卷三十八》。
⑤ 《三国志》卷33《蜀书·后主传》。
⑥ 《三国志》卷35《蜀书·诸葛亮传》。
⑦ 《后汉书》卷4《和帝纪》。

盐官，移司隶居弘农，流人果还，关中丰实。"①曹操的这一做法无疑对蜀、吴也产生了影响。

公元208年赤壁之战后，庞统曾向寄居荆州的刘备进言："荆州荒残，人物殚尽，东有吴孙，北有曹氏，鼎足之计，难以得志。今益州国富民强，户口百万，四部兵马，所出必具，宝货无求于外，今可权借以定大事。"②即鼓励刘备西征刘璋，占领益州，利用其丰富的物产开国奠基。刘备不忍夺刘氏后裔的基业，但最终还是采纳了庞统的建议，派大军攻占了益州。蜀汉建国后，刘备、诸葛亮实行"务农殖谷，闭关息民"③、东和孙权、以退为进的积极防御政策。为了积蓄军需民食，对盐铁专卖也给予了足够的重视。他们任命善于理财的王连为司盐校尉，全面负责盐铁的生产、销售管理和收入征缴工作。另派"干理敏捷"的张裔"为司金中郎将，典作农战之器"④。史载王连"较盐铁之利，利入甚多，有裨国用"，他举荐的良才吕乂、杜祺、刘幹等官属"终皆至大官"。迁蜀郡太守、兴业将军后，王连仍"领盐府如故"，足见诸葛亮对他的倚重。⑤

盐铁专卖是法家鼻祖管仲的发明，被西汉理财家桑弘羊所继承，蜀汉的做法与其基本相同，即不论官营或私营，盐铁产品均由官府统一收购，适当加价对外出售，这样既可获得可观的财政收入，又不担负征籍之名，不致引起人民的反对，还可杜绝商人囤积居奇、哄抬市价、掺杂使假、危害人民生计。倘使将盐铁贩运出境，亦可获重利，确有一本万利、一箭多雕之妙用。桑弘羊在评价其优越性时曾说："盐铁之利，可以佐百姓之急，奉军旅之费，务蓄积以备乏绝，所给甚众，有益于国，无害于人。"⑥诸葛亮在向益州耆宿杜微阐述其讨伐魏帝曹丕的谋略时，则从不战而屈人之兵的高度强调了盐铁专卖的重要性。他说："曹丕篡弑，自立为帝，是犹土龙刍狗之有名也。欲与群贤因其邪伪，以正道灭之。……丕又大兴劳役，以向吴、楚。今因丕多务，且以闭境勤农，育养民物，并治甲兵，以待其挫，然后伐之，可使兵不战民不劳而天下定也。"⑦

诸葛亮除关注盐铁利益分配外，对盐铁生产也十分重视。他利用战争间隙亲自到临邛、长宁一带实地考察盐业生产情况，对官民利用火井煮盐、提高食盐产量和品质的做法大加赞赏。在铁器生产方面，他不仅鼓励增开新矿、扩大生产规模，还对改进冶铸技术、提高铁器质量、防止粗制滥造十分重视。史载他任命精于冶炼的巧匠蒲元于汉中斜谷口铸造锋利的宝刀3000口，就采取了先进的淬火法。蒲元对淬火的水有很高的要求。他说："汉水钝弱，不任淬用。蜀江爽烈，是谓大江之元精，天分其野。"有一次铸刀时，

---

① 《晋书》卷26《食货志》。
② 《三国志》卷37《蜀书·庞统法正传》。
③ 《三国志》卷33《蜀书·后主传》。
④ 《三国志》卷41《蜀书·张裔传》。所谓司金，主要就是司铁，负责监制农具与兵器。至于各种铁器的赋税，则归司隶校尉统一征收，列入蜀汉政府的正常财政收入，故"利权悉归于上"。
⑤ 《三国志》卷41《蜀书·王连传》。
⑥ 《盐铁论·非鞅篇》。
⑦ 《三国志》卷42《蜀书·杜微传》。

他"命人于成都取水至，元取以淬刀，言杂涪水不可用。取水者犹捍言不杂，元以刀画水曰：'杂八升，何故言不杂？'取水者叩头服云：'实于涪津渡负倒覆水，惧怖，遂以涪水八升益之。'于是咸共惊服，称为神妙。"①以上事例说明，蜀汉的盐铁生产技术在诸葛亮的支持下已经达到了相当先进的程度。

4. 发展蜀锦，取资于敌

利用比较优势、发展特色贸易、取资于敌、服务于诸侯争霸的需要，是管仲的又一重要发明。诸葛亮结合蜀地盛产名贵蜀锦的实际，将其古为今用，作为富民强国的重要杀手锏。他说："今民贫国虚，决敌之资，惟仰锦耳！"②为了鼓励蜀锦的生产和对外贸易，他采取了以下具体措施：（1）扩充锦官机构。蜀汉的丝织业分为官营和私营两种，官营者由锦官直接管辖，负责组织机户及管理蜀锦的生产、调拨、销售等事宜。民营织锦业又有两种情况，一为工商业者所经营，一为农民的副业。它们均由锦官间接管理，其产品多以赋税的方式上交锦官。（2）鼓励种桑养蚕。益州土地肥美，气候温和，是最理想的种桑养蚕地区。为了大力发展织锦业，富民强国，增加财政收入，诸葛亮不仅"劝分务穑"③、多方指导，还以身作则带头植桑养蚕。他在上奏给后主刘禅的《临终遗表》中坦言："臣成都有桑八百株，薄田十五顷，子孙衣食，自有余饶。"④足见种桑养蚕在其家庭产业中占有十分重要的地位，这对普通百姓无疑也有很强的示范意义。（3）推广先进纺织技术。诸葛亮是一位具有高深科技思想的发明家，虽然他在纺织工具及其技术改进上有何贡献史无明文，但据《隋书·食货志》记载，"蜀人多工巧，绫锦雕镂之妙，殆侔于上国。"这里所说的工巧之人，除了对旧式织绫机进行重大改进从而大大提高了织绫工效的机械改革家马钧外，还应包括以"工械技巧，物究其极"⑤而闻名的诸葛亮在内。（4）积极扩大对外贸易。蜀锦高档华贵，深受三国上层统治者的喜爱。曹操和孙权曾利用多种渠道向蜀汉大量采购，除自己使用外，还时常以之赏赐臣下、馈赠外国君主，这就给蜀锦的大量外销提供了广阔市场，也为诸葛亮的"决敌之资"战略提供了丰富的财源。西晋文学家左思在其名篇《蜀都赋》中对蜀汉经济的兴盛和锦官城的繁华有极其精彩的描述，他说："虽兼诸夏之富有，犹未若兹都之无量也。"⑥在谈到桑蚕养殖和丝织业的发达时，他说："封域之内"，"桑梓接连"，而"阛阓（街市）之里，伎（技）巧之家，百室离房，机杼相和，贝锦斐成，濯色江波。"⑦另据《三

---

① 《诸葛武侯文集·制作篇》。
② 《诸葛武侯文集·教》；《太平御览卷八百十五》。
③ 《三国志》卷33《蜀书·后主传》。
④⑤ 《三国志》卷35《蜀书·诸葛亮传》。
⑥ 左思：西晋文学家，山东临淄（今山东淄博）人，《蜀都赋》系其所著"三都赋"中的名篇（另为《吴都赋》、《魏都赋》）。当时人们为传抄此赋，京城洛阳的纸也因而涨价，故有"洛阳纸贵"之语。《蜀都赋》颇为细致地描述了巴蜀的物产、山川、风俗等，还描绘了当时四川豪门的宴饮生活。赋中所记载的大量物产及食俗，都是后人研究四川烹饪史，乃至中国烹饪史可以凭据的宝贵资料。
⑦ 《全上古三代秦汉三国六朝文·蜀都赋》。

国志》记载，景耀六年（263年）蜀汉灭亡时，府库中尚存"锦绮采绢各二十万匹"①，足见其富庶之至。

5.分兵屯田，减轻民负

军屯民屯在西汉初期即已有之，曹操在冀州大行屯田，国富民饶。诸葛亮借鉴他们的成功经验，在坚守蜀汉咽喉汉中以乘机北伐曹魏的过程中，除了充实汉中人口，督农兴业，以保证军队的粮食供应和物资运输外，还积极开展军屯工作。史载，建兴十年（232年），孔明"休士劝农于黄沙"。②这是诸葛亮屯田的最早记载。具体规模不详，估计也有七八万人。建兴十二年（234年）春，"亮悉大众由斜谷出，以流马运，据武功五丈原，与司马宣王③对于渭南。亮每患粮不继，使己志不申（伸），是以分兵屯田，为久驻之基。耕者杂于渭滨居民之间，而百姓安堵，军无私焉。"④这是诸葛亮为解决军粮供应问题而做的又一次努力。只可惜，持续时间不过百余日，诸葛亮就因劳累过度患病去世了，蜀军只好收兵回营。从此，魏蜀吴三国鼎立局面趋于瓦解。

三、对诸葛亮治国理政思想及税收思想的简要评述

1.对诸葛亮治国理政思想的简要评述

东汉末年，皇权衰落，诸侯纷争，动乱频仍。在此分崩离析之际，曹操深谋远虑，挟天子以令诸侯；孙权荫庇祖业，固守江东；刘备乐善好施，偏安益州。在他们身后，一批身怀文韬武略、立志拯救天下、光宗耀祖的封建士大夫和知识分子各投明主、出谋献策、明争暗斗，演出了一幕幕惊心动魄的历史活剧。诸葛亮就是其中的佼佼者。他隐居隆中时，潜心耕读，广交天下名士，熟稔诸子百家，洞察天下风云，未出山而明三分天下之势，以"卧龙"之号与"凤雏"庞统并称双雄。辅佐刘备期间，他以兴复汉室、克定中原为理想，联吴抗曹，协助孙权、鲁肃、周瑜取得了赤壁之战的重大胜利；栖居荆襄期间，趁机西向，攻占益州，为刘备奠定二世基业；治理巴蜀期间，恩威并施，七擒孟获，智服南中蛮夷；神机妙算，五伐中原，曹魏闻风丧胆；闭关勤农，育养民物，兴修水利，专卖盐铁，发展蜀锦，屯田汉中，减轻民负，国以富饶，民以阜财。诸葛亮忠孝节义，爱民如子；清正廉明，克勤克俭；举贤任能，以德为先；赏功罚过，无私无偏；造连弩、演八阵、发明木牛流马，鬼神莫测，后世难解。诸葛亮虽然离世已有1770余年，但他忠孝节义、能臣贤相、聪明睿智的伟岸形象和"鞠躬尽瘁，死而后已"的高

---

① 《三国志》卷33《蜀书·后主传》注引《蜀记》。

② 《三国志》卷33《蜀书·后主传》。黄沙在今陕西勉县境内。

③ 即司马懿。

④ 《三国志》卷35《蜀书·诸葛亮传》。

尚品德依然流传至今，受到社会各阶层的普遍崇敬，香风余韵绵延不绝。

对于诸葛亮一生的功过是非，历代文人雅士和统治者有许多褒贬不一的评论，但总的基调是褒扬为主，贬责为辅。现摘录几段以示梗概：（1）《三国志》的作者陈寿说："益州既定，以亮为军师将军。备称尊号，拜亮为丞相，录尚书事。及备殂没，嗣子幼弱，事无巨细，亮皆专之。于是外连东吴，内平南越，立法施度，整理戎旅，工械技巧，物究其极，科教严明，赏罚必信，无恶不惩，无善不显，至于吏不容奸，人怀自厉，道不拾遗，强不侵弱，风化肃然也。当此之时，亮之素志，进欲龙骧虎视，苞（包）括四海，退欲跨陵边疆，震荡宇内。又自以为无身之日，则未有能蹈涉中原、抗衡上国者，是以用兵不戢，屡耀其武。然亮才，于治戎为长，奇谋为短，理民之幹（干），优于将略。而所与对敌，或值人杰，加众寡不侔，攻守异体，故虽连年动众，未能有克。昔萧何荐韩信，管仲举王子城父，皆忖己之长，未能兼有故也。亮之器能政理，抑亦管、萧之亚匹也，而时之名将无城父、韩信，故使功业陵迟，大义不及邪？盖天命有归，不可以智力争也。"①（2）唐朝吕温说："夫民无恒归，德以为归，抚则思，虐则忘，其思也不可使忘，其忘也不可使思。当汉道方休，哀、平无政，王莽乃欲凭戚宠，造符命，胁之以威，动之以神，使人忘汉，终不可得也。及高、光旧德，与世衰远，桓、灵流毒，在人骨髓，武侯乃欲开兴途，振绝绪，论之以本，临之以忠，使人思汉，卒亦不可得也。"②（3）北宋苏轼说："取之以仁义、守之以仁义者，周也；取之以诈力、守之以诈力者，秦也；以秦之所以取取之，以周之所以守守之者，汉也。仁义诈力，杂用以取天下者，此孔明之所以失也。……曹刘之不敌，天下之所知也。言兵不若曹操之多，言地不若曹操之广，言战不若曹操之能，而有以一胜之者，区区之忠信也。……曹操既死，子丕代立。……此可间之势。不过捐数十万金，使其大臣骨肉，内自相残。然后举兵而伐之，此高祖所以灭项籍也。孔明既不能全其信义，以服天下之心，又不能奋其智谋，以绝曹氏之手足。宜其屡战而屡却哉！……吕温以为孔明承桓、灵之后，不可强民以思汉，欲其播告天下之民，且曰：曹氏利汝吾事之，害汝吾诛之。不知蜀之与魏，果有以大过之乎！苟无以大过之而又决不能事魏，则天下安肯以空言竦动哉！呜呼！此书生之论，可言而不可用也。"③（4）宋朝洪迈说："诸葛孔明千载人，其用兵行师，皆本于仁义节制，自三代以降，未之有也。盖其操心制行，一出于诚。生于乱世，躬耕陇亩，使无徐庶之一言，玄德之三顾，则苟全性命，不求闻达必矣。其始见玄德，论曹操不可与争锋，孙氏可与为援而不可图，唯荆、益可以取，言如蓍龟，终身不易。二十余年之间，君信之，士大夫仰之，夷夏服之，敌人畏之。上有以取信于主，故玄德临终，至云'嗣子不才，君可自取'；后主虽庸懦无立，亦举国听之而不疑。下有以见信于人，故废廖立而立垂泣，废李严而严致死。后主左右，奸辟侧佞，充塞于

---

① 《三国志》卷35《蜀书·诸葛亮传》。
② 《诸葛武侯庙记》。
③ 《苏东坡全集·诸葛亮论》。

中，而无一人有心害疾者。魏尽据中州，乘操、丕积威之后，猛士如林，不敢西向发一矢以临蜀，而公六出征之，使魏畏蜀如虎。司马懿案行其营垒处所，叹为天下奇才。钟会伐蜀，使人至汉川祭其庙，禁军士不得近墓樵采，是岂智力策虑所能致哉！魏延随公出，辄欲请兵万人，与公异道会于潼关，公制而不许，又欲请兵五千，循秦岭而东，直取长安，以为一举而咸阳以西可定。史臣谓公以为危计不用，是不然。公真所谓义兵不用诈谋奇计，方以数十万之众，据正道而临有罪，建旗鸣鼓，直指魏都，固将飞书告之，择日合战，岂复翳（偷、隐蔽）行窃步，事一旦之谲（欺诈）以规咸阳哉！司马懿年长公四岁，懿存而公死，才五十四耳，天不祚汉，非人力也。"①（5）宋朝何去非曰："方其豪杰并起，而备已与之周旋于中原矣。始得徐州，而吕布夺之；中得豫州，而曹公夺之；晚得荆州，而孙权夺之。备将兴复刘氏之大业，其志未尝一日而忘中州也。然卒无以暂寓其足，委而西入者，有曹操、孙权之兵辄（专擅）之也。……孔明有立功之志，而无成功之量；有合众之仁，而无用众之智。故尝数动其众而亟于立功。功每不就，而众已疲。此孔明失于所以用蜀也。……善为兵者，攻其所必应，击其所不备而取胜也，皆出于奇。孔明连岁之出，而魏人每雍容不应，以老其师，遂至于徒归。而又以吾小弱而向强大，未尝出于可胜之奇。"②（6）明末清初王夫之说："军不治而唯公治之，民不理而唯公理之，政不平而唯公平之，财不足而唯公足之。"③（7）清乾隆皇帝说："诸葛孔明为三代以下第一流人物，约其生平，亦曰公忠二字而已。公故无我，忠故无私，无我无私，然后志气清明而经纶中理。故其言曰：'我心如称，不能为人作轻重。'所谓止水无心两平量，晚镜无心而照形，以物为心而不逐于物者也。尤不可及者，孔明之器识规模，三代以下未见其伦比，而况区区一隅之人士乎！仍数戒群吏勤攻其过失，其虚以受人，而不敢自是如此，此其所以肩随于伊、吕④也欤！"⑤

对诸葛亮的形象塑造影响最为深远的当属元末明初小说家、戏曲家罗贯中（约1330—约1400），他在其名著《三国演义》一书中，从维护汉朝正统地位出发，以史为据，外加夸张、虚构和移花接木等文学手法，将诸葛亮刻画成一个无所不知、无所不能的神人，有意夸大其丰功伟绩，贬低曹操、孙权、周瑜等人的历史贡献，但世人似乎并不以此为意，而认为诸葛亮就是那样一个人，是古代士大夫中忠孝节义和智慧的完美化身。随着历史年轮的不断翻转，诸葛亮的形象不仅没有丝毫减损，反而愈来愈高大，香火愈来愈旺盛，这是令人深思的。

诸葛亮的治国理政思想是在20多年的南征北战环境中形成的，虽然博大精深，但其精髓可用"耕战"一词来概括。诸葛亮年轻时最崇拜春秋时期的政治家管仲和战国时

---

① 《容斋随笔·诸葛公》。
② 《何博士备论·蜀论》。
③ 《读通鉴论》卷十。
④ 指伊尹、吕尚。
⑤ 《日知荟说》。

期的军事家乐毅,在文韬武略、举贤任能、以法治国、轻重理财等方面吸取了不少养料;在辅佐刘备和刘禅期间,则以曹操和司马懿为强劲对手。诸葛亮熟知蜀汉最弱,无法与曹魏和孙吴抗衡,故一生坚守联吴抗曹、以攻为守的积极防御策略,给蜀汉赢得了奠基立国和由弱变强的机会,有效应对了魏吴的各种挑战。他曾忧心忡忡地对后主刘禅说:"先帝创业未半而中道崩殂。今天下三分,益州疲敝,此诚危急存亡之秋也。"[①]正是这种忧患意识促使他在经济上踔厉奋发、开源节流、求富求安、自立自强。他所采取的一系列发展经济、富国安民、足兵足食的方针政策都是从这一实际出发的,也是为巩固三足鼎立局面、实现"兴复汉室、克定中原"这一战略目标服务的,且在实践中绽放出炫目的光彩,使诸葛亮在中国历史、传统文化和国民心理塑造中都成为神一样的存在,为世世代代中国人所津津乐道,成为普罗大众普遍学习效仿的楷模。

2.对诸葛亮税收思想的简要评述

诸葛亮的税收思想是其治国理政思想的重要组成部分,本书将其提炼归纳为五个方面,包括:(1)以农为本,轻徭薄赋。从保护农本、勿夺农时、勿尽民财的角度强调了实行轻徭薄赋政策的重要性。(2)崇俭戒奢,藏富于民。从增加储备、调节丰歉、以保民安的角度强调了崇俭戒奢的重要性。(3)盐铁专卖,以裨国用。从控制盐铁供求和价格、抑制豪强垄断的角度强调了利出一孔、无征税之名而无不征籍的重要性。(4)发展蜀锦,取资于敌。从富民强国、削弱敌方实力的角度强调了发展优势特色产业、扩大对外贸易尤其是与敌国的贸易、吸引财富向本国流动的重要性。(5)分兵屯田,减轻民负。从以军补民、自给自足、减轻民负的角度强调了利用战争间隙发展军屯的重要性。总体来看,它是法家耕战、法治、理财思想与儒家重农抑商、崇本抑末、崇俭戒奢、轻徭薄赋、重视储备等思想的有机融合,体现了开源节流、富民强国的指导思想。虽理论新意不多,但实施效果却很显著,是对历史传统的继承和发扬。

主要参考文献:

《三国志》。

《诸葛武侯文集》。

《诸葛亮评传》,余明侠著,南京大学出版社1996年版。

---

① 《诸葛武侯文集·前出师表》。

傅 玄

一、傅玄生平简介

傅玄（217—278），字休奕，北地泥阳（今陕西省铜川市耀州区东南）人，世人尊称傅子，魏晋时期思想家、政治家、文学家。出身于一个没落贵族家庭，其祖父傅燮（约143—187），字南容，曾跟随皇甫嵩、朱儁率领的官军讨击豫州、兖州、冀州境内的黄巾军而立有军功，但因对宦官乱政极为不满，向灵帝上疏力陈其弊，而遭到宦官赵忠的谗害，不仅未得到封赏，还被外放至汉阳任太守，最终在中平四年（187年）征讨西羌韩遂和州兵的叛乱中英勇殉节，时年61岁。父亲傅幹（约175—219），字彦材（或彦林），曹操擅政时期曾担任过扶风太守、丞相府参军、丞相仓曹属等职。因留驻陇右时与马腾、马超父子交往甚密，故在协助曹操谋士钟繇劝其归降协力讨伐袁绍方面发挥了重要作用。建安二十四年（219年）九月以后，傅幹便从史籍中消失，估计死因与曹丕守邺城时发生的"魏讽谋反案"①有关，时年45岁。傅玄3岁丧父，少而孤贫，在流离失所中勤读诗书，靠博学多才赢得时誉，有幸进入曹魏集团，成为一名参撰《魏书》的学者，但因不满何晏、邓飏等人的奢侈浮华行为而屡遭打击迫害。高平陵事变后，司马氏击败曹爽夺得政权，傅玄追随司马昭南北征战，受到赏识，开始享受高官厚禄与显要地位，从此命运彻底改变。但因过于刚直，得罪朝臣，两次被参免官，第二次则气急而病，卒于家中，享年62岁，谥曰刚。傅玄之子傅咸（字长虞）继承父业，不改家风，略知进退，终能建功立业，保守名节，全身而退。

《晋书·傅玄列传》对傅玄的一生有如下精彩评述："玄少孤贫，博学善属文，解钟律。性刚劲亮直，不能容人之短。""玄天性峻急，不能有所容；每有奏劾，或值日

---

① 《三国志》卷1《魏书·武帝纪》。当时曹操在汉中与蜀汉对抗，太子曹丕留守邺城，庶理朝政。魏讽等人谋反，被曹丕镇压，坐死者数十人，估计傅幹是受株连者之一。

暮,捧白简,整簪带,竦踊(振奋、焦躁)不寐,坐而待旦。于是贵游慑伏,台阁生风。""傅玄体强直之姿,怀匪躬(奋不顾身)之操,抗辞正色,补阙弼违,谔谔当朝,不忝(辱、愧)其职者矣。及乎位居三独,弹击是司,遂能使台阁生风,贵戚敛手。虽前代鲍、葛①,何以加之!然而惟此褊(狭隘、躁急)心,乏弘雅之度,骤闻竞爽(争胜),为物议所讥,惜哉!"

二、傅玄税收思想的主要内容

傅玄的税收思想是其治国理政思想的重要组成部分,本书将其提炼归纳为以下四个方面。

1. 主张四民分业,各尽其力

傅玄继承了远古时代四民分业的传统思想,把"人尽其用,地尽其利"视为治国安邦的基础。他虽未改变农本商末的传统观念,但对士农工商彼此分工、相互依存、相互促进的关系则有了比前人更清醒的认识。他指出:"明主之治也,分其业而一其事。业分则不相乱,事一则各尽其力,而不相乱则民必安矣。""职业无分,事务不壹,职荒事废,相督不已,若是者民危。"②"夫商贾者,所以伸盈虚而获天地之利,通有无而壹四海之财,其人可甚贱,而其业不可废"③在给晋武帝司马炎的上书中,他说:"先王分士农工商以经国制事,各一其业而殊其务。自士已上(以上)子弟,为之立太学以教之,选明师以训之,各随其才优劣而授用之。农以丰其食,工以足其器,商贾以通其货,故虽天下之大,兆庶之众,无有一人游手。分数之法,周备如此。汉、魏不定其分,百官子弟不修经艺而务交游,未知莅事而坐享天禄;农工之业多废,或逐淫利而离其事;徒系名于太学,然不闻先王之风。今圣明之政资始,而汉、魏之失未改,散官众而学校未设,游手多而亲农者少,工器不尽其宜。臣以为亟定其制,通计天下若干人为士,足以副在官之吏;若干人为农,三年足有一年之储;若干人为工,足其器用;若干人为商贾,足以通货而已。"又说:"为政之要,计人而置官,分人而授事,士农工商之分不可斯须废也。""使冗散之官农(务农),而收其租税,家得其实,而天下之谷可以无乏矣。若未能精其防制,计天下文武之官足为副贰者使学,其余皆归之于农。若百工商贾有长者,亦皆归之于农。务农若此,何有不赡乎!"④

2. 主张度时宜而立制,量民力以役赋

傅玄认为,社会发展形势和客观条件是不断变化的,国家的赋税政策也不能一成不

---

① 指鲍宣、葛洪。
② 《傅子·安民》。
③ 《傅子·检商贾》。
④ 《晋书》卷47《傅玄列传》。

变,因此必须"度时宜而立制,量民力以役赋。"①他指出:"世有事,即役烦而赋重;世无事,即役简而赋轻。"②即社会动荡时期,实行重税政策,可以保证军需国用;社会安定时期,则实行轻税政策,可使民休养生息,发展生产。该轻的时候轻,该重的时候重,有轻有重,轻重结合,因时而变,是为"治平"。他指出:"用人之力,岁不过三日"只适用于"治平无事之世",而在国家有事时便不能以此为限。他举例说:"若黄帝之时,外有赤帝、蚩尤之难,内设舟车门卫甲兵之奋,六兴大役,再行天诛,居无安处,即天下之民,亦不得不劳也。劳而不怨,用之治平也。"为了切实做到赋税征课中的"治平",他还主张国家举办各种礼仪活动、制定典章制度时也要"度时宜",即"役简赋轻,则奉上之礼宜崇,国家之制宜备,此周公所以定六典也。役烦赋重,即上宜损制以恤其下,事宜从省以致其用,此黄帝、夏禹之所以成其功也。"他认为,后世统治者只要能在制定国家政策时从"黄帝之治平,夏禹之积俭,周制之有常"的成功经验中汲取营养,"随时益损而息耗之,庶几(大体)虽劳而不怨矣。"③

3.主张役赋有常,不征非常之物

傅玄说:"民富则安,贫则危。""役赋有常,上无横求,则事事有储而并兼之隙塞。事有储,并兼之隙塞,则民必安矣。""役赋无常,横求相仍,弱(百姓)穷迫不堪其命,若是者民危。"④"上以无常役下,赋物非民所生,而请于商贾,则民财暴贱;民财暴贱,而非常暴贵;非常暴贵,则本竭而末盈;末盈本竭,而国富民安,未之有矣。"傅玄认为理想的税收制度应该是:"国有定制,下供常事;役赋有恒,而业不废。""上不征非常之物,下不供非常之求,君不索无用之宝,民不鬻无用之货。"⑤

4.主张息欲明制,务公而去私

傅玄反对玄学思潮影响下的浮华奢侈之风。他说:"天下之福,莫大于无欲,天下之祸,莫大于不知足。无欲则无求,无求者所以成其俭也。不知足,则物莫能盈(满足)其欲矣,莫能盈其欲,则虽有天下,所求无已,所欲无极矣。海内之物不益(增),万民之力有尽;纵无已之求,以灭不益之物;逞无极之欲,而役有尽之力;此殷士所以倒戈于牧野,秦民所以不期(约)而周(遍)叛。"⑥"纵欲者无穷,用力者有尽。用有尽之力,逞无穷之欲,此汉灵之所以失其民也。""夫经国立功之道有二:一曰息欲,二曰明制。欲息制明,而天下定矣。"⑦"不息欲于上,而欲求下之安静,此犹纵火焚林,而索原野之不废,难矣。"⑧"视远而忘近,兴事不度于民,不知稼穑艰难而轻用之,

---

① ④ 《傅子·安民》。
② ③ 《傅子·平赋役》。
⑤ ⑧ 《傅子·检商贾》。
⑥ 《傅子·曲制》。
⑦ 《傅子·校工》。

如是者民危。安民而上危，民危而上安者，未之有也。"①

傅玄认为赋税和徭役应是为国家公利而征发，而不是用来满足统治者的一己私利。他说："夫有公心，必有公道；有公道，必有公制。""公道行，则天下之志通；公制立，则私曲之情塞矣。"②"仁人在位，常为天下所归者，无他也，善为天下兴利而已矣。"③"政在去私。……唯公然后可正天下。"④"昔先王之兴役赋，所以安上济下，尽利用之宜，是故随时质文，不过其节。计民丰约而平均之，使力足以供事，财足以周用，乃立一定之制，以为常典。甸都有常分，诸侯有常职焉。万国致其贡，器用殊其物，上不兴非常之赋，下不进非常之贡，上下同心，以奉常教，民虽输力致财，而莫怨其上者，所务公而制有常也。"⑤为了减轻民负，傅玄还主张因时制宜，合理配备各级官吏，尽可能做到少而精。他指出："量时而置官，则吏省而民供；吏省则精，精则当才而不遗力，民则供顺；供顺则思义而不背上。上爱其下，下乐其上，则民必安矣。""吏多而民不能供，上下不相乐，若是者民危。"⑥

傅玄除了在抽象理论层面思考一些赋税原则外，还针对一些实际问题提出了若干具体政策建议。例如，针对兵农的课田数量不断增加⑦，而实际功修不足，租赋征收率又不断提高，导致农业生产率下降并打击劳动者生产积极性的问题，他主张将赋课恢复到魏武帝曹操初行屯田制时期规定的水平，即课田数量仍以丁男耕种50亩、丁女耕种20亩、次丁男半之即25亩为标准，田赋征收率仍以50%至60%为标准。他说："兵持官牛者，官得六分，士得四分；自持私牛者，与官中分。施行来久，众心安之。今一朝减持官牛者，官得八分，士得二分；持私牛及无牛者，官得七分，士得三分。人失其所，必不欢乐。"⑧又如，针对一些地方官员竞比奢侈、不思进取，致使土地荒芜、民心松散的问题，他主张重申汉氏旧典，以死刑"警戒天下郡县"，要求二千石的官员必须大力垦荒，"勤心以尽地利"⑨。另外，针对以鲜卑为主的西部胡虏随时准备侵扰边关的危险，他主张设立新州郡，调精兵强将加强防守，屯垦戍边，对乐意"充之"的徙民长期免除徭役。⑩这些建议对发展经济、减轻民负、安定边疆无疑都有积极意义，且有一定的可操作性，因而得到晋武帝司马炎的大加赞赏，称"此诚为国大本，当今急务也。"⑪

---

①⑥ 《傅子·安民》。
② 《傅子·通志》。
③ 《傅子·阙题》。
④ 《傅子·问政》。
⑤ 《傅子·平赋役》。
⑦ 魏晋时，每亩地的标准由一百步提高至二百四十步，实际面积扩大了，等于减轻了税负，但随之而来的是耕作质量下降了，后来又出现了税负不断加重的情况。所以傅玄建议不能只图扩大面积，更要重视精耕细作，适当减轻税负。
⑧⑨⑩⑪ 《晋书》卷47《傅玄列传》。

三、对傅玄治国理政思想及税收思想的简要评述

1.对傅玄治国理政思想的简要评述

东汉末年,皇权衰落,诸侯争霸,导致天下大乱,大浪淘沙的结果最后形成了魏蜀吴三足鼎立的局面。但从力量对比来看,曹操统治的魏国综合实力明显强于吴、蜀两国。曹操、刘备相继去世后,实现天下一统的重任就落在了曹操后裔的肩上。经过多年血雨腥风的争夺战,曹魏最终统一了天下。这时按理应该无为而治,与民休息,但曹魏集团与司马氏集团的争权夺利斗争却愈演愈烈,进入了白热化阶段,最终司马氏集团战胜曹魏集团,将三国争雄的胜利果实尽收囊中,开启了西晋历史的新纪元。

从学术思想和治国理政策略的流变来看,在战乱频仍的背景下,主张尊君爱民的儒家不可避免地被挤到了时代的角落,而主张积极有为、举贤任能、循名责实、赏功罚过的法家以及讲究兵不厌诈、奇正相合、随机应变的兵家则有了用武之地。随着天下一统局面的逐步实现,这时究竟应采取无为而治的策略还是继续采取有为而治的策略,是恢复名教还是宠任自然,是重本抑末还是崇尚奢侈浮华,是轻徭薄赋、与民休息还是加重民负、激化矛盾,就要看当时的社会环境和政治斗争形势。傅玄正处在去魏入晋的历史转折时期,因而他的思想观点和政策主张明显地打上了时代的烙印。

傅玄的思想成就主要是在入晋以前形成的,总体上具有以儒为主、儒法并用、兼综各家的"杂家"特点,并为司马氏谋"君人南面之术"提供了理论依据和政策主张。具体来说,在人性论上,他摒弃了荀子的性善情恶论,提出"水性说",认为人性随方就圆,性情相应,善恶相因,后天的环境和教育对人性的形成有重要影响;在个人行为上,他坚持效果论,斥言饰虚伪,重实效事功,并强调要举贤任能、识别奸佞;在社会道德上,他力倡尊儒贵学,加强德治,不排除法治,赏罚并用,通儒达道;在修养方法上,他重视社会教化的力量与个人学习、实践相辅而行的作用,主张君主要止欲息欲,以德正己,以信待臣,以兴利天下御民,做到"上下相奉,人怀义心"[①];在社会秩序上,他强调以礼教兴天下,形成"道化隆于上,清议行于下"[②]的良好风气。

傅玄反对玄学思潮下的"虚伪放诞之论"、崇尚传统礼义教化的思想主张,对纠正法家权谋术和道家消极无为带来的不良社会风气无疑具有积极作用。但他的理论和政策主张也存在一些不足或缺憾,比如,在政治上坚定地站在司马氏一边,对其篡政过程中的残暴与野蛮不敢加以揭露与抨击;在理论上过分强调感性认识的重要性,忽视理性认识的价值,特别是对玄学抱着一种强烈的抵触反感态度,无视其中闪烁的思辩光芒,看不到它在思想史上显示出的个性解放的进步意义;在匡时救世的建议里,因固守经学传统,提出了一些在实践中很难行得通或落后于时代的政策主张。比如要求君主清心寡欲,建议用严刑峻法督责二千石的郡县官吏亲耕务农,强调恢复礼乐之制,宣扬夷夏之

---

①② 《晋书》卷47《傅玄列传》。

分等。

2. 对傅玄税收思想的简要评述

傅玄的税收思想是其治国理政思想的重要组成部分，内容极其丰富，且有不少超越前人的独到之处。本书将其提炼归纳为四个方面：（1）主张四民分业，各尽其力。即强调士农工商各有所长，不可偏废，尤其是对商业流通重要性的认识达到了一个新高度。（2）主张度时宜而立制，量民力以役赋。即主张根据年景好坏调节税负轻重，使民劳而不怨。（3）主张役赋有常，不征非常之物。即主张取民有时、有度、有常，增加储备，抑制兼并，体恤民苦。（4）主张息欲明制，务公而去私。即主张崇俭戒奢，严明制度，务公去私。傅玄把"度时宜而立制，量民力以役赋"[1]"上不征非常之物，下不供非常之求，君不索无用之宝，民不鬻无用之货。""国有定制，下供常事；役赋有恒，而业不废。"[2]作为理想税制的标准，抓住了税收工作中的一些基本矛盾和治税思想中的一些根本问题，在一定程度上体现了赋税"取之于民，用之于民"的精神，既有重大的理论意义，又有重大的现实意义。尽管这些理想和原则在封建专制社会里很难行得通，但其中闪耀的思想光芒是不会被历史埋没的。

主要参考文献：

《傅子》。

《晋书》。

《傅子评注》，刘治立著，天津古籍出版社2010年版。

《傅玄评传》，魏明安、赵以武著，南京大学出版社1996年版。

---

[1]《傅子·安民》。

[2]《傅子·检商贾》。

鲍敬言

一、鲍敬言生平简介

鲍敬言,两晋之际人,生卒年月及著作不详。他曾与江南土著士族出身、后来成为金丹道教创始人的葛洪(284—364或343年)进行过激烈的论战,因此在葛洪的代表作《抱朴子·诘鲍卷》中留下了鲍氏思想言论的部分片断,为后人研究解读鲍氏思想提供了不可多得的珍贵史料。葛洪说:"鲍生敬言,好老庄之书,治剧辩之言,以为古者无君,胜于今世。"又说:"鲍生贵上古无君之论,余既驳之矣。后所答余之多,不能尽载,余稍条其论而诘之。"可见,葛洪是把鲍氏作为自己的论敌来看待的,所以对其著作中思想言论的记述只是提纲携领或片断式的,很不完整和全面,且难免有歪曲或贬低的成分。但从这些有限的记述和诘难中,仍可清晰地看出鲍氏治国理政思想及其税收思想的基本轮廓和倾向。

二、鲍敬言税收思想的主要内容

鲍敬言的税收思想是其治国理政思想的重要组成部分,本书将其提炼归纳为以下三个方面。

1.天生民必树君,君为治民而设,是一个自欺欺人的弥天大谎

长久以来,"君权神授"和"君权至尊"的天命观一直被封建统治者及其卫道士们作为证明封建专制统治合理合法性的理论基础和精神支柱,而鲍敬言则继承东汉王充、仲长统等思想家的战斗精神,直接向这种神学说教宣战,并将矛头直指最高封建统治者。他指出:"儒者曰:'天生烝民而树之君。'岂其皇天淳淳言,亦将欲之者为辞乎

哉？"即天生民必树君，君为治民而设，这纯粹是一个自欺欺人的弥天大谎。

他认为，君主和赋税的出现完全是末世以来智愚相分、奸巧横生、道德衰败、以强凌弱、争权夺利的产物，是历史的大倒退。他说："曩古（往古）之世，无君无臣，穿井而饮，耕田而食，日出而作，日入而息，泛然不系，恢尔自得，不竞不营，无荣无辱，山无蹊径，泽无舟梁。川谷不通，则不相并兼；士众不聚，则不相攻伐。是高巢不探，深渊不漉（掘）；凤鸾栖息于庭宇，龙鳞群游于园池；饥虎可履，虺蛇（毒蛇）可执；涉泽而鸥鸟不飞，入林而狐兔不惊。势利不萌，祸乱不作；干戈不用，城池不设；万物玄同，相忘于道；疫疠不流，民获考终；纯白在胸，机心不生；含餔（哺、干果）而熙（和乐），鼓腹而游。其言不华，其行不饰，安得聚敛以夺民财，安得严刑以为坑阱！"他说："夫强者凌弱，则弱者服之矣；智者诈愚，则愚者事之矣。服之，故君臣之道起焉；事之，故力寡之民制焉。然则隶属役御，由乎争强弱而校（较、角）愚智，彼苍天果无事也。"即人与人之间的统治与被统治关系是由争强弱、角智愚引起的，与苍天毫无关系。他说："白玉不毁，孰为珪璋？道德不废，安取仁义？""天下逆乱焉而忠义显矣，六亲不和焉而孝慈彰矣。""让爵辞禄，以钓虚名，则不如本无让也。""夫死而得生，欣喜无量，则不如向无死也。""造剡（尖）锐之器，长侵割之患，弩恐不劲，甲恐不坚，矛恐不利，盾恐不厚。若无凌暴，此皆可弃也。""夫天地之位，二气范（造）物，乐阳则云飞，好阴则川处。承柔刚以率性，随四八①而化生，各附所安，本无尊卑也，君臣既立，而变化遂滋。"即天下本来阴阳和谐，无贫富贵贱之分，只是有了君臣尊卑之分，各种各样的罪恶和不平等才层出不穷。

2.封建统治者肆酷恣欲、屠宰天下，是导致国贫民困的根本原因

鲍敬言对封建统治者"肆酷恣欲，屠宰天下"的罪恶行径进行了无情的揭露和批判。他指出："夫混茫以无名为贵，群生以得意为欢。故剥桂刻漆，非木之愿；拔鹖（雉鸟）裂翠（翠鸟），非鸟所欲；促辔（快鞭）衔镳（镖、马嚼子），非马之性；荷轾（车）运重，非牛之乐。诈巧之萌，任力违真，伐生之根，以饰无用，捕飞禽以供华玩，穿本完之鼻，绊天放之脚，盖非万物并生之意。""夫役彼黎丞，养在此官；贵者禄厚，而民亦困矣。""古之为屋，足以蔽风雨，而今则被以朱紫，饰以金玉；古之为衣，足以掩身形，而今则玄黄黼黻（礼服华美），锦绣绮纨；古之为乐，足以定人情，而今则烦乎淫声，惊魂伤和；古之饮食，足以充饥虚，而今则焚林漉（淘、竭）渊，宰割群生。""夫桀纣之徒，得燔（烧）人，辜（罪）谏者，脯（腌）诸侯，菹（剁）方伯，剖人心，破人胫（小腿），穷骄淫之恶，用炮烙之虐。若令斯人并为匹夫，性虽凶奢，安得施之！使彼肆酷恣欲，屠割天下，由于为君，故得纵意也。""人君采难得之宝，聚奇怪之物，饰无益之用，厌（满足）无已之求。""饰绂冕玄黄之服，起土木于凌霄，构丹

---

① 指四时八节。其中，四时指春、夏、秋、冬四季；八节指立春、春分、立夏、夏至、立秋、秋分、立冬、冬至八个节气。合起来泛指一年四季各节气。

绿于棼橑（梁椽）；倾峻搜宝，泳渊探珠。聚玉如林，不足以极其变；积金成山，不足以赡其费。""夫獭多则鱼扰，鹰众则鸟乱，有司设则百姓困，奉上厚则下民贫。壅崇（收藏、积聚）宝货，饰玩台榭，食则方丈，衣则龙章，内聚旷女，外多鳏男，辨难得之宝，贵奇怪之物，造无益之器，恣不已之欲，非鬼非神，财力安出哉？"统治者的穷奢极欲必然耗费大量资财，从而加重对百姓的赋税征敛，给人民带来沉重的灾难。他指出："夫谷帛积则民有饥寒之俭，百官备则坐靡（享、浪费）供奉之费，宿卫有徒食之众，百姓养游手之人，民乏衣食，自给已剧（难），况加赋敛，重以苦役。下不堪命，且冻且饥，冒法斯滥，于是乎生。"当繁重的赋税将百姓逼到无法生存的时候，造反起义就不可避免。他说："夫身无在公之役，家无输调之费，安土乐业，顺天分地，内足衣食之用，外无势利之争，操杖攻劫，非人情也。……盖我清静则民自正，下疲怨则智巧生也。任之自然，犹虑凌暴，劳之不休，夺之无已，田芜仓虚，杼柚（织机）之空，食不充口，衣不周身，欲令勿乱，其可得乎？"人民的反抗必然威胁到君主的统治，于是"王者忧劳于上，台鼎（三公、宰相）颦蹙（皱眉、忧愁）于下，临深履薄，惧祸又及。恐智勇之不用，故厚爵重禄以诱之。恐奸衅之不虞（不可预料），故严城深池以备之。而不知禄厚则民匿而臣矫，城严则役重而攻巧。""人主忧栗于庙堂之上，百姓煎扰乎困苦之中，闲（治）之以礼度，整之以刑罚，是犹辟（开）滔天之源，激不测之流，塞之以撮壤（一把土），障之以指掌也。"意即君主为了防备、镇压人民的反抗，必然加重赋役征发，以增加军备，犒赏文武，却不知这些措施更加加重了人民的负担，形同饮鸩止渴、火上浇油，人民造反起义将更加难以抑制，如此则君主的统治将陷入恶性循环，即："救祸而祸弥深，峻急而禁不止也。"

　　3. 对无君、无臣、无兵、无刑、无税、无争、小国寡民美好社会的向往

　　鲍敬言认为人间的一切罪恶归根到底都是由君主专制制度造成的，而要消除这些罪恶，安定民生，就必须取消君主和赋税制度，建立一种无君、无臣、无兵、无刑、无税、无争的社会。因此，他对上古时代那种世风淳朴、百姓安居乐业、没有压迫、没有剥削、"鸡犬之声相闻，民至老死不相往来"的"小国寡民"社会十分向往，并给予热情的歌颂，认为这样的社会"散鹿台之金，发钜桥之粟，莫不欢然；况乎本不聚金，而不敛民粟乎？休牛桃林，放马华山，载戢（收起）干戈，载櫜（藏起）弓矢，犹以为泰；况乎本无军旅，而不战不成乎？茅茨土阶，弃织拔葵，杂囊为帏，濯裘布被，妾不衣帛，马不秣（喂）粟，俭以率物，以为美谈，所谓盗跖分财，取少为让，陆处之鱼，相煦（濡）以沫也。"显然，这种观点源于老庄哲学，其中包含着无政府主义的因素。

三、对鲍敬言治国理政思想及税收思想的简要评述

　　在黑暗的中国封建社会，鲍敬言以前人未有的勇气和胆略，旗帜鲜明地批判和否定

神权政治观，倡导无君无税，精神尤其难能可贵。他同情劳动人民的疾苦和反抗斗争，痛快淋漓地揭露君主专制和赋税制度的罪恶，表达了人民大众特别是农民对封建统治的强烈不满和要求平等以及减轻赋税的愿望，从而在中国古代政治、赋税思想史上写下了富有特色的杰出篇章。当然，由于历史条件的局限，鲍敬言没有、也不可能对封建专制及其赋税剥削制度进行合乎科学的分析，也看不到封建君主制度的阶级实质。他提出了一个美好社会的理想，却找不到如何实现它的可行办法，只能借上古而抒怀，表达自己对现实社会的不满和对美好社会的向往。然而，这种废弃一切国家、君主和赋税的思想只能是一种不切实际的幻想，其中包含的复古、颂古倾向也是违背历史发展潮流的。因为君主及其赋税制度并不是引起剥削和压迫的根本原因，而只不过是原始社会落后的生产力提高、剩余产品出现、阶级分化的必然结果。正如恩格斯在《反杜林论》中所指出的，"虽然财产可以由掠夺而得，所以也就是说可以依据于暴力之上，但是这点并不是必要的。……财产应先由劳动者生产出来，然后才能被掠夺。"[①]从社会发展史来看，君主、国家及其赋税的出现尽管给劳动人民带来了无穷无尽的灾难，但比起无君无税的原始社会来，它们的出现毕竟是一种历史的进步而不是倒退。人类只有生产力极其发达，社会产品极大丰富，社会的精神文明水平达到极高水平，阶级压迫才会消失，国家等暴力机器才会消灭，无君无税、人人幸福平等的共产主义社会才会自然到来，但这不是一朝一夕的事情，需要一个漫长曲折的发展过程，是人类最高级美好的理想和永无止境的奋斗目标。鲍敬言看不到这一点，而试图把人类社会拉回到远古的低水平发展阶段，这与老子的"小国寡民"思想可谓一脉相承，但结果只能是南辕北辙。

主要参考文献：

《抱朴子》，[东晋]葛洪著。

《魏晋玄学论稿》，汤用彤著，中华书局1962年版。

《中国全史——魏晋南北朝思想史》，史仲文、胡晓林主编，罗宏曾著，人民出版社1994年版。

[①] 恩格斯：《反杜林论》，人民出版社1956年版，第166页。

李世民

一、李世民生平简介

李世民（599—649），唐朝第二位君主，政治家、军事家。其曾祖父李虎为西魏著名八柱国之一。李虎之子李昞，虽无赫赫战功，但因与后来成为隋文帝的杨坚各娶独孤氏姊妹为妻，而成为隋氏之近亲，置身于皇亲国戚行列，袭封唐国公。李昞之子李渊既是隋文帝杨坚的外甥，又是隋炀帝杨广的姨表兄弟，故在隋朝处于比较特殊的政治地位。作为隋炀帝的重臣，李渊先后任山西河东慰抚大使、太原留守。大业十三年（617年），趁反隋浪潮汹涌澎湃之机起兵。义宁二年（618年）五月夺取政权，改国号为唐，建元武德，是为唐高祖。李世民是李渊次子，隋开皇十八年（599年）十二月戊午生于陇右武功之别馆。据说4岁时，有个算命先生说他有"龙凤之姿，天日之表。年将二十，必能济世安民矣"。①李渊遂给他取名"世民"。李世民受家庭熏陶，自幼喜好弓箭骑射，是个骁勇强悍、武艺精湛的贵族子弟。16岁时便在勤王战役中崭露头角，为其父起兵反隋出谋献策，屡立战功。灭隋建唐后，因功而官拜尚书令、右武侯大将军，进封秦王。武德初年，天下未平，李世民先后击败隋将薛举、薛仁杲父子，平定叛将刘武周，并剿灭民变领袖窦建德和王世充，为大唐政权的稳固立下汗马功劳。武德九年（626年）六月四日，李世民率秦府幕僚长孙无忌、尉迟敬德等人发动"玄武门之变"，一举杀死欲置他于死地的哥哥、太子李建成和四弟齐王李元吉，胁高祖下诏立他为太子。同年八月，唐高祖禅位为太上皇，李世民荣登大宝，是为唐太宗，次年改元贞观。李世民在位期间，采取逆取顺守、举贤任能、虚心纳谏、改革弊政、刷新政治、崇俭戒奢、劝课农桑、清静无为、与民休息、重德轻刑、礼乐教化、恤近柔远、开放包容等一系列正确的治国方略，促进了政治、经济、文化、军事、外交的全面发展，开创了国泰民安、百鸟

---

① 《旧唐书》卷2《太宗纪上》。

朝凤的辉煌局面，为随后到来的"开元盛世"奠定了坚实基础，被史书冠以"贞观之治""千古一帝"的美名，成为历代统治者效仿的典范，其醇风余韵至今绵延不绝，成为中华民族精神的核心构成而享誉中外。

李世民的治国理政思想及税收思想集中反映在《贞观政要》和《帝范》两部著作中。其中，前者是武则天当政时期著名史官吴兢为了劝诫后世之君继承"贞观之治"的优良传统，而以君臣对话形式编撰的一部记录开国君主李世民与魏徵等名臣探讨治政理念的著作；后者则是李世民为了教诫太子李治，而以专题形式自撰的一部总结自己执政经验和方法策略的专著。

二、李世民税收思想的主要内容

李世民的税收思想是其治国理政思想的重要组成部分，本书将其提炼归纳为以下三个方面。

1. 主张轻徭薄赋，政不扰民

据载，贞观二年，李世民对侍臣说："凡事皆须务本。国以人为本，人以衣食为本，凡营衣食，以不失时为本。夫不失时者，在人君简静乃可致耳。若兵戈屡动，土木不息，而欲不夺农时，其可得乎？""夫安人宁国，惟在于君。君无为则人乐，君多欲则人苦。"①"古人云：'君犹器也，人犹水也，方圆在于器，不在于水。'故尧、舜率天下以仁，而人从之；桀、纣率天下以暴，而人从之。下之所行，皆从上之所好。……朕今所好者，惟在尧舜之道、周孔之教，以为如鸟有翼，如鱼依水，失之必死，不可暂无耳。"②贞观六年，李世民对侍臣说："可爱非君？可畏非民？天子者，有道则人推而为主，无道则人弃而不用，诚可畏也。"③贞观八年，李世民对侍臣说："自朕有天下已来（以来），存心抚养，无有所科差（征发），人人皆得营生，守其资财，即朕所赐。向使朕科唤不已，虽数资（给）赏赐，亦不如不得。"④同年，魏徵奏称："晋文公出田（猎），逐（追逐）兽于砀，入大泽，迷不知所出。其中有渔者，文公谓曰：'我，若（是你的）君也，道将安出（请告诉我出去的路在哪里）？我且厚赐若（你）。'渔者曰：'臣愿有献（献言）。'文公曰：'出泽而受之。'于是送出泽。文公曰：'今子之所欲教寡人者，何也？愿受之。'渔者曰：'鸿鹄保（占有）河海，厌（厌烦）而徙之小泽，则有赠丸（短箭弹珠）之忧。鼋鼍（大鳖和猪婆龙）保深渊，厌而出之浅渚（沙洲），必有钓射之忧。今君逐兽砀，入至此，何行之太远也？'文公曰：'善哉！'谓从

---

① 《贞观政要·务农第三十》。
② 《贞观政要·慎所好第二十一》。
③④ 《贞观政要·政体第二》。

者记渔者名。渔者曰：'君何以名（你凭什么叫国君呢）？为君尊天事地，敬社稷，保四国，慈爱万民，薄赋敛，轻租税，臣亦与焉。君不尊天，不事地，不敬社稷，不固四海，外失礼于诸侯，内逆民心，一国流亡，渔者虽有厚赐，不得保也。'遂辞不受。"太宗曰："卿言是也。"①贞观九年，李世民对侍臣说："往昔初平京师，宫中美女珍玩，无院不满。炀帝意犹不足，征求无已，兼东西征讨，穷兵黩武，百姓不堪，遂致亡灭。此皆朕所目见，故夙夜孜孜，惟欲清净，使天下无事，遂得徭役不兴，年穀丰稔（年谷丰收），百姓安乐。夫治国犹如栽树，本根不摇，则枝叶茂荣。君能清净，百姓何得不安乐乎？"②

2.主张戒奢戒贪，藏富于民

据载，贞观初，李世民对侍臣说："为君之道，必须先存百姓。若损百姓以奉其身，犹割股以啖（饱）腹，腹饱而身毙。若安天下，必须先正其身，未有身正而影曲，上治而下乱者。"③贞观二年，李世民对侍臣说："为主贪，必丧其国；为臣贪，必亡其身。"④"凡理国者，务积于人，不在盈其仓库。古人云：'百姓不足，君孰与足？'但使仓库可备凶年，此外何烦储蓄！后嗣若贤，自能保其天下；如其不肖，多积仓库，徒益其奢侈，危亡之本也。"⑤贞观四年，李世民对侍臣说："崇饰宫宇，游赏池台，帝王之所欲，百姓之所不欲。帝王所欲者放逸，百姓所不欲者劳弊。……劳弊之事，诚不可施于百姓。"⑥同年，房玄龄奏言："今阅武库甲仗，胜隋日远矣。"李世民曰："饬（整）兵备寇虽是要事，然朕惟欲卿等存心理道，务尽忠贞，使百姓安乐，便是朕之甲仗。隋炀帝岂为甲仗不足，以至灭亡，正由仁义不修，而群下怨叛故也。"⑦贞观六年，李世民对侍臣说："使天下太平，家给人足，虽无祥瑞，亦可比德于尧、舜。若百姓不足，夷狄内侵，纵有芝草遍街衢，凤凰巢苑囿，亦何异于桀纣？"⑧贞观九年，李世民对魏徵说："顷读（北）周、（北）齐史，末代亡国之主，为恶多相类也。齐主⑨深好奢侈，所有府库，用之略尽，乃至关市无不税敛。朕常谓此犹如馋人自食其肉，肉尽必死。人君赋敛不已，百姓既敝，其君亦亡，齐主即是也。"⑩贞观十六年，李世民以天下粟价率计斗直（值）五钱，其尤贱处，计斗直三钱，因谓侍臣曰："国以民为本，人以食为命，若禾黍不登，则兆庶非国家所有。既属丰稔若斯，朕为亿兆人父母，唯欲躬务俭约，必不辄（就）为奢侈。朕常欲赐天下之人，皆使富贵。今省徭赋，不夺其时，使比屋之人

---

① ② 《贞观政要·政体第二》。
③ 《贞观政要·君道第一》。
④ 《贞观政要·贪鄙第二十六》。
⑤ ⑩ 《贞观政要·辨兴亡第三十四》。
⑥ 《贞观政要·俭约第十八》。
⑦ 《贞观政要·仁义第十三》。
⑧ 《贞观政要·灾祥第三十九》。
⑨ 齐主：指北齐后主，姓高，名纬，世祖之子。

恣（尽心）其耕稼，此则富矣。敦行礼让，使乡闾之间，少敬长，妻敬夫，此则贵矣。但令天下皆然，朕不听管弦，不从（纵）畋猎，乐在其中矣！"①

在《帝范·诫盈篇第七》中，李世民还说："夫君者，俭以养性，静以修身。俭则人不劳，静则下不扰。人劳则怨起，下扰则政乖。人主好奇技淫声、鸷鸟猛兽，游幸无度，田猎不时，如此则徭役烦，徭役烦则人力竭，人力竭则农桑废焉。人主好高台深池，雕琢刻镂，珠玉珍玩，黼黻絺绤（衮衮华服），如此则赋敛重，赋敛重则人才遗（弃），人才遗则饥寒之患生焉。乱世之君，极其骄奢，恣其嗜欲，土木衣（穿）缇绣（彩绸），而人裋褐不全，犬马厌刍豢（食肉），而人糟糠不足，故人神怨愤，上下乖离，佚乐未终，倾危已至。此骄奢之忌也。"在《帝范·务农篇第十》中，李世民说："夫食为人天，农为政本。仓廪实则知礼节，衣食足则志（知）廉耻。故躬（亲身）耕东郊，敬授人时。国无九岁之储，不足备水旱；家无一年之服，不足御寒暑。然而莫不带犊佩牛②，弃坚就伪，求什一之利，废农桑之基，以一人耕而百人食，其为害也，甚于秋螟。莫若禁绝浮华，劝课耕织，使人还其本，俗反（返）其真，则竞怀仁义之心，永绝贪残之路，此务农之本也。"③

3. 主张法务宽简，仁义活民

据载，贞观元年，李世民对侍臣说："死者不可再生，用法务在宽简。"④"朕看古来帝王以仁义为治者，国祚延长。任法御人者，虽救弊于一时，败亡亦促（快）。既见前王成事，足是元龟（鉴戒）。今欲专以仁义诚信为治，望革近代之浇薄（刻薄）也。"⑤贞观二年，李世民对侍臣说："人无常俗，但政有治乱耳。是以为国之道，必须抚之以仁义，示之以威信，因人之心，去其苛刻，不作异端，自然安静。"⑥贞观五年，李世民对侍臣说："自古帝王多任情喜怒，喜则滥赏无功，怒则滥杀无罪。是以天下丧乱，莫不由此。"⑦贞观六年（632年）十二月，李世民将犯死罪者290人放归探家，约以明年秋末复至受刑。后应期毕（全）至，悉原（赦免）之。贞观十年，李世民对侍臣说："国家法令，惟须简约，不可一罪作数种条（条令）。格式既多（条令繁多），官人不能尽记，更生奸诈，若欲出罪即引轻条，若欲入罪即引重条。数变法者，实不益道理，宜令审细，毋使互文（互相牵连）。"⑧贞观十三年，李世民对侍臣说："林深则鸟栖，水广则鱼游，仁义积则物自归之。人皆知畏避灾害，不知行仁义则灾害不生。夫仁义之道，

---

① 《贞观政要·务农第三十》。
② 据《汉书》卷89《循吏·龚遂传》载，渤海郡发生饥荒，龚遂为渤海太守，见有带刀佩剑者，问之：何为带牛佩犊！劝其卖剑买牛，卖刀买犊。后因以带牛佩犊喻弃农耕而弄刀枪。
③ 《帝范·务农篇第十》。
④ 《贞观之治·刑法第三十一》。
⑤⑥ 《贞观政要·仁义第十三》。
⑦ 《贞观政要·求谏第四》。
⑧ 《贞观政要·赦令第三十二》。

当思之在心,常令相继,若斯须懈怠,去之已远。犹如饮食资身,恒令腹饱,乃可存其性命。"①贞观十六年,李世民对大理卿孙伏伽说:"夫作甲者欲其坚,恐人之伤;作箭者欲其锐,恐人不伤。何则?各有司存,利在称职故也。朕常问法官刑罚轻重,每称法网宽于往代,仍恐主狱之司,利在杀人,危(害)人自达(利),以钓声价。今之所忧,正在此耳。深宜禁止,务在宽平。"②

三、对李世民治国理政思想及税收思想的简要评述

1. 对李世民治国理政思想的简要评述

李世民是通过推翻隋炀帝腐朽统治取得政权的,是通过镇压农民起义取得政权的,是通过文才武略取得政权的,是通过军事政变取得政权的,这些历史背景决定了他对以民为本、居安思危、能取能守、慎始慎终有比其他开国之君更深刻的领悟,并有虚心好学、博采众长、夯实大唐根基、成就一代伟业的远大抱负。李世民的治国理政思想与"文景之治"类似,是儒家崇文重教、重德轻刑、爱民如子思想,道家崇俭戒奢、清静无为、与民休息思想,法家执法为公、赏功罚过思想,兵家智、信、仁、勇、严五德思想等的大杂烩,并无多少新颖之处,但他能头脑清醒、意志坚定、身体力行、慎始慎终地把它贯彻落实,并充分发挥文臣武将的参政议政作用,所以取得了令前人无法匹敌的辉煌成就,开创了"贞观之治"的大好局面,这是十分难能可贵的。不过,随着统治权力的日益巩固、太平盛世的日渐显现以及贤妻长孙皇后、谏臣魏徵等的相继谢世,李世民的骄傲自满情绪也开始滋长,言谈举止不如开国之初那样严谨。尤其是贞观十七年(643年)后发生的齐王祐叛乱,太子承乾(长孙皇后第一子)阴谋政变,魏王泰(长孙皇后第二子)为夺储位而不择手段,因怀疑魏徵不忠而悔婚推碑,亲征高句丽未获全功,自己又频染身疾而久治不愈等一系列内忧外患事件,彻底改变了李世民宁静自得的心态,他变得郁郁寡欢,多疑易怒,轻信谗言,乱杀功臣,搞得朝廷上下人人自危,对政局稳定带来严重危害。

贞观二十二年(648年)正月,李世民把自己撰写的《帝范》十二篇颁赐给新太子李治(长孙皇后第三子)。在《崇文篇》中,他对自己一生的功过进行了全面反思,并告诫太子李治说:"人有云,非知之难,惟行之不易;行之可勉,惟终实难。是以暴乱之君,非独明于恶路;圣哲之主,非独见于善途。良由大道远而难遵,邪径近而易践。小人俯从其易,不得力行其难,故祸败及之;君子劳处其难,不能力居其易,故福庆流之。故知祸福无门,惟人所召。欲悔非于既往,惟慎祸于将来。当择圣主为师,毋以吾为前鉴。取法于上,仅得为中;取法于中,故为其下。自非上德,不可效焉。吾在位以

---

① 《贞观政要·仁义第十三》。
② 《贞观政要·刑法第三十一》。

来，所制多矣。奇丽服玩，锦绣珠玉，不绝于前，此非防欲也；雕楹刻桷，高台深池，每兴其役，此非俭志也；犬马鹰鹘，无远必致，此非节心也；数有行幸，以亟劳人，此非屈己也。斯事者，吾之深过，勿以兹为是而后法焉。但我济育苍生其益多，平定寰宇其功大，益多损少，人不怨；功大过微，德未亏。然犹之尽美之踪，于焉多愧；尽善之道，顾此怀惭。况汝无纤毫之功，直缘基而履庆？若崇善以广德，则业泰身安；若肆情以从非，则业倾身丧。且成迟败速者，国基也；失易得难者，天位也。可不惜哉？"贞观二十三年（649年），李世民因忍受不了病痛的折磨，听信谗言，误食天竺方士那罗迩娑婆炼制的延年益寿丹，导致病情急剧恶化，于终南山翠微宫暴亡，年仅51岁。

2.对李世民税收思想的简要评述

李世民的税收思想是其治国理政思想的重要组成部分，本书将其提炼归纳为三个方面，包括：（1）主张轻徭薄赋，政不扰民；（2）主张戒奢戒贪，藏富于民；（3）主张法务宽简，仁义活民。这些思想的核心要义是"清静无为，与民休息"，它与"文景之治"颇多类似之处，新意不多，但时移事异，李世民作为开国之君，他面对的是一个礼乐文化、法治文化和经济社会发展都达到较高水平的新时代，与汉初承继亡秦之余风、一切都需要重新草创的时代背景明显不同。

李世民在税制改革上建树不多，但在贯彻落实高祖李渊首创的"租庸调制"方面，则态度积极、功不可没。"租庸调制"是在总结吸纳北魏、北齐以来均田制和租调制改革成果的基础上，根据隋末唐初社会动荡、民生凋敝的实际，经过逐步整理规范而形成的一种赋税征收制度，是我国古代"三征"①制度发展演变到最完备、最鼎盛时期的重要标志，因而具有承前启后的重大历史意义。据《旧唐书·志·食货上》记载，"(唐高祖)武德七年，始定律令。……赋役之法：每丁岁入租粟二石。调则随乡土所产，绫、绢、絁各二丈，布加五分之一。输绫、绢、絁者，兼调绵三两；输布者，麻三斤。凡丁，岁役二旬。若不役，则收其佣，每日三尺。有事而加役者，旬有五日免其调，三旬则租调俱免。通正役，并不过（超过）五十日。若岭南诸州则税米，上户一石二斗，次户八斗，下户六斗。若夷獠②之户，皆从半输。蕃胡③内附者，上户丁税钱十文，次户五文，下户免之。(内)附经二年者，上户丁输羊二口，次户一口，下，三户共一口。凡水旱虫霜为灾，十分损四已上（以上）免租，损六已上免调，损七已上课役俱免。"与隋末"租调制"相比，唐初"租庸调制"有以下五个突出特点：（1）继续实行以人丁为本的赋税征收制度；（2）将原来名目繁杂的役和杂徭归并为庸，不服役者可以缴纳绢、布代庸；（3）明确了租、庸、调的税额标准，统一征收定额税和实物税；（4）考虑地域、民族和官职身份等差异，实行量能负担；（5）按照灾歉成数减免地租。"租庸调制"

---

① 指粟米之征、力役之征、布帛之征。
② 古代对西南少数民族的称呼。
③ 指西南和北方少数民族。

是建立在均田制基础上的，只有配田标准统一，以人丁为本征收赋税才有坚实可靠的依据。但隋末唐初的战乱已经使原有的均田制基础遭到严重破坏，恢复重建需要一个缓慢复杂的过程。不过，随着社会秩序趋于稳定，百姓纷纷回归故土，官府配田工作陆续展开[①]，农业生产得到快速恢复，在这种情况下实行增产不增税的"租庸调制"，于国于民都是有益的。"租庸调制"初行两年后，高祖李渊被迫退位，秦王李世民继体为君，改元贞观。在23年的执政过程中，李世民继续执行高祖的大政方针，实行"休养生息"之策，最终开创了"贞观之治"的大好局面，"租庸调制"的认真贯彻落实和不断完善，无疑发挥了十分重要的社会稳定和经济支撑作用。唐中期以后，由于"安始之乱"的冲击和破坏，大唐盛世荣光不再，开始走下坡路，新一轮改革浪潮随之兴起，"租庸调制"最终被杨炎的"两税法"取代。尽管守旧者用法弊和时弊之论来定义"租庸调制"与"两税法"的更替关系，并为恢复"租庸调制"绞尽脑汁、摇旗呐喊，但时代如流水，一去终不返。

主要参考文献：

《贞观政要》，[唐]吴兢著。

《〈贞观政要〉译注》，叶光大等译注，四川人民出版社1987年版。

《帝范》，[唐]李世民著。

《旧唐书》，[后晋]沈昫著。

《唐会要》，[宋]王溥撰。

《资治通鉴》，[宋]司马光撰。

《李世民评传》，郑学檬、张宇、毛蕾著，南京大学出版社2006年版。

---

① 武德七年（624年），高祖李渊颁布政令，开始大规模实施均田制。具体规定如下：（1）18岁以上的丁男及中男每人受田百亩，其中20亩为永业田，可传子孙；80亩为口分田，死后还官。老男、残疾者授口分田40亩，寡妻妾授口分田30亩；若为户主者再增20亩永业田。凡道士、和尚给田30亩，尼姑、女冠给田20亩。工商业者、官户授田减百姓之半。此外，一般妇女、部曲、奴婢都不受田。（2）有爵位的贵族授永业田100顷递降至5顷。职事官从一品到八、九品，受永业田60顷递降至2顷。散官五品以上受永业田同职事官。勋官从上柱国到云骑、武骑尉，受永业田30顷递降至60亩。此外，各级官吏有职分田2顷至12顷，地租以为薪俸的补充。各级官府有公廨田1顷至26顷，地租作官署费用。这两种土地的所有权归国家。授田有宽、狭乡之别，狭乡口分田额减宽乡之半。（3）贵族官僚的永业田和赐田，可以自由出卖。百姓迁移和无力丧葬的，准许出卖永业田。迁往人少地多的宽乡和卖充住宅、邸店的，并准许卖口分田。买地的数量不得超过本人应占的法定数额。

刘 晏

一、刘晏生平简介

刘晏（717—780），字士安，曹州南华（今山东东明）人，唐中叶著名理财家。历玄宗、肃宗、代宗、德宗四朝。先祖本居彭城（今江苏徐州），后因战乱，移居南华，遂成聚落，世称刘锏；高祖刘晋，隋时任东莱令；曾祖刘郁，唐初弘文馆学士；祖父刘慕，曾任新井县令；父刘知晦，曾为武功县丞。刘晏少举"神童"，累授夏县令，有能名。"安史之乱"爆发后，唐王朝人口锐减，经济凋敝，财政空虚，内忧外患不断，刘晏在此危难时刻受到肃宗和代宗的重用，先后担任殿中侍御史、度支郎中、杭陇华三州刺史、河南尹、京兆尹、户部侍郎、吏部尚书同平章事、御史大夫等要职，兼领东都、河南、江淮、山南等道转运租庸盐铁使达20年之久。在位期间，大力发展漕运、改革盐铁专卖办法，为唐王朝筹集了丰厚的财政收入，在稳定政局、发展经济、扩增编户齐民方面做出了重要贡献。德宗继位后，锐意改革，志在有为，启用新人杨炎治理朝政，刘晏因权高位重受到排挤陷害而被缢杀。一年后，杨炎也因擅权弄职而被赐死。"中唐理财双星"就这样相继陨落了，给后人留下了无尽的叹息。

二、刘晏理财及税收思想的主要内容

刘晏是位实干家，没有留下专门著作，他的税收思想只能从其理财实践中加以观察和提炼。

1. 主张疏通漕运，减轻地税，富其国而不劳于民

秦汉以来，多个封建王朝以关中长安为国都（洛阳则多为东都或陪都）。在大一统

的中央集权统治下,天下财赋源源不断转运关中,以满足这里作为政治中心的需求。到了隋唐时期,随着江南经济的发展和人口的增加,由江南转运而至的租赋逐渐增多。但"安史之乱"爆发后,河北先为乱军所占,后又尽为藩镇所有,"户版不籍(登录)于天府,税赋不入于朝廷。"①黄河以南地区也是久罹战火。加上吐蕃②内犯,正常的漕运路线遭到叛军的阻截和破坏,漕粮难于入京,致使长安官私粮食来源面临断绝之虞,粮价翔贵。史称:"京师米价斗至一千,官厨无兼时之积,禁军乏食,畿县百姓乃捿(揉搓)穗以供之。"③为了应付粮食供给危机,长安朝廷成倍地提高京兆府地区的地税税率,到大历五年(770年)之前,京兆一带的地税税率,上等田每亩超过一斗,下等田每亩超过6升④,比原来每亩2升分别高出3至5倍以上。

为了扭转京畿地区公私俱困的局面,刘晏于广德二年(764年)兼任转运使之后,立即着手改革漕运。他经过认真的实地考察,向宰相元载上书,细陈恢复漕运之利弊,明确表达了通过增运漕粮以减轻关中人民税粮负担的意图:"京都三辅百姓,唯苦税亩伤多,若使每年得江湖二三十万石,即徭赋顿减,歌舞皇泽。"⑤《新唐书·刘晏传》甚至更准确地说:"淮、湖粟至,可减徭赋半。"⑥

刘晏确认以往的漕运路线仍然是合理可行的,并发现阻碍漕粮西上有三方面的原因:其一,以往漕运由沿线州县征发丁男承担繁重劳役来完成,行之有效。但经过"安史之乱",洛阳以西,人烟稀少,车船难寻,"今于无人之境,兴此劳人之运,固难就矣。"⑦其二,以往每年正月都要调发附近州县的丁男修浚漕河,使水路通畅。战乱以来功役皆废,汴河或枯浅或阻塞,难于逆水行舟。其三,兵荒马乱,汴河沿线的漕船缺乏可靠的安全保障。

针对这些问题,刘晏一方面立即组织人力修浚汴河,一方面对漕运方式进行大刀阔斧的改革。在劳力方面,他改征役为雇役,建立了一支比较稳定的专业化漕运队伍,不仅解决了洛阳以西劳力紧缺的困难,减轻了当地百姓的力役负担,还大大提高了漕运效率。史称:"以盐利为漕庸(工钱),自江淮至渭桥,率万斛庸七千缗,补纲吏更督之,不发丁男,不劳郡县,盖自古未之有也。"⑧在安全保卫方面,他请代宗下令给地方节度使,要求沿汴河两岸每隔两个驿站派驻300名士卒,拨给良田,且耕且守,作为漕船防援。⑨在漕运技术上,他也进行了不少改革。以往由润州(今江苏镇江)到扬子县(今

---

① 《旧唐书》卷141《田承嗣传》。
② 吐蕃,位于青藏高原,由松赞干布至达磨延续两百多年,是西藏历史上创立的第一个政权。
③ 《旧唐书》卷123《刘晏传》;《资治通鉴·广德二年纪事》。
④ 《新唐书》卷51《食货志一》。
⑤ 《新唐书》卷162《刘晏传》;《唐会要》卷87《盐铁转运总叙》;《资治通鉴·代宗广德二年纪事》。
⑥ 《新唐书》卷162《刘晏传》。
⑦ 《旧唐书》卷123《刘晏传》。
⑧ 《唐会要》卷87《盐铁转运总叙》。
⑨ 《全唐文》卷46《代宗:缘汴河置防援诏》。

江苏邗江南）一段为陆运，"米斗费钱十九（文）"，刘晏"命囊米而载以舟"，即改陆运为水运，改散装为袋装，米斗"减钱十五（文）"。过去从扬州水运到河阴，"米斗费钱百二十"，刘晏特制一种江船，"每船受千斛，十船为纲，每纲三百人，篙工五十，自扬州遣将部送至河阴，上三门，号'上门填阙船'，米斗减钱九十"。他根据长江、汴河、黄河、渭水各自水力的不同，"各随便宜，造运船，教漕卒，江船达扬州，汴船达河阴，河船达渭口，渭船达太仓，其间缘水置仓，转相受给。自是每岁运谷或至百余万斛，无斗升沉覆者。"①这种分段并进的漕运方式避免了不同区域水涨水落、水旱水涝的影响，使各段漕运常年不休，取得奇效。史称："凡岁致四十万斛，自是关中虽水旱，物不腾贵矣。"②广德二年（764年），当第一批漕粮运抵长安时，代宗喜不自胜，遣卫士以鼓乐迎于东渭桥，誉刘晏为"鄑侯"。

刘晏因地制宜改革漕运方式，空前提高漕运效率，大大缓解了长安的粮食供给压力，为减轻京兆百姓的税粮负担提供了必要条件。大历四年（769年）十二月，代宗发布《减次年秋税敕》，略云："顷以蕃寇犹虞，王师未戢，所资军费，皆出邦畿，征调荐兴，日加烦重……今关辅诸州垦田渐广，江淮转漕常数又加，计一年之储，有大半之助，其余他税，固可从轻。其京兆来年秋税，宜分作两等，上下各半，上等每亩税一斗，下等每亩税六升。"次年三月，代宗再次宣布大幅度降低地税税率，"京兆府百姓夏税上田亩税六升，下田亩税四升；秋税上田亩税五升，下田亩税三升。"③由此可见，刘晏改革漕运以减轻京都百姓税亩负担的初衷基本实现了，体现了"富其国而不劳于民"④的税收思想。

2. 主张改革盐政，官商分利，敛不及民而用度足

肃宗乾元元年（758年），主掌战时财政的盐铁使第五琦"始立盐铁法"，对盐采取产、运、销由官府全面控制、垄断经营的方式。起初，榷盐收益尚不太高。代宗广德二年（764年）前后，江、淮盐利每年不过40万至60万贯钱，河东（今山西太原）盐利也仅达80万贯。⑤从大历元年（766年）起，刘晏与第五琦分掌东西财赋。刘晏充分认识到榷盐具有"寓税于价"的隐蔽性特点，是一种避免因直接加重正税而激化社会矛盾的理财手段，因而在东区（江淮）积极开展盐法改革，主要采取了两项重大措施：一是将"官产—官运—官销"改为"民产—官收—官税—商运—商销"，变官府垄断盐利为官商分利，突破了第五琦完全排斥私商经售官盐的传统做法，适应了中唐以来民间商业发展的大趋势，并通过减免"关市之征"调动私商贩盐的积极性，从而大幅度提高了盐的销售总量及朝廷榷盐所得。二是调整充实榷盐机构，形成一套有独立活动能力、受

---

① 《资治通鉴》卷226《代宗建中元年七月记事》；《新唐书》卷59《食货志》。
② 《新唐书》卷162《刘晏传》。
③ 《册府元龟》卷487《邦计部·赋税一》。
④⑤ 《旧唐书》卷123《刘晏传》。

盐铁使直接指挥的严密系统，严厉打击走私。经此改革，刘晏管辖的东区盐利收入逐年增加，由起初的40万贯增长到大历末年的600余万贯，与西区的"河东盐利不过八十万缗"①形成极为鲜明的对照，产生了"人不益税而国用以饶"②的奇妙效果。另外，为了弥补商运商销的缺陷，刘晏还在离盐产地极为偏远的江、岭地区设立官仓，储备"常平盐"。若盐贩由于种种原因不能及时抵达，"则减价以粜民，官收厚利而人不知贵。"③史称：至德初，晏代第五琦权盐佐军兴，"法益精密，官无遗利。初，岁入钱六十万贯，季年所入逾十倍，而人无厌苦。大历末，通计一岁征赋所入总一千二百万贯，而盐利且过半。"④"国家榷盐，粜与商人；商人纳榷，粜于百姓，则是天下百姓无贫富贵贱，皆已输钱于官矣！"⑤"天下之赋，盐利居半，宫闱服御、军饷、百官禄俸皆仰给焉。"⑥

总之，刘晏利用寓税于价的隐蔽形式以及官商分利的灵活经营形式，既提高了榷盐效益，大大增加了朝廷的财政收入，又未因盐税大幅提高和盐价不断上涨而激化社会矛盾，减轻了租庸调等直接税负担，体现了"敛不及民而用度足"⑦的税收思想。

3.主张未雨绸缪，赈灾备荒，调节供求，保护税源

在自给自足的农业社会，人口和成年劳动力的多少是一个国家的统治基础，也是发展生产力和取得财政收入的基础，所以每个封建王朝的进步思想家和能臣良吏都把增加编户齐民，保护土地，避免豪强兼并，减轻民负，赈济灾荒，发展经济等，作为亘古不变的理财原则，摆在头等重要的位置。刘晏掌管财赋20年，很好地实践了这一理财原则。司马光在《资治通鉴》中说："初，安、史之乱，数年间，天下户口什亡八九，州县多为藩镇所据，贡赋不入，朝廷府库耗竭，中国多故，戎狄每岁犯边，所在宿重兵，仰给县官，所费不赀（无法计量），皆倚办于晏。""晏又以为户口滋多，则赋税自广，故其理财常以养民为先。诸道各置知院官，每旬月，具州县雨雪丰歉之状白（告知）使司，丰则贵籴，歉则贱粜，或以谷易杂货供官用，及于丰处卖之。知院官始见不稔（熟、丰收）之端，先申，至某月须如（若）干蠲免，某月须如（若）干救助，及期，晏不俟州县申请，即奏行之，应民之急，未尝失时，不待其困敝、流亡、饿殍，然后赈之也。由是民得安其居业，户口蕃息。晏始为转运使，时天下见户不过二百万，其季年乃三百余万。在晏所统则增，非晏所统则不增也。"⑧《新唐书·刘晏传》则引用陈谏的话来表彰刘晏的理财之功："王者爱人，不在赐与，当使之耕耘织纴，常岁平敛之，荒年蠲救之，大率岁增十之一。而晏尤能时其缓急而先后之。……善治病者，不使至危

---

① 《资治通鉴》卷226《建中元年七月条》。贯和缗都是穿钱绳，旧时钱千文称一贯或一缗。
②⑥ 《唐会要》卷87《转运盐铁总叙》。
③ 《新唐书》卷54《食货志四》。
④ 《旧唐书》卷123《刘晏传》；《新唐书》卷162《刘晏传》。
⑤ 《全唐文》卷550，韩愈《论变盐法事宜状》。
⑦ 《唐会要》卷149《史臣赞》。
⑧ 《资治通鉴》卷226《代宗建中元年七月记事》。

急；善救灾者，勿使至赈给。故赈给少则不足活人，活人多则阙国用，国用阙则复重敛矣；又赈给近侥幸，吏下为奸，强得之多，弱得之少，虽刀锯在前不可禁。以为二害。灾沴（灾害）之乡，所乏粮耳，它产尚在，贱以出之，易其杂货，因人之力，转于丰处，或官自用，则国计不乏；多出菽粟，恣（任）之巢运，散入村间，下户力农，不能诣（往）市，转相沾逮（分润），自免阻饥（饥饿），不待令驱。以为二胜。晏又以常平法，丰则贵取，饥则贱与，率诸州米尝储三百万斛，岂所谓有功于国者邪！"① 刘晏"户口滋多，则赋税自广""理财以爱民为先"的思想反映了其对开拓和保护人口及劳动力这个最大税源的高度重视。

三、对刘晏理财及税收思想的简要评述

刘晏的理财及税收思想是其治国理政思想的重要组成部分，本书将其提炼归纳为三个方面，包括：（1）主张疏通漕运，减轻地税，富其国而不劳于民；（2）主张改革盐政，官商分利，敛不及民而用度足；（3）主张未雨绸缪，赈灾备荒，调节供求，保护税源。其核心要义是"敛不及民而用度足"。

刘晏是中唐时期一位十分精明、能干的著名理财家，他活学活用管仲的轻重理财思想、桑弘羊的均输平准、盐铁专营思想，把商品经济与政府宏观调控有机结合起来，大刀阔斧又因地制宜地推进各项经济改革和财税改革，所采取的以河补陆、分段联运、差役改募役、建立专业运输团队的漕运政策；寓税于价、官督商营、统分结合、政府兜底的盐业产销政策；均输、平准，调节物资供求，平抑物价涨落的市场干预政策；未雨绸缪赈灾备荒、保护农本的社会保障政策；开源节流、精打细算、增收节支、富国不劳民的财税分配政策；都在实践中取得了巨大成功，既保障了财政收入的充足供应，缓解了朝廷的财政紧张状况，又有效减轻了民众的赋役负担，促进了经济发展，与同时分掌西部财计的第五琦形成鲜明对照，受到当权者的充分肯定和历代史家的高度赞扬，也成为后世遵从和效法的榜样。如后晋刘昫、张昭远等说："历代操利柄为国计者，莫不损下益上，危人自安，变法以弄权，敛怨以构祸，皆有之矣。如刘晏通拥（壅）滞，任才能，富其国而不劳于民，俭于家而利于众。"② "便时利物，富国安民，足为世法者也。"③ 北宋司马光说："漕运之能者，推晏为首，后来者皆遵其法度。"④ 北宋欧阳修、宋祁说："生人之本，食与货而已。知所以取，人不怨；知所以予，人不乏。道御之而王，权用之而霸，古今一也。刘晏因平准法，斡（掌管）山海，排商贾，制万物低昂，常操天下

---

① 《新唐书》卷162《刘晏传》。
② 《旧唐书》卷123《刘晏传》。
③ 《旧唐书》卷48《食货志上·序》。
④ 《资治通鉴》卷223《广德二年三月记事》。

赢赀（资、利），以佐军兴。虽擎（举）兵数十年，敛不及民而用度足。唐中偾（奋、兴）而振，晏有劳焉，可谓知取予矣。其经晏辟署者，皆用材显，循其法，亦能富国云。"①这些评论虽不免溢美之辞，但也大体抓住了刘晏理财和治税思想的精髓，有很高的参考价值。只可惜另一位改革家、理财家杨炎的出现，彻底打乱了刘晏的改革步伐，两人争权夺利、势同水火，最终被双双缢杀，消失在中唐历史的浩渺烟云当中，让人唏嘘不已！

主要参考文献：

《旧唐书》。

《新唐书》。

《资治通鉴》。

《刘晏 杨炎评传》，齐涛、马新著，南京大学出版社1998年版。

---

① 《新唐书》卷162《刘晏传》。史载："晏殁二十年，而韩洄、元琇、裴腆、李衡、包佶、卢徵、李若初继掌财利，皆晏所辟用，有名于时。"

杨 炎

一、杨炎生平简介

杨炎（727—781），字公南，凤翔天兴（今陕西宝鸡凤翔）人，与刘晏齐名的政治家、改革家，"中唐理财双星"之一。历玄宗、肃宗、代宗、德宗四朝。曾祖大宝，武德初为龙门令；祖父哲，以孝行闻名；父播，登进士第，隐居不仕，玄宗召拜谏议大夫，弃官归养。杨炎年轻时即以"美须眉，风骨峻峙，文藻雄丽"、有孝行、礼贤下士著名。[①]唐代宗大历九年（774年），受同乡宰相元载擢升，杨炎任吏部侍郎，为宰相后备人选。但三年后，元载因贪权弄职、奸滑不廉而遭代宗诛杀，杨炎受牵连，被贬谪为道州（在今湖南道县）司马。大历十四年（779年）五月，德宗李适即位，议用宰相，经执政宰相崔祐甫的推荐，加上德宗亦自闻其名，遂于同年八月征招入朝，任门下侍郎、同平章事（宰相）等职。建中元年（780年），杨炎以宰相身份定议改革赋税制度，推行"两税法"，还对预算编制制度和国库体制进行了大胆改革。随着政治资本的积累，杨炎开始排挤比他大10岁、权高位重的理财家刘晏，致使刘晏于同年七月被德宗缢杀。杨炎恃才傲物、擅权弄职也未得好报，就在刘晏被杀的第二年十月，他也遭到同朝为相的卢杞、严郢等人倾轧，再度贬官，于赴任崖州司马途中被德宗赐死，时年55岁。关于杨炎的宦海浮沉，史官论称："炎早有文章，亦励志节。及为中书舍人，附会元载，时议已薄之。后坐载贬官，愤恚益甚。归而得政，睚眦必仇，险害（陷害）之性附于心，唯其爱憎，不顾公道，以至于败。"[②]

二、杨炎理财及税收思想的主要内容

和刘晏一样，杨炎也是个实干家，没有留下专门著作，他的税收思想只能从其理财

---

①② 《旧唐书》卷118《杨炎传》。

实践中加以观察和提炼。

1. 主张顺应时势变化，对旧税制进行全面改革

唐朝初期，沿用北魏以来的均田制，并以此为基础实行以人丁为本的赋税制度，即"有田则有租，有身则有庸，有户则有调"，简称"租庸调制"。但到唐中期特别是"安史之乱"以后，由于土地兼并、户籍混乱、人口流散，均田制遭到严重破坏，"租庸调制"难以实行，国家财政收入无法保证，阶级矛盾、社会矛盾激化，迫切需要"救时之弊"，挽救危局。就在这时，刚刚拜相的杨炎顺应时势变化，向锐意改革、旨在有为的德宗提出了"扫庸调之成规，创两税之新制"①的倡议，得到德宗的赞赏，遂于建中元年（780年）正月起在全国推行。杨炎在阐述改革"租庸调制"、推行"两税法"的必要性时指出："初（唐初）定令式，国家有租赋庸调之法。开元中，玄宗修道德，以宽仁为理本，故不为版籍之书，人户浸溢，堤防不禁。丁口转死，非旧名矣；田亩移换，非旧额矣；贫富升降，非旧第矣。户部徒以空文总其故书，盖得非当时之实。"并举例说："旧制，人丁戍边者，蠲其租庸，六岁免归（六年后免兵役归家）。玄宗方事（讨伐）夷狄，戍者多死不返，边将怙（恃）宠而讳，不以死申（申明），故其贯籍之名不除。至天宝中，王鉷为户口使，方务聚敛，以丁籍且存，则丁身焉往，是隐课而不出耳。遂案旧籍，计除六年之外，积征其家三十年租庸。天下之人苦而无告，则租庸之法弊久矣。"②这就是说，税收计划的编制依据已严重失实，以丁口为计税依据的租庸调制已丧失经济基础，税制改革势在必行。

2. 主张免除租庸杂徭，实行简明统一的"两税法"

杨炎在向德宗力陈"租庸调制"弊端的同时，提出了实行"两税法"的具体设想："户无主客，以见居为簿；人无丁中③，以贫富为差。不居处而行商者，在所郡县税三十之一，度所（取）与居者均，使无侥利（侥幸得利）。居人之税，秋夏两征之，俗有不便者正（整顿）之。其租庸杂徭悉省，而丁额不废，申报出入如旧式。其田亩之税，率以大历十四年垦田之数为准而均征之。夏税无过六月，秋税无过十一月。逾岁之后，有户增而税减轻，及人散而失均者，进退长吏，而以尚书度支总统焉。"④即不分本地户和外来户，以居所为依据进行户籍登记；不分人丁多少，以财产（家居财产）多少为依据划分贫富等级进行税额分摊；无固定居所的行商游贾，在经营所在地就地纳税，税率为

---

① 《陆宣公全集·均节赋税恤百姓六条第一》。
② 《旧唐书》卷118《杨炎传》。
③ 丁中：中国古代为征派赋役而将编户人口按照年龄进行划分的制度。"丁"，又称正丁、丁男，一般指主要承担赋役的适龄男子（有时也包括女子，称丁女）；"中"，又叫半丁、次丁、中男（或中女），一般指年龄低于丁的青年，经常部分地承担赋役。丁、中之外又有"老、小"两个免除赋役的年龄段人口，丁、中、老、小的年龄标准历代有所不同。丁中制也是判刑轻重的法律依据之一。
④ 《旧唐书》卷118《杨炎传》；《册府元龟·邦计部·赋税一》。

1/30，与居住户税负大体均衡；居住户所承担的赋税分为户税和田税两种：户税的缴纳标准依照原有规定执行，如有不便者可适当调整；田税以大历十四年的垦田数为准进行均摊，分夏秋两季征收，夏税不超过六月底，秋税不超过十一月底，均应缴纳入库。除此之外的一切租庸杂徭一律免除；如果来年以后出现户数增加而赋税减轻或人员流散、税负失衡的情况，统一由尚书度支对长吏进行奖惩。

杨炎提出的这套"唯以资产为宗，不以丁身为本"①、简并税种、量能负担、公平税负、统一计税方法、简化纳税手续、规范赋税管理、强化地方官员责任等税制改革原则和改革设想，受到保守势力的强烈反对，即"掌赋者沮（诋毁、阻挠）其非利，言租庸之令四百余年，旧制不可轻改。"然因得到德宗的强力支持，随即颁诏执行，从此出现了"上行之不疑，天下便之。人不土断而地著，赋不加敛而增入，版籍不造而得其虚实，贪吏不诫而奸无所取。"的大好局面，杨炎也因"救时之弊，颇有嘉声。"②

3. 主张适当集中税权，整顿和规范赋税管理秩序

杨炎指出："迨（到）至德之后，天下兵起，始以兵役，因之饥疠，征求运输，百役并作，人户凋耗，版图空虚。军国之用，仰给于度支、转运二使；四方征镇，又自给于节度、都团练使。赋敛之司数四，而莫相统摄，于是纲目大坏，朝廷不能覆（控制）诸使，诸使不能覆诸州，四方贡献，悉入内库。权臣滑吏，因缘为奸，或公托进献，私为赃盗者动万万计。河南、山东、荆襄、剑南有重兵处，皆厚自奉养，王赋所入无几。吏职之名，随人署置；俸给厚薄，由其增损。科敛之名凡数百，废者不削，重者不去，新旧仍积，不知其涯。百姓受命而供之，沥膏血，鬻亲爱（妻子），旬输月送无休息。吏因其苛，蚕食于人。凡富人多丁者，率为官为僧，以色役③免；贫人无所入则丁存。故课免于上，而赋增于下。是以天下残瘁，荡为浮人，乡居地著者百无四五。如是者殆三十年。"④在这里，杨炎指出了自安始之乱爆发以来，由于财权下移、税权分散、各自为政、税收管理秩序混乱而导致苛敛繁重、负担不均、人口逃散、官僚富户乘机逃税渔利的种种表现，强调适当集中税权、整顿和规范赋税管理秩序、减轻百姓负担的必要性。

4. 主张量出制入，皇室财务与国家财政分开管理

在与德宗的奏对中，杨炎还对收与支、皇室财务与国家财政的关系进行了深入思

---

① 《陆宣公全集·均节赋税恤百姓六条第一》。大历十四年是指唐代宗执政的最后一年（799年），唐德宗和杨炎正式颁行"两税法"的前一年。

②④ 《旧唐书》卷118《杨炎传》。

③ 色役是唐代徭役之一。色役南北朝时即已存在。唐各级官吏和官衙使用仆役，都由官府金派人户担当，分别拨给。种类很多，有防合、庶仆、亲事、帐内、执衣、仗身、白直、士力、门夫等名目。应役户也很复杂，除普通课丁外，中男、残疾、品官子弟、工匠等都服不同名目的色役。如品官子弟充当为王公以下，及文武职事三品以上带勋官服役的亲事、帐内。中男或残废充当拨给仓库使用的门夫之类。起初，色役由应役户轮流应役，后来改纳实物或货币代役，名资课。

考，提出了科学的指导原则和可行的解决办法。他指出："凡百役之费，一钱之敛，先度其数而赋于人，量出以制入。"①这是在"大历中，纪纲废弛，百事从权，至于率税少多，皆在牧守裁制"②的特定背景下提出的。从理论上来说，它是对西周以来"量入为出"财税信条的大胆否定；从实践上来说，它还有以钱代役、便商利民、节省征管费用和通过编制国家预算，限制皇室和地方官员的横征暴敛及奢侈消费、减轻百姓税收负担的现实意义。不过，从实际执行来看，唐朝派出的使者在确定各州两税征收定额时，采取的办法是："搜摘郡邑，劾验簿书，每州各取大历中一年科率钱谷数最多者，便为两税定额。"③也就是说杨炎的建议并未全面执行，而是被变通了。

作为赋税改革的一项重要配套举措和"量出制入"原则的具体实践，杨炎对混乱的国库管理体制进行了大胆改革。史载："初，国家旧制，天下财赋皆纳于左藏库④，而太府四时以数闻（由太府一年分四季上报数额），尚书比部覆其出入（由掌核簿籍的比部核实钱帛的收支情况），上下相辖，无失遗。及第五琦为度支、盐铁使，京师多豪将，求取无节，琦不能禁，乃悉以租赋进入大盈内库，以中人主之意，天子以取给为便，故不复出。是以天下公赋，为人君私藏，有司不得窥其多少，国用不能计其赢缩，殆二十年矣。中官（宦官）以冗名持簿书，领其事者三百人，皆奉给其间，连结根固不可动。"杨炎任相后，决心革除这一积弊。他向德宗奏告说："夫财赋，邦国之大本，生人之喉命，天下理乱轻重皆由焉。是以前代历选重臣主之，犹惧不集，往往覆败，大计一失，则天下动摇。先朝权制，中人领其职，以五尺宦竖操邦之本，丰俭盈虚，虽大臣不得知，则无以计天下利害。臣愚待罪宰辅，陛下至德，惟人是恤，参校蠹弊，无斯之甚。请出之以归有司，度宫中经费一岁几何，量数奉入，不敢亏用。如此，然后可以议政。惟陛下察焉。"德宗接受了他的建议，诏曰："凡财赋皆归左藏库，一用旧式，每岁于数中量进三五十万入大盈，而度支先以其全数闻。"从此，"轻重之权，始归于朝廷。"杨炎这种利国利民、"以片言移人主意"的大胆举动受到朝廷内外和后世的一致赞叹。⑤

三、对杨炎理财及税收思想的简要评述

杨炎的税收思想是其治国理政思想的重要组成部分，本书将其提炼归纳为四个方面，包括：（1）主张顺应时势变化，对旧税制进行全面改革；（2）主张免除租庸杂徭，实行简明统一的"两税法"；（3）主张适当集中税权，整顿和规范赋税管理秩序；（4）主张量出制入，皇室财务与国家财政分开管理。杨炎以"两税法"为核心的理财及税收思想是在"安史之乱"的特殊历史背景下形成的，是在反思"租庸调制"的历史局限性，

---

① ⑤ 《旧唐书》卷118《杨炎传》。
② ③ 《陆宣公全集·均节赋税恤百姓六条第一》。
④ 国库之一。

为重振朝纲、充实国库、应对内忧外患需要而推出的重大改革举措,不仅在当时发挥了重要作用,也对后世财税改革产生了十分深刻的影响,具有重要理论和实践价值。

  刘晏和杨炎是李唐中兴的两个重要推手,在大刀阔斧地推进财税改革以振兴财政、恢复经济、改善民生、消除"安史之乱"后遗症方面都卓有建树。但两人在改革的侧重点和为人处事风格方面也有明显不同。从改革侧重点来看,刘晏偏重微观,在整顿漕运、节约运费、满足京师粮食供应和改革盐政、寓税于价、民不增赋而国用足,以及运用均输、平准、常平等手段调节市场供求关系、平抑物价、未雨绸缪赈济灾民、发展经济、保护农本等方面功勋卓著;杨炎偏重宏观,在废除唐初"以人丁为本"的"租庸调制",改行"以资产为宗"、贫富为差、地税与户税分征、实物税与货币税并行、夏秋两季征收的"两税法"和理顺财税体制、规范赋税征收、改进预算编制办法、加强国库管理等方面建树颇丰。尤其"两税法"的推行在我国赋税改革史上具有划时代的意义,它顺应了土地私有化快速发展、豪强兼并愈演愈烈、均田制基础遭到严重破坏、人口加速流动、商品经济日益活跃的客观经济形势,对弥补"租庸调制"的缺陷、保证财政收入、简化税制、巩固财税基础、抑制豪强兼并、公平税收负担、缓和社会矛盾都具有重要意义,因而受到历代史家的高度赞赏,也对明朝张居正的"一条鞭法"和清朝康雍乾时期的"摊丁入地"改革产生了重大影响。当然"两税法"不可能从根本上解决土地私有化、豪强兼并、统治者腐朽残暴、社会两极分化的顽疾,在简化税制、均衡负担的同时,也产生了许多新问题,对于这种治旧病又添新病的问题,紧跟其后的思想家、政治家陆贽有更深入、更细致的思考和指正。从为人处事风格来看,刘晏宽厚包容,严于律己,清政廉洁,处事公正,善于用人,精于筹算,亲民爱民,基层工作经验丰富;杨炎仪表不凡,风骨雄峙,文采飞扬,以孝传家,处事干练,然恃才傲物,心胸狭隘,基层工作经验不足。刘晏和杨炎同朝为官,一为长辈,一为后起之秀;前者掌握理财权柄达20年之久,德高望重,死前达到人生业绩的最高峰,其属下布满朝廷,雄风余韵不减当年;后者则在相位仅有两年之久,虽独树一帜、光彩照人,然也只是昙花一现,死后遭人嫉恨。刘晏和杨炎均受命于朝廷危难之际,以其卓越的政治才能和理财智慧,为重振中唐雄风做出了重大贡献,为后世留下了丰富的政治遗产,但两人一老一少,互为政敌,"盛气不相下",最终在争权夺利、政治倾轧中命丧德宗之手,让后世唏嘘感叹不已。

主要参考文献:

《旧唐书》。

《新唐书》。

《全唐文》。

《资治通鉴》。

《刘晏 杨炎评传》,齐涛、马新著,南京大学出版社1998年版。

陆 贽

一、陆贽生平简介

陆贽（754—805），字敬舆，苏州嘉兴（今浙江嘉兴南）人，中唐著名政治家、思想家，历玄宗、肃宗、代宗、德宗四朝，是继房（玄龄）、杜（如晦）、姚（崇）、宋（璟）之后的又一位贤相。陆贽是西汉政治家、思想家、文学家、外交家陆贾的后裔，距陆氏之先战国齐宣王少子通（字季达）因地得氏已有41世，距五世祖陆贾37世。陆贽虽生于江南望族，但至其出生时已家道中落，其祖陆齐政（39世）仅为富平令，其父陆侃（侃）（40世）为溧阳（今江苏溧阳）令，且英年早逝。史载，"贽少孤，特立不群，颇勤儒学。年十八登进士第，以博学宏词登科，授华州郑县（今陕西华县）尉。"[①] 后以书判拔萃补渭南主簿、监察御史。建中元年（780年），德宗即位，陆贽为翰林学士，参与机谋。当时，藩镇跋扈，朝政紊乱，叛军陷长安，军阀朱泚僭称帝，陆贽随德宗避乱奉天（今陕西乾县），转为考功郎中，掌管内外文武官吏的考课。李怀光叛乱，又扈从德宗逃往梁州（后改名兴元府，在今陕西汉中南郑县），转谏议大夫。长安收复后，还东京转任中书舍人。自任翰林学士后，陆贽即参赞机要，负责起草文诏。他疾笔如飞，凡所论列，无不曲尽情理，甚得朝廷倚重，号称"内相"。德宗是一个刚愎自用、"昧于经国之务"、疑忌心很重、喜听谗言、屡杀重臣的昏君，陆贽伴君如伴虎，却能从大局出发，以敏锐的政治眼光和渊博学识，精准及时、直言不讳地劝谏德宗，匡救其轻举妄动的过失。虽不尽采纳，但也功效卓著。兴元元年（784年），京城长安收复，陆贽陪德宗返京。陆贽有当宰相的声望，却因他屡次条陈前宰相卢杞罪状，德宗内庇卢杞，对此很不高兴。翰林同官又嫉妒陆贽的才能，经常在德宗面前谗毁他，而他又言事激切，往往使德宗不快，故不得为相。不久，陆贽因母丧丁忧。服满入朝，权为兵部侍

---

① 《旧唐书》卷139《陆贽传》。

郎，仍充翰林学士。但又与宰相窦参不协，贞元七年（791年），陆贽罢翰林学士，正拜兵部侍郎，知贡举。次年，窦参获罪被贬，陆贽始为中书侍郎同平章事（宰相）。贞元十年（794年），陆贽因不断揭露户部侍郎、判度支裴延龄贪腐误国的罪行而失宠，罢知政事，为太子宾客。次年春夏再贬忠州（今重庆忠县）别驾，从此再未返回政治中心长安。史载，"贽在忠州十年，常闭关静处，人不识其面，复避谤，不著书。家居瘴乡，人多疠疫，乃抄撮方书，为《陆氏集验方》五十卷，行于代（今已佚）。"[①]永贞元年，顺宗即位，下诏征还阳成、郑余庆和陆贽等被贬大臣，然诏未至而贽已卒，时年五十二，赠兵部尚书，谥曰宣，后世尊称陆宣公。陆贽的生平事迹和治国理政思想集中反映在他的同僚权德舆[②]编撰的《陆宣公翰苑集》（又名《陆宣公奏议》或《陆宣公文集》）一书中。

二、陆贽税收思想的主要内容

陆贽的税收思想十分丰富，是其治国理政思想的重要组成部分，本书将其提炼归纳为以下三个方面。

1.主张因时制宜，纠正"两税法"的种种弊端

（1）对"井田制""租庸调制"和"两税法"的总体评价。陆贽说："国朝著令，赋役之法有三：一曰租，二曰调，三曰庸。古者一井之地，九夫共之。公田在中，籍（借力）而不税。私田不善则非（追究）吏，公田不善则非民。事颇纤微，难于防检（防范和检束），春秋之际，已不能举。故国家袭其要而去其烦，丁男一人，授田百亩，但岁纳租粟二石而已，言以公田假（租给）人而收其租入，故谓'租'。古者任土之宜，以奠（定）赋法，国家就因往制，简而一之。每丁各随乡土所出，岁输若（或）绢、若绫、若絁（粗绸）共二丈，绵三两；其无蚕桑之处，则输布二丈五尺，麻三斤。以其据丁户调而取之，故谓之'调'。古者用人之力，岁不过三日，后代多事，其增十之（十倍）。国家斟酌物宜，立为中制，每丁一岁定役二旬；若不役则收其庸，日准三尺，以其出绢而当庸直（佣值），故谓之'庸'。此三道者，皆宗本（遵循）前哲之规模，参考历代之利害，其取法也远，其立意也深，其敛财也均，其域（控制）人也固，其裁规也简，其备虑也周。有田则有租，有家则有调，有身则有庸。天下为家，法制均一，虽欲

[①]《旧唐书》卷139《陆贽传》。
[②] 权德舆（759—818），字载之，天水略阳（今甘肃秦安）人，后徙润州丹徒（今江苏镇江）。德宗时，召为太常博士，改左补阙，迁起居舍人、知制诰，进中书舍人。宪宗时，拜礼部尚书、同中书门下平章事，后徙刑部尚书，复以检校吏部尚书出为山南西道节度使。卒谥文，后人称为权文公。权德舆与陆贽同朝为官，但年龄比陆贽略小，二人同好文学，思想品行类似。权倾慕陆之为人才学，陆贽死后，将其一生所撰奏疏制诰编辑成册并作序，以传后世，这就是现在我们看到的《陆宣公翰苑集》。

转徙，莫容其奸。故人无摇心，而事有定制。以之厚生，则不是防（不用设防）而家业可久；以之成务，则不较阅而众寡可知；以之为理，则法不烦而教化行；以之成赋，则下不困而上用足。三代创制，百王是程（以为准则），虽维御损益之术小殊，而其义则一也。"①

"天宝季岁，羯胡乱华，海内波摇（动荡），兆庶云扰。版图隳（毁）于避地（逃亡），赋法坏于奉军（饷军）。建中之初，再造百度（制度），执事者②知弊之宜革，而所作兼失其源；知简之可从，而所操不得其要。旧患虽减，新沴（灾）复滋，救跛（瘸）成痿（麻痹），展转（辗转）增剧。"③"凡欲拯其积弊，须穷（追究）致弊之由，时弊则但理其时，法弊则全革其法……若好革而不知原始要终，斯皆以弊易弊者也。至如赋役旧法，乃是圣祖典章，行之百年，人以为便。兵兴之后④，供亿（供给）不恒，乘急诛求，渐隳经制，此所谓时之弊，非法弊也。时有弊而未理，法无弊而已更，埽（扫）庸调之成规，创两税之新制，立意且爽（悖谬），弥纶（经纬）又疏，竭耗编氓（百姓），日日滋甚。"⑤

（2）对"两税法"弊端的具体分析。①名为减负，实为聚敛。陆贽说："夫作法裕于人，未有不得人者也；作法裕于财（敛财），未有不失人者也。陛下⑥初膺（登）宝位……念征役之烦重，悯烝黎（百姓）之困穷，分命使臣，敷扬惠化。诚宜损上益下，啬（惜）用节财，窒侈欲以荡其贪风，息（精简）冗费以纾（缓解）其厚敛。而乃搜摘郡邑，刻验簿书，每州各取大历中一年科率钱谷数最多者，便为两税定额。此乃采非法之权令，以为经制；总无名之暴赋，以立恒规。是务取财，岂云恤隐？作法而不以裕人拯病为本，得非立意且爽者乎（难道不是改制意图本身就不正吗）！"⑦

"自天宝以后，师旅数起，法度消亡。肃宗拨（治理、调配）滔天之灾，而急于功赏；先帝迈（不计）含垢之德，而缓于纠绳。由是用颇殷繁，俗亦靡敝（残破、凋敝），公赋已重，别献（法外贡献）继兴；别献既行，私赂竞长。诛求刻剥，日长月滋，积累以至于大历之间，所谓取之极甚者也。今既总收极甚之数，定为两税矣，所定别献之类，复在数外矣；间（偶尔）缘军用不给，已尝加征矣；近属折纳价钱，则又多获矣。比于大历极甚之数，殆将再益其倍焉。"⑧"税法之重若是，既于已极之中，而复有奉进宣索之繁，尚在其外。方岳（州郡）颇拘于成例，莫敢阙供；朝典又束以彝章（旧制），不许别税。绮丽之饰，纨素之饶，非从地生，非自天降，若不出编户之筋力膏髓，将安所取哉。于是有巧避微文，曲承睿旨，变征役以召雇之目，换科配以和市之名，广其课而狭偿其庸，精其入而粗计其直（值）。以召雇为目而捕之，不得不来；以和市为名而

---

① ③ ⑤ ⑦ 《陆宣公翰苑集·均节赋税恤百姓六条之一——论两税之弊须有厘革》。
② 指时任宰相杨炎。
④ 指"安史之乱"爆发后。
⑥ 指唐德宗。
⑧ 《陆宣公翰苑集·均节赋税恤百姓六条之二——请两税以布帛为额不计钱数》。

迫之，不得不出。其为妨抑，特甚常徭。"① "夫地力之生物有大数，人力之成物有大限，取之有度，用之有节，则常足；取之无度，用之无节，则常不足。生物之丰败由天，用物之多少由人，是以圣王立程（法度），量入为出，虽遇灾难，下无困穷。理化既衰，则乃反是，量出为入，不恤所无。故鲁哀公问：年饥，用不足，如之何？有若对以盍彻（孔子的大弟子有若答以何不用古代的彻法征税）。桀用天下而不足，汤用七十里而有余，是乃用之盈虚在节与不节耳。不节则虽盈必竭，能节则虽虚必盈。"②

②创制之首，不务齐平。陆贽说："创制之首（始），不务齐平，但令本道本州各依旧额征税……旧重之处，流亡益多；旧轻之乡，归附益众。有流亡，则已重者摊征转重；有归附，则已轻者散出转轻。高下相倾，势何能止。又以谋始之际，不立科条（法令），分遣使臣，凡十余辈，专行其意，各制一隅，遂使人殊见，道异法，低昂不类，缓急不伦。逮至复命于朝，竟无类会裁处，其于踳驳（杂乱），胡可胜言。""建中定税之始，诸道已不均齐，其后或吏理失宜，或兵赋偏重，或疠疾钟害，或水旱荐（屡）灾，田里荒芜，户口减耗。牧守苟避于殿责（督责），罕尽申闻，所司姑务于取求，莫肯矜恤，遂于逃死阙乏（无着）税额，累加见在（现有）疲氓。一室已空，四邻继尽，渐行增广，何由自存。"③

③以资产为宗，差别征税，失平长伪。陆贽说："夫财之所生，必因人力……是以先王之制赋入也，必以丁夫为本，无求于力分之外，无贷（借）于力分之内。故不以务穑（力耕）增其税，不以辍稼（辍耕）减其租，则播种多；不以殖产（增产）厚其征，不以流寓（迁徙）免其调，则地著（地籍）固；不以伤励（勤勉）重其役，不以窳息（懒惰）蠲（免）其庸，则功力勤……两税之立，则异于斯，唯以资产为宗……资产少者则其税少，资产多者则其税多，曾不寤（悟、知道）资产之中事情不一：有藏于襟怀囊箧（箱子），物虽贵而人莫能窥；有积于场辅囷仓，直（值）虽轻而众以为富；有流通蓄息（增值）之货，数虽寡而计日收赢（利）；有庐舍器用之资，价虽高而终岁无利……一概计估算缗（钱币），宜其失平长伪。由是务轻费而乐转徙者恒脱于徭税，敦本业而树居产者每困于征求。此乃诱之为奸，驱之避役，力用不得不弛……赋入不得不阙（拖欠）。"④

④折钱纳物，供求失衡。陆贽说："夫国家之制赋税也，必先导以厚生之业，而后取其什一焉。其所取也，量人之力，任土之宜，非力之所出则不征，非土之所有则不贡，谓之通法，历代常行……唯土爰（乃）播植，非力不成，衣食之源，皆出于此。故可以勉人功定赋入者，惟布麻缯纩⑤与百谷焉。先王惧物之贵贱失平，而人之交易难准，又立货泉（货币）之法，以节轻重⑥之宜，敛散弛张（财货的聚集与分散、短缺与

---

① ③ ④ 《陆宣公翰苑集·均节赋税恤百姓六条之一——论两税之弊须有厘革》。
② 《陆宣公翰苑集·均节赋税恤百姓六条之二——请两税以布帛为额不计钱数》。
⑤ 缯帛与丝绵的并称。
⑥ 货贵币贱、货贱币贵，货与钱的价值关系必失衡。

丰盛），必由于是（都是以此为据）。盖御财之大柄，为国之利权（财政大权），守之在官，不以任下（不能轻易授给下面的人）。然则谷帛者，人之所为也；钱货者，官之所为也。人之所为者，故租税取焉；官之所为者，故赋敛舍（省免）焉。此又事理著明者也。是以国朝著令，稽古作程（制），所取于人，不逾其分。租出谷，庸出绢，调杂出缯纩布麻，非此族也，不在赋法。列圣遗典，粲然可征（查），曷（何）尝有禁人铸钱，而以钱为赋者也。今之两税，独异旧章，违任土之通方，效算缗之末法，不稽事理，不揆（考虑）人功，但估资产为差，便以钱谷定税，临时折征杂物，每岁色目颇殊。唯计求得之利宜（方便），靡（不、无）论供办之难易，所征非所业，所业非所征，遂或增价以买其所无，减价以卖其所有，一增一减，耗损已多。且百姓所营，唯在耕织，人力之作为有限，物价之贵贱无恒，而乃定税计钱，折钱纳物，是将有限之产，以奉无恒之输。纳物贱则供税之所出渐多，多则人力不给；纳物贵则收税之所入渐少，少则国用不充。公私二途，常不兼济，以此为法，未之前闻。往者初定两税之时，百姓纳绢一匹，折钱三千二百文，大率万钱为绢三匹，价计稍贵，数则不多。及乎颁给军装，计数而不计价，此所谓税入少而国用不充者也。近者百姓纳绢一匹，折钱一千五六百文，大率万钱为绢六匹。价既转贱，数则渐加，向之（向来）蚕织不殊，而所输尚欲过倍，此所谓供税多而人力不给者也。"[①]"诸州税物，送至上都，度支颁给群司，例皆增长本价，而又谬称折估抑使剥征，奸吏因缘，得行侵夺，所获殊寡，所据殊多。"[②]

⑤征收迫促，重伤疲人。陆贽说："建官立国，所以养人也；赋人取财，所以资国也。明君不厚其所资，而害其所养，故必先人事而借其暇力，先家给而敛其余财，遂（依据）人所营，恤人所乏，借必以度，敛必以时。有度则忘劳（不觉劳苦），得时则易给，是以官事无阙，人力不殚，公私相全，上下交爱。古之得众者，其率用此钦（啊）！法制或亏，本末倒置，但务取人以资国，不思立国以养人，非独徭赋繁多，无蠲贷[③]，至于征收迫促，亦不矜量（商议、斟酌）。蚕事方兴，已输缣（绢帛）税；农功未艾（结束），遽（急迫）敛谷租。上司之绳责既严，下吏之威暴愈促，有者急卖而耗其半直（价），无者求假（借贷）而费其倍酬。所系迟速之间，不过月旬之异，一宽税限，岁岁相承，迟无所妨，速不为益，何急敦逼，重伤疲人。"[④]

⑥官吏考绩重超收，轻减负。陆贽说："夫欲施教化，立度程，必先域（控制）人，使之地著（定居）……理人之要，莫急于兹（此）。……顷因兵兴，典制弛废，户版之纪纲罔缉（无法查考），土断[⑤]之条约不明，恣人浮流，莫克（能）禁止。纵（放任）之则凑集（聚集），整（整顿）之则惊离，恒怀幸（侥幸）心，靡（不）固本业。是以赋税不一，教令不行，长人者（地方官吏）又罕能推忠恕易地之情，体至公徇（忠）国

---

① ② 《陆宣公翰苑集·均节赋税恤百姓六条之二——请两税以布帛为额不计钱数》。
③ 指免除租税，借放钱粮。
④ 《陆宣公翰苑集·均节赋税恤百姓六条之四——论税期限迫促》。
⑤ 给外来户定籍。

之意。迭行小惠，竞诱奸氓，以倾夺邻境为智能，以招萃逋逃为理化。舍彼适此者，既为新收而获宥（宽免）；倏忽往来者，又以复业而见优（优待）。唯怀土安居，首末不迁者，则使之日重，敛之日加。是令地著（定居）之人，恒代惰游服役，则何异驱之转徙，教之浇讹（浇薄欺诈）。此由牧宰不克（能）宏通（通达），各私所部之过也。""所以为长吏之能者，大约在于四科：一曰户口增加，二曰田野垦辟，三曰税钱长数（溢额），四曰征办先期（提前完成）。此四者，诚吏职之所崇，然立法齐（治）人，久无不敝。法之所沮（禁），则人饰巧而苟避其网；法之所劝，则人兴伪以曲附其文。理之者若不知维御（驾御）损益之宜，则巧伪萌生，恒因沮劝而滋矣（都因阻止恶行勉励善事不得法而造成）……夫户口增加，田野垦辟，税钱长数，征办先期，若不以实事验之，则真伪莫得而辨。将验之以实，则租赋须加，所加既出于人，固有受其损者。此州若增客户，彼郡必减居人。增处邀赏，而税数有加。减处攫（获）罪，而税数不降。倘国家所设考课之法，必欲崇于聚敛，则如斯可矣。将有意乎富俗（富民）而务理，岂不刺谬欤？"①

（3）补偏救弊的"两税法"厘革建议。针对"两税法"实施以来出现的种种问题和弊端，陆贽从"以人为本，以财为末，人安则财赡，本固则邦宁"②"当今之要，在于厚人而薄财，损上以益下。下苟利矣，上必安焉，则少损者所以招大益也。人既厚矣，财必赡焉，则暂薄者所以成永厚也。"③的指导思想出发，遵循"既免扰人，且不变法"④、"约循典制，而以时变损益之"⑤的原则，提出了一系列针对性和可操作性都很强的税制改革建议。

①关于赋税总额不断膨胀的问题。陆贽建议："令所司与宰臣参量，据每年支用色目（项目、名目）中，有不急者、无益者罢废之，有过制者、广费者减节之，遂以罢减之资回给要切之用。其百姓税钱，因军兴每贯加征二百者，下诏停之……诸道权宜加征，亦当自请蠲放。如是，则困穷之中十缓其二三矣。供御之物，各有典司，任土之宜，各有常贡。……假欲崇饰燕居，储备赐与，天子之贵，宁忧乏财。但敕（申令）有司，何求不给，岂必旁延进献，别徇营求。减德市私，伤风败法，因依纵扰，为害最深。陛下⑥临御之初，已宏清净之化，下无曲献，上绝私求。近岁以来，稍渝（变）前旨，今但涤除流误，振起圣猷（宏谋），则淳风再兴，贿道中寝。虽有贪饕（贪婪）之辈，曷（何）由复肆侵渔？州郡羡财（余财），亦将焉往？若不上输王府，理须下纾（宽缓）疲人。如是，则困穷之中，十又缓其四五矣。"⑦

②关于"钱重物轻"条件下百姓户税过于繁重的问题。陆贽建议："以布帛为额，

---

①③《陆宣公翰苑集·均输六条之三——论长吏以增户加税辟田为课绩》。
②④⑦《陆宣公翰苑集·均节赋税恤百姓六条之一——论两税之弊须有厘革》。
⑤《陆宣公翰苑集·均节赋税恤百姓六条之二——请两税以布帛为额不计钱数》。
⑥指唐德宗。

不计钱数。"①即户税的分配和缴纳一律采取实物税，取消"折物纳钱"这个中间环节。他说："宜令所司勘会诸州府初纳两税年绢布，定估比类（同类）当今时价，加贱减贵，酌取其中，总计合税之钱，折为布帛之数，仍依庸调旧制，各随乡土所宜……如此，则土有常制，人有常输。众皆知上令之不迁（变），于是一其心而专其业……无求人假手之劳，无贱鬻贵买之费，无暴征急办之弊，无易常改作之烦。物甚贱而人之所出不加，物甚贵而官之所入不减，是以家给而国足，事均而法行。"②在钱重物轻的情况下，以物折钱必加重百姓的税收负担。那么如何才能使钱物关系趋于平衡呢？陆贽说："物贱由乎钱少，少则重，重则加铸而散之使轻；物贵由乎钱多，多则轻，轻则作法而敛之使重。是乃物之贵贱，系于钱之多少；钱之多少，在于官之盈缩。官失其守，反求于人，人不得铸钱，而限令供税，是使贫者破产，而假资（借贷）于富有之室，富者蓄货，而窃（私下）行于轻重之权，下困齐人，上亏利柄。今之所病，谅（想必）在于斯。诚宜广即山殖货之功，峻用铜为器之禁，苟制持得所，则钱不乏矣。有粜（卖）盐以入其直（值），有榷（专卖）酒以纳其资，苟消息合宜，则钱可收矣。钱可收，固可以敛轻为重；钱不乏，固可以散重为轻。弛张在官，何所不可。"③针对朝廷上下以"折估"为名随意加重税负、刻剥百姓的弊端，陆贽建议："所定税物估价，合依当处月平（当月均价）。……所司应诸州府送税物到京，但与色样相符，不得虚称折估。如滥恶尤甚，给用不充，惟罪元（原）纳官司，亦勿更征百姓。"④

③关于州郡之间税负均平问题。陆贽建议："据每年见供赋税之处，详谕诏旨，咸俾均平（使各地一律均平）。每道各令知两税判官一人赴京，与度支类会参定，通计户数，以配税钱，轻重之间大约可准。而又量土地之沃瘠，计物产之少多，伦比（等齐、统一）诸州，定为两等：州等下者，其每户配钱之数少；州等高者，其每户配钱之数多。多少已差，悉令折衷。仍委观察使更于当管所配钱数之内，均融处置，务尽事宜。就于一管之中，轻重不得偏并（偏颇）。虽或未尽齐一，决当不甚低昂。既免扰人，且不变法。粗均劳逸，足救凋残。非但征赋易供，亦冀逋逃（流亡）渐息。俟（待）稍宁阜，更择所宜。"⑤

④关于纳税期限过于迫促的问题。陆贽建议："委转运使与诸道观察使商议，更详定征税期限闻奏。各随当地风俗所便，时候所宜，务于纾人，俾（使）得办集。所谓惠而不费者，则此类也。"⑥

⑤关于完善官吏考绩问题。建中元年（780年）初行"两税法"时，德宗遣黜陟使庾何等十一人巡行天下，对这项改革的具体落实情况进行督促检查。时任渭南主簿

---

① ② ③ 《陆宣公翰苑集·均节赋税恤百姓六条之二——请两税以布帛为额不计钱数》。
④ 《陆宣公翰苑集·均节赋税恤百姓六条之一——论两税之弊须有厘革》；《陆宣公翰苑集·均节赋税恤百姓六条之二——请两税以布帛为额不计钱数》。
⑤ 《陆宣公翰苑集·均节赋税恤百姓六条之一——论两税之弊须有厘革》。
⑥ 《陆宣公翰苑集·均节赋税恤百姓六条之二——论税期限迫促》。

的陆贽向巡行使建议："以五术省风俗，八计听吏治，三科登隽（俊）义，四赋经财实，六德保罢瘵（疲困、贫病），五要简官事。"其中"五术曰：'听谣诵审其哀乐，纳市贾（物价）观其好恶，讯（问询）簿书考其争讼，览车服等其俭奢，省作业察其趣（趋）舍。'八计曰：'视户口丰耗以稽抚字（抚恤），视垦田赢缩以稽本末，视赋役薄厚以稽廉冒，视案籍烦简以稽听断，视囚系盈虚以稽决滞，视奸盗有无以稽禁御，视选举众寡以稽风化，视学校兴废以稽教导。'三科曰：'茂异，贤良，干蛊（干练）。'四赋曰：'阅稼以奠（定）税，度产以衰征，料丁壮以计庸，占商贾以均利。'六德曰：'敬老，慈幼，救疾，恤孤，赈贫穷，任失业。'五要曰：'废兵之冗食，蠲（去除）法之挠（扰）人，省官之不急，去物之无用，罢事之非要。'"①表明陆贽当时对"两税法"改革是持欢迎态度的。但十四年后的贞元十年（794年），已任宰相的陆贽根据其对中唐形势和"两税法"弊端的深刻思考，向德宗提出了调整官吏考绩办法的新建议："宜申命有司，详定考绩，往贵于加者（从前习惯于超额完成税收任务的州郡），今务于减焉。假如一州之中，所税旧有定额，凡管几许百姓，复作几等差科，每等有若干户人，每户出若干税物，各令条举，都（汇总）数年别一申使司，使司详覆有凭，然后录报户部。若当管之内，人益阜殷，所定税额有余，任其据户均减，率计减数多少，以为考课等差。其当管税物通比较，每户十分减三分者为上课，十分减二分者次焉，十分减一分者又次焉。如或人多流亡，加税见（现）户，比校（较）殿罚（处罚），法亦如之（也按照这一原则处理）。其百姓所出田租则各以去年应输之数，便为定额，每岁据征，更不勘责检巡。增辟（增加垦田数量）者勿益其租，废耕者不降其数，足以诱导垦植，且免妨夺农功，事简体宏，人必悦劝。每至定户之际，但据杂产较量，田既自有恒租，不宜更入两税。如此则吏无苟且，俗变浇浮，不督课而人自乐耕，不防闲（防备）而众皆安土。斯亦当今富人固本之要术，在陛下举而行之。"②

2.主张占田约限，裁减租价，务利贫人

陆贽说："国之纪纲，在于制度，商农工贾，各有所专，凡在食禄之家，不得与人争利。此王者所以节财力，砺廉隅（节操、廉耻），是古今之所同，不可得而变革者也。……古先哲王，疆理（治理）天下，百亩之地，号曰一夫，盖以一夫授田，不得过于百亩也。欲使人无废业，田无旷耕，人力田畴，二者适足，是以贫弱不至竭涸，富厚不至奢淫，法立事均，斯谓制度。今制度弛紊，疆理隳坏，恣人相吞，无复畔限（界限）。富者兼地数万亩，贫者无容足之居，依托强豪，以为私属，贷其种食（借其种子和食物），赁（租）其田庐，终年服劳，无日休息，罄（尽）输所假（输尽租地的全部所产），常患不充。有田之家，坐食租税，贫富悬绝，乃至于斯，厚敛促征，皆甚公赋。今京畿之内，每田一亩，官税五升，而私家收租殆有亩至一石者，是二十倍于官税也。

---

① 《新唐书》卷170《陆贽传》。
② 《陆宣公翰苑集·均输六条之三——论长吏以增户加税辟田为课绩》。

降及中等,租犹半之,是十倍于官税也。夫以土地王者之所有,耕稼农夫之所为,而兼并之徒,居然受利。官取其一,私取其十,稼人安得足食,分廪(仓)安得广储,风俗安得不贪,财货安得不壅。……望令百官集议,参酌古今之宜,凡所占田,约为条限,裁减租价,务利贫人。法贵必行,不在深刻。裕(宽)其制以便俗,严其令以惩违,微损有余,稍优(增)不足。损不失富,优可赈穷,此故乃古者安富恤穷之善经,不可舍也。"①

3.主张巧用和籴,增储减负,赈民安边

陆贽说:"储积备灾,圣王之急务也……故立国而不先养人,国固不立矣;养人而不先足食,人固不养矣;足食而不先备灾,食固不足矣。为官而备者,人必不赡;为人而备者,官必不穷。是故论德昏明,在乎所务本末。务本则其末自遂,务末则其本兼亡。国本于人,安得不务。……近者有司奏请税茶,岁约得五十万贯,元(原来)敕令贮户部,用救百姓凶饥,今以蓄粮适副前旨。望令转运使总计诸道户口多少,每年所得税茶钱,使均融分配,各令当道巡院主掌,每至谷麦熟时,即与观察使计会,散就管内州县和籴,便于当处(适宜的地方)置仓收纳,每州令录事参军专知(管)。仍定观察判官一人与和籴巡院官同勾当(办理),亦以义仓为名,除赈给百姓已外(以外),一切不得贷便(随便)支用。如时当大稔(丰收),事至伤农,则优与(给)价钱,广其籴数;谷若稍贵,籴亦便停。所籴少多,与年上下,准平谷价,恒使得中。每遇灾荒,即以赈给,小歉则随事借贷,大饥则录奏分颁,许从便宜,务使周济,循环敛散,遂以为常。如此,则蓄财息债(滋息放债)者不能耗吾人,聚谷幸灾者无以牟(谋)大利。富不至侈,贫不至饥,农不至伤,籴不至贵,一举事而众美具,可不务乎?俟(待)人小休,渐劝私积,平籴之法斯在,社仓之制兼行,不出十年之中,必盈三岁之蓄,宏长不已(深谋远虑,坚持不懈),升平可期。使一代黎人,永无馁乏,此尧汤所以见称于千古也。"②

"备边御戎,国家之重事;理兵足食,备御之大经。兵不理则无可用之师,食不足则无可固之地。理兵在制置得所,足食在敛导有方。"③"近岁蕃戎④小息,年谷屡登(丰收),所支军粮,犹有匮乏;边书告阙,相继于朝。倘遇水旱为灾,粟籴翔贵,凶丑匪茹(不自量力),寇扰淹时(迁延、频繁),或负挽力殚(或挽运之力不足),或馈饷路绝(或供饷之路阻断),则戍兵虽众不足恃,城垒虽固不克(能)居。是使积年完集(完聚)之劳,适资一夕溃败之辱……今陛下广征甲兵,分守城镇,除所在营田税亩自供之外,仰给于度支者尚八九万人。千里馈粮,涉履艰险,运米一斛达于边军,远或费钱五六千,近者犹过其半。"⑤"陛下顷(不久前)以边兵众多,转馈劳费,设就军和

---

① 《陆宣公翰苑集·均节赋税恤百姓六条之六——论兼并之家私敛重于公税》。
② 《陆宣公翰苑集·均节赋税恤百姓六条之五——请以税茶钱置义仓以备水旱》。
③ 《陆宣公翰苑集·论沿边守备事宜状》。
④ 指吐蕃。
⑤ 《陆宣公翰苑集·请减京东水运收脚价于缘边州镇储蓄军粮事宜状》。

籴之法以省运，制与人加倍之价以劝农。"假如有司能"守之有恒，施之有制，谨视丰耗，善计收积，菽麦必归于公廪，布帛悉入于农夫"，则"无屯田课责之劳，而储蓄自广；无征役践更①之扰，而守备益严。"然而他们"忘国家制备之谋，行市道苟且之意。当稔而愿籴（丰年愿卖）者，则务裁其价，不时（按时）敛藏；遇灾而艰食者，则莫揆（不考虑）乏粮，抑使（强迫）收籴，遂使豪家贪吏……贱取于人……乘时所急，于倍其赢。又有势要近亲，委（令）贱籴于军城，取（卖）高价于京邑……度支以苟售滞货为功利……军司以所得加价为羡余……虽设巡院，使相监临（监督），既失纲条，转成囊橐（空账、空仓）。"②

"旧制以关中王者所都，万方辐辏，人殷地狭，不足相资。加以六师糇粮（干粮），百官禄廪，邦畿之税，给用不充，所以控引东方，岁运租米。冒淮湖风浪之弊，溯河渭湍险之艰，所费至多，所济盖寡……近岁关辅之地，年谷屡登……公储委积，足给数年，田农之家，犹困谷贱。今夏江淮水潦，漂损田苗，比于常时，米贵加倍……关辅以谷贱伤农，宜加价籴谷以劝稼穑；江淮以谷贵民困，宜减价粜米以救凶灾。今宜籴之处则无钱，宜粜之处则无米，而又运彼所乏，益此所余，斯所谓习见闻而不达时宜者也。""将制国用，须权重轻。食不足而财有余，则弛于积财而务实仓廪；食有余而财不足，则缓于积食而啬于货泉。"③"不劳人，不变法，不加赋税，不费官钱……唯于漕运一事，稍权轻重所宜，请为陛下致边军十万人一年之粮。""顷者每年从江西、湖南、浙东、浙西、淮南等道都（总）运米一百一十万石送至河阴，其中减四十万石留贮河阴仓，余七十万石送至陕州，又减三十万石留贮太原仓，唯余四十万石送赴渭桥输纳……迩来七年……河阴、太原等仓，见米犹有三百二十余万石……纵绝江淮输转，且运此米入关，七八年间，计犹未尽……今岁……在京米粟太贱，请广和籴……可至百余万石……米价斗约七十已下（以下）。此则一年和籴之数，足当两年；一斗转运之资，足以和籴五斗。……臣今所献……减所运之数，以实边储；存转运之务，以备时要。"④"旧例从江淮诸道运米一百一十万石至河阴，来年请停八十万石……请委转运使于遭水州县，每斗八十（文）价出粜……犹减（低于）时价五十文以救贫乏，计得粜钱六十四万贯文。节级所减运脚，计得六十九万贯，都合（总计）得钱一百三十三万贯。数内请支二十万贯付京兆府……尚有钱一百一十三万贯文，以供边镇和籴……可籴得粟一百三十五万石……是十一万二千五百人一年之粮。来秋若遇顺成，又可更致百余万石。边储既富，边备自修，以讨则有赍（资），以守则可久，以加兵则不忧……是乃立武之根柢，安边之本源。守土庇民，莫急于此。"⑤

---

① 指受钱代人服役。
②③④ 《陆宣公翰苑集·请减京东水运收脚价于缘边州镇储蓄军粮事宜状》。
⑤ 对于陆贽的其他政策和谋略建议，德宗在采纳时经常或多或少地打折扣，但这条"不劳人，不变法，不加赋税，不费官钱"的漕运改革建议却得到了他的高度认可，立即颁布实行。详见《陆宣公翰苑集·请减京东水运收脚价于缘边州镇储蓄军粮事宜状》。

三、对陆贽治国理政思想及税收思想的简要评述

1.对陆贽治国理政思想的简要评述

陆贽是一位卓有建树的中唐贤相，他身处乱世，公忠体国，励精图治，以自己的远见卓识，为化解朝廷危局做出了重大贡献。面对不懂君道、不辨忠奸、猜忌心重、喜听谗言、乱用刀斧、无谋无略、行为乖谬、奢侈淫佚、喜好聚敛的德宗，他不顾个人安危，晓之以理，动之以情，谕之以利害，苦口婆心，忠言极谏，劝其广开言路，推诚纳谏，任贤黜恶，轻徭薄赋，节用爱民，储粮备边，消弭战争。特别是在藩镇叛乱、举国动摇的情势下，他凭借自己对人情事理和天下大势的深刻洞察，力劝德宗以退为进，去尊号，赦叛将，颁罪己诏，在平息叛乱、笼络人心、收复京城和失地、恢复社会秩序方面发挥了极其重要的政治动员作用；他熟谙兵法，屡出奇谋，善于瓦解敌人，壮大自己，探索消除边患、安抚蕃戎和守边将帅的长效机制；他善于把原则性与灵活性有机结合起来，把眼前应急与长态机制建设结合起来，倾向于一切从实际出发，因时制宜、因地制宜、因事制宜、因人制宜，所以所提对策建议都比较切合实际，易于为人所接受；他勤于学习，精于思考，以儒为主，兼通百家，国学素养深厚，文笔老到，利用与德宗的亲密关系，起草了大量密奏，坦诚表达自己对各种人事物理的看法，并以德宗名义草拟和审定了大量诏书和文告，其下笔如飞、议事精到、说理透彻、切合实际、处事得当、料事如神的功夫深受德宗喜爱和群臣佩服；他秉性贞刚，严于律己，宽以待人，自许"上不负天子，下不负所学"①，以天下为己任，敢于矫正人君过失，揭露奸佞误国的罪恶，表现了一位儒家知识分子的勇敢担当精神。可惜的是，他生不逢时，任相时间太短，遇到德宗这样一位只可共患难、不可共安乐的昏君，只能把满腹的才学和远大的抱负空耗在闭门谢客、百无聊赖的10年贬所生涯了。所幸的是，德宗还算念点旧情，没有像对待刘晏和杨炎那样冷酷无情，所以他虽然过着愁苦不堪的生活，但还是善终了。

陆贽的忠臣智士风范不仅受到同代人（如权德舆、韩愈、李翱、齐杭等）的高度赞赏，也对后世产生了深远影响。后晋政治家、史学家刘昫在《旧唐书·陆贽传》中说："近代论陆宣公，比汉之贾谊，而高迈之行，刚正之节，经国成务之要，激切仗义之心，初蒙天子重知，末涂（途）沦踬（跌），皆相类也。而谊止中大夫，贽及台铉（台鼎、宰辅），不为不遇矣。昔公孙鞅挟三策说秦王，淳于髡以隐语见齐君，从古以还，正言不易。昔周昭戒急论议，正为此也。贽居珥笔（史官）之列，调任（宰相）之地，欲以片心除众弊，独手遏群邪，君上不亮（体察）其诚，群小共攻其短，欲无放逐，其可得乎！"北宋政治家、思想家、文学家、史学家欧阳修在《新唐书·陆贽传》中说："德宗之不亡，顾（反而）不幸哉！在危难时听赞谋，及已平，追仇尽言，怫然（忿忿不平）以逸幸逐，犹弃梗（骨鲠、喉刺）。至延龄辈，则宠任磐桓（徘徊、逗留），不移

---

① 《新唐书》卷170《陆贽传》。

如山，昏佞之相济也。……夫君子小人不两进，邪谄得君则正士危，何可訾（估量、嗟叹）耶？观贽论谏数十百篇，讥陈时病，皆本仁义，可为后世法，炳炳如丹，帝所用才十一。唐祚不竞（争气），惜哉！"北宋政治家、文学家、史学家司马光非常推崇陆贽，在《资治通鉴》这部宏篇巨著中引用其时政议论达39篇之多，长者近千言，基本上把《翰苑集》的主要内容都囊括了。像这样连篇累牍地记录一个人的政治主张实属罕见，表明陆贽言论的"资治"作用之大。北宋大文豪、政治家、思想家苏轼在上给宋哲宗的《乞校正陆贽奏议进御札子》中说："唐宰相陆贽，才本王佐，学为帝师。论深切于事情，言不离于道德。智如子房而文则过，辨如贾谊而术不疏。上以格君心之非，下以通天下之志。但其不幸，仕不遇时。德宗以苛刻为能，而贽谏之以忠厚；德宗以猜忌为术，而贽劝之以推诚；德宗好用兵，而贽以消兵为先；德宗好聚财，而贽以散财为急。至于用人听言之法，治边御将之方，罪己以收人心，改过以应天道，去小人以除民患，惜名器以待有功，如此之流，未易悉数。可谓进苦口之药石，针害身之膏肓。使德宗尽用其言，则贞观可得而复。……夫六经三史，诸子百家，非无可观，皆足为治，但圣言幽远，末学支离，譬如山海之崇深，难以一二而推择。如贽之论，开卷了然，聚古今之精英，实治乱之龟鉴。臣等欲取其奏议，稍加校正，缮写进呈。愿陛下置之坐隅，如见贽面，反复熟读，如与贽言，必能发圣性之高明，成治功于岁月。"明末清初著名思想家王夫之在《读通鉴论》中说："唐室为之再安，皆敬舆①悟主之功也。"当代史学家范文澜（1893—1969）在《中国通史》中称"陆贽是唐朝中期卓越的政治家"。这些评价总体上是名至实归的。

2.对陆贽税收思想的简要评述

陆贽的税收思想是其治国理政思想的重要组成部分，而且分量较重。本书将其提炼归纳为三个方面，包括：（1）因时制宜，纠正"两税法"的种种弊端；（2）占田约限，裁减租价，务利贫人；（3）巧用和籴，增储减负，赈民安边。其中对"两税法"的来龙去脉、弊端和完善对策的分析思考最为深入全面，具有重要理论和实践意义。陆贽认为，杨炎废除"租庸调制"，推行"两税法"，是迫不得已的应时之举，非长久之计，而祖宗创立的"租庸调制"是经过长期实践检验的良法美制，应当创造条件加以恢复。"租庸调制"的废弃是"时弊"问题，而"两税法"的推行是"法弊"问题，不应把"时弊"与"法弊"混为一谈。这是他关于"租庸调制"与"两税法"关系的总体判断。关于"两税法"之弊，他从六个方面进行了细致的分析：①名为减负，实为聚敛；②创制之首，不务齐平；③以资产为宗，差别征税，失平长伪；④折钱纳物，供求失衡；⑤征收迫促，重伤疲人；⑥官吏考绩重超收，轻减负。据此提出五点补偏救弊的建议：①朝廷应裁减不必要的费用支出，增加必要项目支出，防止赋税总额盲目膨胀；②在钱重物轻的情况下，户税应征实而不征钱，避免加重丁户负担；③应根据各州郡的土地面积、人

---

① 陆贽，字敬舆。

口数量合理分摊税收总额，避免重重轻轻，积重难返；④纳税期限的规定应因地制宜，不可过于迫促，以免造成损贫益富、损农利商；⑤应对因常住人口增加而导致平均税负下降的州郡实施奖励，对因人口流亡而导致税负平均水平上升的州郡进行惩戒，建立官吏考绩的正确导向。此外，陆贽还提出了限制富人占田数量、裁减土地租价、平衡轻税与重租的矛盾；在"蕃戎小息，年谷屡登"①的形势下，适当压减漕运规模、节省运费，增加边镇储备；巧用和籴调节市场供求和钱货关系；等改革建议。尽管这些建议并未得到德宗的全面认可和积极推行，但对后期完善"两税法"和深化农业税改革提供了重要的理论指导。

  不过，陆贽的税收思想也存在明显不足，主要表现在以下三个方面：（1）对杨炎冒着巨大政治风险，大刀阔斧地推行"两税法"及财税体制改革取得的巨大成就不以为然，甚至有全盘否定倾向，是不客观、不公正的。（2）把"三征"和"租庸调制"视为无可置疑的税制典范，过分迷信均田制基础上的人头税，而对"以资产为宗、不计丁中"的财产税的可行性质疑过度，低估了杨炎"两税法"改革的制度创新意义。从中唐以后至清朝灭亡，"租庸调制"无可挽回地被"一条鞭法""摊丁入亩""滋生人丁永不加赋"等改革举措所取代的历史事实来看，他固守以农为本、重本抑末、安土重迁等传统观念，是不符合时代潮流的。（3）虽然十分重视调节谷币平衡关系，运用和籴、漕运等理财手段调剂物资余缺、赈灾备荒、满足军需民用，但并未明确提出鼓励工商业发展、建构和完善工商税制的问题，说明他总体上仍是一位传统农业社会的思想家和政治家。

主要参考文献：
《陆宣公翰苑集》，[唐]权德舆著。
《旧唐书》卷139《陆贽传》。
《新唐书》卷157《陆贽传》。
《全唐文》。
《资治通鉴·唐纪》。
《白话〈资治通鉴〉》，沈志华、张宏儒主编，中华书局1993年版。
《陆贽评传》，王素著，南京大学出版社2001年版。

---

① 《陆宣公翰苑集·请减京东水运收脚价于缘边州镇储蓄军粮事宜状》。

杜 佑

一、杜佑生平简介

杜佑（735—812），字君卿，京兆万年（今陕西省西安市长安区）人，中唐著名思想家、政治家、史学家。杜佑是京兆杜氏襄阳分支的后裔，其远祖可以追溯到西汉武帝时期的酷吏杜周和杜延年父子[①]及三国两晋时期的名臣杜畿、杜恕和杜预[②]。据《新唐书·宰相世系表》载：十四世祖杜预少子杜尹至弘农太守，八世祖杜颙至北周雍州刺史，七世祖景秀至北周渭州刺史，六世祖逊至隋柏仁县令，五世祖淹（与太宗相淹非一人）至唐柏仁县中正，曾祖行敏至唐益州长史、南阳襄公，祖崇愨官尹丞、判尚书省左司员外郎、丽正殿学士，父希望以熟谙边事为鄯州（今青海乐都）都督留后，在任时边境安定，粟帛盈余，很有政绩，擢升鸿胪卿，历任恒州刺史、西河太守。佑兄弟8人，佑排行第六，童年和少年时代在长安城中央安仁坊新宅中度过。18岁荫济南郡参军；"安史之乱"爆发后，流寓江南，参加了宰相及江南宣慰使崔涣的补选，至德二年（757年）得选补任郯县丞；七八年后跟随刺史（或节度使）韦元甫到润州、苏州、淮南等地任司法参军、幕府从事；从淮南到中央尚书省当度支郎中，参与了杨炎"两税法"改革，因向富商逼贷而为宰相卢杞所参，外放饶、抚刺史；后出任广州刺史、岭南节度使，兼御史大夫；贞元三年（787年），召为尚书左丞，复以御史大夫领陕州长史、陕虢观察使。两年后，迁检校礼部尚书、扬州大都督府长史，充淮南节度使。一生历

---

① 杜延年（？—前52），京兆杜陵（今陕西长安）人。武帝时御史大夫、著名酷吏杜周少子。昭帝初补军司空，拜谏大夫，封建平侯，擢为太仆右曹给事中。宣帝时坐霍光子霍禹免官，后召拜北地太守，徙西河太守。五凤中拜御史大夫，卒谥曰敬侯。

② 杜预（222—285），字元凯，京兆郡杜陵县（今陕西西安东南）人，魏晋时期著名政治家、军事家、经学家、律学家，曹魏散骑常侍杜恕之子。杜预耽思经籍，博学多通，多有建树，时誉为"杜武库"。著有《春秋左氏传集解》及《春秋释例》等。为明朝之前唯一一个同时进入文庙和武庙之人。杜甫、杜佑、杜牧都是杜预的后裔。

玄宗、肃宗、代宗、德宗、顺宗、宪宗六朝，在德宗、顺宗、宪宗三朝任相10年，不仅事业上取得了前人少有匹敌的辉煌成就，还因用一生心血撰成了我国首部制度体史书《通典》而名垂后世。宪宗元和七年（812年）十一月卒于任，享年78岁，赠太傅，谥安简。

二、杜佑税收思想的主要内容

杜佑的税收思想是其治国理政思想的重要组成部分，本书将其提炼归纳为以下四个方面。

1. 主张计田取税，勿直取于人

杜佑主张以资产（田地）为宗征税，勿征人头税。他说："古之有天下者，未尝直取之于人。其所以制赋税者，谓公田什之一及工商衡虞之入，税以供郊庙社稷、天子奉养、百官禄食也，赋以给车马甲兵士徒赐予也，言人君唯于田及山泽可以制财贿耳。其工商虽有技巧之作，行贩之利，是皆浮食，不敦其本，盖欲抑损之义也。古者，宅不毛有里布，地不耕有屋粟，人无职事出夫家之征。言宅不毛者出一里二十五家之泉，田不耕者出三家之税粟，人虽有闲无职事，犹出夫税家税。夫税者谓田亩之税，家税者谓出士徒车辇给徭役也。盖皆罚其惰，务令归农。是故历代至今，犹计田取租税。古者人君上岁役不过三日，是故历代至今，虽加至二十日，数倍多古制，犹以庸为名。既免其役，日收庸绢三尺，共当六丈，更调二丈，则每丁壮当两匹矣。夫调者，犹存古井田调发兵车名耳，此岂直敛人之财者乎！"①

2. 主张扩大编户齐民，分摊两税负担

杜佑说："民者，瞑（昏）也，可使由之，不可使因之。审其众寡，量其优劣，饶赡之道，自有其术。"②"旧制，百姓供公上，计丁定庸调及租，其税户虽兼出王公以下，比之二三十分唯一耳。自兵兴以后，经费不完，于是征敛多名，且无恒数。贪吏横恣，因缘为奸，法令莫得检制，丞庶（众民）不知告诉……建中新令，并入两税，恒额既立，加益莫由；浮浪悉收，规避无所。"③"自建中初，天下编甿（编民）百三十万，赖分命黜陟，重为案比（核查），收入公税，增倍而余④。遂令赋有常规，人知定制，贪冒之吏莫得生奸，狡猾之甿（民）皆被（定）其籍，诚适时之令典，拯弊之良图。而使臣制置各殊，或有轻重未一，仍属多故，兵革荐（屡）兴，浮冗之辈，今则众矣。征输

---

① 《通典·食货四·赋税上》。
② 《通典·食货十二·轻重》。
③ 《通典·食货七·丁中》注。
④ 指将隐户和浮浪户清理出来，使税收收入增加了一倍。

之数，亦以阙矣。旧额既在，见人渐艰，详今日之宜，酌晋隋故事，版图可增其倍，征缮自减其半。赋既均一，人知税轻，免流离之患，益农桑之业，安人济用，莫过于斯矣。"①

3. 主张税其所植，勿征求货币

杜佑说："自燧人氏逮于三王，皆通轻重之法，以制国用，以抑兼并，致财足而食丰，人安而政治，诚为邦之所急，理道之所先，岂常才之士而能达也。"②"农者，有国之本也。先使各安其业，是以随其受田，税其所植。焉可征求货币，舍其所有而责其所无者哉！天下农人，皆当（值、遇）枭鸶，豪商富室，乘急贱收，旋致罄竭。更仍贵籴，往复受弊，无有已（止、休）时。欲其安业，不可得也。故晁错曰：'欲民务农，在于贵粟，贵粟之道，在于使民以粟为赏罚。如此农民有钱，粟有所泄。'谓官以法收取之也。诚如是，则天下之田尽辟，天下之仓尽盈。然后行其轨数，度其轻重，化以王道，扇（煽）之和风，率循礼义之方，皆登仁寿之域，斯不以难矣。"③

4. 主张轻徭薄赋，节用爱民

杜佑说："夫欲人之安也，在于薄敛，敛之薄也，在于节用。若用之不节，宁敛之欲薄，其可得乎？先在省不急之费，定经用之数，使下之人，知上有忧恤之心，取非获已（得已），自然乐其输矣。"④"什一者，天下之正中，多乎则大桀小桀，寡乎则大貊小貊。故什一行而颂声作，二不足而硕鼠兴。古之圣王以义为利，不以利为利，宁积于人，无藏府库，百姓不足，君孰与足。是故钜桥盈而殷丧，成皋溢而秦亡。记曰：'人散则财聚，财散则人聚。'此之谓也。汉武攘四夷，平百越，边用益广，杼轴（仓府）其空。于是置平籴，立均输，起漕运，兴盐铁，开鬻爵，设榷酤，收算缗，纳杂税，更造钱币，蓄货长财。虽经费获济，而下无聊矣。夫文繁则质衰，末盈则本亏，反散淳朴之风，导成贪叨之行，是以恶其启端也。贤良文学⑤，辩论甚详，然处升平之代，是古则理高；居多务之时，非今则事阙。一臧一否，故悉存焉。"⑥

"国足则政康，家足则教从，反是而理者，未之有也。"⑦"在昔尧、汤，水旱作沴（灾），而人无捐瘠（饿死），以国有储蓄。若赋敛之数重，黎庶之力竭，而公府之积，无经岁之用，不幸有一二千里水旱虫霜，或一方兴师动众，废于艺殖，宁免（能避免）赋阙而用乏、人流而国危者哉！"⑧

---

① 《通典·食货七·丁中》。
②③④⑧ 《通典·食货十二·轻重》。
⑤ 汉昭帝即位后，顾命大臣、大将军、大司马霍光召集来自社会底层的60多位贤良文学与同为辅政大臣的桑弘羊等当权者就盐铁专卖、征匈奴等重大问题进行公开辩论，以确定武帝以后治国方略的调整。
⑥ 《通典·食货四·赋税上》。
⑦ 《通典·食货七·历代盛衰户口》。

三、对杜佑治国理政思想及税收思想的简要评述

1.对杜佑治国理政思想的简要评述

立德、立功、立言是中国古代士人的普遍理想,杜佑则在完成这个"三不朽"任务方面达到了一个很高的境界,成为后世学习的楷模。《全唐文·宪宗·许杜佑致仕制》对其一生的业绩作了如下评价:"金紫光禄大夫守司徒同中书门下平章事兼充宏文馆大学士充太清宫使上柱国岐国公食邑三千户杜佑,岩廊上才,邦国茂器,蕴经通之识,履温厚之姿。宽裕本乎性情,谋猷彰乎事业。博闻强学,知历代沿革之宜;为政惠人,审群黎利病之要。由是再司邦用,累历藩方,出总戎麾,入和鼎实,聿膺重寄。历事先朝,左右朕躬,夙夜匪懈。命以诏册,登之上公,肃恭在廷,华发承弁。兹可谓国之元老,人之具瞻者也。"①

杜佑与杜位、杜信等兄长不同,他不好文学术数,独好典章制度,所撰《通典》一书从某种意义上说是对其先祖遗风的一种传承和发扬。在《进通典表》和《通典序》中,杜佑对撰写《通典》的背景、目的和整体框架作了如下表述:"臣闻太上立德,不可庶几(企及);其次立功,道行当代;其次立言,见志后学。由是往哲递相祖述,将施有政,用乂(治)邦家。……夫《孝经》《尚书》《毛诗》《周易》《三传》,皆父子君臣之要道,十伦五教之宏纲。如日月之下临,天地之大德,百王是式,终古攸(所)遵。然率多记言,罕存法制,愚管窥蠡测,岂达高深?辄肆荒虚,诚为臆度。每念惛学(愚钝),莫探政经,略观历代众贤著论,多陈紊失之弊,或阙拯救之方。臣既庸浅,宁详损益,未原(考究)其始,莫畅其终。尚赖周氏典礼,秦皇荡灭不尽,纵有繁杂,且用准凭。至于往昔是非,可为来今龟鉴,布在方策,亦粗研寻。"②"佑少尝读书,而性且蒙固,不达术数之艺,不好章句之学,所纂《通典》,实采群言,征诸人事,将施有政。夫理道之先,在乎行教化,教化之本,在乎足衣食。《易》称聚人曰财。《洪范》八政:'一曰食,二曰货。'管子曰:'仓廪实,知礼节;衣食足,知荣辱。'夫子曰:'既富而教',斯之谓矣。夫行教化在乎设职官,设职官在乎审官才,审官才在乎精选举,制礼以端其序,立乐以和其心,此先哲王致治之大方也。故职官设,然后兴礼乐焉;教化堕,然后用刑罚焉;列州郡,俾分领焉;置边防,遏戎狄焉。是以食货为之首(十二卷),选举次之(六卷),职官又次之(二十二卷),礼又次之(百卷),乐又次之(七卷),刑又次之(大刑用甲兵十五卷,其次五刑八卷),州郡又次之(十四卷),边防末之(十六卷)。或览之者,庶(大体)知篇第之旨也。"③

《通典》虽然是对从古至今制度思想和制度安排的一种汇编,但在海量史料的精选

---

① 《全唐文·宪宗(二)》。
② 《全唐文·杜佑文集·进通典表》。
③ 《全唐文·杜佑文集·通典序》。

和夹叙夹议中也反映出杜佑的治国理政思想。当代史学家瞿东林把它归纳为六个方面：（1）经济思想：认为物质生活是一切政治措施和文化教育的基础；（2）人才思想：主张通过教育培养人才，不赞成以言取人；（3）吏治思想：主张省吏员、用有才；（4）法制思想：主张刑罚的善用和不善用直接影响到社会治与乱，善用刑罚的标志在于无私、绝滥用，而不在宽与峻；法律不可随意解释，并应保持稳定；（5）军事思想：战略上强调国家应保持军事上强干弱枝之势，战术上强调奇兵制胜；（6）民族关系思想：反对贵中华贱夷狄的传统观念。《杜佑评传》的作者郭锋将其归纳为三个方面：（1）社会思想，包括：①欲行古道，势莫能遵：进化式发展的历史观；②"盖是人事，岂唯天时"：非天命的社会变革认识论；③制度因革"贵适时"的变革发展观。（2）政治思想，包括：①高度重视发展经济，把发展经济放在安邦治国的突出位置；②非常重视制度治国，强调职官即政府管理制度的作用，高度重视政府管理体制和运行机制建设；③特别强调精选举，注意选官用人，进行官吏队伍建设；④强调以礼制和法制治国；⑤提出富庶文明即富国安民的治国目的论。（3）经济思想，包括：①农为邦本；②均轻赋税，民安国足；③简化税制，有利增收；④管制货币，国之切务。

《通典》是顺应时代潮流而产生的一部历史名著。杜佑一生大部分时间生活在"安史之乱"后唐王朝由盛转衰的历史时期，和同时代的刘晏、杨炎、陆贽、王叔文、柳宗元、李翱等人一样，他焦思苦虑，极力想为恢复大唐盛世有所贡献。但与其他人不同的是，他不仅积极参与改革，还热衷于梳理和挖掘治国理政制度的历史传承性，从中寻找对现实改革有启示意义的经验和教训，以弥补前人重思想传承轻制度传承的缺陷，为时人和后世提供了一种建立在朴素唯物论基础上的实事求是、与时俱进、既有传承又有创新、既重说教又重建制的新型世界观和方法论，对拘泥于是古非今传统的儒家思想无疑是一个大胆的挑战。杜佑临死之前还以78岁高龄身居元老相位不能脱身，应该说为他实践自己的治国理政理想提供了难得的机会和绝佳的舞台。

2.对杜佑税收思想的简要评述

杜佑的税收思想是其治国理政思想的重要组成部分，本书将其提炼归纳为四个方面，包括：（1）主张计田取税，勿直取于人；（2）主张扩大编户齐民，分摊两税负担；（3）主张税其所植，勿征求货币；（4）主张轻徭薄赋，节用爱民。这四点都是针对"两税法"实施中存在的问题而言的，与陆贽的相关主张并无明显区别。但杜佑亲自参与了杨炎"两税法"的改革实践，因而对待"两税法"的态度是积极完善而不是废止，这与陆贽总体上倾向于否定"两税法"、回归"租庸调制"的态度明显不同。另外，陆贽对"两税法"存在问题的揭示及改革建议的探讨要比杜佑更全面、更深入、更细致。

主要参考文献：

《旧唐书》卷147《杜佑传》。

《新唐书》卷166《杜佑传》。
《全唐文》。
《通典》。
《杜佑评传》,郭锋著,南京大学出版社2004年版。

李　翱

一、李翱生平简介

李翱（774—836），字习之，中唐著名思想家、古文家。郡望陇西成纪（今甘肃秦安县北），里籍汴州陈留县（今河南开封东南）。历代宗、德宗、顺宗、宪宗、穆宗、敬宗、文宗七朝。李翱是西汉名将李广的后裔，十三世祖李暠（皓）是李广的十六世孙，也是唐高祖李渊的七世祖，东晋安帝元兴年间（402—404）自立为西凉武昭王，故李翱有"凉武昭王之后"之称。曾祖诏，尝为谘议参军。祖楚金，明经出身，尝任贝州司法参军，为人清廉刚勇。楚金有三子，长子和次子（翱父）行状不详，三子术，乃翱之叔父。李翱似无兄弟，妹某归于故交仆射杨於陵之子杨嗣复。李翱妻韩氏，为大文豪韩愈（字退之）从父兄韩弇之女。韩弇35岁被吐蕃毁盟劫杀。李翱无子，有女7人（第七女夭折）。李翱的门第固然显赫，但自七世祖李桃枝以下却累世不耀，史籍无名，连李翱自己提及父辈时也含糊其辞。李翱自幼"勤于儒学，博雅好古，为文尚气质"，有大志，德宗贞元十四年（798年）进士擢第，在汴州与韩愈相识，遂成莫逆，拜师求学，相互切磋，共著《论语笔解》，发圣人之义，对后来古文运动的兴起做出了重要贡献。然"翱性刚急，论议无所避，执政虽重其学，而恶其激讦，故久次不迁。"[①] 从宪宗元和元年升任国子博士兼史馆修撰起，历任岭南节度使掌书记、宣州从事、浙东判官、淮南府掾、职方员外郎、考功员外郎兼史职、朗州刺史、舒州刺史、礼部郎中、庐州刺史、谏议大夫、中书舍人、少府少监、郑州刺史、桂管观察使、湖南刺史、刑部侍郎、户部郎中、户（或礼）部尚书、襄州刺史充山南东道节度使等职。文宗开成元年（836年）卒于襄州，享年63岁，谥曰文。李翱的大部分著作收录在《全唐文》中，后人将其独立成书，称之曰《李翱文集》或《李文公集》，尤以专论性情关系的《复性书》最为著名。

[①] 《旧唐书》卷160《李翱传》。

二、李翱税收思想的主要内容

李翱的税收思想是其治国理政思想的重要组成部分，本书将其提炼归纳为以下三个方面。

1.主张以田占租、什一而税，反对重敛盘剥

在元和十三年（818年）上给宪宗的《平赋书》中，李翱指出："善为政者莫大于理人，理人者莫大于既富之又教之。凡人之情，莫不欲富足而恶贫穷，终岁不制衣则寒，一日不得食则饥。四人（四民）之苦者，莫甚于农人。麦粟布帛，农人之所生也，岁大丰，农人犹不能足衣食，如有水旱之灾，则农夫先受其害。……夫如是，百姓之视其长上如仇雠，安既不得享其利，危又焉肯尽其力？自古之所以危亡，未有不由此者也。""人皆知重敛之可以得财，而不知轻敛之得财愈多也。何也？重敛则人贫，人贫则流者不归，而天下之人不来，由是土地虽大，有荒而不耕者，虽耕之，而地力有所遗，人日益困，财日益匮。是谓弃天之时，遗地之利，竭人之财。如此者虽欲为社稷之臣，建不朽之功，诛暴逆而威四夷，徒有其心，岂可得耶？故轻敛则人乐其生，人乐其生，则居者不流而流者日来。居者不流而流者日来，则土地无荒，桑柘日繁，尽力耕之，地有余利，人日益富，兵日益强，四邻之人，归之如父母，虽欲驱而去之，其可得耶？""呜呼！仁义之道，章章然如大道焉，人莫不知之，然皆不能行，何也？见之有所未尽，而又有嗜欲以害之。其自任太多，而任人太寡，是以有土地者有仁义，无代无之，虽莫不知之，然而未有一人能行之而功及后代者，由此道也。秦灭古法，隳井田，而夏殷周之道废，相承滋久，不可卒复。翱是以取可行于当时者，为《平赋书》，而什一之法存焉。"①

李翱通过对田亩和税负的详细测算，进一步说明实行以田占租、什一而税完全可以满足朝廷的支出需要。他说："一亩之田，以强并弱，水旱之不时，虽不能尽地力者，岁不下粟一石，公（朝廷）索其十之一。凡百里之州有田五十有（又）四亿亩，以一十九亿四万有四千亩为之州县、城郭、通川、大途、川遂、沟浍、邶墓（坟墓）、乡井、屋室、径路、牛豚之所息、葱韭菜蔬之所生植，余田三十四亿五万有六千亩（三万四千五百六十顷也）。亩率十取粟一石，为粟三十四万五千有六百石，以贡于天子，以给州县凡执事者之禄，以供宾客，以输四方，以御水旱之灾，皆足于是矣。其田间树之以桑，凡树桑人一日之所休（完成、栽植）者谓之功。桑太寡则乏于帛，太多则暴于田，是故十亩之田，植桑五功。一功之蚕，取不宜岁度之，虽不能尽其功（收获）者，功不下一匹帛。公索其百之十。凡百里之州有田五十四亿亩，以十九亿四万有四千亩为之州县、城郭、通川、大途、川遂、沟浍、邶墓、乡井、屋室、径路、牛豚之

---
① 《李翱文集·平赋书》。

所息、葱韭菜蔬之所生植，余田三十四亿五万有六千亩。麦之田大计三分当其一，其土卑，不可以植桑，余田二十三亿有四千亩。树桑凡一百一十五万有二千功，功率十取一匹帛，为帛一十一万五千有二百匹，以贡于天子，以给州县凡执事者之禄，以供宾客，以输四方，以御水旱之灾，皆足于是矣。"①

李翱的"以田占租、什一而税"设想，虽然符合"安史之乱"后均田制遭到严重破坏、土地兼并盛行、农民流离失所、税负分配失衡的客观实际，有一定现实意义，但重新均田均税、靠什一税来满足封建统治者日益膨胀的奢侈需求，又只能是一种空想，所以不被采纳也是意料之中的。不过，后来李翱出任庐州（今安徽合肥）刺史，当时州民因旱灾与疫病流行，逃亡4万人，豪强乘机贱买田屋，牟取厚利，而贫弱人家仍照旧额纳税。李翱下令"以田占租，无得隐，收豪室税万二千缗，贫弱以安。"②这是对他"以田占租"设想的成功实践，也维护了"两税法"以贫富为差的治税原则。

2. 主张实物纳税，反对易钱入官

元和十四年（819年），李翱给宪宗上《疏改税法》，其中提出了户税一律征收布帛不征货币的改革设想。他指出："自建中元年初定两税，至今四十年矣。当时绢一匹为钱四千，米一斗为钱二百，税户之输十千③者，为绢二匹半而足矣。今税额如故，而粟帛日贱，钱益加重，绢一匹价不过八百，米一斗不过五十，税户之输十千者，为绢十有二匹然后可。况又督其钱使之贱卖者耶？假令官杂虚估以受之，尚犹为绢八匹，乃仅可满十千之数，是为比建中之初为税加三倍矣。虽明诏屡下，哀恤元元，不改其法，终无所救。然物极宜变，正当斯时，推本弊，乃钱重而督之于百姓之所生也。钱者官司所铸，粟帛者农之所出，今乃使农人贱卖粟帛，易钱入官，是岂非颠倒而取其无者耶？由是豪家大商，皆多积钱以逐轻重，故农人日困，末业日增，一年水旱，百姓菜色，家无满岁之食，况有三年之蓄乎？百姓无三年之积，而望太平之兴，亦未可也。今若诏天下，不问远近，一切令不督见钱，皆纳布帛，凡官司出纳，以布帛为准，幅广不得过一尺九寸，长不过四十尺，比两税之初，犹为重加一尺，然百姓自重得轻，必乐而易输，不敢复望如建中之初矣。行之三五年，臣必知农人渐有蓄积，虽遇一年水旱，未有菜色，父母夫妇，能相保矣。若税法如旧，不速更改，虽神农后稷复生，教人耕织，勤不失时，亦不能跻（达、至）于充足矣。"④显然，李翱改革户税的理由和设想是与陆贽、杜佑所述完全一致的。

3. 赞赏单一税，反对税外进献

在德宗、宪宗时期，方镇长官特别是东南方镇长官巧立名目的进贡尤其严重，成

---

① 《李翱文集·平赋书》。
② 《新唐书》卷177《李翱传》。
③ 税率相当于1%。
④ 《李翱文集·疏改税法》。

为加重江南百姓两税外负担的一个重要原因。同时，德宗、宪宗热衷于接纳方镇进奉钱物，带有向方镇争夺财力的政治意图。对此，李翱颇不以为然。他首先揭露方镇节度使、观察使所进奉钱物的真实来源，指出："今节度观察使之进献，必曰：'军府羡余，不取于百姓'。且供军及留州钱各有定额，若非兵士阙数不填，及减刻所给，则一帛非天之所雨也，非如泉之可涌而生也，不取于百姓，将安取之哉！"接着他说："夫钱帛，皆国家之钱帛也，宜作明法以取之是也。若使通达吏事之臣往使焉，虽其将帅之不尽诚者，亦不敢有所隐矣。"就是说，如果方镇的两税留使钱物定额真的支出有余，朝廷就应通过正常财务渠道，派出干练的官员前去调取。反之，"今受进献，则节度使、团练使皆多方刻下为蓄聚，其自为私者三分，其所进献者一分也。是岂非两税之外又加税焉？"①这是主张皇帝应停止接纳进献，不给方镇长官税外加税、中饱私囊以借口。

三、对李翱治国理政思想及税收思想的简要评述

1.对李翱治国理政思想的简要评述

李翱是中唐后期一位有重要建树的思想家和古文家，一生历经七朝，但仕途平淡无奇，怀才不遇，所以对排斥奸佞、举贤任能有很强烈的渴望。在藩镇割据、朋党争权、宦官专制轮番上演的时代背景下，李翱等忠正贤能之士受到排挤，无法在朝廷谋得高位、施展才华，只能频繁辗转于社会底层，过着漂泊不定、居无定所、席不暇暖的生活。这种艰苦郁闷的环境既是对他们青春和活力的一种消磨，也为他们主动接近平民、在基层建功立业、深入思考治国理政的深层问题提供了机遇，增强了他们的忧患意识和铁肩担道义的强烈使命感。李翱从小有志于仁义，四试不举，25岁中进士，在此后40多年的官场流离中，他始终把正心、诚意、修身、齐家、治国、平天下作为矢志不渝的人生理想和道德准则，一言一行严格按照儒家的做人做事标准要求自己，不苟合于世俗，不消极厌世，成为一个原则性很强、个性也很鲜明的忠正君子。在儒家日益式微、道家和释家思想大肆传播、对社会正常统治秩序、传统伦理纲常和儒家道统产生巨大冲击时，他和一批志同道合之士一起，不畏艰难，勇敢担当起了复兴儒学、传播道统、抵制邪教侵蚀的历史重任，并在张扬儒家心性学说、提倡复情为性、复昏为明、复邪为正的道路上迈出了坚实步伐，为中唐心性之学向宋明理学的转变做出了重要贡献。在文史观方面，李翱主张文以载道、文以传道，记载评判历史人物一定要实事求是，褒善贬恶，树立典范，以传后世，不能因人设言。李翱是古文运动的重要骨干，与韩愈一起共著《论语笔解》，重以道解言而非以言解言，把继承和发展儒家正统思想提高到了一个新境界；在政治观方面，李翱反对藩镇割据、朋党争权和宦官专政，强调中央集权和皇权

---

① 《李翱文集·疏绝进献》。

专制，主张武功定乱，文德复制度、兴太平，"用忠正、屏佞邪、改税法、绝进献、厚边兵、通雍蔽"六事是"政之根本，太平之所以兴"，体现了以道为本、随机应变的与时俱进思想。

2. 对李翱税收思想的简要评述

李翱的税收思想是其治国理政思想的重要组成部分，本书将其提炼归纳为三个方面，包括：（1）主张以田占租，什一而税，轻赋节用，藏富于民；（2）主张普遍推行实物税，在"钱重货轻"日益严重的条件下，不督民以物易钱，加重百姓负担；（3）主张完善预算分配体制，杜绝税外进献，防止藩镇长官弄虚作假，从中渔利，盘剥百姓。李翱的税收思想与杜佑的税收思想基本类似，既保留了"两税法"以资产为宗、以贫富为差、规范征收、减轻民负、控制支出的合理成份，又在具体制度要素的落实上尽力弥补其缺陷、堵塞漏洞。尤其是他关于轻税有利于发展经济、改善民生、培植税源、长远增加财政收入，重税则打击农业生产、导致民众流失、加剧土地兼并、激化社会矛盾、导致税源枯竭、长远减少财政收入的思想，深化了人们对经济、税收、财政、政治、社会辩证关系的认识，是儒家民本思想的反映，比美国供应学派的"拉弗曲线"早1100多年，是超越时代的税收思想精华，倍受后人称道。李翱还从民为邦本、民富则国富、民安则国安的儒家传统思想出发，提出了一套扶贫济弱、调节贫富悬殊、抑制土地兼并的可行办法，并在任庐州刺史期间得以付诸实践，取得良好效果，受到时人一致肯定和朝廷嘉奖。

主要参考文献：

《李翱文集》。

《韩愈评传附李翱评传》，卞孝萱、张清华、阎琦著，南京大学出版社1998年版。

《李翱研究》，作者：黄爱平博士，指导教师：杨明，20070415，中国分类号：I207.62，复旦大学。

《李翱思想研究》，作者：王宏涛硕士，指导教师：孟晓路，20040601，河北大学。

白居易

一、白居易生平简介

白居易（772—846），字乐天，号香山居士、醉吟先生。唐朝中后期著名思想家、政治家、文学家，继李（白）杜（甫）之后又一位伟大的现实主义诗人。一生历代宗、德宗、顺宗、宪宗、穆宗、敬宗、文宗、武宗、宣宗九朝。生于一个"世敦儒业"[①]的中小官僚家庭，祖父、父亲和外祖父均为明经出身，能诗能文，熟谙儒家经典。与他同时代的韩愈、李翱、刘禹锡、柳宗元、张籍、元稹等都是大名鼎鼎的思想家、政治家和文学家，白居易与他们都有很深的交往和情谊。

关于白居易的世系传承，学界一直争议不断。白自称太原白氏，是战国时期楚国大将武安君白起的后裔，但后世普遍认为不实，有故攀门楣之嫌。据可靠证据显示，白氏一族与西域龟兹王族白姓或帛姓（中土以白山之居赐姓）有密切关联，后经历史变迁，内徙中土，融入中原文化，中间嬗递过程不详。[②]白居易的曾祖温，检校尚书都官郎中，赠给事中；祖锽，曾任巩县令，赠左仆射；父季庚，襄州别驾，赠太保。白一生育有3女1子，只有1女阿罗存活，后嫁给监察御史谈弘谟，唯一的儿子崔儿在3岁时不幸夭折，从此无嗣。白有同胞兄弟四人，长兄幼文，居易行二，弟行简行三，弟幼美行四（早夭）。幼文有子3人，分别为景回、景受、景衍，白居易晚年为了传承家业，以幼文次子景受为嗣。白居易的从祖弟白敏中在武宗时期以兵部侍郎同中书门下平章事（入相），对其晚年生活多有关照。

白居易的官宦生涯可分为前后两期。以44岁被贬江州司马为界，前期以兼济天下为特征，10年3中第，积极参与朝政，奉行激进的民本主义，功业卓著；后期以独善其

[①] 《旧唐书》卷166《白居易传》。
[②] 《白文公年谱》，南宋藏书家、目录学家陈孙振考订。

身为特征,在宦官专权、朋党倾轧、朝廷频繁更迭中,看破红尘,5次请求退免,过起了与世无争、纵情声色、醉酒吟诗、出入佛道的"中隐"①生活,积极用世的锐气消磨殆尽,直至生命终点。这段时间长达近30年。

二、白居易税收思想的主要内容

白居易的税收思想是其治国理政思想的重要组成部分,本书将其提炼归纳为以下八个方面。

1. 主张有条件地恢复井田制,均平赋役

白居易从传统的农本思想出发,认为土地是赋税的唯一来源,只有有条件地恢复井田制,才能抑制土地兼并、人口逃亡,达到均平赋役、利国安民的目的。他说:"王者之贵,生于人焉;王者之富,生于地焉。故不知地之数,则生业无从而定,财征无从而平也;不知人之数,则食力无从而计,军役无从而均也。不均不平则地虽广,人虽多,徒有富之名,而无富之实。是以先王度土田之广狭,画为夫井,量人户之众寡,分为邑居,使地利足以食人,人力足以辟土,邑居足以处众,人力足以安家。野无余田以启专利,邑无余室以容游人,逃刑避役者往无所之,败业迁居者来无所处,于是生业相因,食力相济。其出财征也,不待征书而已平矣;其起军役也,不待料人而已均矣。然后天子可以称万乘之贵,四海之富也。洎(及、到)三代之后,厥制崩坏,故井田废则游惰之路启,阡陌作则兼并之门开,至使贫苦者无容足立锥之居,富强者专笼山络野之利。故自秦汉,迄于圣朝,因循未迁,积习成弊。然臣以为井田者,废之颇久,复之稍难,未可尽行,且宜渐制。何以言之?昔商鞅开秦之利也,荡然废之,故千载之间,豪奢者得其计;王莽革汉之弊也,卒然(仓促、突然)复之,故一时之间,农桑者失其业,斯则不可久废、不可速成之明验也。故臣请斟酌时宜,参详古制,大抵人稀土广者,且修其阡陌;户繁乡狭者,则复以井田,使都鄙渐有名,家夫渐有数。夫然,则井邑兵田之地,众寡相维;门闾族党之居,有亡(无)相保。相维则兼并者何所取,相保则游惰者何所容?如此则庶乎人无浮心,地无遗力,财产丰足,赋役平均,市利归于农,生业著于地者矣。"②

2. 主张任土作贡,废除折征代金

实行"两税法"的目的,本是为了控制税收总额,减轻民负,但在实际执行中却既征实物又征货币,加重了民负,白居易对此提出批评。他说:"夫先王酌教本,提政要,莫先乎任土辨物,简能易从,然后立为大中,垂之不朽也。若谓其驱天下之人,责其所

---

① 《白居易全集·中隐》。
② 《白居易全集·策林之五十二·议井田阡陌》。

无,强其所不能,则何异夫求萍于中逵(九衢、大路),植橘于江北?"①"夫赋敛之本者,量桑地以出租,计夫家以出庸,租庸者,谷帛而已。今则谷帛之外,又责之以钱。钱者,桑地不生铜,私家不敢铸,业于农者,何从得之?至乃吏胥追征,官限迫蹙(紧急),则易(售卖)其所有,以赴公程(赋税之限期)。当丰岁则钱籴半价,不足以充缗钱;遇凶年则息利倍称,不足以偿逋债。丰凶既若此,为农者何所望焉?""方今天下之钱,日以减耗,或积于国府,或滞于私家。若复日月征求,岁时输纳,臣恐谷帛之价转贱,农桑之业转伤,十年以后,其弊或甚于今日矣,非所谓平均调节之道也。今若量夫家之桑地,计谷帛为租庸,以石斗登降为差,以匹夫多少为等,但书估价,并免税钱,则任土之利载兴,易货之弊自革。弊革则务本者致力,利兴则趋末者回心,游手于道途市肆者,可易业于西成②,托迹于军籍释流(佛祖)者,可返躬于东作,欲其浮惰,其可得乎?"③白居易还在赠友诗中表达了废除折征代金的强烈愿望,他说:"私家无钱炉,平地无铜山。胡(何)为秋夏税,岁岁输铜钱。钱力日已重,农力日已殚。贱粜粟与麦,贱贸丝与绵。岁暮衣食尽,焉得无饥寒。吾闻国之初,有制垂不刊。庸必算丁口,租必计桑田。不求土所无,不强人所难。量入以为出,上足下亦安。兵兴一变法,兵息遂不还。使我农桑人,憔悴(憔悴)畎亩间。谁能革此弊,待君秉利权。复彼租佣(庸)法,令如贞观年。"④

3.主张节欲省用减徭役

白居易说:"地之生财,多少有限,人之食利,众寡有常,若盈于上,则耗于下,利于彼,则害于此。"⑤"天地之利有限也,人之欲无穷也,以有限奉无穷,则必地财耗于僭奢,人力屈于嗜欲。"⑥"圣人非不好利也,利在于利万人;非不好富也,富在于富天下。节欲于中,人斯利矣;省用于外,人斯富矣。故唐尧、夏禹、汉文之代,虽薄农桑之税,除关市之征,弃山海之饶,散盐铁之利,亦国足而人富安矣。何则?欲节而用省也。秦皇、汉武、隋炀之时,虽入太半(多半)之赋,征逆折之租,建榷酤之法,出舟车之算,亦国乏而人贫敝矣。何则?欲不节而用不省也。"⑦"夫制度者,先王所以下均地财,中立人极,上法天道者也。"⑧"大凡爵禄之外,其田宅栋宇,车马仆御器服饮食之制,暨(及)乎嫔婚祠葬之度,自上而下皆有数焉。……圣王知其然,故天下奢则示之以俭,天下俭则示之以礼,俾(使)乎贵贱区别,贫富适宜,上下无羡耗(盈余)之差,财力无消屈之弊,而富安温饱,廉耻礼让,尽生于此矣。然则制度者,出于君而

---

① 《白居易全集·礼部试策五道(第一道)》。
② 指秋天庄稼已熟,农事告成。
③ 《白居易全集·策林之十九·息游惰》。
④ 《白居易全集·赠友诗之三》。
⑤⑦ 《白居易集·策林二·不夺人利》。
⑥ 《白居易集·策林二·立制度》。
⑧ 《白居易全集·策林之二十五·立制度》。

加于臣，行于人而化于天下也。是以君人者，莫不唯欲是防，唯度是守。守之不固，则外物攻之。故居处不守其度，则峻宇崇台攻之；饮食不守其度，则殊滋异味攻之；衣服不守其度，则奇文诡制攻之；视听不守其度，则奸声艳色攻之；喜怒不守其度，则僭（过）赏淫刑攻之；玩好不守其度，则妨行之货、荡心之器攻之；献纳不守其度，则谀谄之言、聚敛之计攻之；道术不守其度，则不死之方、无生之法攻之。夫然，则安得不内固其守甚于城池焉，外防其攻甚于寇戎焉。"①

针对兵革屡兴、加重民负的情况，白居易指出："人疲由乎税重，税重由乎军兴，军兴由乎寇生，寇生由乎政缺。然则未修政教而望寇戎之销，未销寇戎而望兵革之息，虽太宗不能也；未销兵革而求征徭之省，未省征徭而求黎庶之安，虽玄宗不能也。何则？事有所必然，虽常人足以致；势有所不可，虽圣哲不能为。""将欲安黎庶，先念省征徭；将欲省征徭，先念息兵革；将欲销兵革，先念销寇戎；将欲销寇戎，先念修政教。"②

4. 主张以"食征"取代"食利"

贞观年间，唐太宗下令创设"食堂"（公厨、公食），给职事官免费提供午餐。这本是优待臣属的一项措施，但是为了筹集食堂经费，朝廷采取官营高利贷的方式，由国家财政按定额拨借给中央各部门高利贷本钱，称为食本，令其自行出贷牟利，所得利钱称为"食利"（饭钱）。白居易在《议百司食利钱》一文中批评道："百司食利，利出于人。日给而经费有常，月征而倍息无已。然则举之者无非贫户，征之者率是远年（多年），故私财竭于倍利，官课积于逋债，至使公食有阙，人力不堪。"他建议改用征收两税附加税的办法来解决食堂经费问题，即"日计其费，岁会其用，举为定数，命曰'食征'，随'两税'而分征，使万民而均出。"③这样，既可摊薄税负，又能保证食堂经费，出入也有规程，公私交便，岂不更好！

5. 主张赋税"损免"应让灾民得到实惠

因灾减免赋税，是唐朝赋税制度的一项重要内容，称为"损免"。这也是唐朝皇帝借以显示"恤民"之恩的常用手段。然而，这项制度在执行中也存在不少弊病，税户所得到的实惠经常被打折扣。例如，唐后期皇帝诏敕宣布的蠲减，有时是在百姓完税之后，灾民多数得不到实惠。对此，白居易在讽谕诗《杜陵叟》中有生动的描述。诗云："杜陵叟，杜陵居，岁种薄田一顷余。三月无雨旱风起，麦苗不秀多黄死。九月降霜秋早寒，禾穗未熟皆青干。长吏明知不申破，急敛暴征求考课。典桑卖地纳官租，明年衣食将何如？剥我身上帛，夺我口中粟。虐人害物即豺狼，何必钩爪锯牙食人肉！不知何

---

① 《白居易全集·策林之二十五·立制度》。
④ 《白居易全集·对才识兼茂明于体用策》。
③ 《白居易全集·策林之四十一·议百司食利钱》。

人奏皇帝，帝心恻隐知人弊。白麻纸上书德音，京畿尽放今年税。昨日里胥方到门，手持敕牒榜乡村。十家租税九家毕，虚受吾君蠲免恩。"①

还有一种情况，是朝廷下令蠲免的是去年之税，灾民更是得不到实惠。元和四年（809年）三月，江淮久旱成灾，宪宗欲颁布"德音"。白居易时为翰林学士，参与起草诏书文稿，上奏建议在"德音"中添加一段"减放江淮旱损州县今年租税"的内容。他指出："正月中所降德音，量放去年钱米。伏闻所放数内，已有纳者；纵未纳者，多是逃亡，假令不放，亦征不得。况旱损州县至多，所放钱米至少，百姓未经丰熟，又纳今年税租，疲乏之中，重此征迫，人力困苦，莫甚于斯！"②因此，他主张对于江淮遭灾百姓，应"量放今年租税"。③由此可见，白居易主张执行赋税"损免"制度时应该给予灾民实惠。

6.主张废除盐铁专卖，还利于民

白居易从贵本贱末的传统思想出发，主张废除盐铁、茶、酒等专卖制度，以及"关市之征"，还利于民。他说："君之所以为国者，人也；人之所以为命者，衣食也；衣食之所从出者，农桑也。若不本于农桑而兴利者，虽圣人不能也。苟有能者，非利也，其害也。何者？既不自地出，又非从天来，必是巧取于人，曲成其利。利则日引而月长，人则日削而月朘（减、剥），至使人心穷，王泽竭。""善为国者，不求非农桑之产，不重非衣食之货，不用计数之吏，不蓄聚敛之臣。闻榷管之谋，则思侵削于下，见羡余之利，则念诛求于人，然后德泽流而歌咏作矣。""利出一孔者王，利出二孔者强，利出三孔者弱。此明君立国子人者，贵本业而贱末利也。"④

针对盐法既久、弊端丛生、"院场太多，吏职太众"、恶性竞争、考核不合理、盐质下降、花钱买官、逃避税收、损公肥私等乱相，白居易指出："出山海之饶、盐铁之利，利归于人，政之上也；利归于国，政之次也。若上不归于人，次又不归于国，使幸人奸党得以自资，此乃政之疵、国之蠹也。"要兴利除弊，就必须裁撤场院和吏职、整顿盐政、加强中央政府对榷盐之利的管理，"沙汰奸商，使下无侥幸之人，上得析毫之计。"⑤在《昆明春水满》一诗中，他甚至发出了"吴兴山中罢榷茗，鄱阳坑里休封银（税银），天涯地角无禁利"⑥的呐喊。

7.主张禁止"税外加税"的进奉行为

对于地方长吏巧立名目于"两税"之外加敛钱物却假称"羡余"而进奉给皇帝这一类非法行为，白居易一贯持激烈的抨击态度。他在《秦中吟·重赋》中云："厚地植桑

---

① 《白居易全集·杜陵叟》。
②③ 《白居易全集·奏请加德音中节目二件》。
④ 《白居易全集·策林之二十二·不夺人利》。
⑤ 《白居易全集·策林之二十三·议盐法之弊》。
⑥ 《白居易全集·昆明春水满》。

麻，所要济生民。生民理布帛，所求活一身。身外充征赋，上以奉君亲。国家定两税，本意在忧人。厥初防其淫，明敕内外臣：税外加一物，皆以枉法论。奈何岁月久，贪吏得因循。浚（朘、榨取）我以求宠，敛索无冬春。织绢未成匹，缲丝未盈斤。里胥迫我纳，不许暂逡巡（迟疑）。岁暮天地闭，阴风生破村。夜深烟火尽，霰雪白纷纷。幼者形不蔽，老者体无温。悲端与寒气，并入鼻中辛。昨日输残税，因窥官库门：缯帛如山积，丝絮似云屯。号为羡余物，随月献至尊。夺我身上暖，买尔眼前恩。进入琼林库，岁久化为尘！"①在讽谕诗《红线毯》中，他尖锐地批评宣城（今安徽宣城）太守为进贡红线毯而劳民伤财的行为，诗云："宣城太守加样织，自谓为臣能竭力。百夫同担进宫中，线厚丝多卷不得。宣城太守知不知？一丈毯，千两丝！地不知寒人要暖，少夺人衣作地衣。"②宪宗元和三年（808年），淮南节度使王锷入朝，"厚进奉以赂宦官"，欲求加官为宰相。白居易时任翰林学士、左拾遗，上疏揭露说："王锷在镇日，不恤凋残，唯务差税，淮南百姓，日夜无谬（休），五年诛求，百计侵削，钱物既足，部领入朝，号为羡余，亲自进奉，凡有耳者，无不知之。今若授同平章事，臣恐四方闻之，皆谓陛下得王锷进奉而与宰相也。臣又恐诸节度使今日已后（以后），皆割剥生人，营求宰相，私相谓曰：'谁不如王锷邪？'故臣以为深不可也。"③经他的揭露和反对，王锷盘剥百姓钱物以进奉邀官的企图终于落空。

8. 主张严禁以"和籴""宫市"为名刻剥百姓

和籴是唐朝前期以来就开始实行的一项政府收购粮食以满足财政需求的重要措施。究其本意，正如白居易所说的：是"官出钱，人出谷，两和商量，然后交易也。"④其合理性表现在官方的粮食收购价格高于市场粮价，对卖粮农民有利。但是，中晚唐和籴已经蜕变为官府向农民派购强征的变相加税行为。对此，白居易在《论和籴状》中予以批评。他指出："本请和籴，只图利人"，"比来（近来）和籴，事有不然，但令府县散配户人，促立程限，严加征榷，苟有稽迟，则被追捉迫蹙，鞭挞甚于税赋，号为和籴，其实害人。"⑤他建议"有司出钱，开场自籴，比于时价，稍有优饶，利之诱人，人必情愿。"如果一时做不到，为了革除和籴之弊，也可改用折籴办法，即将和籴之费折成青苗税钱，"使纳斛斗，免令贱粜，别纳见钱。"这样，"既无贱粜麦粟之费，又无转卖匹段（缎）之劳，利归于人，美归于上。"⑥

与和籴政策密切关联的是漕运问题。针对有人提出"罢漕运于江淮，请和籴于关辅，以省其费，以便于人"的建议，白居易明确表示反对。他说："方今自淮以南，逾年旱歉；自洛而西，仍岁丰稔。彼人困于艰食，此谷贱于伤农，困则难于发租，贱则易

---

① 《白居易全集·秦中吟·重赋》，贞元、元和之际作于长安。
② 《白居易全集·红线毯》，贞元中，宣州进开样加丝毯。
③ 《白居易全集·论王锷欲除官事宜状》。
④⑤⑥ 《白居易全集·论和籴状》。

于乞籴，斯则不便于彼，而无害于此矣。此臣所谓救一时之弊则可也。若举而为法，徇以为常，臣虽至愚，知其不可。何者？夫都畿者，四方所凑也，万人所会也，六军所聚也，虽利称近蜀之饶，犹未能足其用，虽田有上腴之利，犹不得充其费，况可日削其谷，月朘（减）其食乎？故国家岁漕东南之粟以给焉，时发中都之廪以赈焉，所以赡关中之人，均天下之食，而古今不易之制也。然则用舍利害，可明征矣。夫赍（携带）敛籴之资，省漕运之费，非无利也，盖利小而害大矣，故久而不胜其害。挽江淮之租，赡关辅之食，非无害也，盖害小而利大矣，故久而不胜其利。大凡事之大害者，不能无小利也，事之大利者，不能无小害也。盖恤小害则大害不去，爱小利则大利不成也。古之明王，所以能兴利除害者，非他，盖弃小而润耳。今若恤泛舟之役，忘移谷之用，是知小计而不知大会（大计）矣。此臣所谓若以为长久之法，则不知其可也。"①

唐朝实行甚久的另一项制度是宫市。所谓宫市，就是"宫中有要市外物，令官吏主之，与人为市，随给其值。"②即它是宫廷的一种市场采购活动。但到了德宗贞元二十年（804年），它却变成一种病民之政。当时宦官为宫使，强索人物，"其论价之高下者，率用百钱物买人值数千钱物，仍索进奉门户并脚价钱。将（载、带）物诣（往、到）市，至有空手而归者。名为宫市，而实夺之。"③对于宦官宫使这种明目张胆的勒索行为，白居易写下了脍炙人口的《卖炭翁》加以讽刺，诗云："卖炭翁，伐薪烧炭南山中。满面尘灰烟火色，两鬓苍苍十指黑。卖炭得钱何所营？身上衣裳口中食。可怜身上衣正单，心忧炭贱愿天寒。夜来城外一尺雪，晓驾炭车辗冰辙。牛困人饥日已高，市南门外泥中歇。翩翩两骑来是谁？黄衣使者白衫儿。手把文书口称敕，回车叱牛牵向北。一车炭，千余斤，宫使驱将惜不得。半匹红纱一丈绫，系向牛头充炭直（值）。"④

三、对白居易治国理政思想及税收思想的简要评述

1. 对白居易治国理政思想的简要评述

白居易是我国中唐后期一位伟大的现实主义诗人，也是一位以致君济人为己任的伟大思想家、政治家，但前者为人所熟知，后者则常常被人忽视。白居易所处的时代，正是"安史之乱"结束，唐王朝三大矛盾（藩镇割据、宦官专权和朋党之争）继续深入发展，"永贞革新""甘露之变"接连失败，全国性政治危机正在酝酿形成的时期。白居易一生经历了频繁的朝廷更迭，他在44岁被贬江州司马以前，怀揣"铁肩担道义、妙手著文章"的远大抱负，为诗为文，大胆揭露政治黑暗、官僚腐败和民生疾苦，积极宣扬他

---

① 《白居易全集·策林之二十四·议罢漕运可否》。
②③ 《全唐文·韩愈·〈顺宗实录二〉》。
④ 《白居易全集·卖炭翁》。

的政治、经济和文化主张，取得了不凡的成就；44岁以后则明哲保身、钟情吏隐、沉迷声色、醉吟游乐、消极颓废，而且长达30年。这种热可熔铁、冷则死灰、进则兼济、退则独善的双面人性格，既给时人留下诸多困惑，也给后世留下许多感慨。叶孟得在《避暑录话·余语上》中说："白乐天与杨虞卿为姻家，而不累于虞卿；与元稹、牛僧孺相厚善，而不党于元稹、僧孺；为裴晋公所爱重，而不因晋公以进；李文饶素不乐，而不为文饶所深害。处世者如是人，亦足矣。推其所由得，惟不汲汲于进，而志在于退。是以能安于去就爱憎之际，每裕然有余也。"李商隐在《醉吟先生墓志铭》中说："乐天幼好学，长工文，累进士、拔萃、制策三科，始自校书郎，终以少傅致仕。前后历官二十任，食禄四十年。外以儒行修其身，中以释教治其心，旁以山水风月歌诗琴酒乐其志。"这是从正面赞扬白居易的。当然也有从反面抨击白居易的，他们对其被贬江州以后，明哲保身、退隐骑墙、保家弃国、纵情声色、出入佛道、消极颓废、浑浑噩噩、非儒非道非僧非吏的"四不像"形象表示鄙视和不屑，只不过这类人数量不多，名气也不够响亮。有趣的是，白居易在晚年以《醉吟先生传》为题给自己画的生活素描画中，也如实记录了他的家人对其生活态度表达讥讽和不解的言论，白居易作了如下解答："凡人之性鲜得中，必有所偏好。吾非中者也，设不幸吾好利而货殖焉，以至于多藏润屋，贾祸危身，奈吾何？设不幸吾好博奕（赌博），一掷数万，倾财破产，以致于妻子冻馁，奈吾何？设不幸吾好药，损衣削食，炼铅烧汞，以至于无所成有所误，奈吾何？今吾幸不好彼，而自适于杯觞讽咏之间，放（放荡）则放矣，庸何伤乎？不犹愈于好彼三者乎？"可见，白居易的饮酒作乐还是有底线的。

"进则兼济天下，退则独善其身"，本是中国传统文化儒道互补思想的体现，不足为怪，但在白居易身上表现得如此鲜明彻底，却是不多见的。白居易的生活状态虽然前后两重天，但关心民瘼、补察时政、明经守道、能屈能伸、能进能退、以文为武、文武兼备仍是主流。他表面看上去自相矛盾的行为，完全是中唐晚期政治黑暗、吏治腐败、民生凋敝、社会动荡、儒道释思想相互碰撞等社会矛盾在君子士大夫身上的集中反映，只不过诗人善于用如椽巨笔将其心迹、情感和具体行动真实表达出来，所以才给后人留下了难以磨灭的深刻印象。

白居易虽然以大诗人、大文豪闻名于世，但他的治国政思想也是极其丰富和深刻的。如主张夏忠殷敬周文，所尚虽异，致治之理则同；主张民为邦本，均贵贱，调轻重，使百货流通、四民交利；主张以身作则、推己及人、谨始慎终；主张君有君道，臣有臣道，各司其职，无为而治；主张礼主别乐主和、阴阳相参不可废；主张轻刑恤民、法网疏密有度、恩威并施；主张不可好战，不可忘战，精兵省费，强国为基，攻守和迭相为用；主张儒释道互补，动静相济，兼济天下与独善其身应时而用；主张为君、为臣、为民、为物、为事而作，尚质去伪。这些思想总体上是传统保守的，但蕴含其中的与时俱进、圆融并包的可贵品质还是熠熠生辉的。

2.对白居易税收思想的简要评述

白居易的税收思想在其治国理政思想中占有十分重要的地位，内容也十分丰富具体。本书将其提炼归纳为八个方面，包括：（1）主张有条件地恢复井田制，均平赋役；（2）主张任土作贡，废除折征代金；（3）主张节欲省用减徭役；（4）主张以"食征"取代"食利"；（5）主张赋税"损免"应让灾民得到实惠；（6）主张废除盐铁专卖，还利于民；（7）主张禁止"税外加税"的进奉行为；（8）主张严禁以"和籴""宫市"为名刻剥百姓。这些思想和政策主张紧扣唐朝中后期的社会现实，也与主人公的亲身经历密切关联，所以既有理论高度，又有很强的针对性，并从一个侧面反映了白居易"以天下之忧为忧、以天下之乐为乐"的深厚民本主义情怀。他对"两税法"实施中存在的各种突出问题进行了深入细致的观察与思考，提出了与陆贽、杜佑、李翱大体类似的对策建议。但白居易又是一位伟大的现实主义诗人和文学家，他用2500多篇寓意深刻、朗朗上口的优秀诗文为其政策主张和忧国忧民思想情感的表达与传播插上了美丽的翅膀，增添了无穷的趣味，这则是其前辈思想家、政治家和理财家所不及的。

主要参考文献：

《白居易全集》。

《全唐文·白居易文集》。

《旧唐书》卷166《白居易传》。

《新唐书》卷119《白居易传》。

《白居易评传（附元稹评传）》，褰长春、尹占华著，南京大学出版社2002年版。

范仲淹

一、范仲淹生平简介

范仲淹（989—1052），字希文，苏州吴县（今江苏苏州）人。北宋著名政治家、思想家、军事家、文学家和教育家。历太宗、真宗、仁宗三朝。先祖履冰曾相于武则天，以文章称；高祖隋，唐懿宗时渡江南下，任丽水县丞，时逢中原兵乱，遂定居吴县（今苏州市），食钱氏之禄；曾祖梦龄曾为苏州粮料判官，以才德雄江右；祖父赞时，聪警，尝举神童，位秘书监，有《资谈录》60卷行于时；父墉，博学善属文，累佐诸王幕府。太平兴国初，随钱俶纳国，终官于武宁军（治今江苏徐州）节度掌书记。墉两娶，生有五子，其三早卒，惟仲温和仲淹存，仲淹即为继室谢氏所生。范墉去世后，谢氏扶棺送夫归葬于苏州祖茔天平山，并守孝于咒钵庵。两年后，谢氏因贫穷无依，将仲温托付给苏州族人抚养，带着年仅4岁的仲淹改嫁时任吴县推官的淄州长山（今山东邹平长山镇）人朱文翰，仲淹从此改名朱说（悦），跟随母亲和继父四处漂泊，在安乡洞庭湖、淄州长白山醴泉寺、应天书院等地留下了勤学苦读、交游名士、志在天下的艰难足迹和众多感人故事。范仲淹27岁进士及第，初仕监泰州西溪盐仓，后迁大理寺丞，徙监楚州粮料院；继充秘阁校理、右司谏，曾先后出知睦州、苏州，并拜尚书礼部员外郎，权知开封府。因揭露宰相吕夷简挟私进退近臣，被以"朋党"贬知饶州（治今江西鄱阳县），又徙润州（治今江苏镇江），再徙越州（治今浙江绍兴）。宋仁宗康定元年以龙图阁直学士任陕西经略安抚招讨副使，兼知延州。在此期间，与韩琦一起向朝廷上"和、守、战、备"四策，在打退西夏王元昊进攻、巩固边防、缓和边疆紧张局势中做出重要贡献。庆历三年起任中书参知政事。任上针对当时积弊所为兴革，被称为"庆历新政"。但因吕夷简、夏竦、章得象、晏殊等保守势力的强力反对和破坏，不到两年便半途而废。罢政后，任资政殿学士兼陕西四路安抚使，知邠州（治今陕西彬州市），继徙邓州（治今河南邓州）、杭州，迁户部侍郎，徙青州；最后请颍州（治今安徽阜阳），未至而卒，享年

64岁，赠兵部尚书，谥文正。

范仲淹崇儒重礼，重友亲民，文韬武略，善变通。一生虽宦海浮沉，但始终不改"先天下之忧而忧，后天下之乐为乐"①的理想信念和博大情怀，无论身居朝廷还是下贬地方，都以积极乐观的心态待人处事，为国为民鞠躬尽瘁、死而后已，为后世君子士大夫们树立了一座不朽的丰碑和终生学习的楷模。

范仲淹的挚友、"庆历新政"主将富弼在所撰《范文正公仲淹墓志铭》中对其人品和业绩作了如下评价："公为学好明经术，每道圣贤事业，辄跂耸勉慕，皆欲行之于己。自始仕，慨然已有康济之志。凡所设施，必本仁义而将（行）之以刚决，未尝为人屈挠。历补外职，以严明驭吏，使不得欺，于是民皆受其赐。立朝益务劲雅，事有不安者，极意论辩，不畏权幸，不蹙（穷迫于）忧思，故屡亦见用，然每用必黜之。黜则欣然而去，人未始见其有悔色。"②范仲淹的另一位挚友、"庆历新政"主将欧阳修在所撰《文正范公神道碑铭》中说："公少有大节，于富贵、贫贱、毁誉、欢戚，不一动其心，而慨然有志于天下，常自诵曰：'士当先天下之忧而忧，后天下之乐而乐'也。其事上遇人，一以自信，不择利害为趋舍。其所有为，必尽其方，曰：'为之自我者当如是，其成与否，有不在我者。虽圣贤不能必，吾岂苟哉！'……公为人外和内刚，乐善泛爱。丧其母时尚贫，终身非宾客食不重肉。临财好施，意豁如也。及退而视其私，妻子仅给衣食。其为政，所至民多立祠画像。其行己临事，自山林处士、里闾田野之人，外至夷狄，莫不知其名字，而乐道其事者甚众。及其世次、官爵，志于墓、谱于家、藏于有司者，皆不知论著，著其系天下国家之大者，亦公之志也与（欤）！"③

清代四库馆臣盛赞他"人品事业，卓绝一时""行求无愧于圣贤，学求有济于天下，古之所谓大儒者，有体有用。"台湾大学张永儁曾说："宋学初兴，吴郡范文正公以劲节高志，安边御寇，卓然为宋室名臣；尊贤厉俗，扶持教化，巍然为一代儒效；厚泽闾里，协和宗族，蔼然为人伦师表。之德，百世景仰；之功，具在史册；之言，其文学、诗词、政论、奏议等，古今学者多有称述之者；然之道——哲理之精华，践履之宗本，所以能辅一代之名教，启新儒之渊源者，后世之叙述尚鲜。仲淹对理学思想形成之影响，不仅是人格之感召，开风气之先，其思想直接之启迪，发策指踪，影响亦深远也。"毛泽东也对范仲淹给予很高评价："中国历史上不乏建功立业之人，也不乏以思想品行影响后世之人。前者如诸葛亮、范仲淹，后者如孔、孟等人。但二者兼有，即'办事兼传教之人'，历史上只有两位，即宋代的范仲淹与清代的曾国藩。"

---

① 《范仲淹全集·岳阳楼记》。
② 《范仲淹全集·范文正公仲淹墓志铭（富弼撰）》。
③ 《范仲淹全集·资政殿学士户部侍郎文正范公神道碑铭并序（欧阳修撰）》。

二、范仲淹税收思想的主要内容

范仲淹的税收思想是其治国理政思想的重要组成部分，本书将其提炼归纳为以下六个方面。

1. 主张养民务本，培植税源

范仲淹出身于贫苦百姓之家，对民间疾苦有切身感受和深入了解，因此入仕之后，他把养民务本、培植税源看作维护封建国家统治的根本。他说："资时（靠天）者稼穑，务本者惟王。……养民而可取，必重谷无舍。惟农是务，诚天下之本与（欤）。"①"爱民则因其根本，为体则厚其养育。胜残去杀，见远害而在斯；劝农勉人，戒不勤而是速（致）。"②"播艺之家，古皆圣贤。今国家有劝农之名，无劝农之实。每于春首，则移文于郡，郡移文于县，县移文于乡，乡矫报于郡，郡矫报于使。利害不察，上下相蒙（欺瞒），岂朝廷之意乎！"③"圣人之德，惟在善政；善政之要，惟在养民；养民之政，必先务农。农政既修，则衣食足；衣食足，则爱肤体；爱肤体，则畏刑罚；畏刑罚，则寇盗自息，祸乱不兴。是圣人之德，发于善政；天下之化，起于农亩。……今国家不务农业，粟帛常贵。……又贫弱之民，困于赋敛，岁伐桑棘，鬻而为薪。劝课之方，有名无实。""厚农桑"乃"养民之政，富国之本。"④"五代群雄争霸之时，本国岁饥，则乞籴于邻国，故各兴农利，自至丰足。……今江浙之米，石不下六七百文足，至一贯文⑤省（省份），比于当时，其贵十倍，而民不得不困，国不得不虚矣。"⑥"国家革五代诸侯之暴，夺其威权，以度支财用自瞻天下之兵。岁月既深，赋敛日重，边事一耸（起），调率百端，民力愈穷，农功愈削，水旱无备，税敛不登，减放之数，动逾百万。今方选举良吏，务本安民，修水旱之防，收天地之利。而更严著勉农之令，使天下官吏专于劝课，百姓勤于稼穑，数年之间，大利可见。"⑦

2. 主张去浮裁冗，减轻民负

范仲淹在阐释《易经》卦辞时说："下者上之本，本固则邦宁。今务于取下，乃伤其本矣，危之道也。损之有时，民犹说也。损之无时，泽将竭焉。""益上则损下，损下则伤其本也，是故谓之损。损上则益下，益下则固其本也，是故谓之益。本斯固矣，干斯茂矣，源斯深矣，流斯长矣。下之益上，则利有竭焉；上之益下，则因其利而利之，

---

① 《范仲淹全集·稼穑惟宝赋》。
② 《范仲淹全集·君以民为体赋》。
③ 《范仲淹全集·上执政书》。
④⑥ 《范仲淹全集·答手诏条陈十事》。
⑤ 一贯就是一千文钱。
⑦ 《范仲淹全集·答手诏五事》。

何竭之有焉！"①在《四民诗》中说："何人变清风，骄奢日相袭。制度非唐虞，赋敛由呼吸。伤哉田桑人，常悲大弦急。"②在《陈八事疏》中说："天之生物有时，而国家用之无度，天下安得不困！"③在《奏乞择臣僚令举差知州通判》中说："今四方多事，民日以困穷，将思为盗。复使不才之吏临之，赋役不均，刑罚不当，科率无度，疲乏不恤，上下相怨，乱所由生。若不急于求人，早革其弊，诚国家之深忧也。"④在《上执政书》中说："中外奢侈，则国用无度；百姓困穷，则天下无恩。"⑤"古者四民，秦汉之下，兵及缁黄⑥，共六民矣。今又六民之中，浮其业者不可胜纪，此天下之大蠹也。士有不稽古而录（士人有不通古制而享受俸禄的），农有不竭力而饥，工多奇器以败度，商多奇货以乱禁，兵多冗而不急，缁黄荡而不制，此则六民之浮不可胜纪，而皆衣食于农者也，如之何物不贵乎？如之何农不困乎？""夫释道之书，以真常为性，以清净为宗。神而明之，存乎其人。智者尚难于言，而况于民乎？君子弗论者，非今理天下之道也。其徒繁秽，不可不约（抑制）。""土木之兴，久为大蠹。……太祖皇帝以来，深思远虑，聚之积之，为军国急难之备，非谄神佞佛之资也。国家祈天永命之道，岂在兹乎！……故土木之妖，宜其悉罢。""若诏诸军年五十已上（以上），有资产愿还乡里者，一可听之，稍省军储，复从人欲。无所归者，自依旧典。此去冗之一也。……诸州常患兵少，日旋招致，谷帛之计，其耗万亿。以某观之，自京四乡千里之间，或多寇盗，盖创置巡检，路分颇多，而卒伍至羸，捕掩无效。非要害者，宜悉罢之。所存之处，资以禁军，训练既精，寇盗如取。况千里之内，抽发非难，又使少历星霜，不至骄惰。彼无用之卒，可减万数，庶使诸郡节于招致。此去冗之次也。又京畿三辅五百里内，民田多隙，农功未广。既已开导沟洫，复须举择令长，使询访父老，研求利病，数年之间，力致富庶。不破什一之税，继以百万之籴，则江淮馈运，庶几减半，挽舟之卒，从而省焉。此亦去冗之大也。至于工之奇器，败先王之度；商之奇货，乱国家之禁。中外因之侈僭，上下得以骄华。宜乎大变浇漓（浮薄），申严制度，使珠玉寡用，谷帛为宝。此又去僭丰财之本也。"⑦"我国家革五代之乱，富有四海，垂八十年，纲纪制度，日削月侵，官壅于下，民困于外，夷狄骄盛，寇盗横炽，不可不更张以救之。"⑧

"与陛下共理天下者，唯守宰最要耳。比年以来，不知选择，非才贪浊老懦者，一切以例除之（升迁）。以一县观一州，一州观一路，一路观天下，则率皆如此。其间纵有良吏，百无一二，是使天下赋税不得均，讼狱不得平，水旱不得救，盗贼不得除。民既无告诉，必生愁怨，而不思叛者，未之有也。民既怨叛，奸雄起而收揽之，则天下必

---
① 《范仲淹全集·易义》。
② 《范仲淹全集·四民诗·农》。
③ 《范仲淹全集·陈八事疏》。
④ 《范仲淹全集·奏乞择臣僚令举差知州通判》。
⑤⑦ 《范仲淹全集·上执政书》。
⑥ 指僧道。僧人缁服，道士黄冠，故称。
⑧ 《范仲淹全集·答手诏条陈十事》。

将危矣。今民方怨,而未甚叛去,宜急救之,救之之术,莫若守宰得人。"① "若县令郡长,一变其人,乃可诏书丁宁(叮咛),复游散之流,抑工商之侈,去士卒之冗,劝稼穑之勤。"② "所出使之官,宜以宣庆为名,安远听也。其诸道知州、同判,耄(老、昏)者③、懦者、贪者、虐者、轻而无法者、堕而无政者,皆可奏降,以激尸素(尸位素餐)。"④

3. 主张省并郡县,减少吏役

五代时,郡县设置无一定规制,甚至户不过千,也设置一县。置一县,就要设一县衙,设一县衙,就要增加各种徭役,这些徭役最终都要由贫苦百姓承担。宋承五代之后,人口大量减少,郡县虚置问题却没有及时解决。范仲淹多年做地方官,对此了如指掌。他在天圣八年(1030年)通判河中府(治今山西永济西)时,向朝廷上疏,要求裁减郡县以省吏役。他说:"天下郡县至密,吏役至繁,夺其农时,遗(弃)彼地利,是以边廪或窘,民财未丰。臣观汉光武朝并合四百余县,吏职减损,十置其一。今欲去烦苛之吏,致富寿之俗,当施此令,以宽兆民。"⑤ 在庆历三年(1043年)任参知政事时,他再次上疏呼吁并郡县省徭役,并提出了具体实施方案。他说:"唐会昌中,河南府有户一十九万四千七百余户,置二十县。今河南府主客户七万五千九百余户,仍置一十九县。主户五万七百,客户二万五千五百。巩县七百户,偃师一千一百户,逐县(各县)三等⑥而堪役者,不过百家,而所供役人不下二百数。新旧循环,非鳏寡孤独,不能无役。西洛之民,最为穷困。臣请依后汉故事,遣使先往西京并省诸邑为十县。其所废之邑,并为改镇,令本路举文资一员,董(督率)榷酤、关征之利兼人烟公事。所废公人,除归农外,有愿居公门者,送所存之邑。其所在邑中役人,却(恰好)可减省归农,则两不失所。候西京并省稍有伦序,则行于大名府,然后遣使诸道,依此施行。仍先指挥诸道防团州已下(以下),有使、州两院者,皆为一院,公人愿去者,各放归农。职官厅各给本城兵士七人至十人,替人力归农。其乡村耆保地里近者,亦令并合。能并一耆保管,亦减役十余户。但少徭役,人自耕作,可期富庶。"⑦ 朝廷采纳了他的建议,开始在西京河阳管界进行并县改革,经过臣僚认真勘查论证,建议"除山险空迥(远、高),地理辽阔,及陵寝所安,难为废罢外,乞并作十三县,委得允当,别无妨碍。"朝廷准奏施行。但随着"庆历新政"的失败和范仲淹等人被贬黜外放,并县改革也就停滞倒退了。后来范仲淹奉旨言事,他向仁宗上《论复并县劄子》说:"天下民困,由吏役烦重。……户口十分去七,而县额如旧,吏役不减,安得百姓不困哉?后汉光武诏天

---

① 《范仲淹全集·论转运得人许自择知州》。此处陛下指仁宗。
②④ 《范仲淹全集·上执政书》。
③ 耄者,指年纪在八九十岁的老者,又称老耄、耄耋之年。喻指昏乱之人。
⑤ 《范仲淹全集·奏减郡邑以平差役》。
⑥ 指将农户按贫富分为上、中、下三等。
⑦ 《范仲淹全集·答手诏条陈十事》。

下，并减四百余县，此治世之规，可举为法。"他充分肯定并县改革取得的成果，指责反对派为了保护既得利益，"妄说不便，扇摇人情，致臣僚误有采闻，形于奏牍。朝廷未深穷究，便以为然，改已行之命，特作霈恩（大赦），而不知一千五六百户免役之家，重加劳扰，殊非霈恩之意。只是坊郭物力之人，县邑狡猾之吏，遂其志愿，侥幸欢呼，必有作感恩道场，以惑朝廷者。其乡川之民，弃农就役，复为愁苦，是害其本而徇其末也。"①希望朝廷纠正有令不行、有禁不止、朝令夕改的流弊，树立权威，把改革进行到底。

4. 主张保留职田，均平赋役

在《答手诏条陈十事》第五条建议"均公田"部分，范仲淹就外官职田制度的由来及实施过程中的利弊谈了自己的看法。他说："圣人养民之时，必先养贤。养贤之方，必先厚禄。厚禄然后可以责廉隅（廉洁），安职业也。皇朝之初，承五代乱离之后，民庶凋敝，时物至贱。暨诸国收复，天下郡县之官少人除补，至经五七年不替罢者。或免罢去，便入见阙。当物价至贱之时，俸禄不辍，士人之家无不自足。咸平已后（以后），民庶渐繁，时物遂贵。入仕门多，得官者众，至有得替守选（等候选用）一二年，又授官待阙（等候补缺）一二年者。在天下物贵之后，而俸禄不继，士人家鲜（很少）不穷窘，男不得婚、女不得嫁、丧不得葬者，比比有之。复于守选、待阙之日，衣食不足，贷债以苟朝夕。到官之后，必来见逼，至有冒法受贿，赊贷度日，或不耻贾贩，与民争利。既为负罪之人，不守名节，吏有奸赃而不敢发（揭发），民有豪猾而不敢制（治）。奸吏豪民得以侵暴，于是贫弱百姓理不得直，冤不得诉，徭役不均，刑罚不正，比屋受弊，无可奈何，由乎制禄之方有所未至。真宗皇帝思深虑远，复前代职田之制，使中常之士自可守节，婚嫁以时，丧葬以礼，皆国恩也。能守节者，始可制奸赃之吏，镇豪猾之人，法乃不私，民则无枉。近日屡有臣僚乞罢职田，以其有不均之谤，有侵民之害。臣谓职田本欲养贤，缘而侵民者有矣，比之（至于）衣食不足，坏其名节，不能奉法，以直为枉，以枉为直，众怨思乱而天下受弊，岂止（只）职田之害耶！又自古常患百官重内而轻外，唐外官月俸尤更丰足，簿尉俸钱尚二十贯。今窘于财用，未暇增复。臣请两地同议外官职田，有不均者均之，有未给者给之，使其衣食得足，婚嫁丧葬之礼不废，然后可以责其廉节，督其善政。有不法者，可废可诛。且使英俊之流，乐于为郡为邑之任，则百姓受赐。又将来升擢（晋升），多得曾经郡县之人，深悉民隐，亦致化之本也。"②

5. 主张善待商贾，弛禁山海

范仲淹一方面对北宋社会日益盛行的奢侈浮华之风深表忧虑，主张适当规制，另

---

① 《范仲淹全集·论复并县劄子》。
② 《范仲淹全集·答手诏条陈十事》。

一方面又对商贾均有无、足国用的积极作用给予充分肯定，对商贾在社会生活中遭遇的不公正待遇表示同情，表现出一种矛盾的心态。就肯定和同情方面而言，他说："尝闻商者云，转货赖斯民。远近日中合，有无天下均。上以利吾国，下以藩吾身。《周官》有常籍，岂云逐末人。天意亦何事，狼虎生贪秦。经界变阡陌，吾商苦悲辛。四民无常籍，茫茫伪与真。游者窃吾利，堕者乱吾伦。淳源一以荡，颓波浩无津。可堪贵与富，侈态日日新。万里奉绮罗，九陌资埃尘。穷山无遗宝，竭海无遗珍。鬼神为之劳，天地为之贫。此弊已千载，千载犹因循。桑柘（农桑）不成林，荆棘有余春。吾商则何罪，君子耻为邻。上有尧舜言，下有周召臣。琴瑟愿更张，使我歌良辰。何日用此言，皇天岂不仁。"①明道二年（1033年）十二月，范仲淹因力谏废郭后为妃，被贬睦州。赴任途中，他触景生情，写下了"妻子休相咎（责备），劳生险自多。商人岂有罪，同我在风波。"②的诗句。

范仲淹在肯定商人地位和作用的同时，也提出了弛禁山海的主张。他说："山海之货，本无穷竭。但国家轻变其法，深取于人，商贾不通，财用自困。今须朝廷集议，从长改革，使天下之财通济无滞。"③"天下茶盐，出于山海，是天地之利，以养万民也。近古以来，官禁其源，人多犯法。今又绝商旅之路，官自行贩，困于运置。其民庶私贩者徒、流，兵稍盗取者绞、配，岁有千万人罹此刑祸，是有司与民争利，作为此制，皆非先王之法也。及以官贩之利，较其商旅，则增息非多，而固护之弊未能革者，俟陛下之睿断尔。臣请诏天下茶盐之法，尽使行商，以去苛刻之刑，以息运置之劳，以取长久之利，此亦助陛下修德省刑之万一也。"④他认为，发展商业流通可以增加工商税，从而减轻农民的税收负担："茶盐商税之入，但分减商贾之利尔，于商贾未甚有害也。今国用未省，岁入不可阙，既不取之于山泽及商贾，必取之于农。与其害农，孰若取之于商贾？今为计，莫若先省国用，国用有余，当先宽赋役，然后及商贾，弛禁非所当先也。"⑤

范仲淹还主张任用管仲、桑弘羊、高颎那样通轻重之法的优秀人才来掌管理财。他说："圣王之教万民也，资天地之生以为食，藉（借）山海之出以为货。食均于上下，货通于远迩（近），则可以供效庙、廪（养）卿士，聚兵以征伐，振民于灾害。然非得绝代能臣，持变通之术于天下，则孰与成当世之务哉！故夷吾作轻重之权以霸齐，桑羊

---

① 《范仲淹全集·四民诗·商》。
② 《范仲淹全集·赴桐庐郡淮上遇风三首》。
③ 《范仲淹全集·答手诏五事》。
④ 《范仲淹全集·奏灾异后合行四事》。
⑤ 《范仲淹全集·议弛茶盐之禁疏》。

行均输之法以助汉。近则隋有高颎①，唐有刘晏，皇朝有左丞陈公恕②，是皆善天下之计者也。尔后朝廷虽重此任，而常难其才。"③

6.主张赦免逋欠，落实皇恩

在《答手诏条陈十事》第九条建议"覃恩信"部分，范仲淹说："臣窃睹国家三年一郊，天子斋戒衮冕，谒见宗庙，乃祀上帝。大礼既成，还御端门，肆赦天下，曰：赦书日行五百里，敢以赦前事言者，以其罪罪之，欲其王泽及物之速也如此。今大赦每降，天下欢呼。一两月间，钱谷司存督责如旧，桎梏老幼，籍没家产。至于宽赋敛、减徭役、存恤孤贫、振举滞淹之事，未尝施行，使天子及民之意，尽成空言，有负圣心，损伤和气。臣请特降诏书，今后赦书内宣布恩泽，有所施行，而三司、转运司、州县不切遵禀（遵行）者，并从违制，徒二年断，情重者，当行刺配。应天禧年以前天下欠负，不问有无侵欺盗用，并与除放，违者仰御史台、提点刑狱司常切觉察纠劾，无令壅遏。臣又闻《易》曰：'先王以省方观民设教。'故有巡狩之礼，察看诸侯善恶，观风俗厚薄，此圣人顺动之意。今巡狩之礼不可复行，民隐无穷，天听甚远。臣请降诏中书，今后每遇南郊赦后，精选臣僚往诸路安抚，察官吏能否，求百姓疾苦，使赦书中及民之事，一一施行，天下百姓莫不幸甚。"④

三、对范仲淹治国理政思想及税收思想的简要评述

1.对范仲淹治国理政思想的简要评述

宋太祖赵匡胤（927—976）通过"陈桥兵变"推翻后周政权，黄袍加身，建立赵宋王朝，结束了五代十国的分裂动荡局面。又采用宰相赵普"杯酒释兵权"之谋，剥夺了部分高级将领和藩镇的兵权，让他们解甲归田、安享晚年，并定下祖宗家法，要求后辈重文抑武，实行文官统治，不杀谏臣，运用复杂的权力牵制机制以防旧病复发。这种

---

① 高颎（541—607），一名敏，字昭玄，鲜卑名独孤颎，渤海蓚（今河北景县东）人，隋朝杰出的政治家、战略家。其父高宾是上柱国独孤信的僚佐，官至刺史。为隋朝宰相执政近20年，后因反对废太子杨勇并得罪独孤皇后，遭隋文帝猜忌，被免官为民，不久后又免去齐国公爵位。隋炀帝时，被起用为太常卿。大业三年，见炀帝奢靡，甚为忧虑，有所议论，为人告发，与贺若弼同时被杀害。诸子遭到流放。

② 陈恕（945—1004），字仲言，洪州南昌（今江西南昌市）人。北宋时期大臣。宋太宗太平兴国二年（977年），中进士，任澧州通判。入朝，升为工部郎中、大名知府，政纪严明，办事果断，按期完成了城防工程，抵御了契丹进攻，迁户部副使，出任右谏议大夫、知澧州。出任河北东路营田制置使，迁盐铁使。整顿赋税，疏通货财，使国家财政收入显著增长。太宗十分器重，亲自在殿柱上题写"真盐铁陈恕"五个大字，以示褒奖。淳化二年（991年），升为参知政事，位居副相，主管国家财政达十余年之久。景德元年去世，年仅59岁。宋真宗废朝举哀，追赠吏部尚书，《宋史》赞其"能吏之首"。

③ 《范仲淹全集·宋故同州观察使李公（天均）神道碑》。

④ 《范仲淹全集·答手诏条陈十事》。

统治体制固然纠正了中唐以来弱干强枝、藩镇割据、皇权旁落、国无宁日的弊端，有利于君主统治、文化繁荣和商品经济的发展，但也束缚了继体之君的手脚，他们面对社会积弊不敢大胆改革，因循苟且成习，冗官、冗兵、冗费①泛滥，封建统治机器的生机活力日益衰颓。到了真宗和仁宗时期，国家积贫积弱、被动挨打的局面已经形成，外有西夏北辽侵扰，内有贪官污吏作祟，老百姓生活在水深火热之中，农民起义开始频频爆发，建立不久的赵宋王朝再度面临生死存亡的考验。范仲淹就是在这一时期脱颖而出、勇挑重担、力推改革、救国救民的领军者。他多次向时任执政和仁宗皇帝上书，指陈时弊，提出了多项改革建议，其中任参知政事后所上《答手诏条陈十事》内容最全面最充实，它包括明黜陟、抑侥幸、精贡举、择官长、均公田、厚农桑、修武备、重命令、覃恩信、减徭役等10项建议，得到急于刷新政治的仁宗认可，遂为启动"庆历新政"做出重要贡献。但因守旧势力过于强大、改革派内部不团结、改革方案设计不周密、仁宗立场不坚定等原因，改革不到两年即宣告失败，大部分改革诏令被废止，以范仲淹、欧阳修、富弼等为代表的一大批改革派人士被罢官外放，改革势力几乎被一网打尽，留下诸多值得反思之处。

范仲淹的学识十分渊博，他将儒法道融于一炉，形成了以儒为主、兼采百家的治国理政思想。其中，在讨论民本问题时，他通过阐发"民为邦本、本固邦宁"的道理，要求统治者"不以己欲为欲，而以众心为心"②，行善政，养民务本；在讨论治乱问题时，他通过阐发文经武纬、治乱循环的道理，要求统治者用贤使能、发展教育、培育人才、虚心纳谏、慎择官吏、去冗除贪、改革弊政，寻求长治久安之策；在讨论礼乐问题时，他阐发了礼乐教化在传播道德、移风易俗、和乐民心中的积极作用；在讨论法治问题时，他阐发了依法治吏治民的重要性，要求统治者实行宽政，慎择法吏，令行禁止，贵贱平等，防止冤假错案，保持法律画一、守信和连续性；在讨论边防问题时，他阐发了文武相济而行、不可偏废的道理，要求统治者居安思危，慎于择帅，勤于练兵，培育军事人才，讲究谋略，强化屯垦戍边，用"和、守、战、备"四策灵活处理边患问题；在讨论文质关系问题时，他阐发了文质相救、文以载道、文以传情的道理，要求统治者重质朴去浮华，通过崇古道、转文风来辅助教化，改变社会风气；在讨论忧乐关系问题时，他阐发了"先天下之忧而忧，后天下之乐而乐"③的人生理想和价值追求，为处理君臣关系、官民关系、人事关系树立了道德准则。

2. 对范仲淹税收思想的简要评述

范仲淹的税收思想是其治国理政思想的重要组成部分，本书将其提炼归纳为六个方面，包括：（1）养民务本，培植税源；（2）去浮裁冗，减轻民负；（3）省并郡县，减

---

① 简称三冗。
② 《范仲淹全集·用天下心为心赋》。
③ 《范仲淹全集·岳阳楼记》。

少吏役；（4）保留职田，均平赋役；（5）善待商贾，弛禁山海；（6）赦免逋欠，落实皇恩。其中最值得我们关注的有两项：一是"善待商贾，弛禁山海"，二是"省并郡县，减少吏役"。

在自给自足的小农经济社会，重农抑商几乎成为惯例，而范仲淹则从宋代商品经济日益繁荣的现实出发，对商贾均有无、利民生、增赋税的积极作用给予充分肯定。他在任地方军政长官时，多次巧用管仲、桑弘羊等人轻重理财之法，创造了以工代赈、抬高粮食收购价以吸引商贾贩粮来救灾、将强迫农民千里迢迢往边关运税粮改为以钱代税、商贾运粮、鼓励兵民屯垦戍边等新做法，减轻了百姓负担，安定了社会，巩固了边防，为其重农不抑商思想涂上了一抹靓丽的色彩，在中国商品经济发展史上具有特殊重要的意义。

北宋长期实行"重文抑武"的文官政治，导致"三冗"泛滥，财政支出不断膨胀，百姓负担日益加重，内忧外患也日益加剧。要节用省费、减轻民负、提高朝廷治理效率，就必须减少"三冗"，从基层治理来看，一个重要的抓手就是减少郡县数量，扩大每个郡县的辖治范围。通过"拆庙送神、小庙并大庙"的办法，把供奉这些"庙、神、和尚"的税费、劳役、捐献等支出降下来，这是釜底抽薪之举。范仲淹由此向德宗提出了"省并郡县，减少吏役"的改革建议，得到认可后，便积极开始实施，并采取先试点后推广的策略，取得了显著成效。但随着"庆历新政"的夭折，这一利国利民的重大改革举措也就束之高阁了。不过范仲淹未竟的事业被紧随其后的王安石所继承，为新一轮更广更深的改革创造了有利条件，范仲淹的开启之功是不可磨灭的。

主要参考文献：
《范仲淹全集》，李勇先、王蓉贵校点，四川大学出版社2007年版。
《宋史》卷314《范仲淹传》。
《范仲淹评传》，方健著，南京大学出版社2001年版。

欧阳修

一、欧阳修生平简介

欧阳修（1007—1072），字永叔，号醉翁，晚年又称六一居士[①]，祖籍吉州永丰（今江西吉安永丰县）沙溪镇。北宋著名思想家、政治家、文学家、史学家、经学家、目录学家和金石学家。历真宗、仁宗、英宗、神宗四朝，是"庆历新政"和"熙宁变法"的积极推动者，北宋诗文革新运动的重要领袖，"唐宋散文八大家"[②]之一。官拜翰林学士、枢密副使、参知政事。欧阳修"世为庐陵大族"[③]，但自八世祖安福府君（讳万）以后，"遭唐末五代之乱，江南陷于僭伪，欧阳氏遂不显。"直到皇祖府君（高祖讳仪）时才"以儒学知名当世，至今名其所居乡曰儒林云。"[④]祖父偃死得较早，对其少年时代几乎没有影响。父观，字仲宾，偃之长子，咸平三年进士及第，50多岁才踏入仕途，历道州（今湖南道县）判官，泗（今江苏盱眙东北）、绵（今四川绵阳）二州推官，泰州（今江苏泰州市）军事推官，终年五十九。欧阳修"四岁而孤"[⑤]，家贫无依，随母郑氏投奔时任随州推官的三叔晔谋生。晔，咸平三年与其父同榜登科，举进士甲科，历南雄州（今广东南雄市）判官，随（今湖北随州市）、阆（今四川阆中市）二州推官，江陵府（今湖北荆州市）掌书记，拜太子中允、太常丞、博士、尚书屯田、都官二员外郎，享年七十九。晔为人严明方质，尤以廉洁自持。居官，秉公办事，不畏权贵，行宽

[①] 客有问曰："六一，何谓也？"居士曰："吾家藏书一万卷，集录三代以来金石遗文一千卷，有琴一张，有棋一局，而常置酒一壶。"客曰："是为五一尔，奈何？"居士曰："以吾一翁，老于此五物之间，是岂不为六一者乎？"客笑曰："子欲逃名者乎，而屡易其号，此庄生所诮畏影而走乎日中者也……然亦知夫不必逃也。吾为此名，聊以志吾乐尔。"《欧阳修集·六一居士传》。

[②] 中唐韩愈、柳宗元，北宋欧阳修、苏轼、苏洵、苏辙、王安石、曾巩并称唐宋散文八大家。

[③] 庐陵古属吉州。

[④] 《欧阳修集·欧阳氏谱图序》。

[⑤] 《欧阳修集·泷冈阡表》。

简之政,曾遭不法官吏的排挤。其官风与兄长观如出一辙。欧阳修的母亲郑氏出身江南大族,受过良好家庭教育,年轻守寡,家贫无资,但知书达理,勤俭持家,常以荻(芦苇)画地,教子认字,多诵古人篇章,学以为诗,是欧阳修的重要启蒙老师。修自幼聪慧过人,喜爱读书。稍长,求知欲更加旺盛,常向城南大户李氏借书抄读。由于刻苦勤奋,少年习作诗赋文章便老练如成人。叔晔见之大喜,谓郑氏曰:"嫂无以家贫子幼为念,此奇儿也!不唯起家以大吾门,他日必名重当世。"①天圣八年三月甲子,24岁的欧阳修终于不负众望,经过"五试二败三第一"的艰苦跋涉,获得了参加仁宗殿试的机会,并以甲科第十四名的好成绩荣选进士,成为"天子门生",从此开始了他42年驰骋宦海的人生新旅程。

欧阳修的官宦之路虽不平坦,但总体呈上升趋势,且越到晚年越受恩宠,被称为众望所归、虚位以待的宰相热门人选。不过由于他患有严重的眼疾和消渴症(糖尿病),且反复发作,日益加重,不能正常履职,故65岁经神宗特批提前致仕,次年闰七月卒于颍州(今安徽阜阳)。

欧阳修为人正直,品格高尚;能言敢谏,不惧邪恶;有勇有谋,随机应变;文笔质朴雄劲,引领时代风尚;生活俭朴,廉洁奉公;忠君报国爱民,可谓鞠躬尽瘁,死而后已。和他崇敬的同时代长辈范仲淹一样,是时人和后世君子士大夫学习的楷模。欧阳修最著名的政论文有《与高司谏书》《朋党论》《论台谏官言事未蒙听允书(至和二年)》《准诏言事上书》《五代史伶官传序》等,诗赋有《醉翁亭记》《明妃曲和王介甫》《再和明妃曲》《泷冈阡表》《秋声赋》《洛阳牡丹记》等,史学著作有《新唐书》《新五代史》《集古录》等。被欧阳修举荐过的王安石在《祭欧阳文忠公文》中写道:"夫事有人力之可致,犹不可期,况乎天理之溟漠(幽深),又安可得而推?惟公生有闻于当时,死有传于后世,苟能如此足矣,而抑又何悲?如公器质之深厚,智识之高远,而辅以学术之精微,故充于文章,见于议论,豪健俊伟,怪巧瑰琦。其积于中者,浩如江河之停蓄;其发于外者,烂如日星之光辉。其清音幽韵,凄如飘风急雨之骤至;其雄辞闳辩,快如轻车骏马之奔驰。世之学者,无问乎识与不识,而读其文,则其人可知。"②被欧阳修特别推崇的后起文学大家苏轼评论他的作品:"论大道似韩愈,论事似陆贽,记事似司马迁,诗赋似李白。"③

二、欧阳修税收思想的主要内容

欧阳修的税收思想是其治国理政思想的重要组成部分,本书将其提炼归纳为以下七

---

① 《欧阳修集·先公事迹(欧阳发等述)》。
② 《王安石集·祭欧阳文忠公文》。
③ 《宋史》卷319《欧阳修传》。

个方面。

1. 主张节用省费，垦田务本

在庆历二年所上《本论》中，欧阳修说："足天下之用，莫先乎财，系天下之安危，莫先乎兵，此有司之所知也。然财丰矣，取之无限而用之无度，则下益屈而上益劳。兵强矣，而不知所以用之，则兵骄而生祸。所以节财、用兵者，莫先乎立制。制已具备，兵已可使，财已足用，所以共守之者，莫先乎任人。是故均财而节兵，立法以制之，任贤以守法，尊名以厉贤，此五者相为用，有天下者常务，当今之世所先，而执事者之所忽也。"①

在康定元年所上《重进司上书》中，欧阳修说："臣闻画（谋划）财利者易为工，今之言财利者难为术。昔者之民，赋税而已，故其不足，则铸山煮海，榷酒与茶，征关市而算商车，尚有可为之法以苟一时之用。自汉、魏迄今，其法日增，其取益细，今取民法尽矣。昔者赋外之征，以备有事之用。今尽取民之法，用于无事之时，悉以冗费而糜（浪费）之矣。至卒然（突然）有事，则无法可增。然独有可为者②，民作而输官者已劳，而游手之人方逸；地之产物者耕不得代，而不垦之土尚多。是民有遗力，地有遗利，此可为也。况历视前世，用兵者未尝不先营田。汉武帝时，兵兴用乏，赵过为畎田③人犁之法以足用。赵充国攻西羌，议者争欲出击，而充国深思全胜之策，能忍而待其敝。至违诏罢兵而治屯田，田于极边，以游兵而钞寇（劫掠），则其理田不为易也，犹勉为之。后汉之时，曹操屯兵许下（今河南许昌），强敌四面，以今视之，疑其旦夕战争而不暇。然用枣祗、韩浩之计，建置田官，募民而田（耕）近许之地，岁得谷百万石，其后郡国皆田，积谷无数。隋、唐田制尤广，不可胜举。其势艰而难田，莫若（如）充国，迫急而不暇田，莫如曹操，然皆勉焉。不以迂缓而不田者，知地利之博而可以纾（减缓）民劳也。今天下之土不耕者多矣，臣未能悉言，谨举其近者。自京以西土之不辟者，不知其数，非土之瘠而弃也，盖人不勤农，与夫役重而逃尔。久废之地，其利数倍于营田，今若督之使勤，与免其役，则愿耕者众矣。臣闻乡兵之不便于民，议者方论之矣。充兵之人遂弃农业，托云教习，聚而饮博，取资其家，不顾无有，官吏不加禁，父兄不敢诘，家家自以为患也。河东、河北、关西之乡兵，此犹有用。若京东、西者，平居不足以备盗，而水旱适足以为盗。其尤可患者，京西素贫之地，非有山泽之饶，民惟力农是仰，而今三夫之家一人、五夫之家三人为游手，凡十八州，以少言之，尚可四五万人，不耕而食，是自相糜耗而重困也。今诚能尽驱之使耕于弃地，官贷其种，岁田之入与中（对半）分之，如民（民田）之法。募吏之习田者为田官，优其课最

---

① 《欧阳修集·本论上（庆历二年）》，见《居士外集卷十》。
② 指农业。
③ 亦作"甽田"。在田中开小沟。《汉书·食货志上》："后稷始甽田，以二耜为耦，广尺深尺曰甽，长终晦（通'亩'）。一晦三甽，一夫三百甽，而播种于甽中。"

（考核）而诱之，则民愿田者众矣。太宗皇帝时，尝贷陈、蔡民钱，使市（买）牛而耕。真宗皇帝时，亦用耿望之言，买牛湖南而治屯田。今湖南之牛岁贾（贩卖）于北者，皆出京西，若官为买之，不难得也。又宜重为法以困所谓私牛之客者，使不客（佃种）于民而乐为官耕，凡民之已有牛者使自耕，则牛不足而市者不多。且乡兵本农也，籍（征）而为兵，遂弃其业。今幸其去农未久，尚可复驱还之田亩，使不得群游而饮博，以为父兄之患，此民所愿也。一夫之力，以逸而言，任耕缦田①一顷，使四五万人皆耕，而久废之田利又数倍，则岁谷不可胜数矣。京西之分，北有大河，南至汉而接关，若又通其水陆之运，所在积谷惟陛下诏有司而移用之耳。"②

在给仁宗起草的《劝农敕》中，欧阳修说："夫农，天下之本也，凡为国者莫不务焉。要在节其用则易充，勉其力使不匮。今夫食者甚众，而输者已殚，劝之不勤，而取之仰足。使民尽耕犹不给，而半为游惰之手；使岁常熟犹恐乏，而多罹水旱之凶。调敛不得已也，而吏之不仁者缘以诛求；赋役自有法也，而政之不明者重为烦费。农者有几，害者若兹！欲宽吾民，何可得也？既富而教，岂无术乎？体予兹怀，望尔良吏，自今在官，有能兴水利、辟田荒、课农桑、增户口，凡有利农而弗扰者，有司具为赏格，当议旌酬。其或陂池不修，田野不辟，桑枣不植，户口流亡，慢政瘝官，亦行降黜。夫言而不信，法弛于宽，朕久患之，方思革弊。尔（你们）毋犹习旧态，慢（怠慢）我新书。此匪（非）虚名，必期责实。凡为条约，告尔既明，赏吾不欺，罚尔无悔！"③

2.主张弛禁茶盐，与商共利

在康定元年所上《通进司上书》中，欧阳修说："臣闻秦废王法，启兼并，其上侵公利，下刻细民，为国之患久矣。自汉以来，尝欲为法而抑夺之，然不能也。盖为国者兴利日繁，兼并者趋利日巧，至其甚也，商贾坐而权国利。其故非他，由兴利广也。夫兴利广则上难专，必与下而共之，然后通流而不滞。然为今议者，方欲夺商之利，一归于公上而专之，故夺商之谋益深，则为国之利益损。前日有司屡变其法，法每一变，则一岁之间所损数百万。议者不知利不可专，欲专而反损，但云变法之未当。变而不已，其损愈多。夫欲十分之利皆归于公，至其亏少十不得三，不若与商共之，常得其五也。今为国之利多者，茶与盐耳。茶自变法已来（以来），商贾不复（恢复），一岁之失，数年莫补，所在积朽，弃而焚之。前日议者屡言三说之法④为便，有司既以详之矣。今诚能复（恢复）之，使商贾有利而通行，则上下济矣。解池之盐，积若山阜，今宜暂下（降）其价，诱群商而散之，先为令曰'三年将复旧价'，则贪利之商争先而凑矣。夫茶者生于山而无穷，盐者出于水而不竭，贱而散之三年，十未减其一二。夫二物之所

---

① 《汉书》卷24《食货志》上记有缦田。颜师古注："缦田，谓不为甽（畎、圳），者也。"即不开沟，不分行，就将谷种散播在田中，产量很低。西汉前都采用这种耕作方法。
② 《欧阳修集·通进司上书（康定元年）》。
③ 《欧阳修集·劝农敕》。
④ 指兼顾国、商、民三者利益的制度。

以贵者，以能为国资钱币尔，今不散而积之，是惜朽坏也，夫何用哉？夫大商之能蕃其货者，岂其锱铢躬自鬻于市哉？必有贩夫小贾就而分之。贩夫小贾无利则不为，故大商不妒贩夫之分其利者，恃其货博，虽取利少，货行流速，则积少而为多也。今为大国者，有无穷不竭之货，反妒大商之分其利，宁使无用而积为朽壤，何哉！故大商之善为术者，不惜其利而诱贩夫；大国之善为术者，不惜其利而诱大商。此与商贾共利，取少而致多之术也。又今商贾之难以术制者，以其积货多而不急故也。利厚则来，利薄则止，不可以号令召也。故每有司变法，下利既薄，小商以无利而不能行，则大商方幸小商之不行，适得独卖其货，尚安肯勉趋薄利而来哉？故变法而刻利者，适足使小商不来而为大商贾积货也。今必以术制商，宜尽括其居积之物，官为卖而还之，使其货尽而后变法。夫大商以利为生，一岁不营利，则有惶惶之忧，彼必不能守积钱而闲居，得利虽薄，犹将勉而来。此变法制商之术也。夫欲诱商而通货，莫若与之共利，此术之上也。欲制商，使其不得不从，则莫若痛裁之，使无积货，此术之下也。然此可制茶商耳，若盐者，禁益密则冒法愈多而刑繁。若乃县官自为鬻市之事，此大商之不为，臣谓行之难久者也。诚能不较锱铢而思远大，则积朽之物散而钱币通，可不劳而用足矣。"①

在嘉祐四年给仁宗起草的《通商茶法诏》中，欧阳修说："古者山泽之利与民共之，故民足于下而君裕于上，国家无事，刑罚以清。自唐末流，始有茶禁，上下规利，垂二百年，迩闻比来为患益甚。民被诛之困，日惟咨嗟（叹息）；官受滥恶之入，岁以陈积。私藏盗贩，犯者实繁。严刑重诛，情所不忍。使田间不安其业，商贾不通于行。呜呼！若兹，是于江湖之间幅员数千里，为陷阱以害吾民也。"②

3. 主张爱惜民力，慎兴徭役

在至和二年所上《论修河第一状》中，欧阳修说："臣伏以国家兴大役、动大众，必先顺天时、量人力，谋于其始而审，然后必行；计其所利者多，乃能无悔。伏见比年以来，兴役勤众，劳民费财，不精谋虑于厥（其）初，轻信利害之偏说。举事之始，既已仓惶，群议一摇，寻复悔罢。臣不敢远引他事上烦圣聪，只如往年河决商胡③，是时执政之臣不慎计虑，遽（仓促）谋修塞。科配（摊派）一千八百万梢芟④，搔（扰、骚）动六路一百有余州军，官吏催驱，急若星火，民庶愁苦，盈于道涂（满于道途）。或物已输官，或人方在路，未及兴役，遽已罢修，虚费民财，为国敛怨，举事轻脱（轻佻、轻率），为害若斯。虽既往之失难追，而可鉴之踪未远。今者又闻复有修河之役，聚三十万人之众，开一千余里之长河，计其所用物力，数倍往年。当此天灾岁旱之时，民困国贫之际，不量人力，不顺天时，臣知其有大不可者五：盖自去秋以及今春，半天下

---

① 《欧阳修集·通进司上书（康定元年）》。
② 《欧阳修集·通商茶法诏（嘉祐四年）》。
③ 地名，宋代黄河曾冲决该地堤坝。
④ 指树枝、芦荻之类的防汛护堤材料。

苦旱，而京东尤甚，河北次之。国家常务安静振恤（赈济）之，犹恐饥民起而为盗，何况于此两路聚大众、兴大役？此其必不可者一也。河北自恩州用兵之后，继以凶年，人户流亡，十失八九。数年以来，人稍归复，然死亡之余，所存无几，疮痍未敛，物力未完，今又遭此旱岁。京东自去冬无雨雪，麦不生苗，已及暮春，粟未布种，不惟目下乏食，兼亦向去无望，而欲于此两路兴三十万人之役，若别路差夫，则远处难为赴役，就河便近，则此两路力所不任，此其必不可者二也。臣伏见往年河决滑州，曾议修塞，当时公私事力，未如今日贫虚，然犹收聚物料，诱率民财，数年之间，方能兴役。况今国用方乏，民力方疲，且合商胡塞大决之洪流，此自是一大役也。鉴（观察）横垄，开久废之故道，此又一大役也。自横垄至海一千余里，归岸久已废坏，顿须修缉，此又一大役也。往年公私有力之时，兴一大役，尚须数年。今并三大役，仓卒（仓促）兴为于灾旱贫虚之际，此其必不可者三也。就令商胡可塞，故道可回，犹宜重察天时、人力之难为，何况商胡未必可塞，故道未必可回者哉。臣闻鲧障洪水，九年无功。禹得《洪范》五行之书，知水趋下之性，乃因水之流，疏决就下，而水患乃息。然则以大禹之神功，不能障塞其流，但能因势而疏决尔。今欲逆水之性，障而塞之，夺洪河之正流，斡（转、旋）以人力而回注，此大禹之所不能，此其必不可者四也。横垄湮塞（淤塞）已二十年，商胡决流又亦数岁，故道已塞而难凿，安流已久而难回。昨闻朝廷曾遣故枢密直学士张奎计度，功料极大，近者再行检计，减得功料全少。功料少则所开浅狭，浅狭则水势难回，此其必不可者五也。臣伏见国家累岁灾谴甚多，其于京东变异尤大。地贵安静，动而有声，巨嵎①山摧，海水摇荡，如此不止仅乎（近乎）十年，天地警戒，必不虚发。臣谓变异所起之方，尤宜加意防惧。今乃欲于凶旱之年，聚三十万之大众，于变异最大之方，臣恐地动山摇，灾祸自此而始。方今京东赤地千里，饥馑之民正苦天灾，又闻河役将动，往往伐桑拆屋，无复生计，流亡盗贼之患不可不虞。欲望圣慈特降德音，速罢其事，当此凶岁，务安人心。徐诏有司审详利害，纵令河道可复，乞候丰年余力，渐次兴为。"②

4.主张裁汰冗滥，减轻民负

在庆历三年所上《再论按察官吏状》中，欧阳修说："臣自初忝（荣任）谏官，于第一次上殿日，首曾建言，方今天下凋残，公私困急，全由官吏冗滥者多，乞朝廷选差按察使，纠举年老、病患、赃污、不材四色之人，以行澄汰。……凡臣所言者，乃所以救民急病、革数十年蠹弊之事，若非遭逢圣主锐意求治之时，上下力行之，不可也。奈何议者惮于作事，惟乐因循，只命诸路转运使就兼其职。……臣闻治天下者如农夫之治田，不可一概也。蒿莱芜秽久荒之地，必先力加垦辟芟除，待其成田，然后以时耕耨。冗滥之官，芜秽天下久矣，必先力行澄汰，待其百职粗治，然后精选有司，常令纠

---

① 指山东登州巨嵎山，属地震高发地带，今已辟为国家森林公园。
② 《欧阳修集·论修河第一状（至和二年）》。

举。……臣自谓于论不为甚高，行之有利无害，然尚虑议者未以为然，谨条陈冗官利害六事，以明利博效速而可行不疑。……一曰去冗官，则民之科率十分减九。臣伏见兵兴以来公私困敝者，不惟赋敛繁重，全由官吏为奸。每或科率一物，则贪残之吏先于百姓而刻剥，老缪之吏恣（放纵）其群下之诛求，朝廷得其一分，奸吏取其十倍。民之重困，其害在斯。今若去此四色冗官，代以循良之吏，事随便宜，绝去搔（骚）扰，使民专供朝廷实数科率，免却州县分外诛求。故臣谓于民力十分减九也。比于别图减省细碎无益者，其利博矣。二曰不材之人，为害深于赃吏。……臣谓凡赃吏多是强黠之人，所取在于豪富，或不及贫弱。不材之人不能驭下，虽其一身不能乞取，而恣其群下共行诛剥，更无贫富，皆被其殃，为害至深，纵而不问。故臣尤欲尽取老病缪懦者，与赃吏一例黜之。三曰内外一体，若外官不澄，则朝廷无由致治。今朝廷虽有号令之善者降出外方，若落四色冗官之手，则或施设乖方，不如朝廷本意，反为民害。或稽滞废失全不施行，而又无纠举，弃作空文。若外边去却冗官，尽得良吏，则朝廷所下之令虽有乖错，彼亦自能回改，或执奏更易，终不至为大害。是民之得失，不独上赖朝廷，全系官吏善恶。以此而言，冗官岂可不去？四曰去冗官，则吏员清简，差遣通流。今天下官有定员，而入仕之人无定数，既不黜陟，冒滥者多，差遣不行，贤愚同滞。每有一阙，众人争之，争得者无廉耻之风，不得者腾怨嗟之口。滥官之弊，近古无之。今若择四色冗官去之，则待阙之人可无怨滞。五曰去冗官，则中材之人可使劝惧。今天下官吏岂必尽是不材？盖为朝廷本无黜陟，善恶不分。今若见国家责实求治，逐一人人精别，则中材之人皆自勉强，不敢因循。虽有贪残，亦须敛手。六曰去冗官，则不过期月（一月），民受其赐。方今朝廷虽有爱念疲民之意，然上下困乏，必未有余力广惠及民，若但去冗官，则民受速赐。盖臣常见外处州县，每一缪官替去，一能者代之，不过数日，民已歌谣。今若尽去冗滥之吏，而以能吏代之，不过期月，民即受赐，此臣所谓及民速、于事切者也。"①

5. 主张抑制兼并，均平赋役

在景祐三年所上《原弊》中，欧阳修对北宋朝存在的众多时弊进行了分析。其中谈到兼并之弊时，他说："古者计口而受田，家给而人足。井田既坏，而兼并乃兴。今大率一户之田及百顷者，养客数十家，其间用主牛而出己力者，用己牛而事主田以分利者，不过十余户，其余皆出产租而侨居者，曰浮客，而有畲田②。夫此数十家者，素非富而蓄积之家也，其春秋神社、婚姻死葬之具，又不幸遇凶荒与公家之事，当其乏时，尝举债于主人，而后偿之，息不两倍则三倍。及其成也，出种与税而后分之，偿三倍之息，尽其所得或不能足。其场功（粮食晾晒）朝毕而暮乏食，则又举之。故冬春举食则指麦于夏而偿，麦偿尽矣，夏秋则指禾于冬而偿也。似此数十家者，常食三倍（付息三

---

① 《欧阳修集·再论按察官吏状（庆历三年）》。
② 指采用刀耕火种方法耕种的田地。

倍）之物，而一户常尽取百顷之利也。夫主百顷而出税赋者一户，尽力而输一户者数十家也。就使国家有宽征薄赋之恩，是徒益一家之幸，而数十家者困苦常自如也。"在谈到力役之弊时，他说："民有幸而不役于人，能有田而自耕者，下自二顷至一顷，皆以等（等差）书于籍。而公役之多者为大役，少者为小役，至不胜，则贱卖其田，或逃而去。"由此可见赋役不均之一斑。而朝廷又不量入为出，"不先制乎国用，而一切临民而取之。"从而加剧了赋役不均的现象。① 如何解决这个问题呢？

关于均税之事，欧阳修在庆历三年所上《论方田均税札子》中说："臣前任通判滑州日，有秘书丞孙琳与臣同官。其人言先（曾）差往洺州肥乡县②与郭咨均税，创立千步方田法，括定民田，并无欺隐，亦不行刑罚，民又绝无词讼。其时均定税后，逃户归业者五百余家，复得税数不少，公私皆利，简当易行。……臣在滑州时，因闻此事，遂略行体问邻近州军，大率税赋失陷一半，方欲陈述，乞行琳等均田之法。今来已有臣寮（臣僚）上言均税事，窃虑未得千步方田简当之法。其孙琳见任滑州职官，郭咨为崇仪副使在外，欲乞召此二人，送三司令一处商量。"③ 后来朝廷确曾按照欧阳修的意见选择蔡州一县进行均税试点，但不久便因争议太大而停罢。嘉祐五年，朝廷成立均税司，派差官到河北、陕西两地再启均税一事。实施不久，即出现两地民心骚动、甚者千人聚诉三司的严峻局面。欧阳修对此高度重视，乃上《论均税札子》。他说："臣为谏官时，尝首言均税事，乞差郭谘、孙琳，蒙朝廷依臣所言，起自蔡州一县，以方田法均税。事方施行，而议者多言不便，寻即罢之。近者伏见朝廷特置均税一司，差官分往河北、陕西均税。始闻河北传言，人户虚惊，斫伐桑枣，尚不为信。次见陕西州郡有上言岁俭民饥、乞罢均税者，稍已疑此一事，果为难行。而朝廷之意，决在必行，言者遂不能入。近者又见河北人户凡千百人，聚诉于三司。然则道路传言与州郡上言，虽为不足信，其如聚集千人于京师，此事不可掩蔽，则民情可知矣。盖均税非以规利，而本以便民，如此，民果便乎？窃知朝廷本只以见在税数量轻重均之，初不令其别生额外之数也。近闻卫州、通利军括出民冒佃田土，不于见在管催数内均减重者摊与冒佃户，却别生立税数配之。此非朝廷本意，而民所以喧诉也。又闻澶州诸县于见今实额管催数外，将账头自来桩坐有名无纳，及夫开阁（官府）将行两项远年税数，并系祥符、景德已前（以前），以至五代长兴年桩管虚数，并摊与见今人户。又闻以地肥瘠定为四等，其下等田有白碱带咸地，并咸卤沙薄可殖地、死沙不可殖地，并一例均摊与税数，谓此虽不可耕种，尚可煎盐。且河北之民自祖宗以来，蒙赐恩恤，放行盐不禁，只令据盐斤两纳税。今煎盐者已纳盐税，又令更纳田税，岂祖宗所以惠河北之民意？又闻河南不殖之地，系禁盐地分者，亦均摊与税，又不知使民何以纳也？澶、卫去京师近，偶可闻知者如此，其余远

---

① 《欧阳修集·原弊（景祐三年）》。
② 洺州，中国古代行政区划名，治所在今河北永年县广府镇。北周宣政元年（578年）置，因境有洺水，故名。肥乡县宋时属河北西路洺州。北宋名臣李沆（947—1004），字太初，洺州肥乡人。
③ 《欧阳修集·论方田均税札子（庆历三年）》。

方,谓所均税悉便于民,其可得乎?以此见朝廷行事至难。小人希意承旨者,言利而不言害。俗吏贪功希赏,见小利,忘大害,为国敛怨于民。朝廷不知则已,苟已知之,其可不为救其失哉?欲望圣慈特赐指挥,令均税所只如朝廷本议,将实催见在税数量轻重均之,其余生立税数及远年虚数,却与放免,及未见地分,并且罢均。且均税一事,本是臣先建言,闻今事有不便,臣固不敢缄默。"①

关于均役之事,欧阳修在庆历四年所上《乞免浮客及下等人户差科札子》中说:"往时因为臣寮(臣僚)起请,将天下州县城郭人户分为十等差科。当定户之时,系其官吏能否,有只将堪任差配人户定为十等者,有将城邑之民不问贫穷孤老尽充十等者,有只将主户为十等者,有并客户亦定十等者。州县大小贫富既各不同,而等第差科之间又由官吏临时均配,就中僻小州县,官吏多非其人,是小处贫民常苦重敛。河东诸州,并州最大,辽州最小,并州客户不入等第,辽州尽入等第。臣昨至辽州,人户累有词状,遂牒本州。……臣勘会庆历三年一年诸州军科配,惟并、辽州、火山军三处,第九、第十两等人户免得配率。若并州免得,则他处岂可不免?盖由官吏临时均配,是致不均。臣今欲乞特降朝旨下河东路,一概将贫民下户减放差配。"②

均赋役应该以核实土地财产和人口多少为基础,但宋朝实行不抑兼并的土地私有化政策,豪门大户逃税避役相当普遍,所以赋役的绝大部分只能落在贫民百姓身上,且由于各地执行政策不一,必然造成苦乐不均。欧阳修对此有清醒认识,但他对均地似乎不抱希望,只把精力放在均税减负上。这在景祐三年所上《原弊》中有明确的显示:"夫井田什一之法,不可复用于今。为计者莫若就民而为之制,要在下者尽力而无耗弊,上者量民而用有节,则民与国庶几乎俱富矣。"③

6.主张赦免逋欠,落实皇恩

在欧阳修的诸多奏疏中,要求落实皇恩、除放逋欠是一个重要话题。陈陈相因的欠税欠贷既是百姓的沉重经济负担,也是官吏法外加征摊派、逼索百姓的借口,严重扰乱了税收分配秩序,加剧了官民矛盾和社会危机,欧阳修对此忧心忡忡。他在庆历四年出使河东期间,反复上书,详列应当放免的逋欠事项清单,请求朝廷完善逋欠赦免审批体制,督促州县官吏严格按律令办事,认真落实皇恩,减轻民负。如在《乞一面除放欠负》中,他说:"臣窃见自来每遇南郊赦敕,除放天下欠负,朝廷虽示恩恤,而有司未尝奉行,是致天下常有积年欠负,累经赦宥,除放不得,使破败逃亡之人传子至孙,摊在亲戚干系人等,追扰陪填,不胜其苦。臣究其弊,盖为先降《天圣编敕》内,欠负官物该恩除放者,须得诸州军及转运司节次保明申奏,送三司并理欠司定夺。经历官司既多,则往复问难,拖延日月。故每一次赦恩除放则未能了当者,盖由关防太密,经历处

---

① 《欧阳修集·论均税札子(嘉祐五年)》。
② 《欧阳修集·乞免浮客及下等人户差科札子(庆历三年)》。
③ 《欧阳修集·原弊(景祐三年)》。

多,使赦宥之恩拥隔(壅隔)不能及下,而官司胥吏反为骚扰之资。……臣今欲乞除赦文内一项元(原)指定令保明申奏者依赦施行外,若干项系赦恩特与除放者,并许转运司仔细勘会,先行除放讫,一面申三司及理欠司,乞行点检。如敢夹带不合除放之人误行除放者,其转运司官吏并科违制之罪。况三司、转运司俱是掌钱谷之司,其转运司尤以聚敛为功,只患刻剥太过,虽不经三司覆验,必不敢滥行除放。如允臣所请,乞特降指挥下诸路,申明赦文内令保明者并须申奏,其余特与除放者,许转运司除放讫,申三司。"①显然,欧阳修主张依法应予赦免的逋欠应不折不扣地赦免到位,使皇恩落地。依法不应赦免的也不能无原则地赦免,不属于放外税物的合理赋税(包括徭役)仍应按时催纳。这在《乞催纳放外税物》《乞再定夺减放应役人数》《乞不免两地供输人役》《再乞不放两地供输人色役》等奏书中有明确反映,此不赘述。

7. 主张规制和籴,禁止摊派

在庆历四年所上《乞减放逃户和籴札子》中,欧阳修要求纠正借和籴之名刻剥百姓,导致民户逃移,遂将所欠和籴之物摊派给其他见在人户的损民行为。他说:"臣伏见河东百姓科配最重者,额定和籴粮草五百万石。往时所籴之物,官支价直(值)不亏,百姓尽得茶、丝、见钱(现钱)。自兵兴数年,粮草之价数倍踊贵,而官支价直(值)十分无二三。百姓每于边上纳米一斗,用钱三佰文,而官支价钱三十,内二十折得朽恶下色茶,草价大约类此,遂致百姓贫困逃移,而州县例不申举,其本户二税,和籴不与开阁(官府),税则户长陪纳,和籴则村户均摊。已逃者既破其家,而未逃者科配日重。臣至代州崞县,累据百姓陈状,其一村有逃及一半人户者,尚纳全村和籴旧额,均配与见在人。臣兼曾差大理寺丞史谭,检得岚州平夷一县,已逃未检人户共四十一户。诸州似此者甚众。臣今欲乞下转运司,差清干官三两人,于并、代等十五州军系有和籴处,检括已逃人户。其逐户下二税、和籴额定数目,并与倚阁,候招辑得人户归业,各令依旧均配。仍许诸县人户见均摊着(著)和籴及户长陪纳逃税者列状自陈,所贵重困之民免此重叠科配。"②熙祐年间为了解决农业青黄不节问题而以每百文收利三十文向贫民放官债的青苗钱,也因最后演变成官府高息谋利、强行摊派逼索而受到欧阳修的指责。③

三、对欧阳修治国理政思想及税收思想的简要评述

1. 对欧阳修治国理政思想的简要评述

欧阳修的一生是波澜起伏的,为官生涯也充满坎坷,但他始终不改为国为民的一片

---

① 《欧阳修集·乞一面除放欠负(庆历四年)》。
② 《欧阳修集·乞减放逃户和籴札子(庆历四年)》。
③ 《宋史》卷319《欧阳修传》;《欧阳修集·言青苗钱第一札子(熙宁三年)》;《欧阳修集·言青苗钱第二札子(熙宁三年)》;《欧阳修集·谢擅止散青苗钱放罪表(熙宁三年夏)》。

赤诚、锲而不舍、积极进取、愈挫愈奋的高风亮节深受时人和后世君子士大夫的广泛称道，并在立德、立功、立言方面留下了丰富的精神文化遗产。从立德方面来看，他正直无私，廉洁奉公；能言敢谏，不惧邪恶；奖携后辈，培育人才；重友爱亲，严以治家；为国为民，鞠躬尽瘁。从立功方面来看，他是范仲淹主导的"庆历新政"的坚定支持者和积极参与者，与保守派势力进行了不屈不挠的斗争。虽然这场改革运动由于多种原因没有达到预期效果，改革派也遭到了不公正待遇，但也给朝廷上下积累了更多的改革共识，并为此后爆发的王安石"熙宁变法"提供了经验借鉴。在立言方面，他追求真理，不人云亦云，大胆质疑，又小心求证，勇于向权威和世俗偏见发起挑战，提出了许多令人耳目一新的新思想、新观点；他崇尚经典和韩体古文，极力排斥当时流行的华而不实、客套死板的"四六体骈文"，又强力打压以险怪奇涩炫世的"太学体"，引领北宋诗文革新运动始终沿着正确的轨道前进，培养了大批治国理政的优秀人才。

总体来看，欧阳修的治国理政思想与范仲淹类似，他是一个儒家色彩浓厚的民本主义者；具有朴素唯物主义倾向，反对宗教迷信，强调事在人为；反对因循守旧，主张与时俱进，改革创新；把富国强兵视为解决内政外交问题的根本出路。欧阳修有丰富的朝廷工作经验，又有在多地担任基层牧守的经验，善于调查研究，为君为民着想，提出具有现实可行性的治政策略；他有深厚的传统文化素养，通经典，擅文辞，无论作参政议政的主角还是潜心修史的配角，都能乐观以对、尽心尽力，从而在风云变幻的政治斗争中立场坚定、游刃有余、声望日隆，从而成为三朝帝王倚重的栋梁之才。

2. 对欧阳修税收思想的简要评述

欧阳修的税收思想是其治国理政思想的重要组成部分，它虽然实践色彩重于理论色彩，但史料性、说理性和文学性都很强，仔细揣摩，颇有韵味。从涉及的话题来看，主要包括节用省费，垦田务本；弛禁茶盐，与商共利；爱惜民力，慎兴徭役；裁汰冗滥，减轻民负；抑制兼并，均平赋役；赦免逋欠，落实皇恩；规制和籴，禁止摊派等七个方面。其中，裁汰冗滥、节用省费属于政体改革的范畴，是针对北宋实行文治带来的积弊而提出的改革主张，对举贤任能、治理腐败、提高政府办事效率、减轻民负具有重要意义；屯田垦荒、抑制兼并、弛禁茶盐、与商共利属于开源的范畴，体现了经济民主、自由、平等、开放、官民利益共享的价值观，是北宋时期商品经济和商人地位明显上升的真实写照，颇具新意；清理科配、均平赋役、赦免逋欠、规制和籴、禁止摊派属于税收分配和税收征管范畴，是针对加重民负的种种具体表现而言的。上述改革主张都切中时弊，且论述具体详细，有很强的可操作性，但在当权者苟且偷安、朋党之争此起彼伏、贪官污吏疯狂敛财、内忧外患步步紧逼的社会环境下，这些忧国忧民主张只能在踯躅徘徊中进一步退两步，无法迈出坚实步伐、取得实质性成效，而改革者的锐气和北宋王朝的活力也在这种沉闷压抑的政治氛围中一步步地被消磨殆尽，这是令人惋惜的。

主要参考文献：

《唐宋八大家·欧阳修集》。

《宋史》卷319《欧阳修传》。

《全宋文》。

《新五代史》。

《欧阳修评传》，黄进德著，南京大学出版社1998年版。

李 觏

一、李觏生平简介

李觏（1009—1059），字泰伯，号盱江先生，北宋建昌军南城（今江西抚州资溪县）高阜镇人。北宋中期著名思想家、哲学家、教育家。历真宗、仁宗两朝。相传他是南唐列祖李昇的后裔。李昇本为孤儿，出身低微，因聪明伶俐又作战勇敢而被当时一位叫徐温的大将收为养子，遂将本名潘知浩改为徐知浩。徐知浩有勇有谋，在近20年的精心经营中击败诸多对手，逐步建立起自己的强大势力，并从杨氏吴国篡得帝位。初期改国号为齐，后改为唐（又称南唐），并乱认唐玄宗李隆基为其先祖，改名李昇。李昇当政时采取轻徭役、劝农桑、兴科举、建书院等策略，促使社会稳定，人民安居乐业，故南唐有"世外桃源"之称。李昇有一位庶出的儿子叫李景芳，时封金吾卫国上将军，生有三子，老大官封五中丞、老二封六府君、老三封七大夫，他们均居住在抚临上慕镇（今江西金溪秀谷镇）。据李氏宗谱记载，景芳三子自以为"吾固南唐之裔，皆为帝王之后，竟无尺土之封"，心中愤愤不平，并同当时三齐王有隙。于是，伙同外甥彭氏密谋发动兵变，但临兵变时，彭氏却临阵倒戈，导致这场内讧胎死腹中。七大夫临刑前发誓说："吾子孙与彭氏婚者，吾不佑也。"六府君（名昉）"初无战志"，又看到形势不妙，就携妻带子连夜从上慕镇逃至当时南城县六十三都长山隐居。这就是李觏先祖家世历史的大略。北宋文坛好友欧阳修称李觏为"天潢世胄"，由此而来。

李觏虽为南唐烈祖李昇的后裔，但传至父辈已家道中落，其父是一个地地道道的农民，虽然读过几天书，但未曾应举，更未做官，终生以农为业，闲暇时教子认字，作诗赋，直到李觏14岁那年去世。[①] 李觏对重振祖业抱有坚定的信心，立志成名成家，改变艰难困窘的生活处境，无奈科举屡试不中，仕途渺茫，又不甘沉沦，只得把全部精力投

---

① 《李觏集·先夫人墓志》。

入到著书立说和教书育人两大事业上，并取得可喜成绩。从生徒来看，接受过李觏启蒙教诲的弟子有千余人，其中名弟子约38人①，而官拜尚书左丞、御史中丞、知谏院、知制诰的邓润甫则是其中的佼佼者，他是王安石的重要幕僚和高参，在"熙宁变法"中发挥了重要作用。现代思想家胡适对李觏的学术思想及其影响有如下评价："李觏是北宋的一个大思想家。他的大胆，他的见识，他的条理，在北宋的学者之中，几乎没有一个对手！……他是江西学派的一个极重要的代表，是王安石的先导，是两宋哲学的一个开山大师。"②

李觏一生，家境窘困，仕途坎坷，但贫而好学，积极进取，终成学业。他在《自遣》诗中写道："富贵浮云毕竟空，大都仁义最无穷。一千八百周时国，谁及颜回陋巷中？"③他赞赏"孔颜乐处"的道德遗风，立志做个学道高尚之人。他是这么说的，也是这么做的，为天下士人树立了身处逆境、百折不挠、乐观向上的典范。

二、李觏税收思想的主要内容

李觏的税收思想是其治国理政思想的重要组成部分，本书将其提炼归纳为以下六个方面。

1. 主张强本节用，损上益下

李觏说："治国之实，必本于财用。……是故贤圣之君、经济之士，必先富其国焉。所谓富国者，非曰巧筹算、析毫末、厚取于民以媒（招）怨也，在乎强本节用，下无不足而上则有余也。"④ "古之天下，君养民也；后之天下，民自养也。"⑤ "一夫之耕，食有余也；一妇之蚕，衣有余也。衣食且有余而家不以富者，内以给吉凶之用，外以奉公上之求也。而况用之无节，求之无艺，则死于冻馁者，固其势然也。"⑥ "人所以为人，足食也；国所以为国，足用也。然而天不常生，其生有时；地不徧（遍）产，其产有宜；人不皆作（劳作），其作有能（技能）；国不尽得，其得有数。一谷之税，一钱之赋，给公上者，各有定制。苟不量入以为出，节用而爱人，则哀公云'二犹不足'⑦，公羊谓'大

---

① 《李觏集·直讲李先生门人录》。
② 胡适：《记李觏的学说》。
③ 《李觏集·自遣》。
④ 《李觏集·富国策第一》。
⑤ 《李觏集·潜书之九》。
⑥ 《李觏集·国用第八》。
⑦ 出自《论语·颜渊第十二》。

桀小桀，诛求无已'①，怨刺并兴，乱世之政也。"②"夫财物不自天降，亦非神化，虽太公③复出于齐，桑羊④更生于汉，不损于下而能益上者，未之信也。况今言利之臣乎？农不添田，蚕不加桑，而聚敛之数，岁月增倍。辍（废）衣止食，十室九空，本之既苦，则去而逐末矣。又从而笼（牵绊、垄断）其末，不为盗贼将何适（去、往）也？"⑤"盖王者无外，以天下为家，尽地莫非其田，一民莫非其子，财物之在海内，如在橐（口袋）中，况于贡赋之入，何彼我之云哉？"⑥

2. 主张重本抑末，均平赋役

李觏说："天之生民未有无能（技能）者也。能其事而后可以食，无事而食，是众之殃、政之害也。""无（不）惰而自安，无贼（害）于粮食，是富民之大本，为国之上务。虽关百圣，何以易此？""夫财赋力征（力役），人所吝啬（吝惜），与其无事而重，孰若有业而轻？"⑦"圣人简役而轻赋，喜德而惮刑。"⑧

"所谓末者，工商也。所谓冗者，不在四民之列者也。古者工不造雕琢，商不通侈靡。伪饰之禁，在民者十有二，在商者十有二，在贾者十有二，在工者十有二。故工之所作，贾之所鬻，商之所资，皆用物（日常用品）也。用物有限，则工商亦有数。今也民间淫侈亡（无）度，以奇相曜（炫耀），以新相夸。工以用物为鄙，而竞作机巧；商以用物为凡，而竞通珍异。或旬月之功而朝夕敝（损坏）焉，或万里之来而坠地毁焉。物亡（无）益而利亡（无）算，故民优为之，工商所以日多也。古者祀天神，祭地祇，享（飨、祭）人鬼，它未闻也。今也释老用事，率吾民而事之，为缁（黑袍）焉，为黄（黄裳）焉，籍而未度（超度）者，民之为役者，无虑几百万。广占良田利宅，嬫（美）衣饱食，坐谈空虚以迋曜（欺骗迷惑）愚俗，此不在四民之列者也。古者府史胥徒，官有定数。今也郡县之治未免宽贷（宽松、宽容），冒名待阙，佣书雇纳，请嘱之流，动以千计。内满官府，外填街陌，交相赞助，招权为奸，狗偷蚕食，竭人膏血，此又不在四民之列者也。古者执左道以乱政，杀；假于鬼神时日卜筮以疑众，杀。周礼有医师掌疾医疡（疮）医，以治万民之疾病疕疡（病疮），其员不过十数。今也巫医卜相之类，肩相摩，毂（车轮）相击也。或托淫邪之鬼，或用亡（无）验之方，或轻言天地之数，或自许人伦之鉴，迂怪矫妄，猎取财物，人之信之若司命焉，此又不在四民之列者也。古者，天子诸侯大夫士用乐，庶人无用乐之文。况新乐之发，子夏所不语，匹夫荧惑诸

---

① 《公羊传·宣公十五年》。
② 《李觏集·国用第一》。
③ 指姜太公子牙。
④ 指西汉武帝和昭帝时期理财名臣桑弘羊。
⑤ 《李觏集·寄上范参政书》。
⑥ 《李觏集·国用第二》。
⑦ 《李觏集·国用第七》。
⑧ 《李觏集·潜书之五》。

侯，孔子诛之。今也里巷之中，鼓吹无节，歌舞相乐，倡优扰杂，角抵（摔跤）之戏，木棋革鞠（球），养玩鸟兽，其徒亡（无）数，群行类聚，往来自恣，仰给于人，此又不在四民之列者也。一夫不耕或受之饥，一女不织或受之寒。而不耕者凡几夫？不织者凡几女？奈何民不饥且寒也？百姓不足，君孰与足？民饥寒而上不匮者，未之有也。欲驱工商，则莫若复朴素而禁巧伪。朴素复，则物少价（廉价）；巧伪去，则用有数。利薄而不售，则或罢归矣。……欲驱缁黄（佛道），则莫若止度（超度）人而禁修寺观。止度人，则未度者无所待而皆罢归矣。禁修寺观，则已度者不安其居而或罢归矣。其不归者，后数十年物故尽矣。……欲驱官府之奸，则莫若申明宪令，慎择守宰。法严而吏察，则无所措手。无所措手，则不得不罢归矣。……欲驱方术之滥，则莫若立医学以教生徒，制其员数，责以精深，治人不愈，书以为罪，其余妖妄托言祸福，一切禁绝，重以遗募（搜捕），论之如法。为之既艰，则不得不罢归矣。……欲驱声伎之贱，则莫若令民家毋（勿）得用乐，衣冠之会勿纳俳戏（倡优），申命关防（关卡），呵（禁止）其过往，用之既少，则不得不罢归矣。……驱之有术，复之有业，然而不力于农者，未之信也。"①

"先王之驭民也，节其所为；后王之驭民也，极（放纵）其所为。夫惰之志在逸，先王节之则不得逸；农之业在劳，先王节之则不甚劳。宅不毛者有里布，田不耕者有屋粟，闲民无职事者，出夫家之征，谁谓其逸哉？什一而税，用其力，岁不过三日。春耕则田畯（田官）饎（馈酒食）焉，秋敛则蜡祭（合祭）息焉，谁谓其劳哉？王道消，政出苟简，赋乎曰农，役乎曰农。田有谷而桑有茧，非敢爱也。五兵之用，百工之材，皆农无有而必责之，是行商蓄家，籍农之产，廪（积聚）农之食云。彼惰游未始及于政（治理），且开冗食之路以进之。逸者极其逸，劳者极其劳，劳而不贰（分心）者，戆（愚民）而已矣。呜呼！使天下皆戆则可，不幸而有心则群入于惰，欲望九年之蓄难矣。"②

"古者废疾之人，犹有所役，后之游民作无益以害有益者，肩相摩，毂相击，而吏不以是罪之，主不以是弃之，谓之何哉？"③ "世有仕学之乡，或舍役者半，农其间者不亦难乎？而上弗之恤，悖矣！贵者有爵命，服公事者有功劳，诚不可役，然复其身（免除本身之役）而已。世有一户皆免之，若是则老者、疾者亦可以阖门（全家）不使耶！至于马牛，皆辨其可任，善夫！世有人未尝刍秣（喂牛马）而责以牵傍（借牛马挽运），其僦（租赁）费败家者众矣。况乎水旱、疾疫之岁，饥饿之弗察，死亡之弗图，而临以定制，驱之给使，可乎？……古者使民岁不过三日，而秦法月为更卒，已复为正（已免又复征），一岁屯戍，一岁力役，三十倍于古，何不仁之甚也！天下畔（叛）之晚矣。"④

---

① 《李觏集·富国策第四》。
② 《李觏集·庆历民言·厚农》。
③ 《李觏集·国用第三》。
④ 《李觏集·国用第十五》。

3. 主张平土均田，什一而税

李觏说："耕不免饥，土非其有也；蚕不得衣，口腹夺之也。……呜呼！吾乃今知井地之法，生民之权衡乎！井地立则田均，田均则耕者得食，食足则蚕者得衣；不耕不蚕，不饥寒者希（稀少、难得）矣。"① "土地，本也；耕获，末也。无地而责之耕，犹徒手而使战也。法制不立，土田不均，富者日长，贫者日削，虽有耒耜，谷不可得而食也。……故平土之法，圣人先之。" "助法善之大也，周公变之，虑之深也。夫周公以民益顽（顽劣），吏益滑（狡诈），公田之耕，或不尽力；籍（征）谷之入，或有隐欺。不如一委之民，而制其赋税。税有所常，责有所在，安坐而视其入也。礼制愈崇，国用愈广，何暇从容如上世乎？虽然，无所增重（加负）也，第谨其定数耳。于民既无伤，于国则不乏，是圣人虑之深，制之中也。"② "自阡陌之制行，兼并之祸起，贫者欲耕而或无地，富者有地而或乏人，野夫有作惰游，况邑居乎？沃壤犹为芜秽，况瘠土乎？饥馑所以不支，贡赋所以日削。孟子曰'仁政必自经界始'，师丹言'宜略为限'，不可不察也。"③

"民之大命，谷米也。国之所宝，租税也。天下久安矣，生人既庶矣，而谷米不益多，租税不益增者，何也？地力不尽，田不垦辟也。……地力不尽，则谷米不多；田不垦辟，则租税不增，理固当然也。今将救之，则莫若先行抑末之术，以驱游民。游民既归矣，然后限人占田，各有顷数，不得过制。游民既归而兼并不行，则土（地）价必贱，土价贱则田易可得，田易可得而无逐末之路、冗食之幸，则一心于农，一心于农则地力可尽矣。其不能者，又依（依附）富家为浮客（佃农），则富家之役使者众，役使者众则耕者多，耕者多则地力可尽矣。然后于占田之外，有能垦辟者，不限其数。昔晁错言于文帝，募天下入粟县官，得以拜爵。今宜远取秦汉，权设爵级，有垦田及若干顷者，以次赏之。富人既不得广占田而可垦辟，因以拜爵，则皆将以财役佣，务垦辟矣。如是而人有遗力，地有遗利，仓廪不实，颂声不作，未之信也。"④

"夫什一而税，天下中正，是故谓之彻。彻者，通也。然耕获之事，丰俭亡（无）常，不幸凶旱水溢，或螟螣蟊贼⑤，农虽尽力，谷有不登，而有司必求如法（依法定税额纳税），于理安乎？……故圣人设官，必于谷之将熟，巡于田野，观其丰凶，而后制税敛焉。丰年从正，亦不多取也；凶荒则损，何取盈之有哉？"⑥

4. 主张任土作贡，善用和籴

李觏说："先王之道，取于民有制，计口发（征）财曰赋，收其田入曰税。赋共车

---

① 《李觏集·潜书之一》。
② 《李觏集·平土书》。
③ 《李觏集·国用第四》。
④ 《李觏集·富国策第二》。
⑤ 《诗经·小雅·大田》"去其螟螣，及其蟊贼"。汉·毛亨传："食心曰螟，食叶曰螣，食根曰蟊，食节曰贼。"东汉·郑玄笺云："此四虫者恒害我田中之稚禾，故明君以正己而去之。"
⑥ 《李觏集·国用第十》。

马兵甲士徒之役,充实府库,赐予之用。税给郊社宗庙百神之祀,天子奉养,百官禄食,庶事之费。诸侯亦什一而税。大国贡半于天子,次国三之一,小国四之一。皆市取其州美物,每岁贡之。故太宰以九贡致邦国之用。"① "地之所生,各有其宜;贡之所入,各有其常。地宜则物得其性,靡(无)不可用也;贡常则人知其期,靡不必有也。益于国而亡(无)损于民,兹先王之所以冒(劝勉)天下也。地不以宜,则物不美,物不美而责之可用,非市于他邦不足以用也。贡不以常,则人无备,人无备而责之必有,非买于蓄家不能以有也。故取之于非其地,求之于非其常,皆农人之病而商贾之利也。"②

"天之生物而不自用,用之者人;人之有财而不自治,治之者君。……君不理,则权在商贾,商贾操市井之权,断民物之命。缓急人之所时有也,虽贱不得不卖,裁其价大半可矣;虽贵不得不买,倍其本什百可矣。如此,蚩蚩(敦厚老实)之氓(民)何以能育?是故,不售之货则敛之,不时而买则与之,物楬(揭、标注)而书,使知其价,而况赊物以备礼,贷(借)本以治生,皆所以舒贫窭而钳并兼(都是为了纾缓贫乏而抑制兼并),养民之政不亦善乎?" "管仲通轻重而桓公以霸,李悝平籴而魏国富强。耿寿昌筑'常平'而民便之,师古之效也。宜其流风遂及于今,必也。事责其实,官得其人,亦何愧彼哉!"③

5. 主张通商养财,弛禁盐茶

李觏说:"田皆可耕也,桑皆可蚕也,材皆可饬也,货皆可通也,独以是富者,心有所知,力有所勤,夙兴夜寐,攻苦食淡,以趋天时,听上令也。如此而后可以为人之民,反疾恶之,何哉?疾恶之,则任之重,求之者多,劳必于是,费必于是,富者几何其不黜(懈怠)而贪也。使天下皆贫,则为之君者,利不利乎?"④ "汉武帝时算贾人之缗,匿不自占,占不悉,戍边一岁,没入缗钱。有能告者,以其半畀(给、赏)之。即治郡国缗钱,得民财物以亿计,奴婢千万数,田大县数百顷,小县百余顷,宅亦如之。商贾中家以上,大抵破(大都破产),民偷甘食好衣(普通百姓偷偷地穿好衣、吃美食),不事蓄藏之业。当是之时,天下何如?其不亡者,幸也。世俗不辨是非,不别淑慝(善恶、好坏),区区以击强(抢掠强者)为事。噫!富者乃强邪(吗)?彼椎埋(杀人越货)而诛者,果何人也?"⑤

"山泽之富,天地所以养人者,鬻盐之利博矣。……朝家酌古盐法,有因有革,或引之池,或汲之井,或熬之海,一出公上,人不能私,此其因者也。东南列郡,官自斥

---

① 《李觏集·安民策第九》。西周时期根据对口供应和专赋专用的财政管理原则制定了九贡,以各地特产的实物缴纳,其内容包括:①祀贡;②嫔贡;③器贡;④币贡;⑤材贡;⑥货贡;⑦服贡;⑧斿贡;⑨物贡。以上九贡各有专门用途,如:祀贡专供祭祀之用;嫔贡专供王室接待宾客之用;器贡专供宗庙器具之用;材贡专供制作车辕箭弩之用;服贡专供制作祭服之用;等等。
② 《李觏集·安民策第九》。
③ 《李觏集·国用第十一》。
④⑤ 《李觏集·国用第十六》。

卖，舟运衔尾，仓储如坻（高丘）。商旅之行，敛手无措（束手无措），此其革者也。然先王之制，未有始善而末不敝者。盖作法之时，上心切至，吏皆图功，人皆畏法，而奸谋未生，始以是善也。累世之后，事同凡常，吏或懈弛，人或惯习，而奸谋日生，末以是敝也。……故今日之宜，莫如通商。商通则公利不减而盐无滞也。何谓商通则公利不减？夫官自粜盐，利信厚矣。然舟有坏，仓有堕，官有俸，卒有粮，费已矣（开支不小）。若官鬻盐而粜与商人，使自行之，既权其息，因取关市之税，而费省焉，是公利不减也。何谓通商则盐无滞？夫商人众而务售，则盐不淆杂。所至之地又以贳（赊）于市人，则列肆多得斥卖。卖者多而务售，则盐亦不淆杂。昔啖（吃）粪土（盐碱）者，今皆食盐；昔喜窃贩（走私）者，今皆公行。盐之用益广，是以无滞也。公利不减而盐无滞，财用以足，刑罚以清，治世之懿（美）也。"①

"茶非古也，源于江左，流于天下，浸淫于近代，君子小人靡（无）不嗜也，富贵贫贱靡不用也。有国者从而笼（垄断）之，利一孔矣，而世之所贵，家之所蓄，则非有（不买）公茶者何？公茶滥恶，不味于口故也。……今日之宜，亦莫如一切通商，官勿卖买，听其自为，而籍（征）茶山之租，科（征）商人之税，以此校彼，殊途一致。且商人自市，则所择必精，所择精则儥（鬻、卖）之必售，儥之售，商人众，则入税多矣。又昔之所以披草莽、怀兵刃为私贩者，禁严故也。既已通商，则当安行，夷路（平坦的大道）自实，官府亦入税多矣。况不滞本泉（货币），不烦威狱，利国便人，莫善于此。"②

6.主张农战结合，大兴屯田

李觏说："夫农人，国之本也。三时力耕，隙（农闲）而讲武，以之足食，以之足兵。或致之于庠序，习礼义，为贤才，是天民之良者也。故为之乡，为之遂，以编著之而统于司徒。司徒，教官也。若夫工商之类，弃本逐末，但以世资（满足）其用，不可无之，安足比于农人哉！"③"屯田之利，建议者多矣，而执事未之从者，其以地少可耕之田乎？军无可耕之人乎？今之郡国民既庶矣，诚少旷土可以耕也；今之禁卫卒素骄矣，诚无勤者可以耕也。然而可耕之田安取之哉？曰：边郡之民，有困者矣，有不安其居教者矣，苟募其徙内地，授以生业，使之安堵（安定），乃以其故田宅隶于屯官，则不患无田矣。然而可耕之人安取之哉？曰：边郡之兵，自禁旅之外，别置屯军。凡天下厢（城郊、边郡）之冗役者、法之流移者、民之愿徙者，合而籍之，以隶于屯官，则不患无人矣。田既入，人既聚，然后辨其夫亩，列之庐舍，授之耒耜，教之稼穑，明立劝课，时加督察，勤则有赏，惰则有刑，然而农功集矣。既又为之什伍，立其长帅，赋以兵器，与其甲胄，乘其闲暇，习之战斗，是谓因内政以寄军令也，然而武事兴矣。食既

---

① 《李觏集·富国策第九》。
② 《李觏集·富国策第十》。
③ 《李觏集·平土书》。

足,兵既练,禁旅未动而屯军固已锐矣。以红腐之积,济虎貔(勇猛)之师,利则进战,否则坚守,国不知耗,民不知劳,而边将高枕矣。彼(夷狄)其不忠不孝,愚弄其民于矢石间,而我以余力驭之,亡有日矣(他们的灭亡指日可待)。"① "举力田之士以为之吏,招浮寄之人以为之卒,立其家室,艺(植)以桑麻,三时治田,一时讲事,男耕而后食,女蚕而后衣,撮粒(颗粒)不取于仓,寸帛不取于府,而带甲之壮,执兵之锐,出盈(遍、满)野、入盈城矣。其所输粟又多于民,而亡(无)养士之费,积之仓而已矣。此足食、足兵之良算也。"②

三、对李觏治国理政思想及税收思想的简要评述

1.对李觏治国理政思想的简要评述

李觏是一个平民思想家,他以独特的视角观察社会人生,提出了系统全面颇具新意的治国理政思想。总体来看,他的治国理政思想以儒家礼教为核心,兼通诸子百家,具有很强的理论思辨性和唯物辩证法色彩。李觏最崇拜的儒家代表人物有尧、舜、禹、文、武、周公、孔子和孟子,最崇拜的法家代表人物有姜太公、管子、桑弘羊等。如他说:"大哉周公乎!接文武之圣,救商人③之弊,以之为礼,礼无不中,以之为政,政无不和。土,天下之广也,而一块莫敢争,先为之限也。口,天下之众也,而勺饮无所阙,先为之业也。率饱暖之民而纳之于仁义,欢焉可不反顾矣。其曰兼三王不亦宜乎!后虽有作者,周公其弗可改也已。曰:然则如之何则可?曰:法而行之,复为一周乎!"④ "大哉孔子,吾何能称焉?颜渊曰:'仰之弥高,钻之弥坚;瞻之在前,忽焉在后。''仰之弥高'也,则吾以为极星,考之正之,舍是则无四方矣。'钻之弥坚'也,则吾以为磐石,据之依之,舍是则无安居矣。'瞻之在前,忽焉在后'也,则吾以为鬼神,生之敛之,舍是则无庶物矣。他人之道,借曰善焉,有之可也,亡之可也。夫子之道,不可须臾去也。不闻之,是无耳也;不见之,是无目也;不言之,是无口也;不学之、不思之,是无心、无精爽(精神、魂魄)也,尚可以为人乎哉?吾于斯道,夜而讽之矣,昼而读之矣,发斑斑而不知其疲矣,终没吾世而已矣。"⑤对于亚圣孟子,他一方面批评他的性善论和重义轻利思想比较偏激,另一方面又赞成他立君为民、平土均田、"仁政必自经界始"、轻徭薄赋、什一而税的思想。对于姜太公、管仲和桑弘羊等人,他特别推崇他们的轻重理财和法治思想。他说:"夫财物不自天降,亦非神化,虽太公

---

① 《李觏集·强兵策第二》。
② 《李觏集·强兵策第三》。
③ 指殷商。
④ 《李觏集·平土书》。
⑤ 《李觏集·常语下》。

复出于齐，桑羊更生于汉，不损于下而能益上者，未之信也。"① "管仲通轻重而桓公以霸，李悝平籴而魏国富强。耿寿昌筑'常平'而民便之，师古之效也。宜其流风遂及于今，必也。事责其实，官得其人，亦何愧彼哉！"② "管仲相齐桓公，作内政而寓军令焉，故卒伍定乎里，而军政成乎郊。连其什伍，居处同乐，死生同忧，祸福共之，故夜战则其声相闻，昼战则其目相见，缓急足以相死。其教已成，外攘夷狄，内尊天子，以安诸夏。然则乡军之法，固尝试矣。善哉！"③

李觏特别重视礼治、变革、商贾、理财，这是与北宋积贫积弱、内忧外患的实际紧密关联的，虽然其思想具有浓厚的法家色彩，但骨子里还是农为邦本、天下为公、富国安民、制欲节用的儒家传统，他对后世俗儒曲解经典、言必仁义、讳言财利、因循守旧、不思变革的做法提出了严厉批评。从这一点来说，将他归入法家行列是不客观的，称其为以儒为主、儒法并举也许更符合实际。李觏生活的年代，儒道释三家争夺意识形态主导权的斗争十分激烈，李觏则始终旗帜鲜明地站在儒家立场上，对释道违背礼教、穷奢极欲、扰乱人心、破坏社会秩序的思想和行为进行了大胆的揭露和批判，表现出朴素唯物主义思想倾向。不过，李觏的思想中也有一些自相矛盾的地方，比如，既说神仙鬼怪佛陀皆虚妄，又讲天人感应、"神者人之本也"④；既强调重本抑末、崇俭戒奢、"养天性，灭人欲"⑤，又主张保护商人和富人；既赞赏周公改革助法，将土地"一委之民"⑥，坐收什一税，又主张恢复井田制、限制多占土地、鼓励垦荒授爵；等。这些自相矛盾的观点显然是原始土地国有制、王有制向土地私有制转变、封建小农经济向商品经济转变过程中的困惑在思想家头脑中的真实反映，是时代局限性造成的。但瑕不掩瑜，我们从他丰富深邃的思想体系中得到的启示要远比其时代局限性多得多。

2. 对李觏税收思想的简要评述

李觏的税收思想是其治国理政思想的重要组成部分，本书将其提炼归纳为六个方面，包括：（1）强本节用，损上益下；（2）重本抑末，均平赋役；（3）平土均田，什一而税；（4）任土作贡，善用和籴；（5）通商养财，弛禁盐茶；（6）农战结合，大兴屯田。这些思想和政策主张既继承了井田制、任土作贡、什一税、重本抑末、崇俭戒奢等儒家传统，又借鉴吸收了周公、管子、商鞅、晁错、桑弘羊、刘晏等法家代表人物的理财举措，试图把富国、利商、足民三者有机结合，运用商品供求规律调节生产、流通、分配和消费，以解决北宋王朝面临的财政经济危机，具有继往开来、与时俱进的色彩。他对社会底层现状的细致描述、深沉理性思考以及唯物辩证法倾向值得充分肯定。但过

---

① 《李觏集·寄上范参政书》。
② 《李觏集·国用第十一》。
③ 《李觏集·军卫第一》。
④ 《李觏集·礼论第一》。
⑤ 《李觏集·教道第一》。
⑥ 《李觏集·平土书》。

分崇尚礼制，期望用它来限制豪强兼并、抑末、抑奢、解决社会分配不公、吏治腐败、民不聊生、当权者苟且偷安等顽疾，在封建专制社会只能是空想，也不符合时代潮流，这是李觏治国理政思想及税收思想不成熟的一面。

李觏在世时虽无高官厚禄，其学术论著也未在当时引起最高统治者的高度重视，但他的著作和思想得到改革家范仲淹和王安石的充分肯定，他的高足邓润甫[①]、曾巩[②]也积极参与了王安石变法，这让李觏这位平民思想家感到十分欣慰。随着时代的推移，他的思想价值正在得到越来越多学术大家的赏识和推崇，他严谨治学、身处贫贱而矢志不渝、忧国忧民而追求"三不朽"[③]的君子风范也已成为后人学习的楷模。

主要参考文献：

《李觏集》，王国轩校点，中华书局1981年版。

《宋史》卷432《李觏传》。

《李觏评传》，姜国柱著，南京大学出版社1996年版。

[①] 邓润甫（1027—1094），字温伯，又字圣求。北宋名臣。早年师事李觏，曾以李觏学说辅佐王安石推行新法，颇有建树。

[②] 曾巩（1019—1083），字子固，北宋著名散文家、史学家、政治家，唐宋八大家之一。曾巩是欧阳修、李觏的高足，王安石的密友，积极支持和参与了"熙宁变法"活动。

[③] 古人将立德、立言、立功称为三不朽。

王安石

一、王安石生平简介

王安石（1021—1086），字介甫，晚号半山，小字獾郎，封荆国公，故世人又称王荆公，抚州临川（今江西抚州）东乡县上池里洋村人。北宋中期著名政治家、思想家、改革家、文学家，唐宋散文八大家之一。历真宗、仁宗、英宗、神宗、哲宗五朝。与范仲淹、欧阳修、富弼、韩琦、李觏、曾巩、胡瑗、司马光、苏轼等人同朝为官，但属后起之秀。未直接参与"庆历新政"，却领导了轰轰烈烈的"熙宁变法"，又称王安石变法，在中国历史上留下了鼎鼎大名。

王安石的先祖原居太原，不知何时徙居临川城东南盐埠岭。王安石曾祖王明（字克明，改字永泰），赠尚书职方员外郎。祖父王用之，为卫尉寺丞。用之有子五人，长子王益，即安石之父。幼子王孟，曾为楚州司理参军，余皆早卒。王益，始字损之，后改舜良，少以文章为地方官张公咏所赏识，真宗大中祥符八年（1008年）登进士第，先后任建安主簿、临江军判官、新涂知县，改大理寺丞，又移庐江、新繁知县，再改殿中丞、韶州知州和太常博士、尚书屯田员外郎、江宁府通判等职。任内关心民间疾苦，吏治严明，注重礼义道德教化，所在皆有政绩，仁宗宝元二年（1039年）二月以疾卒于江宁通判任上，终年46岁。

王安石的外家吴氏，是临川金溪大族。外祖父吴君讳畋，外祖母黄氏。吴畋兄吴敏，淳化三年（992年）进士，官尚书都官员外郎，为人孝友忠信，乡里称为长者。吴敏夫人曾氏，出自南丰大族，为曾巩（字子固）、曾布（字子宣）祖父的姐妹。吴敏有四子：长子吴芮，仁宗天圣二年（1024年）进士，官秘书丞；次子吴蕡，以荫入官，历任吉州太和、袁州萍乡县主簿、庐州司理、亳州录事参军；三子吴蕃，读书甚众，好古而学其辞，论前代善恶存亡与治乱成败之由，甚有见解，43岁卒；四子吴蒙，仁宗宝元元年（1038年）登进士，官淮南东路濠州司户参军。王安石后娶吴芮之女吴氏为妻，吴、王两家两代联姻，在临川传为美谈。安石母吴氏，好学强记，老而不倦，其取舍是非，常有人所不及之处，平生事舅姑甚孝。又悯农济贫，分人衣食，给安石以深刻影响。吴氏世居金溪归德乡柘冈，离临川城三十里。柘冈周回五里，其西一里许的乌石冈，有不少木兰花。安石少年居临川时，来往于外家甚勤，一生对柘冈和乌石冈记忆极深。

王益有子七人，女三人。前妻徐氏（早卒）生安仁（字常甫）、安道（字仁甫）。继妻吴氏生安石（字介甫）、安国（字和甫）、安世（字平甫）、安礼（字庆甫）、安上（字纯甫）五子、女三人。安仁皇祐元年（1049年）登进士，安石庆历二年（1042年）登进士，安国熙宁元年（1068年）登进士，安礼嘉祐元年（1056年）登进士。三女分适尚书虞部员外郎沙县张奎，前衢州、西安县令天长朱明之，扬州沈季长。三女皆能诗，长女尤长于此。安石有子二人，女二人。长子王雱（字元泽），聪明敏悟，未冠已著书数万言，治平四年（1067年）登进士，熙宁间除太子中允、崇政殿说书，迁龙图阁直学士，33岁去世。次子王旁（字仲元），亦早卒。长女适吴充子吴安持，次女适蔡卞。王雱、王旁均无子，后以王棣嗣王雱为过房孙，王棣在徽宗宣和四年（1122年）赐进士出身。王氏家族兴盛于王安石一代，此后就家道沦落了。

王安石少时即好读书，受过良好家庭教育，《宋史·王安石传》称他"议论高奇，能以辩博济其说，果于自用，慨然有矫世变俗之志。"① 庆历二年（1042年）登杨镇榜进士第四名，先后任淮南（今江苏扬州）判官、鄞县（今浙江宁波）知县、舒州通判、开封群牧司判官、常州知州、提点江东刑狱等地方官吏。治平四年（1067年），神宗赵顼即位，诏王安石知江宁府，旋召为翰林学士。熙宁二年（1069年）二月，以谏议大夫参知政事，主持变法。熙宁三年（1070年）十二月，拜同中书门下平章事、史馆大学士。熙宁七年（1074年）第一次罢相，次年又复职。熙宁九年（1076年）第二次罢相，从此闲居江宁（今江苏南京），不再复出。元丰八年（1085年）三月，神宗卒，年仅9岁的哲宗赵煦即位，高太后垂帘听政，启用司马光为相，陆续废除了此前颁行的各项变法措施。哲宗元祐元年（1086年）四月六日，王安石在忧愤中病逝，享年66岁，谥号文，赠太傅。

王安石是中国历史上颇具争议的变法人物，他好言《周礼》，崇拜管（仲）、商（鞅），非议孟（柯）、韩（愈），以理财改制为理想，主张强化中央集权，摧抑兼并，调控商贾，富国强兵，有法家倾向。反对他的人将其贬得一无是处，认为他固执己见，听不进不同意见，排斥君子，重用小人，头会箕敛②，与民争利，甚至将宋朝的灭亡也归罪于"熙宁变法"留下的后遗症；支持他的人则赞赏他有定见、有魄力、勇于开拓、敢于担当的君子风范，指斥污蔑贬低他的人都是势利小人，别有用心。贬低他的人以司马光、朱熹等宋代思想家为主，赞赏他的人以梁启超、胡适等近现代思想家为主。无论哪党哪派，对王安石的执政理念和变法措施虽有争议，但对其文学成就则普遍持肯定态度。"熙宁变法"虽然最终以失败告终，但其持续时间长达近20年，与"庆历新政"不

---

① 《宋史》卷327《王安石传》。
② 指按人头征税，用畚箕装取所征的谷物，形容赋税苛刻繁重。

到一年就灰飞烟灭相比，其社会影响无疑是深远的，而且越到后世，对其积极评价越多。革命导师列宁曾称"王安石是十一世纪中国的改革家"。

二、王安石税收思想的主要内容

王安石的税收思想是其治国理政思想的重要组成部分，本书将其提炼归纳为以下四个方面。

1. 主张以义理财，变法图强

先秦以来，在中国历史上一直存在着言义派与言利派之争，王安石大胆突破重义轻利的传统儒家思想，旗帜鲜明地站在重义不轻利的一边，提出了义利结合、"以义理财"的新颖主张。他指出："利者义之和，义固所以为利也。"① "政事所以理财，理财乃所谓义也。一部《周礼》，理财居其半，周公岂为利哉？奸人者，因名实之近，而欲乱之，以眩（迷惑）上下，其如民心之愿何？"② "夫合天下之众者财，理天下之财者法，守天下之法者吏也。吏不良则有法而莫守，法不善则有财而莫理。有财而莫理，则阡陌闾巷之贱人，皆能私取予之势，擅（独占）万物之利，以与人主争黔首（众庶），而放（放纵）其无穷之欲，非必贵强桀大而后能。如是，而天子犹为不失其民者，盖特号（徒有虚名）而已耳。虽欲食蔬衣敝，憔悴其身，愁思其心，以幸（盼望）天下之给足而安吾政，吾知其犹不得也。然则善吾法而择吏以守之，以理天下之财，虽上古尧、舜犹不能毋（不）以此为先急，而况于后世之纷纷乎？"③ "夫闵（悯）仁百姓，而无夺其时，无侵其财，无耗其力，使其无憾于衣食，而有以养生丧死，此礼义廉耻之所兴，而二帝三王诚敕百工诸侯之所先（重），后世不可以忽者也。"④ "盖聚天下之人不可以无财，理天下之财不可以无义。夫以义理天下之财，则转输之劳逸不可以不均，用度之多寡不可以不通，货贿之有无不可以不制，而轻重敛散之权不可以无术。"⑤

王安石对义利关系的全新解释遭到了保守派势力的强烈反对，他们借变法过程中的瑕疵群起而攻之，指责王安石离经叛道、急功近利。如司马光等人就讽刺他"天变不足惧，人言不足恤，祖宗之法不足守！"⑥ "善理财者，不过头会箕敛尔。"⑦ "侵官、生事、征利、拒谏，以致天下怨谤也。"⑧ 范仲淹之子范纯仁也说："今乃效桑弘羊均输之

---

① 《续资治通鉴·宋纪·神宗四年正月条》。
② 《王安石集·答曾公立书》。
③ 《王安石集·度支副使厅题壁名记》。
④ 《王安石集·诫励诸道转运使经画财利宽恤民力制》。
⑤ 《王安石集·乞制置三司条例》。
⑥ 《宋史》卷327《王安石传》。
⑦ 《宋史》卷336《司马光传》。
⑧ 《王安石集·答司马谏议书》。

法，而使小人为之掊克（搜刮）生灵，敛怨基（积、聚）祸。王安石欲求近功，忘其旧学，尚法令则称商鞅，言财利则背孟轲，鄙（轻蔑）老成为因循，斥公论为流俗，……宜速还言者（谏诤之臣）而退安石，以答中外之望。"①王安石对这些诘难作了严词批驳，他说："人言固有不足恤者，苟当于义理，何恤乎人言！至于祖宗之法不足守，则固当如此。且仁宗在位四十年，凡数次修敕，若法一定，子孙当世世守之，祖宗何故屡变也？"②"受命于人主，议法度而修之于朝廷，以授之于有司，不为侵官；举先王之政，以兴利除弊，不为生事；为天下理财，不为征利；辟邪说，难壬人（责难佞人），不为拒谏。至于怨诽之多，则固前知其如此也。"③"桑弘羊笼天下货财以奉人主私用，乃可谓兴利之臣。今抑兼并，振困弱，置官理财，非以佐私欲，安可谓兴利之臣乎？"④王安石还对有人借自然灾害频发来攻击变法违背天意、不得人心作了理直气壮的抗辩，他说："人君固辅相天地以理万物者也，天地万物不得其常，则恐惧修省，固亦其宜也。今或以为天有是变，必由我有是罪以致之；或以为灾异自天事耳，何豫（关）于我，我知修人事而已。盖由前之说，则蔽而葸（畏惧）；由后之说，则固（固执、顽固）而怠。不蔽不葸、不固不怠者，亦以天变为已惧，不曰天之有某变，必以我为某事而至也，亦以天下之正理考吾之失而已矣。"⑤

2. 主张"因天下之力以生天下之财，取天下之财以供天下之费"

"因天下之力以生天下之财，取天下之财以供天下之费"是王安石进行经济改革的基本方针，也是其赋税思想的核心。他在经济改革方面取得的诸多积极成果，都与贯彻这一基本方针有直接关系。他指出："因天下之力以生天下之财，取天下之财以供天下之费，自古治世未尝以不足为天下之公患也，患在治财无其道耳。今天下不见兵革之具，而元元安土乐业，人致己力，以生天下之财，然而公私常以困穷为患者，殆（大体）以理财未得其道，而有司不能度世之宜而通其变耳。诚能理财以其道而通其变，臣虽愚，固知增吏禄不足以伤经费也。"⑥"方今之所以穷空（困），不独费出之无节，又失所以生财之道故也。富其家者资之（依赖于）国，富其国者资之天下，欲富天下，则资之天地。盖为家者，不为其子生财（不是专为子女生财），有父之严而子富焉，则何求而不得？今阖门（关起门来）而与其子市（交易、算计），而门之外莫入焉，虽尽得子之财，犹不富也。盖近世之言利虽善矣，皆有国者资（利用）天下之术耳，直相市于门之内而已，此其所以困与（欤）？"⑦可见，王安石对生财、聚财、用财三者的关系有比较清醒的认识。他认为，发展生产才是增加财富总量的关键，仅在分配和流通领域

---

① 《续资治通鉴·宋纪》。
②④ 《续资治通鉴》卷六十七《宋纪六十七》。
③ 《王安石集·答司马谏议书》。
⑤ 《王安石集·洪范传》。
⑥ 《王安石集·上仁宗皇帝言事书》。
⑦ 《王安石集·与马运判书》。

打转转，是不可能富民强国的。生财是本，聚财和用财是末。只有先生财，才能聚财和用财。只有合理地聚财和用财，才能为更多地生财创造有利条件。这种以生财为主，将生财、聚财、用财融为一体的思想，是对财税与经济关系的科学阐释，也是"熙宁变法"思想的精华所在，具有重大的理论和实践意义。

王安石"因天下之力以生天下之财，取天下之财以供天下之费"的理财思想在其推行的各项变法措施中均有不同程度的体现。

在熙宁二年（1069年）九月颁行的青苗法中，王安石规定：国家从各路常平、广惠仓本钱中，抽出1400万贯作为国家贷款基金，各州县可在每年夏、秋两收之前，青黄不接之时，本着自愿原则，贷放给百姓，以解燃眉之急，扶助农业生产，次年收获时还给政府，并加收20%的利息。这一政策以官方融资取代民间高利贷，既有帮助农民解决农业生产中的临时性资金困难、减轻民负、促进农业生产发展的积极意义，也有打击豪强兼并、抑制高利贷盘剥、防止百姓因灾因债流离失所的积极意义。同时，丰厚的利息收入还能保持股本的完整，弥补税收收入的不足，相对减轻农民的税收负担。

在熙宁二年十一月颁布的农田水利法中，王安石除分遣各路常平官专管农田水利事宜外，还规定：凡吏民能提出有效的土地垦殖办法，以及指出陂塘、圩埠、堤堰、沟渠等利弊，行之有效的，均按功大小予以奖励、录用或晋升。各州县要查明荒田、待修浚的河道、沟渠，绘制图册，提出开垦、修浚的办法上报。各项水利工程均由国家兴办，私人愿意修建的，也予以鼓励，有困难的，准其借用常平钱谷，或由官府出面调停，令富人以官息向贫民贷款。凡由私人出资兴修的水利工程，官府按其业绩大小给予酬赏。另外，还鼓励百姓耕植逃田，并规定种植桑柘不增赋税。水利事业的大发展，对提高农业抗御自然灾害的能力、提高单位面积产量、增加农民收入都是十分有利的。开垦荒地而不增税，也有利于调动农民垦荒的积极性，扩大可耕地面积，相对减轻农民的税收负担，并在不提高税率的情况下，增加国家的赋税收入，一举数得。

在熙宁三年（1070年）颁行的免役法中，王安石将宋初实行的按户等和丁口多少轮流充役的差役法改为募役法或雇役法，以解决差役法所存在的徭役不均、徭役繁重、人为逃役等弊端。具体内容包括：一是过去法当出役的民户，一律按户等出钱，称为免役钱；二是过去法当免役的民户，如未成丁户、单丁户、女户、寺观、品官之家等，也按资产分等出钱，称助役钱；三是在免役钱、助役钱的基础上，另外加收总钱数的20%，以备水旱灾荒，称免役宽剩钱。将差役制改为募役制，无疑有利于减轻职役对百姓的人身束缚；有利于鼓励百姓归农，集中精力发展农业生产；大批免役户和逃役户普遍出钱，也有利于大大减轻原出役户的徭役负担。在谈到实行新役法的目的时，王安石指出："举天下之役，人人用募；释（释放）天下之农，归于畎亩。""免役之法成，则农时不夺，而民力均矣。"① "虽均敷（摊）雇直（值），不能不取之民，然民得一意田

---

① 《王安石集·上五事札子》。

亩，实解前日困弊。"从实践来看，新役法的实施给朝廷带来了丰厚的财政收入。史载："（元丰）七年（1084年），天下免役缗钱岁计一千八百七十二万九千三百……较熙宁所入多三分之一。"①

熙宁三年（1070年）十二月和熙宁五年（1072年）五月，王安石还分别颁行了保甲法和保马法，前者主要是为了维护社会治安、打击犯罪而建立的一种联防联保的村社管理制度，王安石曾评价说："保甲之法成，则寇乱息，而威势强矣。"②后者则是通过政府出钱资助、鼓励农民和五路义勇积极养马，以壮大民力、追捕盗贼和培育民间军事力量的一种措施。对主动养马者，政府除给予一定的经济补偿，还给予一定的赋税减免。

3. 主张榷制兼并，均济贫乏

宋朝建立之后，实行"不抑兼并"的政策，还通过"赐田""免赋""免役"等手段，将国家的土地和财政收入让渡给大地主和豪强官吏，由此加剧了社会的两极分化和贫富不均，激化了社会矛盾，也影响了国家赋税收入的稳定增收。王安石久居官场，深知此弊，所以旗帜鲜明地提出了"榷制（摧抑）兼并，均济贫乏"③的主张。他说："孔称均无贫，此语今可取。譬欲轻万钧，当令众人负。"④"理财以农事为急，农以去其疾苦、抑兼并、便趋农为急。"⑤在《兼并》一诗中，他写道："三代子（抚育）百姓，公私无异财。人主擅（独）操柄，如天持斗魁。赋予皆自我，兼并乃奸回（奸邪）。奸回法有诛，势亦无自来。后世始倒持，黔首遂难裁（制、治）。秦王不知此，更筑怀清台。礼义日已偷，圣经（经典）久埋埃（蒙尘）。法尚有存者，欲言时所咍（咳、讥）。俗吏不知方，掊克（搜括）乃为材。俗儒不知变，兼并可无摧。利孔至百出，小人私阖开（开关）。有司与之争，民愈可怜哉。"⑥

"抑兼并、均贫乏"是王安石变法思想的核心内容之一，它贯穿于所有的赋役改革之中，力求从地主豪强手中分割部分权益，以弥补财政亏空，同时也使中小地主和自耕农民得到一些好处。如在实行青苗法时，他不仅要求各州县政府既要向普通百姓提供钱粮借贷，还要向不需要贷款的大地主、大豪绅强制性地提供贷款，以收取利息，并达到抑兼并、打击高利贷、稳定谷价、保护农业生产和增加国家财政收入的目的；在实行农田水利法时，他责令富户同百姓一样分摊工料费，甚至令富户以官息贷款给贫弱之户；在保甲法中，他要求财力最雄厚、物产最多的上等户要担任保长、保正，在治安巡逻、追捕盗贼、维护一方平安中承担更多的责任；在保马法中，将三等以上的富户十户编为一保，四等以下的贫户十户编为一社，以便对病毙之马进行经济补偿。保

---

① 《宋史》卷177《食货上五·役法上》。
② 《王安石集·上五事札子》。
③ 《宋史纪事本末·王安石变法·熙宁二年二月条》。
④ 《王安石集·酬王詹叔奉使江南访茶利害》。
⑤ 《续资治通鉴长编卷二百二十》。
⑥ 《王安石集·古诗·兼并》。

户马死,损失由保户全部承担;社户马死,由社户补偿一半,其余由官府承担。在实行免役法时,他提出了"九州之民,贫富不均,风俗不齐,版籍之高下不足据。今一旦变之,则使之家至户到,均平如一。"①的原则,并规定:原来的免役户均应按户等高低、财产多寡缴纳助役钱和免役宽剩钱,这样就使免役户大大减少,相应减轻了应役户的徭役负担;而雇值均摊,又避免了此地与彼地之间徭役畸轻畸重的现象,从而有利于百姓安土重迁、专心务农,防止因赋役繁重、赋役不均而出现人口在地区之间不合理流动的现象。

"方田均税法"是王安石变法的又一重大举措,它起源于大理寺丞郭谘和秘书丞孙琳在肥乡县的成功实践,得到时为翰林学士的欧阳修的大力支持,在仁宗朝得到积极推广,但终因州县官吏只重增税而轻视均税和减税,招致民怨沸腾而中止。王安石当政后,他把"方田均税法"视为"抑兼并、均贫乏"的好办法,于熙宁五年(1072年)八月颁布了司农寺制定的《方田均税条例》,开始大刀阔斧地往前推进。具体做法是:(1)以方(纵横一千步为一方)为单位而不是以每家每户的土地边界为依据,对现有土地进行批量化的丈量,以建立新的土地簿籍;(2)以现在租税数为定额,按土地等级确定税率,将一县之税合理分摊到各方田之中。采用这种"认田不认人"的新法丈量土地之后,豪强势要之家的隐田和占田全部被清理了出来;而按方征税,那些有田无税、有税无田的状况也全部暴露出来,为追缴欠税、逃税和删除无田之租提供了依据,在不改变土地占有关系的前提下达到了抑制土地兼并、相对减轻百姓税收负担的作用。据史料记载,至元丰八年(1085年),丈量的土地达2 484 340余顷,虽仅占应丈量土地的一半左右,但经过丈量的土地,"步亩高下丈尺不可隐""升合尺寸无所遗""以卖买,则民不能容其巧;以推收,则吏不能措其奸。"②产生了十分可观的经济和社会效益。当然,这种新的土地丈量法和税赋分摊法毕竟触犯了豪强势要之家的既得利益,因而遭到他们的激烈反对和顽强抵制,断断续续持续了13年,终被废止。

4.主张放管结合,变通天下之财

关于通商与管理的关系,在"庆历新政"时期就已作为重大问题提了出来。如当时的李觏就曾指出:"与众同利则利良民,不与众同利则利凶人,凶人嗜利,盗之所由兴也。山海之货积在商贾久矣,而曰属之吏,属之吏则众不得错(措)手足,法重矣。"他希望官府"弛其禁,达其利。"③欧阳修也曾指出:"夺商之谋益深,则为国之利益损。……利不可专,欲专而反损",要求"与商贾共利"。④即李觏、欧阳修主张完全放开工商业经营,反对国家与民争利。王安石在大力发展工商业、以变通天下之财方

---

① 《王安石集·上五事札子》。
② 《宋史》卷174《食货上二·方田》。
③ 《李觏集·释禁》。
④ 《欧阳修集·通进司上书》。

面，与他们的思想有共通之处。如他曾提出"因天下之力以生天下之财，取天下之财以供天下之费"的主张，并以"将欲取之必先予之"的古训批评那些聚敛之臣是"尽财利于毫末之间，而不知与之为取之过也。"①但在具体做法上，王安石又与李觏、欧阳修等人不完全相同，他主张根据不同行业的具体情况，采取有放有管、放管结合的区别对待政策。即有的采取完全通商的办法，有的采取半通商（官商共同经营）的办法，有的采取国家垄断经营的办法。官府可以灵活运用经济、行政、法律等手段对商业活动进行必要的管理、干预、调节和控制，以消除自由放任带来的种种弊端，引导其健康发展。比如，他指出："治市之货财，则亡（无）者使有，害者使除；市之不售，货之滞于民用，则吏为敛之，以待不时而买者。凡此非专利也。""货贿之有无不可以不制，而轻重敛散之权不可以无术。……稍收轻重敛散之权，归之公上，而制其有无，以便转输，省劳费，去重敛，宽农民，庶几（大体、或许）国用可足，民财不匮矣。"②在阐释孟子"市廛而不征，法而不廛"一语的含义时，他说："廛而不征者，赋（征）其市地之廛（租），而不征其货；法而不廛者，治之以市官之法，而不赋其廛。或廛而不征，或法而不廛，盖制商贾者恶其盛，盛则人去本者众；又恶其衰，衰则货不通。故制法以权之，稍盛则廛而不征，已衰则法而不廛。文王之时，关讥而不征，及周公制礼，则凶荒札丧，然后无征，盖所以权之也。"③即工商业不可以过度繁荣，否则人们会竞相弃本逐末；工商业也不能过于萧条，否则财货会不通畅。所以古人制定市场管理方面的法律制度，以对工商业的发展进行调节、干预和控制。在其开始繁荣时，只收其房租而不征其货税；当其过于萧条时，只检查而不收其房租，以促进工商业平稳健康发展。他还说：周文王时期，关市只检查不征税，到周武王时期，周公制定礼乐制度，遇凶荒之年，连农业税也免予缴纳，这都是运用法律制度管理经济活动的表现。王安石关于运用法律、行政和税收等手段适度干预工商业的思想虽有师古之意，但他能对这一问题认识得如此透彻，并在实践中灵活运用、加以发展，却非古人所比。

王安石"放管结合，变通天下之财"的思想在盐、茶、酒、商税等方面得到了较充分的体现。

对于盐课，他主张"榷法不宜太多"，应以通商为主。至于到底应采取榷法，还是应采取通商法，应视具体情况而定。解盐原行通商法，现改为官专卖，京西则通行通商法，有些地区则又实行扑买制。衡量何种办法好的标准就是是否便民、增赋、有利于盐的煎制和运销。他主张严禁私盐，他说："今宜制置煎盐亭户及差盐地人户督捕私贩，般（搬）运以时，严察拌和（掺杂），则盐法自举，毋（勿）事改制。"④但又反对官府向吏、民索钱，以此钱悬赏，以捕私盐。他说："海旁之盐虽日杀人而禁之，势不止也。今重诱之使相捕告，则州县之狱必蕃，而民之陷刑者将众。无赖奸人将乘此势，于海旁

---

① 《王安石集·议茶法》。
② 《王安石集·乞制置三司条例》。
③ 《王安石集·答韩求仁书》。
④ 《宋史》卷176《食货下四·盐中》。

渔业之地搔动艖（骚扰渔民）使不得成其业，艖户失业则必合而为盗贼，杀以相仇者，此不可不以为虑也。"① 同时，他还反复强调：向吏、民索钱，吏民无钱可出，使其鬻钱以应债，最终逼迫其破产失业，此"非所以为政也"；以所得之钱奖赏那些无赖告讦之人，也是伤风败俗之事，"又非所以为政也"；国家不得已而禁私盐，现在又过于苛重，将有失百姓之心，"非所以为政也"。②

对于茶课，王安石论述较多，其中心思想是主张实行通商法，但对富商巨贾垄断茶利的行为要加以限制和打击。他指出："国家罢榷茶之法，而使民得自贩，于方今实为便，于古义实为宜，而有非之者，盖聚敛之臣，将尽财利于毫末之间，而不知与之为取之过也。夫茶之为民用，等于米盐，不可一日以无。而今官场所出，皆粗恶不可食，故民之所食，大率皆私贩者。夫夺民之所甘，而使不得食，则严刑峻法有不能止者，故鞭扑流徙之罪未常少弛，而私贩私市者亦未尝绝于道路也。既罢榷之之法，则凡此之为患，皆可以无矣。"实行通商法，虽然可能在短期内减少国家财政收入，但可使"本盛而末衰"，最终将使天下之财用不胜用，又何必斤斤计较茶课的损失呢？③ 不过，对茶实行通商法后，可能出现的富商巨贾垄断茶利问题，他也有清醒的认识。在《茶商十二说》中，他详细陈述了茶商垄断茶利所带来的12项弊害，即"饶减之损""陷税之损""退额之损""力禁之损""远萃之损""堆积之损""分重之损""非己之损""烦刑之损""剡本之损""削民之损""刻士之损"，归纳起来就是：影响茶叶生产、影响产品质量、影响市场销售、影响税收收入、浪费国家的人财物力，徒增百姓犯罪机会等。最后得出结论："其为害广也如此，不可不去也。"④ 既然其危害这么大、这么广，就不能不管不问、任其泛滥了。言下之意要运用包括税收在内的多种手段加以限制和打击。

对于酒，王安石实行扑买之制，即私人酿造，官府统购统销。对于金、银、铁和铜等矿产品，一律开禁，百姓可以自由开采和鼓铸，但须向政府纳税。

在商税管理方面，王安石取消了以前各商行按照经营内容向官府供应日用品的制度，将其改为向官府缴纳免行钱的制度，这对免除官府对各商行的扰害、促进商品流通、保护商户合法权益、增加商税收入、补充官吏俸禄不足具有积极意义。熙宁六年（1073年），这一制度首先在肉行开始推行，以后推广到了商业各行业。

除此之外，王安石还于熙宁二年（1069年）七月和熙宁五年（1072年）分别颁布了两项政府直接参与和制约商品流通的法律：均输法和市易法。前者是针对原中书省及三司消极保守、不善理财所带来的种种弊端而采取的一项重大改革措施，其具体内容，王安石在《乞制置三司条例》疏中作了详细说明："臣以谓（以为）发运使总六路之赋入，而其职以制置茶、盐、矾税为事，军储国用多所仰给，宜假以钱货，继其用之不给，使

---

① ② 《王安石集·上运使孙司谏书》。
③ 《王安石集·议茶法》。
④ 《王安石集·茶商十二说》。

周知六路财赋之有无,而移用之。凡籴买税敛上供之物,皆得徙贵就贱(都必须离开价钱高的地区而到价钱低的地区购买)、用近易远(并用路程近的地区代替路程远的地区),令在京库藏年支见在之定数所当供办者,得以从便变卖,以待上令。稍收轻重敛散之权,归之公上,而制其有无,以便转输,省劳费,去重敛,宽农民,庶几国用可足,民财不匮矣。"①即由转运使统管六路赋税收入,经办茶、盐、矾税的征管事宜。因军储国用多所依赖,所以应提供给他们一笔周转金,在其用度不济时,可以根据需要和六路财赋的有无灵活调配使用;其次,对于各州郡籴买税敛上供之物品,应在掌握各地市场行情的基础上,依据"徙贵就贱、用近易远"的均输原则,将中央不需要的供品运到价高地区出售,而中央需要的物资则到低价地区去购买。同时根据京师仓库历年储用情况,在定额范围内从便买进卖出,以保证朝廷用度,减少损失浪费;第三,将过去完全放开的价格政策和货币政策适当收回,由中央控制,以平衡货物的有无,方便运输,节省运费和徭役,去除对百姓的重敛,减轻对农民的盘剥。如果能这么做,用不了几年,国家财政就可充裕,百姓也不会贫穷。总括起来说,就是:"掌经画邦计,议变旧法,以通天下之利。"②后者则是为了调节市场供求,平抑市场物价,疏通市场流通渠道,打击商贾囤积居奇,以变通天下之财货而采取的一项重要改革举措。具体做法是:在汴京(今河南开封)设市易司(类似于今天的商务部、厅、局),由其负责分析、统计和估定市场物价;货物滞销时平价收购,货物短缺时平价卖出,售主也可易(换)取官物;向资金临时紧缺的商贩提供官钱借贷或赊售货物,定期收回,收取一定的利息,以壮大股本。王安石曾对市易法的推行寄予厚望,他说:"市易之法成,则货贿通流,而国用饶矣。"③

三、对王安石变法及其税收思想的简要评述

1. 对王安石变法的简要评述

北宋奉行重文轻武、不抑兼并的治国方略,一方面取得了与民休息、经济和文化高度繁荣的辉煌成就,另一方面也背上了"三冗"泛滥、因循苟且、内忧外患不断加剧的沉重包袱。面对困局,一批有识之士轮番呼吁,打破"祖宗家法不能变"的藩篱,救国救民于水火。范仲淹、王安石就是其中的佼佼者,他们在仁宗朝和神宗朝分别领导了轰轰烈烈的"庆历新政"和"熙宁变法",给死水一潭的北宋王朝吹来了一股变法图强的新风,受到世人的崇敬。但在皇权专制制度无法根本动摇的前提下,他们的改革也不可避免地受到保守势力的强烈阻击,而陷入失败的窠臼。不过,改革的号角既然已经吹响,它的冲击波就不可能轻易平息。比较这两次相隔不远的改革,我们可以清楚地看到

---

① 《王安石集·乞制置三司条例》。
② 《宋史》卷161《职官一》。
③ 《王安石集·上五事札子》。

它们之间的逻辑契合点。概括起来，二者的相同点主要表现在：①背景相同。即土地兼并严重；农民起义此起彼伏；冗官、冗兵、冗费加剧财政困难；北辽和西夏威胁北宋安全。②目的相同。巩固统治，富国强兵，挽救危机。③作用相同。都触动了保守势力的既得利益。④结果相同。旧势力顽强抵抗，统治者犹豫动摇，改革归于失败。⑤性质相同。都是对封建社会内部尖锐矛盾的调适。二者的不同点主要表现在：①中心不同。"庆历新政"的中心是整顿吏治，"熙宁变法"的中心是为国理财。②措施不同。"庆历新政"主要在政治上，如严格官吏升迁考核制度，严肃中央政令，取信于民等；"熙宁变法"主要在经济和文化上，包括理财、军事、取士等。③改革程度不同。"庆历新政"属于局部改革，"熙宁变法"属于全面改革。④失败原因不同。"庆历新政"触犯了大官僚大地主的利益，加之改革派内部不团结，被反对派利用，导致君臣失信，因而失败；"熙宁变法"由于反对派势力过于强大，改革领域广泛，改革举措激进，用人不当，出现了一些危害百姓的现象，因而失败。⑤影响不同。"庆历新政"对缓和社会矛盾起了一定作用，但由于时间太短（不到2年），作用不大。"熙宁变法"时间较长[①]，在一定程度上扭转了国家积贫积弱的局面，为后世重启改革留下了巨大空间。

就两人的个性特点而言，范仲淹为长辈，王安石为晚辈，两人年龄相差32岁。范仲淹德高望重，人缘关系较好；王安石资历浅，缺少政治上的可靠盟友，就连他最初重用的吕惠卿等人最终也背叛了他。范仲淹儒家色彩较重，改革措施比较温和；王安石法家色彩较重，改革措施比较激进。范仲淹的最高官职是参知政事（副宰相），王安石的最高官职是中书门下平章事（宰相）。范仲淹因党争引起的君臣嫌疑而被迫退出执政地位，王安石则因神宗改革意志不坚定而主动退出执政地位。范仲淹对改革的复杂性和艰巨性认识不足，王安石则"明知山有虎，偏向虎山行"，有一种英勇顽强的可贵品质。范仲淹和王安石晚年都隐居家乡，淡薄名利，但范仲淹一直保持了忧国忧民的醇儒本色，王安石则看破红尘，醉心佛老，堕入空门不能自拔。范仲淹和王安石都是古文运动的领袖，但王安石的文学成就远大于范仲淹，因而获得了"唐宋散文八大家"之一的殊荣。范仲淹的名篇是《岳阳楼记》，王安石的名篇是《伤仲永》。

北宋著名思想家和政治家司马光与王安石同朝为官，早期是好友，变法期间则是政敌，关于他们二人之间的关系将在下一篇重点介绍，此不赘述。

2.对王安石税收思想的简要评述

王安石的税收思想是其治国理政思想的重要组成部分，本书将其提炼归纳为四个方

---

① 王安石自熙宁二年（1069年）二月开始主持变法，至熙宁九年（1076年）十月第二次辞相，判江宁府，时长8年。但王安石辞相后，改革依然继续进行，直至元丰八年（1085年）神宗去世。哲宗赵煦继位时年仅10岁，高太后垂帘听政，以司马光为相，全盘否定王安石变法。元祐八年（1093年），高后去世，哲宗亲政，他启用章惇、曾布等革新派，对阻碍变法的元祐党人进行了斩草除根式的沉重打击，把他们纷纷流放到岭南蛮荒之地，且永不赦回，其中就包括苏轼、苏辙二兄弟，已死去的司马光也被夺谥、砸碑、追贬，同时陆续恢复王安石的变法措施。如果从熙宁二年（1069年）王安石开始主持变法算起，至元符三年（1100年）正月哲宗病逝，时长32年。扣除高氏听政8年，王安石变法的持续时间达24年。

面,包括:(1)以义理财,变法图强。即主张义利统一,义者利之和或利者义之和。只要有利于发展工农业生产,有利于减轻民众负担,有利于增加国家财政收入,有利于减少财力浪费,理财就不违背大义,不必讳言;(2)因天下之力以生天下之财,取天下之财以供天下之费。即主张生财为本,聚财、用财为末,理财应优先搞活经济,只有经济发展了,财力才会雄厚,在此基础上增加财政收入、扩大财政支出,既有基础也不为过;(3)权制兼并,均济贫乏。即主张运用方田均税法、募役法、保马法等措施均衡豪强与贫民的税收负担;(4)放管结合,变通天下之财。即主张以通商贾为主,大力搞活商品流通,在此基础上,有重点地运用行政、法律和税收手段,调节市场供求,打击商贾垄断,增加国家财政收入。以上四个方面是相互关联的有机整体。其中第一条讲理财的性质,第二条讲理财的途径,第三条讲税负公平,第四条讲运用商业化手段理财。总体来看,王安石变法是深谋远虑的,取得的成效是十分显著的,影响也是十分深远的。尽管变法措施也存在许多不尽如人意的地方,实施效果与变法初衷也有较大差异,被以司马光为代表的反对派全盘否定,但因为它对富国强兵、强化中央集权、削弱西夏、北辽对北宋的侵蚀和威胁、抑制豪强兼并有利,所以在以后的岁月里又陆续得到了恢复和加强。

任何改革都会触动既有的利益格局,实现利益的再分配,这就不可避免地受到既得利益者的强烈反对和抵制,何况在一个法治不健全、民主自由人权平等更无从谈起的时代背景下,要通过大刀阔斧的改革来解决社会的种种沉疴顽疾,几乎比登天还难。和历朝历代改革者一样,王安石也不可能逃脱这个历史定律。无论王安石在世时还是王安石死后,都有不少人对王安石变法持全盘否定态度,有些人甚至把宋朝的灭亡归咎于王安石变法,但也有不少思想家、政治家、改革家、理财家勇敢地站出来为王安石正名辩护。其中最具代表性的当属民国时期的伟大思想家、改革家梁启超,他在《王安石传》中对王安石变法的来龙去脉、历史价值、积极成果和遭受挫折的原因作了详细的考证分析,对《宋史》中存在的诸多违背历史事实、故意抹黑王安石形象、全盘否定王安石变法历史功绩的做法进行了大胆的揭露和批判,对我们重新认识和评判王安石及其变法的是非功过具有重要参考价值和启示意义。

主要参考文献:

《唐宋八大家——王安石集》。

《宋史》卷327《王安石传》。

《王安石评传》,张祥浩、魏福明著,南京大学出版社2006年版。

《王安石年谱三种》,[宋]詹大和、蔡上翔等撰,裴汝诚点校,中华书局1994年版。

司马光

一、司马光生平简介

司马光（1019—1086），字君实，号迂叟，陕州夏县（今山西夏县）涑水乡人，世称涑水先生。北宋中期著名思想家、政治家、史学家，"元祐更化"领袖。历真宗、仁宗、英宗、神宗、哲宗五朝。其先祖据称是司马懿之弟安平献王司马孚。高祖司马林、曾祖司马政五代时为避政治混乱、社会动荡而不仕，但"皆以气节闻于乡里"。祖父司马炫，宋初进士，曾任秘书省校书郎、知耀州富平（今陕西富平县）县事。父司马池（979—1041），景德二年（1005年）进士，"以文学行义事真宗、仁宗，为转运使、御史知杂事、三司副使，历知凤翔（今陕西凤翔县）、河中（今山西永济县）、同（今陕西大荔县）、杭（今浙江杭州）、虢（今河南灵宝县）、晋（今山西临汾县）六州，以清直仁厚闻于天下，号称一时名臣。"[①]

司马光少年聪惠好学，尤喜揣摩《左氏春秋》等儒家经典；性格沉稳内向，不好奢华。20岁中进士，33岁升集贤校理，43岁迁起居舍人，同修起居注、同判尚书礼部、同知谏院、判检院、权判国子监，47岁为龙图阁直学士、右谏议大夫、判流内铨兼侍读。49岁为右谏议大夫、翰林学士、知制诰兼侍读学士，权知贡举，权御史中丞。53岁因激烈反对王安石变法而被迫离京，以端明殿学士兼翰林侍读学士、右谏议大夫权判西京留司御史台，不久改为提举西京崇福宫。在此后的十几年里，闲居洛阳，专心著书，66岁这年圆满完成宏篇巨著《资治通鉴》，为后世留下了一份厚重的历史文化遗产。元丰八年（1085年）三月初，哲宗即位，年已67岁的司马光奉诏回京，以资政殿学士、通议大夫、门下侍郎身份主持朝政，开始清除王安石变法带来的不良影响，始称"元祐更化"。哲宗元祐元年（1086年），68岁的司马光身患重疾，无法正常工作，只能告假休养，

---

① 《苏轼集·司马温公行状》。

九月初一日病逝于家中,与同年四月六日病逝的王安石相隔不到五个月。司马光死后,朝廷以最高礼遇追赠他为太师、温国公,赐以"文正"谥号和一品礼服安葬,哲宗赐手书"忠清粹德"碑额,以示崇敬。司马光一生无子,过继兄司马旦之子司马康为后。

司马光的知己和政治盟友苏轼在评价其一生的品德和业绩时写道:"公忠信孝友,恭俭正直,出乎天性。自少及老,语未尝妄,其好学如饥渴之嗜饮食,于财利纷华如恶恶臭,诚心自然,天下信之。退居于洛,往来陕郊,陕洛间皆化其德,师其学,法其俭。……博学无所不通,音乐、律历、天文、书数,皆极其妙。晚节尤好礼,为冠婚丧祭法,适古今之宜。不喜释、老,……不事生产,买第洛中,仅庇风雨。有田三顷,丧其夫人,质田以葬。恶衣菲食,以终其身。自以为遭遇圣明,言听计从,欲以身徇天下,躬亲庶务,不舍昼夜。……既没,其家得遗奏八纸,上之,皆手札论当世要务。京师民画其像,刻印鬻之,家置一本,饮食必祝焉。四方皆遣人购之京师,时画工有致富者。"①苏轼还深情描述了司马光死后万人空巷、表达哀思的动人场面:"公薨,京师之民罢市而往祭,鬻衣以致奠,巷哭以过车者,盖以千万数。上命户部侍郎赵瞻、内侍省押班冯宗道,护其丧归葬。瞻等既还,皆言民哭公哀甚,如哭其私亲。四方来会葬者,盖数万人。而岭南封州父老相率致祭,且作佛事以荐公者,其词尤哀。炷(燃)香于手顶以送公葬者,凡百余人;而画像以祠公者天下皆是也。此岂人力也哉,天相之也!匹夫而能动天,亦必有道矣。非至诚一德,其孰能使之?"②

二、司马光税收思想的主要内容

早在仁宗末年担任度支员外郎和天章阁待制、起居舍人、知谏院兼侍讲期间,司马光就已经形成了较系统的弊政改革思想和具体方案,其中关于理财问题的讨论是其核心内容之一。在嘉祐七年(1062年)七月所上《论财利疏》中,司马光向仁宗详细分析了北宋朝廷内虚外困的严峻财政形势,并提出了"随材用人而久任之,养其本原(源)而徐取之,减损浮冗而省用之"的救弊之术。在同月所上的《上殿劄子》中,他将其对策建议浓缩为下面一段话:"今公私财用率皆穷窘,专奉目前经费,犹汲汲不足,万一有大水大旱,饥馑相仍,戎狄侵边,盗贼群起,发兵诛讨,不时克(能)定。仓库已空,百姓又竭,其忧患不细(小),必当早为之谋,以救斯弊。乞随才用人,使久于其任;务农通商,以蕃息财物;节省赐予,裁损浮费。又以宰相领总计使之职,凡天下金帛钱谷属于三司、不属三司者,总计使皆领之。岁终则校(较)其出入之数,若入少而出多,则思其所以救补之术,奏而行之。常使岁余三分之一,以备饥馑、军旅非常之费。其内外钱谷官之长,皆委总计使察其能否,考其功状,以奏而诛赏之。此诚当今之

---

① 《苏轼集·司马温公行状》。
② 《苏轼集·司马温公神道碑》。

急务。"① 这里提到的集中财权、用人贵久、开源节流等改革主张在以后的各种奏议和讨论中得到了进一步的丰富和发展，但其核心思想即使在"熙宁变法"和"元祐更化"时期也没有发生根本性变化。所以我们对司马光税收思想和政策主张的归纳总结也就以此为主要依据。

1. 主张利权统一，量入为出

司马光说："昔舜举八恺②，使主后土，奏庶艰食③，贸迁有无，地平天成，九功④惟叙。《周礼》冢宰以九职、九赋、九式、九贡之法治财用。唐制以宰相领盐铁、度支、户部。国初亦以宰上都（统领）提举三司、水陆发运等使。是则钱谷自古及今，皆宰相之职也。今译经润文犹以宰相领之，岂有食货国之大政，而谓之非宰相之事乎？必若府库空竭，闾阎愁困，四方之民流转死亡，而曰我能论道经邦，燮（调、协）理阴阳，非愚臣之所知也。""夫食货者，天下之急务。……臣愿复置总计使之官，使宰相领之。凡天下之金帛钱谷，隶于三司及不隶三司，如内藏、奉辰库之类，总计使皆统之，小事则官长专达，大事则谋于总计使而后行之。岁终则上其出入之数于总计使，总计使量入以为出。若入寡而出多，则总计使察其所以然之理，求其费用之可省者，以奏而省之。必使岁余三分之一以为储蓄，备御不虞。凡三司使、副使、判官、转运使，及掌内藏、奉辰等库之官，皆委总计使察其能否，考其功状，以奏而诛赏之。若总计使久试无效，则乞陛下罢退其人，更置之。"⑤

"祖宗之制，天下钱谷自常平仓隶司农寺外，其余皆总于三司。一文一勺以上，悉申账籍，非条例有定数者，不敢擅支。……故能仓库充溢，用度有余，民不疲乏，邦家乂安。……今之户部尚书，旧三司使之任也。左曹隶尚书，右曹不隶尚书，天下之财分而为二，视彼有余，视此不足，不得移用。天下皆国家之财，而分张如此，无专主之者，谁为国家公共爱惜通融措置者乎？譬人家有财，必使一人专主管支用。使数人主之，各务己分，所有者多互相侵夺，又人人得取用之，财有增益者乎？故利权不一，虽使天下财如江海，亦恐有时而竭，况民力及山泽所出有限剂（限量）乎！此臣所以日夜为国家深忧者也。今纵未能大有更张，欲乞且令尚书兼领左右曹，侍郎则分职而治。其右曹所掌钱物，尚书非奏请得旨，不得擅支。诸州钱谷金帛隶提举常平仓司者，每月亦须具文账申户部六曹及寺监。欲支用钱物，皆须先关户部，符下支拨，不得一面奏乞直支应掌钱物。诸司不见户部符，不得应副。其旧日三司所管钱、谷、财、用事，有散在五曹及诸寺监者，并乞收归户部。若以如此户部事多官少，难以办集，即乞减户部冗末

---

① 《司马光集·上殿札子二道》。是为嘉祐七年七月二十七日上给仁宗的奏章。
② 指昔高阳氏时的8位才子，见《左传·文公十八年》。
③ 出自《尚书·益稷》。
④ 原文出自《尚书·虞书·大禹谟》。唐孔颖达疏："养民者使水、火、金、木、土、谷，此六事惟当修治之；正身之德、利民之用、厚民之生，此三事惟当谐和之。"
⑤ 《司马光集·论财利疏》。是为嘉祐七年七月上给仁宗的奏章。

事务，付闲曹比司兼领，而通隶户部，如此则利权归一。若更选用得人，则天下之财庶几（大致）可理矣。"①

2. 主张用人贵久，专业理财

司马光说："夫人之材性，各有所宜，虽周、孔之材，不能徧（遍）为人之所为，况其下乎！固当就其所长而用之。今朝廷用人则不然，顾其出身、资叙（资历）何如耳，不复问其材之所堪也。故在两禁②则欲其为严助、司马相如，任将帅则欲其为卫青、霍去病，典州郡则欲其为龚遂、黄霸，尹京邑则欲其为张敞、赵广汉，司财利则欲其为孔仅、桑弘羊，世岂有如此人哉？故财用之所以匮乏者，由朝廷不择专晓钱谷之人为之故也。……夫官久于其业而后明，功久于其事而后成。是以古者世官相承，以为氏姓。先朝陈恕领三司十余年，至今称能治财赋者，以恕为首。岂恕之材智独异于人哉？盖得久从事于其职故也。至于副使、判官，堪其事者亦未数易（多次改任）也。是以先帝履行大礼，东封西祀，广修宫观，而财用有余者，用人专而任之久故也。近岁三司使、副使、判官，大率多用文辞之士为之，以为进身之资途，不复问其习与不习于钱谷也。彼文辞之士习钱谷者固有之矣，然不能专也，于是乎有以簿书为烦而不省，以钱谷为鄙而不问者矣。又居官者出入迁徙，有如邮舍，或未能尽识吏人之面，知职业之所主，已舍去矣。……如此而望太仓有红腐之粟，水衡有贯朽之钱，臣未知其期也。……臣愚以为朝廷宜精选朝士之晓炼（熟悉）钱谷者，不问其始所以进，或进士、或诸科、或门荫，先使之治钱谷小事。有功则使之权发遣三司判官事。及三年而察之，实效显著者，然后得权三司判官事。又三年更有实效，然后得为正三司判官。其无实效者，皆退归常调，勿复收用。其诸路转运使，不复以路分相压，使之久于其任。有实效者，或自权为正，自转运副使为转运使。无实效者，亦退归常调，勿复收用。每三司副使阙，则选三司判官及诸路转运使功效尤著者以补之。三司使阙，亦选于副使以补之。三司使久于其任，能使用度丰衍、公私富实者，增其秩，使与两府③同，而勿改其职。如此，则异日财用之丰耗不离于己，不得委之它（他）人，必务为永久之规矣。其文辞之士，则自有资途，不必使为钱谷之吏以轻之也。"④

3. 主张节用省费，减轻民负

司马光说："夫府库金帛，皆生民之膏血。州县之吏，鞭挞其丁壮，冻馁其老弱，铢铢寸寸而聚之。今以富大之州，终岁之积，输之京师，适足以供陛下一朝恩泽之赐、

---

① 《司马光集·乞钱谷宜归一札子》。是为元祐元年闰二月上给哲宗的奏章。

② 北宋时，翰林学士值舍在皇宫北门两侧，因以"两禁"借指翰林院。禁，宫禁。

③ 宋朝中枢机构为"二府制"，即设中书和枢密院两个机构"对持文武二柄，号为二府"。二府制的特点就是文武分权。与"两府"相关的另一个名词是"两制"。唐、宋翰林学士受皇帝之命，起草诏令，称为内制；中书舍人与他官加知制诰衔者为中书门下撰拟诏令，称为外制。翰林学士与中书舍人合称两制。宋以后仍有两制习称，而诏令皆由翰林院起草，与唐、宋不同。

④ 《司马光集·论财利疏》，是为嘉祐七年七月上给仁宗的奏章。

贵臣一日燕饮之费。陛下何独不忍于（怜悯）目前之群臣，而忍之于（不同情）天下之百姓乎！……又宫掖（宫廷）者，风俗之原（源）也；贵近者，众庶之法（表率）也。故宫掖之所尚，则外必为之，贵近之所好，则下必效之，自然之势也。是以内自京师士大夫，外及远方之人，下及军中士伍、田亩农民，其服食器用，比于数十年之前，皆华靡而不实矣。向（前）之所有，今人见之皆以为鄙陋而笑之矣。夫天地之产有常，而人类日繁，耕者浸寡（逐渐减少），而游手日众，嗜欲无极，而风俗日奢，欲财力之无屈（缺乏），得乎哉！又府史胥徒之属，居无廪禄，进无荣望，皆以啗（啖、食）民为生者也。上自公府省寺、诸路监司，（下至）州县乡村、仓场库务之吏，词说追呼，租税徭役，出纳会计，凡有毫厘之事关乎手者，非赂遗则不利。是以百姓破家坏产者，非县官赋役独能使之然也，太半尽于吏家矣。此民之所以重困者也。又国家比来政令宽弛，百职隳废，在上者简居而不加省察，在下者侵盗而恣为奸利。是以每有营造贸买，其所费财物什倍于前，而所收功利曾不一二。此国用之所以尤不足者也。又自古百官皆有常员，而国家用磨勘（考成）之法，满岁则迁，日滋月益，无复限极。是以一官至数百人，则俸禄有增而无损矣。又近岁养兵，务多不务精。夫兵多而不精，则力用寡而衣粮费。衣粮费则府库耗，府库耗则赐赉稀。是以不足者岂惟民哉，兵亦贫矣。策之失者，无甚于此也。凡此数者，皆所以竭民财者也。……臣愚伏愿陛下观今日之弊，思将来之患，深自抑损，先由近始。凡宗室外戚后宫内臣，以至外廷之臣，俸给赐予，皆循祖宗旧规，勿复得援用近岁侥幸之例。其逾越常分妄有干求者，一皆塞绝，分毫勿许。若祈请不已者，宜严加惩谴，以警其余。凡文思院、后苑作所为奇巧珍玩之物，不急而无用者，一皆罢省。内自妃嫔，外及宗戚，下至臣庶之家，敢以奢丽之物夸眩相高，及贡献赂遗以求悦媚者，亦明治其罪，而焚毁其物于四达之衢。专用朴素，以率先天下，矫正风俗。然后登用廉良，诛退贪残，保佑公直，销除奸蠹，澄清庶官，选练战士，不禄无功，不食（养）无用。如此行之久而不懈，臣见御府之财将朽蠹而无所容贮，太仓之粟将弥漫而不可尽藏，农夫弃粮于田亩，商贾让财于道路矣。孰与今日汲汲以应目前之求，懔懔以忧将来之困乎！"①

4.主张欲取先予，涵养税源

司马光说："善治财者，养其所自来，而收其所有余，故用之不竭，而上下交足也。不善治财者反此。夫农工商贾者，财之所自来也。农尽力，则田善收而谷有余矣；工尽巧，则器斯坚而用有余矣；商贾流通，则有无交（调剂）而货有余矣。彼有余而我取之，虽多不病矣。今之有司自谓能治财者，臣见之矣。冻馁其民而丰积聚者也，扫土以市禄位而不恤后人者也，捃拾（拣拾）麻麦而丧丘山者也，保惜一钱而费万金者也，不操白刃而为寇攘（抢掠）者也，奸巧簿书而罔（欺骗）君上者也。必曰养其所自来而收

---

① 《司马光集·论财利疏》，是为嘉祐七年七月上给仁宗的奏章。治平二年八月上给英宗的《节用札子》也有类似内容。

其所有余，则闻者以为笑矣。夫使稼穑者饶乐，而惰游者困苦，则农尽力矣。坚好便用者获利，浮伪侈靡者不售，则工尽巧矣。公家之利，舍其细（细小）而取其大，散诸近而收诸远，则商贾流通矣。农、工、商贾皆乐其业而安其富，则公家何求而不获乎？"①

"夫农，天下之首务也。古人之所重，而今人之所轻。非独轻之，又困苦莫先（最重）焉。何以言之？彼农者，苦身劳力，衣粗食粝（糙），官之百赋出焉，百役归焉。岁丰贱贸（贱卖）其谷，以应官私之求；岁凶则流离冻馁，先众人填沟壑。如此而望浮食之民转而缘（归）南亩，难矣。彼直生（天生）而不知市井之乐耳，苟或知之，则去而不返矣。故以今天下之民度之，农者不过二三，而浮食者常七八矣，欲仓廪之实（充裕），其可得乎？臣愚以为，凡农民租税之外，宜无有所豫（参与）。衙前当募人为之，以优重相辅，不足则以坊廓（城镇）上户为之。彼坊廓之民，部送纲运，典领仓库，不费二三，而农民常费八九。何则？儇利戆愚（聪明伶俐与憨厚老实）之性不同故也。其余轻役，则以农民为之。岁丰则官为平籴，使谷有所归；岁凶则先案籍赒瞻农民（按簿籍优先接济农民），而后及浮食者。民有能自耕种积谷多者，不籍以为家赀之数（不要纳入家财基数征税）。如此，则谷重而农劝矣。彼百工者，以时俗为心者也。时俗贵用物（实用）而贱浮伪，则百工变而从之矣。时俗者，以在上之人为心者也。在上好朴素而恶淫侈，则时俗变而从之矣。其百工在官者，亦当择人而监之。以功致（做工精致）为上，华靡为下，物勒工名（器物刻上工匠的名字），谨考其良苦而诛赏之。取其用，不取其数，则器用无不精矣。彼商贾者，志于利而已矣。今县官数（多次）以一切（苟且）之计变法更令，弃信而夺之。彼无利则弃业而从它（改行），县官安能止之哉！是以茶盐弃捐（丢弃），征税耗损，凡以此也。然则县官之利，果何得哉？善治财者不然，将取之必予之，将敛之必散之。故日计之不足，而岁计之有余。此乃白圭、猗顿之所知，岂国家选贤择能以治财，其用智顾不如白圭、猗顿邪（吗）？患在国家任之不久，贵近效而遗远谋故也。夫伐薪者，刈其条枚（割其枝条），养其本根，则薪不绝矣。若并根本而伐之，其得薪岂不多哉，后无继矣。是非难知之道也。然则有司不为者，彼其心曰：'吾居官不日而迁，不立效于目前以自顾，顾养财以遗后之人使为功，吾何赖焉？'是非特有司之罪也，亦朝廷用人之法驱之使然也。"②

5. 主张罢除青苗、免役，量能赋民

司马光说："夫民之所以有贫富者，由其材性愚智不同。富者智识差长（优长），忧深思远，宁劳筋苦骨，恶衣菲食，终不肯取债于人，故其家常有赢余而不至狼狈也。贫者啙窳偷生（生活懒散，得过且过），不为远虑，一醉日富（醉酒当富），无复赢余，急则取债于人，积不能偿，至于鬻妻卖子，冻馁填沟壑，而不知自毁也。是以富者常借贷贫民以自饶，而贫者常假贷富民以自存。虽苦乐不均，然犹彼此相资，以保其生也。今

---

①② 《司马光集·论财利疏》，是为嘉祐七年七月上给仁宗的奏章。

县官乃自出息钱，以春秋贷民。民之富者皆不愿取（申请官贷），贫者乃欲得之，提举官欲以多散为功，故不问民之贫富，各随户等抑配与之（摊派给之）。富者与债（背债）仍多，贫者与债差少，多至十五缗，少者不减千钱（不下一缗）。州县官吏恐以逋欠为负（负担），必令贫富相兼，共为保甲，仍以富者为之魁首。贫者得钱随手皆尽，将来粟麦小有不登（歉收），二税且不能输，况于息钱，固不能偿。吏督之急，则散（流散、逃亡）而之四方。富者不去，则独偿数家所负，力竭不逮，则官必为之倚阁（延缓缴纳）。春债未毕，秋债复来，历年浸深，负债益重。或值凶年，则流转死亡；幸而丰稔，则州县之吏并催积年所负之债。是使百姓无有丰凶，长无苏息（喘息）之期也。贫者既尽，富者亦贫，臣恐十年之外，富者无几何矣。富者既尽，若不幸国家有边隅之警，兴师动众，凡粟帛军须（军需）之费，将从谁取之？臣不知今者天下所散青苗钱凡几千万缗，若民力既竭，加以水旱之灾，州县之吏果有仁心爱民者，安得不为之请于朝廷，乞因郊赦而除之。朝廷自祖宗以来以仁政养民，岂可视其流亡转死而必责（追讨）其所负（欠债）？其势不得不从请者之言也。然则官钱数千万缗已放散而不返矣。官钱既放散，百姓又困竭，但使闾胥里长于收督之际，有乞取之资（借口），此可以谓之善计乎？且常平仓者，乃三代圣王之遗法，非独李悝、耿寿昌能为之也。谷贱不伤农，谷贵不伤民，民赖其食，而官收其利，法之善者，无过于此。比来（近来）所以隳废者，由官吏不得人，非法之失也。今闻条例司尽以常平仓钱为青苗钱，又以谷换转运司钱（又把常平仓谷卖掉以换取转运经费），是欲尽坏常平，专行青苗也。国家每遇凶年，供军仓自不能足用，固无羡余以济饥民，所赖者止有（只有）常平钱谷耳。今一旦尽作青苗钱散之，向去（今后、以后）若有丰年，将以何钱平籴？若有凶年，将以何谷赒瞻（赈济）乎？……臣以谓（以为）散青苗钱之害犹小，而坏常平之害尤大也。今国家每有大费，三司所不能供者，陛下辄取内藏库物以给之。彼内藏库者，乃祖宗累世之所积聚，以备军旅非常之用也。使其物常如泉源流出于库，无有穷竭之时，则可矣；若本皆敛之于民以实之，有时而空矣。……陛下诚能昭然觉悟，采纳臣言，罢制置三司条例司，及追还诸路提举勾当常平广惠仓使者，其官员并送审官院与合入差遣。青苗钱已散者，令州县候丰熟日催收本钱，更不取利，未散者无得更散。其常平仓钱谷依旧封桩①，令提点刑狱司管勾，则太平之业依然复故矣。"②

"夫差役出于民，钱亦出于民，今使民出钱雇役，何异割鼻饲口，朝三暮四，于民何所利哉！又向者（从前）役人皆上等户为之，其下户、单丁、女户及品官、僧道，本来无役，今更使之一概输钱，则是赋敛愈重，非所以宽之也。故自行免役法以来，富室差（差役）得自宽，而贫者穷困日甚，殆（大体）非所以抑兼并、哀惸独（孤苦伶仃）、均赋役也。又监司守令之不仁者，于雇役人之外多取羡余，或一县至数万贯，以

---

① 宋初，天下贡赋悉归左藏库，及平定荆、湖、下西蜀后，国家储备充足。乾德三年（965年），太祖遂令在讲武殿后另置内库，贮存金帛，号封桩库，以备收复幽蓟之用。

② 《司马光集·乞罢条例司常平使疏》，是为熙宁三年二月上给神宗的奏章。

冀恩赏规（窥）进取，不顾为民世世之患。又国家旧制，所以必差青苗户充役人者，为其有庄田家属，有罪难以逃亡，故颇自重惜。今雇浮浪之人充役，常日恣为不法，一旦事发，单身窜匿，何处州县不可投名？又农家所有，不过谷、帛与力，自古服役，无出三者。自行新法以来，青苗、免役及赋敛，多责见钱（现钱）。钱非私家所铸，要须贸易外求。丰岁谷贱，已自伤农，况迫于期限，不得半价，尽卖所收，未能充数，家之糇粮（食粮），不暇更留。若值凶年，则又无谷可粜，人人卖田，无往可售，遂至杀牛卖肉，伐桑鬻薪，来年生计，不敢复议。此农民所以重困也。又钱者，流通之物，故谓之泉布。比年（近年）以来，物价愈贱，而闾阎（里巷、平民）愈困。所以然者，钱皆聚于官中，民间乏钱，货（币）重物轻，借使有人鬻薪籴米，米价虽贱，薪价亦贱故也。臣愚以为宜悉罢免役钱，其州县诸色役人，并依旧制，委本县令佐揭簿定差，替见雇役人。其衙前先召募人投充长名，召募不足，然后差乡村人户。每经历重难差遣，依旧以优轻场务充酬奖（依然要精简优化衙前事务以弥补雇佣成本）①。所有见在（现存）免役钱，拨充州县常平本钱，以户口为率，常存三年之蓄，有余则归转运司。凡免役之法，纵（宽纵）富强应役之人，征贫弱不役之户，利于富者，不利于贫者。及今耳目相接，犹可复旧；若更年深，富者安之，民不可复差役矣。"②

三、对司马光治国理政思想及税收思想的简要评述

1.对司马光治国理政思想及"元祐更化"的简要评述

北宋自中期以后，社会危机不断加重，改革呼声一浪高过一浪，但如何改革却形不成共识，结果是改革表面上轰轰烈烈，实效却大打折扣。那么司马光和王安石究竟存在什么重大分歧，以致两位年轻时的挚友最后因变法分歧而不得不分道扬镳甚至成为势不两立的政敌呢？这从司马光的两篇著名代表作《论财利疏》和《与王介甫书》以及其他相关材料中可以找到比较清晰的答案。现从四个方面加以简要概括。首先，理论基础不同。王安石对法家情有独钟，司马光则对儒家情有独钟；王安石主张义利统一、义者利之和，司马光则主张重义轻利、以义制利；王安石主张国强民富，司马光则主张民富国强。其次，形势判断不同。王安石主张西夏和北辽的侵扰是北宋的头等大患，只有富国强兵，恢复故土，以雪国耻，才能国泰民安；司马光则主张与夷虏和亲、结盟纳贡，谋深虑远，不可轻废，恢复故土非当务之急，应利用边境相对安宁之机，大力整顿内政，发展经济，改善民生，积蓄实力，待时机成熟时再解决外患问题。第三，改革方略不同。王安石主张祖宗家法不可守，司马光则主张祖宗家法不可弃；王安石主张大刀

---

① 苏轼有《上韩魏公论场务书》，对此有较详细的论述。
② 《司马集公·乞罢免役状》，是为元丰八年四月上给哲宗的奏章。元祐元年正月司马光给哲宗再上《乞罢免役钱依旧差役札子》，称前状所述免役法之弊病为"五害"，乞早日罢除，寻得旨依奏。

阔斧，全面改革，司马光则主张循序渐进，修修补补；王安石主张任法不任人，以法治国，司马光则主张任人不任法，以德治国；王安石主张善于理财，民不加赋而国用饶，司马光则主张理财必聚敛，国富必民穷；王安石主张财政困窘要增收，司马光则主张财政空虚要节支；王安石主张削富济贫抑兼并，司马光则主张贫富相资任自由；王安石主张民怨可听可不听，司马光则主张民怨沸腾兆大凶；王安石主张变法艰难不足惧，司马光则主张有错必纠方为勇。第四，为人处事不同。王安石性格刚直，处事果断，但有刚愎自用之偏，司马光性格敦厚，处事求稳，但有保守拘泥之偏；王安石重事功，好实务，司马光鄙吏事，好经史；王安石有顺我者昌、逆我者亡的心态，不善识人奸凶，司马光则心胸宽广，善于团结不同政见者，有识人用人之明；王安石身边聚集的吕惠卿、章惇、曾布、蔡卞、吕嘉问、蔡京、李定、邓绾、薛向等都是被史书列入奸臣之列的势利小人，司马光身边聚集的韩琦、庞籍、二程、邵雍、苏轼、苏辙、吕公著、文彦博、范纯仁、范镇、刘恕、刘攽、范祖禹等则是德高望重但有守成慎变、维护既得利益倾向的儒雅老臣；王安石对民众疾苦重视不够，司马光则对民情冷暖异常敏感。

司马光在政治上是消极保守的，但在学术上却取得了世人公认的辉煌成就，这是因为他在英宗、神宗的大力支持下，用近20年的时间完成了一部长达294卷，通贯古今，上起战国初期韩、赵、魏三家分晋（前403年），下迄五代（后梁、后唐、后晋、后汉、后周）末年赵匡胤（宋太祖）灭后周以前（959年），凡1362年的编年体史学巨著《资治通鉴》，给后世留下了一份鉴古知今的宝贵历史文化遗产，也由此奠定了他在中国历史研究方面的不朽地位。宋元之际史学家胡三省说："为人君而不知《通鉴》，则欲治而不知自治之源，恶乱而不知防乱之术。为人臣而不知《通鉴》，则上无以事君，下无以治民。为人子而不知《通鉴》，则谋身必至于辱先，作事不足以垂后。乃如用兵行师，创法立制，而不知迹（追寻）古人之所以得，鉴古人之所以失，则求胜而败，图利而害，此必然者也。"[①]近代思想家、政治家、改革家梁启超虽然不赞成司马光全盘否定王安石变法的做法，但对《资治通鉴》却给予很高评价，他说："《通鉴》亦天地一大文也，其结构之宏伟，其取材之丰赡，使后世有欲著通史者，势不能不据为蓝本，而至今卒未有能逾之者焉。温公亦伟人哉！"[②]

司马光的治国理政思想是一个完整复杂的体系。总体来看，它没有超出君子修身、中庸之道、礼乐教化、崇俭戒奢、德才兼备、以民为本、重义轻利、轻徭薄赋、开源节流、守常慎变、夷夏有别等儒家传统范畴，但也结合历史演变和北宋实际作了某些变通和发挥，其中对中庸中和以及共利、共治、共存思想的阐发，内容丰富，寓意深刻，对矫正王安石变法中的偏差有一定指导意义。

---

① ［宋元］胡三省：《新注〈资治通鉴〉序》。
② 《梁启超文集·中国之旧史》（1902年2月8日）。

2. 对司马光税收思想的简要评述

司马光的税收思想是其治国理政思想的重要组成部分，本书将其提炼归纳为五个方面，包括：（1）利权统一，量入为出；（2）用人贵久，专业理财；（3）节用省费，减轻民负；（4）欲取先予，涵养税源；（5）罢除青苗、免役，量能赋民。其中，"利权统一，量入为出"主要强调改变多部门理财、互不统摄、人为造成财力紧张和浪费的局面，设立总计使官，由宰相担任，内库外库、左曹右曹、中央地方的财力统一由总计使调度管理，各部门花钱都要经过批准，做到量入为出，且有适当结余。地方财用由地方管理，统筹使用，但也要定期向朝廷报告账目，接受监督。王安石为了独掌变法权力，撇开三司（即户部、盐铁、度支），另立制置三司条例司，不符合精简机构、削减冗员冗费、集中财权、加强收支统一管理、提高资金使用效益的要求，还削弱了三司的统筹协调作用，应予废除。"用人贵久，专业理财"主要强调选贤任能，把热爱理财、善于理财、德才兼备、工作能力和工作绩效突出的专业人才配备到理财岗位上，长期任用，就地提拔，减少频繁调动、过路财神所带来的短期行为；要不拘一格用人才，培养专业理财队伍，提高理财效率。"节用省费，减轻民负"主要强调在社会风气日益奢侈腐化的背景下，一方面财用日益匮乏，另一方面又"三冗"膨胀、赏赐无度。要彻底改变这种局面，就必须由近至远、由内至外、由官至民，变风俗、严制度，大力倡导节俭朴素，扭转大手大脚花钱、钱不够了就索取的恶风陋习，把有限的财政资金真正用到国计民生最急需的地方，切实减轻老百姓的经济负担，使因灾受困的百姓得到及时救助。"欲取先予，涵养税源"主要强调减少政府干预，不搞官商垄断，不抑兼并，不打击富人，先予后取，增产不增税，给农、工、商各业提供自由宽松的发展空间，从而达到贫富互助、民富国强的目的。"罢除青苗、免役，量能赋民"主要强调废除青苗法、免役法等加重民负、破坏社会正常秩序、激化官民矛盾的变法措施，两税之外原则上不得抑配其他款物，发挥百姓所长，有力出力，有谷出谷，有帛出帛，有钱出钱，不搞强迫命令，不要求折物纳钱。这些政策主张是针对王安石变法过程中出现的一些扰民弊端提出来的，有一定的合理性，对纠正变法之偏有一定积极意义。

不过，司马光对王安石变法的指责和全盘否定也有意气用事、不符合实际和片面之处。比如，认为理财就是"头会箕敛"[①]；社会财富不藏于国即藏于民，国多民必少，民少国必多；抑兼并必使富人破产，穷人变为盗贼，贪官从中谋利；农民既出钱又雇役，犹如割鼻饲口，有害无益；免役法使原本不当差的官宦势要、单丁、女户和僧道等一律缴钱雇役，加重了他们的税收负担，不利于社会安定；青苗法官贷取息给懒汉酒鬼赖债流亡提供了机会，不如民间自由借贷；青苗法、免役法都要现钱，而民间无钱，只能贱卖家产，扰乱民生，不如恢复实物缴纳；雇役法招来的都是浮浪之人，容易作奸犯科，匿名逃亡；等。这些观点要么从维护传统农业社会、儒家传统和祖宗家法考虑问题，要

---

① 《宋史》卷336《司马光传》。

么从维护官宦势要、富商巨贾、大地主的既得利益出发，要么对封建专制制度的腐朽本质和商品经济发展给社会带来的巨大影响认识不清，或者把变法带来的利益格局调整当成不正常现象，对其局部缺陷进行肆意放大，或者把立法与执行混为一谈，用执行不善来否定制度设计之善，用夸大人治之利来否定强化法治之利，结果只能陷入经济上迎合既得利益者、政治上苟且偷安、文化上唯三代和开国之君是从的泥潭。另外，对货币由贵金属向铸币和纸币演化的历史规律缺乏认识，不从发展商品经济、增加市场货币供应上想办法，而是一味地指责用货币税代替实物税增大了钱物兑换的风险、加重了百姓完税的负担，却看不到货币税代替实物税有便商利民、促进人口流动、优化资源配置、加快商品经济发展的积极作用，说明司马光的治国理政思想及税收思想已经不能适应时代发展的要求。这些历史局限性在南宋功利学派代表人物叶适那里得到了一定程度的澄清和纠正。

主要参考文献：

《司马光集》，[宋]司马光著，李文泽、霞绍晖校点整理，四川大学出版社2010年版。

《资治通鉴》。

《宋史》卷336《司马光传》。

《司马光评传》，李昌宪著，南京大学出版社1998年版。

苏 轼

一、苏轼生平简介

苏轼（1036—1101），字子瞻，号东坡居士，眉州眉山（今四川眉山）人，与父洵（字明允）、弟辙（字子由）并称"三苏"。北宋中后期著名思想家、政治家、文学家、诗人，唐宋散文八大家之一。历仁宗、英宗、神宗、哲宗、徽宗五朝，与张方平、欧阳修、梅尧臣、王安石、司马光、程颢、程颐、蔡卞、蔡京等人同朝。苏轼自称赵郡苏氏，他的先祖最早可以追溯到始居赵郡栾城（今河北赵县）的东汉名臣苏章（字孺文）。唐武则天时，栾城人苏味道官拜宰相，后贬官眉州任刺史，他有一个儿子定居此地，从此眉山有了苏姓。苏洵的父亲名序，祖父名杲，曾祖名祐，高祖名釿，元祖名泾，泾以上至苏味道之间的世次已不可考。苏轼的祖父序有三子，长名澹，次名涣，季名洵。苏涣于天圣二年（1024年）高中进士，得官西归，从此苏氏在眉州崭露头角，成为与朱氏、石氏、孙氏和苏轼的外家程氏齐名的富豪大姓。苏洵虽屡试不中，但其独树一帜的学术思想和大气豪放的文学风格却对苏轼、苏辙二兄弟产生了十分深刻的影响。

苏轼22岁进士及第，26岁举"贤良方正能言极谏"科制策，30岁转殿中丞判登闻院，召试馆职，除直史馆。36岁因反对王安石激进变法和独断专行而被排挤出京，通判杭州。39岁以后先后在密州、河中府、徐州、湖州、黄州、汝州、登州等地任地方官。50岁奉诏回京，除尚书礼部郎中、起居舍人、知制诰。51岁除翰林学士，与新相司马光共职，共商"元祐更化"事宜，但在免役法去留问题上，两人存在明显分歧。52岁以翰林学士兼侍读，与洛党之首崇政殿说书程颐及其门人不和。53岁以翰林学士差知贡举。54岁再离京城，以龙图阁学士知杭州。56岁知颍州，57岁知郓州，寻改扬州，年底再回京城，除端明殿学士、翰林侍读学士，充礼部尚书。58岁再遭贬黜，先后知定州、英州、琼州、廉州、舒州、成都府。66岁在回京途中瘴毒发作，病逝于常州。

苏轼一生在文学方面的成就可谓如雷贯耳、妇孺皆知，但在仕途方面却大起大落、处境艰险、结局悲凉，难以与声名显赫的范仲淹、欧阳修、王安石、司马光相提并论。这与他深受其父苏洵的影响，追求人格、学理与事功的独立性，但又不得已卷入变法派与守成派的党争之中不能自拔有关。苏轼既不像王安石那样激进，也不像司马光那样保守；既不像王安石那样热心政务，又不像司马光那样擅长学术，中庸务实色彩在他身上表现得很鲜明。他为人豁达，知足常乐，对贫民百姓富有慈悲心；儒道释兼通，重礼治，重事功，赞赏渐进式改革；以文抒情，以文载道，以文讽世，以文交友，纵横捭阖，随性创作，为后世留下了大批清新豪放、寓意深刻的名文佳作，受到历代统治者和平民百姓的普遍赞誉。《宋史·苏轼传》在评价苏轼的人品、学识和业绩时这样写道："器识之闳伟，议论之卓荦（超绝），文章之雄隽，政事之精明，四者皆能以特立之志为之主，而以迈往之气辅之。故意之所向，言足以达其有猷，行足以遂其有为。至于祸患之来，节义足以固其有守，皆志与气所为也。"

二、苏轼税收思想的主要内容

苏轼的税收思想是其治国理政思想的重要组成部分，本书将其提炼归纳为以下五个方面。

1. 主张节欲省费，量入为出，藏富于民

苏轼说："人君之于天下，俯己以就人，则易为功；仰人以援己，则难为力。是故广取以给用，不如节用以廉取人之为易也。""昔周之兴，文王、武王之国不过百里，当其受命，四方之君长交至于其廷，军旅四出，以征伐不义之诸侯，而未尝患无财。方此之时，关市无征，山泽不禁，取于民者不过什一，而财有余。及其衰也，内食千里之租，外取千八百国之贡，而不足于用。由此观之，夫财岂有多少哉！""今天下之利，莫不尽取。山陵林麓，莫不有禁。关有征，市有租，盐铁有榷，酒有课，茶有算，则凡衰世苟且之法，莫不尽用矣。譬之于人，其少壮之时，丰健勇武，然后可以望其无疾，以至于寿考。今未五六十，而衰老之候，具见而无遗。若八九十者，将何以待其后耶？然天下之人，方且穷思竭虑，以广求利之门。且人而不思，则以为费用不可复省，使天下而无盐铁酒茗之税，将不为国乎？臣有以知其不然也。天下之费，固有去之甚易而无损，存之甚难而无益者矣。""夫为国有三计：有万世之计，有一时之计，有不终月之计。古者三年耕必有一年之蓄，以三十年之通计，则可以九年无饥也。岁之所入，足用而有余。是以九年之蓄，常闲而无用。卒（突然、偶然）有水旱之变，盗贼之忧，则官可以自办而民不知。若此者，天不能使之灾，地不能使之贫，四夷盗贼不能使之困，此万世之计也。而其不能者，一岁之入，才足以一岁之出，天下之产，仅足以供天下之用，其平居虽不至于虐取其民，而有急则不免于厚赋。故其国可静而不可动，可逸而不可劳，此亦一时之计也。至于最下而无谋者，量出以为入，用之不给，则取之益

多。天下晏然无大患难，而尽用衰世苟且之法，不知有急则将何以加之，此所谓不终月之计也。"①

2. 主张差雇并行，因人因事制宜

王安石变法初期，苏轼和司马光一样，对其变法举措总体上持全盘否定态度。他说："在中书和三司之外无故创制三司条例司，名为变法，实为求利。"②"求治太急，听言太广，用人太锐。"③"造端宏大，民实惊疑；创法新奇，吏皆惶惑。贤者则求其说而不可得，未免于忧；小人则以其意而度朝廷，遂以为谤。"④"所行新政，皆不与治同道。立条例司，遣青苗使，敛助役钱，行均输法，四海骚动，行路怨咨。自宰相以下，皆知其非而不敢争。""今日之政，小用则小败，大用则大败。若力行而不已，则乱亡随之。"⑤他主张："镇以安静，待物之来，然后应之。"⑥

不过，随着变法进程的不断推进，苏轼的态度也发生了微妙的变化，尤其在役法改革上表现出趋利避害、因事制宜的实事求是态度。

熙宁初，苏轼对差役法改免役法（或称雇役法、募役法）是持怀疑和否定态度的。他说："自古役人，必用乡户，犹食之必用五谷，衣之必用丝麻，济川之必用舟楫，行地之必用牛马，虽其间或有以他物充代，然终非天下所可常行。今者徒闻江浙之间，数郡雇役，而欲措之天下，是犹见燕晋之枣栗、岷蜀之蹲鸱（大芋）⑦，而欲以废五谷，岂不难哉！又欲官卖所在坊场⑧，以充衙前⑨雇直（值、资），虽有长役，更无酬劳。长役既得其微，自此必渐衰散，则州郡事体，憔悴可知。"⑩"自唐杨炎废租庸调以为两税，取大历十四年应干赋敛之数，以定两税之额，则是租调与庸，两税既兼之矣。今两税如故，奈何复欲取庸？圣人之立法，必虑后世，岂可于两税之外，别出科名哉！万一不幸，后世有多欲之君，辅之以聚敛之臣，庸钱不除，差役仍旧，使天下怨忿（怨恨），推所从来，则必有任其咎者矣。又欲使坊廓等第之民，与乡户均役，品官形势之家，与齐民并事。其说曰：'《周礼》田不耕者出屋粟，宅不毛者有里布。而汉世宰相之子，不免戍边。'此其所以籍口（借口）也。古者官养民，今者民养官。给之以田而不耕，劝之以农而不力，于是乎有里布屋粟夫家之征。今民无以为生，去为商贾，事势当尔，何名役之？且一岁之戍，不过三日，三日之雇，其直（值）三百。

---

① 《苏轼集》卷47《策别十七首之十三》。
②④⑩ 《苏轼集》卷51《上皇帝书》，熙宁四年二月。
③⑥ 《宋史》卷338《苏轼传》。
⑤ 《苏轼集》卷51《再上皇帝书》。
⑦ 指大芋，因其状如蹲伏的鹗鹰，故称。
⑧ 指官设专卖市场。《宋史》卷177《食货志上五》："今天下坊场，官收而官卖之，岁计缗钱无虑数百万，自可足衙前雇募支酬之直。"
⑨ 衙前是北宋的一种职役，担负收管官物的重任。衙前在北宋中期是胥吏与乡户差役并存，以后乡户充差的比例逐步降低，到北宋末期衙前已转化为专门的低级官吏。从胥吏与乡户差役并存到合流为小吏，这种转化是适应北宋的财政状况而发生的。

今世三大户之役，自公卿以降，毋得免者，其费岂特三百而已。大抵事若可行，不必皆有故事。若民所不悦，俗所不安，纵有经典明文，无补于怨。若行此二者，必怨无疑。女户单丁，盖天民之穷者也。古之王者，首务恤此。而今陛下首欲役之，此等苟非户将绝而未亡，则是家有丁而尚幼。若假之数岁，则必成丁而就役，老死而没官。富有四海，忍不加恤？"①

元丰八年（1085年）十二月，苏轼从登州奉调回京后不久，他向高太后和哲宗提出了"给田募役法"的新设想，并详细论述了用"给田募役法"替代募役法或免役法的必要性。所谓"给田募役法"，是指将官府用免役宽剩钱②购买的贫民所售之地与退摊、户绝、没纳等形成的官田，根据户等高低、役之轻重分配给募役人耕种，官府免其田租，只收取两税及支移折变③，此外的土地收入归募役人所有④。苏轼认为实行"给田募役法"有五利："朝廷若依旧行免役法，则每募一名，省得一名雇钱，因积所省，益买益募，要之数年，雇钱无几，则役钱可以大减。若行差役法，则每募一名，省得一名色役⑤，色役既减，农民自宽，其利一也。应募之民，正与弓箭手无异，举家衣食出于官田，平时重（慎）犯法，缓急不逃亡，其利二也。今者谷贱伤农，农民卖田，常苦不售。若官与买，则田谷皆重，农可小纾，其利三也。钱积于官，常苦币重，若散以买田，则货币稍均，其利四也。此法既行，民享其利，追悟先帝所以取宽剩钱者，凡以为我用耳，疑谤消释，恩德显白，其利五也。独有二弊，贪吏猾胥，与民为奸，以瘠薄田中官（卖给官府），雇一浮浪人暂出应役，一年半岁，即弃而走，此一弊也。愚民寡虑，见利忘患，闻官中买田募役，即争以田中官，以身充役，业不离主，既初无所失，而骤得官钱，必争为之，充役之后，永无休歇，患及子孙，此二弊也。但当设法以防二弊，而先帝之法决不可废。"⑥苏轼对"给田募役法"利弊的分析是以其在熙宁七年至熙宁九年（1074—1076年）期间任密州知州时的实践为基础的，应该说不无道理，但也不全面。事实上，让官府拿出大笔钱去收购民田以招人服役是不现实的，给田募役用于安置流民、垦殖荒地也许不错，但用来满足封建统治者层出不穷的劳役需求则不可能，何况免役宽剩钱已被大量挪用，很难做到取之于民、用之于民，人地关系变动不居和钱役失衡等问题也不

---

① 《苏轼集》卷51《上皇帝书》，熙宁四年二月。

② 宋代行免役法时于所收免役钱、助役钱外增收的钱。苏轼《论给田募役状》："臣窃见先帝初行役法，取宽剩钱不得过二分，以备灾伤。"

③ 宋朝两种赋税输纳方式"支移"和"折变"的连称。宋代赋税，以两税为主。交纳赋税有固定处所，而以有余补不足，移此输彼，移近输远，称为支移。支移初行于西、北沿边，以充实军储，后延及其他地区。税户按户等分支移远近，不愿支移者可交纳道里脚钱代役，道里脚钱后演化成为全国范围内的一项附加税，有时数额几与正税相当。两税交纳，本有固定物品，而官府往往根据一时所需，变而取之，称为折变。折变往往增取原值，而且当折物品，常临时更变，反复组折，折后数目，甚至几倍于原定税额。支移、折变大大增加了税户的赋税负担。

④⑥ 《苏轼集》卷52《论给田募役状》。

⑤ 唐代把各种有名目的职役和徭役称为色役，服色役的人大致有三类：（1）资荫的五品以上官子孙及品子、勋官；（2）白丁；（3）特殊身份的人或贱民。担任某种色役的人可以免除课役或正役、兵役及杂徭，因此投充色役在某种程度上成为逃避正役、兵役及杂徭的一种手段。

是上层统治者所能完全控制的。所以"给田募役法"得不到朝廷的广泛支持也是意料之中的事。

元祐元年（1086年）十二月至元祐二年（1087年）正月，为了回应台谏官对他在馆职策问中有褒扬先帝（神宗）讥讽朝廷（高太后和哲宗）之语的指控，苏轼连上两札，抗章自辩。其核心内容是重新回顾了他自登州返京后，与时任执政司马光见面，讨论"元祐更化"事宜的情形，其中免役法的去留成为两人争论的焦点。苏轼当时对司马光说："公所欲行者诸事，皆上顺天心，下合人望，无可疑者。惟役法一事，未可轻议。何则？差役、免役，各有利害。免役之害，掊（剖、剥）敛民财，十室九空，钱聚于上，而下有钱荒之患；差役之害，民常在官，不得专力于农，而贪吏猾胥，得缘为奸。此二害轻重，盖略相等，今以彼易此，民未必乐。"①"法相因则事易成，事有渐则民不惊。……公欲骤罢免役而行差役，正如罢长征（职业兵）而复民兵，盖未易也。先帝②本意，使民户率出钱，专力于农，虽有贪吏猾胥，无所施其虐。坊场河渡，官自出卖，而以其钱雇募衙前，民不知有仓库纲运破家之祸，此万世之利也，决不可变。独有二弊：多取宽剩役钱，以供他用实封③；争买坊场河渡，以长不实之价。此乃王安石、吕惠卿之阴谋，非先帝本意也。公若尽去二弊，而不变其法，则民悦而事易成。今宽剩役钱，名为十分取二，通计天下，乃及十五，而其实一钱无用。公若尽去此五分，又使民得从其便，以布帛谷米折纳役钱，而官亦以为雇直（值），则钱荒之弊，亦可尽去。如此，而天下便之，则公又何求？若其未也，徐更议之，亦未晚也。"苏轼还向司马光介绍了推行"给田募役法"的好处，但司马光似乎对苏轼的建议都不感兴趣，执意要将新法一网打尽。元祐元年（1086年）二月，朝廷正式下诏，决定采纳司马光的意见，恢复差役法。苏轼和苏辙两兄弟虽极力阻止，陈说利害，但都无功而返，最后只能无可奈何地说："是其意专欲变熙宁之法，不复校量利害，参用所长也。"④

元祐四年（1089年）十一月，苏轼在贬知杭州期间再次上奏，对雇役法和差役法对百姓的影响进行了更全面具体的对比分析。他说："雇役之法，自第二等以上人户，岁出役钱至多。行之数年，钱愈重，谷帛常轻，田宅愈贱，以至破散，化为下等。……此雇役之法害上户者一也。第四等已下（以下），旧本无役，不过差充壮丁，无所陪备。而雇役法例出役钱，虽所取不多，而贫下之人无故出三五百钱，未办之间，吏卒至门，非百钱不能解免，官钱未纳，此费已重，故皆化为游手，聚为盗贼。当时议者，亦欲蠲免此等，而户数至广，积少成多，役钱待此而足，若皆蠲免，则所丧大半，雇法无由施行。此雇役之法害下户者二也。今改行差役，则二害皆去，天下幸甚。独第三等人

---

① ④ 《苏轼集》卷53《辩试馆职策问札子二首之二》。
② 指神宗皇帝。
③ 实封，食邑制度之一。唐朝封户有虚实之别，一般其封国并无疆土，封户亦徒有虚名，唯加实封者，始食其所得封户之租税。唐玄宗开元（713—741年）中定制，食实封者不得私征封户租调，需向太府领取封物，其实有同俸赐。后又罢实封之给，而特加邑户。宋制实封自百户至千户共七等，文官至卿监，武官至横行、勋至上柱国，皆加实封食邑。每实封一户，每月随俸领取二十五文，后亦罢给。

户，方雇役时，每户岁出钱多者不过三四千。而今应一役，为费少者，日不下百钱，二年一替，当费七十余千。而休闲远者，不过六年。则是八年之中，昔者徐出三十余千，而今者并出七十余千，苦乐可知也。而况农民在官，贪吏狡胥，恣为蚕食，其费又不可以一二数。此则差役之法害于中等户者一也。今之议者，或欲专行差役，或欲复行雇法，皆偏词过论也。臣愚以谓（以为）朝廷既取六色钱①，许用雇役，以代中等人户，颇除一害，以全两利。此最良法，可久行者。但元祐二年十二月二十四日敕，合役空闲人户不及三番②处，许以六色钱雇州手，分散从官承符人。此法未为允当，何者？百姓出钱，本为免役。今乃限以番次，不许尽用，留钱在官，其名不正。又所雇者少，未足以纾中等人户之劳。法不简径（简明直截），使奸吏小人伸缩。臣到杭州，点检诸县雇役，皆不应法。钱塘、仁和，富实县分，则皆雇人。新城、昌化，最为贫薄，反不得雇（反而没有能力雇人）。盖转运司特于法外创立式样，令诸县不得将逐等人户都（全）数通比③。其贫下县分，第一、第二等人户，例皆稀少，至第三等，则户数狠（众）多，以此涨起，人户皆及三番。然第三等户，岂可承当第一等色役，则知通计三等，乃俗使之巧薄（奸诈刻薄），非朝廷立法之本意也。……前史称萧何为法，讲若画一，盖谓简径易晓，虽山邑小吏，穷乡野人，皆能别白遵守，然后为不刊之法也。"④

通过对役法利弊的理论和实证分析，苏轼最终得出结论：实行"给田募役法"最好，如此法不能实行，则差雇并行，因人而异。即一、二、四、五等户行差役法，三等户行雇役法。

3. 主张移民均户，人地税相符

苏轼说："夫中国之地，足以食中国之民有余也，而民常病于不足，何哉？地无变迁，而民有聚散，聚则争于不足之中，而散则弃于有余之外，是故天下常有遗利，而民用不足。昔者三代之制，度地以居民，民各以其夫家之众寡而受田于官，一夫而百亩，民不可以多得尺寸之地，而地亦不可以多得一介之民，故其民均而地有余。……自井田废，而天下之民转徙无常，惟其所乐，则聚以成市，侧肩蹑踵（摩肩接踵），以争寻常，挈（携）妻负子，以分升合。虽有丰年，而民无余蓄，一遇水旱，则弱者转于沟壑，而强者聚为盗贼。地非不足，而民非加多也，盖亦不得均民之术而已。夫民之不均，其弊有二。上之人贱农而贵末，忽故（老区）而重新（新区），则民不均。夫民之为农者，莫不重迁，其坟墓庐舍，桑麻果蔬，牛羊耒耜，皆为子孙百年之计。惟其百工技艺，无事种艺（种植），游手浮食之民，然后可以怀轻资而极（到达）其所往。是故上之人贱农而贵末，则农人释其耒耜而游于四方，择其所乐而居之，其弊一也。凡人之

---

① 王安石熙宁变法时，其免役法规定：当役户、坊郭户、官户、女户、单丁、寺观等六种户可出钱免役，由州县雇役。六种户所缴之钱，称"六色钱"，亦称"六色役钱"。
② 指三等及以上人户。
③ 指将不同等级的役户归并提升到三等以上，以增加役钱收入。
④ 《苏轼集》卷56《论役法差雇利害请画一状》。

情，怠于久安，而谨于新集。水旱之后，盗贼之余，则莫不轻刑罚，薄税敛，省力役，以怀（怀柔、抚绥）逋逃之民。而其久安而无变者，则不肯无故而加恤。是故上之人忽故而重新，则其民稍稍引去，聚于其所重之地，以至于众多而不能容，其弊二也。臣欲去其二弊，而开其二利，以均斯民。昔者圣人之兴作也，必因人之情，故易为功。必因时之势，故易为力。今欲无故而迁徙安居之民，分多益寡，则怨谤之门、盗贼之端必起于此，未享其利而先被其害。臣愚以为民之情，莫不怀土而重去。惟士大夫出身而仕者，狃（因袭、习惯）于迁徙之乐，而忘其乡。昔汉之制，吏二千石皆徙诸陵。为今之计，可使天下之吏仕至某者，皆徙荆、襄、唐、邓、许、汝、陈、蔡之间。今士大夫无不乐居于此者，顾恐独往而不能济，彼见其侪类（同级、同类）等夷之人莫不在焉，则其去惟恐后耳，此所谓因人之情。夫天下不能岁岁而丰也，则必有饥馑流亡之所，民方其困急时，父子且不能相顾，又安知去乡之为戚哉？当此之时，募其乐徙者，而使所过廪（供食）之，费不甚厚，而民乐行，此所谓因时之势。然此二者，皆授其田，贷（借给、租给）其耕耘之具，而缓其租，然后可以固其意。夫如是，天下之民其庶乎有息肩之渐也。"①

"自两税之兴，因地之广狭瘠腴而制赋，因赋之多少而制役，其初盖甚均也。责之厚赋，则其财足以供；署之重役，则其力足以堪。何者？其轻重厚薄，一出于地，而不可易也。户无常赋，视地以为赋；人无常役，视赋以为役。是故贫者鬻田则赋轻，而富者加地则役重，此所以度民力之所胜，亦所以破兼并之门，而塞侥幸之源也。及其后世，岁月既久，则小民稍稍为奸，度官吏耳目之所不及，则虽有法禁，公行而不忌。今夫一户之赋，官知其为赋之多少，而不知其为地之几何也。如此，则增损出入，惟其意之所为。官吏虽明，法禁虽严，而其势无由以止绝。且其为奸，常起于贸易之际。夫鬻田者，必穷迫之人，而所从鬻者，必富厚有余之家。富者恃其有余而邀（取得、希求）之，贫者迫于饥寒而欲其速售，是故多取其地，而少入其赋。有田者，方其贫困之中（当其处于贫困之中时），苟可以缓一时之急，则不暇计其他日之利害。故富者地日以益，而赋不加多，贫者地日以削，而赋不加少。又其奸民欲以计免于赋役者，割数亩之地，加之以数倍之赋，而收其少半之直（地价），或者亦贪其直（地价）之微而取焉。是以数十年来，天下之赋，大抵淆乱。有兼并之族而赋甚轻，有贫弱之家而不免于重役，以至于破败流移而不知其所往，其赋存而其人亡者，天下皆是也。夫天下不可以有侥幸也。天下有一人焉侥幸而免，则亦必有一人焉不幸而受其弊。今天下侥幸者如此之众，则其不幸而受其弊者众亦可知矣。三代之赋，以什一为轻。今之法，本不至于什一而取，然天下嗷嗷然以赋敛为病者，岂其岁久而奸生，偏重而不均，以至于此欤？虽然，天下皆知其为患而不能去，何者？势不可也。今欲按行其地之广狭瘠腴，而更制其赋之多寡，则奸吏因缘为贿赂之门，其广狭瘠腴，亦将一切出于其意之喜怒，则患益深，是故士大夫畏之而不敢议，而臣以为此最易见者，顾弗之察耳。夫易（买卖）田者

---

① 《苏轼集》卷47《策别十七首之九》。

必有契，契必有所直（值）之数。具所直之数，必得其广狭瘠腴之实，而官必据其所直之数，而取其易田之税。是故欲知其地之广狭瘠腴，可以其税推也。久远者不可复知矣，其数十年之间，皆足以推较，求之故府，犹可得而见。苟其税多者则知其直多，其直多者则知其田多且美也。如此，而其赋少，其役轻，则夫人亡而赋存者可以有均矣。鬻田者皆以其直之多少而给其赋，重为之禁，而使不敢以不实之直而书之契，则夫自今以往者，贸易之际，为奸者其少息矣。要以知凡地之所直，与凡赋之所宜多少，而以税参之，如此，则一持筹之吏坐于帐中，足以周知四境之虚实，不过数月，而民得以少苏。不然，十数年之后，将不胜其弊，重者日以轻，而轻者日以重，而未知其所终也。"①

4.主张免征零散税，便商利民

关于免征五谷力胜税钱②以通商贾的问题。苏轼说："臣闻谷太贱则伤农，太贵则伤末。是以法不税五谷，使丰熟之乡，商买争籴，以起太贱之价；灾伤之地，舟车辐辏，以压太贵之直。自先王以来，未之有改也。而近岁法令，始有五谷力胜税钱，使商贾不行，农末皆病。废百王不刊之令典，而行自古所无之弊法，使百世之下，书之青史，曰：'收五谷力胜税钱，自皇宋某年始也。'臣窃为圣世病之。臣顷在黄州，亲见累岁谷熟，农夫连车载米入市，不了（抵）盐茶之费；而蓄积之家，日夜祷祠，愿逢饥荒。又在浙西累岁，亲见水灾，中民之家有钱无谷，被服珠金，饿死于市。此皆官收五谷力胜税钱，致商贾不行之咎也。臣闻以物与人，物尽而止，以法活人，法行无穷。今陛下每遇灾伤，捐金帛，散仓廪，自元祐以来，盖所费数千万贯石，而饿殍流亡，不为少衰。只如去年浙西水灾，陛下使江西、湖北雇船运米以救苏、湖之民，盖百余万石。又计籴本水脚官钱不赀（无法计算），而客船被差雇者皆失业破产，无所告诉。与其官司费耗，为害如此，何似削去近日所立五谷力胜税钱一条，只行《天圣附令》免税指挥，则丰凶相济，农末皆利，纵有水旱，无大饥荒。虽目下稍失课利，而灾伤之地不必尽烦陛下出捐钱谷，如近岁之多也。"③

关于免榷零售小商盐课以广流通的问题。苏轼说："河北、京东，自来官不榷盐，小民仰以为生。……今盐课浩大，告讦（告奸）如麻，贫民贩盐，不过一两贯钱本，偷税则赏重，纳税则利轻。欲为农夫，又值凶岁，若不为盗，惟有忍饥。所以五六年来，课利日增，盗贼日众。臣勘会密州盐税，去年一年，比祖额增二万贯，却支捉贼赏钱一万一千余贯，其余未获贼人尚多，以此较之，利害得失，断可见矣。欲乞特敕两路，应贩盐小客，截自三百斤以下，并与权免收税，仍官给印本空头关子，与灶户及长引大

---

① 《苏轼集》卷47《策别十七首之十》。
② 力胜钱也称"力胜税"。宋初对运输谷、盐的车船所征的税，叫力胜钱。熙宁六年（1073年）免征力胜钱，鼓励南粮北运。后时征时免，无定制。崇宁二年（1103年），因盐课不登，停征盐船的力胜钱，只征米谷船，南宋时对空船也征收力胜钱。因此统称"力胜"。"五谷力胜税钱"是力胜钱或力胜税的一种，即对运输粮食和农副土特产品的船只征收的财产税。
③ 《苏轼集》卷63《乞免五谷力胜税钱札子》。

客，令上历破使逐旋书填月日、姓名、斤两与小客，限十日内更不行用①。如敢借名为人影带，分减盐货，许诸色人陈告，重立赏罚，候将来秋熟日仍旧，并元降敕榜，明言出自圣意，令所在雕印，散榜乡村。人非木石，宁不感动，一饮一食，皆诵圣恩，以至旧来贫贱之民，近日饥寒之党，不待驱率，一归于盐，奔走争先，何暇为盗？……今小商不出税钱，则所在争来分买。大商既不积滞，则轮流贩卖，收税必多。而乡村僻远，无不食盐，所卖亦广。损益相补，必无大亏之理。纵使亏失，不过却只得祖额元钱，当时官司，有何阙用？苟朝廷捐十万贯钱，买此两路之人不为盗贼，所获多矣。今使朝廷为此两路饥馑，特出一二十万贯见钱（现钱），散与人户，人得一贯，只及二十万人。而一贯见钱，亦未能济其性命。若特放三百斤以下盐税半年，则两路之民人人受赐，贫民有衣食之路，富民无盗贼之忧，其利岂可胜言哉！"②

关于取消对漕船携带商品的频繁检查、层层征税以繁荣京师市场问题。元祐二年（1087年）十月，尚书省金部下令对漕船梢工沿路携带的商品进行检查征税。这一制度颁布之后，收税不多，影响却很大。诸如：税务监官以随船检查为名，检查一只船，一纲（三十只）都滞留等待，结果贻误船期；在官府所给费用不足的情况下，梢工等服役之人本来可以随船携带少许商品以换取养家之资，由于对随漕船携带的商品进行频繁检查，而且不论价值大小一律征税，服役之人失去养家生计，往往甘冒犯罪的危险盗窃漕粮，致使漕粮损失巨大。自实行征税制度以后，每年运输漕粮450万石，损失则达30万石，而此前运输漕粮600万石，才损失6至7万石。同时，使犯罪人数陡然增加；既然对漕船携带的商品征税，服役之人便不再将地方商品运到京师，商贾也"全然不行"，致使京师市场萧条，"坐至枯涸"，官府失去的商税反而比征收漕船上的商品税钱更多。由于这诸多弊端，苏轼建议朝廷取消频繁检查、层层征税这一弊法，允许漕船携带商品，至京师后一次性接受检查征税。苏轼认为这样做"必有五利"：一是纲梢等被役之人因有商品可卖，出于"饱暖、惜身、畏法"的心理，不再盗窃漕粮，由此便可以减少漕粮运输的损失；二是被役之人既然"饱暖、惜身、畏法"，犯罪的人就会减少，从而可以"省徒配之刑"，消"流亡贼盗之患"；三是被役人无衣食之忧，自然不破坏漕船，反而会以船为家，从而使官府省却维修的费用；四是由于沿路不再拦截检查，到京师后被役之人惟恐被告奸，自会主动去纳税，这样所收之税不会少于沿路检查所征之税，而且由于"商贾全集于京师，回路货物无由复入，空纲揽载，所获商税必倍于此"；五是漕船携带商品到京师交易，活跃了京师市场，致使"商贾通行，京师富庶。"③

5. 主张整顿苛征杂敛，取消税官超收赏格

苏轼认为苛征杂敛、与民争利影响民风。他指出，三代之民之所以"天下不可以

---

① 指盐场和大盐商每次在给小贩分发盐斤时，要按规定在官府统一印制的空白关子上，详细记录盐斤交接时的月日、姓名、斤两，并发给小贩小票，以作为贩盐和免税的凭证。此小票十日内有效，过期作废。
② 《苏轼集》卷52《论河北京东盗贼状》。
③ 《苏轼集》卷62《论仓法札子》《论纲梢欠折利札子》《乞岁运额斛以到京定殿最状》。

敌，甲兵不可以威，利禄不可以诱，可杀可辱、可饥可寒而不可与叛"，而秦汉之民之所以"见利而忘义，见危而不能授命。法禁之所不及，则巧伪变诈，无所不为"，既与教化不足或有误有关，也与苛征杂敛、与民争利愈演愈烈有关。他说："自宝元以来，诸道以兵兴为辞而增赋者，至今皆不为除去。夫如是，将何以禁小民之诈欺哉！"又说："今鸡鸣而起，百工杂作，匹夫入市，操挟尺寸，吏且随而税之，扼吭拊背（敲诈勒索），以收丝毫之利。古之设官者，求以裕民，今之设官者，求以胜民。赋敛有常限，而以先期（提前完税）为贤。出纳有常数，而以羡息（超额、赢余）为能。天地之间，苟可以取者，莫不有禁。求利太广，而用法太密，故民日趋于贪。臣愚以为难行之言，当有所必行，而可取之利，当有所不取，以教民信，而示之义。若曰'国用不足而未可以行'，则臣恐其失之多于得也。"①

苏轼还认为税务监官按年终超额数提取赏格的做法有伤吏治。远在元丰年间（1078—1085年），朝廷曾实行盐酒税课年终按增利之数提取一定比例的赏格分给秤子、专拦等税务部门一般工作人员的办法。到元祐三年（1088年），不仅这些一般工作人员实行年终赏格，税务监官也开始与他们一起分取赏格。苏轼认为这种做法有伤吏治。他说："臣闻之管仲：'礼义廉耻，国之四维，四维不张，国乃灭亡。'今盐酒税务监官，虽为卑贱，然缙绅士人公卿胄子，未尝不由此进。若使此等不顾廉耻，决坏四维，搒敛刻剥，与秤匠、专拦一处分钱，民何观焉。所得毫末之利，而所败者天下风俗、朝廷纲维，此有识之所共惜。"苏轼说他曾亲自了解淮南等处税务，发现那里的税务官为多得赏格，"自数年来，刻虐日甚，商旅为之不行，其间课利，虽已不亏，或已有增剩，而官吏刻虐，不为少衰。详究厥由，不独以财用窘急、转运司督迫所致，盖缘有上件给钱充赏条贯，故人人务为刻虐，以希岁终之赏，显是借关市之法，以蓄聚私家之囊橐（钱袋）。若朝廷悯救风俗，全养士节，即乞尽罢上件岁终支赏条贯。"②

三、对苏轼治国理政思想及税收思想的简要评述

1.对苏轼治国理政思想的简要评述

苏轼所处的年代，正是农耕文明向工商业文明快速转型的关键时期，是儒释道法各种学术思潮快速融合形成新文化的关键时期，也是北宋王朝内忧外患加剧、改革呼声一浪高过一浪、新党与旧党围绕改革方略的争论此起彼伏、愈演愈烈的关键时期。面对复杂深刻的社会矛盾和改革的进退维谷，苏轼经过冷静思考，形成了一套有别于王安石和司马光的比较中庸务实的治国理政思想。总体来看，他是固守儒家尊君爱民传统的，但又不失与时俱进、实事求是、稳妥可靠推进改革的诚意。苏轼的治国理政思想有以下

---

① 《苏轼集》卷47《策别十七首之七》。
② 《苏轼集》卷62《乞罢税务岁终赏格状》。

新颖观点：（1）人性可善可恶，但并不必善必恶；韩愈以才定性、离情论性，叛圣人之教。（2）王安石只知法先王之迹而不求其义，必事与愿违。（3）贵贱与圣贤有别；名轻而实重，天下将趋于实。（4）以无心、无言、无为、饱食而嬉为能，是为欺佛。（5）君子可以寓意于物，而不可以留意于物。迫不得已，求合于中庸。（6）天下之所少者，非才也，气也。（7）善除盗者，开其衣食之门；善除小人者，诱以富贵之道。（8）人君取才宜宽，用才宜狭。（9）赏可以过乎仁，罚不可以过乎义。（10）以物与人，物尽而止；以法活人，法行无穷。（11）欲民生而无倦，在世变以能通。（12）夫兴利以聚财者，人臣之利也，非社稷之福。省费以养财者，社稷之福也，非人臣之利。（13）治事不若治人，治人不若治法，治法不若治时。（14）赋敛不可以不均，刑罚不可以不平，守令不可以不择。（15）善用兵者，见其害而后见其利，见其败而后见其成。（16）天下之势，莫大于使天下乐战而不好战。（17）小国聚而大国分，攻守之势将反；蛮夷之长在力攻、力守、力战，中国之长在守形、攻势、战气。（18）善用兵者，破敌国，当如小儿毁齿，以渐摇撼，而后取之。

苏轼和欧阳修、王安石、司马光都是北宋著名思想家、政治家、改革家、文学家，但他们在政治上的成就似乎远不如他们在文学和经史方面的成就。苏轼、欧阳修和王安石都以文学上的巨大成就名列唐宋散文八大家之首，司马光则以一部史学巨著《资治通鉴》名垂青史。这也许就是宋朝"重文轻武"特征的一个集中反映吧。

2.对苏轼税收思想的简要评述

苏轼的税收思想是其治国理政思想的重要组成部分，本书将其提炼归纳为五个方面，包括：（1）主张节欲省费，量入为出，藏富于民。强调广取以给用，不如节用以廉取；应大力精减"去之甚易而无损，存之甚难而无益"的天下之费；为国有三计：有万世之计，有一时之计，有不终月之计。最下而无谋者，量出以为入，用之不给，则取之益多。天下晏然无大患难，而尽用衰世苟且之法，不知有急则将何以加之，此所谓不终月之计也。（2）主张差雇并行，因人因事制宜。强调差雇两种役法各有利弊，即使是雇役法，也因税收负担不均衡、出钱与出役的矛盾以及地区发展差异，对不同户等的老百姓也会产生不同的影响。他主张用"给田募役法"取代单纯的雇役法，不废募役又有地租收入还不用支付雇值。如不可行，则一、二、四、五等实行差役法，三等户实行雇役法。（3）主张移民均户，人地税相符。强调两千石以上的官吏带头，向人口稀少、土地荒芜较多的地区移民，带动老百姓跟进，从而解决人口与土地关系失衡的问题，发展农业生产，增加国家财政收入。另外，在土地买卖、人口流徙较为严重，人、地、税名实不副的情况下，应通过土地买卖所缴契税来推算地价和土地所有者，重新分配两税，以间接抑制土地兼并，减轻贫民的税收负担。（4）主张免征零散税，便商利民。强调免征按载重量对五谷和农副产品的运输船舶征收的"五谷力胜税钱"，使货畅其流，以调节供求平衡和物价升降，减轻民负，同时减少官府赈济灾民的支出；免除对漕户在起运地和途中携带的小商品的层层检查，将其应纳商税推迟到漕粮到达运输目的地——京师后再征收，以加快船运速度，减轻漕户经济负担，减少其为维持生计而盗窃国家漕粮现象的发生；免征每次进货量在300斤以下的小盐贩的食盐零售税，以加快食盐流通，满足民众需求，增加大盐商的销售额和盐税收入。(5)主张整顿苛征杂敛，取消税务官超收赏格。强调国家治乱与社会风气的好坏密切相关，官府应在移风易俗方面起模范带头作用。然而现实生活中存在的设官不为富民而求胜民、处处与民争利、苛征杂敛层出不穷、税收征管不规范、对税务官提前收税、超额收税给予奖赏、对不能按时缴纳赋税的民户采用严刑峻法加以惩治等做法，严重败坏了社会风气，助长了官吏腐败和胡作非为，加剧了官民矛盾，与朝廷一贯倡导的重义轻利、讲信修睦思想是背道而驰的。长此以往，国之四维必毁，国之根基必遭侵蚀。

苏轼的税收思想及其政策主张总体上是比较丰富具体、切中时弊的，体现了他爱国爱民的一片赤诚之心。但与王安石大刀阔斧的系统改革相比，他的治国理政思想和税收思想在广度和深度上都是偏保守的，提出的改革建议偏重于对现行体制的小修小补，而缺少全盘谋划，难以从根本上解决北宋近百年来形成的"三冗"充斥、腐败横行、民不聊生问题。即使这些小的改革举措也在朝廷形不成共识，促进经济发展、减轻百姓负担、救民于水火只能是纸上谈兵。从这个意义上来说，他和司马光对王安石变法从指导思想、具体制度设计和实际执行效果方面的全盘否定，是不适应时代要求的，对改革形成了巨大阻力，对通过深化改革不断总结经验教训、补救改革方案和改革过程中的缺点疏漏也起到了消极干扰作用。尽管苏轼始终从儒家的民本主义思想传统出发，不断上书，要求皇帝和主政者慎重改革、渐进改革，注重改革的实际效果，多倾听民意，不要独断专行、别出心裁，有一定的积极意义，值得肯定，但他对改革后果不确定性的恐惧远大于破旧立新、开拓进取的勇气，这从他关于纸张的发明为奸吏开了诈伪之端[1]、纸币的发明为货币伪造开了方便之门[2]等片面言论中也可以鲜明地反映出来。苏轼晚年在激烈的党争中官场失意，一再遭到贬黜和打压，由于远离权力中心，他的那些有价值的改革思想和政策主张也因人微言轻而经常被束之高阁，这是历史的悲哀，值得后世改革者认真反思。

---

[1] 《苏轼集》卷42《秦始皇帝论》有言："昔者始有书契，以科斗为文，而其后始有规矩摹画之迹，盖今所谓大小篆者。至秦而更以隶，其后日以变革，贵于速成，而从其易。又创为纸以易简策。是以天下簿书符檄，繁多委压，而吏不能究，奸人有以措其手足。如使今世而尚用古之篆书简策，则虽欲繁多，其势无由。由此观之，则凡所以便利天下者，是开诈伪之端也。嗟乎！秦既不可及矣。苟后之君子欲治天下，而惟便利之求，则是引民而日趋于诈也，悲夫！"

[2] 《苏轼集》卷48《关陇游民私铸钱与江淮漕卒为盗之由》有言："私铸之弊，始于钱轻，使钱之直若金之直，虽赏之不为也。今秦蜀之中，又裂纸以为币，符信一加，化土芥以为金玉，奈何其使民不奔而效之也。夫乐生而恶死者，天下之至情也。我且以死拘之，然犹相继而赴于市者，饥寒驱其中，而无以自生也。曰：'等死耳，而或免焉'。"

主要参考文献：

《宋史》卷338《苏轼传》。

《唐宋八大家·苏轼集》。

《苏轼评传》，王水照、朱刚著，南京大学出版社2004年版。

叶 适

一、叶适生平简介

叶适（1150—1223），字正则，温州永嘉县（今浙江温州市鹿城区）水心村人，世称水心先生。南宋著名思想家、政治家、改革家，永嘉学派主要代表人物。历高宗、孝宗、光宗、宁宗四朝。与他同时代的学术名流和师友主要有：郑伯熊（字景望）、朱熹（字元晦，号晦庵）、陆九渊（字子静，号象山）、吕祖谦（字伯恭）、张栻（字敬夫，号南轩）、辛弃疾（字幼安）、薛士隆（字季宣）、陈傅良（字君举）、陈亮（字同甫，号龙川）、唐仲友（字与政）、陈烨（字民表）等，其中与薛士隆、陈傅良过从甚密，与陈傅良的交往史长达40年，与陈烨则交往时间更长。叶适出生于一个贫苦农民家庭，其父叶光祖是一位教书先生。光祖之祖叶公济，曾游太学，无成，家道衰落，自处州龙泉徙于瑞安。至叶光祖，已贫匮三世。叶光祖"性拓牵，志愿大，困于无地，不自振立。见既晚，专屏静处，不预人事，味山野之乐而远朝市，服台笠以忘冠绅焉。"[①]叶光祖有子六人，分别是：逮、适、还、过、迈、造，女三人。叶适是孝宗淳熙五年进士，官至吏部侍郎，宁宗开禧三年以宝文阁待制兼江淮制置使，负责江淮屯田和防务。但是年底，御史中丞雷孝友劾奏他与韩侂胄用兵失败有牵连，遂罢官落职，奉祠归永嘉。此后，在长达16年的漫长岁月里，叶适赋闲在家，闭门修书，反思朝政，致力乡学，直至74岁病逝于水心村。

叶适一生仕途坎坷，业绩也不显赫，但他能以乐观豁达、积极进取的姿态沉着应对各种压力和挑战。在政治上，他坚持抗金，反对议和；在学术上，他讲究功利，提倡务实，反对性理空谈，因循苟且。他崇尚唐、虞、三代和文武周孔，对老庄道学、思孟儒学、商韩法学、佛禅秘学以及入宋以来的种种歪理邪说都持大胆质疑和批判态度，对朝政弊端也进行了深刻的揭露和批评，在此基础上提出了一系列改良主义政策主张，代表

[①]《水心文集·致政朝请郎叶公圹志》。

了宋朝的进步倾向，因而受到时人的广泛赞誉，也给后世学者以深刻启迪。

二、叶适税收思想的主要内容

叶适的税收思想是其治国理政思想的重要组成部分，本书将其提炼归纳为以下四个方面。

1. 主张理财与聚敛有别，不善理财不足以为圣君贤臣

重义轻利、讳言财利是儒家的重要传统，目的是约束统治者的横征暴敛和骄奢淫佚，减轻民负，保护小农经济的国本地位，其积极意义不容质疑。但将义与利对立起来，忽视科学理财的重要性，也给中国商品经济的发展和财税思想的进步带来了严重阻碍。与之分庭抗礼的法家、墨家则从发展工商业、富国强兵、追求事功的角度出发，旗帜鲜明地反对空谈义理，主张为国理财，并从唐、虞、三代的文献典籍中寻找圣君贤臣并不讳言财利的理论依据。但在实际操作中，则往往出现以理财为名、行搜刮民财之实，以满足封建统治者穷兵黩武、穷奢极欲需要的偏差。宋朝以文治国，"三冗"泛滥，君民俱困，内忧外患不断加剧，财政入不赋出的问题日益突出，要求改革的呼声日益高涨，但落实到具体行动上，以王安石为代表的新党与以司马光为代表的旧党围绕改革的指导思想和具体路径发生了尖锐冲突，导致改革无所适从，其冲击波一直延续到南宋而不能止，且有愈演愈烈之势。作为南宋功利学派的重要代表人物，叶适在总结历史的经验教训基础上，从中庸立场出发，对义与利、富国与富民、理财与聚财的关系作了系统全面的辩证思考，最后提出"理财与聚敛有别，不善理财不足以为圣君贤臣"的新颖主张，为君子合理合法地理财扫除了思想障碍。

叶适说："理财与聚敛异，今之言理财者，聚敛而已矣。非独今之言理财者也，自周衰而其义失，以为取诸民而供上用，故谓之理财。而其善者，则取之巧而民不知，上有余而下不困，斯其为理财而已矣。……夫君子不知其义而徒有仁义之意，以为理之者必取之也，是故避之而弗为。小人无仁义之意而有聚敛之资，虽非有益于己而务以多取为悦，是故当之而不辞，执之而弗置（放）。而其上亦以君子为不能也，故举天下之大计属之小人，虽明知其负天下之不义，而莫之恤（忧虑、顾念），以为是固当然而不疑也。呜呼！使君子避理财之名，小人执理财之权，而上之任用亦出于小人而无疑，民之受病，国之受谤，何时而已！""夫聚天下之人，则不可以无衣食之具。衣食之具，或此有而彼亡（无），或彼多而此寡，或不求则伏而不见，或无节则散而莫收，或消削而浸微（逐渐衰微），或少竭而不继，或其源虽在而浚导之无法，则其流壅遏而不行。是故以天下之财与天下共理之者，大禹、周公是也。古之人，未有不善理财而为圣君贤臣者也。若是者，其上之用度，固已沛然满足而不匮矣。后世之论，则以为小人善理财而圣贤不为利也。圣贤诚不为利也，上下不给而圣贤不知所以通之，徒曰'我不为利

也'，此其所以使小人为之而无疑欤！""有民而后有君，有君而后有国，有君有国而后有君与国之用，非民之不以与（供）其上也，而不足者何说？今之理财者，自理之欤？为天下理之欤？父有十子，阖其大门，日取其子而不计其后，将以富其父欤？抑（或）爱其子者必使之与其父欤？抑孝其亲者，固将尽闲（掏空）其子欤？抑其父固共其子之财者欤？""今天下之民，不齐久矣。开阖、敛散、轻重之权不一出于上，而富人大贾分而有之，不知其几千百年也，而遽（突然）夺之，可乎？夺之可也，嫉其自利而欲为国利，可乎？呜呼！居今之世，周公固不行是法矣。""夫学周公之法于数千岁之后，世异时殊不可行而行之者，故不足以理财也。"①"使天下疑己，不可以为天下。临财则疑其取，见患则疑其避，势相轧、权相倾之际则疑其谋，若此者，虽匹夫不能自立于乡党。……古之圣人所为大过乎人者，理天下之财而天下不疑其利，擅天下之有而天下不疑其贪，政令之行，天下虽未必能知其意而终不疑其害已。故圣人之于天下无不可为者，以其所以信服天下者明也。后世之君，用民之财未必如三代之多，役民之力未必如三代之烦，常为安静之令，数出宽大之言，而天下终疑之而不置，不亦悲夫！今天下之患，法度未立，号令未信，财用未足，欲有所为而不能遂。若此者，不足为大忧也，而其忧则在乎未能免天下之疑。"②

2. 主张大力削减苛捐杂税，量入以为出

国家强弱、安危、治乱与财政收入多少之间存在何种关系，也是各家各派争论不休的问题。儒家通常认为，民为邦本、民重君轻，只要老百姓安居乐业、富裕幸福，国家财政收入就没有贫乏的道理，国家长治久安就是顺理成章的事。而与之对立的法家则认为，君为邦本、君重民轻，不优先保证财政收入的充裕丰厚，国家的长治久安就难以实现，老百姓的安居乐业、富裕幸福就会失去保障。而南宋的现实情况却是财多国愈贫、赋加事愈散。③面对这一困局，叶适通过对历史的深入考察，得出了"善于为国者，计治道之兴废而不计财用之多少"的结论，并主张从大力削减苛捐杂税、量入以为出入手，纠正治道偏失，使财政由劳变逸、使国家由弱变强、由乱变治。

叶适说："财用，今日之大事，必尽究其本末，而后可以措于政事。欲尽究今日之本末，必先考古者财用之本末。盖考古虽若无益，而不能知古则不能知今故也。""隋最富而亡，唐最贫而兴。唐之取民，以租，以庸，以调，过此无取也。而唐之武功最多，辟地最广，用兵最久，师行最胜。此其事则差近（情形相似）而可知矣。致（追求）唐之治，有唐之胜，其不待多财而能之也决矣。然则其所以不若唐者，非以财少为患也。故财之多少有无，非古人为国之所患，所患者，谋虑取舍，定计数，必治功之间耳。非如今日以一财之不足而百虑尽废，奉头竭足（捶头跺脚）以较锱铢，譬若惰夫浅人，劫劫（忉忉、忙忙碌碌）焉徒知事其口腹而

---

① 《水心别集·财计上》。
② 《水心别集·财计下》。
③ 《水心文集·上宁宗皇帝札子（开禧二年）》。

已者也。"①"夫计治道之兴废而不计财用之多少，此善于为国者也。古者财愈少而愈治，今者财愈多而愈不治；古者财愈少而有余，今者财愈多而不足。然则善为国者，将从其少而治且有余乎？多而不治且不足乎？而况于多者劳而少者逸，岂恶逸喜劳而至是哉？"②

"昔固有以乏财为患矣，未有皇皇汲汲（惶恐急切），取之无度，如今日之甚者也。"③"今之茶盐净利酒税征榷，何其浩大欤！虽汉、唐极盛之时，尽一天下之输，曾未能当今三务场之数。其又有浩大者，经总制钱④，强立窠名（强立名目），从而分隶；和买、白著（税外横取）、折帛、折变，再倍（两倍）而取。累（总计、累计）其所入，开辟以来未之有也。入既若是，出亦如之。盖尝仓悴（仓促）不继，相视无策，遂印两界会子⑤而权之者，有年数矣。"⑥"今天下之财，其为缗钱者，茶、盐、榷货以二千四百万矣，经总制以千五百万矣，上供、和买、折帛以千余万矣，又别计四川之钱引以三千三百余万矣，古无有也。不特古无有也，宣和⑦以前无有也。是财多也，而用之亦如是其多。今略计户部之经费为千五百余万，此祖宗盛时一倍之用也。至于以六千余万供四屯驻之兵，此开辟以来所未有也。"⑧

"昔之所谓窠名者，强加之名而已。今已失之，所以通融收籔（收集）者，用十数爪牙吏，百计罔民，日月消削。盖昔之号为壮县、富州者，今所在皆不复可举手；今之所谓富人者，皆其智足以兼并，与县官抗衡，及衣冠势力之家在耳。若夫齐民中产，衣食仅足，昔可以耕织自营者，今皆转徙为盗贼冻饿矣。"⑨"经总制之窠名既立，添酒、折帛、月桩、和籴，皆同常赋，于是言财之急，自古以来莫今为甚，而财之乏少不继亦莫今为甚也。"⑩"经总制钱之为患也，自州县而后至于民，民犹怨州县而后及于朝廷，和买则正取之民而已。国以二税为常赋也，岂宜使经用有不足，于二税之内而复有所求哉？经用不足，则大正其名实可也。承平以前，和买之患尚少，民有以乏钱而须卖，官有以先期（提前预备）而便民。今也举昔日和买之数委之于民，使与夏税并输，民自家力钱之外，浮财营运，生生之具悉从折计。且若此者，上下皆明知其不义，独困于无策而莫之敢蠲（免除）耳。"⑪"支移折变，昔者之弊事固多矣，而今莫甚于折帛。折帛之

---

① 《水心别集·财总论一》。
②⑩ 《水心别集·财总论二》。
③ 《水心别集·上殿札子（淳熙十四年）》。
④ 经总制钱："经制钱"和"总制钱"的并称，宋代的附加杂税。前者始于北宋宣和年间，陈遘以发运使兼经制使督理东南地区财赋，加征卖酒、典卖田宅的牙税，常赋外的头子钱，以及其他项目的税金，称经制钱。其后翁彦国为总制使，效其法别立名目征税，称总制钱。清顾炎武《读〈宋史·陈遘〉》说："宋之所以亡，自经总制钱，而此钱之兴，始于亨伯。"
⑤ 会子：南宋通行于南方部分地区的纸币。因其易污损、伪造，故以三年为一界，限量发行，到期以新币换旧币。后因通货膨胀，一界之中通行两界之币，遂有两界会子之称。
⑥ 《水心别集·应诏条奏六事》，此处的陛下指宋光宗。
⑦ 北宋时期宋徽宗的第六个年号和最后一个年号。
⑧ 《水心别集·实谋》。
⑨ 《水心别集·经总制钱二》。
⑪ 《水心别集·和买》。

始，以兵兴绢价大踊至十余千，而朝廷又方乏用，于是计臣始创为折帛，其说曰：'宽民而利公'。其后绢价既平，而民之所纳折帛钱乃三倍于本色，既有夏税折帛，又有和买折帛。且本以有所不足于夏税，而和买以足之，今乃使二者均折，于事何名而取何义乎？"①"（茶盐）榷之太甚，利之太深，刑之太重，此其事已在于建炎、绍兴之先。今用度既繁，经制未能一一复古，减经总制，罢和买、折帛而舍茶盐，则无以立国，故最在后。虽然，榷之不宽，取利不轻，制刑不省，亦终不可以为政于天下。"②

"今日财之四患：一曰经总制钱之患，二曰折帛之患，三曰和买之患，四曰茶盐之患。四患去则财（聚敛）少，财少则有余，有余则逸。有余而逸，以之求治，朝令而夕改矣。"③"经总制钱不除，则取之虽多，敛之虽急，而国用之乏终不可救也。今欲变而通之，莫若先削今额之半，正其橐名之不当取者罢去，然后令州县无敢为板帐（贪污勒索）、月桩（加征军饷）以困民。黜其旧吏刻削之不可训诲者，而拔用恻怛爱民之人，使稍修牧养之政。其次罢和买，其次罢折帛，最后议茶盐而宽减之。若此，则人才不衰，生民不困矣。"④"减经总制，除和买、折帛以先慰天下之心，而后朝廷所谓烦密不可变之法度者尽变之，以共由（趋、走）于疏通明达之途矣。分江、淮、川、蜀之地，与（给、予）之兵民财赋，以重人臣之任，而后朝廷所谓专闭不可分之纪纲者尽分之，以各合于外坚内柔之术矣。若此者，兼两汉之长而不袭（因袭）两汉之失，待之以成功而终之以礼乐，则三王之治不难进也。"⑤

"今天下之财用，责于户部，户部急诸道，每道各急其州，州又自急其县，而县莫不皆急其民。天下之交相为急也，事势使然，岂其尽乐为桑弘羊之所为耶？使天下之用诚有常数，而户部以天下之税当之而有余，则户部必不以困诸道，每道必不以困其州，而州若（与）县独何以自困其民耶？使其真桑弘羊之流，固且不暇，而况其不为桑弘羊者耶？所可畏者，上每以所不足责其臣，使群臣以不足而后见其材，然而若是者，固教天下之为弘羊者也。"⑥"致今日之治无他道，上宽朝廷，下宽州县而已。……朝廷宽，则凡所以取州县者皆不用，而食租税之正矣；州县宽，则凡所以取民者皆不用，而敛租税之正矣。且又非特此也。朝廷宽，则群臣有暇而人才多矣，不若今之乏也；州县宽，则庶民有暇而良善多矣，不若今之薄也。上多人才，下多良民，兵省而精，费寡而富，五年之内，二年之外，合其气势，用其锋锐，义声昭布，奇策并出，不用以灭虏而何用哉！虽然，为此者无他也，力行而已。"⑦

"一县会计，天下同有也。所以取民，必有正也；取而不得已，必有宽也。有正，

---

① 《水心别集·折帛》。
② 《水心别集·茶盐》。
③ 《水心别集·财总论二》。
④ 《水心别集·经总制钱二》。
⑤ 《水心别集·终论一》。
⑥ 《水心别集·财计下》。
⑦ 《水心别集·终论二》。

义也;有宽,仁也;未有不由仁义而能使民思之者也。"① "参考内外财赋所入,经费所出,一切会计而总虆(核)之,其理固当。然臣谓国家之体,当先论其所入。所入或悖,足以殃民,则所出非经,其为蠹国审(甚)矣。今经总制、月桩、青草、折估等钱,虽稍已减损,犹患太重,趁办甚难,而和买、折帛之类,民间至有用田租一半以上输纳者。贪官暴吏,展转(辗转)科折,民既穷极,而州县亦不可为矣。以此自保,惧无善后之计,况欲规恢(规划恢张),宜有大赉(重赏)之泽。伏乞陛下特诏大臣,使国用司详议审度,何名之赋害民最甚,何等横费裁节宜先,减所入之额,定所出之费,不须对补,便可蠲除。小民蒙自活之利,疲俗有宽息之实。陛下修实政于上,而又行实德于下,和气融洽,善颂流闻,此其所以能屡战而不屈,必胜而无败者也。改弱以就强,孰大于此!"②

3. 主张井田什一非中正,扶贫不必抑兼并

井田制和什一税是唐、虞、三代的养民之道,但从鲁宣公始行"初税亩"制度、商鞅废井田开阡陌之后,它就逐渐衰落了,从此君养民体制逐步走向民养君体制,土地兼并日益加剧,贫富分化愈演愈烈,老百姓的税收负担也不断加重。以孔子为代表的儒家将废井田、行"初税亩"视为社会大倒退的标志,千方百计希望恢复之。而与之对立的法家则认为井田制和什一税不适应时代潮流,以早日废除而后快。叶适在反思历史发展的基础上,从后世民俗大变、人口流移不可阻止、商品经济快速发展的实际出发,得出了"井田什一非中正,扶贫不必抑兼并"的结论,主张轻徭薄赋,保护四民自食其力的积极性。

叶适说:"今之言爱民者,臣知其说矣。俗吏见近事,儒者好远谋,故小者欲抑夺兼并之家以宽细民,而大者则欲复古井田之制,使其民皆得其利。夫抑兼并之术,吏之强敏有必行之于州县者矣。而井田之制,百年之间,士方且相与按图而画之,转以相授而自嫌其迂,未敢有以告于上者,虽告亦莫之听也。夫二说者,其为论虽可通,而皆非有益于当世,为治之道终不在此。且不得天下之田尽在官,则不可以为井;而臣以为虽得天下之田尽在官,文、武、周公复出而治天下,亦不必为井。何者?其为法琐细烦密,非今天下之所能为。……井田之制虽先废于商鞅,而后诸侯亡,封建绝,然封建既绝,井田虽在,亦不得独存矣。故井田、封建,相待而行者也。……夫已远者不追,已废者难因。……后之儒者,乃欲以其耳目所不闻不见之遗言,顾从而效之,亦咨嗟叹息以为不可废,岂不难乎!井田既然矣。今俗吏欲抑兼并,破富人以扶贫弱者,意则善矣。此可随时施之于其所治耳,非上之所恃以为治也。夫州县狱讼繁多,终日之力不能胜,大半为富人役耳,是以吏不胜忿,常欲起而诛之。县官不幸而失养民之权,转归于富人,其积非一世也。小民之无田者,假田于富人;得田而无以为耕,借资于富人;岁

---

① 《水心文集·平阳会书序》。
② 《水心文集·上宁宗皇帝札子(开禧二年)》。

时有急，求于富人；其甚者，庸作奴婢，归于富人；游手末作，俳优伎艺，传食于富人；而又上当官输，杂出无数，吏常有非时之责无以应上命，常取具于富人。然则富人者，州县之本，上下之所赖也。富人为天子养小民，又供上用，虽厚取赢以自封殖，计其勤劳亦略相当矣。洒（乃）其豪暴过甚兼取无已者，吏当教戒之。不可教戒，随事而治之，使之自改则止矣，不宜豫置疾恶于其心，苟欲以立威取名也。夫人主既未能自养小民，而吏先以破坏富人为事，徒使其客主相怨，有不安之心，此非善为治者也。故臣以为儒者复井田之学可罢，而俗吏抑兼并富人之意可损。因时施智，观世立法。诚使制度定于上，十年之后，无甚富甚贫之民，兼并不抑而自已，使天下速得生养之利，此天子与其群臣当汲汲为之。不然，古井田终不可行，今之制度又不复立，虚谈相眩，上下乖忤，俗吏以卑为实，儒者以高为名，天下何从而治哉！"①

"今天下之民，不齐久矣。开阖、敛散、轻重之权不一出于上，而富人大贾分而有之，不知其几千百年也，而遽夺之，可乎？夺之可也，嫉其自利而欲为国利，可乎？呜呼！居今之世，周公固不行是法矣。"②"数世之富人，食指（家口）众矣，用财侈矣，而田畴不愈于旧，使之能慨然一旦自贬损而还其初乎，是独何忧！虽然，盖未有能之者也。于是卖田畴鬻宝器以充之，使不至于大贫竭尽、索然无聊而不止。今天下欲为大贫竭尽、索然无聊之术耶？"③"《书》'懋迁有无化居'，周讥（稽）而不征，《春秋》通商惠工，皆以国家之力扶持商贾，流通货币。故子产拒韩宣子一环不予④，今其词尚存矣。汉高帝始行困辱商人之策，至武帝始有算船告缗之令。极于平准，取天下百货自居之。夫四民交致其用而后治化兴，抑末厚本，非正论也。果出于厚本而抑末，虽偏，尚有义。若夺之以自利，何名为抑！"⑤

"儒者争言古税法必出于十一，又有贡、助、彻之异，而其实不过十一。夫以司徒教养其民，起居饮食待官而具，吉凶生死无不与偕，则取之虽或不止于十一，固非为过也。后世刍狗（放任）百姓，不教不养，贫富忧乐茫然不知，直（只）因其自有而遂取之，则就能止于十一，而已不胜其过矣，亦岂得为中正哉？况合天下以奉一君，地大税广，上无前代封建之烦，下无近世养兵之众，则虽二十而一可也，三十而一可也，岂得以孟子貊道之言为断邪！"⑥

4. 主张移民均赋，培殖税源

土地和人口是小农经济社会的主要生产要素，土地宽广、人口众多也是封建国家

---

① 《水心别集·民事下》。
② 《水心别集·财计上》。
③ 《水心别集·财计下》。
④ 郑大夫子产从维护国家利益的角度拒绝韩宣子从郑商手中强买一玉环的无礼举动，故事见《左传·昭公十六年》。
⑤ 《宋元学案·水心学案（上）》。
⑥ 《水心习学记言》卷七《周礼·仪礼》；《宋元学案》卷五十四《水心学案（上）》。

繁荣强大的重要标志。但由于地理条件的差异，经济发展水平和战争的影响，不同地区承载的人口和经济总量是有明显差异的。南宋受金国的不断侵扰和蚕食，国土面积仅及北宋的一半多，大量人口集聚于江浙一代的狭小区域，造成人口密度过大，土地开发过度，城镇生活费用急剧上升，加之豪强势家的土地兼并，国家赋税的不断膨胀，导致大批庶民离开土地，流离失所，或应募为兵，或沦为盗贼，既浪费了宝贵的劳动力、影响经济发展，又带来严重的社会治安隐患。对这个南宋特有的经济社会现象，朝廷上下并未引起高度重视，也不知道解决问题的正确出路在哪里。叶适通过对历史和现实的深入考察，提出了"移民均赋，培植税源"的政策主张。

叶适说："为国之要，在于得民。民多则田垦而税增，役众而兵强。田垦税增，役众兵强，则所为而必从，所欲而必遂。……今天下州县，直（只）以见入职贡者言之，除已募而为兵者数十百万人，其去而为浮屠老子及为役而未受度（超度）者又数十万人。若此皆不论也。而户口昌炽，生齿繁衍，几及全盛之世，其众强富大之形宜无敌于天下。然而偏聚而不均，势属而不亲，是故无垦田之利，无增税之人，役不众，兵不强，反有贫弱之实见于外，民虽多而不知所以用之，直（只）听其自生自死而已。而州县又有因其丁中而裁取其绢价者，此其意岂以为民不当生于王之土地而征之者欤？夫前世之致（聚）民甚难，待其众多而用之，有终不得者。今也欲有内外之事，因众多已成之民，率以北向，夫孰敢争者！而论者曾莫以为意，此不知其本之甚者也。以臣计之，有民必使之辟地，辟地则增税，故其居则可以为役，出则可以为兵。而今也不然，使之穷苦憔悴，无地以自业，其驽钝不才者，且为浮客、为庸力，其怀利强力者，则为商贾、为窃盗，苟得旦暮之食，而不能为家。丰年乐岁，市无贵粜，而民常患夫斗升之求无所从给。大抵得以税与役自通于官者不能三之一，有田者不自垦而能垦者非其田，此其所以虽蕃炽昌衍而其上不得而用之者也。呜呼！亦其势之有不得不然者矣。夫吴、越之地，自钱氏时独不被（遭）兵，又以四十年都邑之盛，四方流徙尽集于千里之内，而衣冠贵人不知其几族，故以十五州之众当今天下之半。计其地不足以居其半，而米粟布帛之直（值）三倍于旧，鸡豚菜茹、樵薪之鬻（售价）五倍于旧，田宅之价十倍于旧，其便利上腴争取而不置者数十百倍于旧。盖秦制万户为县，而宋、齐之间山阴最大而难治，然犹不过三万，今两浙之下县以三万户率者不数也。夫举天下之民未得其所，犹不足为意，而此一路之生聚近在畿甸之间者，十年之后将何以救之乎？夫迹（追寻、追踪）其民多而地不足若此，则其穷而无告者，其上岂宜有不察者乎？田无所垦而税不得增，徒相聚搏取攘窃以为衣食，使其俗贪诈淫靡而无信义忠厚之行，则将尽弃而鱼肉之乎？噫！此不可不虑也。……夫分闽、浙以实荆、楚，去狭而就广，田益垦而税益增，其出可以为兵，其居可以为役，财不理而自富，此当今之急务也。而论者则又将曰'虑其因徙而生变'，夫岂有不变之术而未之思乎？抑（或）听其自变者乎？"[1]

---

[1]《水心别集·民事中》。

三、对叶适治国理政思想及税收思想的简要评述

1. 对叶适治国理政思想的简要评述

宋朝是我国历史上以文治国的特殊朝代,这种治国理念带来两个结果:一是学术空前繁荣,商品经济快速发展,依法治国成为基本方略;二是"三冗"积重难返,官僚体系运转低效,老百姓负担沉重,国土面积在北方夷狄的蚕食下大幅削减,举国上下在改革与守成、战与和的艰难抉择中痛苦煎熬。南宋被迫迁都临安,并未缓和这些矛盾,反而有不断加剧之势。叶适是宋朝最后一位有重要影响的思想家和政治家,面对南宋危如累卵的严峻形势,他继承张载、三苏①、陈亮、薛季宣、陈傅良等人的功利主义传统,以复国安民、雪"靖康之耻"②为尊名大义,以中庸中和为基本人生态度,以唯物辩证法为思想武器,对重义轻利、空谈性命道德、不重实际事功的朱熹道学、陆九渊心学进行了猛烈的批判,对重利轻义、假借富国强兵之名大肆搜刮民财的蔡京、秦桧等人也进行了大胆揭露(王安石也被归入聚敛之臣之列),从而形成了独具特色的功利主义思想体系,为宋代学术留下了浓墨重彩的一笔。其中最值得关注的是治道论、义利论和复仇论。"治道论"中包含了以下重要观点:(1)夫兴亡治乱,各有常势,欲兴者由兴之途,将败者趋败之门,此其所以不相待(势不两立)而非出于相矫(矫枉和互鉴)也;(2)不摈古,不泥古;(3)三代非忠、质、文之尚,而周、秦无强弱之失;(4)轻刑、重刑不可滥用,要视民情而定;(5)纵、抑之术不可滥用,因势利导方可长治久安;(6)夫宽严者,为政之势,而政不出于宽严。故善为政者,有必行之实,而无宽严之名;(7)国家之存亡,有天命使然者,亦有人事使然者。"义利论"中包含了以下重要观点:(1)古人以利和义,不以义抑利;(2)君子避理财之名,小人执理财之权,民之受病,国之受谤,何时而已!(3)为国之要,在于得民。先王之政,以养人为大。"复仇论"中包含了以下重要观点:(1)夫复仇,天下之大义也;还故境土,天下之尊名也;(2)中国虽贵,夷狄虽贱,然而不得其义则不可以治,不得其名则不可以守,不得其权则不可以应;(3)养兵以自困,多兵以自祸,不用兵以自败,未有甚于本朝者也;(4)兵俱募俱养,不合兵之常制。力则已困,用则不可,不如减之;(5)夫用事之势,必使轻利而易为,不使重困而难举;(6)夫使民无嗜战之意而亦无畏战之心,外可以立功而内不失为无事;(7)必有先胜之形,方有可用之兵;(8)求战在敌,应战在我;时在我为,机在我发;(9)攻守异势,善谋则成;(10)威柄不能独专,控持不可尽用。

叶适的治国理政思想总体上是唯物辩证的、中庸中和的、重视功利的、顺应时代潮

---

① 指苏洵和苏轼、苏辙父子。
② "靖康之耻"因发生于北宋皇帝宋钦宗靖康年间(1126—1127年)而得名。靖康二年四月,金军攻破东京(今河南开封),除了烧杀抢掠之外,更俘虏了宋徽宗、宋钦宗父子,以及大量赵氏皇族、后宫妃嫔与贵卿、朝臣等共三千余人北上金国,东京城中公私积蓄为之一空。又称靖康之乱、靖康之难、靖康之祸、靖康耻。靖康之耻导致北宋的灭亡,深沉刺痛汉人的内心,南宋大将岳飞在《满江红》中提到:"靖康耻,犹未雪,臣子恨,何时灭!"

流的，且有一定的反传统意味，因而在明清以后广受推崇，为中国由古代农业社会向现代工商业社会转型奠定了重要思想基础。但也存在不足之处，比如：崇尚中庸和正，反对歪理邪说，但对不符合中庸标准的奇论批判过度；崇尚功利，但对管仲的国家干预主义功利思想和实践全盘否定；反对聚敛和依法办事的低效率，但对王安石大刀阔斧改革人治之弊不屑一顾；主张以钱为本，整顿币制，但对楮币产生的客观必然性认识不足；主张战争要用堂堂之阵，少用奇谋和诈兵，但在守卫建康时却用劫寨之谋、制江淮时用修堡坞之法；反对空谈义理，重事功实利，但对儒释道合流、探讨道德性命之理的哲学意义重视不够。这些偏颇之处影响了他的理论深度，从而使他在与朱陆理学对抗时有力不从心之感。

2.对叶适税收思想的简要评述

叶适的税收思想是其治国理政思想的重要组成部分，本书将其提炼归纳为四个方面，包括：（1）理财与聚敛有别，不善理财不足以为圣君贤臣。强调理财不等于聚敛，君子不必讳言财利；圣君贤臣均善于理财，财不理会造成浪费；理财要为公不为私，将理财局限于你多我少的分配层面是片面的；理财要与时俱进，不能简单套用古人之法；理财要让天下不疑。（2）大力削减苛捐杂税，量入以为出。强调经总制钱、折帛、和买、茶盐是理财之四大患，罢"四患"才能上宽朝廷、下宽州县、改弱以就强；财不在多，量入为出才能利国利民。（3）井田什一非中正，扶贫不必抑兼并。强调井田制是封建社会的产物，在土地私有、郡县制代替封建制的情况下，恢复井田制不可行；古代君养民，今日民养君，富人替君养民，对国计民生有重要贡献，杀富济贫、抑兼并不符合时代潮流；什一税不是千古不变的中正之法，君养民体制下收什一税不为多，民养君体制下收什一税不为少。（4）移民均赋，培殖税源。强调在国土面积大量缩减的情况下，要缓解人口膨胀与土地狭小之间的矛盾，不抑兼并又能减轻民负、开辟税源、增加国入、巩固边防，最好的办法是将两浙一带的密集人口向荆、楚等人烟稀少之地迁移。

叶适死前有十几年罢官在家，对社会底层的现状进行了深入细致的观察和思考，所以他的税收思想和改革主张总体上比较丰富具体，且切中时弊，有一定的远见和进步意义，但与统治者的因循苟且、穷奢极欲本性是相冲突的，也与儒家传统格格不入，所以很难在现实中行得通。他为富人辩护的思想也是利害参半的，引起后世争议自然不可避免。

主要参考文献：

《叶适集》，[南宋]叶适著，中华书局1961年版。

《叶适评传》，张义德著，南京大学出版社1994年版。

《宋史》卷434《叶适传》。

朱元璋

一、朱元璋生平简介

朱元璋（1328—1398），字国瑞，幼名重八，又名兴宗，后改名元璋，濠州钟离（今安徽凤阳东）太平乡孤庄村人。明朝开国皇帝，著名政治家、军事家。先世家沛（今江苏沛县），徙句容（今江苏句容县），再徙泗州（今江苏盱眙县），至父世珍始徙濠州之钟离。朱元璋出身于贫苦农民家庭，兄弟四人，朱元璋排行第四，姐姐二人。后元至正四年（1344年），淮河流域爆发旱蝗和大饥疫，朱元璋一家遭受灭顶之灾，父世珍、母陈氏、大哥在半个月内先后亡故，加上此前已病死的二嫂、三嫂、二姐、大侄及二房的孩子，诺大的一个家现在只剩下大嫂、二哥、二侄文正和朱元璋自己了。年仅17岁的朱元璋为生活所迫，不得已到村西南山坡上的皇觉寺当了一名行童。不久出外游离，三年后又回到皇觉寺。至正十二年，25岁的朱元璋在同乡好友汤和的引荐下，投奔濠洲郭子兴领导的反元起义军，成为红巾军的一员，因天资聪颖、忠诚守信、多谋善战而受到重用，并娶郭氏义女马氏为妻（即朱元璋正妻马皇后）。郭死后，朱元璋自领其军，在徐达、汤和、李士元（后改名李善长）、常遇春、冯国用、冯国胜（后改名胜，又名宗异）、傅友德、孙炎、范常、朱升、邓愈、胡大海、朱文正、李文忠、郁新、陶安、章溢、叶琛、刘基（字伯温）、宋濂（字景濂，号潜溪）等一大批文臣武将的通力支持下，先后降伏方国珍、陈友谅、张士诚等反元劲旅，推翻了元朝在淮河以南的封建统治，于元惠宗（元顺帝）至正二十八年（1368年）定都应天（今南京），建立大明王朝，改元洪武。随后指挥大军继续南征北伐，夺取了元大都（今北京），收服了其他义军残余势力，蒙元王朝在中原一带的腐朽统治被彻底瓦解，四分五裂、动荡不安的中国重归一统。朱元璋在位期间，认真吸取历代封建王朝前仁后暴、前俭后奢、前成后败的经验教训，以恢复儒家传统、中原文化、为子孙后代立万世基业为己任，在政治上，废丞相、建屏藩、立法更制、德法并举、严惩贪官污吏、强化君主集权、怀柔四夷；在经济上，轻徭薄赋、重本抑末、屯垦戍边、赈济灾荒、与民休养生息；在文化上，制礼作乐、广教化、立科举、兴学校、不拘一格用人才、崇儒抑佛、崇俭戒奢、力革胡风旧俗。这一系列尚古而不泥古、继承传统又因时因地因事制宜的变法革新举措，对迅速医治战争创伤、恢复和发展社会生产力、安定民生、巩固新生的封建专制政权都起到了积极作用。朱元璋是与汉高祖刘邦、唐太宗李世民、宋太祖赵匡胤、元太祖成吉思汗、清圣祖康熙等相比肩的少数有雄才大略的开国之君，在位31年，享寿71岁，死后葬南京钟山孝陵，庙号太祖。朱元璋在世时，大封王室，20多个儿子均封为亲王，分驻各地。皇太孙朱允炆继位后，急于削藩，以统一军事，惹恼了诸王，燕王朱棣率先发难，于建文四年（1402年）六月攻入南京，杀方孝孺等人，夺取了皇位，次年改元永乐，庙号太宗，至明世宗改上庙号为成祖。建文帝则不知所踪①。朱棣统治期间，社会安定，国家富强，1421年迁都北京，并下令编纂了《永乐大典》，故后世称这一时期为"永乐盛世"。朱棣在位23年，卒于1424年，享年65岁。

二、朱元璋税收思想的主要内容

朱元璋的税收思想是其治国理政思想的重要组成部分，本书从总体指导思想和具体实践两个层面对其进行了提炼和归纳。

1. 朱元璋理财的总体指导思想

（1）主张善理财者，不病民以利官，必生财以阜民。朱元璋说："天地生财以养民，故为君者当以养民为务。夫节浮费，薄税敛，犹恐损人，况重为征敛，其谁不怨咨也？"②"善为政者，赋民而民不困，役民而民不劳，故民力纾，财用足。今天下有司能用心于赋役，使民不至劳困，则民岂有不足，田野岂有不安，争讼岂有不息，官府岂有不清？如此则民岂有不受其福者乎？民既受福，为官长者亦得以享其福矣。近来，有司不以民为心，动即殃民，殃民者祸亦随。苟能忧民之贫而虑民之困，使民得以厚其生，此可谓善为政也。"③"善理财者，不病民以利官，必生财以阜民。前代理财窃名之臣，皆罔（无）知此道，谓生财裕国，惟事剥削蠹蚀，穷锱铢之利，生事要功如桑弘羊之商贩、杨炎之两税，自谓能尽理财之术，殊不知得财有限而伤民无穷。我国家赋税已有定制，撙节用度，自有余饶，减省徭役，使农不废耕，女不废织，厚本抑末，使游惰

---

① 关于建文帝的行踪，一直有"自焚说"和"出家说"两种版本。明成祖朱棣一直对文帝的下落持怀疑态度，在位期间曾派郑和下西洋寻踪，派户科都给事中胡濙在国内寻踪。综合各方面文献和考古资料，基本可以肯定文帝当时确实没有自焚，而是出亡为僧（道），但落脚点不止一处，死后疑冢也比比皆是，至今考古界对其死于何处、葬于何地莫衷一是。
② 《大明太祖高皇帝实录》卷135。
③ 《大明太祖高皇帝实录》卷172。

皆尽力田亩，则为者疾（勤勉）而食者寡，自然家给人足，积蓄富盛。尔户部政当究心，毋为聚敛，以伤国体。"①

"人君制财，与庶人不同，庶人为一家之计，则积财于一家。人君为天下之主，当贮财于天下，岂可塞民之养而阴夺其利乎？昔汉武帝用东郭咸阳、孔仅之徒为聚敛之臣，剥民取利，海内苦之；宋神宗用王安石理财，小人竞进，天下骚然。此可为戒。"②"人君理财之道，视国如家可也。一家之内父子不异赀（算计），其父经营储积，未有不为子计者，父子而异赀，家必隳矣。君民犹父子也，若惟损民以益君，民衣食不给而君独富，岂有是理哉？"③"治天下者，不尽人之财，使人有余财，不尽人之力，使人有余力，斯二者人皆知之。至于不尽人之情，使人得以适其情，人或未知也。夫使人得以适其情者，不以吾之所欲而防人之所欲。盖求竭吾之所欲者，所求必得而所禁必行，如此则人有不堪，于是求有所不得，禁有所不止，则下之奉上者其情竭，而上之待下者其情疏矣。上下之情乖而国欲治者，未之有也。"④

（2）主张四民乐业，重农不抑商。朱元璋说："古先哲王之时，其民有四，曰士、农、工、商，皆专其业，所以国无游民，人安物阜，而致治雍雍（和洽、和乐）也。朕有天下，务俾农尽力畎亩，士笃于仁义，商贾以通有无，工技专于艺业，所以然者，盖欲各安其生也。然农或怠于耕作，士或隳于修行，工、贾或流于游惰，岂朕不能申明旧章而致然与（欤）？抑污染胡俗，尚未革欤？然则民食何由而足，教化何由而兴也？尔户部即榜谕天下，其令四民务在各守本业，医卜者土著（归农），不得远游，凡出入作息，乡邻必互知之。其有不事生业而游惰者，及舍匿他境游民者，皆迁之远方。"⑤

"理财之道，莫先于农。"⑥"为国之道，以足食为本。大乱未平，民多转徙，失其本业，而军国之费，所资不少，皆出于民。若使之不得尽力田亩，则国家资用何所赖焉？……宜令有司劝民农事，勿夺其时，一岁之中，观其收获多寡，立为劝惩。若年谷丰登，衣食给足，则国富而民安，此为治之先务、立国之根本。"⑦"人皆言农桑衣食之本，然弃本逐末，鲜有救其弊者。先王之世，野无不耕之民，室无不蚕之女，水旱无虞，饥寒不至，自什一之途开，奇巧之技作，而后农桑之业废，一农执耒而百家待食，一女事织而百夫待衣，欲人无贫，得乎？朕思足食在于禁末作，足衣在于禁华靡，……天下四民，各守其业，不许游食，庶民之家不许衣锦绣，庶几可以绝其弊也。"⑧

（3）主张崇俭戒奢，撙节财用。朱元璋说："勤俭为治身之本，奢侈为丧家之

---

①⑤《大明太祖高皇帝实录》卷177。
②《大明太祖高皇帝实录》卷135。
③《大明太祖高皇帝实录》卷127。
④《大明太祖高皇帝实录》卷164。
⑥《大明太祖高皇帝实录》卷6。
⑦《大明太祖高皇帝实录》卷19。
⑧《大明太祖高皇帝实录》卷175。洪武十八年九月，上谕户部臣语。

源。"① "澹泊可以养心,俭素可以养德。" "惟俭养德,惟侈荡心。居上能俭,可以导俗,居上而侈,必至厉民。"② "自古王者之兴,未有不由于勤俭,其有败亡,未有不由于奢侈。前代得失,可为明鉴。后世昏庸之主,纵欲败度,不知警戒,卒濒于危亡,此深可慨叹。大抵处心清净则无欲,无欲则无奢纵之患,欲心一生,则骄奢淫佚无所不至,不旋踵而败亡随之矣。朕每思念至此,未常不惕然于心,故必身先节俭以训于下。"③ "保国之道,藏富于民,民富则亲,民贫则离,民之贫富,国家休戚系焉。自昔昏主恣意奢欲,使百姓困乏,至于乱亡。朕思微时兵荒饥馑,日食藜藿,今日贵为天子,富有天下,未尝一日忘于怀,故宫室器用一从朴素,饮食衣服皆有常供,惟恐过奢,伤财害民也。"④ "人主嗜好,所系甚重,躬行节俭,足以养性,崇尚侈靡,必至丧德。朕常念昔居淮右,频年饥馑,艰于衣食,鲜能如意,今富有四海,何求不遂,何欲不得?然检制其心,惟恐骄盈,不可复制,夙夜兢惕(警惕),弗遑(无暇)底宁,故凡有兴作,必量度再三,不获已(不得已)而后为之,为之未常过度。宫壸(后宫)之间,皇后亦能俭以率下,躬服浣濯(洗涤)之衣,皆非故为矫饰,实恐暴殄天物,剥伤民财,不敢不谨。"⑤ "所谓俭约者,非身先之,何以率下?小用不节,大费必至。开奢泰之原(源),启华靡之渐,未必不由于小而至大也。"⑥ "不可俭者祭祀,然祭不可渎;不可俭者赏赉,然赏不可溢。"⑦

(4) 主张为天下理财,何分内库外库。据载:洪武十九年八月,上览《宋史》,见"太宗改封桩库为内藏库",顾谓侍臣曰:"人君以四海为家,因天下之财,供天下之用,何有公私之别? 太宗,宋之贤君,亦复如此,他如汉灵帝之西园、唐德宗之琼林大盈库,不必深责也。宋自乾德、开宝以来,有司计度之所缺者,必籍其数以贷(借)于内藏,俟(待)课赋有余则偿之。凡有司用度,乃国家经费,何以贷为? 缺而许贷,贷而复偿,是犹为商贾者,自与其家较量出入。及内藏既盈,乃以牙签别其名物,参验账籍,晚年出签示真宗曰:'善保,此足矣。'诒(传、训)谋如此,何足为训? 书曰:'慎厥终,惟其始。'太宗首开私财之端,及其后世困于兵革,三司财帛耗竭而内藏积而不发,间有发缗钱几十万以佐军资,便以为能行其所难,皆由太宗不能善始故也。"⑧

2. 朱元璋理财实践中税收思想的具体体现

(1) 大兴屯田,以收地利。①三分守御,七分屯种,寓兵于农,以足军食。寓兵于农、耕战结合,是解决军需供应、减轻民负的重要举措,朱元璋继承西汉赵充国屯垦戍边、不劳民力的优良传统,结合实际需要,加以发扬光大,并矢志不渝地坚持,取得了

---

① 《大明太祖高皇帝实录》卷69。
② 《大明太祖高皇帝实录》卷106。
③ 《大明太祖高皇帝实录》卷155。
④ 《大明太祖高皇帝实录》卷176。
⑤ 《大明太祖高皇帝实录》卷116。
⑥ 《大明太祖高皇帝实录》卷34。
⑦ 《大明太祖高皇帝实录》卷177。
⑧ 《大明太祖高皇帝实录》卷179。

显著的理财实绩。他说:"经国之要,兵食为先,国家粮储不可无备。"①"古者寓兵于农,有事则战,无事则耕,暇则讲武。今兵争之际,当因时制宜。所定郡县,民间岂无武勇之材?宜精加简拔,编辑为伍,立民兵万户府领之,俾农时则耕,闲则练习,有事则用之。事平,有功者一体升擢;无功,令还为民。如此,则民无坐食之弊,国无不练之兵,以战则胜,以守则固,庶几寓兵于农之意也。"②"古人有以兵屯田者,无事则耕,有事则战,兵得所养而民力不劳,此长治久安之道。"③据载:洪武三年九月,中书省臣言:"太原、朔州等卫所屯田士卒,官给牛、种者,请十税其五,自具牛、种者,税其四。"上曰:"边军劳苦,能自给足矣,犹欲取其税乎?勿征。"④洪武十三年九月,诏陕西诸卫军士留三分之一守御城池,余皆屯田给食,以省转输。⑤洪武二十五年二月,命天下卫所军卒自今以十之七屯种,十之三城守,务尽力开垦,以足军食。⑥

②移民垦荒,田为己业。官助民屯,三年免税。战乱和自然灾害是造成社会动荡、土地荒芜、人口锐减、百姓流离的重要原因,移民垦荒、制民恒产、减免赋税是安定民生最基础的仁政措施。朱元璋在这方面的实践举措规模之大、时间之长、成效之显著,也是令人刮目相看的。据载:洪武三年六月,上谕中书省臣曰:"苏、松、嘉、湖、杭五郡地狭民众,细民无田以耕,往往逐末利而食不给。临濠,朕故乡也,田多未辟,土有遗利,宜令五郡民无田产者往临濠开种,就以所种田为己业,官给牛种舟粮,以资遣之,仍三年不征其税。"于是徙者凡四千余户。⑦洪武四年十一月,中书省奏:"河南、山东、北平、陕西、山西及直隶、淮安等府屯田,凡官给牛种者,请十税五,自备者十税三。"诏且勿征,三年后亩收租一斗。⑧洪武二十二年夏四月,命杭、湖、温、台、苏、松诸郡民无田者,许令往淮河以南、滁和等处就耕,官给钞户三十锭,使备农具,免其赋役三年。⑨洪武二十五年十二月,命户部遣官于湖广、江西诸郡县买牛二万二千三百余头,分给山东屯种贫民。⑩

(2)广种桑枣,以备岁歉。利用荒山隙地广植桑、麻、棉、枣、柿、栗、胡桃等经济林木,以补充军需民食、防范岁歉之不给,这在三代时期就有先例。朱元璋将它与屯田垦荒紧密结合起来,进行了更大胆、更富有特色的实践探索。据载:至正二十五年(宋龙凤十一年)六月,下令凡农民田五亩至十亩者,栽桑麻、木绵各半亩,十亩以上者倍之,其田多者,率以是为差。有司亲临督劝,惰不如令者,有罚:不种桑,使出绢

---

① 《大明太祖高皇帝实录》卷165。
② 《大明太祖高皇帝实录》卷6。
③ 《大明太祖高皇帝实录》卷87。
④ 《大明太祖高皇帝实录》卷56。
⑤ 《大明太祖高皇帝实录》卷133。
⑥ 《大明太祖高皇帝实录》卷216。
⑦ 《大明太祖高皇帝实录》卷53。
⑧ 《大明太祖高皇帝实录》卷69。
⑨ 《大明太祖高皇帝实录》卷196。
⑩ 《大明太祖高皇帝实录》卷223。

一匹；不种麻及木绵，使出麻布、绵布各一匹。①洪武元年夏四月，中书省奏桑麻科征之额："麻，亩科八两；木绵，亩四两。栽桑者以四年有成，乃征其租。"从之。②洪武二十五年春正月，上谕五军都督府臣曰："天下卫所分兵屯种者咸获稼穑之利，其令在屯军士人树桑枣百株，柿栗胡桃之类随地所宜植之，亦足以备岁歉之不给。尔五府其徧行（遍行）程督之。"③洪武二十八年十二月，湖广布政使司上所属郡县果树之数，计栽过桑、枣、柿、栗、胡桃等树凡八千四百三十九万株。④

（3）盐茶酒铁专营，官商两利。盐、茶、酒、铁等是需求量大、消费弹性相对较低的重要生产生活物资，通过国家垄断经营或官民合作经营，将税收再分配与价格再分配有机结合起来，以取得稳定可靠的财政收入，这是中国古代理财家常用的方法，朱元璋对此也情有独钟。他在继承前人传统的同时，又从便商利民的角度出发，对其作了适当调整和变通。主要措施有：①依丁产多寡分派盐课，统一盐引标准，合理支付灶户煮盐工本费。②调节盐米比价，招商中卖，以足军食而省民力。③民茶统收，什一而税；纳钱请引，以茶易马。④征酒醋之税，限米麦消耗。⑤严控矿冶，按需开闭，民办三十取二。

（4）保护商贾，轻征关市之赋。打击商人、困辱商人、重征商税、阻碍商品经济的发展，一直是传统农业社会的主流价值观。但到了明初，商人和商业具有重要的经济和社会功能，是传统农业社会的重要支撑，是财政收入的重要补充，这一全新的观念已经在普通民众和最高统治者的思想意识里普遍树立起来，于是主动为商人提供服务、保护商人合法权益、轻征关市之赋、促进商品经济发展，就成了顺应时代潮流的开明之举。朱元璋的重农不抑商思想就是在这一时代背景下形成的，并在其理财实践中得到鲜明的反映。主要措施有：①严关津，轻商税；建塌坊，便商贾。②轻征或免征进口税，严禁出海贸易。

（5）编制《鱼鳞图册》和《赋役黄册》，实田均赋，抑制土地兼并。一手抓垦田，一手抓均赋，抑制土地兼并，调节贫富分化，稳定租税负担，是传统农业社会巩固统治基础、安定民生的最常见方法。朱元璋在这方面既继承传统，又有新的创造。主要措施有：①计口授田，抑制土地兼并。②核实田亩，编制《鱼鳞图册》和《赋役黄册》。③制常赋，纾民力。

（6）减免田赋，赈济灾荒，体恤民苦。至正至洪武年间，因多年战乱和自然灾害频发，需要救济的地区和人口非常庞大。朱元璋作为农民出身的封建帝王，对民众疾苦寄予了高度的关切和同情，在位期间发布了大量的税收减免诏令，按其性质大致可以分为四类：回馈战时贡献的恩义性减免、赈灾救荒的救助性减免、豁免逋负的恤贫性减免及

---

① 《大明太祖高皇帝实录》卷17。
② 《大明太祖高皇帝实录》卷31。
③ 《大明太祖高皇帝实录》卷215。
④ 《大明太祖高皇帝实录》卷243。

其他杂项减免。其中尤以恩义性减免和救助性减免频次最高、涉及范围最广、减免幅度最大。

（7）税额折征，官民两便。实物税与货币税并存，税额折征灵活多样，这是商品经济发展给赋税征收管理带来的便利，也是朱元璋理财的一大特色。据载：洪武九年夏四月，命户部："天下郡县税粮除诏免外，余处令民以银钞钱绢代输今年租税。"户部奏："每银一两、钱千文、钞一贯折输米一石，小麦则减直（值）十之二；绵、苎布一匹折米六斗，麦七斗；麻布一匹折米四斗，麦五斗；以丝绢代输者，亦各以轻重损益。愿入粟者听。"上曰："折纳税粮，正欲便民，务减其价，勿泥时直（值）可也。"①洪武三十年冬十月，诏折收天下逋租。上谕户部曰："昨行人高积言陕西之民困于逋赋，其议自洪武二十八年以前，凡各处逋租，皆许随土地所便折收布绢、绵花及金银等物，宜定著其例。"于是户部定：每钞一锭折米一石，金一两折十石，银一两折二石，绢一匹折一石二斗，绵布一匹折一石，苎布比绵布减三斗，绵花一斤折米二斗。上曰："折收逋赋，盖欲苏民困也，今如此其重，将愈困民，岂恤之之意哉？其金、银每两各加一倍，钞止（只）二贯五百文折一石，余从所议。"②

（8）慎举徭役，不误农时。战乱之后，天下满目疮痍，百废待兴，旧弊未除，新弊又增，民不堪其苦。如何解决薄赋与重役之间的矛盾，实实在在减轻百姓负担，是摆在统治者面前的一大难题。朱元璋给出的答案是：贫富有差，均衡负担；劳逸结合，合理补偿；慎举徭役，不误农时。除迫不得已或确有必要的举役外，对其他徭役则采取分类处置措施，有：①均役；②免役；③缓役；④罢役；⑤整顿驿递；⑥规范马政等。

三、对朱元璋治国理政思想及税收思想的简要评述

1. 对朱元璋治国理政思想的简要评述

关于朱元璋一生的生平业绩，《太祖实录》有如下精到概括和评价："上以天纵之资，起自田里，遂成大业。当是时，元政陵夷（衰颓），豪杰并起，大者窃据称尊，小者连数城邑，皆恣为残虐，糜敝生民，天下大乱极矣。上在民间，悯焉伤之，已而为众所推戴，拒之益来，乃不得已起义，即条法令，明约束，务以安辑为事，故所至抚定，民咸按堵（安定、安居），不十余年间，荡涤群雄，戡定祸乱，平一天下，建混一之功。虽曰天命人归，要亦神武不杀之所致也。即位之初，稽古礼文，制礼作乐，修明典章，兴举废坠，定郊祀，建学校，尊孔子，崇儒术，育贤才，注《洪范》，叙《九畴》，罢黜异论，表彰经籍，正百神之号，严祭祀之典，察天文，推历数，定封建，谨法律，慎赏罚，抚四夷、海外，远方诸国皆遣子入学，南极炎徼（炎热之地），北逾冰壤，东西际

---

① 《大明太祖高皇帝实录》卷105。
② 《大明太祖高皇帝实录》卷255。

日月之所出没，罔（无）不率服。昧爽临朝，日晏忘餐，虚心清问，从善如流，神谋睿断，昭见万里，退朝之暇，即延接儒生，讲论经典，取古帝王嘉言善行书寘（置）殿庑，出入省观。斥侈靡，绝游幸，却异味，罢膳乐，泊然无所好，敦行俭朴，以身为天下先。凡诏诰命令，词皆自制，淳厚简古，洞达物情，当宁戒谕臣下，动引经史，谆切恳至，听者感动，训敕子孙臣庶，具有成书，诒（遗、传）法万世。谨宫壶之政，严宦寺之防，杜外戚之谒，而家法尤正，纪纲法度，彰彰明备。至于礼先代，罢献浮（献俘），存高年，兴孝弟（悌），励农桑，蠲逋负，宥死刑，焚狱具，旌廉能，黜贪酷，摧奸暴，佑良善，宽仁爱人，专务德化，是以身致太平三十余年，民安其业，吏称其职，海内殷富，诸福之物，莫不毕至。功德文章，巍然焕然，过古远矣。传称唐虞禅夏后，殷、周继然。成汤革夏，乃资亳众；武王伐商，爰（乃）赖西师；至于汉高，虽起徒步，尚籍亭长，挟纵徒，集所附。上不阶（凭借）寸土一民，呼吸响应，以有天下，方册所载，未之有也。於乎！盛哉！况生而神明，屡有异征，日章天质，凤目龙姿，声如洪钟，奇骨贯顶。故元时太史言圣人生江淮，按谶索之，竟不能得，盖天启大明，隆盛之运，实生圣人，以膺景命，夫岂偶然？在位三十一年，升遐之日，天下哀慕，如丧考妣。永乐元年六月丁巳，尊谥圣神文武钦明启运俊德成功统天大孝高皇帝，庙号太祖。①

上述概括和评价虽不乏溢美之词，但总体行文朴实、诚恳、简约，符合朱元璋一贯倡导的务实、直笔原则。若参诸《实录》和《明史》等重要文献提供的史实，就更能令人信服。总体来看，朱元璋以儒家文化为主体，有选择地吸收道家、法家、名家、释家文化中有益于治道的成分，并结合现实政治需要，加以变通改造，形成了以爱民、仁政和君主集权为骨干、礼刑并用、德法并举、富有朱氏特色的治国理政思想。

2.对朱元璋税收思想的简要评述

朱元璋的税收思想是其治国理政思想的重要组成部分和具体体现，本书先从四个方面宏观地概括了其理财的总体指导思想，包括：（1）善理财者，不病民以利官，必生财以阜民。强调生财为本、聚敛为末；民为本、君为末；理财应以富民养民为本，不以剥削聚敛、坑民害民为能；理财应追求君民两利、和谐共处。（2）四民乐业，重农不抑商。强调士、农、工、商各有所能，除了不务正业的游民，都应平等对待，依法保护，重农不必抑商。（3）崇俭戒奢，撙节财用。强调成由勤俭败由奢，要从根本上减轻民负，君主就要率先垂范，崇俭戒奢，撙节财用，勤政爱民，罢除一切劳民伤财的虚费。（4）为天下理财，何分内库外库？强调君主为天下理财，内库外库的赋税钱粮、珍珠宝贝都来自老百姓的血汗，不应把内库视为皇帝的私房钱，也不应损外库盈内库，老百姓遇到灾害需要抚恤救济、国家遇到大事需要出资时，内库外库应一起考虑，不分彼此。

在归纳了朱元璋理财的总体指导思想之后，本书还从理财实践角度分类列举了

---

① 《大明太祖高皇帝实录》卷257。

若干重要史实，以更清晰地反映其税收思想的主要内容和特色。具体包括：（1）大兴屯田，以收地利。（2）广种桑枣，以备岁歉。（3）盐茶酒铁专营，官商两利。（4）保护商贾，轻征关市之赋。（5）编制《鱼鳞图册》和《赋役黄册》，实田均赋，抑制土地兼并。（6）减免田赋，赈济灾荒、体恤民苦。（7）税额折征，官民两便。（8）慎举徭役，不误农时。

朱元璋的税收思想总体上是对传统理财思想的继承，但又结合时代特点进行了发挥和创造，尤其是把税收工作与商品经济的等价交换、保护民产民权等结合起来，是时代进步的反映，也是其税收思想的特色，为后世理财提供了重要启示。不过，受封建专制制度的历史局限，受小农经济为主体、商品经济尚不发达的历史局限，受战争环境的局限以及法制建设不完备的局限，朱元璋的理财和治税实践在理论的深刻性和创新性方面也存在明显不足，在实践中，随机应变多，法外用情多，对制度的稳定性、权威性和执法的规范性、严肃性造成严重冲击。

作为开国之君，朱元璋在体恤民苦、缓和社会矛盾方面做了大量工作，为维护江山的长治久安也作了长远复杂的制度谋划，但这都只能有用于一时，并不能改变封建专制制度的寄生性和腐朽性本质，因而一旦开明君主不在，昏君暴君继位，安民养民教民保民恤民之心就会烟消云散，一切仁政善政的虚伪面纱就会被完全撕掉。这从朱元璋去世不久，燕王朱棣便率先反叛并抢班夺权的历史事实中可以看出来，也可以从明中叶以后，祖宗家法失灵，昏君暴君叠出、党派纷争不断、官僚政治日益腐朽黑暗、北方蛮夷再度兴起、民众重新陷入水深火热的苦难境遇、终致崇祯帝自缢煤山（北京故宫后景山）、江山改姓易名的惨痛结局中看出来。苛捐杂税叠出、徭役负担不断加重只不过是引爆社会危机的导火索而已。

朱元璋从古至今都是一个众说纷纭的封建帝王，褒之者赞赏其雄才大略和拳拳爱民之心，贬之者则诟病其搞极权恐怖统治，以叛逆和惩贪为名滥杀功臣和基层官吏。对此，我们只能遵循实事求是原则，从一个人的成长经历中寻找答案，从特定的时代背景中寻找答案，从封建专制制度的家天下本质中寻找答案。朱元璋是一位对中国历史有重大影响的封建帝王、平民皇帝、开国之君，他留给后人的政治文化遗产是十分丰富的，我们既不能全盘肯定，也不能全盘否定，要运用历史唯物主义的世界观和方法论进行客观公正的评判，取其精华，弃其糟粕，为今天的改革开放和社会变革服务。

主要参考文献：

《明史》卷1至卷3《太祖纪》。

《大明太祖高皇帝实录》。

《明太祖文集》。

《朱元璋传》，吴晗著，百花文艺出版社2000年版。

《朱元璋评传》，黄冕堂、刘锋著，南京大学出版社1998年版。

方孝孺

一、方孝孺生平简介

方孝孺（1357—1402），字希直，一字希古，江浙行省台州路宁海县缑城里（今属浙江宁波）人。明初建文重臣，著名思想家、政治家、文学家。出生于一个名儒世家，其父克勤（字愚庵，一字去矜）为洪武循吏，历任县学训导、济宁知府，为人刚正，有廉节，坐"空印案"被诛。母林氏和继母王氏早年病故。孝孺幼警敏，6岁能诗，乡人奇其才，呼为"小韩子"[①]。15岁随父兄北上济宁，励志攻读。及长，承学于"开国文臣之首"的翰林学士宋濂，其道德、文章居诸弟子之冠，深受器重。26岁受东阁大学士吴沉、揭枢举荐，入京应对，其才思敏捷、学问渊博、举止端庄给太祖朱元璋留下深刻印象，以为人才难得。但孝孺力主行仁政、先教化而后政刑，这与太祖以猛治国、用严刑峻法控制臣民的治政风格不合，故有意缓其用、"老其才"[②]，为日后辅佐子孙储备人才。此后十年，孝孺居家读书写作，著有《周易考次》《宋吏要言》等篇。洪武二十五年，36岁的方孝孺再次受荐，以志存教化任为陕西汉中府教授，蜀献王重其才，聘为世子师。洪武三十一年，太祖驾崩，皇太孙朱允炆继位，是为惠帝，改元建文，方孝孺作为顾命大臣被急诏还京，以翰林侍讲、侍讲学士、文学博士等身份随侍左右，以备顾问，并主持京试，推行新政，总裁《太祖实录》《类要》等典籍的编纂。惠帝执政伊始，即开始削藩，集中权力，周、代、湘、齐、岷五王相继以罪废。七月，实力最强的燕王朱棣举兵反，师名"靖难"，方孝孺代惠帝起草了大量讨檄文书。平叛失败后，惠帝不知所踪，孝孺慷慨赴难，被灭十族，在中国封建历史上留下了最沉痛悲壮的一页。孝孺兄弟三人，兄孝闻（字希学，母林夫人所生，1351—1396年）力学笃行，先孝孺死。弟孝友（字希贤，侧室董夫人所生，生年不详）与孝孺同就戮。妻郑氏及二子中宪、中愈

[①][②] 《明史》卷141《方孝孺传》。

先自经死，二女方贞、方淑投秦淮河自尽，孝孺从此绝后，时年46岁。门人廖镛、廖铭（开国功臣德庆侯廖永忠之孙）和王稌等收其遗骸葬于南京聚宝门外雨花台。福王时追谥文正。

二、方孝孺税收思想的主要内容

方孝孺的税收思想是其治国理政思想的重要组成部分，本书将其提炼归纳为以下三个方面。

1. 主张复井田，抑兼并，均贫富，兴教化，正风俗

方孝孺继承了管仲"仓廪实而知礼节，衣食足而知荣辱"[①]和孟子"有恒产者有恒心，无恒产者无恒心。"[②]的唯物主义历史观，结合北宋以来地制不立、土地兼并严重、贫富两极分化、宗法礼制败坏、社会动荡不安的实际，明确提出了行周制、复井田、均贫富、兴教化、正风俗的主张。他说："定天下之争者，其惟井田乎？弭天下之暴者，其惟比闾族党之法乎？有恒分而知恒道，奚（谁）由乱！"[③]"为国之道，安于均，定于分，人成于序，同于和，而后可及其余也。……先王知养民之不可不均也，于是度田而井之，冠受老传（成丁受田，年老传承），通劳并获，业专而心一，顾德而行，式维（维系）之以井邑丘甸县都，联之以邻里乡党州间，故其民无邪僻也。"[④]"孰（谁）非民乎？孰富孰贫乎？孰衣文绣孰如悬鹑（毛斑尾秃的鹑鹑）乎？屈为庸隶，天宁不仁乎？仁莫如井田，井田不易，在任人乎？"[⑤]"井田废而天下无善俗，宗法废而天下无世家。……民心益离而俗愈散，奚（何）独民之罪？君子预有责焉。"[⑥]"治天下者，固不可劳天下之民以自奉也，然不能使天下之民知道而易使，亦岂足以为治乎？……欲民易使，莫如放（放弃）乡邻鄙鄙[⑦]比闾族党之制，执其中而用之为之正。……然必制民之产，使之无死亡之忧，然后可苟驱。不能自存之民（无恒产之民）从吾之令，虽尧舜之仁、周公之智，有所不能，况三代之旧法乎？故民易治也，在乎治之有法；法可行也，在乎养之有道。"[⑧]

关于复井田的必要性和可行性，方孝孺在与好友王叔英（字原采，浙江黄岩人）的争论中进行了明确的阐述。据《明史·王叔英传》载，"叔英与孝孺友善，以道义相切

---

① 《管子·牧民》。
② 《孟子·滕文公上》。
③ 《逊志斋集》卷1《右第七章》。
④ 《逊志斋集》卷6《公子对》。
⑤ 《逊志斋集》卷6《杂问》。
⑥ 《逊志斋集》卷1《睦族》。
⑦ 古制：五家为邻，五邻为里，四里为鄼，五鄼为鄙，五鄙为縣，五县为遂。
⑧ 《逊志斋集》卷3《民政》。

劘（切磋）。建文初，孝孺欲行井田，叔英贻书曰：'凡人有才固难，能用其才尤难。子房于汉高，能用其才者也；贾谊于汉文，不能用其才者也。子房察高帝可行而言，故高帝用之，一时受其利。虽亲如樊、郦，信如平、勃，任如萧、曹，莫得间（离间）焉。贾生不察而易（轻）言，且言之太过，故绛、灌之属得以短（非）之。方今明良相值，千载一时。但事有行于古，亦可行于今者，夏时、周冕之类是也。有行于古，不可行于今者，井田封建之类是也。可行者行，则人之从之也易，而民乐其利。难行而行，则从之也难，而民受其患。'时井田虽不行，然孝孺卒用《周官》更易制度，无济实事，为燕王藉口。论者服叔英之识，而惜孝孺不能用其言也。"① 对于王叔英"井田可行于古，而不可行于今"的言论，方孝孺在《与友人论井田》的复信中进行了不留情面的激烈反驳。他说："仆向者僭（狂妄）不自量，窃伤三代圣人公天下之大典坠地已久，见今国家法立令行，是足以乘势有为，举而措之，无所难者。故著论井田之事可复不疑。仆虽不才，亦尝三思之，而熟究之，非偶为是夸谈也。然每患有志者寡，无与论讲明之者。始见吾子行淳貌古，心独慕焉，以为可语斯事，故出而示之，意（以为）吾子异于流俗之人。今吾子乃不察其道，而横为异辞以非之，谓不可行于今，此流俗人之常言，仆耳听之而几聩（聋）者也，吾子安取而陈之哉！且人之言曰：古法有不可行于今者，若井田是也。斯言甚惑也。古之时，席地而食，手掬而饮，歃血而啗毛（茹毛饮血），衣皮而寝革，为巢为窟以相居，拍手鼓腹以为乐，此其不得已也，固不若后世宫室、钟鼓、服食、器用之美且适也。若此者，非惟不可行，亦不必行，以其非中制也。若井田者，更三四圣人而始大备，酌古今之中，尽裁成之理，生民之巨方（大计），礼义之所由立也。古者之世，富庶胜于今，风俗美于今，上下亲洽过于今，国之盛强且久过于今，曷为而不可行哉！人又言曰：禹之洪水，桀纣之暴虐，人民稀少，故田可均。夫古之时，人民之众，后世莫及，井田虽未行，而人欲其行，其端已见矣。桀纣之暴非若秦隋之糜烂其民也，汤武诛其君而已，非若战国秦汉之际杀人盈城，野民何为而少哉！今天下丧乱之余，不及承平十分之一，故均田之行莫便于此时，而吾子乃援王莽尝行证之，以为不可，益谬矣。且王莽之乱非为井田也，欺汉家之老母而夺其玺，称制于海内，海内之人愤怒，思剖其心而食之，故因变奋起，使莽不行井田，海内亦乱，莽亦诛死，于井田何有哉！吾子又谓汉唐不行，今欲行之难矣，尤非知本之论也。汉唐不行者，非不可行也，未尝行也。汉高祖之世可行也，而时无其人导之。唐太宗有志于三代之盛，而魏徵之流未知先后，不能辅之以成大业，孰谓不可行也。流俗之谓不可行之者，以吴越言之，山溪险绝而人民稠也。夫山溪之地，虽成周之世亦用贡法，而岂强欲埋卑夷高（填低削高）以尽井哉？但使人人有田，田各有公田，通力趋事，相救相恤，不失先王之意则可矣。而江汉以北，平壤千里，画而井之，甚易为力也。东海有鱼曰鲲，身如丘山，动则雷震，游则涛涌，桥井之蛙未尝识也，伸其股（大腿）而自诧（自夸）曰：'东海

---

① 《明史》卷143《王叔英传》。

宁大于井乎？鲲鱼之大孰若吾股乎？'今未知天下之故，而曰井田不可行者，是桥井之蛙之类也。且仆鄙固之意以为，不行井田不足以行仁义者，非虚语也。仁义之行，贵人得其所。今富贵不同，富者之威，上足以持公府之柄，下足以钳小民之财。公家有散于小民，小民未必得也。有取于富家者，则小民已代之输矣。富者益富，贫者益贫，二者皆乱之本也。或难（责难）仆以为陈涉、韩信非有陶朱之富，而岂富者为乱哉？以此论井田疏矣，是殆不然。井田之行，则四海无闲民，而又有政令以申之，德礼以化之，乡胥里师之教不绝乎耳，苛取暴征之法不及乎身，何苦而乱乎？使陈涉、韩信有一廛之宅、一区之田不仰于人，则且终身为南亩之民，何暇反乎？仆故曰井田之废，乱之所生也。欲行仁义者，必自井田始。吾子欲舍井田而行仁义，犹无釜而炊也，决不得食矣。夫不以釜炊，虽愚妇知其不可。不以井田为治，士大夫安之，岂智顾不如愚妇哉！抑习俗之移人也。俗之降衰，日趋而日下，特立而不变者，惟豪杰之士能之。吾子俨然在缙绅之列，不务明圣人之道，以淑（熏陶、启迪）来者，而非先王之制，甚为吾子不取也。仆讷，不善为辩，性颇质，又不喜为媚，故直以故告吾子。孟子不云乎，不直则道不见。然则仆亦非过也，将以明道也。吾子倘有疑于心，当以见教，仆尚能终其说。"①

2. 主张取之有制，役之有节，不以横征暴敛而求无功之名

在论述君职时，方孝孺说："天之意以为，位乎民之上者当养斯民，德高众人者当辅众人之不至，固其职宜然耳，奚（谁、何）可以为功哉？后世人君知民之职在乎奉上，而不知君之职在乎养民，是以求于民者致其详而尽，于己者卒怠而不修，赋税之不时，力役之不共，则诛责必加焉。政教之不举，礼乐之不修，强弱贫富之不得其所，则若罔（无）闻知。呜呼！其亦不思其职甚矣。"②"人君之职，为天养民者也。然一人至寡也，天下至众也，人君果何以养之哉？惟用天之所产，以养天民而已。五材百物不能自察其可用而用之，故人君者导之以取之之方，资之以用之之要，使生乎天地之间者不至于无用，用天下之物者不至于无节，此君人者之职也。后世人主不知其职在乎养民，而剥民以自养。凡物之适于用者，尽笼而取之，而与民为市，于是茶盐之类皆属于官，而责其税于民，民弗惟（不仅）不蒙其利，而横被其害者多矣，此岂天地生物之意邪？元魏甄琛请罢盐池之税，其言曰：一家之长，必惠养子孙，天下之君必惠养兆民，未有为人父母而吝其醯盐（盐和酱），富有群生而榷其一物者也。善哉乎，斯言天下名言也。而当时群臣沮（阻）其议者，以为其禁既罢，利归富室，而小民不获预（不得干预），语其障禁倍于官司。夫利为豪强者之所擅，特不能制之以法，使徒然耳。诚能为之制，俾远近之民以口多寡受盐，立官一员听其争斫之讼，而不取其利，岂非王政之善也哉？上有好利之君、言利之臣，由是甄琛之言，世俗訾笑，以为迂而不适于用，不知世俗之

---

① 《逊志斋集》卷11《与友人论井田》。
② 《逊志斋集》卷3《君职》。

所谓迂者，皆先王之所取也。"①

在论述臣职时，方孝孺说："君子恶乎无功而忌（憎恶）乎喜功，恶乎无名而忌乎好名。功名者，人之所宜有，而不可有预求必得之心。有预求必得之心于功名之间者，造物之所不与也。……往年天子念生民之未给，恐关市之利或过取而病民也，使者四出，核天下征纳多寡之数，将据之以为常。斗筲无赖之人不思上之忧悯元元之意，竞以聪察苛细为能，捃摭（搜集）间阎筐箧瓮盎间物，籍（登记）其数以为匿税而致之罪，郡邑至今拘其数而不能供，吏以失职去者相望，小人喜功好名之害至于此，其功名亦岂有足称者哉，适足取败而已。天下何患乎无财，能养民而富安之，不求富国而国自富矣。"②

在批评王安石曲解《周官》之大意而独行理财富国之实时，方孝孺说："天下之患，莫甚于名是而实非，人求之以其名而行之于事，必自财利始，元丰之祸是也。"③"王安石之用《周官》，弃其大者而不行，惟取泉府之一言以傅会，其私卒为天下祸，此安石之谬也。《周官》之言利亦稍密矣。盖以千里之邦畿而供天地社稷之祭，车服宫室之用，公卿大夫群臣之禄，诸侯之燕飨，四夷之遗赍（馈赠），咸出于是，固宜有其法焉。然取民也有制，役民也有节，凶礼则无力政、无财赋、无关门之征，其不厉民以自养亦明矣。安石不师其善者，而泥于国服为息之说，期以富国而国终不能富，《周官》之法岂止于此而已乎？为治有本末，养民有先后，制其产使无不均，详其教使无不学，文武周公之大意也。法古者亦取其大意所属而行之，奚（何）患财之不足哉！不治其本，而以理财为先，此文武周公之所诛，而《周官》之所弃者也。安石不顾而妄行，后世不察而并罪《周官》，《周官》何与焉？自治道之不明，士之自任者鲜矣，自信而不惑者尤鲜也。安石之自任而自信，汉以下儒者皆莫之及。使诚识其大者而行之，其事功岂不甚伟哉？惜其学不知道而过于自信也。"④

3. 主张崇俭戒奢，节用富民

在总结历史的经验教训时，方孝孺说："为天下者，曷尝患乎无财也哉。天下未尝无财也，苟用之以节，治之有道，夫何不足之有。以汉言之，文帝在位二十三年，免民租者近半，其时非有均输盐铁之征，而府库充溢，钱贯朽不可较。武帝之天下，即文帝之天下，而又加之以百出之敛，未尝免一岁之租，宜其富矣，而反愈困乏，何哉？盖文帝节俭，而武帝征伐营缮以糜费之也。人君苟不节俭，虽积金斋泰华，蓄货拟江海，不至于乱，未见其厌足也。武帝之天下宜乱矣，而文景之泽犹在人心，重以霍光知所缓急，从而稍稍罢其害者，故一变而弭元元（百姓）之愤。不然，汉岂可冀哉！"⑤"隋文帝以诈力取尊位，其子侈纵以致败亡，君子陋之，至与秦并称。然当时户口蕃殖，国用

---

① 《逊志斋集》卷5《甄琛》。
② 《逊志斋集》卷14《送陈达庄序》。
③ 《逊志斋集》卷4《周礼辨疑四》。
④ 《逊志斋集》卷4《周官二》。
⑤ 《逊志斋集》卷4《读汉〈盐铁论〉》。

富溢，外国虽强大，不敢少与之抗，若汉唐之盛矣。夫果何以得此也？昏惑之主欲富国者，必厚敛民以适其欲，而文帝躬履节俭，谓有司曰：宁余于民，无藏府库。斯言也，岂惟中主有所不及，虽前代贤君或愧焉。此非富国之本乎？罢盐酒之禁，减庸调之额，死罪三奏而后行，褒赏治民有政绩之吏，此非户口滋殖之本乎？……后世人主语及秦隋，则羞与为比，求其所为，不及秦隋者多矣，此类是也。苟不强为善，而徒羞比于秦隋，使秦隋之主有知，其不羞与之比者几希。"①"天地生财，以养庶民，宰制之柄，在乎人君。节己厚人，不专其利，崇俭黜欲，邦国乃裕。苟持富侈，奢泰是夸，既损令德，民用咨嗟（叹息）。明明圣皇，以俭率下，尚朴惩奢，天下从化。囊帷革履，史策见褒，象箸玉杯，贤臣所忧。得失之原，劝戒无极，千古为鉴，慎乃俭德。"②

三、对方孝孺治国理政思想及税收思想的简要评述

1.对方孝孺治国理政思想的简要评述

方孝孺的一生是短暂而辉煌的，也是悲壮而隽永的，就像一颗璀灿明亮的彗星划过黑暗的夜空，在释放了耀眼的光芒之后迅即消泯于浩翰无垠的苍穹之中。方孝儒生于名儒世家，从小受到良好的家庭教育，稍长又承学于宋濂等名儒门下，儒学功底深厚，道德学问居同辈之冠，并有追踪圣贤足迹、复三代之盛的雄心大志。早在太祖时期，方孝孺的卓越才华就已得到赏识。太祖死后，方孝孺作为建文帝的顾命大臣和帝师受到重用，君臣相亲，如鱼得水，他抓住有利时机，以周制为蓝本，结合现实政治需要，支持削藩，强化君主集权；改革官制，裁减冗员，节用省费；宽免赋税，减轻民负；重建社会底层宗法自治组织，加强礼乐教化，以正风俗；整顿刑狱，推行仁政，以革太祖酷法之弊；广揽英才，砥砺臣节，大兴儒风。这些改革举措的陆续推行，使社会矛盾得以缓和，酷法文檻造成的精神重压得以刷新，建文中兴局面初步显现。这是应当充分肯定的。

纵观方孝孺的人生履历和学术思想，尚儒、复古、忠君无疑是三个最重要的关键词。方孝孺对三皇二帝③、文武周公、孔思孟荀周朱等圣人是无限崇拜的，对仁义礼乐教化制度是非常景仰的，对恢复周官之制是坚定不移、信心十足的。他认为古人和今人无大异，治国理政原则不应有根本性区别。以井田制为代表的小农经济制度、以君君臣臣父父子子为代表的封建宗法制度以及君臣民各得其所的原始民主制是最好的社会治理制度，是符合阴阳运化之理的天道，违背天道必遭祸殃。古之仁政和礼乐教化之所以不能

---

① 《逊志斋集》卷5《隋文帝》。
② 《逊志斋集》卷1《克畏箴·崇俭》。
③ 三皇指燧人氏（燧皇）、伏羲氏（羲皇）、神农氏（农皇），二帝指唐尧、虞舜。但关于三皇二帝或五帝还有其他一些不同说法。

行于今世，不是制度不好，而是无明君、无贤臣、不作为。这些观点不无真理的成分，但也存在明显缺陷：（1）过分迷信三代的井田制，认为三代人口比今天多，三代比今天富，那时能行井田制，今天行之岂不轻而易举？不行井田制则世道终将日益沦落而不可治理。这种似是而非、厚古薄今、带有主观唯心主义色彩的治国理政观念注定会使他在复古的道路上步履艰难、阻力重重，改革之路不会走得太远。（2）对道德教化的作用评价过高，对秦隋短命而亡的经验教训缺乏客观辩证的认识，对依法治国在新的历史条件下所应发挥的重要作用持怀疑和排斥态度。（3）以醇儒自居，有"救乱世舍我其谁"的孟子遗风，但在批评王安石曲解《周礼》、用其皮毛不知就里、过于自负的缺点时，自己也犯了刚愎自用、听不进友人好言相劝的毛病。（4）在开国之君朱元璋去世不久、继位之君建文帝名卑功微的背景下急忙启动削藩，导致势力强大的燕王朱棣迅速反叛夺权，建文帝不知所踪，他自己则被诛连十族，犯了与晁错削藩同样急于求成的错误。

2.对方孝孺税收思想的简要评述

方孝孺的税收思想是其治国理政思想的重要组成部分，本书将其提炼归纳为三个方面，包括：（1）复井田，抑兼并，均贫富，兴教化，正风俗。强调井田制是抑兼并、均贫富、兴教化、正风俗的经济制度基础，放纵土地私有制，必然加剧两极分化，败坏社会风俗，加重贫苦百姓的税收负担，动摇封建社会的宗法基础。（2）取之有制，役之有节，不以横征暴敛而求无功之名。强调税收应取之有制、役之有节，不以加重百姓负担、横征暴敛为能，对盐铁等日常生活用品应采取自由放任、轻税免税政策，反对桑弘羊、王安石的官府专营、与民争利做法。（3）崇俭戒奢，节用富民。强调节俭是一种美德，崇俭戒奢可以有效节约财政支出，从根本上减轻百姓的税收负担，并杜绝贪官污吏特权弄法、刻薄百姓的机会。方孝孺的税收思想是对儒家传统思想的重申，并无多少新意。但在当时的历史条件下，也是针对社会时弊而提出的，其积极意义不应一概否定。何况他是建文帝言听计从的顾命重臣，在短暂的执政期间也初步实践了自己的治政理想，取得了明显成效。但总体来看，他的税收思想和治国理政思想一样，过于空泛，过于理想化，缺乏具体细致的谋划与制度设计，所以难以成为后世效法的典范。

主要参考文献：

《逊志斋集》，方孝孺著。

《明史》卷141《方孝孺传》。

《宋濂　方孝孺评传》，王春南、赵映林著，南京大学出版社1998年版。

丘 浚

一、丘浚生平简介

丘浚（1421—1495），字仲深，号深庵、玉峰、别号海山老人，海南琼山县府城西厢下田村（今海南省琼山市府城镇金花村）人，世称琼台先生或琼山先生。明中叶杰出思想家、政治家、史学家、文学家和教育家，理学名臣，与海瑞并称为"海南双璧"。历永乐、洪熙、宣德、正统、景泰、天顺、成化、弘治八朝。先祖久远，已不可考，唯知曾祖均禄公（字朝章，号硕庵）曾在元朝元帅府任职，因战乱而定居广东。祖父普（字思贻）为名医，曾任琼州临高县医学训科，乐善好施，名闻乡里。父传为普公独子，继承祖业，但33岁时不幸早逝，将抚育二子（9岁的丘源和7岁的丘浚）的重任丢给了时年57岁的祖父普公和28岁的寡母李氏。普公对两个孙子的教育非常重视，很早就给他们定下了人生目标。丘浚在《可继堂记》中记述了普公给他们训话的情景："一日先祖坐堂上，兄与浚皆侍公。谓兄源曰：'尔主宗祀，承吾世业，隐而为良医，以济家乡可也。'谓浚曰：'尔立门户，拓吾祖业，达而为良相，以济天下可也。'时吾兄弟俱幼稚愚呆，不知先祖之言为何如，然自是亦知惕厉，自持不敢失坠。"[1]浚母李氏也是对丘浚一生有重要影响的人。她出身于广东澄迈的一户富裕人家，其父李奕周（亦作李易周）是国子监贡生，李氏从小接受良好的家庭教育，知书达理，贤惠善良。丈夫英年早逝，虽属人生之大不幸，但为了教育好两个幼子，她放弃再婚念头，坚贞守节，孤苦一生。在宋明礼教盛行的年代，她的这种无私奉献精神和贤良淑德自然是朝廷大加赞赏的，不仅生前旌以节妇之名，奉旨建坊，死后也不时奉旨谕祭，以兴教化。这样的家庭环境无疑对丘浚人生观和价值观的形成有重要影响。

丘浚自幼聪慧过人，酷爱读书吟诗，年纪稍长，即已成为满腹经纶、远近闻名的

---

[1]《琼台诗文会稿重编》卷19。

英俊小生。正统九年,他举乡试第一。景泰五年,他以甲科第一进士及第,被优选为翰林院庶吉士。在此后的40多年为官生涯中,他先后任翰林院编修、侍讲学士、翰林学士、国子监祭酒、礼部尚书、文渊阁大学士、户部尚书兼武英殿大学士等职。弘治八年(1495年)春,他以75岁高龄卒于大学士任,明孝宗赠以太傅、进左柱国,谥文庄,并以朝廷最高礼遇厚葬于家乡琼州。

丘浚一生博览群书,好学不倦,著作颇丰,主要有《朱子学的》《世史正纲》《家礼仪节》《大学衍义补》等,还参与编纂了《寰宇通志》《英宗实录》《大明一统志》《续资治通鉴纲目》《宪宗实录》等史书。作为岭南名医世家出身,他还著有《本草格式》《重刊明堂经络前图》《重刊明堂经络后图》《群书抄方》等医书。在这些卷轶浩繁的著作中,《大学衍义补》最为历代所推崇。该书共160卷,110余万字,分12目119个子目,对三代以来有关治国平天下的重要史实和名人名言作了系统全面的归纳和整理,补足了南宋理学家真德秀所著《大学衍义》一书在这些条目上的阙如,使儒家格物、致知、诚意、正心、修身、齐家、治国、平天下的人生修阶更加完整,并大大增强了《大学》一书的经世致用功能。

丘浚自举进士后就一直在中央任职,一生以经史为伴,且步步高升,直至鞠躬尽瘁,死而后已,这在同类文人雅士中是十分罕见的。对于丘浚的为人处事,《明史·丘浚传》有如下评价:"浚在位,尝以宽大启上心,忠厚变士习。……浚廉介,所居邸第极湫隘(简陋),四十年不易。性嗜学,既老,右目失明,犹披览不辍。议论好矫激,闻者骇愕。"

二、丘浚税收思想的主要内容

丘浚的税收思想是其治国理政思想的重要组成部分,本书将其提炼归纳为以下六个方面。

1.主张税收轻重关乎国家治乱安危

丘浚说:"国之所以为国者民而已,无民则无以为国矣。明圣之君知兴国之福在爱民,则必省刑罚、薄税敛、宽力役以为民造福,民之享福则是国之享福也。彼昏暴之君视民如土芥,凡所以祸之者无所不至,民既受祸矣,国亦从之,无国则无君矣。"[①]"圆颅方趾之民莫不爱其身体气力也,莫不爱其父母妻子也,莫不爱其田庐赀产(资产)也,上之人不以兴作疲其筋力,不以刑法残其体肤,不以征役散其父母妻子,不以诛求耗其田庐赀产,则凡民之所爱皆为其所有,民不幸而死,犹不忍舍去,况舍去而死哉?为人上者诚能省刑罚、薄税敛,不穷兵以黩武,不营作以劳人,则民咸有乐生之愿,而无轻死之心,祸乱不作而君位永安、国祚无穷矣。"[②]"民之所以聚而尊君亲上者,以上之人

[①][②] 《大学衍义补·固邦本·总论固本之道》。

养之、教之、治之既有其道,又有其素(常)故也。……后世民之所以易于散者,以上无聚之之道故也。饥寒迫身则散,徭役烦扰则散,赋敛重多则散,散则无情,无情则无义,无情无义则健讼之风起,而争夺之祸作矣。"①"天下国家有治则有乱,有安则有危,然乱不生于乱而常生于治之时,危不起于危而常起于安之日,惟人君恃其久安而狃(习惯、拘泥)于常治也,不思所以制之、保之,于是乱生而危至矣。人君诚能于国家无事之时审其几先(萌芽),兢兢然,业业然,恒以治乱、安危为念,谋之必周,虑之必远,未乱也而豫图制乱之术,未危也而豫求扶危之人,则国家常治而不乱,君位常安而不危矣。"②

2. 主张人地相副,均衡赋役

人口和土地是小农经济社会最重要的生产要素,人地多寡也是封建王朝盛衰强弱的重要标志,户籍地籍则是封建王朝管理庶民、征收赋役的重要抓手。但由于战乱、灾疫、苛政等原因,人地数量起伏不定,人地分布苦乐不均,人口迁徙混乱无序,也是相当普遍的现象,不仅严重影响经济社会的正常发展,也给以人地挂钩为基础的赋役征收制度带来巨大冲击。面对这一现实难题,丘浚一方面要求君思己过,加强人地管理,另一方面也就赋役征收中的五个突出问题提出了解决办法。

(1)关于"议行配丁田法"以制民之产的问题。丘浚说:"民之所以为生产者,田宅而已。有田有宅,斯有生生之具。所谓生生之具,稼穑、树艺、牧畜三者而已,三者既具则有衣食之资、用度之费,仰事俯育之不缺,礼节患难之有备,由是而给公家之征求、应公家之徭役皆有其恒矣。"③"三代盛时,明君制民之产必有宅以居之,所谓五亩之宅是也;有田以养之,所谓百亩之田是也。其田、其宅皆上之人制为一定之制,授之以为恒久之业,使之稼穑、树艺、牧畜其中,以为仰事俯育之资,乐岁得遂其饱暖之愿,凶岁免至于流亡之苦,是则先王所以制产之意也。"④"井田既废之后,田不在官而在民,是以贫富不均,一时识治体者咸慨古法之善而卒无可复之理,于是有限田之议、均田之制、口分世业之法。然皆议之而不果行,行之而不能久,何也?其为法虽各有可取,然不免拂人情而不宜于土俗,可以暂而不可以常也,终莫若听民自便之为得也。必不得已创为之制,必也因其已然之俗而立为未然之限,不追咎(追究)其既往,而惟限制其将来,庶几可乎。臣请断以一年为限,如自今年正月以前,其民家所有之田虽多至百顷,官府亦不之问。惟自今年正月以后,一丁惟许占田一顷(余数不许过五十亩),于是以丁配田,因而定为差役之法。丁多田少者许买足其数,丁田相当则不许再买,买者没入之;其丁少田多者,在吾未立限之前不复追咎,自立限以后惟许其鬻卖,有增买者并削其所有(民家生子将成丁者即许豫买以俟其成)。以田一顷配人一丁、当一夫差

---

① 《大学衍义补·慎刑宪·详听断之法》。
② 《大学衍义补·审几微(补)·炳治乱之几先》。
③④ 《大学衍义补·固邦本·制民之产》。

役，其田多丁少之家，以田配丁足数之外，以田二顷视人一丁，当一夫差役，量出雇役之钱（富者出财）；田少丁多之家，以丁配田足数之外，以人二丁视田一顷，当一夫差役，量应力役之征（贫者出力）。若乃田多人少之处，每丁或余三、五十亩或至一、二顷，人多田少之处，每丁或止（只）四五十亩、七八十亩，随其多寡尽其数以分配之。此外又因而为仕宦优免之法，因官品崇卑量为优免，惟不配丁纳粮如故。其人已死，优及子孙，以寓世禄之意（如京官三品以上免四顷，五品以上三顷，七品以上二顷，九品以上一顷，外官则递减之。无田者准田免丁，惟不配丁纳粮如故）。立为一定之限，以为一代之制，名曰配丁田法，既不夺民之所有，则有田者惟恐子孙不多而无匿丁不报者矣。不惟民有常产而无甚贫甚富之不均，而官之差役亦有验丁、验粮之可据矣。行之数十年，官有限制，富者不复买田，兴废无常而富室不无鬻产，田直（值）日贱而民产日均，虽井田之制不可猝复，而兼并之患日以渐销矣。臣愚偶有所见，不知可否，敢以为献，惟圣明下其议于有司，俾究竟以闻。"①

（2）关于调整州县设置以均衡赋役的问题。丘濬说："臣愚请分府为上、中、下三等，州县之等亦如之。上县以编民百里为率，中县五十里以上，下县四十里以下，其县之过百里者或升以为州、或析以为一二县，县之人民少者割附近里分益之，州之人民少者或降而为县，或益之以近民，而府亦然。如此，则官吏之所莅（治理）者有繁简，以此次其殿最（以此排列等级）；土地之所出者有厚薄，以此科其财赋；人民之所聚者有众寡，以此定其徭役；将见疆域整齐、事力均壹、差赋公平，太平之基端在此矣。"②

（3）关于给侨寓户酌情落户和就地纳税的问题。丘濬说："普天之下莫非王土，率土之滨莫非王臣。自荆湖之人观之，则荆湖之民异于江右；自江右之人观之，则江右之民殊于荆湖；自朝廷观，无分于荆湖、江右，皆王民也。夫自天地开辟以来，山川限隔，时世变迁，地势有广狭，风气有厚薄，时运有盛衰，故人之生也不无多寡之异焉。以今日言之，荆湖之地田多而人少，江右之地田少而人多，江右之人大半侨寓于荆湖，盖江右之地力所出不足以给其人，必资荆湖之粟以为养也；江右之人群于荆湖，既不供江右公家之役，而荆湖之官府亦不得以役之焉，是并失之也。臣请立为通融之法。凡江右之民寓于荆湖，多历年所、置成产业者，则名以税户之目，其为人耕佃者则曰承佃户，专于贩易佣作者则曰营生户，随其所在拘之于官，询其所由，彼情愿不归其故乡也（不愿者勿强），则俾其供词，具其邑里，定为版册，见有某人主户（本贯无人者不许），见当某处军匠（遇阙依次句解），明白详悉，必实毋隐，然后遣官赍册亲诣所居，供报既同，即与开豁所在郡邑收为见户，俾与主户错居共役，有产者出财，无产者出力。如此通融，两得其用，江右无怨女，荆湖无旷夫，则户口日以增矣；江右有赢田，荆湖无旷野，而田野日以辟矣。是亦蕃民生、宽力役、一视同仁之道也。"③

---

① 《大学衍义补·固邦本·制民之产》。
② 《大学衍义补·固邦本·择民之长》。
③ 《大学衍义补·固邦本·蕃民之生》。

（4）关于取消见在户摊税负担的问题。丘浚说："取税于民如取鱼于泽也，泽以养鱼，必常有所养，斯（乃）常有所生。苟取具目前，竭其所养之所，空其所生之物，则一取尽矣，后何所继乎？后世取民大率似此，而摊税之害尤毒，非徒一竭而已，且将竭之至再至三而无已焉，不至水脉枯而鱼种绝不止也，何则？中人一家之产，仅足以供一户之税，遇有水旱疾厉（疾疠），不免举贷逋欠，况使代他人倍出乎？试以一里论之，一里百户，一岁之中一户惟出一户税可也。假令今年逃二十户，乃以二十户税摊于八十户中，是四户而出五户税也；明年逃三十户，又以三十户税摊于七十户中，是五户而出七户税也；又明年逃五十户，又以五十户税摊于五十户中，是一户而出二户税也。逃而去者遗下之数日增，存而居者摊与之数日积，存者不堪，又相率以俱逃，一岁加于一岁，积压日甚，小民何以堪哉？非但民不可以为生，而国亦不可以为国矣。为今之计奈何？曰李渤谓尽逃户之产税不足者免之，是固然矣，然民虽去而产则存，宜斟酌具为常法。每岁十月以后，诏布政司委官一员于所分守之地亲临州县，俾官吏、里胥各具本县、本里民数逃去开除（减除）者若干，移来新收者若干，其民虽逃，其产安在，明白详悉开具，即所收以补所除，究其产以求其税，若人果散亡，产无踪迹，具以上闻，核实除免。……如此，则民生既安，国用亦足矣。"①

（5）关于在边境屯田以减负增收的问题。丘浚说："善为国计者，必因天时尽地力，不以其边塞之地、冱寒（严寒）之天而辍（停止、中止）其人为之功，此晁错、赵充国辈所以有塞下屯田之议也。""兵无食则不成兵，善谋国者用兵以耕，其所食者即其所耕者也，自食其力而不仰给于人，因粮于敌，是以所至成功。赵充国、诸葛亮二人者所处之地虽异，而所见之智则同。""自古善计国者，恒取足于有余之地力，而不敢伤易失之民心，此屯营之田所由起也。今天下无田不税，而吾求无税之地而耕之；无农不耕，而吾借不耕之人而役之；无兵不战，而吾乘不战之时而用之；内以实京师于常数之外，外以实边储于常用之余，……以见国用所出虽非一途，而田为之本，用人之力，尽地之利，因天之时，治国平天下之要道不出此矣。"②

3.主张重民之事，宽民之力

丘浚说："天生万物，惟谷于人为最急之物而不可一日无者，有之则生，无之则死，是以自古善为治者莫不重谷。"③"粟生于地，非一日所能致；钱出于人力，可旬月间而办也。自古识治体者恒重粟而轻钱，盖以钱可无而粟不可无故也。后世以钱物代租赋，可谓失轻重之宜，违缓急之序矣。故为国家长久之计者，宁以菽粟当钱物，使其腐于仓庾之中，备之于无用，不肯以钱物当菽粟，恐一旦天为之灾，地无所出，金银布帛不可以

---

① 《大学衍义补·制国用·贡赋之常》。
② 《大学衍义补·制国用·屯营之田》。
③ 《大学衍义补·制国用·市籴之令》。

充饥,坐而待毙也。"①"君之所以治者以民,民之所以生者以食,食之所以足者以农,农之所以耕者以时,人君所以设为州牧以子养乎民,使之得以遂其生。欲遂其生,日食不可阙;欲足其食,农时不可违。""人君兢兢然所以居其身于无时暇逸之地者,必先知夫稼穑之艰难也。备尝其艰难之事而后居于逸乐之地,则知小人之所依矣。小人所依在乎稼穑,为人上者乌可纵己之欲,以妨农事,而使之失其所依哉?""田里无不耕之夫,室家无不织之女,人人有业,家家务本,自然无游手之民、末作之技,家给而人足,盗息而讼简,民所以为生者益固,国所以藏富者益厚矣。"②

"人君之欲用民力,察夫事之理而得其正,体夫民之心而同其欲,必为天下而不为一家,必为众人而不为一己,然后为之,则民无不劝勉顺从者矣。"③"凡有天下国家者,不能不役乎民,然役有轻重、繁简、远迩(远近)、久速之殊,民有老少、强弱、富贫、贵贱之异,不可以一概论也。是以成周之世,欲役乎民,必先均其土地,以别其宽狭硗腴(肥瘠);必稽其人民,以知其多寡虚实;必量其人身,以知其强弱老少;必验其蓄产,以知其贫富有无;必有夫有妇,然后谓之一家;必年富力强,然后谓之可任。彼夫贵而有爵者,贤而有德者,能而有才者,服事于公与衰耄之老、笃废之疾,皆不可任以徭役之事,所以任夫徭役者皆必少壮之夫,平日习劳、丁多而家给者也。夫民食王土而赖官府之庇以有其室家田产,则服力役以为国卫,足国用、成国事,亦其职分之所当为者也。用所当用之人,为所当为之事,虽曰为国,亦所以为民。而又明以察之,公以处之,仁以悯之,是以国家有所经营则咸如子趋父事,有所征伐则莫不敌王所忾,而上无不成之事,下有卫上之忠,而天位永安、国祚延长矣。"④"后世驱民于锋镝,起民以徭戍,聚民以工作,盖有一岁之间在官之日多而家居之日少,甚者乃至于终岁勤苦而无一日休者。""弓之为器,久张而不弛则力必绝,如民久劳苦而不休息则其力必惫;久弛而不张则体必变,如民久休息而不劳苦则其志必逸。弓必有时而张,如民必有时而劳,弓必有时而弛,如民必有时而息。一于劳苦,民将不堪,虽文王、武王有所不能治也;一于逸乐则民将废业,则文王、武王必不为此也。然则果如之何而可?曰不久张以著其仁,不久弛以著其义。""人君之用民力,非不得已不可用也。盖君以养民为职,所以养之者,非必人人而食之、家家而给之也,惜民之力而使之得以尽其力于私家,而有以为仰事俯育之资、养生送死之具,则君之职尽矣。"⑤"为人君者受天下之奉,乃殚其力、竭其财以自养其一身而不恤民焉,岂天立君之意哉?秦始皇以千八百国之民自养,而为驰骋田猎之娱,至于力罢财尽而不能供,违天甚矣,虽欲不亡,得乎?"⑥"岁时有早晚,气候有寒暑,农事有剧易,事体有缓急,人君遇有兴作,必当顺天之时、量事之势、适

---

① 《大学衍义补·制国用·贡赋之常》。
② 《大学衍义补·固邦本·重民之事》。
③ 《大学衍义补·固邦本·宽民之力》。
④ 《大学衍义补·制国用·傅算之籍》。
⑤ 《大学衍义补·固邦本·宽民之力》。
⑥ 《大学衍义补·制国用·经制之义(下)》。

民之愿，苟堕指裂肌之时、烁石流金（高温炎热）之候，农务方殷、饥寒切体而欲有所营为，可乎？所谓时者，非但谓农时，各随时而量其可否可也。"①

"夫自古力役之征，贫者出力，富者出财，各因其有余而用之，不足者不强（强迫）也。各随其所能而任之，不能者不强也。彼有力者而无财，吾则俾之出力，财有不足者人助之；彼有财者而无力，吾则俾之出财，力有不能者人代之。若夫事巨而物重，费多而道远，则必集众力、裒（聚）众财，使之运用而不至于顿踬（困窘），资给而不至于困乏，则民无或病，事无不举矣。……宋之诸役衙前最重，今之杂役亦惟纳户（纳税户）、解户（解运户）、斗级（仓吏）为难，此二役必须家道殷实、丁口众多、平日有行检（品行）者充之，然后上不亏于官、下不破其家也。若夫皂隶之设，除监狱守库外，凡直厅、守门、跟随者皆可用雇役之法，而在两京尤为切要。今后各府州县签皂隶解京者，于民间应役人户选其驯谨、强健、耐劳者，以身供监狱守库之役，其余跟随导从者，每户俾其日出银三分以雇人代，当岁该银十两八钱，闰加其数，岁前类解兵部，分送各司，俾其自雇。凡予其雇工之直（值），须于按日当满之后（如当过正月则二月初一与之直），则彼不至逃负。如此，则农夫遂耕获之愿，官府得使令之给，而亦可以收市井游手之徒，一举而三得也。"②

4.主张贡赋有常，轻税增收

丘浚说："国家之用度皆取于民，而取民之大纲曰赋、曰贡而已。二者之制在唐虞已有之，至夏后氏之世始详焉。""夫有土则有贡，随其地之所有而献之于上，以为朝廷祭祀、宴享之需，是固义之当为。然不可过为需索，以一人口体之奉而贻累（连累、祸害）千万人，而耗其衣食之资，甚者假公以营私，一人之用才一二，而千百人因之而耗费其万亿焉。是以自古爱民之君，宁吾一人所欲有所不称，不忍以吾一人之欲，而使千万人失其所欲焉。"③

"治国者不能不取于民，亦不可过取于民，不取乎民则难乎其为国，过取乎民则难乎其为民。是以善于制治保邦者，必立经常之法，以为养民足国之定制，所谓经常可久、百世而不变者。""致乱之道多矣，而尤莫甚于厚敛。自三代以来，皆因地而取税，至秦始舍地而税人；皆十分而取其一，至秦始十分而取其五。如是之政，则民之贫者何以为生哉？贫无以为生则不爱（珍视）其死，是趋民而使之溃叛也。"④ "横敛厚征，治天下之大蠹也。"⑤ "白圭曰：'吾欲二十而取一，何如？'孟子曰：'子之道，貉道也。欲轻之于尧舜之道者大貉、小貉也，欲重之于尧舜之道者大桀、小桀也。'……观孟子此言，则知人君过取于民固非中正之道，而寡取之亦不得为中正也。虽然，与其过也宁

---

① 《大学衍义补·固邦本·宽民之力》。
② 《大学衍义补·制国用·傅算之籍》。
③④ 《大学衍义补·制国用·贡赋之常》。
⑤ 《大学衍义补·制国用·经制之义（下）》。

不及。苟国家无事，仓廪充盈，或时下诏减除，若汉文帝之三十税一、尽除田租，君子亦不以为非也。"① "李翱作《平赋书》，盖悯当时之赋不平也。赋之所以不平者，盖以其制民产者无法、敛民财者无艺也。既无制民之产之法，而敛之又不以其道，则民贫矣，民贫则君安能独富哉？其所谓'人皆知重敛之可以得财，而不知轻敛之得财愈多'，其言尤为警切。"② "上之取下有常赋、有定制，凡于常赋定制之外有所建请，必是欲行己私、趋时好，以希（希求）爵禄、干恩典者。其所以建请者，必曰不益赋而国用饶，又曰民所愿请而非强迫之者，又曰其行之上下俱便益而永远无弊。人君听其言非不美，及其施行之际，不徒不能如其言，而损国课、戕民生、促（损害）国脉以贻（留给）后世羞者多矣，人主于此不可不察。"③

"土地万世而不变，丁口有时而盛衰，定税以丁稽考为难，定税以亩检核为易。两税以资产为宗未必全非也，但立法之初，谓两税之外不许分毫科率，然兵兴费广不能不于税外别有征求耳，此时之弊非法之弊也。……我朝稽古定制，以天下之垦田定天下之赋税，因其地宜立为等则，征之以夏者谓之税，征之以秋者谓之粮，岁有定额，家有常数，非若唐人遇有百役之费，先度其数而赋于人也；随其田之宽狭，取其税之多寡，非若唐人以一年之科率最多者以为额也；其额数则具于黄籍，总于户部，其征输期限则责之藩服州县，非若唐人别设两税使以总之也。若夫丁口之税百无取焉，惟逐户编为里甲，十年一度轮差，其余年分（年份）官司有所营为，随时起集佣倩（佣工、丁壮），事已（结束）即休，所谓绢布之调无有也，不役之绢无有也。其法一定，而可守其额百世而不亏，吏不能以为奸，民不至于重困，陆贽所谓其取法也远、其立意也深、其敛财也均、其成人也固、其裁规也简、其备患也周，此六言者我祖宗取民之制真足以当之矣，彼租庸调法乌可与同日语哉？"④

5.主张便商利民，减负增收

（1）食盐实行许可经营，先纳税后产销。丘浚说："天地生物以养人，君为之禁，使人不得擅其私而公共之可也，乃立官以专之、严法以禁之、尽利以取之，固非天地生物之意，亦岂上天立君之意哉！""盐之在天地间无处无有，故生民之食用亦无日可无也。惟其无处无有，故其为利也博；惟其无日可无，故其为用也广；利博而用广，故有国者于常赋之外首以此为富国之术焉。"⑤ "盐之为利，禁之不可也，不禁之亦不可也，要必于可禁不可禁之间，随地立法，因时制宜，必使下不至于伤民，上不至于损官，民用足而国用不亏，斯得之矣。"⑥ "书生过虑，以为盐之利固大，而盐之害亦不小，利在于

---

① 《大学衍义补·制国用·经制之义（上）》。
② 《大学衍义补·制国用·经制之义（下）》。
③ 《大学衍义补·制国用·市籴之令》。
④ 《大学衍义补·制国用·贡赋之常》。
⑤ 《大学衍义补·制国用·山泽之利（上）》。
⑥ 《大学衍义补·制国用·山泽之利（上）》，引宋儒胡寅语。

承平之时，而害生于中微之后，以前日之利较之后日之害，害尤甚于利焉。……窃惟召商中盐之法，惟可行于边方无粟之地，盖其地素无储蓄，而所产之谷粟不多，不能不资他方输运以给者，故须待商贾以中纳焉。若夫其地之粟自足以供其地之用，不假辇运于他方者，官府可行臣向所陈边地设立常平，司市籴之策。盖客商以数斗之谷，而易吾一引之盐，是本一而息七八也。今吾预于未用之先，自行市籴所得之粟，比（相较于）所中纳者岂不倍蓰哉？虽然，此其流耳，若推厥本源，莫若行汉人官给牢盆之法，任民自煮而不征其入，豫令灶户将欲煎涞（煎煮），先于该管官司告知，官给以券，然后举火，其所煮之盆定为尺寸，每盆煮盐以一引为则（或以二引、三引），皆为一定之数，不许多寡，其盆皆官为之铸，款识以监造官吏、工作（盐工）姓名，非官给者不许用也。给券之时，每引先取举火钱若干，量天时之晴潦（涝）、苴薪（柴草）之贵贱、市价之多寡以定其数，听其自煮自卖，煮而不闻官者有罪。若夫商贾赴场买盐之后，令其具数以告官司，官给钞引，付之执照，俾于各该行盐地方发卖，过界者没入之。给钞之际，每引取工墨钱（印钞工本费）百文（或三十、五十）以为公费，所得盐钱贮于运司，每岁具数申户部，以待分派各边转运常平司收籴米粟，以实边储。此法既行，不必追征于灶户也，不必中纳（输粮于边以换盐）于商贾也，不必官自卖也，不必官自煮也，非惟国家得今日自然之利，亦可以销他日未然之害矣。"①

"自古商利者言盐必与铁俱，盖以盐者民食之不可无，铁者民用之不可阙。计口食盐则盐日以销，然生者（新增人口）又继取用无已。若夫铁之为用，则成一器之用，或以终身，不然亦或致岁月之久，非盐之可比也。言利之徒乃以铁并盐而言，至其设官也，亦兼以盐铁为名，其轻重不伦矣。""昔者圣王定为取民之赋，有米粟之征、有布缕之征，而无有所谓金银铜铁之征者，岂不以山泽之利与土地俱生，取之有穷而生之者不继乎？"②

（2）对货物产销不重复征税。丘浚说："民资五谷以为食，所以下食者盐而消其食者茶也，既以税其食而又税其所下食之具，及其所消食者亦税之，民亦不幸而生于唐宋之世哉。"③"谷麦既已纳税，用谷以为酒又税之，造麦为曲以酝酒（酿酒）又税之，用米与糟以为醋又税之，是则谷麦一类，农耕以为食，官既取之，商籴于农以为酒、为曲、为醋，官又取之，此一物而三四出税也。"④"民种五谷已纳租税，无可再赋之理，非他竹木牲畜比也。竹木牲畜之类，原无征算，故商贾货卖于关市也，官可税之。今民既纳租于官仓矣，而关市又征其税，岂非重哉？此不独非王政，亦非天理也。我朝制税课司局，不许税五谷及书籍纸札，其事虽微，其所关系甚大，王者之政、仁人之心也。"⑤

（3）发展海运，减负增收。丘浚说："粟资民力以种，种成而不得食，而输于官以

---

① 《大学衍义补·制国用·山泽之利（上）》。
②③⑤ 《大学衍义补·制国用·山泽之利（下）》。
④ 《大学衍义补·制国用·征榷之课》。

为之食，官食之而自取之可也，而又资民力以输将之焉。造作舟车之费、疏通沟渠之劳、跋涉河流之苦、鞭挞赔偿之惨，百千万状，乃达京师，使（假如）其所养者皆有功于国、有益于民之人，不徒费也（也不白费功夫），不然，何苦苦吾有用之民而养此无用之人、为此无益之事哉？""国家处事必须详察事理，曲尽物情，一事之行必思其弊之所必至，一物之用必思其患之所由来。况于转输粮斛，载以舟车，经涉艰险，积以岁月之久，行于道路之间，霖雨风波、水火盗贼不能保其必无。立法以防奸不可不严，而体情以宽下亦不可不尽，是以积粮者自唐明宗始给鼠雀耗，而运粮者亦给斗耗，用是故也。既名为耗，而官又取之，甚者计算俾其偿焉，是何理也。"①

"自古漕运所从之道有三，曰陆、曰河、曰海。陆运以车，水运以舟，而皆资乎人力。所运有多寡，所费有繁省，河漕视陆运之费省什三四，海运视陆运之费省什七八。盖河漕虽免陆行，而人挽如故；海运虽有漂溺之患，而省牵率（牵引、牵拉）之劳。较其利害，盖亦相当。今漕河通利，岁运充积，固无资于海运也。然善谋国者，恒于未事之先而为意外之虑，宁过虑而无不临事而悔。今国朝都燕，盖极北之地，而财赋之入皆自东南而来。会通一河譬则人身之咽喉也，一日食不下咽，立有死亡之祸，况自古皆是转般（搬）而以盐为佣直（雇工的薪酬），今则专役军夫长运而加以兑支之费，岁岁常运，储积之粮虽多，而征戍之卒日少，食固足矣，如兵之不足何？迂儒过为远虑，请于无事之秋，寻元人海运之故道，别通海运一路，与河漕并行。……一旦漕渠少有滞塞，此不来而彼来，是亦思患豫防之先计也。……大抵海舟与河舟不同，河舟畏浅故宜轻，海舟畏飘故宜重。假如每艘载八百石，则为造一千石舟，许其以二百石载私货。三年之后，军夫自载者三十税一，客商附载者照依税课常例，就于直沽②立一宣课司收贮，以为岁造船料之费。其粮既从海运，脚费比漕河为省，其兑支之加耗宜量为减杀。大约海舟一载千石，则可当河舟所载之三（三倍），河舟用卒十人，海舟加五或倍之，则漕卒亦比旧省矣。……此策既行，则南货日集于北，空船南回者必须物实，而北货亦日流于南矣，今日富国足用之策莫大于此。……此策既行，果利多而害少，又量将江、淮、荆、河之漕折半入海运，除减军卒以还队伍，则兵食两足，而国家亦有水战之备，可以制伏朝鲜、安南边海之夷，此诚万世之利也。"③

（4）拓展海外贸易，抽分增收。丘浚说："互市之法自汉通南越始，历代皆行之，然置司而以市兼舶为名则始于宋焉，盖前此互市兼通西北，至此始专于航海也。元因宋制，每岁招集舶商于蕃邦，博易珠翠、香货等物，及次年回帆验货抽解，然后听其货卖。其抽分之数，细色于二十五分中取一，粗色于三十分中取一，漏税者断没，仍禁金银铜铁、男女不许溢出。本朝市舶司之名虽沿其旧，而无抽分之法，惟于浙、闽、广三

---

① 《大学衍义补·制国用·漕挽之宜（上）》。
② 古地名。金、元时称潞（今北运河）、卫（今南运河）二河会合处为直沽。在今天津市内狮子林桥西端旧三汊口一带，为天津聚落最早兴起之地，也是元朝海运终点。
③ 《大学衍义补·制国用·漕挽之宜（下）》。

处置司，以待海外诸蕃之进贡者，盖用以怀柔远人，实无所利其入也。臣惟国家富有万国，故无待于海岛之利，然中国之物自足其用，固无待于外夷，而外夷所用则不可无中国物也，私通溢出之患断不能绝，虽律有明禁，但利之所在，民不畏死。民犯法而罪之，罪之而又有犯者，乃因之以罪其应禁之官吏，如此，则吾非徒无其利，而又有其害焉。……本朝固许人泛海为商，不知何时始禁。窃以为当如前代互市之法，庶几置司之名与事相称。……海上诸蕃自古未有为吾边寇者，……惟日本一国号为倭奴，人工巧而国贫窘，屡为沿海之寇，当遵祖训不与之通。傥（倘）以臣言为可采，乞下有司详议以闻，然后制下滨海去处，有欲经贩者，俾其先期赴舶司告知，行下所司审勘，果无违碍，许其自陈自造舶舟若干料数，收贩货物若干种数，经行某处等国，于何年月回还，并不敢私带违禁物件，及回之日，不致透漏（走私）。待其回帆，差官封检（贴封）抽分之余，方许变卖。如此，则岁计常赋之外未必不得其助。……夫然不扰中国之民而得外邦之助，是亦足国用之一端也，其视前代算闲架（间架）、经总制钱之类滥取于民者，岂不犹贤乎哉？"①

  6. 主张节用省费，量入为出

  丘浚说："节与不节，是盖君德修否之验，府库盈虚之由，生民休戚之本，国家治乱之基。"②"圣人体节之义，则立为制度，量入为出，无过取，无泛用，宁损己而益人，不厉民（虐民）以适己，则必不至于伤财，不伤财则不至于害民矣。"③"国家之财皆出于民，君之所用者皆民之所供也，君能节用则薄取而有余，民之富即君之富也。侈用则尽取而不足，民既贫矣，君孰与守其富哉？"④"夫国家之所最急者财用也，财生于地而成于天，所以致其用者人也。天地岁岁有所生，人生岁岁有所用，岁用之数不可少，而岁生之物或不给，苟非岁岁为之制，先期而计其数，先事而为之备，至于临事而后为之措置，则有弗及者矣。"⑤"国家货贿出于民而藏于官，固非一人之所能致，亦非一日之所能积也，是以赋之于民也必有定制，而用之于官也必有定式，有此式则用此赋，则事无废而用不阙矣。苟非先有以待之，则临时何所取具哉？"⑥"害财之事有三，所谓吏之冗员、兵之冗食，其中节目虽多，然大要有定，名有常数，除其繁冗而存其切要，害斯去已。惟所谓费之冗杂者，则途辙孔多，窠臼（牢笼）不一，横恩滥赐之溢出，修饰缮造之泛兴，祷祈游玩之纷举，不当用而用，不可予而予。三害之中冗费之害尤大，必不得已而去之，吏、兵无全去之理，惟费之冗者则可权其缓急轻重而去之焉。凡所谓冗者，有与

---

① 《大学衍义补·制国用·市籴之令》。
② 《大学衍义补·制国用·总论理财之道（下）》。
③ 《大学衍义补·固邦本·宽民之力》。
④ 《大学衍义补·制国用·贡赋之常》。
⑤ 《大学衍义补·制国用·总论理财之道（上）》。
⑥ 《大学衍义补·制国用·经制之义（上）》。

无皆可之谓也,事之至于可以有可以无,吾宁无之而不有焉,则不至害吾财矣。"①"诚知本之所在则厚之,源之所自则开之,谨守其末,节制其流,量入以为出,挹(舀取)彼以注此,使下常有余、上无不足,禹、汤所以遇灾而不为患者,知此故也。"②

三、对丘浚治国理政思想及税收思想的简要评述

1.对丘浚治国理政思想的简要评述

丘浚的治国理政思想非常丰富,大体可从以下线索来认识:(1)他是一个醇儒,崇尚朱熹道学,排斥陆氏心学,全盘否定王安石变法,有限度地吸收叶适功利学,主张彻底清除杨墨佛老等所谓异端邪说的影响,巩固儒家在思想领域的正统地位;(2)他与北宋醇儒司马光有类似意旨情趣,两人都热心著述,一生刻苦钻研经史,阐发儒家义理,传承道统,给后世留下了厚重的历史文化遗产,但治国理政实绩都不突出;(3)从思想流变、制度演变和经验教训三个方面系统梳理了三代以来在治国理政实践中积累的重要史实和名言佳句,为明王朝结合现实、纠偏补弊、推进社会变革指明了方向;(4)以尧舜禹汤文武周公孔孟为人生楷模,以《四书》《五经》为道德学问之大法,崇尚三代的爱民之心、完备制度和辉煌业绩,认为后世礼崩乐坏,无法重现古代盛世,但只要坚守儒家道统,身体力行,孜孜不倦,变其形而不失其本义,也能有所作为;(5)有强烈的民本主义情怀,认为君为民而立,君只有常怀敬民、爱民、畏民之心,一言一行不出乎为公、为国、为民之大道,以养民教民为本,崇俭戒奢,克守礼制,谨小慎微,积极进取,才能常守大宝之位;(6)倡导民自为市、经济自由主义,反对国家抑商抑富、过多干预经济;(7)强调谨守祖宗成法,不轻易别出心裁,知民情,顺土俗,因势利导,从历史的经验教训中汲取营养,及时补正时弊,才能保证国泰民安;(8)认为《大学》一书揭示的格物致知、诚意正心、修身齐家、治国平天下是万世不易的人生修阶和儒家道统,努力实践则可得福,敷衍塞责则必受祸;(9)强调儒学有体有用、有知有行、有理有义,只有把尊德性、道问学与成事功有机结合起来,才能成就完美人生。

丘浚的治理政思想总体上是传统和保守的,他所崇尚的以民为本、天下为公理念是儒家思想的内核,对封建君主的独断专行、自私自利、大逆不道行为有舆论约束作用,对贪官污吏的害国害民行为也是一种无形的鞭挞,但过分神化三代的大一统政治,过分神化孔孟之道的千古不易,有悖人类历史的发展潮流,不仅脱离实际,也会束缚人们的思想和行为,阻碍中国由小农经济社会向现代工商业文明社会转化。把太平盛世的美好理想完全寄托于开明君主的修身养性上,有固化儒家等级礼制和天人合一思想之弊,实践证明是靠不住的,这从他对各种新生事物和改革举措的怀疑态度和被动顺从行为中明

---

① 《大学衍义补·制国用·总论理财之道(下)》。
② 《大学衍义补·固邦本·恤民之患》。

显地反映出来。在后世不如三代、继体之君不如开国之君、无可奈何、必不得已的消极心态下，排斥异端、求稳怕变、恢复祖宗旧制、循序渐进、保民谏君、重义轻利就成为他所有对策建议的总基调，而洗心革面、大刀阔斧的改革创新就很难出炉。丘浚崇尚朱熹道学，对陆氏心学、王氏新学、叶氏功利学和佛老之学都持排斥态度，甚至认为秦汉以来最大的异端是佛老，要保持道德风俗的纯粹统一，就必须火其书、庐其居，但在讨论具体问题时，又反复强调人君要有仁民爱物之心，要体味圣人因人情制礼作乐的初衷；要修身养性、清静无为，少干预经济社会生活，遂民所愿；要以心度心，恤民之苦，养民之生等，表现出一种兼收并蓄的宽容态度。他认为佛老之兴是儒学衰落的结果，佛老之礼乐是从儒家礼乐中偷去的[1]，只有恢复儒家礼乐之"真"，才能使佛老之"赝"销声匿迹，这是一种以偏盖全、唯我独尊的门户之见和思想垄断。事实上，佛老的兴起有着非常复杂深刻的社会背景，与其说佛老抢占了儒家的地盘，不如说儒家在应对潜移默化的社会大变革方面力不从心，缺少解决社会突出矛盾的切实有效的新思路和新办法，只能在维护封建专制统治和维护三代以来的民本主义思想传统之间左右为难、痛苦煎熬。丘浚对历史人物的评价也有自相矛盾之处，比如，说管仲抑制富商巨贾垄断谋利之途、示之以予之之形而阴为夺之之计，为后世言利之徒祖其说以聚敛开了先河，是历史的罪人[2]，又说管仲为应对灾荒运用轻重敛散之法重农重谷、以解民忧、调节物价，"是虽伯者之政而王道亦在所取也"[3]；说王安石为人固无足取，"熙宁变法"更是打着《周礼》的旗号为国敛财，是历史的罪人[4]，又说他"所制经义之式至今用之以取士，有百世不可改者，是固不可以人废言也。"[5]

丘浚把经济自由主义作为稀释封建专制制度危害的主要解药，在一定程度上代表了商品经济萌芽时期中国新兴资产阶级的利益要求；以相当明确的语言指出商品价值的大小取决于人力投入的多少，这是有超前价值的闪光思想，比英国古典政治经济学家威廉·配第于1662年在《赋税论》中提出"劳动价值论"早了170多年，倍受后世的赞赏；主张先理民财再理国财、民富国必富，是儒家民本传统在理财领域的具体体现，具有重要的经济和政治意义，但把国与民对立起来，把为民理财与为国理财对立起来，把理财之道有意等同于生财之道，目的虽是为了防范封建君主贪得无厌和聚敛之臣刻剥百姓，但在理论上是不严谨的，是在叶适正确理财观上的倒退，必给理财实践带来某些障碍；将足值的银币作为本位币来制约纸币滥发和铜钱作伪，以调节商品流通、稳定物价、防止通货膨胀是一种创见，但认为纸币是罔利之徒精心设计的骗局有失偏颇，把价值本身、作为一般等价物的货币与价值符号三者混为一谈，反映了其对货币演化规律的

---

[1] 《大学衍义补·崇教化·一道德以同俗》。
[2] 《大学衍义补·制国用·山泽之利（上）》。
[3] 《大学衍义补·制国用·市籴之令》。
[4] 《大学衍义补·制国用·经制之义（上）》。
[5] 《大学衍义补·正百官·清入仕之路》。

认识还不到位。

2.对丘浚税收思想的简要评述

丘浚的税收思想是其治国理政思想的重要组成部分，而且内容十分丰富具体，本书将其提炼归纳为六个方面，包括：（1）主张赋税轻重关乎国家治乱安危；（2）主张人地相副，均衡赋役。在这一条目下针对人地不副带来的五个赋役失衡问题提出了解决办法；（3）主张重民之事，宽民之力。强调重视农耕、不滥兴徭役以耽误农时；有财出财，有力出力，在差役和雇役问题上不强求一律；（4）主张贡赋有常，轻税增收。强调贡赋要因地制宜，不无中生有；税负应适度，不可太重，不可太轻；取民要有常制，不可随意增加新名目；赋税缴纳要简便易行；（5）主张便商利民，减负增收。强调食盐实行许可经营，生产和流通都要先缴费领引，再自由产销；对货物产销的上下游环节不重复征税；在规范管理的前提下积极发展海运及海外贸易，以减负增收；（6）主张节用省费，量入为出。强调崇俭戒奢、压缩冗官冗兵冗费，排除害民害财之举；合理编制收支预算，按定式安排收支，量入以为出；注重开源节流。

丘浚的税收思想有许多继承前人的因素，也有自己与时俱进的独立思考。例如，"配丁限田法"是对井田制、均田制、限田制、屯田制等的综合与创新，旨在通过划定均田时限和丁田拥有标准，多占田者折丁增役、少占田者准予续买补足的温和过渡办法，最终达到人地相副、贫富靠拢的目的，颇有新意，且有一定合理性和可行性，但真正实施起来恐怕也会阻力重重、走样变形；食盐实行许可经营和按产销量领引缴费借鉴了西汉的牢盆之法；对卖谷、酿酒、酿醋、制曲等工商业行为不重复征税有理论创新价值，但以农为本、税出地力的历史局限性也十分明显；发展海运和开拓海外贸易以减负增收，是其税收思想中的闪光点，有跨时代的进步意义，为后世所推崇；不夺富、不抑商、少干预、轻赋敛，发挥经济主体的自主能动性，是顺应时代潮流的开明之举，但不可避免地也会加剧贫富两极分化，最终与爱民、养民、安民、教民的初衷相背离，这是作为封建士大夫的丘浚也无可奈何的。更何况大明王朝进入中期以后，贫富两极分化、民众负担不断加重、社会动荡不安的矛盾日益突出，已是不争的事实。

主要参考文献

《明史》卷181《丘浚传》。

《丘浚集》。

《大学衍义补》。

《丘浚评传》，李焯然著，南京大学出版社2005年版。

张居正

一、张居正生平简介

张居正（1525—1582），字叔大，少名白圭，号太岳，湖广江陵（今湖北荆州）人，尊称张江陵。明后期杰出的政治家、改革家、理财家。历世宗、穆宗、神宗三朝，与严嵩、徐阶、高拱、海瑞、戚继光、汤显祖等文臣武将同朝或同代。先祖张福是高祖朱元璋的同乡，青年时即跟随朱元璋起义，转战吴、越、闽、广各地，因军功授湖北归州长宁所千户长[①]，自此入了军籍，成为世袭的军人之家。曾祖诚是一个有军籍但需自谋生计的贫民，生性豪放，急公好义，但说话有些结巴，故有"謇子"之称。张居正在追述这位曾祖时说："平生急难振乏，尝愿以其身为蓐荐（草席），而使人寝处其上。使其有知，决不忍困吾乡中父老，以自炫其闾里。"[②]明神宗万历元年，张居正初登首辅之位，就以曾祖行事自励说："二十年前，曾有一弘愿：愿以其身为蓐荐，使人寝处其上，溲溺之，垢秽之，吾无间（介意）焉。"[③]其言谈之间颇有承继曾祖遗风之夙愿。祖父镇谋生无能，行事放纵，曾在荆州辽王府充当把门护院的贱役，后因张居正少年成名，出于嫉妒和报复心理，昏庸无能的辽王以会酒之名将其醉杀。张居正忍气吞声，不敢声张，但内心深处从此埋下了整治官宦势要的种子。父文明颇有才气，20岁上府学，下笔为文，挥洒自如，饮酒谈笑，不拘一格，可他时运不济，7次乡试，全都名落孙山，直到儿子居正成了翰林，他还是个不第的秀才。张居正23岁进士及第，被选为翰林院庶吉士，从此进入政坛。先后任翰林院编修、右春坊右中允兼管国子监司业、国子监祭酒、右春坊右谕德兼裕王朱载垕日讲官、翰林院侍读学士、吏部左侍郎兼文渊阁大学士、礼部尚书

[①] 按明代的军制，地方部队分为司、卫、所三级，统兵五千六百人，每卫下设五个所，每所设千户长一人，统兵一千一百二十人，千户所下再分百户所，各统兵一百十二人。

[②]《张居正集·答楚按院陈燕野辞表闾》。

[③]《张居正集·答吴尧山言弘愿济世》。

兼武英殿大学士、太子太傅、吏部尚书、内阁首辅、左柱国等职衔。张居正以顾命大臣身份担任内阁首辅期间，以富国强兵为宗旨，独断乾纲，精心辅佐幼主明神宗，大力整顿吏治，实行考成法，裁汰庸官腐官；清丈土地，清理苛捐杂敛，抑制豪强兼并；省费节用，蠲免逋欠，减轻民负，赈济灾荒；整顿学政，荐拔人才，变易风俗；文武并举，怀柔四夷，巩固边防；使颓靡不振的晚明王朝一度出现国泰民安、八荒来仪的兴盛局面。张居正58岁卒于首辅任，赠上柱国，谥文忠，归葬江陵。和历史上的许多改革家一样，张居正死后也遭到反对派的猛烈反扑，他的上柱国、太师官、文忠谥被追夺，府邸被抄，长子敬修不堪刑胜而自杀，次子嗣修和弟居易①充军，家人十余辈被饿死。直到40年后，明熹宗继位，他才得以彻底平反昭雪，恢复名誉，而这时离明王朝覆灭已不足40年了。

《明史·张居正传》对其为人处事和生平事迹有如下几段精彩描述："居正为人，颀（长）面秀眉目，须长至腹。勇敢任事，豪杰自许。然沉深有城府，莫能测也。""帝（神宗）虚己委居正，居正亦慨然以天下为己任，中外想望丰采。居正劝帝遵守祖宗旧制，不必纷更，至讲学、亲贤、爱民、节用皆急务。帝称善。""居正为政，以尊主权、课吏职、信赏罚、一号令为主。虽万里外，朝下而夕奉行。""居正喜建竖（建树），能以智数驭下，人多乐为之尽。……然持法严。""张居正通识时变，勇于任事。神宗初政，起衰振隳，不可谓非干济才。而威柄之操，几于震主，卒致祸发身后。"

二、张居正税收思想的主要内容

张居正的税收思想是其治国理政思想的重要组成部分，本书将其提炼归纳为以下六个方面。

1. 主张节用省费，量入为出

张居正说："天地生财，自有定数，取之有制，用之有节，则裕；取之无制，用之不节，则乏。"② "天之生财，在官在民，止（只）有此数。譬之于人，禀赋强弱自有定分，善养生者，唯撙节爱惜，不以嗜欲戕（害）之，亦皆足以祛病而延寿。"③ "朝廷之费用无穷，而国家之财赋有限，若不加意撙节，即使财货山积，譬之酌江海以实漏卮（漏壶），日见其不足矣。……凡无名之赏、不急之费，可省者省之，可裁者裁之，庶（或许）仓库得以渐实，临事不致仓皇。俗语云：'忍得一时之费，免受百日之穷。'此言虽小，可以喻大。"④ "民穷财尽，赋重役繁，将来隐忧，诚有不可胜讳者。"⑤ "治国之道，节

---

① 张居正共有六子，长子敬修，次子依次为嗣修、懋修、简修、允修、静修，其中嗣修为万历五年进士，敬修和懋修为万历八年进士，简修袭武荫。张居正有弟二人：张居易、张居谦。
② 《张居正奏疏集·论时政疏》。
③ 《张居正奏疏集·陈六事疏》。
④ 《张居正奏疏集·奉谕拟旨征光禄寺银两疏》。
⑤ 《张居正集·请酌减增造段（缎）匹疏》。此疏上于神宗万历七年十一月十五日。

用为先；耗财之原（源），工作（营建）为大。然亦有不容已（中止、废除）者。或居处未宁，规制当备；或历岁已久，敝坏当新。此事之不容已者也。于不容已者而已之，谓之陋；于其可已而不已，谓之侈；二者皆非也。"① "夫古者王制以岁终制国用，量入以为出。计三年所入，必积有一年之余，而后可以待非常之事，无匮乏之虞。乃今一岁所出，反多于所入，如此年复一年，旧积者日渐消磨，新收者日渐短少。目前支持已觉费力，脱（若）一旦有四方水旱之灾、疆场意外之变，何以给之？此皆事之不可知，而势之所必至者也。"②

2. 主张严核吏治，损上益下

张居正说："人之所以畏吏，而必欲赂之者，非祈其作福，盖畏其作祸也。"③ "今风俗侈靡，官民服舍俱无限制。外之豪强兼并，赋役不均，花分④、诡寄⑤，恃顽不纳田粮，偏累小民；内之官府造作，侵欺冒破（虚报），奸徒罔（搜刮）利，有名无实；各衙门在官钱粮，漫无稽查，假公济私，官吏滋弊。凡此皆耗财病民之大者。若求其害财者而去之，则亦何必索之于穷困之民，以自耗国家之元气乎？"⑥ "自嘉靖以来，当国者政以贿成，吏朘（刻剥）民膏以媚权门，而继秉国者又务一切姑息之政，为逋负渊薮（为欠税根源），以成兼并之私。私家日富，公室日贫，国匮民穷，病实在此。……上损则下益，私门闭则公室强。故惩贪吏者，所以足民也；理逋负者，所以足国也。官民两足，上下俱益，所以壮根本之图，建安攘之策，倡节俭之风，兴礼义之教，明天子垂拱而御之。假令仲尼为相，由、求⑦佐之，恐亦无以踰（过）此矣。……夫民之亡（逃亡）且乱者，咸以贪吏剥下而上不加恤，豪强兼并而民贫失所故也。今为侵欺隐占者，权豪也，非细民也，而吾法之所施者，奸人也，非良民也。清隐占，则小民免包赔之累而得守其本业，惩贪墨，则闾阎（百姓）无剥削之扰而得以安其田里。如是，民且将尸而祝之⑧，何以逃亡为？……究观古今治乱兴亡之故，曾有官清民安、田赋均平而致乱者乎？"⑨ "考成一事，行之数年，自可不加赋而上用足。"⑩

3. 主张清丈土地，均平赋税

土地清丈是抑制豪强兼并、均平赋役的重要基础，张居正对此寄于很大的期望，

---

① 《张居正集·请停止内工疏》。此疏上于神宗万历五年五月。
② 《张居正集·看详户部进呈揭帖疏》。此疏上于神宗万历七年三月二十三日。
③ 《张居正集·杂著之六十四》。
④ 地主将田土零星分散在亲邻、仆佃等户名下，以转嫁赋役的一种现象。
⑤ 地主将田土寄附在官吏、僧道等享有免赋役特权的户名下，以逃避赋役的一种现象。
⑥ 《张居正集·陈六事疏》。
⑦ 指仲由（子路）、冉求（冉有），皆是孔子善于办政事的门徒。
⑧ 尸而祝之，意为把"清隐占"、"惩贪墨"的官员敬若神明。
⑨ 《张居正集·答应天巡抚宋阳山论均粮足民》。此信写于神宗万历二年。
⑩ 《张居正集·答山东抚院李渐庵言吏治河漕》。

并以"量尽山田与水田，只留沧海与青天"①的豪迈气概大力推进这项工作。万历六年（1578年），他率先在福建进行试点，结果"闽人以为便"。万历八年，张居正开始在全国范围内推广此项工作，并在此基础上重绘鱼鳞图册。全国大部分州县根据户部尚书张学颜制订的《会计录》和《清丈条例》，对田地进行了认真的清丈，但也有一些地方官吏缩短弓步，溢额求功，张居正依据考成法对他们进行严厉的降罚。由于大部分州县土地清丈较为彻底，革除豪右隐占，因此额田大量增加。据不完全统计，截止万历八年，全国共有田地7013976顷，比隆庆五年（1571年）增加了2336026顷。但清丈工作毕竟触动了豪强势要的既得利益，因此阻力之大也是可想而知的。万历七年，张居正在给福建巡抚耿楚侗的复信中说："丈田一事，揆之人情，必云不便，但此中未闻有阻议者；或有之，亦不敢闻于仆之耳。'苟利社稷，死生以之。'仆比来唯守此二言。虽以此蒙垢致怨，而于国家，寔（实）为少裨。愿公之自信，而无畏于浮言也。"②"丈地亩，清浮粮，为闽人立经久计，须详细精核，不宜草草。"③万历九年，在给山东巡抚何来山的复信中，张居正说："清丈之议，在小民实被其惠，而于官豪之家殊为未便。况齐俗最称顽梗，今仗公威重，业已就绪。但恐代（继任）者或意见不同，摇于众论，则良法终不可行，有初鲜（少、无）终，殊可惜也。今虽借重冬曹④，愿公少需（稍等），以毕此举，慰主上子惠元元（百姓）之心。"⑤"清丈事，极其妥当。粮不增加，而轻重适均，将来国赋既易办纳，小民如获更生，公为东人造福不浅。即有豪佑小称不便，乃其良心亦自有不容泯者。事定之后，群喙（嘴、议）自息矣。"⑥"清丈事，实百年旷举，宜及仆在位，务为一了百当。若但草草了事，可惜此时，徒为虚文耳。已属该部、科⑦，有违限者，俱不查参，使诸公得便宜从事。"⑧同年九月，张居正又在给江西巡抚王又池的复信中说："临川⑨丈田事，偶有闻，即以告，今事已竣，法无阻滞，则其人亦不必深究矣。此举实均天下大政，然积弊丛蠹之余，非精核详审，未能妥当。诸公宜及仆在位，做个一了百当，不宜草草速完也。"⑩万历十年，土地清丈工作在全国范围内宣告结束。随着额田的增加，加之打击贵族、缙绅地主隐田漏税，明朝田赋收入大为增加，财政入不敷出的状况明显改观。据史载，这时太仆寺存银多达四百万两，加上太仓存银，总数约达七八百万两。太仓的存粮也可支十年之用。

---

① 《尧山堂外纪》卷84《国朝》。
② 《张居正集·答福建巡抚耿楚侗谈王霸之辩》。
③ 《张居正集·答福建巡抚耿楚侗》。
④ 工部的别称。
⑤⑧ 《张居正集·答山东巡抚何来山》。
⑥ 《张居正集·答山东巡抚何来山言均田粮核吏治》。
⑦ 指管理国家财政、田粮的户部和监督户部的户科。
⑨ 为江西抚州府治。
⑩ 《张居正集·答江西巡抚王又池》。

4.主张清理逋欠,减轻民负

张居正当政期间,一直十分重视蠲免赋税陈欠问题,把它作为减轻民负、安定民生、缓和社会矛盾的重要一环。神宗登基伊始,张居正即建议下诏:隆庆元年以前的税欠,除金花银①外,一律豁免。隆庆二年、三年、四年的税欠免三征七;至于少数水患、兵伤地区,则并隆庆二年、三年亦从蠲免。至万历二年,户部拟议将拖欠的七分之中,每年止(只)带征三分。但就是这样,百姓犹以为苦,不能按时完纳。张居正将其原因归结为:"各有司官不能约己省事,无名之征求过多,以至民力殚竭,反不能完公家之赋。其势豪大户侵欺积猾,皆畏纵而不敢问,反将下户贫民责令包赔。近来因行考成之法,有司官惧于降罚,遂不分缓急,一概严刑追并。其甚者,又以资贪吏之囊橐(钱袋),以致百姓嗷嗷,愁叹盈闾,咸谓朝廷催科太急,不得安生。"那么如何解决逋欠越积越多、减免优惠政策无法落地这个老大难问题呢?张居正对神宗说:"夫出赋税以供上者,下之义也;怜其穷困、量行蠲免者,上之恩也;于必不可免之中,又为之委曲调处,是又恩之恩也。今乃不知感戴,而反归过于上,则有司官不能奉行之过也。然愚民难以户晓,损上乃可益下。须赖皇上力行节俭,用度渐舒,又以北虏纳款(归顺),边费稍省,似宜曲垂宽恤,以厚下安民。合无(何不、不如)勅下户部,查各项钱粮,除见年(当年)应征者分毫不免外,其先年拖欠带征者,除金花银遵诏书仍旧带征外,其余七分之中,通查年月久近、地方饶瘠,再行减免分数。如果贫瘠不能完者,悉与蠲除,以苏民困。至于漕运粮米,先年亦有改折之例。今查京、通仓米,足支七八年,而太仓银库所积尚少,合无比照先年事例,将万历五年漕粮,量行改折十分之三,分派粮多及灾伤地方征纳。夫粮重折轻,既足以宽民力,而银库所入又藉(借)以少充,是足国裕民一举而两得矣。"②神宗采纳了这个建议,下旨吏户二部着实奉行。

万历五年,张居正给应天巡抚胡雅斋复信,对其继承前任巡抚宋阳山的业绩,在财赋之区吴中认真实行法治、限制特权、裁抑豪强、追缴逋欠、纠正玩劣民风所取得的积极进展表示高度赞赏。他说:"夫富者,怨之府;利者,祸之胎。而人所以能守其富而众莫之敢攘者,恃有朝廷之法故耳。彼不以法自检,乃怙(仗恃)其富势而放利以敛怨,则人亦将不畏公法而挟怨以逞忿。是人也,在治世则王法所不宥(宽恕);在乱世则大盗之所先窥,乌能长有其富乎?今能奉公守法,出其百一之蓄,以完积年之逋(欠),使追呼之吏绝迹于门巷,驯良之称见旌于官府,由是秉礼以持其势,循法以守其富,虽有金粟之山,莫之敢窥。终身乘坚策肥,泽流苗裔,其为利也,不亦厚乎?故仆以为此吴人之福,而彼不知也。"③

---

① 指明代税粮折收的银两。原意为足色而有金花的上好银两,又名折色银或京库折银。最初为方便武臣和京官支俸而收,后来蜕变成皇室私钱,年规模在100万两左右,万历六年(1578年)后,每年又递增20万两。除折放武官月俸外,主要用于皇帝赏赐。

② 《张居正集·请择有司蠲逋赋以安民生疏》。此疏上于神宗万历四年七月。

③ 《张居正集·答应天巡抚胡雅斋言严治为善爱》。

万历十年二月，张居正拖着病重的身躯，再次向神宗上疏，请求蠲免万历七年以前的逋欠，以减轻民负，加强每年正税的完纳。他说："窃闻致理之要，惟在于安民；安民之道，在察其疾苦而已。迩年（近年）以来，仰荷圣慈，轸念（痛念）元元，加意周恤，查驿传，减徭编，省冗员，惩贪墨。顷又特下明诏，清丈田粮，查革冒免。海内訢訢（欢欣），如获更生矣。……夫百姓财力有限，即年岁丰收，一年之所入，仅足以供当年之数。不幸遇荒歉之岁，父母冻饿，妻子流离，见年（当年）钱粮尚不能办，岂复有余力完累岁之积逋（累欠）哉？有司规避罪责，往往将见年所征，挪作带征之数，名为完旧欠，实则减新收也。今岁之所减，即为明年之拖欠；见在之所欠，又是将来之带征。如此连年诛求无已，杼轴（生业、财物）空而民不堪命矣。况头绪繁多，年分混杂，征票四出，呼役沓至。愚民竭脂膏以供输，未知结（完结）新旧之课；里胥指（依靠）交纳（交结）以欺瞒，适足增溪壑之欲。甚至不才官吏，因而猎取侵渔者，亦往往有之。夫与其敲扑穷民，朘（敲榨）其膏血，以实奸贪之囊橐（钱袋），孰若施旷荡之恩，蠲与小民，而使其皆戴上之仁哉！……臣等愚见，合无（不如）特谕户部，会同兵、工二部，查万历七年以前节年逋负几何，除金花银两系供上用，例不议免外，其余悉行蠲免。止（只）将见年正供之数，责令尽数完纳，有仍前拖欠者，将管粮官员比（按照）旧例倍加降罚。夫以当年之收入，完当年之所供，在百姓易于办纳，在有司易于催征，闾阎免诛求之烦，贪吏省侵渔之弊，是官民两利也。况今考成法行，公私积贮颇有赢余，即蠲此积逋，于国赋初无所损，而令膏泽洽乎黎庶，颂声溢于寰宇。民心固结，邦本辑宁，久安长治之道，计无便于此者。伏乞圣裁施行。"①此疏建议得到神宗的首肯，随即下旨户部会同兵、工二部议行。

5.主张赋役并轨，全面推行"一条鞭法"

徭役征收混乱无序、名目繁多、日益膨胀，是加重百姓负担的又一重要因素。早在万历初年，张居正就把整顿驿政作为整饬吏治的重要突破口，明确规定：官员非奉公差，不许轻扰驿递；内外各官丁忧、起复、升转、改调、到任等项均不得动用驿传，违者必究，并随时稽查，加强管理，以厘革驿递冗费之弊。在土地清丈工作正式启动后，张居正又把徭役制度的全面改革纳入议事日程，在总结历史经验的基础上，把赋役并轨、计亩征银的"一条鞭法"推向全国。

"一条鞭法"，初名条编法，又名类编法、明编法、总编法等。后"编"又作"鞭"，间或用"边"。其基本特征是："总括一州县之赋役，量地计丁，丁粮毕输于官。一岁之役，官为金（全）募。力差，则计其工食之费，量为增减；银差，则计其交纳之费，加以增耗。凡额办、派办、京库岁需与存留、供亿（供应）诸费，以及土贡方物，悉并为一条，皆计亩征银，折办于官，故谓之一条鞭。"②具体来说就是：（1）以州县为单位，

---

① 《张居正集·请蠲积逋以安民生疏》。
② 《明史》卷78《食货志二》。

将所有赋税（包括正税、附加税、土贡方物以及中央和地方需要的各种经费）和全部徭役（包括里甲、均徭和杂泛）统一编派，总为一项收入，统一征收，使国家容易掌握，百姓明白易知，防止官吏豪强从中贪污作弊；（2）取消按户计征的里甲役，把不役者缴纳的全部"门银"（户银）同按丁分派的"丁银"合并。其中，力差（以身应役）按承担均徭、杂泛的"工"（劳动）和"食"（服役期间全部生活费用）折算"丁银"；"银差"（纳银代役）则按纳银数加少量"银耗"核算"丁银"。全部役银综合考虑"丁"和"地"两大因素的权重统一编派。自此，户不再是分派徭役的根据，丁的负担也部分转到"地"或"粮"中；（3）赋、役之中，除国家必需的米麦丝绢仍交实物和丁银的一部分仍归人丁承担外，其余"皆计亩征银，折办于官"；（4）官府用役，一律"官为金募"，雇人从役。过去由户丁承担的催税、解送田粮之差、伐薪、修路、搬运、厨役等杂役一概免除。

"一条鞭法"改变了赋、役并行、实物与货币并行的传统征收模式，实行赋役并轨、计亩征银的新型征收制度，大大简化了赋役征收手续，提高了征管效率，对遏止贪官势要的徇私舞弊、减轻农民的赋役负担、调动农民的生产积极性、弱化农民对封建国家的人身依附关系、促进资本主义工商业的发展、增加国家财政收入，都具有重要意义，故是我国封建社会赋役制度改革史上的重要里程碑。

"一条鞭法"并非张居正的首创，但全面推广之功却非其莫属。早在嘉靖九年（1530年）十月，内阁大学士桂萼就向世宗提出取消照黄册派定年份轮役的老办法，改以一省之丁粮供一省之役。时任户部尚书梁材据此制定了新的赋役征收法："合将十甲丁粮总于一里，各里丁粮总于一州一县，各州县丁粮总于一府，各府丁粮总于一布政司。而布政司通将一省丁粮均派一省徭役，内涂除（剔除）优免之数，每粮一石编银若干，每丁审银若干，斟酌繁简，通融科派，造定册籍，行令各府州县，永为遵行。"①这一新的赋役征收法为"一条鞭法"的实行确立了基本原则。不仅如此，桂萼还清醒地认识到，"正经界""正版图"是赋役公平征收的基础，所以多次上疏，强调重新开展土地丈量工作的重要性和急迫性。②但这些正确主张却因为阻力重重而没有得到积极的落实。直到嘉靖末年、隆庆初年，清丈土地与赋役改革才在江西、浙江、南直隶、广东、广西、福建等江南省份取得积极进展，并积累了丰富的经验。其中，为此做出重要贡献的有江西巡抚刘光济、浙江巡抚庞尚鹏、应天巡抚海瑞等人。

张居正担任首辅后，一面大力推进土地清丈工作，一面积极推进"一条鞭法"改革，形成了两大改革相互促进、相得益彰的局面。但在方法步骤上，他还是注重循序渐进、积极稳妥的。万历四年（1576年），在给湖广巡按御史向明台的复信中，他说："一条编之法，近亦有称其不便者，然仆以为行法在人，又贵因地，此法在南方颇便，既与

---

①② 《古今图书集成·食货典》卷一四一《桂文襄公奏议》卷八《进任民考疏》。

民宜，因之可也。但须得良有司行之耳。"①万历五年，在给少宰②杨二山的复信中，他说："条编之法，有极言其便者，有极言其不便者，有言利害半者。仆思政以人举，法贵宜民，执此例彼，俱非通论。故近拟旨云：'果宜于此，任从其便；如有不便，不必强行。'朝廷之意，但欲爱养元元，使之省便耳，未尝为一切之政以困民也。若如公言，'徒利士大夫，而害于小民'，是岂上所以恤下厚民者乎？公既灼知其不便，自宜告于抚、按当事者，遵奉近旨罢之。若仆之于天下事，则不敢有一毫成心（成见），可否兴革，顺天下之公而已。"③同年，户科都给事中光懋上疏说："至嘉靖末年，创立条鞭，不分人户贫富，一例摊派。……商贾享逐末之利，农民丧乐生之心。然其法在江南犹有称其便者，而最不便于江北。如近日东阿知县白栋行之山东，人心惊惶，欲弃地产以避之。请敕有司，赋仍三等，差由户丁，并将白栋纪过劣处。"张居正经过调查核实，认为光懋反映不实。于是拟旨答复："法贵宜民，何分南北！各抚按悉心计议，因地所宜，听从民便，不许一例强行。白栋照旧策励供职。"④他又给支持白栋的左都御史兼山东巡抚李世达（别号渐庵）致书："条编之法，近旨已尽事理，其中言不便，十之一二耳。法当宜民，政以人举，民苟宜之，何分南北。白令访其在官素有善政，故特旨留之。"⑤"一条鞭法"的推广虽然存在观念上、制度上、利益上的种种阻碍和困难，但在张居正的极力推动下，终于从万历九年正月起以诏旨的形式推向全国，作为赋役征收的通制。万历十年七月，张居正不幸病逝，政治环境随之恶化，他在世时下大力推行的改革措施大多被废止，但计亩征银的"一条鞭法"却艰难地生存下来，并被清朝统治者继承，从而开创了"摊丁入亩"的新时代。

6. 主张厚商利农，轻关市之征

在张居正的著作中，关于商业改革的论述不多。除了批评崇尚奢华的世风、劝戒皇上节用省费、反对随意增发铸币以扰乱市场流通、有限制地开放边境贸易、对无地商人不征赋役之外，最经典的莫过于下面一段话："古之为国者，使商通有无，农力本穑。商不得通有无以利农，则农病；农不得力本穑以资商，则商病。故商农之势，常若权衡。然至于病，乃无以济也。异日（从前）者，富民豪侈，莫肯事农，农夫藜藿不饱，而大贾持其赢余，役使贫民。执政者患之，于是计其贮积，稍取奇羡（赢余），以佐公家之急，然多者不过数万，少者仅万余，亦不必取盈焉，要在摧抑浮淫，驱之南亩。自顷（近期）以来，外筑亭障，缮边塞，以扞（阻挡）骄虏，内有宫室营建之费，国家岁用率数百万。天子旰食（忧勤），公卿心计，常虑不能殚（尽）给焉。于是微发（稍加）繁科，急于救燎，而权使（税吏）亦颇骛（务、求）益赋，以希意旨，赋或溢于数矣。

---

① 《张居正集·答楚按院向明台》。当时，张居正将湖广作为"一条鞭法"的试点地区。
② 明清时对吏部侍郎的别称。
③ 《张居正集·答少宰杨二山言条编》。
④ 《明神宗实录》卷58，万历五年正月辛亥。
⑤ 《张居正集·答总宪李渐庵言驿递条编任怨》。

故余以为欲物力不屈,则莫若省征发,以厚农而资商;欲民用不困,则莫若轻关市(商税),以厚商而利农。……余尝读《盐铁论》,观汉元封、始元①之间,海内困敝甚矣。当时在位者②,皆扼腕言权利,而文学诸生,乃风(讽劝)以力本节俭。其言似迂,然昭帝行之,卒获其效。故古之理财者,汰浮溢而不骛厚入,节漏费而不开利源。不幸而至于匮乏,犹当计度久远,以植国本,厚元元也。贾生有言:'生之者甚少,靡(消耗)之者甚多,天下财力,安得不诎(屈、困)。'今不务除(治理)其本,而竞效贾竖(贱商)以益之,不亦难乎?"③从中可以看出,张居正在年轻时就主张对商人和商业采取开明态度,认为适度发展商业、轻关市之征有利于通有无、固农本、繁财货,这是明朝工商业出现繁荣景象的一种反映。

三、对张居正治国理政思想及税收思想的简要评述

1. 对张居正治国理政思想的简要评述

张居正是我国16世纪最伟大的政治家和改革家。他从寒微中奋起,过五关、斩六将,取代严嵩、徐阶、高拱等人为首辅,独柄国政长达10年,在幼主神宗及其生母李太后的高度信任和大力支持下,以"天下之事,舍我其谁"的英雄气概,降伏虏酋,整饬吏治,清丈土地,改革赋役,赈灾减负,整顿学风,取得了卓著政绩,一举扭转了晚明社会积习成风、颓靡不振、财政入不敷出、国困民苦的危险局势,赢得了"救时宰相""千古名臣"的美誉。

张居正的一生有大喜、有大悲,还有悲喜交加,充满了豪迈悲壮的色彩。他出身寒门,却能在高手如林的权力角斗场中如鱼得水、步步为营,最终成为权倾朝野的顾命大臣和首辅,实现了富国强兵、光宗耀祖的人生理想。是为大喜;神宗20岁开始亲政后,他未能激流勇退,在人生和事业达到辉煌的顶峰时,却因病魔缠身、精竭力衰而英年早逝。死后不到两年,又被贪欲膨胀、忘恩负义的神宗和李太后抄家毁誉,搞得家破人亡。是为大悲;父亲张文明死后,他以朝廷不可一日无元辅的名义被太后和神宗夺情。在戴官守制期间,他被迫穿着吉服主持神宗的大婚之礼。事后又坐着河北真定知府钱普定制的32抬大轿,浩浩荡荡回家葬父。是为悲喜交加。

张居正虽然是一个具有多面性的历史人物,但有三个基本特征是很鲜明的。一是忠。主要体现在他对幼主神宗谆谆教诲、耐心劝戒,愿做"蓐荐",不惧溲溺垢秽④,"破

---

① 元封:汉武帝年号(前110—前105);始元:汉昭帝年号(前86—前81)。
② 指汉武帝时的御史大夫桑弘羊。
③ 《张居正集·赠水部周汉浦榷竣还朝序》。此文作于嘉靖三十三年(1554年)乡居养病期间。
④ 《张居正集·答吴尧山言弘愿济世》。

家沉族,以徇公家之务"①,直到鞠躬尽粹、死而后已②的拳拳之心上;二是刚。主要体现在他面对种种政治弊端和攻讦非议,立场坚定,百折不挠,多谋善断,雷厉风行,大义为公,赏罚分明,并用"使吾为刽子手,吾亦不离法场而证菩提(成佛)"③的惊世奇言以明志;三是实。主要体现在他反对空谈性命义理,排斥浮言冗官,重执行、重考绩、重奖罚,勇于担当,积极进取、稳扎稳打,为刷新政治、扫除积弊、重振大明雄风做出重要贡献。

张居正和王安石同为中世纪两个最杰出的政治家和改革家,他们在为人处事和执政风格方面有许多相似之处,也有明显区别。首先,二人都得到当时的神宗皇帝的高度信任和重用。但张居正以顾命大臣荣登元辅之位时,明神宗尚在冲龄;王安石荣登宰相之位时,宋神宗则已成年。明神宗对张居正言听计从,为其施展才华、推进改革提供了较宽松的空间;宋神宗是有为之主,对王安石变法全力支持,但当反面舆论过于强烈时,则经常六神无主,容易产生动摇情绪。张居正辅佐明神宗长达10年,为避免功高震主而引来杀身之祸,在明神宗20岁亲政后,即以身体不适为由提出引退,但未获批准,不久病逝;王安石辅佐宋神宗也近10年,在任期间因改革受挫而多次提出辞职,直到熙宁九年(1076年)第二次罢相后才正式引退,不再复出,宋哲宗元祐元年(1086年)病逝。张居正死后,明神宗在反对派的鼓动下,被贪欲冲昏头脑,对其做出了忘恩负义、毁誉抄家的愚蠢举动,致使张居正的改革成果付之东流;王安石第二次罢相后,他发起的各项改革仍在继续进行,直到10年后哲宗继位,才被高太后和司马光全盘否定。但宋哲宗亲政后,又恢复了这些变法措施。王安石死后,宋哲宗和司马光给王安石以应有的礼遇。其次,二人在执政期间都进行了大刀阔斧的改革,取得了举世公认的改革成效。但张居正改革的指导思想是恢复"洪武旧制",所以改革范围较窄、创新不多,遇到的阻力也相对较小;王安石变法的指导思想是突破祖宗旧制,所以改革范围较宽,创新较多,但非议也最多。张居正举进士后一直在中央朝廷工作,缺少在地方任职的工作经历;王安石则在举进士后主动要求到地方任职,有着丰富的基层工作经验,他的许多改革举措都在州县任职期间进行过改革试验。张居正改革的着力点是颁布《考成法》,整顿吏治,提高官僚系统的运转效率,为改革提供坚强的组织保证。其最突出的成就是在认真清丈土地的基础上,广泛推行赋役并轨、计亩征银的"一条鞭法";王安石变法的着力点是摆脱现有官僚体系的束缚,成立相对独立的"制置三司条例司",统揽改革大权,以整顿财政为急务,注重改革方案的顶层设计和配套实施。其最突出的成就是广泛推行方田均税法、均输法、青苗法和以钱代役的"募役法"等。第三,二人都把农业作为立国之本,致力于通过清丈土地、均摊赋役来减轻百姓的经济负担,促进农业生产

---

① 《张居正集·答总宪李渐庵言驿递条编任怨》。
② 《张居正集·答上师相徐存斋》。隆庆二年,徐阶罢官回乡,临行时,他把朝廷大事和个人家事托付给张居正。张居正感激徐阶的知遇之恩,表示:"大丈夫既以身许国家、许知己,惟鞠躬尽瘁而已,他复何言!"
③ 《张居正集·答奉常陆五台论治体用刚》。

的发展。但从实际效果来看,张居正的改革在很大程度上减轻了民负,王安石变法则在一定程度上加重了民负。张居正重农不抑商,对商人和商业采取自由放任政策;王安石则重农抑商,对商业采取国家管制、独占暴利、打击商人垄断的政策。第四,二人都反对空谈、重视实干。但张居正的思想理论建设薄弱,遇到不利舆论,则采取严厉打击态度;王安石则在思想理论建设上卓有成效,遇到不利舆论,他便据理力争,抵御不过时则以主动辞职来逃避。第五,二人都赞成不拘一格用人才。但张居正比较圆滑,善于处理人际关系,能在盟友和政敌之间巧妙周旋,尽最大努力化敌为友,减少改革阻力,所以他身边聚集了王崇古、戚继光、李成梁、潘继驯、张学颜、李世达、钟楚侗等一大批有正义感、有担当精神的文臣武将,成为他推进改革、富国强兵的有力助手,且能放心大胆使用,建功立业。张居正死后,虽然遭到反对派的全面清算,但并未出现众叛亲离的局面,而且时间越久,越让人怀念;王安石则生性执拗,不善于处理人际关系,甚至分不清敌友,导致朝中大臣多与他决裂。其中"吕公著、韩维,安石藉(借)以立声誉者也;欧阳修、文彦博,荐己者也;富弼、韩琦,用为侍从者也;司马光、范镇,交友之善者也。"①但这些人都因为不赞成王安石的某些改革举措而被逐一赶出朝廷。吕惠卿、章惇、曾布、邓绾等一类善于看风使舵、投机钻营的势利小人却聚集在他身边,成为支持其变法的主干将。执政权力无法有效集中,改革派与反对派之间内耗不断,给变法带来巨大阻力。待到变法全军覆没时,不可避免地出现了众叛亲离的局面,并被冠以"聚敛之臣"的帽子而世世代代遭人指责。第六,二人都有强烈的法家色彩,以富国强兵为目标,坚信治乱世要用重典,所以对待政敌、对待不利言论、对待盗贼和叛乱,都采取严厉打击或镇压态度。但张居正继承胡元遗风,不仅排斥言官的纠偏止弊作用,还经常采用廷杖等野蛮手段惩戒持不同政见者,对盗贼则不问原因,一律杀无赦;王安石则没有那么严酷,他对持不同政见者一般采用贬官外放办法,从未使用廷杖等肉刑。第七,二人都十分重视边境安全,并耗费大量精力研究治边策略。但张居正能审时度势,力排众议,用封贡互市的办法有效化解鞑靼西房的威胁,保证了执政期间北部边境的总体安定;王安石执政时,北宋面临夏、辽、金的全面威胁,安全形势极其严峻,不改革就只能亡国,所以他希望通过激进变法、富国强兵来增强抵御外敌侵略和内贼叛乱的能力,以雪"澶渊之耻",但社会震动较大,留下的后遗症较多。第八,明朝总体上重武轻文,所以张居正当政时期,周围缺少大名鼎鼎的思想家。张居正又以抑浮言、重实功名义拆毁64座民间书院,对明朝思想文化的繁荣是沉重打击;北宋总体上重文轻武,所以王安石当政时期,包括司马光、苏轼在内的文人雅士云集,这一人才济济的局面一直延续到南宋。北宋的文臣武将都比较重名节,明朝的文臣武将则稍逊风骚。以张居正和王安石为例,张居正虽然倡导俭朴,力反贪腐,但日常生活中则崇尚奢侈豪华,喜欢谀扬,言行不一,给反对派留下攻讦的把柄;王安石则不仅倡导俭朴,而且能言行一致,至死保

---

① 《宋史》卷327《王安石传》。

持清正廉洁的君子形象。张居正不欣赏王安石的为人处事风格和极力打击工商业者和富人的做法，但对其重经义之士、重改革、重法治、重执行、重实绩的务实精神则充分肯定，并加以继承和发扬。世人对王安石变法和张居正改革虽多有非议，但却一致公认，他们在执政期间通过坚持不懈的努力，一举扭转了国贫民困、财政入不敷出的局面，使积弊丛生、疲弱不振的封建王朝恢复了生机，重现了短暂的辉煌。

2.对张居正税收思想的简要评述

张居正的税收思想是其治国理政思想的重要组成部分，本书将其提炼归纳为六个方面，包括：（1）主张节用省费，量入为出。强调约束皇帝的奢侈浪费和随意兴作行为，通过控制财政支出，来压缩苛捐杂税和税外科敛。（2）主张严核吏治，损上益下。强调通过整顿吏治、严肃政绩考核，纠正贪官污吏的欺下瞒上、肆意盘剥行为，减轻百姓的税收负担。（3）主张清丈土地，均平赋税。强调通过清丈土地，拓展税基，解决有田无税、有税无田的税负不公问题，减轻中下层百姓的赋税负担。（4）主张清理逋欠，减轻民负。强调根据财政收支的改善状况，分期分批地减免陈年税欠，保证正税按时缴纳，陈欠不断萎缩，防止前清后欠、循环累积，或以带征名义借机敛财。（5）主张赋役并轨，全面推行"一条鞭法"。这是张居正税收思想中最大的亮点，它顺应了实物税向货币税转化的时代潮流，提高了税收征管效率，利国利民。还把王安石未能实现的"差役法"改"募役法"的理想变成了现实，并向赋役并轨、计亩征银方向大大推进了一步，具有重大的历史进步意义。（6）主张厚商利农，轻关市之征。强调顺应时代潮流，对工商业的发展实行轻税扶持政策，与"计亩征银"的农业税改革相配合，为其发展创造宽松环境。这与王安石的国家垄断工商业、打击富商巨贾形成鲜明对照。

总体来看，张居正是一个有远见、有魄力和务实精神的政治家和改革家，他抓住了明中叶以后社会危机的要害，对症下药，提出的改革方略和采取的具体措施都很有针对性，且不惧风险、不畏艰难，力戒空谈，真抓实干，这种为国为民勇于担当、求真务实、开拓创新的精神是非常令人敬佩的，也是值得后世永远学习和借鉴的。

主要参考文献：

《明史》卷213《张居正传》。

《张太岳集》，[明]张居正撰，上海古籍出版社1984年版。

《张居正集》（全四册），张舜辉主编，湖北人民出版社1987年至1994年分期出版。

《张居正奏疏集》（全二册），潘林编注，华东师范大学出版社2014年版。

《张居正评传》，刘志琴著，南京大学出版社2011年版。

黄宗羲

一、黄宗羲生平简介

黄宗羲（1610—1695），乳名麟，字太冲，号梨洲，又号德冰、水甫、梨洲老人、梨洲山人、蓝水鱼人、古藏室史臣、双瀑院主持、鱼澄洞主等，学者尊称梨洲先生。浙江绍兴府余姚县通德乡黄竹浦（今浙江省余姚市明伟乡浦口村一带）人。明末清初著名经学家、史学家、哲学家、文学家、教育家、藏书家，与顾炎武、王夫之并称我国17世纪最伟大的启蒙思想家。历明神宗、明光宗、明熹宗、明思宗、清世祖、清圣祖六朝。黄氏先人在北宋末为浙江庆元通判。金人破庆元，不屈而死。子三人，分地避兵，其中黄万河定居余姚县黄竹浦。十七世传至黄宗羲。祖父曰中，号鲲溟，以《易》为大师，精熟《五经》《左氏内外传》《国策》《庄》《骚》。为人处事，耿介刚直，敢于指斥污吏暴虐之行，为一邑百姓所称道。曰中有四子：长子尊素、次子等素、三子符素、四子葆素。尊素（1584—1626），字真长，号白安，东林党人，通经史，善词赋。生性刚毅，重节气，謇谔敢言，尤有深识远虑。天启中官御史，因弹劾阉党首领魏忠贤专权而被削职归籍，不久下狱，受酷刑而死，年仅43岁。崇祯初，赠太仆卿。福王时，追谥号忠端。尊素生有五子：宗羲、宗炎、宗会（或名宗燧）、宗辕、宗彝（或名宗怀），个个才华出众、聪慧异常，颇能光大祖先业绩。其中，长子宗羲、次子宗炎、三子宗会同师于阳明心学传人著名大学者刘宗周门下，成为明末清初文坛巨擘，时人号称"浙东三黄"。

黄宗羲14岁中秀才，补仁和博士弟子员。此后随侍父亲黄尊素到京师任职。在京期间，他亲身经历了魏忠贤排斥打击东林党人的全过程。父亲惨死诏狱后，年仅17岁的黄宗羲忍着巨大悲痛，遵照父亲遗嘱，拜阳明心学传人刘宗周为师，开始系统深入地钻研经史。崇祯帝即位后，阉党受到沉重打击，力主改革的东林党人重新受到重用，黄宗羲等东林遗孤的冤屈得以彻底洗刷。此后，黄宗羲边学习、边交游、边应举，在参加各种复社活动、重振东林遗绪中增长了学养和阅历。明末清初，中原人民反抗清军血腥镇压和野蛮统治的斗争风起云涌，黄宗羲也加入了这场轰轰烈烈的反清复明运动，并联合王翊、冯京第等义军，在浙东四明山地区坚持抗战长达3年之久，终因势单力薄、孤立无援而失败。为了躲避清政府的追捕，他和一批反清志士追随鲁王朱以海，在崇山峻岭、苍海洪波中流浪漂泊，过了10年朝不保夕的"游侠"生活，闲暇时光则以读书写作消愁解闷。康熙执政后，清王朝统治已趋稳固，开始对抗清志士和文化名流采取怀柔政策。黄宗羲此时回到故乡，把全部精力投入到钻研经史、整理学术、重建文化理路、传播学术、培育人才方面，取得了极为丰硕的成果，终成儒林大宗。期间他多次拒绝康熙的封官许愿，坚守中原遗民的气节，不与清统治者进行深度合作，直到生命的终点。在《黄犁洲先生年谱》自题中，黄宗羲的七世孙黄炳垕将其人生轨迹划分为三个阶段："初锢之为党人，继指之为游侠，终厕（参与、混杂）之于儒林，其为人也，盖三变而至今。"这个概括是很准确贴切的。黄宗羲一生的主要成就在学术方面。据统计，其著作共计112种，1300余卷，2000多万字，内容遍及政治、经济、哲学、史学、文学、宗教、历法、数学、地理、方志、文字、音乐等众多领域，为后世留下一笔极其厚重的精神文化遗产。其代表作有《明夷待访录》《孟子师说》《明儒学案》《宋元学案》《明文海》《行朝录》《弘光实录》和《南雷诗文集》等。

二、黄宗羲税收思想的主要内容

黄宗羲的税收思想是其治国理政思想的重要组成部分，本书将其提炼归纳为以下六个方面。

黄宗羲的税收思想可从以下两段精辟论述中窥探其梗概："古之田自上授之，而税止（仅）什一，今之田民所自有，而税且至半，何不幸而今之为民也。秦开阡陌，井田尽废，此一变也。自秦以至于唐，取于民者，粟帛而已，杨炎两税之法行，始改而征钱，此又一变也。自明以来，又废钱而征银，所求非其所出，黄河以北，年丰谷贱，而民转沟壑，又一变也。经此三变，民生无几矣。"① "斯民之苦暴税久矣，有积累莫返之害，有所税非所出之害，有田土无等第之害。"② 下面分要点展开介绍如下。

1.对古代"三征"与编户齐民制度关系的考察

黄宗羲说："'布缕之征'，唐之所谓调也，出之于地，以地植桑麻耳。后来地与田浑（混），两税之夏税秋粮，以蚕成于夏，故谓之夏税。'粟米之征'，唐之所谓租也。'力役之征'，唐之所谓庸也。……然数者之征，皆凭户口为政，所以盛世之编户，非户户而编之也，必阅其有丁有力能充赋役者，而后著之于籍。辨其贵、贱、老、幼、废

---

① 《孟子师说·〈滕文公问为国〉章》。
② 《明夷待访录·田制三》。

弱者，此五者皆籍所不书，赋役不及焉。贱谓贫不能自存者，楚蒍敖①之为政也，曰'大户已责'。赵尹铎②之治晋阳也，曰'损其户数'，所以政不苛而民不怨也。即如唐开宝全盛之时，户不登千万，若以实论之，浙东西两道之地，其户岂止（只）千万哉！盖下户之不登于版籍者多矣！黄霸③伪增户口，亦只是搜括遗漏，填之于册，非以无为有也。诸葛亮谓刘先主曰：'荆州非少人也，而著籍者少，令游户皆自实。'此皆衰世之事，故欲民无困，其于户口当加之意焉，切不可徒仍旧贯也。"④

2.对古代田亩度量衡制度和"贡助彻法"的新解读

黄宗羲说："古者以周尺六尺为步，步百为亩，今以官尺五尺为步，二百四十步为亩，周尺当今浙尺七寸四分，今之浙尺当今官尺一尺一寸三分，绝长补短，则古者百亩，当今东田三十三亩有奇。若如今之百亩，则非一夫之力所能耕矣。殷之尺长于周，夏之尺长于殷，虽有五十、七十之异，皆当周之百亩也，特因尺有长短，非田有赢缩也。盖井田非一代之制，自唐虞以来，圣帝明王世世经理，不开阡陌，都仍旧贯，苟有变更，朱子所以疑其劳民动众也。若如旧说，则夏后氏所授之田，止（只）十六亩有奇而已。贡赋之外，虽上农夫不满（满足、供）三人之食，何以仰事俯育哉？""什一之法，三代皆然，夏后氏之贡，亦是井田，但不分公私，以什一之额，使民上贡。殷人之助，一为公田，八为私田，八家共耕公田，公田所入则归之上，随其丰歉，于八家无与。周人之彻，虽有公田，而八家通力合作，收敛之时，派为九分，以其一归之上，丰则分多，歉则分寡。助与彻虽有什一之额，而增减随于丰歉，民无所事事。贡则当其盛时，丰年如额，凶年递减，上虽劳而民不困。"⑤

3.对田土无等第之害的批判

（1）认为田土有官民和上下等第之分，以上上为则征收民田的"什一税"，不合于古法。黄宗羲说："古者井田养民，其田皆上（王）之田也。自秦而后，民所自有之田也。上既不能养民，使民自养，又从而赋之，虽三十而税一，较之于古亦未尝为轻也。至于后世，不能深原（究）其本末，以为什一而税，古之法也。汉之省（减）赋，非通行长久之道，必欲合于古法。九州之田，不授于上而赋以什一，则是以上上（优等田）为则（标准）也。以上上为则，而民焉有不困者乎？汉之武帝，度支不足，至于卖爵、贷假（借贷）、榷酤、算缗、盐铁之事无所不举，乃终不敢有加于田赋者，彼东郭咸阳、

---

① 孙叔敖（约前630—前593），芈姓，蒍氏，名敖，字孙叔，春秋时期楚国令尹，以善治水、治国、治军而闻名于史。
② 尹铎，晋卿赵鞅的家臣，以高筑晋阳城以防外敌侵略而闻名。
③ 黄霸（前130—前51），字次公，西汉名臣。汉宣帝五凤三年（前55年），代替丙吉为相，封建成侯，总揽朝纲。甘露三年（前51年）去世，谥号为定。后世常和龚遂作为"循吏"的代表，并称"龚黄"。
④ 《孟子师说·〈有布缕之征〉章》。
⑤ 《孟子师说·〈滕文公问为国〉章》。

孔仅、桑弘羊计虑犹未熟与（欤）？然则什而税一，名为古法，其不合于古法甚矣。而兵兴之世，又不能守其什一者，其赋之于民，不任田而任用，以一时之用制天下之赋，后王因之。后王既衰，又以其时之用制天下之赋，而后王又因之。呜呼！吾见天下之赋日增，而后之为民者日困于前。……今天下之财赋出于江南，江南之赋至钱氏①而重，宋未尝改。至张士诚而又重，有明亦未尝改。故一亩之赋，自三斗起科至于七斗，七斗之外尚有官耗私增。计其一岁之获，不过一石，尽输于官，然且不足。乃其所以至此者，因循乱世苟且之术也。吾意有王者起，必当重定天下之赋。重定天下之赋，必当以下下为则而后合于古法也。或曰：三十而税一，国用不足矣。夫古者千里之内，天子食之，其收之诸侯之贡者，不能十之一。今郡县之赋，郡县食之不能十之一，其解运至于京师者十有九。彼收其十一者尚无不足，收其十九者而反忧之乎！"②

（2）认为田土有肥瘠、耕休之别，按占田数量平均分配赋税不合理。黄宗羲说："《周礼》大司徒，不易（休耕）之地家百亩，一易之地家二百亩，再易之地家三百亩，是九则（九种等级）定赋之外，先王又细为之等第也。今民间田土之价，悬殊不啻（差不多）二十倍，而有司之征收，画以一则，至使不毛之地岁抱空租，亦有岁岁耕种，而所出之息（利）不偿牛种（成本）。小民但知其为瘠土，向若如古法休一岁、二岁，未始非沃土矣。官府之催科不暇，虽欲易之，恶得而易之？何怪夫土力之日竭乎！吾见有百亩之田而不足当数十亩之用者，是不易之为害也。今丈量天下田土，其上者依方田之法，二百四十步为一亩，中者以四百八十步为一亩，下者以七百二十步为一亩，再酌之于三百六十步、六百步为亩，分之五等。鱼鳞册字号，一号以一亩准之，不得赘以奇零。如数亩而同一区者不妨数号，一亩而分数区者不妨一号，使田土之等第，不在税额之重轻而在丈量之广狭，则不齐者从而齐矣。是故田之中、下者，得更番而作，以收上田之利。如其力有余也而悉耕之，彼二亩三亩之入，与上田一亩较量多寡，亦无不可也。"③

（3）主张以田为母，以人为子，实行号长催科制度。黄宗羲说："夫古之赋税，以田为母，以人为子，人有去来，而田无改易，故履亩而税，追呼不烦。今之赋税，以户为母，以田为子，田既错杂，而户复出入，故按籍而征，稽考甚难。今总不能如古八家同井之法，顾田有号数，一号或千亩，或数百亩，则何不以一号当一井，立为号长，按号而为催科。使号长董（督办）其税事，凡有七便：诡奇（奸滑、隐匿）之术穷，一也；飞洒（分散、分摊）之路绝，二也；厥（其）田上上至于下下，九等不得那（挪）移，三也；胥吏无从上下（作弊），四也；丈量既定，不可增减，五也；十年编审，止（只）在业主，田号不动，六也；有司按籍而索，完欠井然，权不旁落，七也。较之按户催征，知户而不知田者，相去悬绝矣。虽然，此不过催科便于有司，吾诚不敢以养民

---

① 指唐宋时期吴越国开创者钱镠及其孙钱俶。
② 《明夷待访录·田制一》。
③ 《明夷待访录·田制三》。

者望之。后世但使两税之法复于前代，征其田土所自出，不以银为事，庶几民得以自养耳。"①

4. 对所税非所出之害的批判

黄宗羲说："古者任土作贡，虽诸侯而不忍强之以其地之所无，况于小民乎！故赋谷米，田之所自出也；赋布帛，丁之所自为也。其有纳钱者，后世随民所便，布一匹值钱一千，输官听为九百，布值六百，输官听为五百，比之民间，反从降落。是钱之在赋，但与布帛通融而已。其田土之赋谷米，汉唐以前未之有改也。及杨炎以户口之赋并归田土，于是布帛之折于钱者与谷米相乱，亦遂不知钱之非田赋矣。宋隆兴二年，诏温、台、徽不通水路，其二税物帛许依折法以银折输。盖当时银价低下，其许以折物帛者，亦随民所便也。然按熙宁税额，两税之赋银者六万一百三十七两而已，而又谷贱之时常平就籴，故虽赋银，亦不至于甚困。有明自漕粮而外尽数折银，不特折钱之布帛为银，而历代相仍不折之谷米亦无不为银矣。不特谷米不听上纳，即欲以钱准银亦有所不能矣。夫以钱为赋，陆贽尚曰'所供非所业，所业非所供'，以为不可，而况以银为赋乎！天下之银既竭，凶年田之所出不足以上供，丰年田之所出足以上供，折而为银，则仍不足以上供也，无乃使民岁岁皆凶年乎？天与民以丰年，而上复夺之，是有天下者之以斯民为雠（仇）也。然则圣王者而有天下，其必任土所宜，出百谷者赋百谷，出桑麻者赋布帛，以至杂物皆赋其所出，斯民庶不至困瘁尔！"②

5. 对赋税积累莫返之害的批判

黄宗羲说："三代之贡、助、彻，止（只）税田土而已。魏晋有户调之名，有田者出租赋，有户者出布帛，田之外复有户矣。唐初立租、庸、调之法，有田则有租，有户则有调，有身则有庸，租出谷，庸出绢，调出缯纩布麻，户之外复有丁矣。杨炎变为两税，人无丁中，以贫富为差，虽租、庸、调之名浑然不见，其实并庸、调而入于租也。相沿至宋，未尝减庸、调于租内，而复敛丁身钱米。后世安之，谓两税，租也，丁身，庸、调也，岂知其为重出之赋乎？使庸、调之名不去，何至是耶！故杨炎之利于一时者少，而害于后世者大矣。有明两税，丁口而外，有力差，有银差，盖十年而一值（轮差）。嘉靖末行一条鞭法，通府州县十岁中夏税、秋粮、存留、起运之额，均徭、里甲、土贡、雇募、加银之例，一条总征之，使一年而出者分为十年，及至所值之年一如余年，是银、力二差又并入于两税也。未几而里甲之值年者，杂役仍复纷然。其后又安之，谓条鞭，两税也，杂役，值年之差也，岂知其为重出之差乎？使银差、力差之名不去，何至是耶！故条鞭之利于一时者少，而害于后世者大矣。万历间，旧饷五百万，其末年加新饷九百万，崇祯间又增练饷七百三十万，倪元璐为户部，合三饷为一，是新

---

① 《破邪论·赋税》。
② 《明夷待访录·田制三》。

饷、练饷又并入于两税也。至今日以为两税固然，岂知其所以亡天下者之在斯乎？使练饷、新饷之名不改，或者顾名而思义，未可知也。此又元璐不学无术之过也。嗟乎！税额之积累至此，民之得有其生也亦无几矣。今欲定税，须反（返）积累以前而为之制。授田于民，以什一为则，未授之田，以二十一（1/20）为则，其户口则以为出兵养兵之赋，国用自无不足，又何事于暴税乎！"①

6.对役法改革的反思

黄宗羲说："古者府史胥徒，所以守簿书、定期会者也，其奔走服役，则以乡户充之。自王安石改差役为雇役，而奔走服役者亦化而为胥吏矣。故欲除奔走服役吏胥之害，则复差役，欲除簿书期会吏胥之害，则用士人。"②仅就复差役而言，"宋时差役，有衙前、散从、承符、弓手、手力、耆长、户长、壮丁、色目。衙前以主官物，今库子、解户之类；户长以督赋税，今坊里长；耆长、弓手、壮丁以逐捕盗贼，今弓兵、捕盗之类；承符、手力、散从以供驱使，今皂隶、快手、承差之类。凡今库子、解户、坊里长皆为差役，弓兵、捕盗、皂隶、快手、承差则雇役也。余意坊里长值年之后，次年仍出一人以供杂役。盖吏胥之敢于为害者，其故有三：其一，恃官司之力，乡民不敢致难；差役者，则知我之今岁致难于彼者，不能保彼之来岁不致难于我也。其二，一为官府之人，一为田野之人，既非同类，自不相顾；差役者，则侪辈尔汝（你我同辈），无所畏忌。其三，久在官府，则根株窟穴牢不可破；差役者，伎俩生疏，不敢弄法。是故坊里长同勾当于官府，而乡民之于坊里长不以为甚害者，则差与雇之分也。治天下者亦视其势，势可以为恶，虽禁之而有所不止；势不可以为恶，其止之有不待禁也。差役者，固势之不可以为恶者也。议者曰：自安石变法，终宋之世欲复之而不能，岂非以人不安于差役与（欤）？曰：差役之害，唯有衙前，故安石以雇募救之。今库子、解户且不能不仍于差役，而其无害者顾反不可复乎？宋人欲复差役，以募钱为害。吾谓募钱之害小，而胥吏之害大也。"③

三、对黄宗羲治国理政思想及税收思想的简要评述

1.对黄宗羲治国理政思想的简要评述

黄宗羲一生颠沛流离，命运多舛。其父黄尊素在与阉党头目魏忠贤的斗争中惨遭迫害冤死诏狱的切肤之痛；3年四明山抗清复明斗争经历和10年追随鲁王飘泊海上的困苦生活；晚年抵制康熙诱惑，保守遗民气节，安居乡里，著书立说，交流学术，培育人才等重大事件，都在其身上留下了深刻印记。作为东林魁首和儒林泰斗，黄宗羲学识渊

---

① 《明夷待访录·田制三》。
②③ 《明夷待访录·胥吏》。

博、治学严谨、经世致用、大胆质疑、辩难创新、人文科学与自然科学并重、东西方文化兼融、倡导学术民主的教育风格和反封建、反专制、反宗教迷信、倡导君权制衡、民众解放、土地私有化、工商皆本、铸币和纸币自由流通的学术思想，对近现代启蒙运动和民主革命的兴起产生了极其深远的影响。他的学术思想和治国理政主张具有朴素唯物主义的色彩，在质疑和批判朱子"存天理，灭人欲"的僵化理学和佛教的"虚无论"中，孟子的"民重君轻论"、张载的"气本论"、王阳明的"致良知"等闪烁着智慧光芒的思想学说都成为有力武器，对君权、民权、法权的反思成果在推动中国古代社会由封建专制向民主科学转型的过程中成为后继者的精神沃土。

黄宗羲作为一代学术宗师当之无愧，而作为治国理政的政治家则与张居正等人不可同日而语。他对封建专制制度的批判可谓入木三分，甚至有全盘否定之倾向，但如何重建并没有一幅清晰可操作的蓝图。和许多儒学大师一样，黄宗羲对年代久远、模糊不清的"三代"原始民主制情有独钟，从中寻找救国救民的答案，但未能清醒地认识到任何一种上层建筑和意识形态都是建立在特定的经济基础之上的，经济基础发生了重大变化，上层建筑和意识形态也会或迟或早发生与之相适应的重大变化，但这种变化绝不是否定之否定的简单回归，而是遵循螺旋式上升的规律。对封建专制社会弊端的批判，可以从"三代"的原始民主制中汲取营养，但不可将其作为至高无上、固定不变的模板，来判断今天的社会是非、剪裁今天的社会现实，否则今不如夕的历史倒退论就会重演，张冠李戴、削足适履的尴尬局面就会重现。黄宗羲所畅想的理想社会是"人各得其所，人各得自私自利"的私有制社会，而"三代"的原始民主制则是建立在"普天之下，莫非王土；率土之滨，莫非王臣。"的原始公有制基础上的，用"君养民"的原始公有制来取代"民养君"的现代私有制，既不现实也违背历史潮流。他所提出的许多具有折衷和改良性质的改革主张虽是针对时弊所能做出的最佳选择，但没有明君贤臣的支持，注定无法实现。即使是这些改革主张比较温和，也会触动官僚地主阶级的既得利益，必遭到他们的顽强抵制，很难变成现实。另外，清朝统治者虽然是靠铁蹄和弯弓踏平有明入主中原的，但它竟能以边疆少数民族的身份在一片废墟上缔造出一个雄居东方二百年的大清帝国，将中国封建专制社会推向一个新的巅峰，足以证明，人类历史的发展进程是充满艰难曲折的，必然性中经常伴随着许多偶然性，封建专制制度尽管日益腐朽，但在彻底推翻它的历史条件完全具备之前，它是不会轻易退出历史舞台的。中国的资本主义生产关系虽早已萌芽，但其能量积聚还远远不够，还需要一个继续成长成熟的过程。黄宗羲站在历史的转折点上，用"君为天下之大害""三代以上有治法无治人，三代以下有治人无治法"等警世豪言来表达他对秦汉以来封建专制社会尤其是晚明极权专制和腐朽政治的强烈不满可以理解，但以清代明的改朝换代却非其所愿，建立一个人民当家作主的新世界的历史重任也非一个避世硕儒所能承担。尽管如此，我们依然要敬佩这位启蒙运动先行者的智慧和勇气，他以如椽巨笔当武器、当火炬，与不公平的世道抗争，为深陷沼泽和迷雾中的人指路，其拓荒之功仍是不可磨灭的。

2.对黄宗羲税收思想的简要评述

黄宗羲的税收思想是其治国理政思想的重要组成部分,本书将其提炼归纳为六个方面,包括:(1)对古代"三征"与编户齐民制度关系的考察;(2)对古代田亩度量衡制度和"贡助彻法"的新解读;(3)对田土无等第之害的批判;(4)对所税非所出之害的批判;(5)对赋税积累莫返之害的批判;(6)对役法改革的反思。其中,在对古代"三征"与编户齐民制度关系的考察中,他提出古代"三征"均以户口为政,下下之户往往不登入簿籍,不承担赋役;在对古代田亩度量衡制度和"贡助彻法"的新解读中,他提出古今土地度量衡制度有明显差异,古之百亩只相当于今之百亩的1/3左右。孟子所说"夏人五十而贡,殷人七十而助,周人百亩而彻,其实皆什一也。"中的五十、七十、百亩,由于度量衡制度的差异,其实皆为百亩也。贡、助、彻的征收方法虽有差异,但什一而税则是通行法则,且丰年如额或多交,歉年递减,上虽劳而民不困。在对田土无等第之害的批判中,黄宗羲提出了三点具体主张:(1)认为田土有官民和上下等第之分,以上上为则对民田征收"什一税"不合古法,而汉文帝三十税一也不为恩。在万民养一君的时代,十五税一、二十税一、三十税一必导致君用不足是妄说。(2)认为田土有肥瘠、耕休之别,按占田数量平均分配赋税不合理,主张灵活使用度量衡制度,以肥田一亩为标准,瘠田或休耕之田可分等级人为放宽度量标准,使之休养生息,变为沃土,而仍按一亩征税,这样可避免平均分配赋税加重民负的弊端,增加税源。(3)主张以田为母,以人为子,实行号长催科制度。随着土地所有权的变动和流民的增加,租庸调制演化到后来,有户无地、有地无户、有地无租(税)、有租(税)无地的现象日益增多,不得已改为按户征税,而不以田亩实际占有多少为依据,造成赋税畸轻畸重和税吏强行搜刮。黄宗羲主张在重新丈量土地、标注地号、修订鱼鳞册的基础上,采用认田不认人的方田均税法,百亩或千亩任命一个号长,由其负责催科,从而避免税吏循私舞弊、富人有意逃税、转嫁负担。在对所税非所出之害的批判中,黄宗羲主张田交谷、户交帛、丁服役是一种科学简便的赋税征收制度,后世为了简化税制、方便缴纳,逐步将实物税改为货币税,有明中期以后又普遍实行折征代金制度,在银荒加剧、铸币和纸币流通不畅的情况下,强行要求以金银为唯一缴税手段,造成丰年歉年农民均缴不起税、物价地价持续暴跌的局面,对社会安定和经济发展都带来了非常严重的影响,这不是天灾而是人祸。解决办法是严禁金银的开采和流通,广为使用有本位币调控和国家信用担保的铸币和纸钞,无论田租还是商税、盐引,均不收金银,这样才能货畅其流、解民于倒悬。在对赋税积累莫返之害的批判中,黄宗羲对历代赋税改革的发展历史进行了深入考察,指出赋税改革虽然此起彼伏,但田租、户调、丁役、杂课分分合合、赋税总额越积越大、地税负担越来越重却是总趋势,故租庸调制、两税法、一条鞭法都利短害长。在对役法改革的反思中,黄宗羲以革除胥吏之害为切入点,对王安石改革役法的背景和初衷进行了深入考察，指出差役和雇役各有利弊，对衙前之类相对固定的公差人员应继续采用招募制，而对库子、解户之类短期或临时服役人员应恢复差役制，这样既满足了官府和百姓双方的需要，也体现了两类人员的特殊性质，利弊相权，较为适当，一律出钱雇募，有百害而无一利。

黄宗羲的税收思想和改革主张是建立在对历史经验的深入考察基础上的，许多观点颇有开人茅塞的意义。比如关于土地度量衡制度变迁的考察、关于户籍登记制度变迁的考察、关于"贡助彻法"具体做法的考证、关于民田不应以上上为则征收"什一税"的论说等，都发前人之所未发，弥补了赋税发展史研究的空白，也廓清了长期以来学界对孟子关于"三代"赋税制度概说的疑惑，具有重要学术价值。但其税收思想也有明显的局限性，主要表现在：（1）对封建专制制度的批判和否定较多，而对政府职能范围不断扩大以及随之而来的财政收入和财政支出规模持续扩张的必然性认识不足，对经济发展带来的民众税负承受能力的稳步提高有所忽视；（2）税改是税收法治建设的重要内容，它在简化税制、优化税制结构、公平税负、减轻民负、开辟税源、增加财政收入、缓和阶级矛盾等方面具有重要意义，而黄宗羲受儒家传统思想的影响，对这一问题的认识较为滞后；（3）对实行区别对待的税收政策论说较多，而提出的改革建议缺乏系统性和逻辑性，可操作性较差；（4）继王符之后再次提出"工商皆本"的重要命题，但对如何发展工商业并扩展工商税从而减轻田赋负担的问题并未作深入具体的讨论。

主要参考文献：

《清史稿》卷480《黄宗羲传》。

《黄宗羲全集》，主编：沈善洪，执行主编：吴光，浙江古籍出版社2012年4月版。

《黄宗羲评传》，徐定宝著，南京大学出版社2002年版。

顾炎武

一、顾炎武生平简介

顾炎武（1613—1682），乳名藩汉，初（庠）名继坤，19岁改名绛，明亡后又改名炎武，字忠清，又字宁人、石户，号涂中、亭林，后人尊称亭林先生。江苏昆山人。著名经学家、史地学家、音韵学家，是明末清初与黄宗羲、王夫之齐名的三大儒。历明神宗、明光宗、明熹宗、明思宗和清世祖、清圣祖六朝。其先祖可以追溯至南朝的文字训诂学家顾野王。五代之际，顾家自吴徙于滁。宋南渡时，有名庆者，又徙海门之姚刘沙（今上海崇明县）。庆次子伯善，再徙昆山之花蒲保（今江苏太仓市北双凤镇，亦名双林镇）。伯善九传至鉴，始迁昆山县之千墩镇（今称千灯镇）。鉴生济，济生章志。章志生绍芳（字实甫，号宝庵）和绍芾（字德甫，号蠡源，又号梦庵）。绍芳生同德和同应，绍芾生同吉。顾炎武的生父名同应，生母何氏。同应共生五子四女，顾炎武排行第五，是其仲子。绍芾之子同吉早夭，未婚妻王氏守贞归顾，为传子嗣，从祖绍芾将尚在襁褓中的炎武抱为同吉之后，由王氏抚养。从祖虽人丁不旺，但家底殷实，家风良好，藏书丰富，重实学，工书法，为炎武提供了较优裕的学习和生活条件。嗣母王氏也出生书香门第（辽东行太仆寺少卿王宇之孙女、太学生王述之女），知书达理，以勤劳贞孝持家训子，给顾炎武以良好的启蒙教育。

顾炎武的一生大体可以分为读书仕进（1613—1644年）、抗清流亡（1645—1656年）和弃家北游（1657—1682年）三个阶段。顾炎武年轻时曾热心科举和复社活动，但屡试不售，重蹈了其生父同应只补诸生的覆辙。清入主中原，给顾炎武一家带来沉重灾难，在义军收复苏杭的激烈战斗中，生母何氏被清军砍断右臂，两个弟弟被杀。没多久，昆山和常熟相继失守，嗣母王氏闻变，知明亡在即，遂绝食殉国，临终嘱咐炎武："不忘国恩，不仕二朝。"①顾炎武牢记嗣母遗训，坚守遗民气节，继续参加抗清斗争。但随着南明政权和各路义军的纷纷覆灭，他心中的复仇之火也一点一点地被浇灭了。在抗清前途日益渺茫的同时，由争夺嗣祖遗产引发的家庭纠纷却愈演愈烈，并有由内而外不断漫延的趋势。顾炎武为了避灾免祸，不得已隐姓埋名流亡他乡，靠经商为生，最终远离故土，游居北方。有家难回、四处飘泊的生活是痛苦的，复明无望、坚守名节的心情是煎熬的，但顾炎武化迷茫为清醒，化坎坷为坦途，化阻力为助力，利用游历之机，广泛接触社会底层，深入开展社会调查，在掌握了大量一手资料的基础上，陆续完成了《肇域志》《天下郡国利病书》《音学五书》《日知录》《顾亭林诗文集》等重要著作的撰写和修订，在广博领域取得了辉煌的学术成就，开辟了明清学术研究的新理路，被誉为"开国儒师""清学开山"，受到世人的广泛赞誉。顾炎武为学以明道救世为宗旨，倡导"博学于文，行己有耻"的学术理念，主张复兴经学、严谨考据、朴实归纳、大胆质疑、学用结合，尤其重视从社会调查中获取第一手材料，来验证各种经史记载和学术观点的正谬。他严厉批评晚明学者空谈性理、外儒内禅、排斥功利、知行背离、学用脱节的不良学风，给清初学者以重要启迪。在经济思想方面，他反对横征暴敛，提倡"利国富民"，认为"善为国者，藏之于民"②。在政治思想方面，他大胆质疑君权，提出了具有早期民主启蒙色彩的"众治"主张。他所提出的"天下兴亡，匹夫有责"口号，在中华民族救亡图存的伟大斗争中成为重要精神旗帜。顾炎武一生命运多舛，既有国恨又有家仇③，多次经历险境，但他善于应变、善于交友、善于理财，以勤劳、智慧和勇敢为自己的传奇人生画上了圆满句号。

二、顾炎武税收思想的主要内容

顾炎武的税收思想是其治国理政思想的重要组成部分，本书将其提炼归纳为以下四个方面。

1. 主张分权治赋，反对君主集权专制

在《郡县论》一文中，顾炎武在承认封建制转换为郡县制的历史必然性的同时，又对君主集权专制的弊端进行了深入的批判，提出推行"寓封建之意于郡县之中"的分权自治和分权治赋改革："尊令长之秩（置、等级），而予之以生财治人之权，罢监司之任，设世官（世袭）之奖，行辟属（长官直接聘任属吏）之法"，认为只有这样，

---

① 《顾炎武诗文集·先妣王硕人行状》。
② 《日知录·财用》，语出《三国志》卷23《魏书·赵俨传》。
③ 顾炎武的堂兄顾维与堂叔顾叶墅在从祖绍芾和嗣母王氏相继离世后为争夺家产屡构家难，家奴陆恩背信弃义，与里豪叶方恒内外勾结，趁火打劫，引发了一系列家庭狱讼纠纷，这是导致顾炎武二十多年飘泊在外不能归家直至客死山西曲沃的一个重要原因。

"二千年以来之弊可以复振。"并自信地宣称："后之君苟欲厚民生、强国势，则必用吾言矣。"① 他还从人各有私、他为不如自为的人性论出发，对分权自治和分权治赋的必要性、可行性及预期效果作了系统深入的展开论述。

在调动地方官吏自主理财的积极性方面，他说："马以一圉人而肥，民以一令而乐。"② "夫使县令得私其百里之地，则县之人民皆其子姓（子弟），县之土地皆其田畴，县之城郭皆其藩垣（屏障），县之仓廪皆其囷窌（粮仓）。为子姓，则必爱之而勿伤；为田畴，则必治之而勿弃；为藩垣囷窌，则必缮之而勿损。自令（守令）言之，私也，自天子言之，所求乎治天下者，如是焉止矣。"③

在开发利用山泽之利方面，他说："夫采矿之役，自元以前，岁以为常，先朝所以闭之而不发者，以其召乱也。譬之有窖金焉，发于五达之衢（交通要道），则市人聚而争之；发于堂室之内，则唯主人有之，门外者不得而争也。今有矿焉，天子开之，是发金于五达之衢也；县令开之，是发金于堂室之内也。利尽山泽而不取诸民，故曰此富国之策也。"④

在节省不必要的财政开支方面，他说："今天下之患，莫大乎贫。用吾之说，则五年而小康，十年而大富。且以马言之：天下驿递往来，以及州县上计京师（到京城汇报工作），白事（言事）司府，迎候上官，递送文书，及庶人在官所用之马，一岁无虑百万匹，其行无虑万万里，今则十减六七，而西北之马赢（富余）不可胜用矣。以文册言之：一事必报数衙门，往复驳勘（来回复查）必数次，以及迎候、生辰、拜贺之用，其纸料之费率（来自、征收）诸民者，岁不下巨万，今则十减七八，而东南之竹箭（箭竹）不可胜用矣。他物之称是者，不可悉数。且使为令者得以省耕敛、教树畜，而田功（农事）之获、果蓏（瓜果）之收、六畜之孳（繁殖）、材木之茂，五年之中必当倍益。"⑤

在完善财政资金调度和预算平衡体制方面，他说："法之弊也，莫甚乎以东州之饷而给西边之兵，以南郡之粮而济北方之驿。今则一切归于其县，量其冲僻（繁华偏僻），衡其繁简，使一县之用常宽然有余。又留一县之官之禄，亦必使之溢于常数，而其余者然后定为解京之类。其先必则壤（根据土壤肥瘠）定赋，取田之上中下列为三等或五等，其所入悉委县令收之；其解京曰贡、曰赋，其非时之办，则于额赋支销；若尽一县之入用之而犹不足，然后以他县之赋益之，名为协济。此则天子之财，不可以为常额。然而行此十年，必无尽一县之入用之而犹不足者也。"⑥

在考核奖惩地方官吏方面，他说："何谓称职？曰：土地辟，田野治，树木蕃（繁

---

① 《顾亭林诗文集·亭林文集卷之一·郡县论一》。
② 《顾亭林诗文集·亭林文集卷之一·郡县论三》。
③ 《顾亭林诗文集·亭林文集卷之一·郡县论五》。
④⑤ 《顾亭林诗文集·亭林文集卷之一·郡县论六》。
⑥ 《顾亭林诗文集·亭林文集卷之一·郡县论七》。

殖），沟洫（沟渠、水利）修，城郭固，仓廪实，学校兴，盗贼屏（息、灭），戎器完（完好），而其大者则人民乐业而已。"①"夫使天下之为县令者，不得迁又不得归，其身与县终，而子孙世世处焉。不职者流，贪以败官者杀。夫居则为县宰，去则为流人，赏则为世官，罚则为斩绞，岂有不勉而为良吏者哉！"②"使官皆千里以内之人，习其民事，而又终其身任之，则上下辨而民志定矣，文法除而吏事简矣。官之力足以御吏而有余，吏无所以把持其官而自循其法，昔人所谓养百万虎狼于民间者，将一旦而尽去，治天下之愉快孰过于此！"③

2.主张募民垦荒，增产增赋

在《田功论》一文中，顾炎武明确指出："天下之大富有二：上曰耕，次曰牧。国亦然。……事有策之甚迂、为之甚难，而卒可以并天下之国、臣（臣服）天下之人者，莫耕若（没有比农耕更重要的了）。"④他十分赞赏南宋名臣魏了翁⑤提出的"无事屯田之虚名，而先计垦田之实利"的主张，说："尝读宋魏了翁疏，以为：'古人守边备塞，可以纾民力而老（考察）敌情，唯务农积谷为要道。'又言：'有屯田，有垦田。大兵之后，田多荒莱，诸路闲田当广行招诱，令人开垦，因可复业，则耕获之实效往往多于屯田。盖并边之地，久荒不耕则谷贵，贵则民散，散则兵弱。必地辟耕广则谷贱，贱则人聚，聚则兵强。请无事屯田之虚名，而先计垦田之实利。募土豪之忠义者，官为给助，随便开垦，略计所耕可数千顷，明年此时便收地利，可食贱粟。况耕田之甿（民），又皆可用之兵，万一有警，家自为守，人自为战，比于仓卒遣戍，亦万不侔（等、齐）。无屯田之名，而有屯田之实，无养兵之费，而又可潜制骄悍之兵，不惟可以制虏，而又以防他盗之出入。不数年间，边备隐然，以战则胜，以守则固。'愚以为此正今日之急务。"⑥并对募民垦荒的现实可行性和需要克服的难点作了详尽分析，提出了具体建议："夫承平之世，田各有主，今之中土，弥漫蒿莱（布满杂草），诚（如果）田主也疾力耕，不者籍而予新甿（不愿耕作者将土地登记转让给新民），不可使吾国有旷土，若是人必服，一易（容易）；屡丰之日，视粟为轻。今干戈相承，连年大饥，人多艰食，必劝于耕，二易；古之边屯多于沙碛（沙漠、盐碱地），今则大河⑦以南厥（其）土涂泥（湿润）。水田扬州，陆田颖寿，修羊杜之遗迹，复上元之旧屯，三易；久荒之后，地力未泄，粟必倍收，四易。然而有三难：大农告绌（困、乏），出数十万金钱求利于四三年之后，一难；朝不能久任，人不甘独劳，蕲（期）以数年之力专任一人，二难；

---

① 《顾亭林诗文集·亭林文集卷之一·郡县论三》。
② 《顾亭林诗文集·亭林文集卷之一·郡县论二》。
③ 《顾亭林诗文集·亭林文集卷之一·郡县论八》。
④ 《顾亭林诗文集·亭林文集卷之六（补遗）·田功论》。
⑤ 魏了翁（1178—1237），字华父，号鹤山，南宋名臣，著名理学家、思想家。
⑥ 《顾亭林诗文集·亭林文集卷之六（补遗）·田功论》。
⑦ 指黄河。

天有旱涝，岁有丰凶，若何承矩之初年种稻，霜早不成，几于阻格，三难。愚请捐数十万金钱，予劝农之官，毋问其出入，而三年之后，以边粟之盈虚贵贱为殿最（考课、赏罚）。此一人者，欲边粟之盈，必疾耕，必通商，必还定（安定）。安集边粟而盈，则物力丰，兵丁足，城圉坚，天子收不言利之利，而天下之大富积此矣。"①

3. 主张均田均赋，抑制豪强兼并

顾炎武身处明末清初的社会大动荡时期，对豪强兼并、田赋不均的弊端有深切感受，他通过深入的历史考察和广泛的社会调查，在借鉴他人思想成果的基础上，从三个方面阐述了均田均赋、抑制豪强兼并的必要性。

首先，他主张以统一的地亩丈量标准全面清丈土地，公平分摊赋税和徭役。在《其实皆什一也》一文中，他对孟子"夏后氏五十而贡，殷人七十而助，周人百亩而彻，其实皆什一也。"②这句名言的内在含义作了科学的推论："夫井田之制，一井之地画为九区，故苏洵谓万夫之地，盖三十二里有半，而其间为川为路者一，为浍为道者九，为洫为涂者百，为沟为畛者千，为遂为径者万。使夏必五十，殷必七十，周必百，则是一王之兴必将改畛涂、变沟洫、移道路以就之，为此烦扰而无益于民之事也，岂其然乎？盖三代取民之异，在乎贡、助、彻，而不在乎五十、七十、百亩。其五十、七十、百亩，特丈尺之不同，而田未尝易也。……夏时土旷人稀，故其亩特大。殷、周土易（轮作）人多，故其亩渐小。以夏之一亩为二亩，其名殊而实一矣。"③

在《斗斛丈尺》一文中，他对有明以来地亩丈量标准的丛杂和混乱作了进一步的分析说明。他说："关石和钧（征赋公平，计量统一），大禹以之兴夏；谨权量，审法度，而武王以之造周。今北方之量，乡异而邑不同，至有以五斗为一斗者，一哄之市，两斗并行。至其土地，有以二百四十步为亩者，有以三百六十步为亩者，有以七百二十步为亩者。其步弓有以五尺为步，有以六尺、七尺、八尺为步。此之谓工不信度者也。夫法不一则民巧生。有王者起，同权量而正经界，其先务矣。"④

在《地亩大小》一文中，他依据广平府、东昌府、大名府和河南八府等地方志资料的记载，对有明以来因地亩丈量标准不统一而导致各地土地元额申报不实、赋税分配苦乐不均的现状作了简要概述，然后借用唐相陆贽之口揭示其产生的原因："创制之始，不务齐平。供应有烦简之殊，牧守有能否之异。所在徭赋，轻重相悬；所遣使臣，意见各异。计奏一定，有加无除。"进而得出结论："致弊之端，古今一辙。而井地不均，赋税不平，固三百年于此矣。"那么如何解决丈地、均赋这个老大难问题呢？他赞同《大名府志》中提出的办法："田赋必均而后可久，除沙茅之地别籍（另册登记）外，请檄

---

① 《顾亭林诗文集·亭林文集卷之六（补遗）·田功论》。
② 《孟子·滕文公上》。
③ 《日知录·其实皆什一也》。
④ 《日知录·斗斛丈尺》。

（下令）诸州县长吏，画一而度之，以钞准尺①，以尺准步，以步准亩，以亩准赋，仿江南鱼鳞册式而编次之。旧所籍不齐之额悉罢去，而括其见存者，均摊于诸州县之间，一切粮税、马草、驿传、均徭、里甲之类，率例视之以差。数百里之间，风土人烟同条共贯矣。"并总结性地说："均丈之议，前人已尝著之，而今可通于天下者也。"②

其次，他主张推行均田制，以抑制豪强兼并，均衡税赋。有明自建国初期就大封宗室和功臣，大批肥田沃土变成皇亲国戚的庄田，明中叶以后豪强兼并愈演愈烈。至明末清初，改朝换代的长年战乱更使大批百姓流离失所，大片田地沦为荒野，豪强地主趁机廉价收购或无偿圈占土地，又利用各种特权和与贪官污吏勾结逃避赋税，加剧了土地占有关系的混乱，加重了中小地主和自耕农的赋税负担，把整个社会拖入了分崩离析的痛苦深渊。面对严酷的社会现实，顾炎武除了积极呼吁募民垦荒、安定民生外，也寄希望于借鉴北魏均田制的成功经验，来抑制豪强兼并，均衡税赋。在《后魏田制》一文中，他说："后魏虽起朔漠，据有中原，然其垦田、均田之制有足为后世法者。景穆太子③监国，……乃令有司课（督促）畿内之民，使无牛者借人牛以耕种，而为之芸田（锄草）偿之。凡耕种二十二亩，而芸七亩，大略以是为率。使民各标姓名于田首，以知其勤惰。禁饮酒游戏者。于是垦田大增。高祖④太和九年十月丁未，诏曰：'朕承乾在位十有五年，每览先王之典，经纬百氏，储蓄既积，黎元永安。爰（转而）暨季叶，斯道陵替，富强者并兼山泽，贫弱者望绝一廛，致令地有遗利，民无余财，或争亩畔以亡躯，或因饥馑以弃业，而欲天下太平，百姓丰足，安可得哉！今遣使者循行州郡，与牧守均给天下之田，劝课农桑，兴富民之本。其制：男夫十五以上，受露田四十亩，妇人二十亩。民年及课则受田，老免，及身没则还田。诸桑田不在还受之限。男夫人给田二十亩，课（督促）莳余（农闲）种桑五十树，枣五株，榆三根。非桑之土，夫给一亩，依法课莳（督促种植）榆枣，限三年种毕，不毕夺其不毕之地。于是有口分、世业之制，唐时犹沿之。嗟乎，人君欲留心民事，而创百世之规，其亦运之掌上也已。"⑤

第三，他主张顺应时势，重新调整官田与民田的产权和税收关系，以切实减轻民

---

① 洪武定制："大明宝钞"长一尺，广六寸，故以钞长准尺。
② 《日知录·地亩大小》。
③ 景穆太子，指拓跋晃（428—451），鲜卑族，北魏太武帝拓跋焘长子，北魏宗室。太平真君十一年（450年），因被太武帝宠臣宗爱陷害，使得东宫大批官员被杀，拓跋晃忧虑而死，时年仅二十四岁。追谥为景穆太子，葬于金陵。正平二年（452年），其子文成帝拓跋濬即位，追尊为景穆皇帝，庙号恭宗。
④ 魏孝文帝拓跋宏（467—499），献文帝拓跋弘长子，南北朝时期北魏第七位皇帝（不包括拓跋余），原名拓跋宏，后改名元宏。杰出的政治家、改革家。即位时仅5岁，490年亲政。亲政后，继承祖母冯太后的汉化改革思路，进一步推行改革：他先整顿吏治，颁布俸禄制，立三长法，实行均田制；然后于494年以"南征"为名从山西大同迁都到河南洛阳，全面改革鲜卑旧俗：规定以汉服代替鲜卑服，以汉语代替鲜卑语，迁洛鲜卑人以洛阳为籍贯，改鲜卑姓为汉姓，自己也改姓"元"，并鼓励鲜卑贵族与汉士族联姻。又参照南朝典章，修改北魏政治制度，严厉镇压反对改革的守旧贵族，处死太子元恂。汉化改革使鲜卑经济、文化、社会、政治、军事等方面得到极大发展，缓解了民族隔阂，史称"孝文帝中兴"。499年初（太和二十三年），拓跋宏引兵南征，染疾北返，途中卒于谷塘原行宫，终年32岁。葬于北邙长陵，谥孝文皇帝，庙号高祖。太子元恪继位，是为宣武帝。
⑤ 《日知录·后魏田制》。

负。自隋唐以来，南方逐渐超过北方，成为全国的经济甚至政治中心。随着交通条件的不断改善，大批漕粮源源不断地从南方运往北方，以满足京师的需要，并弥补北方物资的短缺。与此同时，南方也成为承担全国税粮任务最重的地区，其中两浙尤其是苏、松、常地区又属重中之重。明代思想家丘浚在其代表作《大学衍义补》中从宏观层面对此作了精确描述："韩愈谓赋出天下，而江南居十九（9/10）。以今观之，浙东西又居江南十九，而苏、松、常、嘉、湖五府又居两浙十九也。……今国家都燕，岁漕江南米四百余万石，以实京师。而此五府者，几居江西、湖广、南直隶之半。"[①]杜宗桓[②]在《上巡抚侍郎周忱书》中则从微观层面对此作了更具体的说明："五季钱氏[③]税两浙之田，每亩三斗。宋时均两浙田，每亩一斗。元入中国，定天下田税，上田每亩税三升，中田二升半，下田二升，水田五升。至于我太祖高皇帝受命之初，天下田税亦不过三升、五升，而其最下有三合、五合者。于是天下之民咸得其所，独苏、松二府之民则因赋重而流移失所者多矣。今之粮重去处，每里有逃去一半上下者。"究其原因，"国初籍没土豪田租，有因为张氏[④]义兵而籍没者，有因虐民得罪而籍没者。有司不体圣心，将没入田地，一依租额起粮[⑤]，每亩四五斗，七八斗，至一石以上，民病自此而生。何也？田未没入之时，小民于土豪处还租，朝往暮回而已。后变私租为官粮，乃于各仓送纳，运涉江湖，动经岁月，有二三石纳一石者，有四五石纳一石者，有遇风波盗贼者，以致累年拖欠不足。……于是皇上怜民重困，屡降德音，将天下系官田地粮额递减三分、二分外，松江一府税粮尚不下一百二万九千余石。愚历观往古，自有田税以来，未有若是之重者也。以农夫蚕妇冻而织、馁而耕，供税不足，则卖儿鬻女；又不足，然后不得已而逃，以至田地荒芜，钱粮年年拖欠。向蒙恩赦，自永乐十三年至十九年，七年之间所免税粮不下数百万石。永乐二十年至宣德三年，又复七年，拖欠、折收、轻赍亦不下数百万石。折收之后，两奉诏书敕谕，自宣德七年以前，拖欠粮草盐粮、屯种子粒、税丝门摊课钞，悉皆停征。前后一十八年间，蠲免、折收、停征至不可算。由此观之，徒有重税之名，殊无征税之实。"[⑥]

在综合各方面文献资料的基础上，顾炎武对苏松二府税负过重的原因作了更深入的思考，提出顺应时势，重新调整官田与民田的产权和税收关系，以切实减轻民负。他说："官田自汉以来有之。……而苏州之官田多而益多。……是一府之地土无虑皆官田，而民田不过十五分之一也。且夫民田仅以五升起科，而官田之一石者，奉诏减其什之

[①][⑥] 《日知录·苏松二府田赋之重》。

[②] 杜宗桓《明史》无传，可能是常熟县地方人士。

[③] 吴越国（907—978）是五代十国时期的十国之一，由钱镠所建，都城为杭州。强盛时拥有十三州疆域，约为现今浙江全省、江苏东南部和福建东北部。自893年钱镠为镇海节度使算起，至末代国王钱俶向宋太祖赵匡胤纳土称臣，吴越国前后存八十六年，历五位君主。

[④] 指江浙地区反元义军首领张士诚。因他不愿归顺明朝，甚至假服元朝，与明军进行殊死搏斗。朱元璋在剿灭元朝残余势力取得统治权后，就以没收土地、加重赋税的办法惩罚其统治区的百姓。

[⑤] 即按私租标准征收国租或国税。

三，而犹为七斗，是则民间之田一入于官，而一亩之粮化而为十四亩矣。此固其极重难返之势，始于景定讫于洪武，而征科之额十倍于绍、熙以前者也。于是巡抚周忱①有均耗之法，有改派金花官布之法，以宽官田，而租额之重则一定而不可改。若夫官田之农具、车牛，其始皆给于官，而岁输其税，浸久不可问，而其税复派之于田。然而官田，官之田也，国家之所有。而耕者，犹人家之佃户也。民田，民自有之田也。各为一册而征之，犹夫《宋史》所谓'一曰官田之赋，二曰民田之赋'，《金史》所谓'官田曰租，私田曰税'者，而未尝并也。相沿日久，版籍讹脱，疆界莫寻，村鄙之氓（民）未尝见册，买卖过割之际，往往以官作民。而里胥之飞洒移换者，又百出而不可究。所谓官田者，非昔之官田矣。乃至讼端无穷，而赋不理。于是景泰二年，从浙江布政司右布政使杨瓒之言，将湖州府官田重租分派民田轻租之家承纳，及归并则例。四年，诏巡抚直隶侍郎李敏，均定应天等府州县官民田。嘉靖二十六年，嘉兴知府赵瀛创议：'田不分官民，税不分等则，一切以三斗起征。'苏、松、常三府从而效之，自官田之七斗、六斗，下至民田之五升，通为一则。而州县之额，各视其所有官田之多少轻重为准，多者长洲至亩科三斗七升，少者太仓亩科二斗九升矣。国家失累代之公田，而小民乃代官佃纳无涯之租赋，事之不平，莫甚于此。然而为此说者，亦穷于势之无可奈何，而当日之士大夫亦皆帖然而无异论，亦以治如乱丝，不得守二三百年纸上之虚科，而使斯人之害如水益深，而不可救也。抑尝论之，自三代以下，田待买卖，而所谓业主者即连陌跨阡，不过本其锱铢之直（值），而直之高下则又以时为之。地力之盈虚，人事之赢绌，率数十年而一变。奈之何一入于官，而遂如山河界域之不可动也？且景定之君臣，其买此田者，不过予以告牒、会子虚名，不售之物，逼而夺之，以至彗出民愁，而自亡其国。四百余年之后，推本重赋之由，则犹其遗祸也。而况于没入之田本无其直者乎！至于今日，佃非昔日之佃，而主亦非昔日之主，则夫官田者，亦将与册籍而俱销，共车牛而皆尽矣。犹执官租之说以求之，因已不可行，而欲一切改从民田，以复五升之额，即又骇于众而损于国。有王者作，咸则（根据）三壤，谓宜遣使案行吴中，逐县清丈，定其肥瘠高下为三等，上田科二斗，中田一斗五升，下田一斗，山塘涂荡以升以合计者，附于册后，而概谓之曰民田，惟学田、屯田乃谓之官田，则民乐业而赋易完，视之绍、熙以前，犹五六倍也。岂非去累代之横征，而立万年之永利者乎？"②

在削高提低、全面调整官田与民田的产权和税收关系的同时，顾炎武还主张通过法制手段禁限过重的私租，以保证朝廷减税让利的好处真正落在广大小民的头上。他说："吴中之民，有田者什一（1/10），为人佃作者十九（9/10）。其亩甚窄，而凡沟渠道路

---

① 周忱（1381—1453），字恂如，号双崖，江西吉水人。永乐二年（1404年）登进士第，补翰林院庶吉士。翌年进学文渊阁，寻擢刑部主事，进员外郎。洪熙元年（1425年）迁越府长史。宣德五年（1430年）授工部右侍郎，奉命巡抚江南，总督税粮。在任22年，常私访民间，询问疾苦。理欠赋，改税法，屡请减免江南重赋。与苏州知府况钟反复计算，将苏州一府赋自277万石减至72万余石，其余府按次序减少。累官工部尚书，仍为巡抚。晚年遭诬陷罢职，致仕归家。景泰四年（1453年）卒，年七十三，谥号文襄。

② 《日知录·苏松二府田赋之重》。

皆并其税于田之中。岁仅秋禾一熟，一亩之收不能至三石，少者不过一石有余。而私租之重者至一石二三斗，少亦八九斗。佃人竭一岁之力，粪壅工作（浇水施肥，努力耕作），一亩之费可一缗①，而收成之日所得不过数斗，至有今日完租而明日乞贷者。故既减粮额，即当禁限私租，上田不得过八斗，如此则贫者渐富，而富者亦不至于贫。"②

4.主张任土纳赋，以钱代银，停征火耗

田赋征银复加火耗，是有明时期导致经济凋敝、民怨沸腾的最大弊政之一。顾炎武在描述自己游历山东及关中地区的所见所闻时说："自禹、汤之世，不能无凶年，而民至于无米卖其妻子者，禹、汤之世所不能无也；丰年而卖其妻子者，唐、宋之季所未尝有也。往在山东，见登、莱并海之人多言谷贱，处山僻不得银以输官。今来关中，自鄠（今陕西户县）以西至于岐下（今陕西歧山县南），则岁甚登（丰收），谷甚多，而民且相率（相继、相从）卖其妻子。至征粮之日，则村民毕出，谓之人市。问其长吏，则曰，一县之鬻（卖）于军营而请印（出具证明）者，岁近千人，其逃亡或自尽者，又不知凡几也。何以故？则有谷而无银也。所获非所输也，所求非所出也。夫银非从天降也，廿人（矿业管理机构）则既停矣，海舶则既撤矣，中国之银在民间者已日消日耗，而况山僻之邦，商贾之所绝迹，虽尽鞭挞之力以求之，亦安所得哉！故谷日贱而民日穷，民日穷而赋日诎（匮乏）。逋欠（欠税）则年多一年，人丁则岁减一岁，率此而不变，将不知其所终矣。且银何自始哉？古之为富者，菽粟（五谷）而已。为其交易也，不得已而以钱权（临时代替）之。然自三代以至于唐，所取于民者，粟帛而已。自杨炎两税之法行，始改而征钱，而未有银也。……今之言赋必曰钱粮。夫钱，钱也；粮，粮也；亦恶有所谓银哉？且天地之间，银不益增而赋则加倍，此必不供之数也。……昔人之论取民者，且以钱为难得也，以民之求钱为不务本也，而况于银乎？先王之制赋，必取其地之所有。今若于通都大邑行商麋集（聚集）之地，虽尽征之以银，而民不告病。至于遐陬僻壤（穷乡僻壤）、舟车不至之处，即以什之三征之而犹不可得。以此必不可得者病民，而卒至于病国，则曷若（何如）度土地之宜，权岁入之数，酌转般（转运）之法，而通融乎其间？凡州县之不通商者，令尽纳本色（实物），不得已，以其什之三征钱。钱自下而上，则滥恶无所容而钱价贵，是一举而两利焉。无蠲赋之亏，而有活民之实；无督责之难，而有完逋之渐（功效）。今日之计，莫便乎此。夫树谷而征银，是蓄羊而求马也；倚银而富国，是恃酒而充饥也。以此自愚，而其弊至于国与民交尽，是其计出唐、宋之季诸臣之下也。"③

对于改田赋征银为任土纳赋的紧迫性，顾炎武在《病起与蓟门当事书》中还有一段

---

① 缗，古代货币计量单位。一缗即一串，又称一贯，一贯等于一千文，明初定宝钞一贯，当钱1000文，值银一两。
② 《日知录·苏松二府田赋之重》。
③ 《顾亭林诗文集·亭林文集卷之一·钱粮论上》。

精彩论述："今有一言而可以活千百万人之命，而尤莫切于秦、陇者，苟能行之，则阴德万万于于公矣。请举秦民之夏麦秋米及豆草一切征其本色，贮之官仓，至来年青黄不接之时而卖之，则司农之金固在也，而民间省倍蓰（数倍）之出。且一岁计之不足，十岁计之有余，始行之于秦中，继可推之天下。然谓秦人尤急者，何也？目见凤翔之民举债于权要，每银一两，偿米四石，此尚能支持岁月乎？捐（献）不可得之虚计，犹将为之，而况一转移之间，无亏于国课乎？然恐不能行也。……至于势穷理极、河决鱼烂之后，虽欲征其本色而有不可得者矣。救民水火，莫先于此。"①

除了批判田赋征银，顾炎武还对银外复加火耗的敛财之举表达了强烈不满。他说："自古以来，有国者之取于民为已悉（完备）矣，然不闻有火耗之说。火耗之所由名，其起于征银之代乎？此所谓正赋十而余赋三者与（欤）？此所谓国中饱而奸吏富者与？此国家之所峻防，而污官滑胥之所世守，以为子孙之宝者与？此穷民之根，匮财之源，启盗之门，而庸懦（懦怯）在位之人所目睹而不救者与？原（考究）夫耗之所生，以一州县之赋繁矣，户户而收之，铢铢而纳之，不可以琐细而上诸司府，是不得不资于火。有火则必有耗，所谓耗者，特百之一二而已。有贱丈夫焉，以为额外之征，不免干（冒犯）于吏议，择人而食，未足厌（满足）其贪惏（贪婪）。于是藉火耗之名，为巧取之术。盖不知起于何年，而此法相传，官重一官，代增一代，以至于今。于是官取其赢（盈余）十二三，而民以十三输国之十②；里胥之辈又取其赢十一二，而民以十五输国之十。其取则薄于两而厚于铢③，凡征收之数，两者，必其地多而豪有力，可以持吾之短长（把柄）者也；铢者，必其穷下户也，虽多取之，不敢言也。于是两之加焉十二三，而铢之加焉十五六矣。薄于正赋而厚于杂赋。正赋，耳目之所先也，杂赋，其所后也。于是正赋之加焉十二三，而杂赋之加焉或至于十七八矣。解之藩司，谓之羡余，贡诸节使，谓之常例，责之以不得不为，护之以不可不破，而生民之困，未有甚于此时者矣。愚尝久于山东，山东之民无不疾首蹙额（皱眉）而诉火耗之为虐者。独德州则不然。问其故，则曰：州之赋二万九千，二为银八为钱也。钱则无火耗之加，故民力纾（宽缓）于他邑也。非德州之官皆贤，里胥皆善人也，势使之然也。又闻之长老言，近代之贪吏，倍甚于唐、宋之时。所以然者，钱重而难运，银轻而易赍（携带）；难运，则少取之而以为多，易赍，则多取之而犹以为少。非唐、宋之吏多廉，今之吏贪也，势使之然也。然则银之通，钱之滞；吏之宝，民之贼也。在有明之初，尝禁民不得行使金银，犯者准奸恶论。夫用金银，何奸之有？而重为之禁者，盖逆知其弊之必至于此也。当时市肆所用，皆唐、宋之钱，而制钱则偶一铸造，以助其不足耳。今也泉货（钱币）弱而害金兴，市道穷而伪物作，国币夺于上，民力殚于下，使陆贽、白居易、李翱之流而生今

---

① 《顾亭林诗文集·亭林文集卷之三·病起与蓟门当事书》。
② 民输十三，国家实得十，其余三被贪吏滑胥截流，纳入小金库。
③ 两和铢是古代两种很小的重量单位，二十四铢等于旧制一两（亦有其他说法，标准不一）。

日,其咨嗟太息,必有甚于唐之中叶者矣。"①

三、对顾炎武治国理政思想及税收思想的简要评述

1.对顾炎武治国理政思想的简要评述

顾炎武和黄宗羲是明末清初同时诞生于两浙这片热土上的思想巨人,他们二人在人生经历、政治理想、学术倾向、人格风范等方面有许多相同或相似之处,也有不少相异之处。从相同或相似之处来看,他们都是明朝遗民,都考场失意,无缘仕宦;都有深厚的经学功底和渊博学识,有朴素唯物主义倾向,主张知行合一、经世致用,反对宗教迷信和性理空谈;都反对君主集权专制,主张简政放权、富国裕民;都高举华夷之辨的旗帜,以反清复明为政治理想,公开或隐蔽地参加了各种反清复明的激烈政治斗争,拒绝与清政府合作;都把后半生的大部分时间和精力投入到考究经史、整理学术、著书立说、培育人才之中,取得了丰硕的学术成果,树立了崇高的人格风范。从相异之处来看,黄宗羲是东林遗孤,其父亲黄尊素被阉宦魏忠贤迫害致死,成为晚明腐朽政治的牺牲品;顾炎武则是东林遗绪,其嗣母王氏夫亡未再婚守贞,受到朝廷嘉奖,明亡后绝食而死,主动为封建礼教献身。黄宗羲对朱元璋集权专制和晚明腐朽政治的批判比较深入大胆,甚至发出"为天下之大害者,君而已矣。"的惊世骇俗之论;顾炎武则崇拜朱元璋的雄才大略,一生七谒孝陵,十谒明陵,对有明的败落和亡国扼腕叹息,对其集权专制和腐朽政治的批判较为温和隐讳。黄宗羲与鲁王政权的合作比较深入,顾炎武与南明小朝廷的合作则比较浮浅。黄宗羲是陆王心学传人黄宗周的得意门生,对程朱理学"存天理,灭人欲"的僵化说教持否定态度;顾炎武则是程朱理学的继承者,但无固定师传,甚至拒绝拜大儒钱谦益为师,对空谈心性、内禅外儒、不务实功的异端邪说持否定态度。黄宗羲与清政府的关系比较僵硬、疏远,顾炎武与清政府的关系则比较圆滑、富有弹性。黄宗羲在政治批判和理学思想史的整理方面成就卓著,顾炎武则在经史考证和社会考察方面功夫超群。黄宗羲有国仇而无家恨,妻外无妾,儿孙满堂,家庭生活幸福安定;顾炎武则既有国仇又有家恨,幼年从嗣,妻外多妾,终生无子,家庭生活漂泊不定。

顾炎武的治国理政思想总体上是比较务实的,没有多少抽象议论。其核心要旨可以归纳为:以经学为本,明道救世;不空谈心性,反对宗教迷信;尊崇礼制,移风易俗;简政放权,富国裕民;应时而变,民主启蒙;继承传统,开创未来。其中"人各有私,他为不如自为,独治不如众治,以天下之私以成一人之公。""封建之失,其专在下;郡县之失,其专在上。""知封建之所以变而为郡县,则知郡县之弊而将复变。然则将复变

---

① 《顾亭林诗文集·亭林文集卷之一·钱粮论下》。

而为封建乎？曰，不能，有圣人起，寓封建之意于郡县之中，而天下治矣。"[1] "法制禁令，王者之所不废，而非所以为治也。其本在正人心、厚风俗而已。"[2] "欲使民兴孝、兴弟（悌），莫急于生财。"[3] "人主之道，在乎不利（搜括）群臣百姓之有。"[4] "窃以为荆襄者，天下之吭（喉咙）；蜀者，天下之领；而两淮山东，其背也。蜀据天下之上流，昔之立国于南者，必先失蜀而后危仆（危殆、覆亡）从之。" "古之善守者，所凭在险，而必使力有余于险之外。守淮者不于淮，于徐泗；守江者不于江，于两淮。此则我之战守有余地，而国势可振。"[5] "易姓改号谓亡国，率兽食人亡天下。" "天下兴亡，匹夫有责"[6] "士大夫之耻是为国耻"[7] "穷则变，变则通，通则久，天下之理固不出乎此。"[8] "天下之事，当过中而将变之时然后革，而人信之矣。"[9] 等观点是其思想宝库中最具闪光点的部分。

2. 对顾炎武税收思想的简要评述

顾炎武的税收思想是其治国理政思想的重要组成部分，本书将其提炼归纳为以下四个方面，包括：（1）主张分权治赋，反对君主集权专制。（2）主张募民垦荒，增产增赋。（3）主张均田均赋，抑制豪强兼并。（4）主张任土纳赋，以钱代银，停征火耗。这四点内容总体上涵盖了生财、聚财、用财、理财的完整链条。其中分权自治、分权治赋与国有土地私有化；降低官租、限制私租；以钱代银、停征火耗等观点是具有创新意义的，已经触及到了封建专制体制的要害——政治体制、财税体制、产权制度和货币体制等，其民主启蒙色彩更加明显。当然，在封建专制制度根深蒂固的时代背景下，任何利国利民的重大改革举措要想付诸实施并产生预期的效果，除了改革思路的正确、改革方案的周密外，开明君主的雄才大略和坚定支持是不可或缺的重要条件，没有这一条，任何改革都是不可能成功的。这就是为什么顾炎武和黄宗羲对在位期间仁民爱物、力主改革、在内忧外患中苦撑危局直至为国殉难的崇祯皇帝非常怀念，并坚守遗民气节、积极参加反清复明斗争、多次拒绝清统治者的威逼利诱，不与其进行直接合作的重要原因。当然，受忠孝节义思想的影响，顾炎武的治国理政思想中也有重华轻夷的保守倾向。

顾炎武是一个传奇式的人物，他在严谨考证经史的同时，还积极参与各种经商理财活动。比如在山东游历时，靠撰写地方志获取了丰厚的稿酬；在章丘等地购置田产和庄园，谋取增值收益；在山西参与票号的创建并入股谋利；还与人合伙在雁门关以北垦荒

---

[1] 《顾亭林诗文集·亭林文集卷之一·郡县论五》。
[2] 《日知录·法制》。
[3] 《日知录·未有上好仁而下不好义者也》。
[4] 《日知录·助饷》。
[5] 《顾亭林诗文集·亭林文集卷之六（补遗）·形势论》。
[6] 《日知录·正始》。顾炎武的名言"天下兴亡，匹夫有责"即出于此。
[7] 《日知录·廉耻》。
[8] 《日知录·直言》。
[9] 《日知录·己日》。

种地等。这些丰富新奇的商业和金融活动，不仅为他积累了大笔财富、解决了生活来源问题，还帮助他游历大江南北，深入了解各地的风土民情、历史文化和官府治理情况，为其学术著作的撰写、治国理政思想及税收思想的形成提供了重要的源头活水。但与黄宗羲一样，他对工商业活动的重视并未全面详细地反映在其治国理政思想中，在工商税的研究方面也未能给我们提供更多可参考的资料，不无遗憾。

主要参考文献：

《顾亭林诗文集》，顾炎武撰，华忱之点校，中华书局1983年版。

《顾炎武文选》，钱仲联主编，张兵选注，苏州大学出版社2001年版。

《顾炎武全集》，顾炎武撰，全二十二册，华东师范大学古籍所整理，上海古籍出版社2011年版。

《顾炎武评传》，许苏民著，南京大学出版社2005年版。

王夫之

一、王夫之生平简介

王夫之（1619—1692），字而农，号姜斋，又号夕堂，湖广衡州府衡阳县（今湖南衡阳市）人。因晚年隐居家乡附近的石船山，著书立说，教授门徒，自署船山病叟、南岳遗民，学者遂称船山先生。杰出的思想家、哲学家、史学家和文学家，与黄宗羲、顾炎武并称明末清初三大儒。历明神宗、明光宗、明熹宗、明思宗、清世祖、清圣祖六朝。王夫之出生于一个没落的武勋世家，最早可考的始祖可以追溯至元末明初的骁骑公王仲一。王仲一，扬州高邮人，从明太祖朱元璋定天下，以功授官山东青州左卫正千户。配冯宜人，生成。永乐初，成以翊戴功升衡州卫指挥同知，遂籍于衡阳。配朱淑人，生全。全袭父职，配崔淑人，生能。能袭父职，配刘淑人，生纲、统二子。纲平郴、韶贼乱有功，晋骠骑将军上护军、江西都指挥佥事，掌卫事。配崔夫人，生震，字东齐。震袭父职，掌卫事，累迁昭武将军上轻车郡尉，历柳庆参将。配常恭人，生翰，字直卿。翰袭父职，升都指挥使。纳妾郑氏，生宁，号一山，此即王夫之的高祖。配赵氏，生亨、雍二子。雍为王夫之的曾祖，号静峰，隆庆四年乡贡，授武冈州学训导，后迁江西南城县学教谕。配毛孺人，生惟恭、惟敬、惟炳三子。惟敬是为王夫之的祖父，号少峰，隐士，崇志节，尚气谊。元配冯孺人，继娶范孺人。范孺人是王夫之的祖母，生朝聘、廷聘、家聘三子，皆补生员。朝聘是王夫之的父亲，字逸生，又字修侯，号微君，以天启辛酉副榜授迪功郎，弃官隐居，受学于邑大儒伍定相先生，究极天性物理，以武夷为朱子会心之地，志游焉以题书壁，学者称武夷先生。元配綦孺人，系宁远县教谕綦文佳之女，生子一，三岁殇。继娶谭孺人，谭时章之女。生子三：介之、参之、夫之。介之为夫之大兄，字石子，又字石崖，号耐园，举人，81岁卒。配欧阳孺人，思恩府同知丙子岁贡生珠之女。生子一，敞，字阮原，乙酉补邑文学。女一，适文学萧鸣南子式。参之为夫之次兄，字立三，又字叔稽，宏光年间贡生。配蒋氏，文学大操之女。

生子二：籹、致，皆夭。夫之排行第三，元配陶氏，处士万梧女，26岁卒。生子二，长勿药，夭；次攽。继娶郑氏，襄阳文学仪珂女，29岁卒。生子一，敔。侧室女一，适文学李报琼子向明。50岁时再继娶张氏为妻。王夫之一生至少有四子，但在其死后的墓碑上只刻有攽、敔二子姓名，其余的大概都早夭了。

王夫之自幼跟随父亲、叔父、兄长学习，阅读了大量的儒家经典，为其日后成为一代大儒奠定了坚实的人文基础。14岁中秀才，24岁以《春秋》第一名高中湖广乡试第五名，但受明末社会动乱的影响，未能参加明朝最后一科会试，科举仕进之路从此断绝。随后王夫之积极投身到抗清复明的生死搏击当中。1648年，他与好友夏汝弼、管嗣裘、僧性翰在南岳方广寺举行武装抗清起义，最后以失败告终，开始四处躲避流窜。南明永历十四年（清顺治十七年，1660年）春，王夫之举家迁居衡阳金兰乡高节里，于茱萸塘（今船山乡湘西村）筑茅屋，名"败叶庐"。清康熙三年（1664年），在"败叶庐"设馆讲学。康熙十四年（1675年）秋，在衡山石船山麓定居著述，筑草堂而居，人称"湘西草堂"，自题堂联"六经责我开生面，七尺从天乞活埋"。晚年贫病交迫，连纸笔都靠朋友周济。康熙十八年（1679年），吴三桂僭号于衡州，有以《劝进表》相属者，王夫之严辞拒绝，对来客曰："某本亡国遗臣，扶倾无力，抱憾天壤。国破以来，苟且食息，偷活人间，不祥极矣。今汝亦安用此不祥之人为？"遂逃之深山，作《祓禊赋》（已佚）。康熙二十八年（1689年），三桂平，大吏闻而嘉之，嘱郡守馈粟帛请见，夫之以病辞，受其粟，返其帛。康熙三十一年（1692年），王夫之病逝于高节里，享年74岁。自题墓志曰："明遗臣王夫之之墓。"

二、王夫之税收思想的主要内容

王夫之的税收思想是其治国理政思想的重要组成部分，本书将其提炼归纳为以下七个方面。

1. 主张依法征税，因时掌握宽严缓急

王夫之说："立国之始，法不得不详。有国之道，用不得不丰。不详则苛横者议其后，而变易增加之无已。不丰则事起而猝（仓促）无以应，必横取之民，以成乎陋习。""立法之始，无取太宽（宽松），常留有余之德意于法外，以使有可宽，故大貊小貊之弊，必至于大桀小桀。唯通国计之常变，而处于有余之地，乃宽之于课程（纳税期限），则民不狎（轻视）为易供，而其后受束湿（困厄）之苦，斯以乐生有道矣。"①"善取民者，视民之丰，勿视国之急。民之所丰，国虽弗急，取也；虽国之急，民之弗丰，勿取也。不善取民者反是，情奔其所急，而不恤民之弗丰；苟非所急，虽民可取，缓

---

① 《船山全书·噩梦》。

也;苟其所急,虽无可取,急也。故知取勿取之数(道、奥妙)者,乃可与虑民,乃可与虑国,不穷于取矣。"①

2. 主张财贵散不贵聚,理财不等于聚敛

王夫之说:"夫财之所大患者,聚耳。天子聚之于上,百官聚之于下,豪民聚之于野。聚之之实,敛人有用之金粟,置之无用之窖藏。聚之之心,物处于有余而恒见其不足。聚之之弊,辇(载运)之以入者不知止,而窃之以出者无所稽(查)。聚之之变,以吝陋(吝啬鄙陋)激其子孙,而使席丰盈以益为奢侈。聚之之法,掊克之奸人(奸人)日进其术,而蹈刑之穷民日极于死。于是而八口无宿舂(隔夜之粮),而民多捐瘠(饿死);馈饟(运送粮饷)无趋事(役夫),而国必危亡。"②"夫官资(取)于民,而还用之于其地,则犹然民之得也。贡税之入,既以豢(养)兵而卫民,敬祀而佑民,养贤而劝民,余于此者,为酒醴豆边③特赐之需,而用之于燕游,皆田牧市井之民还得之也。通而计之,其纳其出,总不出于其域,有费之名,而未尝不惠。较之囊括于无用之地者,利病奚若邪(利病何如呢)?"④

"言治道者讳言财利,斥刘晏为小人。晏之不得为君子也自有在,以理财而斥之,则倨骄(傲慢)浮薄之言,非君子之正论也。……晏之理财于兵兴之日,非宇文融、王𫓹、元载之额外苛求以困农也。察诸道之丰凶,丰则贵(贵买),凶则贱粜(贱卖),使自有余息以供国,而又以蠲免救助济民之馁瘠,其所取盈者,奸商豪民之居赢(囤积居奇之暴利)与墨吏之妄滥而已。仁民也,非以殃民也。榷盐之利,得之奸商,非得之食盐之民也;漕运之羡(盈余),得之徒劳之费,非得之输挽之民也。上不在官,下不在民,晏乃居中而使租、庸不加,军食以足。晏死两年,而括富商、增税钱、减陌钱、税间架⑤,重剥余民之政兴,晏为小人,则彼且为君子乎?"⑥"刘晏庀(办理、治理)军国之用,未尝有搜求苛敛于民,而以榷盐为主。盐之为利,其来旧(久)矣。而法愈繁则财愈绌,民愈苦于淡食,私贩者遂为乱阶。无他,听奸商之邪说,以擅利于己,而众害丛集矣。官榷之,不能官卖之也;官卖之,而有抑配(摊派)、有比较、有增价、有解耗,殄民已亟(极),则私贩虽死而不惩(恐、戒、止),必也。官(设官)于出盐之乡,收积以鬻于商,而商之奸不雠(售)矣。统此食盐之地,统此岁办之盐,期于官无

---

① 《诗广传·论大东》。
②④ 《船山全书·读通鉴论·宋真宗》。
③ 指豆和笾,是古代祭祀及宴会时常用的两种礼器。豆为木制,笾为竹制。
⑤ 间架指支撑屋顶的三角架,两个三角架推算为一间房屋。我国对房产征收财产税历史悠久,但真正将房产作为独立课税对象征收房产税的是唐德宗。建中四年(753年),唐德宗颁布政令,自本年起在全国开征"间架税",具体做法是:根据房屋占地面积、建造时间、建筑质量、间数等因素,将各类房屋分为三等,上等房屋每年每间两千文,中等房屋每年每间一千文,下等房屋每年每间五百文,房屋间数越多,缴税越多,对隐瞒房产偷税漏税的严厉处罚。这项政策推行到建中五年,就因社会震动强烈及军人发生哗变等而被迫停止。
⑥ 《船山全书·读通鉴论·唐德宗》。

留盐、商无守支①、民无缺乏、踊贵而止（盐价趋平）耳。官总而计之，自灶丁牢盆薪刍粮值之外，计所得者若干，足以裕国用而止耳。一入商人之舟车，其之东之西，或贵或贱，可勿问也。而奸商乃胁官以限地界。地界限，则奸商可以唯意低昂，居盈待乏，而过索于民。民苦其贵，而破界以市于他境，官抑（或）受商之饵（贿赂），为之禁制，徽纆（捆绑、囚禁）日累于廷，掠夺日喧于野，民乃激而走挺（铤而走险），于是结旅操兵，相抗相杀，而盗贼以起。元末泰州之祸，亦孔烈（惨烈）矣。若此者，于国无锱铢之利，君与有司受奸商之羁豢（收买和利用），以毒民而激之乱。制法之愚，莫甚于此！而相沿不革，何也？朝廷欲盐之速雠（售），不得其术，而墨吏贪奸商之贿，为施网罟，以恣（纵容）其射利之垄断，民穷国乱，皆所弗恤也。晏知之矣，省官以省掣（抽）查支放之烦，则商既不病，一委之商，而任其所往，商亦未尝无利也。相（依据、观察）所缺而趋之，捷者获焉，钝者自咎其拙，莫能怨也。而私贩之刑不设，争盗抑（或）无缘以起。其在民也，此方挟乏以增价，而彼已至，又唯恐其雠（售）之不先，则踊贵之害亦除。守此以行，虽百王不能易也。晏决策行之，而后世犹限地界以徇奸商，不亦愚乎？持其大纲，疏（疏通）其节目，为政之上术也。统此一王之天下，官有煮海之饶，民获流通之利，片言而决耳。善持大计者，岂有不测之术哉，得其要而奸不能欺，千载莫察焉，亦可叹已（矣）！"②

3. 主张任夫不任田，赋役有定额，多垦不增税

王夫之说："孟子言井田之略，皆谓取民之制，非授民也。……井田之一夫百亩，蓋（盖）言百亩而一夫也。夫既定而田从之，田有分而赋随之。其始也以地制夫而夫定，其后则唯以夫计赋役而不更求之地，所以百姓不乱而民劝于耕。后世之治，始也以夫制地，其后求之地而不求之夫，民不耕则赋役不及，而人且以农为戒，不驱而折入于权势奸诡之家而不已。此井田取民之制所以为盛王之良法，后世莫能及焉。夫则有制矣，田则无制也。上地不易（休耕），百亩而一夫；中地一易（种一年休耕一年），二百亩而一夫；下地再易（下等地种一年休耕两年），三百亩而一夫。田之易不易，非为法禁民而使旷而不耕也，亦言赋役之递除耳。再易者，百亩三岁而一征也。一易者，间岁而一征也。上地百亩而一夫，中地二百亩而一夫，下地三百亩而一夫，三代率因夏禹之则壤为一定之夫家，而田之或熟、或莱（荒）、或有广斥（大面积的盐碱地），皆不复问。其弃本逐末，一夫之赋自若，民乃谨守先畴（先祖遗产）而不敢废。"③

"役其人，不私其土，天之制也；用其有余之力，不夺其勤耕之获，道之中也；效其土物之贡，不敛其待命之粟，情之顺也；耕者无虐取之忧，不耕者无幸逃之利，义之

---

① 指盐商凭盐引等候领盐。
② 《船山全书·读通鉴论·唐德宗》。
③ 《船山全书·噩梦》。

正也。"① "古者任夫而不任田。夏后氏一夫税五十亩，殷税七十亩，周税百亩。田虽逾额，而但视夫家之常以定赋役。'任土地'者，一以责之田亩，有田则有税，而力役、车乘壹皆以田为科配，无尺寸之漏壤，而不守夫家之故版（旧版籍）为登降（升降、增减）。"② "古者以九赋作民奉国，农一而已，其他皆以人为率。夫家之征，无职事者不得而逸（免）。马牛车器，一取之商贾。役，则非（除）士及在官者，无不役也。是先王大公至正、重本足民之大法，万世不可易者也。……今变法而一以田税为率，已税矣，又从而赋之。非时不可测度之劳，皆积堕于农，而计田之肥瘠以为轻重，则有田不如无田，而良田不如瘠土也，是劝民以弃恒产而利其莱芜（荒芜）也。民恶得而不贫，恶得而不堕，恶得而不奸，国恶得而不弱，盗贼恶得而不起，戎狄恶得而不侵哉？"③

"以治民之制言之，民之生也，莫重于粟，故劝相其民以务本而遂其生者，莫重于农。商贾者，王者之所必抑（抑制、打击）；游惰者，王者之所必禁也。然而抑之而且张，禁之而且偷，王者亦无如民何，而惟度民以收租，而不度其田。一户之租若干，一口之租若干，有余力而耕地广、有余勤而获粟多者，无所取盈（多取），窳废而弃地者，无所蠲减，民乃益珍其土而竞于农，其在强豪兼并之世尤便也。田已去而租不除，谁敢以其先畴为有力者之兼并乎？人各保其口分之业，人各劝于稼穑之事，强豪者又恶（何）从而夺之？则度人而不度田，劝农以均贫富之善术，利在久长而民皆自得，此之谓定民制也。"④

4. 主张什一税非中正之制，后王二十取一不为少

王夫之说："什一之赋，三代之制也。……天子之畿千里，诸侯之大者，或曰百里，或曰五百里，其小者不能五十里。有疆场之守，有甲兵之役，有币帛饔飧（宴饮馈食）牢饩之礼，有宗庙社稷牲币之典，有百官有司府史胥徒禄食之众，其制不可胜举。……故二十取一而不足。然而有上地、中地、下地之差，有一易、再易、莱田（荒地）之等，则名什一，而折衷其率，亦二十而取一也。……文帝十三年，除田租税；景帝元年，复收半租，三十而税一；施及光武之世，兵革既解，复损十一之税，如景帝之制；诚有余而可以裕民也。"⑤

"三代圣王，无能疾（急）出其民于水火，为捴节焉以渐苏其生命，十一者，先王不得已之为也。且天子之几（政务、版图），东西南北之相距，五百里而已，舟车之挽运，旬日而往还，侯国百里之封，居五十里之中，可旦输而夕返。今合四海以供一王，而馈军周（至）于远塞，使输十一于京边，万里之劳，民之死者十九（9/10），而谁以躯命殉一顷之荒瘠乎？弗获已（不得已）而折色轻赍之制以稍宽之，乃粟之贵贱无恒，而

---

① 《船山全书·读通鉴论·唐高祖》。
② 《船山全书·四书稗疏·孟子（上篇）》。
③ 《船山全书·读通鉴论·五代下》。
④ 《船山全书·读通鉴论·孝武帝》。
⑤ 《船山全书·读通鉴论·汉文帝》。

定之以一切之准，墨吏抑（或）尽废本色，于就近支销（开销、耗费）而厚取其值（税费），其便（方便）贱籴以应非时之诛求，迨（若）非奸诡豪强，未有敢名田为己有者。若且不察而十一征之，谁为此至不仁之言曰中正之制，以勦绝（剿绝、灭绝）生民之命乎？"①

5. 主张米粟征本色，百货日用征折色

王夫之说："法之最颠倒者，农所可取者粟，而条鞭②使输金钱；商所可征者金钱，而屯盐使之输粟。边可屯（边关可以屯田），官不能屯（而官吏不愿意屯田），而委之素不安于农之商；粟可博金钱，官不移丰以就歉，而责农之易（兑换）金钱以偿官。其不交困也，得乎！取之必其所有，使之必于其所长，一人效一人之能，一物抵一事之费，《周官》之善，尽于此耳。"③

"古之税于民也，米粟也，布缕也。天子之畿，相距止于五百里，莫大诸侯（再大的诸侯）无三百里之疆域，则粟米虽重，而输之也不劳。古之为市者，民用有涯（限），则所易者简，田宅有制，不容兼并，则所赍（携带）以易（交易）者轻。故粟米、布帛、械器相通有无，而授受亦易。至于后世，民用日繁，商贾奔利于数千里之外，而四海一王，输于国、饷于边者，亦数千里而遥，转挽之劳无能胜也。而且粟米耗于升龠④，布帛裂于寸尺，作伪者湮（浸、淹）湿以败可食之稻麦，糜薄（侈靡轻薄）以费可衣之丝枲（麻）。故民之所趋，国之所制，以金以钱为百物之母而权其子，事虽异古，而圣王复起不能易矣。"⑤

"自米粟外，民所输者，本色折色奚（谁）便？国之利不宜计也，而必计利民。利民者，非一切（苟且）之法所可据为典要，唯其时而已。唐之初制，租出谷，庸出绢，调出绘、纩、布，其后两税法行，绘、纩、布改令纳钱。陆敬舆⑥上言：'所征非所业，所业非所征，请令仍输本色。'执常理以言之，宜无以易也，揣事理以言之，则有未允者焉。绢、缯、纩、布之精粗至不齐矣，不求其精，则民俗之偷也。且以行滥之物输官，而吏以包容受赇（贿赂），既损国计、导民奸，而取有用之丝枲，为速敝之绢布，

---

① 《船山全书·读通鉴论·唐高祖》。
② 指一条鞭法。
③ 《船山全书·噩梦》。明代鼓励商人输运粮食到边塞换取盐引，然后从盐场支取食盐，再销往全国各地以赚取高额盐利，这种制度被称为开中法。因为长途运粮耗费巨大，盐商们不得已曾在各边雇佣劳动力开垦田地，生产粮食，就地入仓换取盐引，便于更多地获利。宪宗成化年间停止各边开中法，令盐商于户部、运司纳粮换取盐。明世宗时，杨一清又请召集商人开中，实行商屯。后经多人奏请，穆宗于隆庆二年（1568年）以庞尚鹏为右金都御史，管理盐政、屯田，督办九边屯务，他与陕西三边总督王崇古详细规划在边地推行屯田开中，但因此制败坏日久，已难收得实效。
④ 石、斗、升、合、龠都是古代称量米粟的容器。它们之间的换算关系如下：一石等于十斗，一斗等于十升，一升等于十合，一龠等于半合。
⑤ 《船山全书·宋论·宋仁宗》。
⑥ 陆贽，唐朝著名政治家、政论家，字敬舆。

灭裂物产，于民亦病矣。如必求其精且良与（欤），而精粗者无定之数也，墨吏、猾胥操权以苛责为索贿之媒，民困不可言矣。钱则缗足而无可挟之辞矣，以绢、布、绵、缕而易钱，愚氓虽受欺于奸贾，而无恐喝（恐吓）之威，则其受抑者无几，虽劳而无大损也，此折钱之一便也。树桑者先王之政，后世益之以麻枲、吉贝。然而不能所在而皆植也。桑枲之土取给也易，而不产之乡转买以充供。既以其所产者易钱，复以钱而易绢、缯、纩、布，三变而后得之，又必求中度者，以受奸商之腾踊，愚氓之困，费十而不能得五也。钱则流通于四海而无不可得，此又一利也。丁田虽有定也，而析户分产，畸零不能齐一，势之所必然也。绢、缯、纩、布必中度以资用，单丁寡产尺寸铢两之分，不可以登于府库，必计值以求附于豪右，不仁之里、不睦之家，挟持以虐孤寒，无所控也。钱则自一钱以上，皆可自输之官，此又一利也。丝枲者，皆用其新者也，民储积以待非时之求，而江乡雨湿，山谷烟蒸，色黯非鲜，则吏不收，而民苦于重（难）办。吏既受，而转输之役者民也，舟车在道，雾雨之所霑濡，稍不谨而成黦敝（霉变），则上重责而又苦于追偿。其支给也，非能旋收而旋散之也，有积之数十年而朽于藏者矣，以给吏士，不堪衣被，则怨起于下，是竭小民机杼之劳，委之于粪土矣。钱则在民在官，以收以放，虽百年而不改其恒，此又一利也。积此数利，民虽一劳而永逸，上有支给而下有实利。金钱流行之世，所不能悉使折输者，米粟而已，然而民且困焉。况欲使之输中度之丝麻，累递运之劳以徒供朽坏乎？唐初去古未远，银未登于用，铸钱尚少，故悉征本色可也。敬舆之言，惜旧制之湮，顺愚民不可虑始之情耳。金钱大行于上下，固无如折色之利民而无病于国也。故论治者，贵于知通也。"①

6.主张赋役分征，差役优于免役

王夫之说："三代之政，简于赋而详于役，非重（慎）用其财而轻（重）用其力也。赋，专制于君者也，制一定，虽墨吏附会科文以取之，不能十溢其三四也。役则先事集而后事息，随时损益，固难画一。听吏之上下，而不能悉听于君上，不为之不可。溢之数，尽取君与吏所必需于民者而备征之，则吏可以遽（急）不请命而唯意为调发，虽重法以绳吏，而彼固有辞。是故先王不避繁重之名，使民逐事以效功，则一国之常变巨细皆有期会之必赴，而抑（或）早取其追摄不逮（及）冗促不相待之数，宽为额而豫其期，吏得裕于所事而弗能藉口（借口）于烦速。其庀具（材料用具）供给之日，不移此以就彼，吏抑无从那（挪）移而施其巧。且役与赋必判然分而为二。征财虽径，征力虽迂，而必不敛其值以雇于公。民即劳而事有绪，吏不能以意欲增损之，而劳亦有节矣。知此，则创为一条鞭之法者概役（折役、统算役费）而赋之，其法苟简而病民于无穷，非知治体者之所尚矣。一条鞭立而民不知役，吏乃以谓（以为）民之未有役而可役，数十年以后，赋徒增而役更起，是欲径省其一役而两役之矣。王介甫②雇役之法倡之，朱

---

① 《船山全书·读通鉴论·唐德宗》。
② 北宋政治家、改革家王安石，字介甫。

英之一条鞭成之,暴君者又为(制定)裁减公费驿递工食之法,以夺之吏而偿(摊、取偿)之民。夺之吏者一而偿之民者百,是又不如增赋之虐民有数也。"①

"免役之愈于差役也,当温公②之时,朝士已群争之,不但安石之党也。民宁受免役之苛索,而终不愿差役者,率天下通古今而无异情。驱迟钝之农人,奔走于不习知之政令,未受役而先已魂迷,既受役而弗辞家破,输钱毕事,酌水亦甘,不复怨杼柚之空(生产废弛,丝麻不作)于室矣。故免役之害日增,而民重困者,有自来也。"③

7. 主张杂派征商税,理财多元化

王夫之说:"杂派分责之商税,则田亩之科征可减,而国用自处于优,国民两赖之善术也。孟子言'关讥而不征',又言'市廛而不征,法而不廛',谓当时列国分据,彼疆此界,商贾阻难,需货于邻国,非宽恤之使厚获利,则趋他国而不至,故以不征诱之耳。后世四海一家,舟车衔尾而往来,何患于商贾之不来乎!孟子言恤商而孔子不言,鲁用田赋,以商贾之赋赋农民则讥之,斯万世不易之法也。"④"人各效其所能,物各取其所有,事各资于所备,圣人复起,不能易此理也。……今四海一家,官山府海,何产不丰!凡诸军国所需,取铁于冶,取皮于原,取竹木于林,取丝于桑土,取麻絮于园,或就民而税,或官自畜植(养殖),又不必尽责之商贾。乃国计尽弛,悉授之末业之黠民,而徒督责之于田亩之征,不给则令死于桁杨(脚镣、牢狱),死于逃窜,不亦憯(惨痛)乎!"⑤

三、对王夫之治国理政思想及税收思想的简要评述

1. 对王夫之治国理政思想的简要评述

综观王夫之的治国理政思想,其突出特点有五:一是醇儒思想。王夫之是明末清初与黄宗羲、顾炎武齐名的三大儒之一,他最推崇周公、孔孟、张载和朱熹,对老庄、浮屠、法家等所谓异端思想进行了鞭辟入里的深刻批判,但也吸收其有益成分为我所用;二是朴素唯物主义和辩证法思想。王夫之非常赞赏张载的气本论思想,强调宇宙实体的物质性、天理人欲的客观性、人作为实践主体的主观能动性、感性认识和理性认识的阶梯性、万事万物生生不息发展演变的规律性和辩证性,又对朱熹的客观唯心主义和王阳明的主观唯心主义性理思想作了全面的梳理和改造,将其纳入朴素唯物主义轨道;三是通权达变思想。王夫之在如何解决种种复杂的社会现实问题,推动社会变革朝着平稳有序、名实相副、富国裕民的方向发展方面,表现出很强的尊重现实、通权达变色彩。他

---

① 《船山全书·思问录外篇》。
② 司马光,字君实,号迂叟,北宋大臣。死后,追赠太师、温国公,谥号文正。
③ 《船山全书·读通鉴论·宋神宗》。
④⑤ 《船山全书·噩梦》。

反对盲目法古、反对激进变法、反对聚敛，主张任何改革都要从实际出发，对改革的各构成要素如人、财、物、事、环境等进行系统谋划、精细设计、权衡利弊；改革要顺势而为、积极稳妥、善抓机遇、讲究策略、重实效、不冒险盲动；改革者要大公无私、有勇有谋、刚毅果断，不能刚愎自用、独断专行、沽名钓誉、迎合君主私欲；四是经济自由主义思想。王夫之认为画经界、限田均田、抑兼并徒劳无益，轻徭薄赋、严肃吏制才是解决豪强兼并、百姓流离、赋役不均问题的根本出路；反对闭关锁国，认为发展内外贸易可以富国裕民，广泛使用铸币可以便利市场流通和赋税缴纳；反对盐铁茶等重要物资由国家垄断经营，主张朝廷适当实行源头管控，其余皆由农民和商人根据市场供求自由处置；反对过分保护穷人、打击富人，认为富人是国之司命，惰民无须救助；五是华夷之辨思想。王夫之一生坚持抗清复明立场，拒绝与清政府直接合作，死后也以明遗臣铭世。这种民族气节受人崇敬。不过，当康熙年间社会动荡趋于平稳，清统治者对老百姓开始实施重本抑末、休养生息政策，诚心招揽天下英才，对汉族知识分子实行怀柔政策时，他的内心也发生了微妙的变化，不仅默许弟子参政，对其修《明史》的原则和过程也给予了精心指导。当然，囿于时代的局限，王夫之的思想也有许多自相矛盾和传统保守的缺陷，比如，把"三纲五常"视为不可改变的天理；主张盗贼可杀，君主不可弑；富人应保护，奸商是国蠹；不流血的政权更替是可以接受的；法严伤民，还束缚人的手脚，治国应任人不任法；私欲尽则天理行；等，这些思想明显受到儒家正统思想和宋明理学思想的影响，也含有一定的主观唯心主义成分，是与其积极有为、通权达变的主流思想不协调的。

2.对王夫之税收想的简要评述

王夫之的税收思想是其治国理政思想的重要组成部分，内容十分丰富具体，本书将其提炼归纳为七个方面，包括：（1）主张依法征税，因时掌握宽严缓急。其要点包括：①立法创制之初，税负宜轻，为以后增税留有余地；②粮食丰收时，宜适当多征；粮食歉收时，宜适当少收，以丰补欠，税负均衡，利国利民。（2）主张财贵散不贵聚，理财不等于聚敛。其要点包括：①财聚则死，财散则活；②财取之于民而又返之于地，何必聚集于上；③理财不等于聚敛，民不增赋而国用足为上策，刘晏是理财高手。（3）主张任夫不任田，赋役有定额，多垦不增税。其要点包括：①孟子所谓"贡助彻法"，指的是三代的取民之制，而非授田之制；②上古任夫不任田，后世任田不任夫；③上古多垦田不征税，后世田多多征，田少少征，无田不征；④上古徭役按夫摊派，后世赋役按田摊派；⑤上古不抑兼并，农民安土重迁，后世频繁丈量土地，徒增社会不安；⑥上古重本抑末，天下无闲民，后世重农农益轻，抑末末益重。（4）主张什一税非中正之制，后王二十取一不为少。其要点包括：①三代国多域小支出繁，先王从撙节财用出发实行什一之制实属不得已。后世四海一王，国少域大消耗多，实行什一之制，民将不堪其苦；②后世为了便民，不得已实行折色轻赍之制，但粟之贵贱无恒，非时之征层出不穷，非奸诡豪强，未有敢名田为己有者；③什一税非中正之制，文景、光武二十或三十取一，诚有余而可以裕民者也。（5）主张米粟征本色，百货日用征折色。其要点包括：①取之必于其所有，使之必于其所长，一人效一人之能，一物抵一事之费，《周官》之善尽于此；②三代民用有涯，市易也简；后世民用浩繁，市易、挽运也杂，故以金钱为百物之母以权其子，亦势在必然；③自米粟外，民之所输采用本色还是折色，无一定之规，要视具体情况而定。折色有便商利民之四利，在钱广泛流通的时代，除米粟不可悉折之外，百货日用之输皆征折色未尝不可。（6）主张赋役分征，差役优于免役。其要点包括：①三代之政，简于赋而详于役，是因为赋专制于君，较为固定，而役则因事而起，易为奸吏所左右；②赋役分征，民即劳而事有绪，吏不能以意欲增损之，而劳亦有节矣。批评"一条鞭法"概役（折役）而赋，法虽简，而民不知役，吏以民未役而加征之，后患无穷；③输钱免役比辛苦服役简便省事，所以百姓宁损财破家而不辞，这为王安石推行雇役法提供了理论依据，但也为赋上加役提供了借口。（7）主张杂派征商税，理财多元化。其要点包括：①在商业越来越繁荣，征税品目越来越多的情况下，将各种杂派分征于商税，既可减轻田亩之科，又能保障国用不乏，是国民两赖之善术；②今四海一家，官山府海，物产丰富，或就民而税，或官自养殖，理财渠道多样化，但也不能尽责之商贾。

总体来看，王夫之的税收思想既有保守的一面，也有与时俱进的一面，而传统与现代、保守与创新是紧密关联、交织在一起的。从与时俱进的方面来看，他对土地产权频繁变动、人地分离的历史大势有清醒认识，所以提出了不定疆界、不抑兼并、不打击富人的具有经济自由主义色彩的政策主张；他对商品经济日益繁荣和钱币广泛流通给社会生活带来的重大影响和诸多便利有深刻认识，对实物税向货币税转化提出了科学预见，但不够彻底；他对开放边境贸易、促进商品流通、富国裕民、增加赋税有清醒认识，提出杂派分责之商贾、理财手段多元化也是合理的；他对取和与的辩证关系有深刻理解，对刘晏不增民赋而国用足的高超理财艺术给予高度评价。从保守方面来看，他提出的任夫不任田、二十税一、米粟不可悉征折色、赋役不可合征、差役优于免役等，虽基于对现实问题的深入思考，但所得结论却有失偏颇，与时代发展的大趋势不相适应；他对"两税法""一条鞭法"和王安石"熙宁变法"的全盘否定有失公允，是对税制改革由简到繁、由繁到简波浪式前进、螺旋式上升的规律认识不清的表现，有厚古薄今、私忧过计之嫌。

主要参考文献：

《清史稿》卷480《王夫之传》。

《船山全书》，岳麓书社2011年版。

《船山诗文集》，中华书局1983年版。

《王夫之评传》，萧萐父、许苏民著，南京大学出版社2002年版。

康 熙

一、康熙生平简介

康熙（1654—1722），姓爱新觉罗，名玄烨，清朝第四位皇帝，清定都北京后第二位皇帝，清世祖顺治第三子。顺治十一年三月十八日（公历5月4日）生于北京紫禁城景仁宫，其父是皇太极第九子，满族；其母孝康章皇后（慈和皇太后）佟佳氏是都统佟图赖之女，时为庶妃，汉族；其祖母孝庄文皇后[①]是蒙古科尔沁贝勒寨桑之女，清太宗皇太极之妃，孝端文皇后的侄女，顺治帝的生母，蒙古族。康熙5岁入太学，8岁丧父，10岁丧母，幼年凄苦。但在孝庄文皇后的精心抚育和严格训导下，他从小就树立了为天下百姓安居乐业谋福祉的远大志向，并虚心向孝庄文皇后的随嫁贴身侍女苏麻喇姑学习蒙古语、向满族侍卫阿舒默尔根学习骑射、向汉族师傅学习儒家经典，将满、蒙、汉三种异质文化的精髓融会贯通，取其精华，弃其糟粕，为其日后的治国理政实践打下了坚实的思想理论基础。

康熙8岁登基（与顺治帝相仿），14岁亲政，在位61年，是自秦汉以来中国历史上执政时间最长的皇帝。在位期间擒鳌拜、平"三藩"、保卫雅克萨、亲征噶尔丹、主持"多仑会盟"、收复郑氏台湾、击退准噶尔策妄阿拉布坦对新疆、青海、西藏的袭扰、平息藏传佛教内部纷争，稳固了大清帝国的统治基础，促进了满汉蒙藏回等多民族的有

[①] 孝庄文皇后（1613年3月28日—1688年1月27日），博尔济吉特氏，名布木布泰，系蒙古科尔沁贝勒寨桑之女，清太宗爱新觉罗·皇太极之妃，孝端文皇后的侄女，顺治帝爱新觉罗·福临的生母，康熙帝的祖母。布木布泰13岁嫁给皇太极，皇太极逝世后，其弟多尔衮拥立布木布泰之子福临即位，年号顺治，尊布木布泰为皇太后。康熙二十六年十二月二十五日（1688年1月27日），布木布泰去世，享年75岁。孝庄文皇后是中国历史上有名的皇太后和太皇太后、清初杰出的女政治家，一生辅佐顺治、康熙两位君主，经历非常传奇。死后不愿回盛京与清太宗皇太极合葬，而愿将骸骨留于河北遵化之孝陵，陪伴顺治父子。且终于康熙朝，其梓宫一直停放在孝陵暂安奉殿，而未入土，这自然成为一个颇受争议的话题。直到雍正三年（1725年）十一月十日，孝庄文皇后才被安葬在孝陵风水墙外的昭西陵。

机融合，极大地扩展了中国的版图疆域，壮大了国威，为"康乾盛世"的到来和中华民族的繁荣昌盛做出了重大贡献，被后世誉为"千古一帝"。

康熙一生崇儒重道，推崇孔孟朱子；慎法恤刑，爱民如子；以农为本，轻徭薄赋；大兴水利，赈灾救荒；举贤任能，赏优罚劣；实心实政，不务虚名；孝治为先，和睦宗族；恩威并施，抚近绥远；兴文重教，移风易俗；热爱科学，重视实验；编纂典籍，传承文化；是一位酷爱学习、聪明睿智、多才多艺、文武兼备、仁民爱物、胸怀天下、泽被后世的伟大君主。集政治家、军事家、战略家、农学家、史学家、书法家、科学家等多种优秀品质于一身，是中国几千年封建专制君主中的佼佼者。他的英名与同时代的西方著名封建君主法国"太阳王"路易十四①和俄罗斯沙皇彼得一世②相比肩，且三人之间还有信使往来和外交联系。

康熙一生妃嫔众多，但三位皇后年仅二十几岁就英年早逝，让他痛心疾首，此后再未续立皇后。雍正帝的生母德妃乌雅氏虽然很受康熙宠爱，但她孝恭仁皇后和皇太后的名分也只是在其儿子雍正继位后才被追封。

康熙一生共有35子、20女，其中记载于宗谱的仅24子、11女，其他均夭折或病死。若加上生前所见孙、曾孙等，其子嗣共有150余人，可谓繁盛。但在立储问题上，他却伤透了脑筋。在孝诚仁皇后赫舍里氏因难产去世后不久，他曾打破常规，将不满两周岁的皇次子胤礽（孝诚仁皇后所生，嫡长子承祜幼殇）立为太子，对其进行了无微不至的关怀和极严格的教育。后来太子逐渐长大成人，出落成样样精通的文武全才，极得康熙欢心。在亲征噶尔丹的十多个月时间里，康熙甚至将监国重任交给太子。太子也不负众望，处理军国大事干练得体，受到康熙帝和朝臣的一致嘉许。但随着康熙执政时间的不断延长，耐不住寂寞的皇太子也出现了一些乖张无礼、有辱祖德的行为和与王大臣结党逼宫的苗头。康熙十分震怒，遂在康熙四十七年无奈作出废黜皇太子的决定。次年为了权力平衡，康熙又不得已恢复了胤礽的皇太子名分，以求更新，但终因收效甚微，于康熙五十一年再度废黜。至康熙病逝前，废太子胤礽则一直拘禁于紫禁城咸安宫，直至雍正二年十二月十四日病逝，终年51岁。康熙在立储问题上的前后反复和犹豫不决，为其生前死后子孙争斗、宗族离心、吏治腐败埋下了隐患。尽管如此，雍正也是一位有勇有

---

① 路易十四（Louis XIV，1638年9月5日—1715年9月1日），法国波旁王朝国王，号称"太阳王"，法国历史上最著名的君主之一。共执政72年（1643—1715），是世界上执政时间最长的君主之一。他是欧洲君主专制的典型，认为君权神授，"朕即国家"。路易十四执政初期，励精图治，扩大了法国的疆域，使其成为当时欧洲最强大的国家和文化中心，并修建了著名的凡尔赛宫，资助艺术和科学的发展。执政后期，由于连年征战，法国国库空虚，濒临破产，使波旁王朝的统治面临危机。

② 彼得一世（1672—1725，1682—1725在位），尊称彼得大帝，是俄国罗曼诺夫王朝第四代沙皇、俄罗斯历史上两位大帝之一。1682年即位，1689年掌握实权。在位期间以西欧化和现代化为执政理念，对以农耕文明为主的俄罗斯进行了大刀阔斧的改革，积极兴办工厂，发展贸易，发展文化、教育和科研事业，同时改革军事，建立正规的陆海军，加强封建专制的中央集权制。继而发动了战争，夺得波罗的海出海口，给俄罗斯帝国打下坚实基础。可以说，近代俄国的政治、经济、文化、教育、科技等方面的发展史无不源于彼得大帝时代。彼得去世后，他的第二任妻子叶卡捷琳娜继承皇位，是为叶卡捷琳娜一世（1684—1727，1725—1727在位）。

谋、敢于担当的铁腕君主。他在执政期间采取了一系列针对时弊的重大改革举措，在一定程度上纠正了康熙晚年国政松弛之弊，树立了权威，稳固了政权，促进了经济社会的发展，为其子弘历（清高宗乾隆）接力奋进，把康熙开创的伟大事业继续推向前进，最终成就"康乾盛世"的美名铺平了道路、创造了有利条件。

二、康熙税收思想的主要内容

康熙的税收思想是其治国理政思想的重要组成部分，本书将其提炼归纳为以下八个方面。

1. 主张赈灾备荒，蠲赋养民

在自给自足的自然经济时代，自然灾害频发是普遍现象，它既影响农业生产的发展，又影响社会的和谐稳定。在康熙执政的61年当中，他把赈灾备荒、救民于水火摆在十分突出的位置，采取了遣官赍帑、开仓放粮；官员义捐、加叙记录；建立社仓、自助互济；平粜平粜、调剂余缺；设立粥厂、安置难民；抑奢崇俭、丰年重藏；以工代赈、兴修水利；鼓励垦荒、增加供给等一揽子长短结合的措施，其中蠲免赋税作为赈灾备荒的重要配套措施，得到广泛运用，其频次和规模都是历朝历代少有的。据统计，康熙执政61年，先后在全国20多个省区蠲免税粮、丁银和逋赋达545次（重要的有30多次），蠲免总规模高达一亿七千二百余万两白银，其中灾歉减免是最重要的部分。① 从蠲免方式来看，主要是地方官员如实申报，朝廷派员核实，按照受灾面积、受灾人口、受灾程度，以成数减免。对于有灾不报、迟延申报、无灾虚报、小灾大报、免而复征、贪污挪用、恩不下逮（及）的行为，一经举报、题参或事后发觉，均按照情节轻重，对涉事官员予以从重处分。

关于赈灾备荒和蠲赋养民的意义，康熙有如下重要论述："民生以食为天，必盖藏素裕，而后水旱无虞。自古耕九余三，重农贵粟，所以藏富于民，经久不匮，洵（确实）国家之要务也。"② "国家要务，莫如贵粟重农。朕宵旰图治，念切民生，惟期年谷顺成，积贮饶裕，于以休养黎元，咸登乐利。"③ "从来水旱自古有之，备荒之法全赖督抚得人。傥以讳灾为事，亏空塞责，一有歉薄，莫知所措，视民命如草芥，何以为民父母？"④ "朕惟治安天下，惟期民生得所。而欲民生得所，必以敷恩宽赋为要。"⑤ "朕宵旰勤民，厪（谨）思爱养，惟务简征宽赋，以期实惠黎元。间有州县水旱不登，即诏所司

---

① 《康熙评传》，孟昭信著，南京大学出版社1998年版，第195页。
② 《康熙御制文集》初集卷8《勅谕·谕户部》，康熙十八年六月初八日。
③ 《康熙御制文集》第2集卷18《勅谕·谕户部》，康熙三十九年秋七月二十五日。
④ 《康熙御制文集》第3集卷3《勅谕·谕户部》，康熙四十一年十一月初九日。
⑤ 《康熙御制文集》第2集卷15《勅谕·谕户部》，康熙三十五年十二月二十九日。

亟议蠲赈。其直隶各省每岁应输额赋，有以次递蠲者，有频蠲数年者，有将带征积欠暂令停征者。凡以蠲除额赋，专为小民乐业遂生，一岁以内足不践长吏之庭耳。不闻追呼之扰，庶几休养日久，驯致（渐至）家给户足，而民咸得所也。"①

2. 主张俭用节支，让利于民

俭用节支、让利于民是康熙税收思想的重要内容。其重要论述有："惟理财为裕国之大经，蠲贷（免除租税，借放钱粮）为爱民之实政。"②"朕惟帝王致治，裕民为先。免赋蠲租，实为要务。"③"征取钱粮，原为国用不足。国用若足，多取奚为？"④"朕数巡幸，咨访民生利弊，知之甚详。小民力作艰难，每岁耕三十亩者，西成（收获）时，除完租外，约余二十石，其终岁衣食丁徭所恃惟此。为民牧者，若能爱养而少取之，则民亦渐臻丰裕。今乃苛索无艺（已、止），将终年之力作而竭取之，彼小民何以为生耶？"⑤"蠲租（税）一事，乃古今第一仁政。下至穷谷荒陬（穷乡僻壤），皆沾实惠。然必宫庭之上，力崇节俭，然后可以行此。（汉）文帝赐田租之半，盖由此道也。"⑥"本朝自入关定鼎以来，外廷军国之费，与明代略相仿佛。至宫中服用，则三十六年之间，尚不及当时一年所用之数。盖深念民力艰难，国储至重。鉴彼侈靡之失，弘昭敦朴之风。古人云，以一人治天下，不以天下奉一人。常思此言而不敢过也。"⑦

康熙四十九年冬十月初三日，康熙发布诏令，决定从康熙五十年起分三年轮免一遍全国赋税。他谕户部："比来省方时迈，已历七省，南北人民风俗及日用生计，靡（无）不周知。而民生所以未尽殷阜者，良由承平既久，户口日蕃，地不加增，产不加益，食用不给，理有必然。朕洞瞩此隐，时深轸念，爰（于是）不靳（吝惜）敷仁，用苏民力。明年为康熙五十年，思再沛大恩以及吾民。原欲将天下钱粮一概蠲免，因众大臣集议，恐各处需用兵饷拨解之际，兵民驿递益致烦苦。细加筹画，悉以奏闻。故自明年始，于三年以内通免一周，俾远近均沾德泽。直隶、奉天、浙江、福建、广东、广西、四川、云南、贵州各巡抚及府尹所属，除漕项钱粮外，康熙五十年应征地亩银共七百二十二万六千一百两有奇，应征人丁银共一百一十五万一千两有奇，俱著察明全免。并历年旧欠共一百一十八万五千四百两有奇，亦俱著免征。其五十一年、五十二年应蠲省分，至期候旨行。民间旧欠既经豁免，嗣后（以后）每年额征钱粮务如数全完。倘（倘）完不及额，或别有亏空，托称民欠，则负国甚矣，即责令督抚以下官员

---

① 《康熙御制文集》第3集卷9《勅谕·谕户部》，康熙四十四年十一月十七日。
② 《康熙御制文集》第2集卷5《勅谕·谕户部》，康熙二十六年十一月二十六日。
③ 《康熙御制文集》第3集卷2《勅谕·谕户部》，康熙四十年十月初十日。
④ 《康熙实录》卷210《谕大学士等》，康熙四十一年十一月。
⑤ 《康熙实录》卷215《谕大学士等》，康熙四十三年春正月。
⑥ 《康熙御制文集》第3集卷28《杂著·古文评论计八十条》。
⑦ 《康熙御制文集》初集卷27《杂著·讲筵绪论计三十九则》。

偿补，仍从重治罪。"① 康熙五十一年冬十月初三日，他第三次发布诏令，对康熙五十二年最后一批轮免赋税省份作出部署。他谕户部："朕宵旰孜孜，勤求民瘼，永惟惠下实政，无如除赋蠲租。除每岁直省报闻，偶有水旱灾伤，照轻重分数豁免正供、仍加赈恤外，将天下地丁钱粮自康熙五十年为始，三年之内全免一周，使率土黎庶，普被恩膏。除将直隶、奉天、浙江、福建、广东、广西、四川、云南、贵州及山西、河南、陕西、甘肃、湖北、湖南各直省康熙五十年、五十一年地丁钱粮一概蠲免，历年旧欠钱粮一并免征外，所有江宁、安徽、山东、江西四省，除漕项外，康熙五十二年应征地亩银共八百八十二万九千六百四十四两有奇，人丁银共一百三万五千三百二十五两有奇，俱著察明全免。其历年旧欠银二百四十八万三千八百二十八两有奇，亦并著免征。计三年之内总免过天下地亩人丁、新征旧欠共银三千二百六万四千六百九十七两有奇。各该督抚务须实心奉行，体朕轸念民生至意。如有侵欺隐匿，使惠不及民、借端科派者，督抚严行察参。督抚失察，事发之日亦严加究治。"② 康熙如此大规模地蠲免全国地丁田粮，体现了他对经济恢复和减轻民负的高度重视。

3. 主张鼓励垦荒，十年起科

鼓励垦荒是增加供给、安置流民的重要举措。康熙继位后，继续实行鼓励垦荒、轻徭薄赋政策，并加大了赋税支持力度。康熙十二年十一月初五日，他谕户部："自古国家久安长治之谟（谋划），莫不以足民为首务。必使田野开辟，盖藏有余，而又取之不尽其力，然后民气和乐，聿成（造就）丰亨豫大之休（吉庆景象）。现行垦荒定例，俱限六年起科。朕思小民拮据，开荒物力艰难，恐催科期迫，反致失业，朕心深为轸念。以后各省开垦荒地，俱著再加宽限，通计十年方行起科。其该管地方官员原有议叙（加级奖励）定例，如新任之官自图纪叙、故掩前功、纷更扰民者，著各该督抚严行稽察、题参处分。"③

4. 主张增丁不增赋，休养黎元

康熙朝，随着社会逐渐趋于安定，人口数量也出现了快速增长的势头。据统计，康熙元年，全国成丁人口总数为 19 203 233 人，而到康熙六十年，全国成丁人口总数已达 24 918 359 人，比康熙元年净增 5 715 126 人，总增长率为 30.08%；若加上永不加赋人丁 467 850 人，总数将达到 25 386 209 人，总增长率达 32.20%。若将各年统计数据中未申报的未成丁人口、隐匿未报成丁人口全部考虑在内，那么估计总人口增长率将超过40%，比土地的增长率要快。

---

① 《康熙御制文集》第3集卷16《勅谕·谕户部》，康熙四十九年冬十月初三日。
② 《康熙御制文集》第4集卷1《勅谕·谕户部》，康熙五十一年冬十月初三日。
③ 《康熙御制文集》初集卷4《勅谕·谕户部》，康熙十二年十一月初五日。

康熙朝丁口、地亩变动情况统计简表

年 份	人丁户口数（人）	环比增长率（%）	地亩数（亩）	环比增长率（%）
康熙元年	19203233	0	531135814	0
康熙十年	19407587	1.06	545917018	2.78
康熙二十年	17235368	−11.19	531537260	−2.63
康熙三十年	20363568	18.15	593268427	11.61
康熙四十年	20411163	0.23	598698565	0.92
康熙五十年	24621324	20.62	693034434	15.76
康熙六十年	24918359，另有永不加赋人丁467850人	1.21	735645059	6.15

注：本表依据《康熙实录》所载数据折算，折算标准为：1顷=100亩，1公顷=15亩。其中地亩数包括田、地、山、荡、畦地亩数。人丁户口数按当时统计方法，只包括16周岁至60岁的成丁数。

为了解决人多地少矛盾，切实减轻百姓负担，康熙于五十一年二月二十九日向大学士九卿等提出了如下解决方案："朕览各省督抚奏，编审人丁数目并未将加增之数尽行开报。今海宇承平已久，户口日繁，若按现在人丁加征钱粮，实有不可。人丁虽增，地亩并未加广，应令直省督抚将见今钱粮册内有名丁数勿增勿减，永为定额。其自后所生人丁，不必征收钱粮。编审时止（只）将增出实数察明，另造清册题报。"①这就是"滋生人丁，永不加赋"政策的由来。

推行增丁不增赋政策，有利于清理隐匿未报丁口，为政府制定宏观经济政策和赋役政策提供真实可靠的依据；有利于调动农民发展农业生产的积极性，提高农业劳动生产率；有利于提高人口流动性，促进工商业发展，增加农民收入；有利于减轻地方官吏征课赋役的工作量；是赋役改革的重大举措，具有深远的历史意义。不过这一惠民政策也有局限性：一是固化了原有成丁分配中的不合理成分；二是由于丁口生老病死变化无常，人丁增加的不能加赋，人丁减少的不能减赋，造成丁徭负担新的苦乐不均；三是丁口多的土地往往少，土地多的往往丁口少，丁徭主要由无地或少地的贫民负担。一旦遇到自然灾害，生活难以为继，导致贫民大量流移，依然会给丁徭的征收管理带来冲击；四是容易刺激人口过快增长，给社会治安管理和公共产品供给带来新的压力。可见，增丁不增赋政策虽然意义深远，但仍为权宜之计，而非长久之策，更深入的改革有待于后继者来完成。

5. 主张蠲税减负，延及租银

清初富室田连阡陌，大批贫民靠租佃富室田地赖以为生。当朝廷蠲免赋税时，受益

---

① 《康熙御制文集》第4集卷1《勅谕·谕大学士九卿》，康熙五十一年二月二十九日。

者往往是富室大户，而佃民依然缴纳高额田租，很难得到实惠。一遇灾荒，佃民家无藏粮，只能流离失所。有鉴于此，康熙决定采取减税减租同时并举的政策。康熙二十九年六月，当山东巡抚佛伦奏请"劝谕绅衿富室，将其地租酌量减免一分至五分不等"时，他即批准户部等衙门的议覆意见："嗣后直隶各省遇有恩上旨蠲免钱粮之处，七分蠲免业户，三分蠲免佃种之民，俾得均沾恩泽。"①康熙四十九年十一月，他再次重申蠲免钱粮应兼顾业主和佃户双方的利益。他谕大学士等："蠲免钱粮但及业主，而佃户不得沾恩，伊等田租亦应稍宽。但山东、江南田亩多令佃户耕种，牛种皆出自业主，若免租过多，又亏业主。必均平无偏，乃为有益。"寻户部议覆，嗣后凡遇蠲免钱粮，合计分数，业主蠲免七分，佃户蠲免三分，永著为例。②

康熙初年，户部在处置前明留在直隶各省的废藩田产时，曾奉上旨免其易价（买价），改入民户，名为更名地。但其中废藩田产中除了公田外，也有部分属于废藩自置之地而给民佃种者，输粮之外还要缴纳租银，双重征收，民负较重。户部原议此项久载《赋役全书》，不当蠲免。康熙了解情况后说："更名地内自置土田，百姓既纳正赋，又征租银，实为重累。著与民田一例输粮，免其纳租。至于易价银两，有征收在库者，许抵次年正赋。"③

6.主张修订《赋役全书》，规范税收征管

清初，顺治帝主持编纂了《赋役全书》，以作为税收征管的基本法律依据。但地有畸零，赋有畸零，计量单位也有厘、毫、丝、忽、微、勺、撮等繁杂名目，既不便百姓缴纳，又不便官吏奏销。行之经年，土地人口都发生了很大变化，地丁负担名实不副、苦乐不均的问题日益突出，原有征收制度显然已经不能适应新形势的要求。于是，康熙决定编纂《简明赋役全书》。经过反复调查论证，他最终决定将丝以上钱粮尾数保留，忽以下钱粮尾数删去，以便民缴纳、便官奏销。④在修订《赋役全书》的同时，康熙还对赋税征管制度进行了改进。早在顺治十八年十一月，户科给事中柯耸就曾在严肃有司考成制度的奏疏中，提出了完善由单制度，建立"四季征比循环簿"，以杜奸吏科派飞洒、弄虚作假之弊的建议。但当时康熙尚未亲政，只是要求"下部知之"⑤。直到康熙三十九年五月，湖广总督郭琇条奏楚省陋弊，其中指陈地方胥吏以硬抬（阖邑普摊）、软抬（各里轮当）等名义私征滥派，要求下旨严禁、勒石为例，并提出"征粮之滚单宜行"的建议。康熙明确表示："本内事情，前任督抚并未陈奏。郭琇莅任，实心除弊，详明具奏可嘉。俱著照该督所请行。"⑥从此，旨在规范田赋征收管理的"田赋催科四法"

---

① 《康熙实录》卷147《谕户部等衙门》，康熙二十九年秋七月。
② 《康熙实录》卷244《谕大学士等》，康熙四十九年十一月。
③ 《康熙实录》卷32《谕户部》，康熙九年春正月。
④ 《康熙实录》卷123《谕九卿等》，康熙二十四年十二月。
⑤ 《康熙实录》卷5，顺治十八年十一月。
⑥ 《康熙实录》卷199，康熙三十九年五月。

才在全国普遍推行开来。所谓"田赋催科四法",即将春秋两季各应完税额期限由一限(期)改为十限(期),以纾民力;建立催输滚单,详载每户应纳税额、应纳时限。每里设一滚簿,五户或十户合为一户,由里内首名挨次滚催。一限即完,二限接起,以免追呼;制成印票三联单,一存州县,一付差役应比,一给税户存照,防止串弊;由民户亲自输纳,并将应完额税自封投柜,以防中饱。①由于该法能在一定程度上增强田赋征收的透明度,方便百姓按时完纳税款,又堵塞奸胥罔法科派、追呼扰民、以完作欠、以多征作少征等徇私舞弊漏洞,所以推行后受到良官良民的普遍欢迎。

7. 主张禁止加派火耗,严追钱粮亏空

在法定赋税之外加征火耗,初衷是为了弥补百姓完税时缴纳碎银的熔铸损耗,但后来演变为官吏搜刮民财、贪腐肥己的一大弊政。且加派比例越来越高,百姓负担越来越重,要求除火耗、减民负的呼声也越来越高。康熙对此高度重视,采取了一些遏止火耗加征的措施。康熙四年三月,他谕户部:"设官原以养民,民足然后国裕。近闻守令贪婪者多,征收钱粮,加添火耗,或指公费科派,或向行户强取,借端肥己,献媚上官。下至户书里长等役,恣行妄派,小民困苦,无所伸告。以后著科道官将此等情弊不时察访纠参。至于夏秋征收钱粮,原有定期。隔年预征,小民何能完纳?以后预征著停止,照定例征收。"②康熙七年六月,他再谕户部:"向因地方官员滥征私派,苦累小民,屡经严饬,而积习未改,每于正项钱粮外加增火耗。或将易知由单不行晓示,设立名色恣意科敛,或入私囊,或贿上官,致小民脂膏竭尽,困苦已极,朕甚悯之。督抚原为察吏安民而设,布政使职司钱粮,厘剔奸弊乃其专责。道府各官于州县尤为亲切,州县如有私派滥征、枉法婪赃情弊,督抚各官断无不知之理。乃频年以来,纠疏甚少,此皆受贿徇情,故为隐庇。即间有纠参,非已经革职,即物故之员,其见任贪恶害民者,反不行纠参,甚至已经发觉之事,又为朦混完结。此等情弊,深可痛恨。嗣后如有前弊,督抚司道等官不行严察揭参,或经体访察出,或被科道纠参,或被百姓告发,将督抚一并严处不贷。至尔部收纳直隶各省解到钱粮,亦须随到随收,速给批回,毋得纵容司官、笔帖式、书办等勒索作弊,苦累解官。倘有违法,即行参奏。如不行严禁,察出,将堂司各官一并从重治罪。"③康熙四十四年五月,他谕大学士等:"嗣后荐举卓异,务期无加派、无滥刑、无盗案、无钱粮拖欠、无亏空仓库银米,境内民生得所,地方日有起色,方可膺卓异之选,其他所开虚文俱不必入。"④

官民合同欺隐、侵欠田粮,导致财政亏空、难以奏销,是清初又一大弊政。康熙即位伊始,就把它纳入重要议事日程,寻求解决之道。顺治十八年三月,他谕户部:"近

---

① 《康熙实录》卷199《谕户部、刑部等》,康熙三十九年五月。
② 《康熙实录》卷14《谕户部》,康熙四年三月。
③ 《康熙实录》卷26《谕户部》,康熙七年六月。
④ 《康熙实录》卷221《谕大学士等》,康熙四十四年五月。

观直隶各省钱粮逋欠甚多，征比难完，率由绅衿藐法抗粮不纳，地方官瞻徇情面不尽法征比。嗣后著该督抚责令道府州县各官立行禁饬，严加稽察。如仍前抗粮，从重治罪。地方官不行察报，该督抚严察，一并题参重处。"①顺治十八年六月，江宁巡抚朱国治疏言，苏、松、常、镇四府属并溧阳县未完钱粮文武绅衿共一万三千五百一十七名，应照例议处。衙役人等二百五十四名，应严提究拟。得旨，绅衿抗粮、殊为可恶，该部照定例严加议处。②顺治十八年十一月，户科给事中柯耸疏言，有司考成，见任去任俱有则例处分，而年终奏销又别绅欠、衿欠、役欠，照新例议处。独奸胥侵欺捏报尚无定律，其弊不可胜言。或于正额之外妄立名色而多派私征，或将已完之粮不登收簿而注欠重比，或受本户嘱托而粮数飞砌隔图，或侵一人银两而零星散洒各户。一经册报，无不照数赔完。如不立法严惩，漏卮将何底止。……乞敕部从重议一定例，颁行勒石。得旨，下（户）部知之。③康熙二年春正月，户部议覆兵科给事中硕穆科疏言，钱粮拖欠皆由地土不清，地丁确册未立。请差满汉官员遍历府州县，亲行确丈。查地丁钱粮，恐有绅衿富户串通书吏共相隐匿者，应先敕各省抚臣，查户口之增减、田地之荒熟，务将欺隐人丁地亩彻底查出，备造清册，于一年内题报，再行请上旨，差廉干官员清查。上从之。④

康熙在位期间，6次南巡，视察河工，体察民情，是其行仁政的重要表现。但地方官员不遵训令，仍或多或少动用正项钱粮修缮行宫、洒扫道路、交结权贵仆役，造成严重的钱粮亏空。为了息事宁人、减轻社会震动，康熙主动揽责，有意采取酌情豁免的软处理办法予以了结。康熙四十九年十一月，他谕大学士等："江南亏空案固当彻查，但亏空之由，皆因南巡费用所致，若不声明，反属不宜。著将朕谕上旨全行抄录，行令该督抚查南巡时所用数目，但举其大略而已。至于俸工扣补，三年之内虽可全完，然必至派累百姓，断不允行。"⑤

康熙六十一年九月，陕西巡抚噶什图、川陕总督年羹尧题请加增火耗，以补合省亏空。康熙当即表示："朕谓此事大有关系，断不可行，定例私派之罪甚重。火耗一项，特以州县官用度不敷，故于正项之外量加些微，原是私事。朕曾谕陈瑸⑥云，加一火耗似尚可宽容。陈瑸奏云，此乃圣恩宽大，但不可明谕许其加添。朕思其言，深为有理。今陕西参出亏空太多，不得已而为此举。彼虽密奏，朕若批发，竟视为奏准之事，加派

---

① 《康熙实录》卷2《谕户部》，顺治十八年三月。
② 《康熙实录》卷3《谕户部》，顺治十八年六月。
③ 《康熙实录》卷5，顺治十八年十一月。
④ 《康熙实录》卷8《谕户部》，康熙二年春正月。
⑤ 《康熙实录》卷244《谕大学士九卿等》，康熙四十九年十一月。
⑥ 陈瑸（1656—1718），字文焕，雷州市附城南田村人，清康熙三十三年举进士，翰林院编修，历任福建古田、台湾知县、湖南巡抚、福建巡抚、闽浙总督等职。一生清正廉洁，勤政爱民，康熙皇帝称其为"清廉中之卓绝者"，与于成龙、施世纶等同为当朝名臣，跟海瑞、丘浚合称岭南三大清官。

之名朕岂受乎？"① "今值此军机需用之际，而伊等以有亏空，延挨不敢题请，或致有误紧要军需，亦未可定。著交议政大臣会议，将户部库银拨送西安。即彼处库内有银，亦令收贮。如库内无银，军机需用之处，一面动用，一面奏闻。"②

为了永久解决亏空之弊，康熙曾要求户部建章立制。户部遂于康熙五十九年秋七月将各省督抚反馈意见汇总，并会核定议，向康熙作了汇报："查直隶各省督抚等所奏，或与定例相符，或与钱粮无益者，均无庸议外，如陕西总督鄂海、福建浙江总督觉罗满保、广东广西总督杨琳、浙江巡抚朱轼、广东巡抚杨宗仁、广西巡抚宜思恭、湖广巡抚张连登、偏沅巡抚王之枢、福建巡抚吕犹龙疏称州县钱粮，令知府严加稽查，随征随解，无许久存州县库内，以绝侵挪之弊。应如鄂海等所请。嗣后州县官征收钱粮，务令随征随解。如迟延不解，即令该府查报参处。如州县批解钱粮，而布政使抵充杂派，扣批不发，许州县官申报督抚，并报部院衙门题参。四川总督年羹尧、江南江西总督长鼐疏称州县亏空钱粮，或知府有扶同徇隐情弊，别经发觉者，请将知府参革，责令独赔。应如年羹尧等所请。令各该督抚确查亏空情由，或因知府扶同徇隐，以致亏空者，即行参革，令知府独赔。江南江西总督长鼐、云南贵州总督蒋陈锡、山西巡抚苏克济疏称州县官恃有上司分赔之例，本无亏空，将库银藏匿，假捏亏空，应令督抚核实题参，严加议处，其亏空银两仍在该州县名下独赔。应如长鼐等所请。嗣后州县官有捏报亏空、审明定拟，即于本犯名下独追还项。河南巡抚杨宗义、云南巡抚甘国璧、江西巡抚白潢、护理贵州巡抚印务布政使迟炘疏称州县因公挪用亏空钱粮，请照霉烂仓谷之例革职留任，限年赔完。其霉烂仓谷者，不论在任、解任以及分赔之知府，能于限内全完，准其开复。应如杨宗义等所请。亏空钱粮果系因公挪用者，将该员革职留任，勒限赔补。限内全完，准其开复。至霉烂仓谷见在参追者，于一年限内如数完补，亦准开复。再州县亏空钱粮或有知府揭报，而布政使不即转揭，或已揭而督抚不即题参者，应令该知府申报部院，将督抚、布政使等官俱照徇庇例议处，仍令分赔。其卫所官员亏空屯卫等项钱粮，亦照地丁之例处分，著为定例。以上征解追赔各条，既经各该督抚等具题定议，即应责成督抚，如亏空未发之先，伊等不尽心防范，亏空已觉之后，伊等不竭力补苴（弥补），应将该督抚严加议处，责令分赔完项。"上从之。③

8. 主张轻税便关，保护商贾

康熙对商人总体持肯定包容态度，把他们与其他三民（士农工）摆在同等重要的位置。只要他们遵纪守法、如实纳税、不苛虐穷民、不扰乱社会，就依法保护他们的合法权益，也不人为采取重税困商的措施，有时还利用他们的地位和影响协助朝廷化解难题。

---

① 《康熙实录》卷299《谕扈从大学士、尚书、侍郎、学士等》，康熙六十一年九月。
② 《康熙实录》卷299《谕扈从大臣等》，康熙六十一年九月。
③ 《康熙实录》卷288《谕户部》，康熙五十九年秋七月。

针对地方官吏借铸币改革之机苛索商人、徇私舞弊的问题，他谕户部："国家设关権税，原以阜财利用，恤商裕民，必征输无弊，出入有经，庶百物流通，民生饶给。近来各关差官不恪遵定例，任意征收，官役通同，恣行苛虐。托言办铜价值浮多，四季解册需费，将商人亲填部册改换涂饰，既已充肥私橐（囊、口袋），更图溢额议叙。重困商民，无裨（助、补）国计，种种情弊莫可究诘。朕思商民皆吾赤子，何忍使之苦累？今欲除害去弊，正须易辙改弦。所有见行例收税溢额即升加级纪录应行停止；其采办铜筋定价既已不敷，作何酌议增加；其四季达部册籍，应俟差满一次汇报。嗣后务令各差洁己奉公，实心厘剔，以副朕体下恤商至意。"① 针对内河运输中关吏稽留船只、苛勒商民的问题，他谕扈从部院诸臣："各处権关原有则例，朕舟行所至，谘访过关商民，每不难于输纳额税，而以稽留关次、不能速过为苦。権关官员理宜遵奉屡颁谕旨，恤商惠民，岂可反贻商民之累？自今应力除积弊。凡商民抵关，交纳正税，即与放行，毋得稽留苛勒，以致苦累。违者定行从重处分。"② 针对海洋贸易中关吏随意收税、违例扩大征税范围的问题，他谕九卿、户部等："海洋贸易实有益于生民，但创收税课若不定例，恐为商贾累。当照关差例，差部院贤能司官前往，酌定则例。"③ "国家设官権税，原以通商裕课、利益民生，非务取盈，致滋纷扰。……近闻江浙闽广四省海关，于大洋兴贩商船，遵照则例，征取税课，原未累民。但将沿海地方采捕鱼鰕（虾）及贸易小船概行征取，小民不便。今应作何征收，俾商民均益，著九卿詹事科道会同确议具奏。"④

三、对康熙治国理政思想及税收思想的简要评述

1.对康熙治国理政思想的简要评述

康熙是中国古代历史上最后一个封建王朝的著名君主，他用自己的聪明睿智、文才武略，把一个立足未稳的北方少数民族政权带向了繁荣兴盛，顺利实现了向农耕民族的角色转换；他是一个勤奋敬业的伟大君主，以守成之名行开创之实，在政治、经济、军事、文化、外交等各个领域为大清帝国留下了极其丰厚的历史文化遗产，也为"康乾盛世"的到来奠定了坚实基础；他还是一个有博大胸怀和仁爱之心的伟大君主，以孝治、诚治、仁治、义治、礼治、信治、宽治为手段，对内实现了中华民族新的大团结，对外实现了威名远播、万国朝仪的祥和局面。他"鞠躬尽瘁，死而后已"的敬业精神和对中华民族做出的杰出贡献，被后世冠以"千古一帝"的美名。

康熙的治国理政思想十分丰富，总体来看，有三个突出特点：（1）精研中国古代

---

① 《康熙御制文集》第2集卷3《勅谕·谕户部》，康熙二十五年二月十四日。
② 《康熙御制文集》第2集卷7《勅谕·谕扈从部院诸臣》，康熙二十八年二月十一日。
③ 《康熙实录》卷115《谕九卿等》，康熙二十三年六月。
④ 《康熙御制文集》第2集卷7《勅谕·谕户部》，康熙二十八年闰三月初十日。

文化经典，将各家各派的思想融会贯通，取其精华、弃其糟粕，形成了以儒为主、兼容道法的执政理念。（2）酷爱宋明理学，推崇孔孟朱子，追踪圣贤足迹，立志将道统与治统、作君与作师、治心与治物相统一，树立了学以致用的良好治学风范。（3）崇尚不偏不倚、中正平和、谦恭自省的为人处事之道。从具体的治国理政实践来看，康熙既崇尚君主专制、乾纲独断，又力行仁义和宽简之政，重视发挥九卿科道内阁大学士的参政议政作用；既强调八旗是大清政权的根本，又实行满汉平等、和谐共处；既崇尚文人治国，又注重发挥武人的积极作用；既以农桑为本，又强调四民平等，注重保护工商业者和富民的合法权益；既崇尚节俭朴素，又强调随民之性，不过分抑制民俗；既虔诚地敬神拜鬼，又勤政爱民、重视民心向背，注重发挥人的主观能动性；既强调以德为卫、仁者无敌，又不放松武备，随时准备征战沙场；既坚守祖宗成法，又强调与时俱进、随机应变。这种具有中庸、大公、为民、务实、民主、自由、平等、博爱色彩的执政理念和执政风格，正是康熙治国理政思想的独特魅力所在，也是清初时代风貌的集中反映。从康熙的为人处事风格来看，他不尚空谈、不务虚名，重视身体力行。在实践孝、敬、诚、慎、实、仁、义、礼、宽、俭、勤、勇、谋等传统价值观方面，表现出超越一般统治者的深度和广度，这是他独特人格魅力的具体体现，也是他取得辉煌业绩，并在中外历史上留下不可磨灭的深刻印记的原因。当然，康熙毕竟是一个封建统治者，受阶级的局限、民族的局限和时代的局限，他对封建专制制度的历史局限性认识不足，对工商业繁荣发展的重要性认识不足、对西方科技革命的深远影响和政治文明建设成就认识不足，对依法治国的重要性认识不足，从而导致他改革创新的魄力不足，面向世界、面向未来、面向现代化的视野有所欠缺。

2. 对康熙税收思想的简要评述

康熙的税收思想是其治国理政思想的重要组成部分，本书将其提炼归纳为八个方面，包括：（1）主张赈灾备荒，蠲赋养民；（2）主张俭用节支，让利于民；（3）主张鼓励垦荒，延迟起科；（4）主张增丁不增赋，休养黎元；（5）主张蠲税减负，延及租银；（6）主张修订《赋役全书》，规范税收征管；（7）主张禁止加派火耗，严追钱粮亏空；（8）主张轻税便关，保护商贾。从中可以清晰地看出，轻徭薄赋、休养生息、便商利民、减少追呼是康熙税收思想的核心特征，这与其治国理政思想是相通的，是与处于初创时期的清政权百废待兴、安民为首务的时代特征相吻合的，其中"增丁不增赋"又是其中最大的亮点，具有重大历史意义。但康熙的税收思想也存在很大的局限性。主要表现在：（1）法外开恩过多，损害税法的权威性和严肃性，导致税收分配秩序紊乱；（2）频繁蠲免赋税，损害税收公平，给吏民循私舞弊提供了机会；（3）大面积的或长期的轻税无税，淡化了民众依法纳税的法律意识；（4）吏治松弛，贪腐严重，法外苛索扰民屡禁不止，加剧了官民矛盾；（5）对农业税改革思考较多，对工商税的创设和完善重视不够；（6）财政收支权责错位，钱粮亏空严重，加剧了中央与地方、官与民的矛盾。这些缺陷表面上看是宽简之政的缺陷，而实质则是高度集权的封建专制制度的没落性和康熙朝历史局限性的反映。宽政的反面就是严政、猛政。我们看到，康熙亲选的接班人雍正继位后，既严格遵守其皇考的宽仁之治和良法美意，又分轻重缓急，大刀阔斧地推进各项改革，整顿朝纲、严肃法纪、严惩贪官、治理亏空、清理法外科派、实行摊丁入粮（地）、耗羡归公、士绅同赋、满人动土等政策，在纠正康熙晚年的宽政之弊、强化依法治国、改革创新方面，取得了显著成效，也赢得了民心，为推动"康乾盛世"的最终到来再添浓墨重彩的一笔。不过，我们也不能因此就以雍正的严政、猛政之益来全盘否定康熙的宽政、仁政之利，因为历史总是波浪式前进的，不同时代有不同时代的历史使命。我们没有理由苛求康熙，就像康熙也不愿苛求前人一样。

主要参考文献：

《清史稿》卷6—8《圣祖本纪》。

《康熙实录》。

《康熙御制文集》。

《康熙教子庭训格言》。

《康熙评传》，孟昭信著，南京大学出版社1998年版。

雍 正

一、雍正生平简介

雍正（1678—1735），姓爱新觉罗，名胤禛，清朝第五位皇帝，定都北京后第三位皇帝，清圣祖康熙第四子。康熙十七年十月三十日（公历12月13日）生于紫禁城永和宫，母孝恭仁皇后，即德妃乌雅氏，时为一般宫人。胤禛幼时由孝懿仁皇后佟佳氏抚养，因故得贵。6岁进尚书房读书，跟从张英、徐元梦、顾八代等人学习儒家经典和满文。稍长，便侍从康熙外出巡游，奉旨办事。约于14岁同内大臣费扬古之女乌喇那拉氏结婚。16岁陪同胤祉往祭曲阜孔庙。19岁随从康熙征讨噶尔丹，掌管正红旗大营。又往遵化暂安奉殿行礼。21岁受封贝勒。23岁侍从康熙视察永定河工地。25岁侍从康熙巡幸五台山。26岁侍从康熙巡幸江浙，考察黄淮水利工程，至杭州而返。这是他一生唯一一次大江南北之行。30岁首请康熙幸花园进宴，以后每年一至两次成为常态。31岁，康熙宣布废黜太子胤礽，朝野震动，自此储位之争愈演愈烈，一向以"天下第一闲人"自居的胤禛也加入了这场你死我活的政治斗争。32岁，康熙复立胤礽为太子。胤禛获封雍亲王爵号，府邸雍和宫。34岁，胤禛第四子弘历生，此即清高宗乾隆。35岁，胤礽再次被废，太子之位虚悬至康熙去世。38岁，准噶尔策妄阿拉布坦遣兵骚扰哈密，胤禛主张用兵。40岁，康熙首次就自己的身体状况、大清政权的合法性、一生执政理念、行政绩效、为君之难、立储安排等重大敏感问题向诸皇子及满汉大臣坦陈心迹，表明态度，可谓遗诏先声。41岁，康熙命皇十四子胤禵同母弟胤禵为抚远大将军，出征西北，胤禛倍感压力。44岁，康熙登基一甲子，胤禛奉命往盛京祭祖陵。45岁，康熙召皇孙弘历入宫抚养。冬十月，胤禛奉命清查京、通二仓，冬至代父祭天。十一月十三日，康熙病逝于北郊畅春园，胤禛奉遗诏继位，次年改元雍正。

胤禛之所以能在与皇长子胤禔、皇太子胤礽、皇三子胤祉、皇八子胤禩、皇十四子胤禵等激烈竞争中脱颖而出、战胜对手，登上皇帝宝座，原因固然很复杂，但与他独特的为人处事风格和善用韬光养晦之术不无关系。比如，他在府邸时，处于权力中心的边缘，所以与释道之人来往甚密，且对释道之学有深入研究，能以与世无争之态示人；当诸皇子为争夺储位纷纷争奇斗胜、拉帮结派时，他能保持中立，与诸兄弟维持表面和气；在与诸大臣的交往中，他能保持恰当距离，不刺激父皇的敏感神经；在生活态度上，他崇尚俭朴，反对奢华；在奉旨办事过程中，他果断周密、踏实认真；在与父皇的交往中，他谦恭、诚孝、有勇有谋、公正无私。这些优秀品质都是康熙所欣赏的。不过胤禛也不是一个没有政治野心的人，他在府邸时，就密切关注朝中的一举一动，并与故旧年羹尧、舅舅隆科多、谋士戴铎等人关系密切；太子胤礽被废后，康熙精神萎靡不振，身体每况愈下，胤禛乘机频繁邀请父皇游园进宴，陪他开心，排解焦虑，增进了父子感情，赢得了康熙的信赖。最称奇的是，康熙在王宴上首次见到皇孙弘历后，就非常喜欢，临终前的康熙六十一年，他把年已12岁的皇孙弘历召入宫中，亲自训教，这为弘历日后的快速成长和提前入位创造了十分有利的条件。由此可见，胤禛对韬光养晦之术和危机攻关技巧的运用已经到了炉火纯青的地步，并从中获得了巨大的政治利益。康熙则在遗诏中用"皇四子雍亲王胤禛人品贵重，深肖朕躬，必能克承大统。"来表达他对胤禛的肯定和期许，可谓寓意深刻、份量极重！

　　雍正在位仅短短的13年，但他壮年登基，精力充沛，思维敏捷，理念成熟，意志坚定，加之蛰伏府邸40余年，对皇权争斗、吏治民生、治国理政有深入透彻的观察和理解，所以即位伊始，便将体现其治国理念的古对联"原以一人治天下，不以天下奉一人"①写在紫禁城寝宫养心殿西暖阁，作为自己的座右铭，并把打击朋党、加强君主集权；整顿吏治、清理财政亏空；赈灾蠲赋、改善民生；加强教化、移风易俗；与时俱进、改革创新；厉兵秣马、巩固边防；等作为重点施政方向，大刀阔斧地推出了一系列有力度、有深度的改革措施，力图肃清朝纲松弛、贪腐成风之积弊，革除伦纪紊乱、崇尚奢靡之陋俗，使吏治民生和社会经济发展呈现新的气象，焕发新的生机与活力。应当说他的改革实践是十分成功的，取得的成效也是十分显著的。作为"康乾盛世"的重要缔造者，他没有辜负康熙的信任和臣民的期望，用自己的实心实政、勤敏干练和执政实效，向世人证明了自己才是最合法、最合格的继任者，并在中国封建帝王史上留下了浓墨重彩的一笔。雍正58岁病逝于北郊圆明园，乾隆二年三月葬于河北易州泰陵，庙号世宗，谥曰宪。

　　关于雍正一生的是非功过，历代史家都有许多精彩评论。《雍正实录》的史臣赞比较详细全面，暂切存而不论。仅就近现代学者而言，以下几段评论堪称经典：(1)《清史稿》说："圣祖政尚宽仁，世宗以严明继之。论者比于汉之文、景，独孔怀（兄弟）之谊疑于未笃。然淮南暴亢，有自取之咎，不尽出于文帝之寡恩也。帝研求治道，尤患下吏之疲困。有近臣言州县所入多，宜釐剔。斥之曰：'尔未为州县，恶知州县之难？'

---

① 《朱批谕旨·朱纲奏折》，雍正五年九月二十六日折朱批。

至哉言乎，可谓知政要矣！"（2）近代日本学者、清史研究专家稻叶君山说："帝承康熙疏节阔目之后，稍加清理，遂创定清朝财政之基础。至日后盛运期之财政，实帝之所赐也。譬如农事，康熙为之开垦，雍正为之种植，而乾隆得以收获也。"（3）中国明清史专家、旅日华侨杨启樵说："康熙宽大，乾隆疏阔，要不是雍正的整饬，清政权恐早衰亡。"①（4）著名历史学家、社会学家南怀瑾说："清朝入关定鼎八十年后，有了一位文学词章并不亚于任何一位翰林学士，谈禅说道并不逊于禅门宗师的雍正皇帝。他的为政之道，使人不敢欺，亦不可欺。内肃权贵，不避亲疏。外立纲常，赫如烈日。用此守成，当然可使内外肃穆，谁敢与之抗衡。他是真实奠定了清朝的江山，付予儿孙好自经理。实在可算是历代定鼎守成帝王中的一代奇才，为历代职业皇帝中绝无仅有的一人。"（5）中国社会科学院历史研究所研究员冯佐哲说："雍正帝是一个卓越的实用主义政治家。"（6）著名历史学家易中天说："他刻薄是真刻薄，但不寡恩；冷酷是真冷酷，但非无情。雍正一朝无官不清的说法，也许夸张了点，却是对雍正治国的公正评价。雍正无疑是一个极有个性的人，也是一个杰出的人物。他感情丰富，意志坚强，性格刚毅，目光锐利，而且奋发有为。"

二、雍正税收思想的主要内容

雍正的税收思想是其治国理政思想的重要组成部分，本书将其提炼归纳为以下六个方面。

1. 主张清查亏空，整顿吏治

（1）定限补亏，否则从重治罪。雍正说："自古惟正之供，所以储军国之需。当治平无事之日，必使仓库充足，斯可有备无患。皇考躬行节俭，裕国爱民。六十余年以来，蠲租赐赋，殆无虚日，休养生息之恩至矣。而近日道府州县亏空钱粮者，正复不少。揆厥所由，或系上司勒索，或系自己侵渔，岂皆因公挪用？皇考好生知天，不忍即正典刑，故伊等每恃宽容，毫无畏惧。恣意亏空，动辄盈千累万。督抚明知其弊，曲相容隐。及至万难掩饰，往往改侵欺为挪移。勒限追补，视为故事，而全完者绝少。迁延数载，但存追比虚名，究竟全无著落。新任之人，上司逼受前任交盘，彼既畏大吏之势，虽有亏空，不得不受。又因以启效尤之心，遂借此挟制上司，不得不为之隐讳。任意侵蚀，辗转相因，亏空愈甚。一旦地方或有急需，不能支应，关系匪浅。朕深悉此弊，本应即行彻底清查，重加惩治。但念已成积习，故从宽典。除陕西省外，限以三年，各省督抚将所属钱粮严行稽查。凡有亏空，无论已经参出及未经参出者，三年之内务期如数补足，毋得苛派民间，毋得借端遮饰。如限满不完，定行从重治罪。三年补完

---

① 《雍正帝及其密折制度研究》，杨启樵著，上海古籍出版社2003年版。

之后，若再有亏空者，决不宽贷。"① 但因清补亏空难度很大，困难重重，三年限期已满，未见各省有奏报料理就绪者。不得已，雍正又下旨："凡各省亏空未经补完者，再限三年，务须一一清楚。如届期再不全完，定将该督抚从重治罪。如有实在不能依限之处，著该督抚奏闻请上旨。"②

（2）禁止强令百姓代赔亏空。雍正说："朕惟钱粮固属紧要，而民瘼（民众疾苦）尤宜体恤。闻有州县亏空钱粮，百姓情愿代赔者，此端断不可开。亏空之员，未必爱民。况百姓贫富不等，断无阖县（全县）情愿代赔之理。或系棍蠹勾连，借端科敛。或不肖绅衿，一向出入衙门，通同作弊。及本官被参，犹冀题留复任。因而号召多事之人，连名具呈，称系阖县愿赔。后官畏惧承追处分，接呈入手，即差役按里追呼，名曰乐捐，其实强派，累民不浅。嗣后绅衿富民情愿协助者，听其自行完纳。其有阖县具呈者，即将为首之人治以重罪。如府州县官擅准派赔，著该督抚查参重处。至因公挪移之项，依限全完，定例准其开复。嗣后督抚题报全完，即给咨本官，令其随本引见。朕观其人可用者即用，如不可用，以原品休致。其年老及不愿补官之人，亦于本内声明，给还原职，不必来京。"③

（3）以完纳逋赋数额抵免新岁正供钱粮。雍正说："任土作贡者，治世之常经。劝善惩恶者，驭民之大法。禹贡以三壤成赋，周官以九式经邦。国家经费，皆取给于正供。圣人恤民之心无穷，而取民有制，亦不能频施逾格之恩，以绌国用也。至于游民惰农，王政所禁。奸胥墨吏，国法不容。使蠲租免赋，而奸黠（奸猾）顽惰之属皆得滥沐恩膏，良善急公者转（反而）未能均沾惠泽，又岂为政之道哉！朕以为蠲除历年之逋赋，而使顽户偏蒙其泽，不若减免新岁之额征，而使众民普受其惠。数年来晓谕中外者屡矣，是以清查带征钱粮。如直隶、河南、山东、山西、浙江等省，民间完纳者最多，朕皆特沛殊恩，于该省丰稔（丰收）之年，将额征正赋蠲免四十万两，无非欲将带征完纳之数仍散于良善之氓（民），使比户均被恩施，并未收之府库，此亦天下所共知共见者。江南苏松等处，财赋甲于天下，而历年积欠亦较他省为最多。朕既豁免康熙五十年以前之未完者，其五十一年以后应征之项，复宽限十年、十五年带征，以纾民力。又思此等逋赋，实在民欠者固多，而官吏侵蚀者正复不少。特遣大臣官员等会同抚藩及地方有司，逐一彻底清查，分晰官侵、吏蚀、民欠三项，以除混朦（蒙混）之弊。又恐承命之员以征纳清厘致滋纷扰，悉将带征各项停其输纳，严谕各员，实力奉行，务使分晰清明，毫无疑窦。今据侍郎彭维新、巡抚尹继善等奏报，清查告竣，自康熙五十一年起至雍正四年，通计各属积欠共一千一十一万六千三百两零，其中侵蚀包揽者共四百七十二万六千三百两零，实在民欠者共五百三十九万零，俱核对明白，无有混淆。朕因江苏逋赋积弊丛生，筹画多年，而为此清查之举，所以经国计、清吏治，实欲

---

① 《雍正实录》卷2《谕户部》，康熙六十一年十二月。
② 《雍正实录》卷47《谕直省督抚等》，雍正四年八月。
③ 《雍正实录》卷19《谕户部》，雍正二年闰四月。

厚民生而除民累也。苟有益于群黎百姓，朕即乐沛浩荡之恩。况朕敬承皇考宽赋恤民之鸿慈，于苏松额征浮粮豁免四十五万两。积岁计之，其数何啻（何异）几千百万，岂于区区之积逋有所靳惜（吝惜）哉。但念官役之侵蚀、奸徒之包揽，蠹国害民，固为法所不宥。而民欠累累，亦皆抗玩疲顽之习日积月累，以至于斯也。今欲概行豁免，不惟墨吏奸胥罔（不）知惩戒，且积久欠粮之顽户，无不沾恩被泽，自以为得计，而急公之善良不与焉，洵（实在）非阜民善俗之道也。则与其蠲除历年之逋赋，孰若免新岁之额征为大有益于斯民乎？再四斟酌，欲将侵蚀包揽之项分作十年带征，实在民欠之项更加宽缓，分作二十年带征。嗣后从壬子年（雍正十年）为始，本年带征之项完纳若干，朕即照所完之数，蠲免次年额征之粮若干。若官吏百姓等果知悔过急公，于每年带征额数外多完若干，朕即将次年钱粮照多完之数豁免。如此，则朕之清厘积欠并无丝毫入官，实皆沛为万民普被之泽，而贪墨奸蠹之徒无所徼幸，抗玩疲顽之习知所儆惕（戒惧），庶几吏治肃清，而民风淳厚，共成比户可封之俗矣。著该督抚督率地方官实心奉行，其官吏侵蚀之项，务于本人名下著追，毋得株连，以滋扰累。其民欠之项，俱按各户花名完纳，毋得波及兄弟亲戚，致令蠹役藉（借）端苛索。倘有奉行不善、生事扰民者，该督抚即行题参，严加议处。至于侵蚀钱粮之官吏，皆系应加重罪之人，第（但）以历年既久，人数繁多，不忍概行执法。施恩法外，宽为分年带征。若废员中有能悔过自新，不拘年限，先行完纳者，应分别准其开复，以示奖励。其依限完纳者，宽免其罪。胥吏中有先期及依限完纳者，亦酌量加恩，宽免其罪。"①

在清理亏空工作取得一定进展、吏治民风明显好转的情况下，雍正也对各直省官员名下雍正三年以前的承追款项和八旗官员人等雍正三年以后九年以前应追银两采取了酌情豁免措施。②在户部补亏工作宣告结束时，雍正还下令将雍正九年春拨解户部银两中用于弥补亏空的余平银照从前之数削减一半，以减轻地方耗羡上解负担。③

2. 主张提解耗羡，补公养廉

（1）耗羡养廉政策之由来。雍正说："钱粮之加耗羡，原非应有之项。朕勤求治理，爱养黎民，本欲将此项悉行禁革，而博采舆论，留心体访，凡为州县地方官，实有万不得已公私两项之用度，若全革耗羡，其势必不可行。为有司者，果能减轻收纳，不苛取于民，在民亦所乐从，此耗羡所以未尽裁革之故也。州县既有耗羡，而上司官员无以养廉，势不得不收州县之馈送。是上司冒贪赃之罪，以为日用之资。在谨慎小心者，则畏惧而不敢行，必至过于窘迫。而贪取滥用者，又因无所限制，借规礼之名，恣意横索，弊端种种。州县公私之用，既有不敷，必致加派巧取，为害于民。况上司既收属员

---

① 《雍正实录》卷115《谕内阁》，雍正十年二月。
② 参见《雍正实录》卷91《谕内阁》，雍正八年二月和《雍正实录》卷119《谕八旗官员人等》，雍正十年闰五月。
③ 《雍正实录》卷100《谕内阁》，雍正八年十一月。

之规礼，则必有瞻顾回护之处，而下属反得操上司之短长，于察吏之道大有关系。所以雍正二年间，山西巡抚诺岷请以通省耗羡提解存公，将阖省公事之费及上司下属养廉之需，咸取于此。上不误公，下不累民，无偏多偏少之弊，无苛索横征之扰，实通权达变之善策。朕是以降上旨允行，此提解火耗之所由来也。向来山西亏空甚多，国帑久虚，不能弥补。从前抚臣多请将亏空之员革职留任，以为弥补之计。夫以不肖之徒令其留任还帑，是以亏空为护官之符，不但无益于国计，亦且有害于民生。而德音在任，又借弥补亏空之名，提火耗以肥私橐。及诺岷接任，洁己奉公，实心办理，将亏空劣员悉行参革。州县火耗严行裁减，而酌留羡余，以补无著之亏空。既不累及于闾阎，而有司亦免参罚，又为官员定养廉之资，为公事留办理之费。诺岷此举，于国计民生、上下公私均有裨益。然伊当始行之时，不但晋省属员怨望，而内外臣工皆有异词。朕彼时降上旨曰：此事惟如诺岷之督抚方能行之耳。盖朕之意，原听各省督抚自为之。而至于不能行之督抚，不便行之地方，则朕并未强之使行也。诺岷举行之后，随有数省仿效其意，提解十分中二三，以备公用。亦以地方公务繁多，若不预为计画，则一时需费，仍至累及小民。然此亦皆督抚自行奏请者，非由朕谕也。伊都立接诺岷之任，曾奏称山西亏空渐次清楚，将来耗羡便可充饷。朕严切训饬曰：本地之羡余，只应作本地之用度，若归公充饷，断无是理。且恐相沿日久，遂成公项，不肖官员竟有重复征收之事矣。田文镜亦曾奏称，豫省亏空弥补已清，火耗尚有赢余等语。朕批示之曰：此项耗羡，原系豫省官民之物，假使果有赢余，则当增添官员养廉之资，使其用度宽裕。倘再有赢余，则当再减民间火耗之数，使其储蓄充盈。盖朕之准其提解耗羡者，原是爱养官民之苦心。若以支给地方公用之外，尚有余资，即准收作公项，朕必不为也。"①

（2）奏请杂项归公之实质。雍正说："迩年以来，各省督抚等有以地方旧有之项不敢入己，奏请归公者。彼时陈奏之际，似出急公奉法之心。今细加体察，此等款项多系地方相沿之积弊，历年未革之陋规，不取之于民，即取之于国者。一种欺世盗名之督抚，往往奏请归公，以博清廉之美誉。更有本系一己之赃私，入己囊橐，又恐败露，不得已而奏请归公，以盖前愆。又或回护前任之员，而奏请归公，以掩其短。则是诸臣欲沽一己之名，欲逃一己之罪，而巧借奉公之说，为此遮饰之计也。著各省督抚等悉心确查，查无碍于国、无碍于民、可以归公之项，则将缘由备细声明，具摺陈奏，候朕批示。其有上窃之于国而下取之于民者，则应永行裁革，不许借归公之名，以遂其私心，而掩其积弊。如有仍蹈旧习者，经朕察出，定行严加处分。"②

（3）特恩蠲免额赋，耗羡酌情保留。雍正说："国家设官，本以理民。官有恤下之责，民有奉上之义。若设官而不为计及养廉之资，则有司之贤者将窘迫而莫能支，不肖者又横取而无所检，是以酌定将钱粮耗羡均给各官，此揆情度理、上下相安之道。但思加恩百姓、豁免正赋，若将耗羡一并蠲除，是民虽邀额外之恩，而官员转有拮据之苦。

---

① 《雍正实录》卷68《谕内阁》，雍正六年夏四月。
② 《雍正实录》卷73《谕户部》，雍正六年九月。

上司或因此稍有宽假（宽纵），则必致巧取苛索于民。流弊种种，转（反而）多于耗羡之数，于吏治民生均无裨益。著于庚戌年（雍正八年）为始，凡遇特恩蠲免钱粮者，其耗羡仍旧输纳，谅必民所乐从。若因水旱蠲免者，不得征收耗羡，将此永著为例。"①

（4）从正赋中提取养廉之资，赏给浙省官员。雍正五年冬十月，在蠲免浙省嘉湖二府浮银八万七千二百余两的基础上，根据浙省耗羡加征比例较低、养廉资金不足的实际情况，雍正决定从杭州、宁波、绍兴、台州、金华、衢州、严州、温州、处州等九府额征银二百五万两中提取百分之五，计得银十万两，赏给督抚提镇各官，以为养廉之资。合之州县耗羡共计二十四万两。从雍正六年为始，俱提解司库，令该抚酌量官职之大小、府州县地方之繁简，秉公派定数目奏闻，余银存为本省公事之用。雍正说："朕今施恩于官者，实施恩于民之意。无非欲百姓等催科不扰，皆乐业于田间。官员等俯仰裕如，咸尽心于官守。倘官员不知副朕爱民之苦心，仍有作奸犯科、隐粮逋赋及侵渔公帑、剥削民膏者，在天理国法俱难姑容，加以重惩，更无可贷（宽恕）。"②

（5）加强对耗羡提解使用的审核监督。雍正说："各省从前办公，无项可动。上下共相捐应，官民并受其累。即各官薪米之需，皆取给于该地方之耗羡，而地方大小不一，多寡亦不均平，往往不能固其所守。此人人洞悉其弊者。山西巡抚诺敏始请提解耗羡之法，后各省督抚次第效法，将经年费用之款项、衙门事务之繁简，议定公费，派给养廉，俾公事、私用咸足取资。自行此法以来，吏治稍得澄清，闾阎咸免扰累。此中利益，乃内外之所共知共见者。各省布政司职掌钱粮之总汇，自应加意慎重。其应批解者随时查催，不使拖欠。其应支给者，严加稽核，不致冒滥，庶财用常充，而官民永受其益。乃数年以来，朕留心体察，外省布政使中竟有庸劣无识之人，将此项银两视为无足重轻之物，而不念其为民脂民膏。或挪补借支，或任意费用。前任含糊交代，后任不便深求，竟将有关国计民生之项渐成纸上空谈，而督抚亦不查察，似此日久愈难清楚矣。在当日举行之初，朕原降上旨，此事若善于奉行，则地方可受其益。倘奉行之不善，则地方转（反）受其累。各省之能行与否，总听该督抚自为酌量，并未强其一例通行也。今览近日情形，恐渐有不妥之处，将来贻人以口实，则非朕准行之本意也。著户部先行查明，各省公费养廉银两，其有按年造册咨送、查核无差者无庸（不必）清查外，其并未造册咨送，及虽有册籍，而笼统开造者，其中必有不清之处，即著勒定限期，令造清册，送部查核。"③

3. 主张蠲赋养民，休养生息

（1）根据清理亏空的进展和财政宽裕情况减免田赋。雍正说："自古帝王之治天下，设官分职，不得其人，则庶政莫由振举。而理财不得其道，则国用不足。虽欲减赋蠲

---

① 《雍正实录》卷82《谕内阁》，雍正七年六月。
② 《雍正实录》卷62《谕户部》，雍正五年冬十月。
③ 《雍正实录》卷157《谕户部》，雍正十三年六月。

租,沛膏泽于万姓,其势有所不能,此自然之理也。数年以来,怡亲王、大臣等办理户部事务,敬慎公忠,风清弊绝。阜民裕国,府库充盈。国家经费既敷(足),则蠲除惟正之供,施恩常格之外,使群黎百姓俯仰有余,乃朕寤寐(日夜)之至愿也。"①

从雍正三年至雍正十三年,除定例蠲免灾歉地区田粮应征之数外,雍正还根据历年各省亏空田粮清缴工作进展及财政宽裕情况,采取了一系列蠲税减负措施,其中规模较大的有10次,如下表所示。

雍正朝蠲免田粮统计简表

次数	蠲免省份	蠲免对象	蠲免数额	蠲免期限	蠲免目的
1	苏松嘉湖四府	浮银	五十三万八千余两,其中苏松二府四十五万两,嘉湖二府八万七千余两,并赏给浙省九府养廉银十万两。	苏松二府自雍正三年起,永久豁免。嘉湖二府自雍正六年起,永久豁免。	解决明朝开国以来因四府民众支持义军首领张士诚反元反明带来的重税负担
2	福建省	陈欠	三十三万八千余两	自康熙五十五年起至雍正四年	亏空清查告竣,额赋与带征同时征收,负担过重,且有灾歉。
3	直隶省	额赋	全免	雍正元年	体恤百姓历年除道清尘、趋事赴功之劳
4	浙江省	额赋	六十万两	雍正七年	奖励浙省士民踊跃完税之善举
5	河南省	额赋	四十万两	雍正七年	奖励豫省总督田文镜实心实政、感召天和之功
6	甘肃、四川、云南、贵州、广西五省及西安所属地方	额赋	全免	雍正八年	抚恤六省士民备办军需之劳
7	广东、山东、直隶、陕西、山西、安徽六省	额赋	各四十万两	雍正八年	庆贺年谷顺成
8	江西、湖北、湖南、直隶、山东五省	额赋	各四十万两	雍正九年	轮免
9	河南、山东二省	额赋	各四十万两	雍正十一年	用耗羡结存抵免正赋
10	贵州省	额赋	全免	雍正十三年	平苗乱被战火之州县三年内钱粮全免

注:根据《雍正实录》中相关史料记载整理。

(2)提高灾欠减免分数。雍正说:"君民上下之间,休戚相同,本属一体。《论语》曰:百姓足,君孰与不足。是民间之生计,即国计也。自古人君,无不恤民之灾、济民

---

① 《雍正实录》卷85《谕内阁》,雍正七年八月。

之困者。而至于歉岁蠲免之数往往多寡不同者，则时势赢绌（屈伸、进退）为之，出于不得已也。如明洪武时，凡水旱地方，税粮即与（予）蠲免。成化时，凡被灾之地，以十分为率，减免三分。弘治时，全荒者免七分，九分者免六分，以是递减，至被荒四分免一分而止。我朝顺治初年，凡被荒之地，或全免，或免半，或免十分之三，以被灾之轻重，定额数之多寡。顺治十年议定，被灾八九十分者，免十分之三。五六七分者，免十分之二。四分者，免十分之一。康熙十七年议定，歉收地方，除五分以下不成灾外，六分者免十分之一，七八分者免十分之二，九分十分者免十分之三。此例见在遵行。凡此多寡不同之数，或旋减而旋增，皆因其时势为之，亦非先后互异、意为增损也。数十年来，虽定三分之例，然圣祖仁皇帝深仁厚泽，爱养斯民，或因偶有水旱而全蠲本地之租，亦且并无荒歉，而轮免天下之赋。浩荡之恩，不可胜举。而特未曾更改旧例者，盖恐国家经费或有不敷，故仍存成法而加恩于常格之外耳。朕即位以来，命怡亲王等管理户部事务，清查亏项，剔除弊端，悉心经理。数年之中，库帑渐见充裕。以是观之，治赋若得其人，则经费无不敷之事。用沛特恩，将蠲免之例加增分数，以惠烝黎。其被灾十分者著免七分，九分者著免六分，八分者著免四分，七分者著免二分，六分者著免一分。将此通行各省知之。"①

（3）鼓励垦荒，十年起科。雍正说："惟开垦一事，于百姓最有裨益。但向来开垦之弊，自州县以至督抚，俱需索陋规，致垦荒之费浮于买价，百姓畏缩不前，往往膏腴荒弃，岂不可惜？嗣后各省凡有可垦之处，听民相度地宜，自垦自报。地方官不得勒索，胥吏亦不得阻挠。至升科之例，水田仍以六年起科，旱田以十年起科，著著为定例。"②"国家承平日久，户口日繁，凡属闲旷未耕之地，皆宜及时开垦，以裕养育万民之计。……今思各省皆有未垦之土，即各省皆有愿垦之人。或以日用无资，力量不及，遂不能趋事赴功，徘徊中止，亦事势之所有者。著各省督抚各就本地情形转饬有司，细加筹画。其情愿开垦而贫寒无力者，酌动存公银谷，确查借给，以为牛种口粮，俾得努力于南亩。俟成熟之后，分限三年，照数还项。五六年后，按则起科。总在该督抚等董率州县，因地制宜，实心经理，务使田畴日辟，耕凿维勤，以副朕爱养元元之至意。"③

（4）设立井田，四年起科。雍正二年六月，户部侍郎塞德奏请设立井田，安置闲散满洲。雍正批准户部议覆方案，在内务府余地和入官地中择二百余顷为井田，将八旗无产业人内自十六岁以上六十岁以下者，派往耕种。满洲五十户、蒙古十户、汉军四十户，共一百户，各受田百亩。周围八分为私田，中间百亩为公田，共力同养公田。俟三年后，所种公田之谷再行征取。于革职大员内拣选二人，劝教管理，三年分别议叙。每年十月后，农事既毕，校围学射，并派员往视。设立村庄，盖造土房四百间，计口分给。其耕种之人，每名给银五十两，以为置办种粒牛具农器之用。其井田地亩，傥有旗

---

① 《雍正实录》卷67《谕户部》，雍正六年三月。
② 《雍正实录》卷6《谕户部》，雍正元年夏四月。
③ 《雍正实录》卷80《谕户部》，雍正七年夏四月。

民交错之地，将附近良田照数给换。①

雍正五年闰三月，雍正再次训谕八旗大臣等，将八旗另户满洲、蒙古内，因拖欠钱粮、并为非犯法革退之官兵无产业可依者俱查明，连妻子发往京城附近直隶地方耕种井田。每户给地三十亩，每五户给牛三只，其制办农具秄种并半年口粮，每户给银十五两，交与管理井田官员。照伊人口多寡，给与土房居住。如有约束不严、生事扰害等弊，将该管官从重治罪。②

4. 主张摊丁入粮（地），公平赋役

田赋与徭役的矛盾由来已久，历代封建统治者都试图通过赋税改革，平衡二者的负担，规范其运行，但最终都难以长久如愿。康熙在位时，大胆推出"滋生人丁，嗣后永不加赋"政策（康熙五十一年），在缓解赋役矛盾方面迈出了重要一步。康熙五十五年又允准四川、广东两地开展摊丁入粮（地）试点。雍正即位后，将富国裕民摆在更加突出的位置，对"摊丁入粮（地）"改革给予了更大的关注，但能否普遍推行，仍存疑虑。雍正元年秋七月，直隶巡抚李维钧折奏直属丁银请摊入田粮，雍正当时答复说："此事尚可少缓。更张成例，似宜于丰年暇豫、民安物阜之时，以便熟筹利弊，期尽善尽美之效。今既经题奏，候部议到时，朕再酌定。"③户部随即遵上旨议覆："应如所请，于雍正二年为始，将丁银均摊地粮之内，造册征收。"④但雍正仍不放心，又召集九卿詹事科道讨论。九卿等认为："应令该抚确查各州县田土，因地制宜，作何摊入田亩之处，分别定例，庶使无地穷民免纳丁银之苦，有地穷民无加纳丁银之累。"雍正对九卿的议覆很不满意，批评他们"并不据理详议，依违瞻顾，皆由迎合上意起见。即如本内'有地穷民'一语，既称有地，何谓穷民？不与有米饿莩（饿殍、饿死）之语相似乎？"⑤尽管如此，雍正还是经过慎重考虑，最终批准了李维钧的申请，允许其自雍正二年始在直隶推行摊丁入粮（地）改革。随后，云南、山东、陕西、甘肃、四川、浙江、河南、江苏、安徽、江西、广西、湖北、湖南等省纷纷效法，摊丁入粮（地）改革遂由点及面迅速向全国推开。

从其内容来看，主要包括：（1）无论摊丁入粮还是摊丁入地，均从本地实际出发，不强求一律；（2）以康熙五十年全国丁银总额为准，按照各省田粮或地亩实数，将丁银总额均匀摊入田粮或地亩征收。如当时田赋一两，直隶摊入丁银三钱一厘，山东摊入丁银一钱一分五厘，江苏、安徽各摊一厘一毫至二分二厘九毫不等；（3）各色丁银均派入各邑田粮或地亩之内，无论绅衿富户，不分等则，一律输将。至于从事手工业的工匠，应交代役银价，另行计征；（4）对于地少丁多、盐场荡地、民丁与军丁、熟田与垦田等

---

① 《雍正实录》卷21《谕户部》，雍正二年六月。
② 《雍正实录》卷55《谕八旗大臣等》，雍正五年闰三月。
③ 《雍正实录》卷9《谕直隶巡抚李维钧》，雍正元年秋七月。
④ 《雍正实录》卷11《谕户部》，雍正元年九月。
⑤ 《雍正实录》卷11《谕九卿》，雍正元年九月。

特殊情况，能划一的尽量划一，实在不能划一的，可以适当变通，务求公平合理，官民两便。但对寄庄、寄粮等陈年积弊，则彻底革除；（5）丁随粮（地）征后，从雍正四年起，停止原来五年一编审人户的办法，而以编立保甲代替规定人丁。自16岁以上成丁，每岁由地方州县造册，布政使汇齐，开列里户人丁实数和免列花户，省去编审之烦。

"摊丁入粮（地）"，是继唐代"两税法"、明代"一条鞭法"之后我国赋役制度的又一次重大变革，它结束了田赋与徭役分征的历史，将古老的人头税向单一财产税方向大大推进了一步，顺应了时代潮流，对解放千百万长期被土地束缚的广大贫苦农民，促进人口流动、发展工商业、富国裕民和促进社会民主化都具有重大而深远的影响。但赋役改革无论大小，都会触及各阶级、各阶层的经济利益。"摊丁入粮（地）"改革在减轻地少丁多的贫苦农民的徭役负担的同时，不可避免地会加重地多丁少的地主豪绅势要的赋役负担。加之各地情况千差万别，完全整齐划一也有许多实际困难，所以这一具有划时代意义的重大改革的实施也是一个缓慢复杂的过程。但在康熙、雍正、乾隆等有为之君的坚定支持和有力推动下，它在清中叶终修正果、成为定制。

5.主张完善钱粮征缴制度，防止官侵民欠

（1）寓抚字于催科。雍正说："州县征收钱粮，人人皆知寓'抚'字于催科，然皆逐末，不知其本。夫正供之项，小民无不乐输。缘不肖有司每于额外浮派，以求赢余；或朘民脂膏，希图肥己；或上司勒索，借为逢迎；以致吏胥乘间中饱，百弊丛生。小民不胜苦累，遂有奸猾之徒得持官府之短长，抗粮包揽，任意拖欠，醇良者亦输纳不前矣。若州县洁己爱民，毫无浮派，则民间正供，乃义当完纳之项，何惮而不早完乎？惟当于肯完正供者实意抚恤，于实在抗欠之顽户严其催比，毫不瞻顾，此乃寓'抚'字于催科之道也。"①

（2）公示钱粮完欠信息。雍正说："任土作贡，天地之常经；守法奉公，生民之恒性；断无有食地之利，而不愿输纳正供，以甘蹈罪戾者。何以钱粮亏空拖欠之弊积习相沿，难于整理如此？一则胥吏中饱之患未除也。或由包揽入己，或由洗改串票，或将投柜之银钓封窃取，或将应比之户匿名免追。种种弊端，不可枚举。其故皆由于钱粮完欠细数，官未尝显示于民。在官则以为民欠，在民则以为已完，故吏胥得以作奸，而官民并受蒙蔽。应饬州县官，每年令各乡各里书手，将所管欠户各名下已完钱粮若干，尚欠若干，逐一开明，呈送州县官。查对无差，即用印出示，各贴本里，使欠粮之民家喻户晓。如有中饱等弊，许执串票具控，则吏胥不得肆其奸盗矣。再则不肖有司，借端侵渔，挪新掩旧之弊，不可不察也。朕因各省旧欠甚多，恐民力难于输纳，格外开恩，准其分年带征。其应征之数，有在十年以上者，亦有宽至十年以外者。酌其多寡，分别远近。此朕爱养黎元之至意，期于民欠易完，而民力可纾也。乃闻有不肖州县官另立私册，于每年应征分数之外，溢额多收。及至报解之时，止（只）照分数起解。该管上司

---

① 《雍正实录》卷67《谕新补无锡县知县江日容、昆山县知县朱铉》，雍正六年三月。

因其已经照数起解，不复再行稽查。而此多征之数，遂得任其侵挪，又成亏空之项。且民间见已经完纳者，徒供官吏之侵渔，亦遂怠其急公之念，而抗延拖欠之事由此而起。朕意分年带征之项，亦应将花户名下每年应完若干之处，详细开明，出榜晓示，令其按数完纳。以上二条，乃据朕所闻书示，其作何因地制宜，与斟酌立法之处，总在地方大臣详察弊端，权衡损益，督率有司实心经理。果有忠诚廉干之人，自无不可清厘（清理）之事。信乎治赋在乎得人，除弊方能立政。任地方之重寄者，其慎思之。"①

（3）革除里甲绅衿轮催包揽之弊。雍正说："地丁钱粮，百姓自行投纳，此定例也。闻江西省用里民催收，每里十甲，轮递值年，名曰里长催头。小民充者，有经催之责，既不免奸胥之需索，而经年奔走，旷农失业，扰民实甚。须即查明，通行裁革。若虑裁革里长，输纳不前，亦当另设催征之法。或止（只）令十里轮催，花户各自完纳，庶为近便。务须斟酌尽善，无滋民累，以广朕惠爱元元之意。"②"凡百姓完纳钱粮，当令该户亲身投纳，不许里长甲首巧立名目，希图侵蚀。不肖生员监生，本身田产无多，辄恃一衿，包揽同姓钱粮，自称儒户宦户。每当地丁漕米征收之时，迟延拖欠，有误国课。通都大邑固多，而山僻小县尤甚。该督抚著即严查晓谕，革除儒户宦户名目。如再有抗顽生监，即行重处，毋得姑贷。倘有瞻顾，不即革除此弊者，或科道参劾，或被旁人告发，治以重罪。"③

（4）宽延川陕百姓完课期限。雍正说："陕西四川地方民风醇朴，历年逋赋甚少。查每年征收钱粮之期，四月完半，十月全完，此定例也。朕思四月、十月既届纳课之期，小民必须预先经营，是麦谷未收之时，即为输将之计。或因称贷而受剥于富豪，或因预粜而大亏其价值。且如甘肃地方，有征收本色者，若在粮谷未获之前，更为竭蹶（困难、匮乏）。历来川陕钱粮，既无拖欠之陋习，著将四月完半者宽至六月，十月全完者宽至十一月。俟夏麦秋禾筑场纳稼之后，从容完课，俾民力纾徐，以副朕爱养黎元之至意。"④

6. 主张通商足民，理财裕国

（1）革除苛索加派之弊，规范关盐管理。雍正说："从来关榷盐税之设，所以通商裕国。或用钦差专辖，或令督抚兼理，无非因地制宜、利商便民之至意也。朕前于关盐两差，各下谕上旨，诰诫谆切。但旗员向来相沿成习，阳奉阴违。任意侈糜，不知撙节。额外加派，苦累商民。差满之日，惟恐回京有当差效力之事，每以缺额恳求宽限，希图掩饰。是以不惮叮咛，再加申饬。大抵关差之弊，皆惟知目前小利，恣意侵渔。听信家丁，纵容胥吏。开关分别迟早，肆无厌之诛求。报单任意重轻，为纳课之多寡。饱

---

① 《雍正实录》卷66《谕直省督抚布政使等》，雍正六年二月。
② 《雍正实录》卷21《谕江西巡抚裴率度》，雍正二年六月。
③ 《雍正实录》卷16《谕直隶各省总督巡抚》，雍正二年二月。
④ 《雍正实录》卷99《谕户部》，雍正八年冬十月。

溪壑（贪欲）者则任其漏税，代为朦胧（蒙混）。不遂欲者则倒箧倾箱，不遗纤细。致商贾畏惧，裹足不前。行旅彷徨，越关迂道。则困商实所以自困也。盐差之弊，尤合重惩。飞渡重照，贵卖夹带，弊之在商者犹小。加派陋规，弊之在官者更大。若不彻底澄清，势必致商人失业，国帑常亏。夫以一引之课，渐添至数倍有余。官无论大小，职无论文武，皆视为利薮。照引分肥，商家安得而不重困。赔累日深，则配引日少。配引日少，则官盐不得不贵，而私盐得以横行。故逐年之课，难以奏销。连岁之引，尽皆壅滞。非加派之所致欤？故关差惟在严禁苛求，使舟车络绎，货物流通，则税自足额。盐差惟在力除加派，使商困少苏，尽复旧业，则课自赢余。至于督抚，系封疆大吏，更当仰体朝廷归并之意，关政不得视为带理（代理），漫不经心。误任属员，听其剥削。盐政不得罔（不）恤穷商，独专厚利。硬派州县，计口征钱。夫榷关部属，尚有顾忌，恐督抚持其短长。令归督抚，则何所瞻顾？巡盐御史，地方官或不奉约束。今归督抚，则孰敢抗违。况钦差犹每年更换，而督抚兼理则无限期。若不实心奉行，使风清弊绝，则大负归并之本意矣。至将耗羡充课，固属急公，但恐以耗羡归正额，而正额之外复加耗羡。商民重输叠出，何以堪此！朕深悉关盐扰累之害，垂念商民营逐之苦，特谕尔等经理榷税者，务期奉公守法，遴委得人。知商旅之艰辛，绝箕敛之弊窦。通商即所以理财，足民即所以裕国。如自利自便，罔上行私，责有攸（所）归。其悉遵朕上旨。"①

（2）禁止对往来货物征税、对转关货物重复征税。雍正八年三月，上谕内阁："昔年圣祖仁皇帝驻跸热河时，凡商民货物往来，俱不输税。嗣后著严行稽查，无论满洲绿旗兵弁，倘有需索商民者，即指名题参治罪。"②雍正十三年六月，直隶总督李卫遵上旨议奏稽查张家口兵科给事中尚德条陈门税事宜。一、宣化府为南北通衢，凡有货物，已经张家口、居庸关上税，过府之时，张家口监督复委家人书吏照数重收，以致小民肩挑背负手持日用筲帚锅刷琐碎之物，进城无不邀拦收税，民情甚为不便。且家人书吏征多报少，究非实裕国课。嗣后南北商货，若已在张家口、居庸关上税者，请敕部定例，宣府不许重征。刊刻木榜，竖立各门。如有违禁横征者，严加参处。一、居庸关收税之所离张家口三百余里，监督势虽躬亲，每差亲信家人协同吏役，携带印单收税。而家人识见卑鄙，辄为关役利诱，私用小票，隐漏偷肥。嗣后请委附近州县不时查考。但昌平、延庆二州离关稍远，难于查考。请设立税课大使一员，给以钤记（官印），令收商税银两按月转解监督，仍令霸昌道就近稽查。照宣府之例，民间零星日用之物免其抽税。如有苛勒商民、侵渔滋事者，亦严加参处。户部议覆，均应如所请。上从之。③

---

① 《雍正实录》卷16《谕各省关差盐差等官》，雍正二年二月。参见《雍正文集》卷2《敕谕·谕各省关差盐差》，雍正二年二月初二日。

② 《雍正实录》卷92《谕内阁》，雍正八年三月。

③ 《雍正实录》卷157《谕户部》，雍正十三年六月。清初并无对流动货物征收商税之惯例。康熙十九年五月，户部题，山海关往来贸易者颇多，应设官抽分，以佐军饷。其收税官应令满洲部员轮差。上从之。从此各关口见货抽税开始流行，且常与落地交易税重复征收。而商税并非正项钱粮，所以私征滥派、抽分肥己非常严重，成为一大弊政。见《康熙实录》卷90《谕户部》，康熙十九年五月。

（3）制定科则，依额征收，严控落地税溢额议叙。雍正说："朕即位以来，屡有臣工条奏，各处地方官征收落地税银交公者甚少，所有赢余皆入私橐。……朕思孟子言，治国之道，首称取于民有制。所谓有制者，即一定额征之数也。若税课之属，无显然额征之数，则官吏得以高下其手，而闾阎无所遵循。即如从前各处税课，经地方官征收，有于解额之外多数倍者，且有多至数十倍者。既无一定之章程，则多寡可以任意，其弊不可胜言。属员既已贪取，上司必致苛求。官员既已营私，胥役必至横索。日积月累，渐有增加之势，而难于稽查，岂非民生之隐患乎？朕是以允从条奏所请及九卿所议，令各省督抚委员监收，以定科则。其征收不及旧额者，亦令奏闻，降旨裁减。年来报出赢余之处，朕皆令留于本地，或作各官养廉之需，或为百姓公事之用。使官员用度有赖，自不妄取民财。使地方公用有资，即可宽恤民力。无非以小民之财物，仍用之于民间，不令饱贪官污吏之欲壑而已。……乃闻外省中多有奉行不善者，以朕爱民除弊之善政，而庸劣有司借归公之名，或肥身养家，或争多斗胜，以致肩挑背负之微物皆征收税课。而该督抚等又不悉心稽查，民间苦于扰累，或起朝廷加税之疑。独不思朕爱养斯民，如江南、浙江、江西三省，额征钱粮则永远豁免六十余万。各省每年蠲免之正赋又一二百万不等，而发帑为地方兴修工程者又不下数百万。岂有于数千百万之帑金并不吝惜，而转与小民争此蝇头之利乎？"①"向来各处落地税银，大半为地方官吏侵渔入己。是以定例报出税银四百两者，准其加一级。后因查报渐多，吏部定议，报出税银八百两者准其加一级，多者以此计算。年来地方官员皆知守法奉公，凡有税课，皆随收随报，不敢侵隐。其报出之数，每倍于旧额，祇（只）恐将来不无冀幸功名之人希图优叙，以致恣意苛索，扰累小民。且落地税银非正项钱粮有一定之数者可比，侵蚀隐匿者固当加以处分，而争多斗胜者不但不当议叙，亦当予以处分。其如何定议并如何议叙加级处分之处，著吏部、户部悉心妥议具奏。寻议，嗣后各省落地税及税契银两，如搜求需索，以致盈余之数倍于正额，或将十数年以前置买产业苛索扰累者，令该督抚题参革职。上司失察徇庇者，查出照例议处。其于正额外实在盈余者，以八百两为率，准加一级，多者不得过三级，永著为例。从之。"②

三、对雍正治国理政思想及税收思想的简要评述

1.对雍正治国理政思想的简要评述

雍正总体上继承了康熙的治国理政思想，又与时俱进、开拓创新，形成了具有自己鲜明特色的治国理政思想和执政策略、执政风格。比如，他在强调仁育的同时，更加

---

① 《雍正实录》卷89《谕内阁》，雍正七年十二月。
② 《雍正实录》卷100《谕户部》，雍正八年十一月。与商税类似且不属于正项钱粮的还有向临街房屋征收的房号银两。见《康熙实录》卷5，顺治十八年冬十月。

重视义正；在强调宽恤的同时，更加重视严明；在强调扬善的同时，更加重视惩恶；在强调法祖的同时，更加重视法治；在强调等级礼制的同时，更加重视自由平等。清高宗乾隆继位后，赠其皇考以敬天昌运建中表正文武英明宽仁信毅睿圣大孝至诚宪皇帝的谥号，可谓恰如其分、客观公正。其中"宪"字的选用极为巧妙，比较准确地概括了雍正仁义相资、宽猛相济、刚毅果断、依法治国、求真务实、锐意进取的执政风范。当然，雍正的严猛之政也有许多不足和缺陷。比如，对质疑清政权合法性和皇考执政之弊的人，严刑峻法、无情打击，制造了许多文字狱，有害于文化事业的繁荣发展；对威猛之士信任过度，缺乏严格约束，一旦发现其弄权贪腐行为，又毫不留情地将其抛弃，甚至置于死地；固守重本抑末的传统，禁止开矿和远洋贸易，对发展工商业的积极作用认识不足，采取的通商措施也不够具体有力；改革力度比较大，但急于求成，造成社会的剧烈震动；好大喜功，做了许多图劳无功的事，如天津营田、设立井田、赏赐满洲官兵生息银两、将西洋人尽迁于澳门居住等；在讨伐噶尔丹策凌的战役中，用人不当，筹划不密，指挥混乱，导致损兵折将、劳民伤财；忙于整理内务，外出巡幸、体察民情极少，导致主观与客观经常出现偏差。诸如此类的问题，都反映了雍正执政理念的局限性，也反映了封建专制制度的历史局限性。

2.对雍正税收思想的简要评述

雍正的税收思想是其治国理政思想的重要组成部分，内容十分丰富，且比较有特色和新意。本书将其提炼归纳为六个方面，其中，"清查亏空，整顿吏治"主要阐述了财政亏空产生的根源、清查亏空的必要性、清查和处理亏空的具体措施；"提解耗羡，补公养廉"主要阐述了耗羡的由来、耗羡的性质、申请杂项归公的实质、蠲免正供与裁减耗羡的关系、加强对耗羡提解使用的审核监督等内容；"蠲赋养民，休养生息"主要阐述了蠲免浮粮、蠲免欠税、蠲免额赋、提高灾歉减免分数、延迟垦荒和井田起科时限的具体背景和现实意义；"摊丁入粮（地），公平赋役"主要阐述了以粮（地）载丁政策出台的历史背景、现实意义和具体做法；"完善钱粮征缴制度，防止官侵民欠"主要阐述了寓"抚"字于征、纳税信息透明化、革除绅衿轮催包揽之弊、宽延川陕百姓完课期限等征管措施对便民纳税、防止官侵民欠的重要意义；"通商足民，理财裕国"主要阐述了革除苛求加派之弊，规范关盐管理；禁止对往来货物征税、对转关货物重复征税；制定科则，依额征收，严控落地税溢额议叙等的必要性和紧迫性。

雍正的税收思想以及各项具体改革举措具有以下突出特征：（1）现实针对性。它是在解决突出的社会矛盾中逐渐形成并完善发展的，而且许多论述都非常务实、切中要害。（2）历史继承性。比如在财政状况好转的情况下轮免各省额赋的做法，就与康熙五十年至五十二年轮免各省钱粮的做法极其相似，只不过前者主要是限额减免，后者主要是全免。（3）系统性。比如它把清理财政亏空、严肃法纪、整顿吏治、规范财政秩序、充实国库与蠲免百姓正项钱粮、减轻民负、改善民生、促进经济社会和谐发展、国家长治久安紧密结合，实现了压力、动力与活力的有机统一。（4）创新性。比如它把裁减耗羡、革除法外需索与改善官员生计、补充地方公共经费结合起来，从而实现了非法变合法、暗取变明补、无序变有序、重负变轻负的巧妙转化。（5）民主性。比如它将丁银摊入田粮或地亩征收，以适当加重地主豪强税收负担的风险和代价，换来了亿万贫苦百姓的人身解放，并缓解了财产税与人头税、实物税与货币税之间的矛盾，体现了改革家、政治家的勇敢担当精神。（6）深刻性。比如他一针见血地指出了地方官员申请杂项归公的实质，并明确反对将耗羡视同正项，完全充公，提解户部；明确反对商人、绅衿以及普通百姓以自愿名义捐献钱粮，补充地方公用经费或替贪官弥补亏空，其根本目的就是防范官民勾结、为非乱法。

　　总体来看，雍正的税收思想和改革举措是一个环环相扣、辩证统一的完整体系，并对攻克清初财税管理和国家治理中的一些热点、难点问题提供了有力度、有新意、有一定前瞻性的解决方案。这是雍正治国理政思想及税收思想的精华所在，也是确立其改革家、政治家、理财家地位的重要标志。当然，由于雍正执政时间较短，不能对改革效果进行持续的观察和验证；执政环境恶劣，不能专心致志地推进改革；对大力发展工商业和开放国际贸易的必要性认识不足，且有重本抑末的思想动机，影响了其在工商税制改革方面的大胆探索；封建专制制度以巩固皇权统治、维护地主阶级的利益为底线，所以任何试图减轻广大劳动人民经济负担的努力，都会遭到顽强抵制，出现减负和增负的拉锯战。作为地主阶级利益的总代表，雍正也不可能逾越这个局限性。但难能可贵的是，他能从维护封建专制政权的长治久安这个战略高度思考问题，咬定青山不放松，以大无畏的英雄气概，直面矛盾和问题，矢志不渝地推进改革，追踪改革成效，纠正改革偏差，完善各项具体政策，调整改革策略，从而使财税改革的正能量不断得到释放，为大清政权的日益巩固和"康乾盛世"的到来扫除了障碍、铺平了道路，这是值得后人永远学习借鉴的。

主要参考文献：

《清史稿》卷9《世宗本纪》。

《雍正实录》。

《雍正御制文集》。

《雍正传》，冯尔康著，人民出版社1985年版。

魏 源

一、魏源生平简介

魏源（1794—1857），名远达，字默深，又字墨生、汉士，号良图。汉族，湖南邵阳人。大清帝国由盛转衰时期著名启蒙思想家、政治家、理财家、史学家、文学家。历乾隆、嘉庆、道光、咸丰四朝。与虎门销烟的英雄林则徐及改革家陶澍、贺长龄等同代，是近代中国"睁眼看世界"的重要先驱，也是两次鸦片战争的见证者。

魏源自幼聪慧过人，好沉思默想。青年时代热心科举，但屡试屡败，直到52岁高龄才进士及第，分发江苏叙用，历任东台县令、兴化县令和高邮知州等职。魏源一生大部分时间以佐幕、游历和著述为业。晚年弃官归隐，潜心佛学，法名承贯。咸丰七年卒于杭州东园僧舍，享年64岁，葬杭州南屏山方家峪。

魏源一生热衷学术，学识渊博，著作宏富，其代表作有《书古微》《诗古微》《皇朝经世文编》《海国图志》《圣武记》《元史新编》等，其中受江苏布政使贺长龄之托编纂的《皇朝经世文编》（120卷）和受两广总督林则徐之托编纂的《海国图志》（100卷）最为著名，其体系之严整，内容之丰富，流播之广泛，都是同时代知识分子所望尘莫及的。

魏源一生未得高官厚禄，却有一颗忧国忧民的赤诚之心。在长期佐幕地方督抚的过程中，亲眼目睹了社会底层的生活状况，亲身参与了盐务、漕务、河务等关系国计民生的重大改革的探索实践过程，也参与了镇压太平军和捻军的军事行动，从而加深了对封建专制制度腐朽性和变法图强紧迫性的认识；通过深研经典、编纂文献、代人上疏等，加深了对儒家传统文化保守性和经世致用必要性的认识；通过对第一次鸦片战争后国内外形势急剧变化的冷静观察、细致了解和深入思考，加深了对古今宇宙是一大棋局和西方文明先进性的认识。他所提出的"师夷长技以制夷"的著名论断，不仅开启了中国社会由传统走向近代的历史新纪元，也对日本"明治维新"运动产生了重要影响。

清末民初著名维新派领袖、思想家、政治家、教育家、史学家、文学家梁启超在其所著《论中国学术思想变迁之大势》一书中说:《海国图志》对日本"明治维新"起了巨大影响,它是"不龟手之药"①。在《中国近三百年学术史》一书中,梁启超进一步说:"《海国图志》之论,实支配百年来之人心,直至今日犹未脱离净尽,则其在中国历史上关系不得谓细也。"岳麓书社社长、历史学家夏剑钦在其所著《魏源传》一书中说:"综观魏源一生,他从理学家转而为汉学家,从幕友转而为亲民官,从解经笺诗的通儒转而为关心水利盐漕的实干家,从忧时忧民的学者转而为放眼世界的先驱,都充分显示他是一名真挚的爱国者。他因受鸦片战争失败的刺激,时时以湔洗(刷洗)国耻为念,提出'后王师前王''师夷长技以制夷'思想。"

二、魏源税收思想的主要内容

魏源的税收思想是其治国理政思想的重要组成部分,本书将其提炼归纳为以下六个方面。

1. 主张因势利导,变革税制

魏源说:"租、庸、调变而两税,两税变而条编。变古愈尽,便民愈甚,虽圣王复作,必不舍条编而复两税,舍两税而复租、庸、调也;乡举里选变而门望,门望变而考试,丁庸变而差役,差役变而雇役,虽圣王复作,必不舍科举而复选举,舍雇役而为差役也;丘甲变而府兵,府兵变而彍骑(宿卫骑兵),而营伍,虽圣王复作,必不舍营伍而复为屯田、为府兵也。天下事,人情所不便者变可复,人情所群便者变则不可复。江河百源,一趋于海,反江河之水而复归之山,得乎?履(鞋子)不必同,期于适足;治不必同,期于利民。"②

2. 主张轻徭薄赋,保护富民

魏源说:"使人不暇顾廉耻,则国必衰;使人不敢顾家业,则国必亡。善赋民者,譬植柳乎,薪(割、烧)其枝叶而培其本根;不善赋民者,譬则剪韭乎,日翦一畦,不罄不止。《周官》保富之法,诚以富民一方之元气,公家有大征发、大徒役皆倚赖焉,大兵燹(战火)、大饥馑皆仰给焉。彼贪人为政也,专朘富民,富民渐罄,复朘中户,中户复然,遂致邑井成墟。故土无富户则国贫,土无中户则国危,至下户流亡而国非其国矣。……且也天下有本富有末富,其别在有田无田。有田而富者,岁输租税,供徭役,事事受制于官,一遇饥荒,束手待尽;非若无田富民,逐什一之利,转贩四方,无赋敛徭役,无官吏挟制,即有与民争利之桑、孔③,能分其利而不能破其家也。是以有田之富民可悯,更甚于无田。"④

---

① 出自《庄子·内篇·逍遥游》。不龟手之药就是不冻(龟裂)手之药。
② 《魏源全集》第12册《古微堂内集》卷二《默觚下·治篇五》。
③ 指西汉理财家桑弘羊、孔仅。
④ 《魏源全集》第12册《古微堂内集》卷2《默觚下·治篇十四》。

3. 主张散财济贫，藏富于民

魏源说："俭，美德也；禁奢崇俭，美政也。然可以励上，不可以律下；可以训贫，不可以规（规制、约束）富。……王者藏富于民，譬同室博弈而金帛不出户庭，适足损有余以益不足。如上并禁之，则富者益富，贫者益贫。彼富而俭者，未必如大禹之菲食恶衣而为四海裕衣食也，未必如晏子、墨子之节用而待举火者七十家、待寝攻（休战）者数十国也。俭生爱，爱生吝，吝生贪，贪生刻。三晋之素封，不如吴、越之下户；三晋之下户，不如吴、越之佣隶。俭则俭矣，彼贫民安所仰给乎？天道恶积而喜散，王政喜均而恶偏，则知以俭守财，乃白圭、程郑致富起家之计，非长民者训俗博施之道也。"①

4. 主张革除中饱，利国利民

（1）盐政。魏源说："天下无数百年不弊之法，无穷极不变之法，无不除弊而能兴利之法，无不易简而能变通之法。与其使利出三孔二孔病国病民，曷（何）若尽收中饱蠹蚀之权使利出于一孔？"② "弊必出于烦难，而防弊必出于简易；裕课必由于轻本，而绌课必由于重税。此则两淮所同，亦天下盐利所同，亦漕赋关榷一切度支之政所同。方今生齿日繁，生财日狭，司农常憬然（警醒）盱衡（观察）山海，欲筹商课之有余，以裨农赋之不足。然则一隅之得失，固将为四方取则焉。" "天下无兴利之法，除其弊则利自兴矣；政无缉私之法，化私为官则官自鬯（畅）矣。欲敌私（抑制走私）必先减价（降价），减价必先轻本，轻本必先除弊。" "票盐创行数载，始而化洪湖以东之场私，继而化正关以西之芦私。且奏销数百万外，其余额犹足以融（融通、调剂）淮南悬引之不足。夫票盐售价，不及纲盐之半，而纲商（垄断食盐行销权的窝商或官商）岸悬课绌、票商云趋鹜赴者，何哉？纲利尽分于中饱蠹弊之人，坝工、捆夫去其二，湖枭、岸私去其二，场、岸官费去其二，厮伙、浮冒（虚报冒领）去其二，计利之入商者，什不能一。票盐特尽革中饱蠹弊之利，以归于纳课请运之商，故价减其半而利尚权其赢也。且向日仰食于弊之人，即今日仰食于利之人，昔之利私而今之利公，何谓淮北可行而异地不可行？"③

（2）漕政。魏源说："天下，势而已矣。国朝都（管理）海，与前代都河、都汴异，江、浙滨海，与他省远海者异，是之谓地势。元、明海道官开之，本朝海道商开之，海

---

① 《魏源全集》第12册《古微堂内集》卷2《默觚下·治篇十四》。
② 《魏源全集》第12册《古微堂外集》卷7《筹鹾篇》。
③ 《魏源全集》第12册《古微堂外集》卷7《淮北票盐志叙（代）》。清代两淮地区的盐政体制经历了从清初的纲盐制到道光年间的票盐制，继而发展成循环转运制的历程。道光十一年（1831年），两江总督陶澍因窝商腐败，欠课累累，遂奏准仿照明制，在淮北废引行票。其原则是：不问新商、旧商，只要交足盐课，即可领票运盐。票商既无限制，亦不固定，就可废除根窝专商之弊。不久淮南、福建相继仿行。其制由运司印刷三联票据，一留作存根，一存分司，一给民贩行运。各州县民贩，由州县给照赴盐场买盐，纳税后运盐出场，分赴指定口岸销售。盐票有大小之别，淮北一带小票每张可运盐10引，每引为400斤，合银六钱四分，也有的小票每张可运盐一百二十引；大票每张500引，行之于湖广、江西。

人习海，犹河人习河，是之谓事势。河运通则渎（河川）以为常，河运梗则海以为变，是之谓时势。因势之法如何？道不待访也，舟不更造也，丁不再募、费不别筹也。因商道为运道，因商舟为运舟，因商估（商贾）为运丁，因漕费为海运费，其道一出于因，语详贺方伯复魏制府书①中。其大旨曰：海运之利有三：曰国计，曰民生，曰海商。所不利者亦有三：曰海关税侩，曰通州仓胥，曰屯丁水手。而此三者之人所挟海为难者亦有三：曰风涛，曰盗贼，曰䵷湿（霉变）。此三难者，但以商运为海运一言廓之而有余。"②

"苏、松、常、镇、太仓四府一州之漕，赋额几半天下，而其每岁例给旗丁之运费，则为银三十六万九千九百两，为米四十一万一千八百九十三石，计米折价，直（值）银九十三万六千七百五十九两，共计给丁银米二项，为银百二十九万五千七百五十八两。上之出于国帑者如此，而下之所以津贴帮船者，殆不啻再倍过之（差不多两倍还多）。通计公私所费，几数两而致一石。官非乐为给也，民非乐为出也，丁非尽饱厚利也。军船行数千里之运河，过浅过闸有费，督运催儹（催赶）有费，淮安通坝验米又有费，亦知其所从出乎？出于彼者必取于此，而公私名实之不符，有所赢者必有所绌，而良莠强弱之不平，吏治何由而清，民气何由而靖！惟海运则粮百六十三万三千余石，而计费仅百四十万，抵漕项银米之数所溢无几，而帮船之浮费丝毫无有焉。诚使决而行之，永垂定制，不经闸河，不饱重壑，则但动漕项正帑，已足办公。举百余年丁费之重累，一旦释然如沉疴之去体，岂非东南一大快幸事哉！"③

"今以苏、松、太仓三属常行海运，即一旦浙江、湖广各省之漕，或梗于河患，或惮于陆拨，欲假道于海运，咄嗟（霎时）立办，国家永无误运之忧，是所利在国计。军艘行二千余里之运河，层层有费，丁不得不索之官，官不得不索之民，致官与丁相持，民与官相持，已成百余年锢疾。今以海运易闸河，以漕项省帮费，州县既收清漕，吴民咸登乐国。但奏明将夏秋地丁钱粮改钱收银，酌加火耗，绅民一律，以复乾隆钱价之旧，以资火耗、申解、一切办公之费，视收漕浮勒相去倍蓰（数倍），民与吏必皆欢从，可免挟制赔累之积弊。倘再有藉词额外浮加者，上司执法而行，坦然无复丝毫顾虑之私。使每年藏富于民者百余万，省讼于官者百千案，省亏空于官者数十万，上下欢然一体，视周文襄④、汤文正⑤之裁减浮粮，功且逾倍，是所益在吏治、在民生。"⑥

---

① 本文原名《复魏制府询海运书（代）》，是魏源代贺长龄起草的复函。
② 《魏源全集》第12册《古微堂外集》卷7《筹漕篇上》。
③ 《魏源全集》第12册《古微堂外集》卷7《海运全案跋（代）》。
④ 周忱（1381—1453），字恂如，号双崖，江西吉水人。明朝初年名臣，以善理财知名。宣德五年（1430年），授工部右侍郎，奉命巡抚江南，总督税粮。在任二十二年，常私访民间，询问疾苦。理欠赋，改税法，屡请减免江南重赋。与苏州知府况钟反复计算，将苏州一府额赋由二百七十七万石减至二百零五万石。其余府按次序减少。累官工部尚书，仍为巡抚。晚年遭诬陷罢职，致仕归家。景泰四年（1453年）卒，年七十三，谥号"文襄"。
⑤ 汤斌（1627—1687），字孔伯，号荆岘，晚号潜庵。河南睢州（今河南睢县）人，清朝政治家、理学家暨书法家，官至工部尚书，卒谥文正。汤斌一生清正廉明，是实践朱学理论的倡导者，所到之处体恤民艰，弊绝风清，政绩斐然，被尊为"理学名臣"。
⑥ 《魏源全集》第12册《古微堂外集》卷7《复蒋中堂论南漕书（代）》。

5. 主张缩减普免，聚力救民

魏源说："普赐田租，普免逋负，自古旷荡之仁，可行于文、景，不可行于宣、元之世。昔者，宋世常遇郊（郊祀）大赉（重赏）大赦矣，三年一郊，赉辄百万，赦辄数万，其后至于不敢郊。苏轼所谓以不急之费，而被之以莫大之名。后世庆典普恩，与郊赉郊赦何异？生齿赜（博杂）矣，机变滋矣，有恃十载普免而争先逋欠者，则利顽民而不利于良民；官免赋而佃不免租，则利于富民而不利于贫民；海寇攻城，不及乡里，而遍免四乡之赋，则利于安堵之民，而不利于被难之民。国家正供，有岁入数千万之名，而常有逋欠千余万之实，异日国计愈匮，潦旱遍灾，何以蠲赈？则过厚于无事之民者，反无以备夫缓急望救之民。"①

6. 主张裁费减税，禁烟御侮

魏源说："中国以茶叶、湖丝驭外夷，而外夷以鸦片耗中国，此皆古所未有，而本朝有之。"②"鸦片耗中国之精华，岁千亿计，此漏不塞，虽万物为金，阴阳为炭，不能供尾闾（大海、下游）之壑。……夫水师整饬，而外洋无庇贩之人；绣衣四出，黥面令行，而内地无尝试之犯。如是而烟不绝者，无是理也。守位曰人，聚人曰财，理财、正辞、禁民为非曰义。是则禁民为非，实帝王理财之大柄。令不行，禁不止，所可蠹（蛀蚀）财者，宁惟鸦片？"③

"外夷惟利是图，惟威是畏，必使有可畏怀，而后俯首从命。故上者严修武备，彼有逴船则我能攻之，彼有夹私，应停贸易则立停之，使我无畏于彼，彼无可挟（胁迫）于我，自不敢尝试；次者代筹生计，使彼即停鸦片，而上无缺税，下无缺财，则亦何乐走私之名，而不趋自然之利？……今与夷约，果能铲除鸦片之地改种五谷者，许其多运洋米入口，并援例酌免其货税，则夷喜于地利之不荒，其必乐从者一。粤东出口之货，则洋行会馆每百两抽内商三分，而三分必增诸货价。其入口之货，则每一大洋艘至黄埔，官费及引水通事使费约需银五千元，皆在正税之外，虽不明取于鸦片，而夷则失诸彼者偿诸此，我则收其实而避其名。今与夷约，果鸦片不至，则尽裁一切浮费，举以前此贡使所屡求、大班所屡控者，一旦如其意而豁除之，俾岁省数百万，夷必乐从者又一。彼国入口之货，莫大于湖丝、茶叶；出口之货，莫大于棉花、洋米、呢、羽。今中国既裁浮费，免米税，商本轻省，则彼国不妨于进口之茶、丝，出口之棉、米、呢、羽，酌增其税，以补鸦片旧额。此外，铅、铁、硝、布等有益中国之物，亦可多运多销，夷必乐从者又一。威足慑之，利足怀之，公则服之，有不食桑葚而革鸮音④者乎？水师之通贿不惩，商胥之浮索不革，战舰之武备不竞，而惟外夷操切是求（而只为抵御外夷忙碌），纵获所求，且不可久。矧（何况）乃河溃而鱼烂，鸟惊而兽骇，尚何暇议

---

① ③ 《魏源全集》第12册《古微堂外集》卷8《军储篇一》。
② 《魏源全集》第4册《海国图志》卷2《筹海篇四·议款》。
④ 鸮音，鸮鸟的恶声。语出《诗·鲁颂·泮水》："翩彼飞鸮，集於泮林。食我桑黮，怀我好音。"

烟禁哉！"①

三、对魏源治国理政思想及税收思想的简要评述

1.对魏源治国理政思想的简要评述

魏源的治国理政思想上承周公、孔孟，中入宋明理学，终出西洋学术，视域非常宽广，内容也十分丰富。总体来看，它既有对传统的继承和发扬，又有对经典的变通解释，还有一些体现时代特征和要求的新内容，而贯穿其中的主线和灵魂则是经世致用、变法图强、师夷长技以制夷。若用几个关键词来概括，则有"势""变""商""海""守"等。所谓势，就是应势而动，不消极保守、固步自封；所谓变，就是顺应群情，改革时弊，与民为利；所谓商，就是鼓励发展民营工商业，以自由竞争代替官商垄断；所谓海，就是突破内陆经济的局限，开辟海洋运输和海洋经济的新领域；所谓守，就是面对西方列强的贪得无厌、武力威胁，采取以守为攻、战款结合、灵活机动的军事战略方针。应该说，魏源为破解内忧外患之困局而提出的指导思想和方针策略总体上是符合当时社会实际的，是具有前瞻性和现实指导意义的。只可惜人微言轻，这些正确主张既得不到最高统治者的有力支持，又遭到既得利益集团和投降派的重重阻挠和干扰，其实际效果就可想而知了。

2.对魏源税收思想的简要评述

魏源的税收思想是其治国理政思想的重要组成部分，本书将其提炼归纳为六个方面，包括：（1）主张因势利导，变革税制。强调税制由"租庸调制"转变为"两税法"和"一条鞭法"，由差役制转变为雇役制是一种历史的必然，变古愈尽，便民愈甚，群情便者不可复，群情不便者必可复。（2）主张轻徭薄赋，保护富民。强调征税不能竭泽而渔，要有利于经济的可持续发展；富民是社会的重要经济基础和稳定器，要保护富民的合法权益，调动其发展生产、扶助贫穷的积极性。（3）主张散财济贫，藏富于民。强调崇俭戒奢是必要的，但也不能过分限制普通民众积聚财富、奢侈消费的积极性；为人上者应损有余而补不足，藏富于民，对富民散财济贫的善举应予以鼓励和支持。（4）主张革除中饱，利国利民。强调将苏、松地区试行票盐法和河运改海运的成功经验向其他地区推广，以大幅削减盐运和漕运过程中的层层盘剥和苛捐杂费，实行易简之政，切实降低盐粮成本，减轻税费负担，便商利民，在提高效率、扩大运销规模的基础上增加税收收入。（5）主张缩减普免，聚力救民。强调削减劳民伤财的大赉大赦，增强蠲免田租逋负的针对性和实效性，维护税收法制的严肃性和公平性。（6）主张裁费减税，禁烟御侮。强调通过裁减税外乱收费和关吏中饱，免除大米进口税，酌减货物进口税，扩大正

---

① 《魏源全集》第4册《海国图志》卷2《筹海篇四·议款》。

常的双边和多边贸易，以弥补英国和其他西方列强的"经济利益损失"，削弱其对清廷严禁鸦片输入的抵触情绪和对大清帝国的武力威胁。

魏源的税收思想有三个显著特点：（1）综合性。主要表现在：强调利国、利官、利商、利民、利夷有机结合，统筹谋划税制改革；强调势、情、机有机结合，应势而变，应群情而变，应机而变；强调先行后知，理论与实践有机结合，把实践检验科学、可行的理论和政策及时向其他地区推广；强调除弊兴利、节用兴利、塞患兴利、开源兴利[①]有机结合，避免把财政脱困的希望完全寄托在增税增费上；强调威、利、公有机结合，攻与守有机结合，战与款有机结合，内禁与外禁有机结合，税收杠杆与军事、外交等手段有机结合，多管齐下，禁烟御侮。（2）辩证性。主要表现在：轻税裕课，重税绌课；严税优于重费，加耗养廉优于中饱蠹蚀，易简之政优于繁苛之政；君主崇俭，富民崇奢，有利于社会和谐稳定发展，有利于缓和贫富悬殊矛盾。（3）精准性。主要表现在：恩免普免不可过多过滥，大水漫灌不如精准滴灌。

魏源的治国理政思想和税收思想真实反映了古老的中华大帝国由独立自主向半殖民地半封建转变时期社会基本矛盾和主要矛盾的演化，积极回应了资本主义萌芽时期新兴市民阶级和工商业资本对自由、民主、效率、平等、法制等先进价值观的渴求，因而是那个时代最具思辨性、前瞻性和现实针对性的理论成果。今天我们正处在全面深化改革开放，大力发展社会主义市场经济，为实现中华民族伟大复兴的中国梦而凝心聚力、艰苦奋斗的关键时期，正处在东升西渐的百年大变局关键时期，魏源的治国理政思想和税收思想依然不失其光芒，能给我国新时代的改革开放实践提供许多有益的启示。

主要参考文献：

《清史稿》卷486《魏源传》。

《魏源全集》（全十二册），岳麓书社2004年版。

《默觚——魏源集》，赵丽霞选注，辽宁人民出版社1994年版。

《魏源评传》，陈其泰、刘兰肖著，南京大学出版社2005年版。

---

① 在《魏源全集》第12册《古微堂外集》卷8《军储篇一》中，魏源说："有以除弊为兴利者，有以节用为兴利者，有以塞患为兴利者，有以开源为兴利者。"

康有为

一、康有为生平简介

康有为（1858—1927），原名祖诒，字广厦，号长素，又号明夷、更牲、西樵山人、游存叟、天游化人，广东省广州府南海县丹灶苏村人，人称康祖诒、康南海，中国清末民初重要思想家、政治家、教育家，资产阶级改良派代表人物，"戊戌变法"领袖。出生于一个官僚地主家庭。祖父康赞修（名以乾，字以行，号述之），道光年间举人，在连州训导任上因公殉职，以四品礼祭葬，长孙康有为荫其衔。父亲康达初做过江西补用知县。从叔祖康国器（初名以泰，字交修），护理广西巡抚，曾参加过镇压太平天国运动。康有为自幼跟随祖父学习儒家经典。14岁，开始参加童子试。22岁，开始接触西方文化。25岁，到北京参加顺天乡试。31岁，再次到北京参加顺天乡试，并借机向光绪帝上第一书，倡导变法。34岁，始在广州设立万木草堂，收徒讲学。38岁，发动"公车上书"（即上清帝第二书）；五月会试中第，赐进士出身；向光绪帝上第三、第四书，急呼变法，得到光绪帝的赞许；在北京创办《中外纪闻》、北京强学会、《强学报》。39岁，成立上海强学会，并刊行《强学报》。40岁，德国强占胶州湾后，向光绪帝上第五书，请求变法。41岁，向光绪帝上第六书，请求迅速变法；光绪帝下"明定国是"诏，正式宣布变法；"百日维新"失败后，逃往日本，后至欧美。在海外流亡长达16年，先后游历五大洲40多个国家，组织保皇会，考察西方政治民情，争取国际支持；与革命党人孙中山、陈少白等共同创办日本横滨大同学校，教授华侨子弟。51岁，光绪帝和慈禧太后先后去世，溥仪继位，改元宣统。54岁，提出"虚君共和"主张，反对共和政体；"辛亥革命"爆发，孙中山当选南京政府临时大总统。55岁，清帝退位，袁世凯就任中华民国首任大总统；康有为创立孔教会，主张拥孔子为教主，定孔教为国教。56岁，康有为结束海外流亡生活回国，受到社会各界热烈欢迎；创办《不忍》杂志。58岁，声讨袁世凯接受日本灭亡中国的"二十一条"。60岁，参与张勋复辟。62岁，赞扬和支持五四青年爱国运动。70岁，赴天津祝溥仪寿，同年病逝于青岛。

作为晚清社会的活跃分子，康有为在倡导维新运动时，代表了历史前进的正确方向。但流亡海外十多年后，他的思想日趋保守。晚年把很大精力投入到宣传孔教和复辟皇权的运动中，与历史潮流背道而驰。尽管如此，我们依然认为，康有为是一位坚定的爱国者、中国传统文化的传播者、国家统一的维护者、因应时变的改革者、中西文化的融通者，为中华民族的救亡图存做出了重大贡献。这是他的主流。康有为一生酷爱学术和教育事业，笔耕不辍、著作宏富，其中最具代表性的著作有：《新学伪经考》《孔子改制考》《大同书》《广艺舟双楫》《康子篇》《上清帝书（1—7）》等。

对于康有为一生的是非功过，学术界和政界历来褒贬不一。1949年6月30日，在中国共产党诞生28周年纪念大会上，无产阶级革命家、中华人民共和国的缔造者毛泽东发表了《论人民民主专政》的著名讲话，他深情地回顾说："自从一八四〇年鸦片战争失败那时起，先进的中国人，经过千辛万苦，向西方国家寻找真理。洪秀全、康有为、严复和孙中山，代表了在中国共产党出世以前向西方寻找真理的一派人物。"① 这是迄今为止对康有为历史功绩的最高评价。

对康有为的历史地位及其价值作出最全面、最具体、最客观、最中肯评价的则非他的高徒梁启超莫属。在1901年12月发表的《康南海先生传》中，梁启超说："先生生平言论行事，虽非无多少之缺点可以供人撷拾之而诋排之者，若其理想之宏远照千载，其热诚之深厚贯七札，其胆气之雄伟横一世，则并时之人未见其比也。先生在今日，诚为举国之所嫉视。若夫他日有著二十世纪新中国史者，吾知其开卷第一叶（页），必称述先生之精神事业，以为社会原动力之所自始。若是乎，先生果为中国先时之一人物哉！"② "康南海果如何之人物乎？吾以为谓之政治家，不如谓之教育家；谓之实行者，不如谓之理想者。一言蔽之，则先生者，先时人物也。如鸡之鸣，先于群动；如长庚之出，先于群星。故人多不闻之不见之，且其性质亦有实不宜于现时者乎？以故动辄得咎，举国皆敌，无他，出世太早而已。大刀阔斧，开辟事业，此先生所最长也。其所为之事，至今未有一成者，然常开人之所不敢开，每做一事，能为后人生出许多事。无论为原动力，为反动力，要使之由静而之动者，先生也。先生者，实最冒险最好动之人也。……先生最富于自信力之人也。其所执主义，无论何人，不能摇动之，于学术亦然，于治事亦然，不肯迁就主义以徇事物，而每熔取事物以佐其主义，常有《六经》皆我注脚、群山皆其仆从之概。故短先生者，谓其武断，谓其执拗，谓其专制，或非无因耶！然人有短长，而短即在于长之中，长即在于短之内。先生所以不畏疑难，刚健果决，以旋撼世界者，皆此自信力为之也，盖受用于佛学者深矣。……先生为进步主义之人，夫人而知之。虽然，彼又富于保守性质之人也。爱质最重，恋旧最切，故于古金石好之，古书籍好之，古器物好之，笃于故旧，厚于乡情。其于中国思想界也，谆谆以保存国粹

---

① 《毛泽东选集》第4卷，人民出版社，1991年版。
② 《梁启超全集》第2集《康南海先生传》（1901年12月21日）。

为言。盖先生之学，以历史为根柢，其外貌似急进派，其精神实渐进派也。吾知自今以往，新学小生必愈益笑先生为守旧矣。虽然，苟如是，是中国之福也。要之，世人无论如何诋先生，罪先生，敌先生，而先生固众目之的也，现今之原动力也，将来之导师也。无论其他日所成就或更大与否，即以今论，则于中国政治史、世界哲学史，必能占一极重要之位置，吾敢断言也。虽然，此非先生之所期也。先生惟乘愿而来，随遇而行，率其不忍人之心，做一事算一事，尽一分算一分而已。顾吾中国不患无将来百千万亿之大政治家、大外交家、大哲学家、大教育家，而不可无前此一自信家、冒险家、理想家之康南海。吾安得不注万斛之热血，为中国为众生表感谢也！"①这是梁启超早期从积极方面对康有为所作的评价。但在康有为晚年，康梁关系因乃师宣扬孔教、支持张勋复辟等事件而出现了严重裂痕，最终导致两人由亲密走向疏远，由合作走向决裂。在1920年11月发表的《清代学术概论》这部著作中，梁启超对康有为作了如下评价："有为以好博好异之故，往往不惜抹杀证据或曲解证据，以犯科学家之大忌，此其所短也。有为之为人也，万事纯任主观，自信力极强，而持之极毅。其对于客观的事实，或竟蔑视，或必欲强之以从我。其在事业上也有然，其在学问上也亦有然。其所以自成家数，崛起一时者以此，其所以不能立健实之基础者亦以此。"②这段话与前段话对康有为人格缺点的描述基本相同，但差异也十分明显，值得注意的有三点：一是表达口气较前生硬；二是不再称康有为为吾师或先生，而是直呼其名；三是认为他主观、自负、固执、乖戾的人格特征和思维习惯，固然是其事业取得巨大成功的不可或缺的重要因素，但不收敛、不自制、不矫正，而是愈演愈烈，将会对其人际关系、事业学术和社会声望造成更严重的影响，实在不可取！与康有为和梁启超同为早年创办《时务报》时期的盟友，最终也与康有为分道扬镳的民主革命家、思想家、政治家、著名学者章炳麟（1869—1936，原名学乘，字枚叔，后易名为炳麟，号太炎），对康有为捧孔创教、保皇复辟的种种作为极其不满，据说1927年3月8日康有为在上海做七十大寿时，章太炎给他送去一幅对联："国之将亡必有，老而不死是为。"这幅对联非常高妙，若把两联的头和尾分别连起来，可组成"国老""有为"二词，似甚可喜；但仔细观察对联内容，则是"国之将亡，必有妖孽""老而不死，是为贼"两句成语的缩略组合体，其讥讽意味十分明显。所以当康有为看到这幅对联时，怒火中烧，差点没被气死！

二、康有为税收思想的主要内容

康有为的税收思想是其治国理政思想的重要组成部分，本书将其提炼归纳为以下五个方面。

---

① 《梁启超全集》第2集《康南海先生传》（1901年12月21日）。
② 《梁启超全集》第10集《清代学术概论（二十三）》（1920年11月29日）。

1. 主张税不在轻重，而在为民兴利

康有为说："泰西赋极繁，而民不见其苦；税甚重，而民不以为苛，盖由能以民之财而兴民之利。凡有所举动糜费，无非为民兴利除弊而设。而岁终会计，又印报以告之国中。凡度支之多寡，人员之进退，事务之兴废，民之耳闻而目见之，皆如其一家之事。故家国一体，上下一心，而民无不服也。"①"今之言变法者，假借变法以聚敛而已。虽然，财者出于民者也，不与民同其忧乐，共其权利，而以一二贼臣废君侮敌、涂炭人民之偿款，假借西法而剥取之，民奚甘焉？夫为民兴利者，民之所乐输也，如商务之醵股（募股、集资），将望赢焉，奚为而不争趋？若夫重剥聚敛，敲脂吸髓，仅以为贼臣偿废君侮敌丧师之费，民滋怨且怨而已。"②

2. 主张轻徭薄赋，赞扬清圣祖免役之功

康有为说："等是圆颅方趾，皆天民也，及有君国立而力役生矣。为一君之私而筑台筑城，违农时、绝生业而役之，此固孔子《春秋》之所深讥也。……自王安石行免役之法，实为千古未有之仁政，而司马光妄复之，遂至于今。幸而圣祖行'一条鞭法'，乃全中国得免焉。然边省官吏之倚势作威，抑办夫马以供行李者，盖犹未尽除焉。欧洲佃民、奴籍之苦以供役使，固亘数千年，至近世民智大开，乃甫（刚）能脱之耳。然则征役之苦，固大地万国数千年生民之不能免者也。若夫应兵点籍，则凡有国之世，视为义务。如中国三代固用民兵，而唐宋之制亦复强选于民，宋人黥刺义勇，固为无道，唐亦何尝不然？诵杜甫'三吏''三别'之诗，吏夜捉人，老妇应门，大儿战死，中儿远戍，小儿役殁，孤村无人，穷巷惨悽，田园荆棘，狐狸迫人，谁不为之泪下也！……兵役之苦，有国所共，非至大同，畴（谁）能救之哉？"③

3. 主张裁撤厘金，以印花税等理财之法代之

康有为说："泰西之富，多由保商；商务既盛，而国力赖之。我国向者误于抑末之说，非徒无商学、商律及兵船以为保卫，乃惟重租税以困辱之。至于吾商出口之税，重于外商入口之税，此与各国保商之道相反，商务安得不困？然国力既弱，不能改约④而正定之，固无可如何。若夫内地害商之政，莫甚于厘金一事。天下商人久困苦之，西人亦以为吾虐民之弊政。此固自有全权可以改革者也。"⑤"夫便益外人而独苦吾商，便宜奸民而独苦吾良民，岂国家之意哉？然大势固已如此矣。民之所出者十，国之所得者一，岂国家爱民理财之意哉？然现事又已如此矣。故内之穷农工之源，外之损商富之实，即

---

① 《康有为全集》第4集《日本变政考卷十》。
② 《康有为全集》第7集《官制议·序（手稿）》。
③ 《康有为全集》第7集《大同书第一·兵役之苦》。
④ 指两次鸦片战争以后，以英、法为首的西方列强通过多个对中国来说丧权辱国的不平等条约，对中国关税主权的侵蚀和控制。
⑤ 《康有为全集》第4集《请裁撤厘金片》。

以筹款计，亦徒中饱吏役，而国不受其大益。天下莫不知其故，然以岁入千五百万，方当度支困绌，国债满盈，故无人敢议裁之。或议令殷商（富商）自充税饷，可大增溢（益），而百吏失所，相与把持，故亦卒无能行之者。然即使不恤群怨，决然推行，而比于外商免厘，尚为厚薄失当也。臣愚以为似此弊政，病国害民，岂皇上爱戴元元、通商惠工之意？宜决裁之，以嘉惠商民。惟千余万之巨款，非有以抵之，势难高议裁撤。臣既奏陈印花税①、纸钞、银行、山林、地税、杂税、邮政，共计岁增入款四万万，比今五倍，则裁此千余万之款，乃三十分之一耳，于国计何有？而商人获益无穷，行旅免累甚大，农工因流通增长，洋商以同税抵制（相互牵制），则民富而国亦赖之。"②

4. 主张减免出口税，适增进口税，力争关税自主权

康有为说："自欧战以来，商人大亏，则道光卅年、咸丰八年结协约关税③误之。各国关税皆国定之制，由己国随时定之。除英国行自由关税外，各国多行保护关税法，率以保护己国资产为主。然苟为己国有益需要之物，或薄其税，或直免税，若奢侈品则重税，以薄不其禁，皆随时因应抑扬而交通之以利用焉。至出口货，除古物之应保存外，不肯税之，以资国货之畅销。其在本国之域，由他口互入者，同是国境，更无税理。惟吾国关税不能自由，听命于外人商协定之，不问物品之损益如何，不问口岸之进出如何，一律税以值百抽五，吾不得分别加减焉。夫道、咸结约，至今将百年矣，物品之须用，物价之变迁，相去有若天渊，而限以值百抽五，吾不得伸缩焉。故有不宜税而重税者，有宜税而轻之者。以机器、文学之品，于吾国最需用者，与烟、酒同等并征。颠倒错误，不可疏举。甚至己国出口之货，宜免税以属导（疏导）之者，亦税其值百抽五，与外人等。而他口互入之货，如由上海入天津，既征出口之税，值百抽五，再征入口之税，则值百不止抽五矣。教义至公，亦不过视人如己，此则深克己以资人，与政治之理何其反哉？以此而欲吾商务之畅旺也，犹缚其手足，吸其脂髓，而望其体之强壮也、行之捷疾也，岂可得耶？……以昔者订约一时之误，累后世商民百年之害，其为罚之久，亦至酷矣。今请执事于关税一事力请改易，旧约依欧美各国关税例，去协约法而行国定法。所有关税听吾国随时自由改定。出口税及再进口税因宜□［定或免］之，以保护吾国之商品；即各国进口商货，除烟、酒之奢侈品宜重税外，其余品物可随时酌定之。时重时轻，时增时减，随百国之需，视万货之情；抑变通尽利比值百抽五者，或有增焉，或有减焉。如机器、文学之物，吾国所亟需有益之物，不独值百不抽五，并宜全免税焉。今吾国所输于各国有益之品物甚多，则免税之物亦甚多，然则行国定税，非必加税

---

① 康有为最早在光绪二十四年正月初八日（1898年1月29日）上光绪帝的《应诏统筹全局折》（又称《上清帝第六书》）中提出借鉴印度田税、仿行各国印花税以裁撤厘金、整顿财政的主张。
② 《康有为全集》第4集《请裁撤厘金片》。
③ 自道光、咸丰年间发生两次鸦片战争以后，腐朽没落的清政府被迫与西方列强签订了《中英南京条约》等一系列丧权辱国的不平等条约，其中所列片面协定关税、片面最惠国待遇条款将中国的关税主权由独立自主转变为由西方列强控制。此即道咸协约的由来。

而苦外商也，其减税而益外商者，盖亦多矣，即亦各国未必大亏。天下惟彼此两利者，乃能彼此相安，而后行之可久。美总统威尔逊谓各国国民生计，宜得平等自由，苟不得平等自由，则国民仍怀愤含怒，终久于和平坏裂。则关税必宜改订也。"①

5. 主张税海无涯，大同无税是岸

康有为说："自有强弱之争，而强者取诸弱者，或以保护之名而巧取之，或行供亿（供给）之实而直取之。始于其渔猎耕稼而分其物，继于关市舟车而征其货，甚或于人口、室屋、营业、器用、饮食而并税之。其名则或贡或助，其轻则千一、百一，重则什一、伍一、二一。然皆取诸民，以为有国之常经、治世之大义焉。虽有仁圣在位，然既当乱世，既有国争，不能天下为公，则无有能易其义矣。然人民生丁斯世，既有仰事俯蓄之需，而租税所需，迫于星火，县符（公文）杂下，胥役纷来，鸡豕任其牵割，室屋听其摧毁。或当水旱疾病，公租不偿，男子押追于牢狱，田园典质于他人。甚或鬻妻以偿，卖子相继，为人奴婢，分弃夫妻。惨状难闻，苦情谁救，牵裾（牵着裙裾）挥泪，呜咽涕零。然且骨肉分离于前，吏徒敲扑于后，故元结②以为官劫过于贼，而孔子以为苛政猛于虎。若暴君之肆其台沼征伐之欲，贪吏妙其剥脂敲髓之能，苛税滥征，诡名百出，至暴也。自租庸调之为两税，两税之为一条鞭，地丁合征，千乃税一，而民犹苦之。然厘金杂税又出焉，阻扰留难，其弊多矣。欧美渐号升平，而赋税更重，繁苛及于窗户，琐碎及于服玩、僮仆、牛马。虽云为国，而以兵争之故，耗尽民力以事兵费，一炮之需数十万，一铁舰之成动辄千万，水涨堤高，竞持而不知所止。生今之民，维持国力者莫不苦之，以视大同世之绝无租税，且领公家之工资，其为苦乐何其反哉！"③

三、对康有为治国理政思想及税收思想的简要评述

1. 对康有为治国理政思想的简要评述

康有为是一个伟大的爱国者和社会改良者。他身处半殖民地半封建的乱世，一心追求国家独立、民族富强、人民安康幸福，把毕生的心血献给了变法维新、强国富民的伟大事业，在推动中华民族走向世界的伟大启蒙运动中做出了不可磨灭的重大贡献。

康有为的治国理政思想是一个完整复杂、古今中外融汇贯通的复杂体系。他通过深入细致的中外考察比较，把崇尚清静无为、一统礼治、以农立国的儒家传统文化与崇尚自由民主、宪政法治、三权鼎立、重工商实业和兵争商战的西方文化有机结合，把崇尚天国、上帝和出世的佛教、伊斯兰教、基督教与关注现实人生、崇尚积极入世的孔教

---

① 《康有为全集》第11集《致议和委员陆、顾、王、施、魏书》。
② 元结（719—772），字次山，号漫叟、聱叟、浪士、漫郎、猗玗子，中唐官员，著名道家学者。
③ 《康有为全集》第7集《大同书第一·苛税之苦》。

有机结合，把达尔文的进化论、英法空想社会主义与《公羊传》所传孔子所谓"三统三世"①的微言大义有机结合，提出了一系列既继承传统，又变法维新；既独立自主，又融汇西方；既重道德教化，又重科技实业；既重君统集权，又重民权自治；既据乱以治，又追求升平大同；视野开阔，内容丰富，新意迭出，启人茅塞的新思想、新观点，反映了时代交替时期中华民族在屈辱、迷茫中渴望奋起、渴望变革、渴望独立、渴望富强的社会心理和时代特征。若用几个关键词来概括其思想精华，则不外乎：爱国一统，变法图强；独立自主，和平改良；中体西用，虚君共和；平等博爱，终极大同。虽然康有为的治国理政思想随着其生活阅历的不断丰富和国内外形势的不断变化，前后也有自相矛盾之处，不同时期强调的侧重点也有所区别，但贯穿其中的思想脉落是十分清楚的。

目前学术界有一种全盘否定康有为人品事业和变法之功的倾向。对此，本人提出以下几点不成熟看法就教于学界前辈。第一，康有为因为变法旨趣相同而与光绪帝结缘，君臣相得，情意难忘，光绪落难后组织声势浩大的保皇运动，思以报答，无可厚非。第二，康有为在民智未开的情况下，期望以俄罗斯彼得大帝和日本明治天皇为榜样，借助开明君主光绪的力量加快变法进程，减少社会阵痛，无可厚非。第三，康有为不是一概地反对暴力革命，而是反对借共和之名行专制之实，尤其反对针对光绪皇帝复位为目标的暴力革命，这与他对法国大革命等激进运动带来的社会动荡、生灵涂炭和专制复辟历史的深入了解密切关联，与维护国家统一、维护中华多民族的大团结、反对列强干涉的思想密切关联。当以孙中山为代表的革命党人高举"驱除鞑虏，恢复中华"的旗帜，试图推翻清朝统治时，康有为就奋笔疾书，强烈反对，由此可见其思想动机。第四，康有为毕竟是一个无职无权的知识分子，变法失败后有的人勇敢赴死，有的人巧妙逃亡，这不能作为判定一个人是英雄还是叛徒的唯一标准。1919年"五四运动"爆发后，康有为勇敢地站出来声援学生爱国运动，要求惩办卖国贼，说明他依然是一个坚定的爱国者。第五，康有为一生对孔子的学说坚信不疑，并对其进行了创造性的转化，借孔子之口提出了"三统三世"说，以适应变法维新的需要，甚至把孔子学说抬高至孔教的高度，让人顶礼膜拜，虽然有唯心主义和故弄玄虚的成份，但也有深刻的政治含义。从其具体论述来看，更多的是想借此强调国有国魂，民有民情，在改朝换代时期，不能全盘照搬西方模式，把中华传统文化的精华和糟粕一概抛弃，用西方文化取而代之，而是应以中为体、以西为用，取长补短，借鉴吸收，以适应中国国情、解决中国现实改革问题为上。这种思维取向与当今中国特色社会主义的核心价值观不谋而合，非常难能可贵。第六，虚君共和是康有为的重要政治理想，它是针对无政府状态和专制共和、军阀割据的乱象提出来的，也有英国、日本等国家的政体范例作参照，所以不能一概视为保守落后。第

---

① 这是康有为从《春秋》和《公羊传》中提炼出来的社会进化论思想，是其全部变法主张的理论载体。他的大弟子梁启超在其专著《清代学术概论》中对乃师的"三统三世"说作了简要明晰的解读："有为所谓改制者，则一种政治革命、社会改造的意味也，故喜言'通三统'。'三统'者，谓夏、商、周三代不同，当随时因革也。喜言'张三世'。'三世'者，谓据乱世、升平世、太平世，愈改而愈进也。"

七，每一次社会大变革到来的时候，都会出现革命派与改良派的大争论，最终谁胜谁负、谁优谁劣，只能由历史来评判，不能用"胜者王侯败者贼"的固化思维来给改革者贴标签、下断语，也不能用当代人的思想观念来评判前人的功过是非。从当今改革开放时期的社会现实来看，我们也未能完全解决东西方文化的冲突、传统与现实的矛盾、渐进改革与激进改革的矛盾，又怎能苛求于古今大变局时期并无辩证唯物主义和历史唯物主义科学理论作指导的康有为呢？第八，康有为晚年利用华侨捐款，追求奢侈淫佚的腐化生活，精神萎靡，改革锐气丧失，这是不能否认的道德污点。但与他的丰功伟绩相比，这只处于次要地位。何况进则儒、退则道也是中国古代知识分子的普遍行为模式，而康有为又是一个受中国传统文化熏染很深、半古半今的封建士大夫呢！

2.对康有为税收思想的简要评述

康有为的税收思想是其治国理政思想的重要组成部分，本书将其提炼归纳为五个方面，包括：（1）主张税不在轻重，而在为民兴利。强调税负不在轻重，而在是否"取之于民、用之于民"。他赞赏西方国家将税收用之于民、为民兴利，并实行税收公开、接受纳税人监督的做法，批评清政府腐败官僚借变法之机勒索民财，将丧权辱国、割地赔款的责任以不断加税的形式转嫁到贫苦百姓身上。他还形象地说，百姓缴纳赋税就像投资入股，如果不能赢利，谁还愿意继续投资呢？可谓一针见血！（2）主张轻徭薄赋，赞扬清圣祖康熙免役之功。强调中国三代时轻徭薄赋、实行仁政；王安石变差役为雇役，改革有功；康熙实行"地丁合一、增丁不增税"的"一条鞭法"，德泽后世。他还对世界局势动荡不安、战乱频仍背景下各国兵役频发给百姓和社会带来的深重灾难和痛苦表达了深深的忧虑和同情。（3）主张裁撤厘金，以印花税等理财之法代之。强调广征厘金对商业和民生有害。在厘金不可骤废的情况下，为了保商护商、减轻民负、治理官场腐败，可以用改征印花税、发行纸钞、广设银行、征收地矿杂税、发展邮政事业等多种理财手段加以替代，这样既不损失财政收入，又能促进公平竞争、扶持民族工商业发展。（4）主张减免出口税，适增进口税，力争关税自主权。强调进出口贸易是国内经济的重要补充，对进出口商品征收关税要遵循国际惯例，有区别地多征进口税，少征或免征出口税；道、咸以来，关税主权被列强蚕食控制，无论进口还是出口，都值百抽五，与现实物价和供求关系脱节，税负过重又不合理；内地关卡林立，过关即抽税，造成重复征税；洋货进出母关和子口关实行轻税，本国货物则实行重税，造成不公平竞争，损害中国工商业者利益，阻碍民族产业发展；主张遵循国际惯例，实行进出口有别、内外统一、征关不征卡的关税新政，并利用一战后国际局势缓和之机，力争收回关税主权，实行关税自主。（5）主张税海无涯，大同无税是岸。强调大同社会阶级、国家、竞争、赋税都将消亡，公民只有做工、学习、养生、休闲之乐，而无压迫、负税之苦。

康有为的税收思想在其治国理政思想体系中并不占主导地位，专门论述不多，创新之处也稍显不足。但若从国际比较和针对时弊的视角来看，它将我国重农主义的传统税收思想与西方重商重工主义的现代税收思想融汇贯通，提出的大原则、大方向无疑都是正确的，也有一定的理论和现实指导意义。只不过在政权分崩离析、财权坠落各封建军阀手中，中央权威尽失，只能靠借债和地方上贡勉强度日的背景下，他更看重的理财妙法是金融而不是财税，所以对金融问题的讨论远比财税问题更加广泛、更加深入。在康有为的税收思想中，争取关税自主权，实行"奖出限入"、内外平等的关税政策，是其最大亮点，尽管并非其首创。

　　大同无税论也很有价值，但常常被人忽视，甚至认为是荒诞之论、无稽之谈。本人对此略抒己见。康有为一生酷爱读书，除了深入钻研中国古代经典并颇有心得外，还大量涉猎西方学术。在流亡海外期间，他对西方列强的政治、科技、实业、金融和风土民情进行过深入的实地考察和比较分析，所以对西方列强的发展历史、政治改革和思想流变是非常熟悉的，对欧文、傅立叶等人的空想社会主义学说和达尔文、斯宾塞等人的物竞天择学说也是非常熟悉的，对兴起于19世纪下半叶的马克思主义阶级斗争学说和暴力革命学说也不会一无所闻。这就不难解释为什么他对《公羊传》中所传"三统三世"的社会发展阶段论和进化论那样珍视，对有公产无私利、有平等无阶级、有富裕无贫困、有竞赛无竞争、有收入无税收、有男女无家庭的太平（大同）盛世那样向往！而他所描述的大同社会的基本特征又与马克思所描绘的未来共产主义社会的基本特征何其相似！当然，人类社会进化到共产主义社会或康有为所说的大同社会，绝不是一朝一夕的事情，而是一个漫长曲折的自然历史过程，需要生产力与生产关系、经济基础与上层建筑和意识形态的发展演变为其提供坚实的物质基础和精神条件，所以马克思主义者并不仅仅空谈理论和理想，还要求把科学理论和理想付诸实践，脚踏实地地去改造世界、改造社会、改造人类自身，把长远目标与近期目标有机结合起来。康有为也是一个务实的思想家和改革家，他在谈理论、谈理想的同时，反复强调改革不能超越历史阶段，要循序渐进、务本务实；要独立自主、经权互用，学人之长，补己之短，但不能全盘照搬、盲目模仿；要辩证施治，对症下药，以治病救人为高。只有经过艰苦卓绝的努力，才能一步步从据乱之世走向升平、太平（大同）之世。从这个意义上来说，康有为的"三统三世"说和大同无税论有着深厚的历史文化底蕴和宽广宏大的国际视野，是苦心研磨古今中外学术思想的结晶，是超越中国历代思想家、政治家、改革家的先时之论！

主要参考文献：

《康有为全集》，姜义华、张荣华校，中国人民大学出版社2007年版。
《康有为政论集（上、下）》，汤志钧编，中华书局1981年版。
《康有为评传》，马洪林著，南京大学出版社1998年版。

梁启超

一、梁启超生平简介

梁启超（1873—1929），字卓如，一字任甫，号任公，又号饮冰室主人、饮冰子、哀时客、中国之新民、自由斋主人。清末民初杰出的思想家、政治家、教育家、史学家、文学家，"戊戌变法"骨干，是中国社会由传统走向现代的重要引领者。他出生于岭南一个半耕半读的贫民家庭。17岁中举。早年跟随康有为在广州万木草堂学习国学经典，并初步接触了西方近现代科技和文明进步思想。"戊戌变法"期间，作为康有为的重要助手，做了大量宣传、鼓动和联络工作。"戊戌变法"失败后，他逃往日本，开始了长达14年的海外流亡生活。在日期间，他以办报著述为业，用满腔热情和通俗易懂、清新活泼的文字向国人介绍日本"明治维新"的实情和成果，翻译传播西方科技革命、产业革命、社会革命的成就以及民权宪政改革思想。"辛亥革命"爆发后，他结束流亡生活，回到祖国，积极参与各种进步团体的政治活动，并先后担任袁世凯政府的司法总长、币制局总裁和段祺瑞政府的财政总长，以期把自己的渊博学识和政治理想付诸实践，为推动国家政治转型、增进国利民福贡献一份力量，但理想很丰满、现实很骨感，种种假民主真独裁、假维新真倒退的政治腐败事件一次次击碎他的美梦。失望之余，他只好辞去公职，联合一大批志同道合的革命志士，重新投入到反对复辟、维护共和、推动立宪的伟大斗争洪流中去。

梁启超是一个伟大的爱国者，他对英、法、德、意、俄、日等西方列强蚕食、瓜分中国领土，欺压、掠夺中国人民的种种强盗行径都无情揭露、强烈谴责，对维护中华民族主权、安全、尊严和发展权利的事情则立场坚定、旗帜鲜明，给当政者以巨大舆论压力，也在国际上产生了广泛影响。"护国战争"结束后，梁启超借为父丁忧之机，主动退出政坛，把全副精力投入到他终生热爱的学术研究和教书育人上来，为新中国的文化建设和人才培养做出了重大贡献。作为一个国学功底深厚、家国情怀浓烈、驰骋中西、眼界开阔、知识渊博、思想活跃、人格高尚、知行统一、能文能武、能屈能伸的新时代知识分子，他的思想言行和伟大精神激励着一代又一代中国人砥砺前行，为实现中华民族的伟大复兴而不懈奋斗！

梁启超是一位百科全书式的思想家和教育家，他勤于钻研、勤于著述，著作等身。在由汤志钧、汤仁泽两位史学大家花费36年心血搜集、整理、编纂，中国人民大学出版社2018年3月出版的20集本、1400余万言的《梁启超全集》中，梁启超的学术遗墨和丰富思想得到了全面、完整、详尽的呈现。梁启超还积极倡导"小说界革命""诗界革命""史界革命"，在普及白话文、破除帝王中心论、弘扬唯物史观、推动中西文化融合发展等方面做出了杰出贡献。

中华民国中央研究院人文组首届院士、著名政治学家萧公权曾对梁启超的一生作了极为精辟中肯的评价，他说："综其一生，悉于国耻世变中度过，蒿目忧心，不能自已。故自少壮以迄于病死，始终以救国新民之责自任。享年虽仅五十有七，而其生活则云变波折，与清末民初之时局相响应。梁启超以'善变'闻名于世。从戊戌年的变法开始，到庚子勤王，再到创办《新民丛报》，宣传'新民'思想，为开启民智鼓与呼。辛亥革命后，他回国参与政治，两次讨伐复辟，再造共和。他继承了晚清思想中儒家经世致用的传统，并将这一传统转变成新的人格和社会理想，在不断的'变'里，其宗旨和目的始终不变，'其方法虽变，然其所以爱国者未尝变也'。"

二、梁启超税收思想的主要内容

梁启超的税收思想是其治国理政思想的重要组成部分，它的内容十分丰富具体。本书将其提炼归纳为以下九个方面。

1. 主张财政是一门技术，不学不练则无以精进

梁启超说："善治财者，如良牧然，蕃息群羊，而以时伐（剪）其毛，毛莫或（没有）弃于地，而羊弗病也，故有羊蹄躈千①，则比诸素封。不善治财者反是，既无术以丰殖其毛，而一羊之毛，能收为用者，复不逮什二三。及惩（苦）于得毛之寡，则克减水草，虽羸毋恤（羊虽瘦弱也不在乎），甚或屠而货之以取盈。羊岁羸岁减，而业且隳，牧者亦与之俱敝。我国之司财者，盖有类于是也。夫财政者，一种之技术也，然凡百技术，其精进也，皆根本于学问。故曰'不学无术'。不学操缦（操弄），不能安弦；不学操刀，不能割鸡。虽以至琐末之业，而欲善其事者，犹不能舍学，况财政为国计民生所

---

① 古时计算牲畜数量的方法，四蹄加一口或肛门为一头，如马有蹄躈千，即折马二百匹。躈，音qiào，指牲畜的肛门。

攸（迅疾、长远）托命者乎？"①

2. 主张国家与人民之关系，非以市道交也

梁启超说："夫国家与人民之关系，非以市道交也。国家命人民以义务，则命之而已，非必有所报酬而后能命也；人民对于国家所应享之权利，则享之而已，非近缘报酬而后能享也。人民之纳税，其当然之义务也，非待国家有所偿于我而后纳之。如曰必待国家有所偿于我而后纳税，则又必当待其别有所偿而后当兵也，乌乎可也？人民之有参政权，其当然之权利也，非取偿于国家而后有之。如曰缘取偿而后有参政权，则其他一切公权，苟别无他道焉为索偿之理由者，将遂无自以得之也，乌乎可也？"②

梁启超认为，源自英国议会初创时期的"不出代议士，不纳租税"口号，仅是人民限制君权、争取民主权利的一种旗帜和斗争策略。当君主立宪体制和议会政治日趋成熟和稳定时，人民的政治权利日益广泛，对政府的监督力越来越强，应履行的法律义务也越来越多，这时再用市场经济的等价交换原理解释公权范围内的纳税义务与选举权、参政权、监督权的关系，就显得不合时宜了。但我国仍处于宪政体制和议会政治的探索初创时期，高举"不出代议士，不纳租税"的旗帜仍有积极的现实意义。不仅纳税如此，公债的承购和分摊也如此。所以他说："今吾亦为一言以正告我国民曰：'不得财政监督权，不纳公债额派之本息。'夫公债之本息，政府以何道取之于我乎？亦曰租税而已。我国民当由何道乃得有财政监督权乎？亦曰出代议士而已。故吾实缵演（传布、推衍）欧人之常言以正告我国民曰：不出代议士，不纳租税！"③

3. 主张公债是间接的税收，应以公债用途和偿债能力为趋舍

梁启超说："公债者，民以财贷诸国库而取其息者也，其性质与购买各公司之股票无异，持母殖子，非如租税之一往而不复也。而租税之完纳，由于强征；公债之应募，趋舍自择。民苟非囊有余蓄而欲持之以有所殖者，则决无从自进而为债主。而民之囊有余蓄者，非必皆能自行企业。苟国家不为之别辟一安全殖利之途，则易习于挥霍，而坐耗全国母财之一部分，而公债者，则最足以已（化解）此弊者也。由是言之，国家举债之本意，一则以减杀租税之负担，保护税源而勿使涸；一则以吸集游资，使能为全社会殖将来之利，而不致徒费。公债妙用，实在于是。"④

"夫租税者，国民所负担也，而公债无论迟早，总须偿还，偿还之本息，亦国民所负担也。即所谓永久公债者，其性质殆几于不偿还，然每岁之息，仍国民所负担也，何也？彼今世各文明国，其政府岁出预算表中，殆以公债年息占一大部分。公债愈多，则息愈巨，而岁出愈增，卒不得不取盈于租税，其赋之于民一也。其所以为异者，则租税

---

① 《梁启超全集》第7集《论国民宜亟求财政常识》（1910年4月10日）。
② 《梁启超全集》第7集《中国国会制度私议》（1910—1911年）。
③ 《梁启超全集》第4集《中国国债史》（1904年12月22日）。
④ 《梁启超全集》第8集《外债平议》（1910年10月13日—12月23日）。

直接以赋之于现在，而公债则间接以赋之于将来。租税尽其力于一时，公债纾（舒缓）其力于多次。质而言之，则公债者，不过将吾辈今日应负之义务，而析其一部分以遗诸子孙云尔。故斯密亚丹①、格兰斯顿②诸贤，皆谓公债为戾于道德，盖以为人祖父者，当以利益贻（留给）子孙，不当以亏累贻子孙。公债者，无异居今日而先食数十年百年以后之租税也。虽然，今世学者多驳其说，而财政家亦卒未尝守硁硁（浅陋固执）而惮借贷者，则正以为人祖父，当贻利益于子孙，而非大有所费，则不足以致大利。如彼铁道、筑港、水利、卫生诸事业，其结果之利益，数十百年以后犹将赖之，非现在之国民所能独专也。居今日而为将来国民造福，则其所费者，现在与将来分任之，宜也。抑（或许）利益有积极者、有消极者，消极者何？即捍御患难是已。故扩张军备与对外战争起焉，此其为不生利之事业固也。虽然，苟微（无、非）此，则国将弱于人而不能自存。国至于不能自存，则现在国民与将来国民之利益俱灭矣。故为保全此消极之利益而有所费，则现在与将来分任之亦宜也。公债所以不悖于道德原理者在是。由此观之，凡一国之有国债，其目的在此积极、消极两种利益之范围内者，学理之所许也。反是，则其所不许也。"③

"质而言之，则借债之第一义，莫急于求偿还本息之有著（着落）。其债而用诸财政上者，则此本息责诸将来之税源，确自信有能新浚之税源，则其可借者也。不然，则其不可借者也。其债而用诸国民生计上者，则此本息责诸企业之赢利，确自信有必能得之赢利，则其可借者也。不然，则其不可借者也。而今日国中之言借债者，似皆未暇及此，是故吾党虽深信外债之有益于人国，而独于时流（世俗）所称道，则期期以为不可也。"④

4. 主张经济是财税的基础，财税又反作用于经济

梁启超说："夫一国之政治，固无一不与其国民经济有连。而因缘最深者，莫如财政。财政紊乱，则其经济界日即凋敝，且恐慌之现象必相续而起，此事势之无可逃避者也。"⑤ "国家欲得不竭之财源，莫如增长国民之纳税力。如何而始能增长？则经济发达是已。孔子曰：'百姓足，君孰与不足？百姓不足，君孰与足？'诚至言也。若国家专务聚敛，而不计及其病民与否，此犹艺果蓏（种植瓜果）者不务获实，而伐其树以作薪也。"⑥

---

① 即18世纪英国古典政治经济学家亚当·斯密（1723—1790），经济自由主义的倡导者。其代表作是《道德情操论》和《国富论》。
② 即英国著名文学家、宗教家、政治家格兰斯顿（1809—1898）。曾作为自由党人四次出任英国首相。在19世纪下半叶，他和保守党领袖本杰明·迪斯雷利针锋相对，上演了一场又一场波澜壮阔的政治大戏。
③ 《梁启超全集》第4集《中国国债史》（1904年12月22日）。
④ 《梁启超全集》第8集《外债平议》（1910年10月13日—12月23日）。
⑤ 《梁启超全集》第7集《论各国干涉中国财政之动机》（1910年2月20日）。
⑥ 《梁启超全集》第6集《中国改革财政私案》（1909年）。

（1）税费繁杂、税负不公，必涸竭税源。梁启超说："租税以负担公平为原则，苟税目选择不谨，或税率轻重失宜，则必涸竭全国税源，而国与民交受其弊，此亦凡稍治财政学者所能知而莫敢犯也。而我国当局徒以乏此学识，乃至杂税烦苛，民不聊生，而国库亦终不能得相当之收入矣。"①

（2）取民无度，取民无道，将加重民苦。梁启超说："大抵国家之取于民者，略以取其自由财百分之一二为极度。此非徒曰不欲厉民以自养也，盖为涵养税源计，不得不然。必人民递年有新兴之生产事业，然后收益税、行为税等之收入得增焉；必人民生活程度岁进，然后消费税之收入得增焉。国家所取于民者太多，则私人生产事业之资本，必缘（因此）而萎缩，而其生活程度必缘而觳薄（俭约、微薄），直接病民，而间接即以病国。故善理财者，遇国家有大兴作、大改革需费较多之时，其资办之所出，恒不仰租税而仰公债，有时并不仰内债而惟仰外债，凡以此也。"②

"夫国家必要之政务，诚不可以不举。举一政则必需财，其取诸民亦非得已。虽然，取之以其道不以其道，则其所系于民命国脉者重矣。善取于民者，必丰殖之然后取之，而所取又恒必于其所丰殖者。今人民之生利机关，政府丝毫不为之设备，已不能丰殖之以为可取之资矣，而所有租税又无一能衡诸学理为系统之组织。故各国租税，务稍重富民负担而减轻贫民负担者，我国乃适与相反，惟敲削贫民，诛求到骨，而富者反毫无所出。试观今国中最大宗之租税，莫如田赋、厘金、盐课三项。田赋虽征诸地主，而负担实转嫁于佃丁也；厘金虽征诸行商，而负担实转嫁于小贩及消费物品之贫氓（民）也；盐课则猗顿（富人）黔娄（穷人）岁纳惟均者也。夫国中贫民，以农为惟一之职业，虽有'永不加赋'之祖训，而官吏相沿，巧设名目，十年以来，田赋之暗增于旧者已不啻二三倍，故负担此赋之小农，前此仅足自给者，今则岁煖（暖）而号寒、年丰而啼饥矣。此米价腾贵之一直接原因也。租税原理，凡必要品之消费税，必以增价之形式转嫁于购物之人。现行厘金为全世界古今未闻之恶消费税，百物皆无所逃遁，考成愈严，则民之受害愈重。此又凡百物价腾贵之一直接原因也。其他各种杂税，名目迭出不穷，而按其性质，则无一非以病贫民。而所谓最良之税则，如所得税、遗产税、地价差增税等，凡足以均贫富之负荷者，则无一而能行。以此言之，则虽使所取于民者铢黍未尝滥费，所资办之新政一切皆实事求是，然且足以召乱，况乃羌无故实（何况史籍无稽），而惟损下益上之为务者哉！"③

（3）取之于民，而不用之于民，将招民怨。梁启超说："国之有财政，所以为一国之人办公事也。办事不可无费用，则仍醵（凑、聚）资于民，以充其费。苟醵之于民者悉用之于民，所醵虽多，未有以为病者也。……故西人理财之案，必决于下议院，有将办之事，议其当办与否。既人人以为当办矣，则必其事之有益于公众也，于是合公众以

---

① 《梁启超全集》第8集《学与术》（1911年6月26日）。
② 《梁启超全集》第8集《财政问题商榷书次编》（1912年7月20日）。
③ 《梁启超全集》第7集《湘乱感言》（1910年）。

谋其费之所出。以一国之财办一国之事，未有不能济者也。而又于先事（事前）有预算焉，于既事（事后）有决算焉，一切与民共之。民既知此事之不可以不办也，又知其所出之费确为办此事之用也，夫谁不乐输之？"①

"凡取诸民而入诸官者，民不知其所用之目的与其出纳之会计，虽极薄而犹怨焉；取诸民而用诸民，且明示以所用之目的，使自司其出纳之会计，虽极重而民犹乐也。中国之赋税，比较列国，最称轻减，即合以污吏之婪索中饱，犹不能及欧美文明国三之一也。然而民滋怨者何也？谓其未尝一用之以治民事也。中国有国税而无地方税，然试问各省之市镇、村落，何一不自有其财团，自征课于其地以为公益之用者乎？其所征时或倍蓰于国税，而莫或以为病。况以国家之监督劝导，使之出其财以诲养其子弟，自征之，自管之，自用之，自察之，长吏一无所过问，惟助其定章程，稽功课，匡所不逮耳。彼任议员者，功在桑梓，而享荣名于乡邑，有子弟者，安坐成学，而获厚实于前途，有不令下如流水者耶！"②

5. 主张收回关税主权，实行差别税率，调节进出口贸易

（1）收回关税主权，实行国定税率或双务税率。梁启超说："吾闻之公法家之言曰：凡世界之内，名之为国者，无论为强大，为弱小，为自主，为藩属，无不有自定税则之权。或收或免，或加或减，皆本国议定，而他国遵行之。他国或苦其所加过重，只能饬令商人不运不售，而不能阻人国使不加；只能倍加我国运售彼国之入口货税以苦我，而不能因我之加税而以兵力相见；此地球万国之所同也。是故约章与税则，两者各不相蒙（蒙蔽、相关）。约章者，两国之公权也；税则者，一国之私权也。中国通商之始，情形未熟，英人阴谋以绐（欺骗、哄骗）我，盛气以劫我，令将税则载入约章，于是私权变为公权，自主成为无主，以致有今日之事。人之亲我、爱我、欲保全我也，又何如矣！"③

"关税者，国内行政也。凡在有独立主权之国，此权宜由本国人操之，而万不可以假诸外。即间用客卿，而其任免黜陟之权，应为主权者所自有，此无待词费者。加以我国现在之财政，海关税之收入几占国库总收入三分之一，苟为整理财政起见，此权若不收复，则其支绌（支出短缺）其危险，皆不可思议。此举国中人所宜处心积虑，以求此目的有得达之一日。而政府之对于此事，必当力求善后，又义务之无容诿卸者也。"④

"夫关税问题，实我国将来与世界竞争之生死问题也。以鄙见所主张，我国将来必当求实行国定税率。即不尔（不如此、不然），亦当求得为双务的协定税率。虽然，此必须有实力以盾乎其后，而决非咄嗟（霎时、仓促）所能立致。"⑤

---

① 《梁启超全集》第1集《爱国论（三）》（1899年2月20日—7月28日）。
② 《梁启超全集》第3集《教育政策私议》（1902年5月22日）。
③ 《梁启超全集》第1集《论加税》（1896年9月17日）。
④⑤ 《梁启超全集》第6集《关税权问题》（1906年6月22日）。

（2）实行差别关税政策，调节进出口贸易。梁启超说："现行税率发生于数十年前，当时政府太无关税智识，致颁此项税率。此可谓片面的协定、均一的课税法，乃至物价大变时，亦无变更评价之自由，此与国际平等之原理相去太悬绝矣。……以启超观之，中国之所以希望此自由者，绝不含保护贸易、排斥私货之精神。盖保护之结果，必演为关税战争。此关税战争之惨酷，不让于武力战争。此皆过去之习惯，非中国所乐于采用也。且以改正关税之方法，图增加财政上收入，亦非中国之目的也。所以要求改正者，改今日之均一的课税，而为分等的、公理的、科学的税法也。譬之烟酒为值百抽五，机器亦为值百抽五，乃为世界所无之税法。即令改为值百抽十或值百抽二十、三十，而烟酒与机器同税，亦为不合理之税法。故启超所望者，能采各国共通之原则，即为分等级之税法是也。《马凯（关）条约》中废厘金以后，改为值百抽十二五（12.5%）。窃意应以十二五为标准率，普通货物依此为税率；至于奢侈品，如烟酒税，应在十二五之上，增为二十五或三十。此二十五或三十之税率，视其他国，不啻甚轻。其他货物则有值百抽二十者，有值百抽十者，有抽四五者，有抽二三者，乃至如机器之类，一文不抽，亦无不可。总之，依货物之性质而定税率，非为均一的税率。如此办法，于各国之商务，不生妨碍；或者某种货物，以免税之故，进口之数较前增加，未可知也。且税率稍增，则裁厘后亏欠有可以弥补之途。"①

6. 主张实行复税制，反对土地单税制

梁启超说："今世学者之言租税，则单税与复税之孰利，实为其一问题。单税者，惟课一种之租税，而其他尽皆蠲除也；复税者，则课多种项目之租税以相挹注（调剂）也。……而单税论中，大约复可分四种：一曰消费单税论者，二曰财产单税论者，三曰所得单税论者，四曰土地单税论者。此四种者，有其共通之弊害，又有其各自特别之弊害。共通之弊害，则四种莫或能免之，各自特别之弊害，则所得单税论比较的少，而其他三种皆甚多，土地单税论又其比较的更多者也。"②

（1）土地单税制不能满足庞大国费的需要。梁启超说："凡一国之财政，当以所入能支所出为原则。国家为自维持自发达起见，而需用种种经费，国家活动之范围愈广，则其所需经费愈多。国家而不欲自达其目的则已，苟欲之，则凡所需者，责负担于其分子，盖非得已。故吾中国古义，言量入以为出。今各文明国普通制度，皆量出以为入。盖其根本观念有差异，则其制度不得不缘而差异。而孰得孰失，则稍尝学问者，皆能辨之矣。今世界中无论何国，其经费皆有逐年增加之势，愈文明者，则其增加之率愈骤。今后我中国而不欲自伍于大国则已，苟欲自伍于大国，则试取现今各大国岁费之中率，以吾之幅员民数比例而增之，其额之庞大，当有使腐儒挢（翘）舌而不能下者。而惟一之土地单税，果能充此庞大之国费而无不足乎？此一疑问也。"③

---

① 《梁启超全集》第15集《在国际税法平等会演说词》（1918年12月27日）。
②③ 《梁启超全集》第6集《再驳某报之土地国有论》（1906年11月1日、16日、30日）。

（2）土地单税制缺乏收入弹性。梁启超说："凡健全之财政制度，其所必不可缺之条件，曰收支适合（平衡），使岁入无过剩之弊，亦无不足之忧，此各国大财政家所绞脑汁以求得当者也，故其租税必选择有弹力性之财源以征之。盖政府收入，其在平时，不欲其有急遽之增减也。故（第一），常设数种之租税，甲租税或缘事故而减少，则乙租税之过剩得以补之。复次，政府收入，其在变时，欲其容易增减也。故（第二），其租税必须随税率之增加，而收入可以增加。一国财政，必具备此二条件，然后收支之适合乃可得期。而凡单税制度，无论何种，其弹力性皆不免微弱，土地单税则其尤甚者也。"①

（3）土地单税制极不公平、极不普及。梁启超说："凡租税制度，必以公平而普及为原则，此稍治财政学者所能知也。使全国中一切人民，无论居何阶级、执何职业者，皆自然负担租税之义务而无所逃，且自然比例于其负担之能力以为负担，如此者谓之良税，不如此者谓之恶税。而土地单税之结果则极不公平、极不普及，而与此原则正相反对者也。"②"土地单税制行，则土地之外，无复有税。除直接利用土地者外，无复负纳税之义务，则其结果必至如吾所云，富豪阶级绝不纳税，即纳矣，亦不过百千万分之一，而惟此哀哀之小农，常戴五分之一重税于其头上。……农民何辜，乃授命于此恶政府！"③

"一国负担，既全落于农民之头上，国家之经费愈膨胀，则所责于其负担者愈多。农民欲转嫁其负担，则不得不昂其农产物之价值以求偿。而彼一般消费者，固可以别仰给于国外之农产物，而国家莫之能禁也。岂惟农产，其他亦有然，则外国品滔滔注入，以与内国品竞争，我农民将贬其价以与人竞耶？无奈赑负（背负）此庞然大国之国费于其肩背，生产费缘此大增。贬价，则将不偿其生产费，是无异自杀也；不贬价，则在市场上无复过问，是亦无异自杀也。于彼时也，则惟有废田不耕，相率向政府解除租地契约，政府所有之土地一旦供过于求，而地代（地租）价格因以骤落，而财政之扰乱愈不可思议矣。夫国家取诸民，而不惟公平之为务，乃专责负担于其中之一阶级，则其展转（辗转）所生之结果，非致国家破产而不止也。"④

（4）土地单税制不利于保护民族产业。梁启超说："租税之为物，其最大之目的，固在充国家之收入，然有时亦利用之以达其他之目的焉。盖时而课重税于外国输入品，以保护内国产业，即经济学者所名为保护政策者，其作用全在租税，而行土地单税制，则此作用绝对的不能发生也。夫保护贸易政策之利害得失，且勿深论。而今世各大国，除英以外，罔（无）不行之焉，决非无故。而此政策则与单税论不能两立者也。而中国将来不能绝对的采自由贸易政策，又至易见也。故土地单税论，与中国将来之国际贸易政策不能相容也。又各国常有以政治上或社会上之目的，而课严重之消费税，如阿（鸦）片税、吗啡税、酒税、其他有害品之税等，皆有其必要之理由。而采用单税

---

①②③④ 《梁启超全集》第6集《再驳某报之土地国有论》（1906年11月1日、16日、30日）。

制，则一切不能实行，其于国家施政，抑大不便。"①

（5）土地单税制不利于培育国民的权利义务观念。梁启超说："租税之与政治更有其密切之一关系焉。即人民以负担租税之故，常感苦痛，因此联想及己身与国家之关系，而责任观念、权利观念并随之而生。试观英国宪法史上之大部分，殆皆反抗恶税之陈迹也；美国之独立，亦为租税问题也；法国之革命，亦因财政紊乱也。彼文明国所以有今日，大率以此为之媒。倪（倘）国民对于国事之利害，日趋淡薄，此必非国家之福明矣。财政学家有比较直接、间接税之得失者，谓间接税使一般人民对于租税之注意较薄，因漠然于政府之行动。现美国中央政府往往有滥费之弊者，其原因虽多端，亦由其岁入纯为间接税，人民不直感负担之苦痛，缘此而对于经费之支出，不郑重注意也。……夫直接、间接税之比较，犹且若是，况如土地单税论者。国中一部分人，全免于租税之负担，其与国家渺然若不相涉。而彼直接负担此土地税之一部分人，亦不过以双方合意契约的行为以对于国家，而公法上权利义务之观念，全霾没（淹没）而无由发生。然则此制度足以令政治趋于腐败，又必至之符矣。"②

7. 主张优化税种设置，整顿田赋和盐课征收

（1）优化税种设置。根据国际通行做法，结合中国现实情况，梁启超提出了优化税种设置的如下设想：

①应新增的税目（种）。第一，所得税。第二，家屋税（地方税）。第三，营业税（地方税）。第四，酒税。第五，烟税。第六，糖税。第七，登录税。第八，印花税。第九，遗产税（先试点再推广）。第十，通行税。

以上所举十种税目，除一种缓办、两种为地方税外，其余七种立可施行。合以田赋、盐税、海关税，共为十种，国税之项目，即此可足矣。

②应裁减的税目（种）。第一，厘金。第二，常关税。第三，茶税。第四，赌博税。第五，其他诸杂税。

夫诚能毅然废止各种恶税，则此外良税虽所征较重，而民犹安之，况乎前所列各税，又皆间接取之于民，而使之不觉苦痛者耶？③

（2）整顿田赋和盐课征收。田赋和盐课是历代封建王朝最基本、最普遍、最重要的两大主干税源，但到清末民初，已经弊端丛生，难以为继。梁启超对此提出了如下治理整顿设想：

①改正田赋。主张在全面清丈土地、摸清底数、建立台账的基础上，合理调整税收负担，使人地相副，税额稳定。④

②整顿盐课。梁启超对盐政的弊端和整顿之法进行了较为详细的探讨。他说："今日国库所入，曾不及吾所计算者六七分之一（应收盐税应为七千八百万元，而今也合计

---

① ② 《梁启超全集》第6集《再驳某报之土地国有论》（1906年11月1日、16日、30日）。
③ ④ 《梁启超全集》第6集《中国改革财政私案》（1909年）。

各省官盐票引，不过二千八百十二万五千担，仅当吾所推算者十之五，每年税厘报销于度支部者，不过一千三百余万两），其税率重于吾所假定者，而其收入仅当吾所推算者四之一，曷（何）为而如是？曰：惟现行盐法之极弊有以致之。……一曰税率太高，苛捐太多，以致官盐之成本太重也。……欲整顿盐法，其第一义，宜尽除厘捐规费各种名目，减轻税率。惟平均每百斤税一两五钱内外，则税项虽若骤减，然办理得宜，不一二年而必增数倍，可断言也。……二曰由行盐地各分疆界，助私盐流行之势也。……今欲遏私盐，莫急于先扫邻私（跨界走私）而尽除引地之制限，则邻私之名目自无从而生。谋盐政之统一，其基础首在是矣。三曰由盐商垄断权利，贩盐之业不能普及，而奸侩得因缘为奸也。盐专卖法各国盛行，中国盐政亦专卖之一种也。然其与各国异者，各国惟官专卖而已，中国则于官专卖之下复加以商专卖，此所谓两重专卖也。……故今日欲整顿盐政，非削除商之专卖权，则万事殆无从著手也。……以上所陈，是不啻（无异）将现行盐政制度翻根柢而破坏之。非好为是更张，诚以积弊太剧，不如是不足以图廓清也。旧制既已破坏，新制当谋建设。试参酌各国专卖法，拟其纲领如下：一、凡全国之盐，皆归政府专卖。二、设提盐使司提盐使十人，分管现在之十盐区。每区按盐场之多寡大小，分设一、二、三等盐务官若干人。其不产盐而距盐地太远之省，或酌设督运官。三、凡制盐人，皆须按照政府所定请愿书格式呈请提盐使批准，给以凭照，方得开业。四、凡制盐人制出之盐，只准交付盐务官及盐务官所指定之人，违者除追缴凭照永不许制外，仍课罚金。五、盐务官点收制盐人所交付之盐，随即发与买价，其买价则鉴定盐质之高下，除制造费外，每斤约予制盐人以铜钱一文之余利。六、盐务官所买受之盐，除买价外，每百斤再加以银一两五钱之盐税作为定价，批发于贩盐人。七、凡向盐务官贩盐者，每次必五百斤以上，始行交付。八、凡贩盐者必须先缴盐价，但以公债券作保者，准其于三个月或六个月内随时完纳。若行此法，则私盐之弊可以渐绝。……要而论之，盐税非良税也，苟国家能有他道以得财源，则豁免之实为仁政。然今日之中国，则岂可以语此？既已不能豁免，则必当图所以整顿之方，使国家获其实利，而人民亦不致蒙其博祸。而此税既为最普及之消费税，其性质与财政学所谓自然增收者相应。苟能办理得宜，则随人口增加之比例，而国库之增加不劳自获。故其本质虽为恶税，而其作用则为良税。今中国欲整理财政，必须从此入手，此天下所同许也。"①

8. 主张建立统一透明的国家财政，废除税课征收上的"包征包解制"

梁启超说："天下未尝无良法也，然欲行之而有效，则首在得能奉此法之人，次在得适用于此法之机关。有机关而主者非人，效固不举。然使机关紊乱涩滞，则虽有人亦无从理也。凡百政务皆然，而财政亦犹是矣。窃尝以今日中国之财政机关，虽管仲、刘晏复生，亦无所设施。故改革财务行政，实为根本之根本也。财务行政应改革之点甚多，不能遍论，请先论其最要者两事。一曰统一之策不可不速讲也。……今我国无所谓

---

① 《梁启超全集》第7集《改盐法议》（1910年3月31日、4月10日）。

中央财政也，恃各省分其余沥（余利）以润中央之涸辙而已。各省各自出其种种手段以筹款，若何病民，若何病国，一切不计也。掊克（聚敛、搜括）所获，则督抚据为私产，以自挥霍，且分润于其所私爱之人。今日国家财政之岌岌可危，妇孺皆知矣。……然则今日欲整顿财政，必须由度支部尚书确知国家岁入之总数，至其岁出之项，则内之各部各提出其所要求之额，度支部量其或缓或急而应之拒之；外而各省则首画分（划分）中央行政与地方行政之系统，除属于中央行政系统者由中央照例拨给外，其属于地方行政系统者，则以地方税及其他地方收入充之；犹有不足，则提出要求补助案于度支部，度支部量其或缓或急而应之拒之也，亦与各部同。如此则国家财政脉落分明，如身使臂，如臂使指，而整顿之实效乃可期矣。……二曰征收税课之法宜从根本改革也。……'包征包解'一语，实现在财政制度一贯之原则也。行此制度，则政府官吏最为省便，可以安坐不事事而每岁得一定之额。虽然，此实财政上最拙之伎俩也。其下级之包征者，不能无所利而为之也，饱其欲壑焉，然后以前所余者贡诸上级，上级又饱其欲壑焉，乃再以所余者供于更上级。若历数级，则其所蚀者岂止过半而已哉！而在上级者，亦惟于所指定之额取盈而已，彼用何术以盈此额弗过问也。故人民所出者恒数倍于正供，苛索骚扰，不知纪极。上之国家无丝毫之利，而下之人民有邱山之损，怨声载道，皆此之由。……若依启超此案，则国家惟选定此数项税目，除此以外，一概不许私收，故其大者如厘金、常关、土药税、赌饷等，小之如各种零星杂税，一概扫而空之，不必再为清理矣。其新增之税目如烟、酒、糖等，目前一二年固可暂缓办，及其开办之时，则必有严密之章程。夫旧无者而将来始行之，则无所容其清理也。所余者则为田赋、盐课两大项，然此两项若一遵今日成规，不为变革，则清理何从而施？补苴罅漏，不如其已（停征）。若如启超之议，则盐政为专卖，一切皆依新章，旧日积弊，可以既往不咎。若改正田赋，则更为大举，政府须以一二年之力，注全力以办之。若调查告竣，土地台帐已成，则某州县有田若干亩，某田应收税几何，度支部有详细册籍，无所得售其欺。加以货币统一之后，秤余、火耗、折算等弊，不禁自绝。而后有行政诉讼、行政裁判以维持之，官吏虽欲作弊，其亦不易矣。如此则岁入之实数，度支部可以确知之。若其各省岁出之数，则官吏之俸薪、衙署之公费，与夫其余属于中央行政系统者，如在某省屯一军队，在某省建一大学，在某省开一官办铁路，以至邮政、电报等类，皆直接为中央各部所管辖，无劳各督抚越俎代谋，前此托种种名目截留外销之伎俩，无所得施。若夫属于地方行政之系统者，则以地方税支办之，而地方税则依现行谘议局章程。该局有监督之权，官吏作弊亦非易易。若犹不足，然后中央补助之。如此则财政大纲，不已朗若列眉哉！"①

9. 主张划分中央与地方征税权，实行分税制体制

（1）划分中央与地方征税权的必要性。梁启超说："中国自前清时代，中央不能自

---

① 《梁启超全集》第6集《中国改革财政私案》（1909年）。

征租税，其经费悉由各省贡献，国家财政之基础已不巩固。比者承革命之后，地方之权愈重，政府欲仰各省之供给经费，益加困难。循此以往，中央政府以经费无从出，有坐待瓦解而已。故非划定中央与地方征税权之范围，而举属于国税者，由中央自管理征收之，则国家之财政终必陷于破绽。且以租税之性质论之，其应属于中央税者，由直省代为整理，固无以善其事；其应属于地方税者，由中央代为整理，亦无以善其事。彼此之权限不分，而各使其越俎代谋，则租税之制度终无由去不良以归于良也。故区分国税与地方税之范围，实为整理税制上应先决定之一要件。"①

（2）划分国税与地方税的三项原则。在分析了各种分税模式的利弊之后，梁启超提出了划分国税与地方税的三项原则：

①与政体性质相适应的原则。梁启超说："中央与地方，其权限之互为伸缩，因国而异，从而其财政权亦因国而异。盖一国有一国特别之国情，欲以他国例中国，未有能善其事者也。虽然，就政治之原则言之，中央与地方之权限，固有可为划分之标准在焉。其第一则视国家之政治取中央集权制度与取地方分权制度是也。今日东西各国，其政治之组织，一面谋行政之统一，一面又谋地方之发达，固无采绝对之中央集权者，亦无采绝对之地方分权制者。虽然，因国体之异，则有集权、分权之分焉。即在统一国，常倾（倾向）于集权制度；而在联邦国，则常倾于分权制度是也。中国为统一之国家，联邦国之分权制度，自不能援以为例。顾虽同为统一之国家，因国情之异，其中央、地方权限之广狭，亦因之而异。虽然，政治上亦有一原则焉，即在领土隘狭之国，中央之权限极强大，而地方之权限极隘小；在领土辽阔之国，中央固得行相对之集权，地方亦得行相对之分权也。以中国领土之广大，就令将来废去行省制度，而上级之地方团体，其领域之广，当非其他统一国之地方区域所可比，则其保有之权限，当亦视他国有加也。权限既不狭，则地方税之范围亦不狭矣。第二则视地方团体其级数（层级）之多少是也。凡地方制度，苟其区域之级数多，则租税之可划归国税者，必因之而少；苟其区域之级数少，则租税之可划归国税者，必因之而多。故中央财政权之广狭，常视地方阶级之多少为伸缩。欲划定国税与地方税，实不能不著意于此也。"②

②与经费性质相适应的原则。梁启超说："国家一切之经费，因其性质之异，有不可不划归中央，与不可不划归地方者。今试列举以说明之。第一，文治经费与武备经费。文治经费，中央与地方可以分而有之；若武备经费，则必全属中央，此非地方所可染指也。……第二，国内经费与国际经费。国内经费，中央与地方可以分配；若国际经费，非全属中央亦无以善其事也。……第三，一般利益之经费与特别利益之经费。……一般利益之政务，其权必归中央；特别利益之政务，其权宜归地方。……第四，需用普通智识政务之经费与需用高等智识政务之经费。……需用普通智识之政务，其权可归地方；需用高等智识之政务，其权必归中央。"③

---

①②③《梁启超全集》第8集《财政问题商榷书次编》（1912年7月20日）。

③与税种性质相适应的原则。梁启超说:"欲厘正国税与地方税之系统,诚不能不先审各种租税之性质也。……第一,租税之无课税重复之虞(担忧)者,则可作地方税;其有课税重复之虞者,则宜作国税。……第二,国税之费途,多用之为人民谋无形之利益;地方税之费途,则多用之为人民谋有形之利益。中央之经费,……其利益实为无形的,而非有形的,故人民之负担此等之经费,纯出于义务心,而未尝有希冀报偿心,则欲求可充此等经费之税源,宜择人民之不大感苦痛者,乃易征收。……若夫地方所经营之事,多为人民谋有形之利益,……故人民之负担此等之经费,非纯为义务之负担,实含有报酬之负担,则欲求充此等经费之税源,宜择其负担之纯归本地住民者。……第三,国税之财源可求之各方面,若地方税之财源只能求之于国内,而不能求之于国际。……由上观之,国税与地方税,其性质既截然不同,而中央与地方之权限,及中央与地方之经费,又各有其范围,持此以为标准,则何者宜于为国税,何者宜于为地方税,不难别择而定矣。"①

(3)划分国税与地方税的具体设想。梁启超说:"盖一国之租税政策,欲使之既足国用而复不病民,则不可不根据租税原则,按照本国情形,以确定一租税系统,而此租税系统者,则国税先定然后地方税随之者也。故断无先厘订地方税而后及国税之理,况地方税之最重要者为附加税。"②

"夫地方税不外两种:一曰附加税,二曰独立税。附加税者,就国税中所有之税目,择出若干种,许各地方附丽而抽若干成也;独立税者,则国税中所无之税目,许各地方斟酌情形,择其所能税者而自税之也。此两种者,各国或专用其一,或兼用其二,而大率兼用者多。顾无论专用、兼用,要之必须根据于租税全体之系统,轻重相补,内外相维,然后其法可以期于不敝也。"③

"省也、府州县也、城镇乡也,虽为地方自治团体,同时亦为国家行政区域,故其所办之事,皆有属于官治范围与属于自治范围之两种。其属于官治范围者,以国家财政支理之。今所论者,即属于自治范围之财政也。各级之财政,皆当有主要之一税目,此税目以国家法律之力助之,使其必如法征收(其税率高下,由彼自定之)。其他税目,则彼代表彼团体之人民斟酌而自选择之。城镇乡之主要税目,莫如家屋税(即房捐)。家屋税为各国通行之一种税,然我国若用为国税,民必大以为扰。即以为省税、府县税,民犹不乐,故以此财源畀(给予)诸城镇乡最宜。府州县之主要税目,莫如营业税。营业税亦各国所通行,而我国以为国税、以为省税皆有窒碍,城镇乡即有家屋税亦无用此,故宜以畀诸府州县(但大公司、大银行等营业,或归国家,或归省,将来尚须斟酌)。省之主要税,莫如田赋之附加税。盖省之一阶级(层级)在各国中实难求其比例,其性质有近于地方者,亦有近于中央者,故其特别适当之税源颇为难得,田赋附

---

① 《梁启超全集》第8集《财政问题商榷书次编》(1912年7月20日)。
② 《梁启超全集》第7集《立宪九年筹备恭跋》(1910年2月20日)。
③ 《梁启超全集》第7集《论地方税与国税之关系》(1910年3月21日)。

加其至便利者也，但其所附加者不许过国赋十分之一，则民不病矣。除各级各有主要税外，其他杂税则经该省谘议局、该府州县城镇乡董事会议决者，亦得税之。"①

三、对梁启超治国理政思想及税收思想的简要评述

1.对梁启超治国理政思想的简要评述

梁启超是中国传统文化的弘扬者，也是新文化运动的开创者；是变法维新的策划者和推动者，也是效率至上主义和自私自利主义的批判者；是民族主义和爱国主义的忠实信仰者，也是国际主义和世界主义的积极倡导者；是开明专制、君主立宪的拥护者，也是民主立宪的推崇者。他的治国理政思想与乃师康有为总体上是一致的，但在具体细节上又标新立异，有自己独特的风格。

梁启超被认为是一个"善变"的人，他的思想观点在不同时期、不同场合往往有很大变化，甚至自相矛盾，这与他长期从事新闻舆论工作，每天起草大量文稿和函电，来不及进行深入的理论思考不无关系，与他酷爱文学、情感跳跃、书生气十足、政治实践阅历不足不无关系。梁启超清醒地认识到这一点，也诚恳地承认这是他的一个缺点，但同时也认为，社会在变，世界在变，思想认识也在变，如果违背自己的良知，不能勇敢地进行自我修正、自我批判甚至自我革命（他称为"自我宣战"），而是固守"不变"主义，甚至用客观事实迁就"主义"，或者假言比附，就容易陷入固步自封、刚愎自用的泥潭，迟早会被历史所淘汰。他说他矢志不渝的根本宗旨，就是对国家、对民族最忠贞、最深沉的爱！他的这种信念在《保教非所以尊孔论》这篇充满自我革命精神、并向乃师康有为的尊孔保教论发起挑战的檄文大作中得到了充分的展示："吾爱孔子，吾尤爱真理！吾爱先辈，吾尤爱国家！吾爱故人，吾尤爱自由！"②

梁启超被称为是一个百科全书式的人物，他的思想领域非常广泛，就像一个多棱镜，折射出新旧交替时代社会矛盾的复杂性、社会转型过程的艰难性、历史演化方向的不确定性，以及中西方文明交汇融合的痛苦性。梁启超是地地道道的儒家知识分子，对腐败污浊的政治现实极为不满，立志要把旧社会翻根柢加以破坏。他如饥似渴地引进、消化、吸收、传播西方工业革命和宪政改革的成果，又对西方列强蚕食和掠夺中国的一举一动及其思想动机保持高度警惕。他对封建专制的腐朽性有切肤之痛，不移余力地进行揭露和批判，并希望通过自己的一腔热血和勤奋努力，把沉淀在亿万中国人身上的奴性、惰性、贪婪性、懦弱性、封闭性等遗传基因连根拔除，缔造一众能够适应世界竞存大势、眼界开阔、心胸宽广、充满生机活力、富于改革创新精神的时代新人，为建设一个富强、民主、自由、平等、法治、兼爱的新中国，让中华民族昂首挺胸屹立于世界民

---

① 《梁启超全集》第6集《中国改革财政私案》（1909年）。
② 《梁启超全集》第2集《保教非所以尊孔论》（1902年2月22日）。

族之林，提供源源不绝的趋动力。

梁启超的治国理政思想极其丰富，有开疆拓土、启人茅塞之功效。究其核心要义，可用"保国、保种、保教三纲，民权、宪政、富强三目"来概括。

2. 对梁启超税收思想的简要评述

梁启超的税收思想是其治国理政思想的重要组成部分，它的内容十分丰富具体。本书将其提炼归纳为九个方面，包括：（1）主张财政是一门技术，不学不练则无以精进。他把理财比作养羊与割羊毛，与18世纪法国财政大臣柯尔培尔提出的"征税的艺术，好比拔鹅毛，讲究拔得最多的鹅毛，听到最少的鹅叫。"之论十分相似。（2）主张国家与人民之关系，非以市道交也。即国家与纳税人之间不是一种等价交换关系，依法纳税是公民对国家应尽的义务。（3）主张公债是间接的税收，发行公债应以公债用途和偿债能力为趋舍。科学地阐释了税收与公债的辩证关系。（4）主张经济是财税的基础，财税又反作用于经济。并从税费繁杂、税负不公、税负过重、取民无道、取于民而不用于民、税收不透明、民众无法监督等多方面，对财税弊政给经济带来的消极影响进行了详细论述。这是其治税思想的集中反映。（5）主张收回关税主权，实行进出口差别税率，调节进出口贸易，保护民族产业。这是在半封建、半殖民地背景下争取关税自主、开展正常国际贸易的积极主张。（6）主张实行复税制，反对土地单税制。具体理由包括：①土地单税制不能满足庞大国费的需要；②土地单税制缺乏收入弹性；③土地单税制极不公平、极不普及；④土地单税制不利于保护民族产业；⑤土地单税制不利于培育国民的权利义务观念。这些观点都是针对以孙中山为代表的革命党人的土地国有论和单一地价税理论而发的，无疑具有一定的科学性。（7）主张优化税种设置，整顿田赋和盐课征收。在优化税种设置方面，他综合各国情况，开出了应新增税种（目）和应裁减税种（目）的清单；在整顿田赋方面，提出了清丈田亩，调整税负、人地相副，稳定税额的主张；在整顿盐课方面，提出了清理苛捐杂税，减税让利，取消地界限制，变官商双重专卖为官府专卖、商人凭照自由行销，规范征管机构和征管流程的主张。思路基本正确，也切中时弊，但实施起来难度较大。（8）主张建立统一透明的国家财政，废除税课征收上的"包征包解制"。这是针对国家四分五裂，财政支离破碎，地方尾大不掉、中央财政有名无实的现实而提出的伤筋动骨之策，极具深刻性，但只有宪政改革取得实质性突破才能办到。（9）主张划分中央与地方征税权，实行分税制体制。这是对上一条的进一步深化，极具新意。具体包括三方面内容：①划分中央与地方征税权的必要性；②划分国税与地方税的三项原则；③划分国税与地方税的具体设想。

总体来看，梁启超的税收思想既有对中国传统税收思想的继承，也有对西方财税思想的引进、消化和吸收，内容全面，思想深刻，措施有力，新意叠出。且紧密结合中国国情和实际，进行利弊分析，取其优而从之，具有很强的理论和实践价值，是新旧交替时代中国税收思想由传统走向现代的集中代表和最新理论创新成果，且有一定的超前性。当然,在社会大变革的迷茫乱世,要将这些缜密思想和举措付诸实践,可谓难于上青天,指望它结出甜美的果实,就更是天方夜谭了。但理论家既已完成了拨云见日的工作,那么实践家迟早会紧随其后,这就是科学的力量,也是伟大思想家对后继者的殷切期望!

主要参考文献:
《梁启超全集》,汤志钧 汤仁泽编,中国人民大学出版社2018年版。
《梁启超全集》,张品兴主编,北京出版社1999年版。
《梁启超评传(附谭嗣同评传)》,蒋广学、何卫东著,南京大学出版社2005年版。

参考文献

史书类
《汉书》
《后汉书》
《汉纪》
《三国志》
《晋书》
《金镜》
《旧唐书》
《新唐书》
《唐会要》
《唐大诏令集》
《册府元龟》
《全唐文》
《太平广记》
《新五代史》
《通典》
《宋史》
《东都事略》
《清史稿》

研究类
中华人民共和国财政部编：《党和国家领导人论财政》，经济科学出版社2002年版。
汪兴益主编：《中外百家谈理财》，中国财政经济出版社1995年版。
孙文学、刘佐主编：《中国税收思想史》，中国财政经济出版社2006年版。
叶振鹏主编，陈明光、陈锋副主编：《中国财政通史》，湖南人民出版社2015年版。
林光彬著：《财局与政局——中国的政治经济关系》，人民出版社2018年版。

后 记

经过16年艰苦不懈的努力，这本包含着本人无数心血的税收思想史专著终于定稿了。看着沉甸甸的书稿，心里有无尽的喜悦和轻松。当初起意撰写这部历史著作时，本以为用不了几年时间就可以结稿，谁知当真的进入历史的迷宫时，要读的书太多了，要搜集的资料太多了，要考究的问题太多了，要下的断语太难了。但既然决定做这件有意义的事，就不在乎前面的艰难和时间的漫长，像蜗牛爬行一样，一天天坚持不懈地努力，进步总会一天天地累积起来，就是抱着这样的信念，我走到了今天，看到了这样的成果。

最让我欣喜的是，在潜心阅读和钻研古人的鸿篇巨著时，他们的精言妙语和深邃思想一次次地触动我的心灵，给我带来惊喜和启迪；当我在反复搜索和考证中攻克一个个历史谜团时，那种成就感和踏实感就会情不自禁地涌上心头，给我增添继续前进的动力。

财税工作是国家治理的重要基础、支柱和保障。本书对传主的治国理政思想及税收思想进行了系统梳理，但为了突出税收思想主题，本书将传主的治国理政思想融入税收思想介绍当中，并在治国理政思想及税收思想的简要评述部分作了精炼概括，这样更能准确把握传主税收思想的历史定位和理论实践价值。

本书在写作过程中主要遇到以下六个方面的难题，并做了恰当处理：

首先，就是掌握古人的语言风格，准确理解其含义。为了解决这一难题，本人搜集了许多在古文注解方面的名家大作，进行比较选优，使字、词、句的注释尽可能准确，并遵循信、达、雅、精的翻译原则，充分考虑到读者的理解能力和阅读习惯。注解和翻译虽不是写作本书的根本，但不能准确理解古文的准确含义，就会给提炼传主的思想带来障碍，这是研究历史绕不过的坎。

其次，就是关于异体字或通假字的问题。古人著作中使用的通假字或异体字较多，给准确理解文义带来一定困难。本书根据文义，对部分通假字和异体字进行了适当的更换（如臧与藏，弛与驰，戍与戌，畜与蓄，辩与辨，蔽、敝与弊，藉与籍，裨与俾，鸩与鸠，衹与祇，寓与寓、樽与搏等），以便使用词更加准确，文义更加清晰。

再次，就是断句和标点符号的使用问题。对古人著作进行断句和加注标点，是为了适应现代人的阅读习惯，并使传主的思想更加明晰。但在众多的现代著作中，不同作者的断句方法和对标点符号的使用却存在较大差异。有的喜欢短句，有的喜欢长句。在标点符号的使用上，也有不尽相同的做法。本书基本遵循前辈的断句和标点加注方法，但也从语气通顺、语意连贯的角度，对部分断句和标点符号作了适当调整。

第四，就是对反映传主思想的名言警句和篇章段落进行恰当剪裁，注明章节出处，对文中提到的重要事件和重要人物作出详略不同的注释，然后按照逻辑顺序和专题对这些名言警句和篇章段落进行归类整理，使读者能够较完整全面地了解传主思想的全貌，又不为语言琐碎或烦冗所困扰。这是一个沙里淘金的艰苦工作。

第五，就是从纵横比较中提炼传主思想的精髓和特色，并结合当今治国理政和财税改革实践指出其可借鉴价值及不足之处，遇有不同观点，则择优而取，也不掩饰自己的独立见解，这是对本人学术功力的最大考验。

最后，就是对书稿进行反复统纂和打磨，力求前后照应、体系完整、内容充实、逻辑清晰、语意流畅、繁简适当、注解准确、评述恰当并富有新意。

本书的出版得到了中央财经大学各级领导的大力支持，尤其是中央财经大学副书记、副校长马海涛教授、中央财经大学研究生院院长（财税学院前院长）白彦锋教授、中央财经大学财税学院院长樊勇教授、中央财经大学中国财政史研究所所长王文素教授等，他们为本书的协调出版和经费支持提供了巨大帮助，王文素教授还在百忙之中审阅全书并作序。对各位领导、教授的大力支持表示衷心感谢和深深敬意！中国财政经济出版社张晓彪主任及责任编辑洪钢编审为本书的编辑出版倾注了大量心血，在此表示衷心感谢！本书写作过程中参考了大量纸质和网上学术资料，不能一一标明出处，对这些无名作者和专家的贡献表示诚挚的敬意！本书的写作出版离不开我爱人张英华和女儿张浩洋提供的巨大精神支持和细心周到的后勤保障服务，这是我坚持不懈、精益求精的不竭动力。我的研究生张锋等同学也参与了部分文字资料的整理工作，在此顺表谢意。

本人是从事税收理论与政策教学科研的老人，但在财税史研究方面却是新人，学术造诣有限，但对待本书的写作态度是严肃认真的，相信本书能给有志于了解和研究中国财税思想史的专业人士和非专业人士提供重要的工具书和丰富翔实的参考资料。欢迎广大读者对本书的缺点错误提出宝贵批评意见，以便今后再版修订时参考。

张广通

2023年1月30日于北京